『高麗史』 百官志의 研究

譯註『高麗史』百官志

崔 貞 煥

景仁文化社

간행의 말

필자는 우리나라의 祿俸制 연구에 관심을 갖고 과거 10여 년 동안 연구해 온 논문을 모아 『高麗·朝鮮時代 祿俸制 硏究』(경북대출판부)를 1991년에 출간한 바 있다. 그 이후 10여 년 동안에 고려시대의 지방제도와 外官祿·權務官祿·日本의 俸祿制 및 實職과 散職·致仕職·檢校職·同正職·中書令職의 운영실태, 그리고 한국중세의 지배세력과 사상적 변화에 대해서 연구한 바를 재정리 수합하여 한 권의 책으로 묶어 『고려 정치제도와 녹봉제 연구』(신서원, 2002)를 출간한 바도 있다. 그리고 그간에 때때로 대구 경북 지방의 향토사 연구에도 관심을 가져보았다. 本書의 제1편은 『高麗史』 백관지에 대해서 연구한 것이고, 제2편은 『고려사』 백관지를 번역하고 譯註한 것이다.

제1편에서는 먼저 역대의 중국사서인 『舊唐書』, 『新唐書』, 『宋史』 및 『元史』를 비교 검토하여 『고려사』 백관지의 체제와 구성에 대해서 살펴보고, 이어서 그동안 학계에서 정설로 통용되고 있는 기존학설에 대한 오류와 『고려사』 찬자의 오류 및 백관지에 내포되어 있는 여러 가지 문제점들을 살펴보았다. 그 가운데 가장 큰 문제는 中書門下省을 단일기구로 보아 고려의 중앙관제는 3省 6部가 아니라 2省 6部라고 하는 것이다. 2省 6部가 정설로 통용되게 된 근본적인 원인은 『고려사』 찬자들이 門下府條에 중서성과 문하성의 연혁을 잘못 기록하였기 때문에 많은 학자들이 그와 같은 오류를 범하게 된 것이다. 중서문하성이 단일기구가 아니라 중서성과 문하성이 분리된 기구라는 것

은『宋史』직관지와 비교하여『고려사』백관지 및 식화지의 내용을 다각적인 각도에서 분석하고 그 성립과 변천과정을 세밀히 검토해 본 결과 3省임을 입증할 수 있는 확실한 논거를 찾을 수 있었다. 고려전기의 중앙관제가 2省 6部가 아니라 3省 6部임을 이 연구를 통해서 확실하게 밝혀보고자 하였다.

고려전기의 3省 6部는 충렬왕 원년(1275)에 중서성과 문하성을 통합하여 僉議府로 개편한 이후부터 공민왕 5년(1356)에 3省 6部로 복구하기 이전까지는 1府(僉議府・都評議使司)・4司 체제가 근간을 이루었고, 공민왕 11년(1362)에 상서성을 혁파하고 중서성과 문하성을 통합하여 都僉議府로 개편된 이후부터 공민왕 18년(1369)에 門下府・6部 체제의 개편을 거쳐, 麗末 공양왕 원년(1389)에 이르기까지는 1府(都僉議府・門下府)・6司 체제가 근간을 이루었다. 공양왕 원년에 이르러 門下府 체제 하에서 6曹로 개편됨으로써 고려의 3省 6部는 수많은 변화와 우여곡절을 겪으면서 조선조에 議政府와 6曹로 이어지게 되었다.

고려전기의 3省體制가 고려후기 충렬왕 원년(1275) 이후부터 1府體制(僉議府・都僉議使司・都僉議府・門下府)로 변천되어간 것이 분명하므로 2省 6部의 바탕 위에 이루어진 그 간의 모든 연구성과에 대해서는 이를 수정 보완하는 방향으로 번역과 역주를 진행하고자 하였다.『고려사』百官志에 찬자가 범한 오류가 한 두 곳이 아니라는 것은 주지의 사실이지만, 특히 백관지 門下府條의 기록은 찬자의 오류가 여러 곳에서 많이 발견된다. 이에 대한 수정과 보완작업은 백관지의 번역과 역주를 진행해 가는 과정에서 더 구체적으로 해명하기로 하였다. 뿐만 아니라 實職과 宰・樞臣職 및 兼職關係에 대해서도 올바로 해명되어야 할 문제가 많이 남아 있고, 외직에 대해서도 앞으로 해명되어야 할 문제가 적지 않게 남아 있다. 필자는 이에 대해서도 적지 않은 생각과 노력은 해 보았지만, 능력의 한계로 그 선에까지는 미치지 못하였다. 다만 實職과 宰・樞臣職 및 兼職關係에 대해서는 다양한 견해가 제시되어 학계에 논란이 되고 있음에도 불구하고 본서에서는 實職과 宰·樞臣職 및 兼職關係로 구분하여 번역과 역주에 반영하기로 하였다.

필자가 『고려사』 백관지에 대한 이 연구를 하기 전까지의 저서나 논문 등 모든 연구물들은 2省 6部制 바탕 위에 이루어졌다. 고려사 연구에 몸을 담은 이후 2省 6部制說에 항상 의문을 느끼고 여러 논문에서 3省制를 주장하면서도 2省 6部制의 틀을 벗어날 수가 없었다. 마침 동아대학교 『高麗史』 역주사업단의 백관지 번역과 역주 과업이 필자에게 주어진 것이 본 연구를 추진하게 된 중요한 계기가 되었다. 『高麗史』 역주사업단에 제출한 첫 원고는 모두 2省 6部制 바탕 위에서 서술하였다. 이 연구가 이루어진 이후부터는 1차에 제출한 첫 원고를 모두 수정하기로 결정하고 실제로 그렇게 반영하였다. 2省 6部制 바탕 위에 이루어진 1차 원고를 3省 6部制의 논리로 모두 고치는 데는 새로이 원고를 작성하는 것과 다를 바가 없는 적지 않은 시간과 노력이 들었다.

이 연구는 『고려사』 백관지의 체제와 구성 및 내용을 올바로 파악하여 번역과 역주에 도움이 될 수 있는 선행 작업의 일환으로 추진되었고, 그 결과를 『고려사』 백관지의 번역과 역주에 반영하였다. 고려의 중앙과 지방의 정치제도 및 관직체계는 물론 고려시대의 역사를 연구하는데 기초 자료를 제공할 수 있는 조그마한 보탬이라도 되었으면 하는 마음에서 이 글을 쓰게 된 것이다.

본 연구는 경북대학교 저술장려연구비 지원계획에 의해서 이루어졌다. 이 책을 출간할 수 있도록 지원해 주신 경북대학교 당국에 감사를 드린다. 아울러 특히 이 책을 출간하는데 동기와 계기를 제공해준 동아대학교 『高麗史』 역주사업단 김광철 교수에게 감사의 뜻을 전한다.

끝으로 이 책이 나오기까지 원문대조와 교정에 이르기까지 여러 가지 어려운 일들을 묵묵히 도와준 김형수 박사와 김희준, 이영도, 심상훈, 조영광, 김정운, 황병석 등 박사과정 수료생 및 경북대학교 대학원 고려시대사 전공자들에게 고마운 뜻을 전한다. 출판의 어려운 여건하에서도 이를 흔쾌히 맡아 주신 경인문화사 한정희 대표와 편집을 맡아 수고하신 관계자 여러분의 노고에 깊이 감사를 드린다.

2005년 8월 31일
저자 씀

<차　례>

머리말

『고려사』 백관지는 위로는 중앙의 3省 6部로부터 아래로 지방의 外職에 이르기까지 고려시대 중앙과 지방의 정치제도와 여러 관직체계에 대해 가장 기본이 되는 자료를 체계적으로 정리해 놓은 기록이다. 그동안 『고려사』의 편찬과정과 구성·내용·성격 및 그 속에 내포되어 있는 史觀 등에 대해서는 깊이 있는 연구가 이루어졌으나,[1] 백관지 자체에 대한 연구는 극히 적은 실정이다. 고려사 연구자라면 누구나 백관지의 자료를 많이 활용하여 연구를 하면서도 진작 백관지 자체에 대한 내용분석이나 체계적인 연구는 예상외로 적은 실정이다.[2] 본 연구는 『고려사』 백관지의 체제와 구성 및 백관지의 내용분석을 통해 나타나는 여러 가지 문제점에 대해서 살펴보기로 한 것이다.

『고려사』는 조선의 건국 초부터 세종 때 이르기까지 많은 논란을

---

1) 李基白, 「高麗史 解題」 『高麗史』(延世大 東方學研究所 刊, 1972) ; 『韓國의 歷史認識』(上), 創作과 批評社, 1976.
邊太燮, 「高麗史 編纂에 있어서의 客觀性의 問題」 『震檀學報』 40, 1975 ; 震檀學會編, 『韓國古典심포지움』, 일조각, 1980.
閔賢九, 「高麗史에 反映된 名分論의 性格」 『震檀學報』 40, 1975 ; 震檀學會編, 『韓國古典심포지움』, 일조각, 1980.
邊太燮, 「高麗史 高麗史節要의 史論」 『史叢』 21·22, 1977.
韓永愚, 「高麗史와 高麗史節要의 歷史認識」 『韓國史論』 7, 1977.
邊太燮, 『『高麗史』의 硏究』, 三英社, 1982.

2) 朴龍雲, 「『高麗史』 百官志의 特性과 譯註」 『고려시대연구Ⅲ』, 한국정신문화연구원, 2001.

거듭한 결과 編年體에서 紀傳體로 형태를 바꾸어 문종 원년(1451)에 완성되었다. 『고려사』의 편찬체제는 기전체로써 世家(本紀)·志·表·列傳으로 편성된 것은 역대 중국의 史書인 『舊唐書』, 『新唐書』, 『宋史』, 『元史』 등이 本紀·志·表·列傳으로 구성된 것과 같은 체제로서 世家 46권, 志 39권, 表 2권, 列傳 50권, 目錄 2권 등 총 139권으로 완성되었다. 본 연구에서 먼저 『고려사』 백관지의 체제와 구성을歷代의 중국사서와 우리의 『三國史記』를 비교해서 검토해 보고 구체적인 내용분석은 번역과 역주를 통해서 살펴보기로 하였다. 『고려사』의 찬자는 志를 纂修함에 『元史』에 준하여 고찰하기 쉽게 하였다고[3] 하였지만, 실제로 백관지의 체제와 구성은 『宋史』에 더 가깝다.

『고려사』 백관지는 卷76의 百官1과 卷77의 百官2로 구분하여 구성되어 있다. 백관지 전체는 ①東班(京職), ②王室(內職·東宮官·諸妃主府·王子府)·封君(宗室諸君·異姓諸君), ③諸司都監各色(특수기관), ④西班, ⑤外職, ⑥勳·爵, ⑦文·武散階로 구성되어 있다.[4] 백관지 1에서는 최고직을 기준으로 동반 3品官 이상을, 백관지 2에서는 동반 5品官 이하와 ②王室·封君, ③諸司都監各色(특수기관), ④西班, ⑤外職, ⑥勳·爵, ⑦文·武散階 등을 통합하여 기술해 놓고 있다. 즉 동반 관부의 최고직 5품을 기준으로 상·하로 구분하여 백관지를 1·2로 분류하여 편성해 놓고 있는 것이다.

---

3) 『高麗史』 纂修高麗史凡例, 志.
邊太燮, 「『高麗史』의 構成과 編纂原則」 『『高麗史』의 硏究』, 三英社, 1982, 51쪽에서 고려사 志의 내용은 『元史』의 그것과 비슷하다고 하였다.

4) 박용운, 「『高麗史』 百官志의 特性과 譯註」 『고려시대 연구Ⅲ』, 한국정신문화연구원, 2001, 54~55쪽에서 東班·京職을 대체적으로 ①三司·三公으로부터 ⑪109개(실제로는 105부서)의 諸司都監各色에 이르기까지 11部類로 나누고, 결론에서 전체적으로 ①東班·京職(東班京職·諸司都監各色) ②王室 關係(內職·宗室諸君·異姓諸君·東宮官·諸妃主府·王子府), ③西班(西班), ④外職(外職), ⑤勳·爵·階(勳·爵·文散階·武散階) 등 대략 5分類 12主題로 편제되어 있었다고 하였다.

본 연구에서는 『고려사』 백관지에 나타나 있는 관직체계의 내용분석을 통해서 그동안 학계에서 정설로 통용되고 있는 기존학설에 대한 오류와 백관지에 내포되어 있는 찬자의 오류를 밝히는 것이 중요한 목적이다. 그 동안 『고려사』 백관지 내용에 대한 체계적인 인식과 올바른 이해가 부족하여 오늘날 학계에서는 엄청난 큰 오류를 범하고 있다. 그 대표적인 오류가 中書門下省을 단일기구로 보아 고려의 중앙관제는 3省 6部가 아니라 2省 6部라고 하는 것이다. 중서문하성이 단일기구가 아니라 중서성과 문하성이 분리된 기구임을 『宋史』 직관지와 비교하여 다각적인 각도에서 이를 입증할 수 있는 확실한 논거를 찾을 수 있다. 고려전기의 중앙관제가 2省 6部가 아니라 3省 6部라는 것을 이 연구를 통해서 밝혀보고자 하였다.

다음으로 검토되어야 할 것은 宰·樞臣職과 實職 및 兼職關係에 대한 문제점이다. 이에 대해서도 다양한 견해가 제시되어 있어 학계에 논란이 되고 있다. 이에 대한 올바른 해명이 없이는 고려시대 관직운영의 실태와 권력구조를 올바르게 이해할 수가 없다. 實職과 宰·樞臣職 및 兼職關係에 대해서도 본 연구에서는 나름대로의 해명을 시도해 보고자 하였다.

백관지 2를 구성하고 하고 있는 여러 항목 가운데 크게 주목되는 문제는 王室과 封君 그리고 外職에 대한 것이다. 백관지 2에서 王室과 관련되는 부서(衙門)로는 內職(정1품)과 宗室諸君(정2품), 東宮官(종1품), 諸妃主府(종1품), 王子府(종8품)이다. 여기서 관심을 두어야 할 문제는 封君에 대한 것이다. 고려시대 封君은 宗室諸君과 異姓諸君으로 구분되어 있었다. 고려시대 封爵制度의 성립과정과 정비 및 그 변천과정에 대한 올바른 이해가 없이는 이에 대한 유기적인 파악이 불가능하다. 이에 대한 해명도 필요한 것이다.

백관지 2의 外職條는 今有·租藏으로부터 兵馬使·行營兵馬使·轉運使·安撫使·按廉使·監倉使·廉問使·勸農使·計點使·指揮使·節制使·都統使에 이르기까지를 앞부분에 편성하고, 그 아래 3京留

守官(西京·東京·南京)으로부터 大都護府·諸牧·中都護府·知州郡·諸縣·諸鎭·館驛使·儒學敎授官에 이르기까지는 뒷부분에 편성하고 있다. 전반부에 편성된 외직들은 전시과와 녹봉 규정에 보이지 않고, 지방에 상주한 외관이 아니라 임시로 파견된 外職들이다. 후반부에 편성된 3京 4都護府 8牧을 비롯한 각각의 외관들은 전시과에는 보이지 않으나 外官祿을 받으며, 지방에 상주하는 외관들이다. 이 外職條와 관련하여 지금까지 학계에서 논란이 되고 있는 兵馬使 75道安撫使·按察使 등에 대해서 재검토되어야 할 문제가 있다. 학계에서는 京職인 都兵馬使의 모체나 기원을 外職인 兵馬使에서 찾으려 하는데,[5] 이 논리는 외직의 병마사가 경직의 都兵馬使制로 제도화되었다는 모순에 빠진다. 이러한 모순을 비롯하여 외직에 대해서도 바르게 해명되어야할 문제가 적지 않게 남아 있다.

본 연구를 추진함에 있어서 『고려사』 백관지의 관직체계를 식화지 전시과의 관직체계와 녹봉조의 관직체계, 그리고 관직에 보임된 실제의 사례를 서로 비교하여 검토하기로 하였다. 전시과와 녹봉조의 기록을 도외시하거나 이를 활용하지 않음으로써 백관지의 관직체계를 올바로 이해하지 못하고 잘못을 범한 예를 흔히 찾아볼 수 있다. 백관지 외직조의 기록은 식화지 외관록의 기록과 지리지의 기록을 비교하여 검토하기로 하였다. 그리고 고려전기의 3省體制가 고려후기 충렬왕 원년(1275) 이후부터 1府體制(僉議府·都僉議使司·都僉議府·門

5) 李丙燾, 『韓國史』-中世篇-, 을유문화사, 1961, 130쪽에서 都兵馬使는 양계 兵馬使의 判事職에서 발전된 것이리 히였다. 邊太燮, 「고려도당고」 『역사교육』 11·12, 역사교육연구회, 1969 ; 『高麗政治制度史硏究』, 일조각, 1971, 86쪽에서 성종 8년의 兵馬判事制가 뒤의 都兵馬使의 母體가 되었다고 하였다. 金甲童, 「高麗時代의 都兵馬使」 『歷史學報』 141, 역사학회, 1994, 64쪽에서 都兵馬使職의 기원은 성종 8년의 兵馬判事制에 있다고 할 수 있으나 그 직접적인 계기는 현종 원년의 行營兵馬使制였다고 하였다. 그리고 96쪽 결론에서 도병마사는 기구나 관부가 아니고 관직이라고 하여, 都兵馬라는 관청의 장관에 해당하는 직책이라고 했다.

下府)로 변천되어간 것이 분명하므로 2省 6部의 바탕 위에 이루어진 그 간의 여러 연구성과에 대해서는 이를 수정 보완하는 방향으로 번역과 역주를 진행하고자 하였다.

본 연구가 『고려사』 백관지의 체제와 구성 및 내용을 올바로 이해하고, 나아가 고려의 중앙과 지방의 정치제도 및 관직체계는 물론 고려시대의 역사를 연구하는데 기초자료를 제공할 수 있는 조그마한 보탬이라도 되었으면 하는 마음에서 이 글을 쓰게 되었다.

제1편 『高麗史』 百官志의 研究

제1장 『高麗史』 百官志의 體制와 構成

제2장 『高麗史』 百官志의 構成과 문제점

제1장 『高麗史』 百官志의 體制와 構成

Ⅰ. 『高麗史』의 編纂과 百官志

『高麗史』는 조선의 건국 직후에 鄭道傳과 鄭摠 등이 3년에 걸쳐 편찬한 『高麗國史』를 모체로 하여 편찬된 것이다.[1] 개국공신을 두둔한 『고려국사』는[2] 태종 때 이에 대한 비판이 일어나 改修를 시도하였으나 중단하고, 세종 때 많은 논란을 거듭한 결과 編年體에서 紀傳體로 형태를 바꾸어 문종 때 완성되었다.[3] 『고려사』는 왕명에 의해 문종 원년(1451)에 金宗瑞·鄭麟趾 등이 편찬한 官撰史書로서 고려시대에 대한 역사서이다. 『고려사』의 편찬은 崔恒·朴彭年·申叔舟·柳誠源·李克堪 등으로 하여금 열전을 찬술하도록 하고, 盧叔仝·李石亨·金禮蒙·李芮·尹起·尹子雲 등으로 하여금 紀(世家)·志·年表를 나누어 찬술하도록 하였으며, 金宗瑞·鄭麟趾·許詡·金芮·李先齊·鄭昌孫·辛碩祖 등이 산삭과 윤색(刪潤)을 하여 이루어진 것이

---

1) 申奭鎬, 「高麗史 編纂始末」 『黃義敦先生古稀紀念 史學論叢』, 東國大史學會, 1960.

2) 『高麗國史』는 鄭道傳·鄭摠을 비롯한 藝文春秋館의 修史官들에 의해 편찬된 編年體 역사서이다.
邊太燮, 「高麗國史의 編纂內容과 史論」 『檀國大大學院 學術論叢』 3, 1979 ; 『『高麗史』의 硏究』, 三英社, 1982.

3) 李基白, 『高麗史 解題』, 延世大 東方學硏究所, 1972.

다.[4] 梁誠之가 『고려사』 지리지의 편찬에 관여한 것은 알려져 있는 사실이지만,[5] 백관지를 누가 편찬하였는지는 현재로는 알 수 없다. 다만 태종 4년 12월에 領春秋館事 河崙과 知春秋館事 權近에게 명하여 고려관제를 고려사에서 상고하게 하였다[6]고 한 바가 있음으로, 이미 그 이전에 고려관제에 대한 편찬이 거의 이루어져 있었음을 알 수 있다. 그 이후 『고려사』의 편찬체제를 編年體로 할 것인가 紀傳體로 할 것인가 논란을 거듭해 온 결과 중론이 결정되지 않았으나, 세종 31년 2월에 김종서 정인지가 東宮을 움직여 기전체로 세종의 윤허를 받게 되었다.[7] 『고려사』 백관지는 盧叔仝·李石亨·金禮蒙·李芮·尹起畎·尹子雲 등 가운데 그 누가 편찬에 관여했을 것으로 여겨지지만 그 역할 분담은 지금으로서 알 길이 없다.[8]

Ⅱ. 『高麗史』의 體制와 各志의 構成

『고려사』는 고려시대의 역사를 조선왕조가 건국된 이후 문종 원년(1451)에 편찬한 紀傳體 사서이다. 기전체는 전근대 동아시아 사회에서 역대 왕조들이 前代의 역사를 편찬할 때 이용한 가장 기본적인 史體이다. 기전체는 本紀, 志 表, 列傳의 네 부분으로 구성되어 있는데, 실제로 『고려사』는 그 凡例에 世家, 志, 表, 列傳으로 구성되어 있다. 『고려사』는 총 139권이나 되는 방대한 史書이다. 그런데 그 가운데는 目錄 2권이 포함되어 있어 실제내용은 137권이 되는 셈이다. 『고려사』 편찬의 구성 내용을 보면 <表 1>과 같다.

---

4) 『문종실록』 권12, 문종 2년 2월 갑신.
5) 韓永愚, 「訥齋 梁誠之의 社會政治思想」 『歷史教育』 17, 1975.
6) 『태종실록』 권8, 태종 4년 12월 병술.
7) 『세종실록』 권123, 세종 31년 2월 병진.
8) 邊太燮, 『『高麗史』의 研究』, 三英社, 1982, 44쪽.

〈表 1〉『高麗史』의 編纂構成

編 制	卷 數
1. 世家	46권(1～46)
2. 志	39권(47～85)
3. 表	2권(86～87)
4. 列傳	50권(88～137)

『고려사』의 편찬체제는 기전체로서 世家(本紀)·志·表·列傳으로 편성된 것은 역대 중국의 사서인 『舊唐書』·『新唐書』·『宋史』·『元史』 등이 本紀·志·表·列傳으로 구성된 것과 같은 체제이다. 우리의 『三國史記』도 이와 같은 체제로 편찬되었다. 『고려사』는 『송사』와 『원사』와 같이 기전체 사서이고, 『元史』에 더욱 가깝다고 피력한 견해가 있다.[9] 이를 역대의 각 사서들과 비교하여 보면 <表 2>와 같이 정리해 볼 수 있다.

〈表 2〉『高麗史』와 歷代史書의 構成 比較

書 名	總卷數	本紀(世家)	表	志	列 傳
高麗史	137	46(33,6)	39(28,5)	2(1,4)	50(36,5)
宋史	496	47(9,5)	162(32,7)	32(6,4)	255(51,4)
元史	210	47(22,4)	58(27,6)	8(3,8)	97(46,2)
舊唐書	200	20(10,0)	30(15,0)	—	150(75,0)
新唐書	225	10(4,4)	50(22,2)	15(6,7)	150(66,7)
三國史記	50	28(56,0)	9(18,0)	3(6,0)	10(20,0)

* ( ) 안은 %, 『高麗史』는 目錄 2권을 제외한 숫자.

<表 2>에 나타난 역대 각 사서들은 모두 紀傳體로 된 역사서이다. 『고려사』는 세가·지·표·열전으로 편성되고, 중국의 역대 사서들은 본기·지·표·열전 순으로, 『삼국사기』는 본기·연표·지·열전의 순으로 편성되어 큰 차이점은 없다. 志의 구성 비율로 보아 『고려사』가

9) 邊太燮, 앞의 책, 43쪽에서 『고려사』의 내용구성은 전형적인 紀傳體로써 世家(本紀)·志·表·列傳으로 편성되고 그 분량과 비율은 대체로 『元史』와 비슷하였다고 하였다.

39권으로 28.5%를 차지하고 있는 데 비하여 『원사』는 58권, 27.6%로서 그 비율이 비슷한 것이 주목된다. 아울러 『송사』는 162권, 32.7%로서 역시 비율 면에서는 이들과 근접해 있는 수치라는 점도 염두에 둘 필요가 있다.[10] 그러나 이러한 편제구성의 비율로 보아 『고려사』가 『원사』에 더 가까웠다고 단언하기는 곤란하며, 다만 참고가 될 따름이다. 『고려사』를 편찬함에 있어서 중국의 역대 사서인 『史記』와 『漢書』, 『新・舊唐書』 등과 우리의 『三國史記』를 참조하였을 것은 사실이겠지만, 전반적인 편찬체제는 『宋史』와 『元史』를 기준하였던 것이다. 『원사』의 체제는 『송사』를 모범으로 하였고, 『고려사』는 『원사』를 참조하여 편찬되었다. 그러므로 『고려사』가 『원사』에 준하여 편찬되었다고 하더라도 『송사』의 체제가 반영되기 마련인 것이다.

「纂修高麗史凡例」에 의거하면 『고려사』를 편찬함에 있어서 세가의 書法은 『兩漢書』(漢書와 後漢書)와 『元史』에 준하고, 志는 『원사』에 준하여 條目별로 나누고 종류별로 모아 편찬한다고 하는 바와 같이 『원사』에 더 비중을 두고 있었음을 분명히 밝히고 있다. 그리고 表는 『삼국사기』에 기준하여 연표를 작성하였음을 다음과 같이 밝히고 있다.

> 世家 ; 史記를 상고하면 天子는 기(紀)라 하고 제후(諸侯)는 세가(世家)라 하였다. 이제 고려사를 찬수함에 있어서 王紀를 세가라고 함으로써 명분을 바르게 하고 그 書法은 兩漢書(漢書와 後漢書)와 元史에 기준하여 事實과 言辭를 모두 기록하였다.
>
> 志 ; 역대 역사의 志를 상고하면 각 시대마다 서로 같지가 않다. 唐의 志에 이르러서는 事實로서 組織하여 篇을 만들었으므로 考覈하기가 어렵다. 지금 高麗史를 纂修함에 있어서 元史에 準하여 條日 별로 나누고 種類 별로 모아서 보는 사람으로 하여금 고찰하기 쉽게 하였다.
>
> 表 ; 역대의 역사 表를 상고하면 상세하고 간략함이 같지 않다. 이제 고려사 表를 찬수함에 있어 金富軾의 三國史(삼국사기)에 기준하여 다만

10) 박용운, 「『高麗史』 百官志의 特性과 譯註」 『고려시대연구Ⅲ』, 한국정신문화연구원, 2001.

年表를 만들었다.

> 列傳 ; 첫째는 后妃, 다음은 宗室, 다음은 諸臣으로 하고 叛逆을 끝으로 하였다. … 辛禑부자는 반역자 辛旽의 서자로서 왕위를 도둑질한 지 16년이라 이제 漢書 王莽傳에 준하여 낮추어 列傳으로 하여 역적을 물리치는 뜻을 엄중히 하였다.

고 하는 바와 같이 『고려사』를 기전체로 편찬함에 있어서 『한서』, 『후한서』, 『원사』 등과 우리의 『삼국사기』를 참조한 사실을 반영하고, 世家와 志는 『원사』에 준하고, 志는 『원사』에 더 비중을 두어 참조하였음을 밝히고 있다. 실제로 『고려사』 志의 凡例는 『원사』 志의 범례 차체를 글자 몇 개만 바꾸어 그 내용을 약간 달리하여 옮겨 놓고 있다. 『원사』 志의 凡例를 보면

> 역대 역사의 志를 상고하면 법식 사이에 같지 않음이 있다. 唐志에서는 모두 사실로써 組織하여 篇을 만들었으므로 考覈할 때 학자들이 이를 꺼려한다. 오직 근대 宋史의 志가 條目별로 나누고 事件별로 배열하여 보는 자들이 쉽게 볼 수 있게 하였다. 지금 元史의 志를 찬수함에 있어서 宋史에 준하여 한다.

라고 하였다. 즉 『원사』의 志를 찬수함에 있어서 『송사』에 준하였다고 한다. 앞서 지적한 『고려사』 志의 범례에서는 『원사』에 준하였다고 하고, 여기서 『元史』의 志는 『송사』에 준하였다고 하고 있는 것이다. 이로 보면 『고려사』는 『원사』를 기준하고 『원사』는 『송사』를 기준하였음을 알 수 있다. 그러므로 『고려사』가 비록 『원사』를 기준 하였다고 하더라도 『송사』의 체제가 『고려사』에 반영되기 마련인 것이다. 실제로 『고려사』 12志 가운데 본고에서 다루고자 하는 백관지는 후술하겠지만 『원사』보다는 『송사』에 더욱 가깝다.

『고려사』의 志는 天文志, 曆志, 五行志, 地理志, 禮志, 樂志, 輿服志, 選擧志, 百官志, 食貨志, 兵志, 刑法志 등 모두 12志로 구성되어 있다.

『고려사』12志의 내용을 역대의 다른 史書와 비교하여 <表 3>과 같이 정리해 볼 수 있다.

〈表 3〉『고려사』12志와 歷代史書 各志의 비교

書名	志의 數(卷)	志 名(卷)
高麗史	12志(39卷)	天文(3) 曆(3) 五行(3) 地理(3) 禮(11) 樂(2) 輿服(1) 選擧(3) 百官(2) 食貨(3) 兵(3) 刑法(2)
宋史	15志(162卷)	天文(13)) 五行(7) 律曆(17) 地理(6) 河渠(7) 禮(28) 樂(17) 儀衛(6) 輿服(6)選擧(6) 百官(12) 食貨(14) 兵(12) 刑法(3) 藝文(8)
元史	13志(58卷)	天文(2) 五行(2) 曆(6) 地理(6) 河渠(3) 禮樂(5) 祭祀(6) 輿服(3) 選擧(4) 百官(8) 食貨(5) 兵(4) 刑法(4)
舊唐書	11志(30卷)	禮意(7) 音樂(4) 曆(3) 天文(2) 五行(1) 地理(4) 職官(3) 輿服(1) 經籍(2) 食貨(2) 刑法(1)
新唐書	13志(50卷)	禮樂(12) 儀衛(1) 車服(1) 曆(6) 天文(3) 五行(3) 地理(7) 選擧(2) 百官(4) 兵(1) 食貨(5) 刑法(1) 藝文(4)
三國史記	8志(9卷)	祭祀 樂(1) 色服 車騎 器用 屋舍(1) 地理(4) 職官(3)

<表 3>을 보면『고려사』의 12志는『구당서』,『신당서』,『삼국사기』보다『송사』,『원사』와 비슷하고, 그리고『송사』보다는『元史』에 더 가깝다. 먼저『宋史』와『元史』를 비교해 보면『송사』의 15志 가운데 儀衛와 藝文志가『원사』에 없고,『송사』에 禮志와 樂志로 구분되어 있는데 비하여『원사』에는 禮樂志로 통합되어 있으며,『송사』에 없는 祭祀가『원사』에 추가되어 있는 차이 뿐이다. 이로 보면『元史』의 志는『송사』에 준하여 편찬되었다는 사실이 확인되는 것이다.『고려사』의 12志와『元史』13志를 비교해 보면『고려사』에서는 禮志와 樂志가 분리되어 있는데 비하여『원사』에서는 이를 통합하여 禮樂志라 하고,『고려사』에 없는 河渠와 祭祀가 추가되어 13志를 설정하고 있는 차이 뿐이다. 그리고『고려사』에서 禮志와 樂志를 구분한 것은『원사』보다『송사』의 체제와 같은 것이다. 다시 말하여『원사』는『송사』에 준하고,『고려사』의 志는『원사』에 준하여 편찬된 것이다. 그러

므로『고려사』12志는『원사』에 준하여 편찬되었다고 하더라도『송사』의 체제가 반영되기 마련인 것이다. 실제로『고려사』백관지의 체제만은『원사』보다『송사』에 더욱 가깝다.

제2장 『高麗史』 百官志의 構成과 문제점

Ⅰ. 『高麗史』 百官志 1의 構成과 문제점

『고려사』 백관지는 고려시대 여러 官府와 관원의 조직, 그리고 관제의 정비와 변천과정 등 官制 전반에 관해 기록해 놓고 있다. 중앙과 지방의 통치기구를 비롯한 고려의 모든 정치제도와 여러 관직제도를 연구하는데 가장 기초가 되는 자료이다.

『고려사』 백관지는 두 권으로 百官一과 百官二로 구성되어 있다. 『三國史記』와 『舊唐書』, 『宋史』가 職官志라 한데 비하여 『고려사』는 『新唐書』, 『元史』와 함께 百官志라 하였다. 『고려사』 백관지는 百官一과 百官二로 구분하여 다음과 같이 구성되어 있다.

百官志 1

百官志 序文 1.三師·三公 2.門下府 3.尙書省 4.三司 5.密直司 6.資政院 7.六曹 8.司憲府 9.開城府 10.藝文館 11.春秋館 12.寶文閣 13.諸館殿 14.成均館 15.典校寺 16.通禮門 17.典醫寺 18.宗簿寺 19.衛尉寺 20.司僕寺 21.禮賓寺 22.典農寺 23.內府寺 24.小府寺 25.軍資寺 26.繕工寺 27.司宰寺 28.司水寺 29.軍器寺 30.書雲觀 31.典醫寺 32.通文館

百官志 2

1.寢園署 2.諸陵署 3.司醞署 4.司膳署 5.奉醫署 6.掌服署 7.司設署 8.奉車署 9.供造署 10.京市署 11.膳官署 12.掌冶署 13.都校署 14.典樂署 15.供譯

署 16.典廏署 17.都染署 18.雜織署 19.司儀署 20.典獄署 21.大倉署 22.豊儲倉 23.廣興倉 24.料物庫 25.義盈庫 26.長興庫 27.常滿庫 28.內庫 29.內房庫 30.德泉庫 31.寶興庫 32.典廨庫 33.惠濟庫 34.義濟庫 35.資贍寺 36.寶源解典庫 37.大淸館 38.五部 39.延慶宮 40.掖庭局 41.內侍府 42.內職 43.宗室諸君 44.異姓諸君 45.東宮官 46.諸妃主府 47.諸王子府 48.諸司都監各色 49.西班 50.外職 51.勳 52.爵 53.文散階 54.武散階

즉 백관지 1에서는 서문에 이어 (1)三師・三公과 (2)門下府로부터 (32)通文館에 이르기까지 3府・2司・1院・4館・1閣・1殿・1門・16司・1書雲觀 모두 32관서를(6曹를 포함하면 37관서), 백관지 2에서는 21署・2倉・12庫・1寺・1館・1部(5部)・1宮・1局・3府・1內職・2諸君・1官(東宮官)・諸司都監各色・西班・外職・勳・爵・文散階・武散階 등 54항목으로 나누어 각 관서의 관장 업무와 관원의 구성 및 품계를 명시하고 掾屬과 吏屬도 아울러 기록하고 있다.

『고려사』백관지에 나타나 있는 각 관서의 명칭과 관직의 이름들은 설립 당시에 사용된 칭호가 아니라 가장 나중에 개편된 官府의 칭호를 主題語로 삼아 기록한 것임을 유념할 필요가 있다. 三司와 같이 설립에서 廢置될 때까지 변화가 없었던 官府를 제외하고는 개편이 이루어진 관부들은 맨 마지막에 개편된 칭호를 主題語로 삼고 있다. 고려시대 가장 중요한 관부라 할 수 있는 門下府, 尙書省, 三司, 密直司, 六曹, 司憲府 등도 모두 가장 마지막에 개편된 관부의 이름이다. 이를 백관지의 배열 순서와 품계를 참조하여『고려사』百官志의 구성을 <表 4>와 같이 정리해 볼 수 있다.

<表 4>를 보면『고려사』백관지는 ①東班(京職), ②王室(內職・東宮官・諸妃主府・王子府)・封君(宗室諸君・異姓諸君), ③諸司都監各色(특수기관), ④西班, ⑤外職, ⑥勳・爵, ⑦文・武散階로 구성되어 있다.[1)]

---

1) 박용운,「『高麗史』百官志의 特性과 譯註」『고려시대 연구Ⅲ』, 한국정신문화연구원, 2001, 54～55쪽에서 東班・京職을 대체적으로 ①三司・三公으로부터 ⑪109개(실제로는 105부서)의 諸司都監各色에 이르기까지 11部

〈表 4〉『高麗史』 百官志의 構成

區分		品階	官府	최고관직(문종조)	비고
百官一	東班	정1품	三師・三公	大師・大傅・大保, 大衛・司徒・司空	
		종1품	門下府(門下省・中書省) 尙書省	門下侍中 中書令 尙書令	(宰府) 3省
			三司	判事1人 宰臣兼之, 使 정3품	2品이상 관부
		종2품	密直司(中樞院, 中臺省, 樞密院)	判院事 등 4樞臣(종2품), 3樞臣(정3품)	樞府
			6曹	判事1人宰臣兼之, 尙書 정3품	2品이상 관부
		정3품	司憲府(司憲臺, 御史臺 등)	判事・大夫 정3품	
			開城府	知府事(문종), 判府尹(종2품, 충렬왕 34년)	
			藝文館	判院事 宰臣兼之, 學士承旨(정3품)	2品이상 관부
			春秋館	監修國史 侍中兼之, 修國史 2品以上兼之	2품이상 관부
		종3품	寶文閣	學士 視從三品	
		종2품	諸館殿	諸殿大學士(종2품)	2품이상 관부
			成均館	提學 … 判事1人 兼官, 祭酒1人(종3품)	2품이상 관부
		정3품	典校寺(判事, 정3품), 通禮門(判事, 정3품), 典醫寺(使1人, 三品兼之), 宗簿寺(判事1人, 정3품), 衛尉寺(判事1人, 정3품), 司僕寺(判事1人, 정3품), 禮賓寺(判事1人, 정3품), 典農寺(判事1人, 정3품), 內府寺(判事1人, 정3품), 軍資寺(判事, 정3품), 繕工寺(判事, 종3품), 司宰寺(判事, 정3품), 司水寺(判事, 정3품), 書雲觀(判事, 정3품)		
		종3품	小府寺(判事, 종3품), 軍器寺(判事, 종3품), 典醫寺(判事, 종3품), 通文館		

類로 나누고, 결론에서 전체적으로 ①東・京職(東班京職・諸司都監各色) ②王室 關係(內職・宗室諸君・異姓諸君・東宮官・諸妃主府・王子府), ③西班(西班), ④外職(外職), ⑤勳・爵・階(勳・爵・文散階・武散階) 등 대략 5分類 12主題로 편제되어 있었다고 하였다.

<table>
<tr><td rowspan="15">百
官
二</td><td rowspan="2">東
班</td><td>종5품
↓
종9품</td><td colspan="3">1.寢園署(大廟署令, 종5품) 2.諸陵署(令, 종5품) 3.司醞署(良醞署令, 정8품) 4.司膳署(奉御, 정6품) 5.奉醫署(奉御, 정6품) 6.掌服署(奉御, 정6품) 7.司設署(奉御, 정6품) 8.奉車署(奉御, 정6품) 9.供造署(令, 정6품) 10.京市署(令, 정6품) 11.膳官署(令, 정6품) 12.掌冶署(令, 종7품) 13.都校署(令, 종8품) 14.典樂署(令, 종7품) 15.供譯署(令, 종7품) 16.典廏署(令, 종7품) 17.都染署(令, 정8품) 18.雜織署(令, 정8품) 19.司儀署(令, 정8품) 20.典獄署(令, 정8품) 21.大倉署(令, 종7품) 22.豊儲倉(別監, 후기 使, 정5품) 23.廣興倉(후기 使, 정5품) 24.料物庫(후기 使, 종5품) 25.義盈庫(후기 使, 종5품) 26.長興庫(후기 使, 종5품) 27.常滿庫(후기 使, 종5품) 28.內庫(使, 종6품) 29.內房庫(후기 使, 종5품) 30.德泉庫(후기 使, 종5품) 31寶興庫(후기 使, 종5품) 32.典廨庫(후기 使, 종7품) 33.惠濟庫(후기 使, 종7품) 34.義濟庫(공민왕 10년 使, 종7품) 35.資贍寺(충렬왕 34년 知事, 정5품) 36.寶源解典庫(공민왕 18년 使, 종5품) 37.大淸館(충선왕 判官, 종9품) 38.五部(使, 4품이상) 39.延慶宮(使 … 內科權務) 40.掖庭局(內謁者監, 정6품)</td><td></td></tr>
<tr><td>정2품</td><td colspan="2">內侍府</td><td>判事1人 정2품(공민왕 5년)</td><td></td></tr>
<tr><td rowspan="6">王室
·
封君</td><td>정1품</td><td colspan="2">內職</td><td>貴妃 淑妃 德妃 賢妃(정1품)</td><td></td></tr>
<tr><td rowspan="2">정2품</td><td rowspan="2">封君</td><td>宗室諸君</td><td>院君·大君(국초), 현종이후 公·侯, 兼尙書·中書令(종1품), 帶大尉·司徒·司空(정1품)</td><td rowspan="2">公·侯·國公
(정2품)</td></tr>
<tr><td>異姓諸君</td><td>公·侯·伯·子·男(국초), 諸君(종1품, 충선왕)</td></tr>
<tr><td>종1품</td><td colspan="2">東宮官</td><td>大師·大傅·大保(종1품, 문종 22년)</td><td></td></tr>
<tr><td></td><td colspan="2">諸妃主府</td><td>左右詹事(문종), 左右司尹(정3품, 공민왕)</td><td>정3품</td></tr>
<tr><td>종8품</td><td colspan="2">王子府</td><td>典籤(종8품)</td><td></td></tr>
<tr><td>東班</td><td></td><td colspan="2">諸司都監各色</td><td>都評議使司～諸亭院直(105司·都監·各色)</td><td>특수기관</td></tr>
<tr><td>西班</td><td>정3품</td><td colspan="2">2軍 6衛</td><td>上將軍(정3품)</td><td></td></tr>
<tr><td>外職</td><td>3품</td><td colspan="2"></td><td>兵馬使1人(3품) 3京留守(3品이상)</td><td></td></tr>
<tr><td rowspan="2">勳
爵</td><td>정2품</td><td colspan="2">勳</td><td>上柱國(정2품) 柱國(종3품)</td><td></td></tr>
<tr><td></td><td colspan="2">爵</td><td>公·侯·國公(정2품)</td><td></td></tr>
<tr><td rowspan="2">文 武
散階</td><td>종1품</td><td colspan="2">文散階</td><td>開府儀同三司(종1품)</td><td>29階</td></tr>
<tr><td>종1품</td><td colspan="2">武散階</td><td>驃騎大將軍(종1품, 성종 14년)</td><td>29階</td></tr>
</table>

백관지 1에서는 최고직을 기준으로 동반 3品官 이상을, 백관지 2에서는 동반 5品官 이하와 ②王室・封君, ③諸司都監各色(특수기관), ④西班, ⑤外職, ⑥勳・爵, ⑦文・武散階에 대해서 기술해 놓고 있다. 동반 관부의 5품을 기준으로 상・하로 구분하여 백관지 1·2를 구성하고, 백관지 2에서는 5품 이하 관부와 ②王室・封君, ③諸司都監各色(東班, 특수기관), ④西班, ⑤外職, ⑥勳・爵, ⑦文・武散階 등을 통합하여 편성하고 있는 것이다. 이것은 조선시대 內命婦・外命府와 정1품 衙門에 宗親府・議政府・忠勳府・儀賓府・敦寧府로 구분한 것과는[2] 큰 차이가 있다. 『고려사』 백관지의 구성을 5品을 기준하여 상・하 즉 백관지 1·2로 구분한 것은 蔭敍나 功蔭田의 지급규정과 더불어 고려귀족사회의 특성과도 관련된 것이라 할 수 있겠다.

三司와 6曹 그리고 예문관 춘추관 보문각 성균관 등 文翰・學館 기구의 判事는 「宰臣兼之」 혹은 「兼官」임을 명시하고 있다. 이러한 官府는 겸직을 기준하여 2품 이상 관부로 보아야할 것이지, 아니면 실질적인 장관이라 할 수 있는 6部의 尙書(정3품)나 三司使(정3품) 學士承旨(정3품) 祭酒(종3품) 등을 기준하여 정3품 혹은 종3품 관부로 간주해야할 것인지 이점이 분명하지 않다. 判事의 직을 宰臣(1·2품)이 겸직하거나 「兼官」으로 제도화되어 있는 관부는 典校寺 등 기타 諸寺의 判事가 정3품 실직임을 명시하고 있는 관부와는 엄격히 구별하고 있다. 이로 보면 겸직 혹은 兼官을 명시하고 있는 관부는 1·2품 관부로 보는 것이 옳을 것 같다. 백관지에서는 관부의 배열 순서도 그와 같이 편성되어 있다. 『고려사』 백관지는 실질적인 장관의 품계를 기준하여 관부의 서열을 편성하고 있지 않음에 유념할 필요가 있다.

『고려사』 백관지는 서문부터 시작하여 많은 의문과 문제점이 지적되고 있는데, 이에 대해서는 후술할 기회가 있지만, 고려시대 가장 중요한 관부라 할 수 있는 門下府, 尙書省, 三司, 密直司, 六曹, 司憲府

---

2) 『經國大典』 권1, 吏典.

가운데 특히 門下府에 대해서는 여전히 많은 의문이 남아있다. 이를 해명하기 위해서는 우선 문하부를 비롯한 여러 관부의 구성을 다른 중국의 사서와 비교하여 검토해 볼 필요가 있다. 앞서 『고려사』 志의 구성은 중국의 역대사서 가운데 『舊唐書』, 『新唐書』보다는 거의 『宋史』, 『元史』와 비슷하며, 그 중에서도 『元史』에 가까운 편이라는 연구가 나와 있었음을 지적한 바 있었다.[3] 그러나 백관지의 경우는 그렇지 않았다. 『元史』보다는 『舊唐書』 『新唐書』와 『宋史』와 비슷하며, 『신당서』보다는 『宋史』에 더 가까운 편이다. 이들을 비교하면 <表 5>와 같이 예시해 볼 수 있다.

<表 5>에서 三師·三公을 가장 상위에 둔 것은 각 사서의 공통점이다. 하지만 가장 중요한 官府라 할 수 있는 3省 6部의 설정에 있어서는 각 사서마다 약간의 차이가 있다. 『舊唐書』는 직관지 2에서 尙書都省·6部(吏·戶·禮·兵·刑·工部)와 門下省 아래 弘文館을 넣고 中書省을 설정한 데 비하여, 『新唐書』에서는 백관지 1에서 尙書省· 6部를, 백관지 2에서 門下省, 弘文館, 中書省 순으로 설정하고 있는 차이가 있다. 『元史』는 백관지 1에서 中書令, 左·右丞相, 平章政事, 右·左丞, 參政 순으로 설정하고 있는데 비하여 『宋史』는 宰執 아래 門下省, 中書省, 尙書省 순으로 3省을 설정하고 있다. 이로 보면 『고려사』 백관지는 『元史』보다는 『신·구당서』와 『송사』에 가깝고, 『신·구당서』보다는 『송사』와 더 비슷한 것이다.

『고려사』는 백관지 1에서 門下府, 尙書省, 三司, 密直司, 六曹 순으로 1府 1省 2司 6曹를 설정하고 있다. 門下府는 中書省과 門下省이 합치된 이후의 맨 나중 공민왕 18년(1369)에 개편된 官府名이다. 그러므로 제도 설립 당시에는 中書省과 門下省, 그리고 尙書省으로 3省 6部가 되는 것이다. 그러나 『고려사』 백관지에는 中書門下省이 門下府(공민왕 18년)로 개편된 것으로 되어 있고, 또한 후술하겠지만 고려에서는 中書省과

3) 邊太燮, 『『高麗史』의 研究』, 三英社, 1982, 50쪽.

門下省을 中書門下省이라 하여 단일기구로 보는 것이 학계의 정설로 되어 있다. 中書省과 門下省을 분리된 기구로 보아 고려의 중앙관제는 3省 6部라 해야할 것인지, 中書門下省이라는 단일기구로 보아 2省 6部라 해야할 것인지 이점이 해명되어야 할 문제이다. 요컨대 門下府의 실체와 그 변천과정을 통해서 해명되어야 할 문제인 것이다.

〈表 5〉 百官志 構成 비교표

卷數	高麗史 (백관지)	宋史 (직관지)	元史 (백관지)	新唐書 (백관지)	舊唐書 (직관지)
1	1.三司・三公 2.門下府 3.尙書省 4.三司 5.密直司 6.六曹 7.司憲府 (이하생략)	1.三司 2.三公 3.宰執 4.門下省 5.中書省 6.尙書省	1.三公 2.中書令 3.左・右丞相 4.平章政事 5.右・左丞 6.參政 (중간생략) 11.6部	1.三司・三公 2.尙書省 3.6部	序文 文散階
2	1.寢園署 (이하생략)	1.樞密院 2.宣徽院 3.三司使 (이하생략)	1.樞密院 2.行樞密院 (이하생략)	1.門下省 2.弘文館 3.中書省 (이하생략)	1.三司・三公 2.尙書都省 3.六部 4.門下省 5.弘文館 6.中書省 (이하생략)
3	이하없음	1.六部 (이하생략)	1.大宗正府 (이하생략)	1.御史臺 (이하생략)	1.御史臺 (이하생략)
4		1.御史臺	생략	(상)1.十六衛 2.東宮官 (하)1.王府官 2.外官	이하없음
5		생략	생략	이하없음	
6		생략	생략		
7		생략	行中書省 (이하생략)		
8		생략	選擧附錄		

1. 門下府의 官員構成과 變遷過程에 대한 문제점

고려시대 門下府는 설립 당시에 門下省과 中書省이 분리 설치된 기구로 보아 문하성 중서성 상서성의 3省으로 볼 경우에 『宋史』 직관지의 3省과 구성상으로는 완전히 일치한다. 그러나 『宋史』에는 3省의 상위에 宰執(宰相之職)이 있어 고려와는 관원 구성에 약간의 차이가 있다. 이를 보다 더 자세히 검토해 보기 위해 <表 6>과 같이 정리해 볼 수 있다.

〈表 6〉 門下府의 官員構成 비교표

高麗史(백관지, 文宗朝)			宋史(직관지, 元豊官制)		
門下府			宰執(宰相之職) : 平章軍國重事・使相・參知政事		
	門下省	中書省	門下省	中書省	비고
종1품	門下侍中	中書令	侍中	中書令	
정2품	門下侍郎平章事 門下平章事	中書侍郎平章事 中書平章事	門下侍郎	中書侍郎	
종2품	參知政事 政堂文學 知門下省事				
정3품	左散騎常侍	右散騎常侍	左散騎常侍	右散騎常侍	
종3품	直門下				
정4품	左諫議大夫	右諫議大夫	左諫議大夫(종4품)	右諫議大夫	종4품
종4품	給事中	中書舍人	給事中(4인, 정4품)	中書舍人(4인)	정4품
종5품	起居郎 起居注	起居舍人	起居郎(1인, 起居注)	起居舍人	정7품
정6품	左補闕(左司諫)	右補闕(右司諫)	左司諫	右司諫	정7품
종6품	左拾遺(左正言)	右拾遺(右正言)	左正言	右正言	종7품
종7품	門下錄事	中書注書			

<表 6>에서 『고려사』 백관지와 『宋史』를 비교해보면 『宋史』 직관지에서는 문하성과 중서성의 상위에 宰執(宰相之職)으로 平章軍國重事・使相・參知政事를 두고 그 위에는 三師・三公이 있다. 그런데 비하여 『고려사』에서는 三師・三公 아래 『宋史』에서와 같은 宰執(宰相之職)은 설정하지 않고 문하성과 중서성을 설정하고 문하시중 중서령 아래 4平章事와 그 아래 參知政事・政堂文學・知門下省事를 두고 있

는 차이가 있다. 그리고 『고려사』에 보이는 直門下가 『宋史』에 보이지 않고, 또한 『고려사』의 門下錄事·中書注書가 『宋史』에는 보이지 않으며 품계 상에도 서로 차이가 있다. 이러한 차이점을 제외하면 『高麗史』 백관지와 『宋史』 직관지는 외형상 관직구성으로 보면 비슷한 점이 많다. 그러나 실제로 관직운영의 실태는 각각 서로 달랐다.

宋의 元豊(1078) 新官制는 이전과는 달리 唐代의 3省 6部 조직으로 복원하여 3省에 시중 중서령 상서령을 두었다. 그러나 이를 除授하지 않고, 尙書省의 左僕射가 門下侍郞을 겸하여 시중의 직임을 맡고, 右僕射가 중서시랑을 겸하여 중서령직을 맡아 상서성의 左·右僕射가 실질적인 宰相이 되어 3省체제를 운영하였다.[4] 宋의 3省體制하에서 문하성과 중서성을 엄격히 구별하여 문하성에는 시중과 문하시랑으로부터 左正言에 이르기까지, 중사성에는 중서령과 중서시랑으로부터 右正言에 이르기까지 관료조직이 구성되어 있다. 다만 시중 중서령 상서령을 임명하지 않고 상서성의 左·右僕射가 실질적인 宰相의 직임을 맡고 있는 것이 특징이라 할 수 있다. 이러한 宋制는 기본적으로는 3省體制의 바탕 위에 관직운영의 방법은 송나라 실정에 맞게 운영해 간 것이다.

고려에서도 宋制와 같이 기본적으로 3성체제 바탕 위에 고려의 실정에 맞게 관직운영이 이루어졌을 것으로 여겨진다. 그러나 『고려사』 백관지에서는 宋制와는 좀 다르게 門下府 아래 문하성과 중서성이 「中書門下省」으로 통합되어 단일기구인 것 같이 기술되어 있다. 이러한 사실은 『고려사』 찬자들이 고려후기의 사실을 기준으로 전기의 내용을 기술한 오류에서 기인된 것이라 여겨진다. 이것은 고려 전기의 중

---

4) 神宗新官制 於三省置侍中·中書令·尙書令 以官高不除人 而以尙書令之貳左 右僕射爲宰相 左僕射兼門下侍郎 以行侍中之職 右僕射兼中書侍郎 以行中書令之職(『宋史』 권161, 職官1, 宰執 宰相之職).
和田 淸 編著, 『支那官制發達史』, 汲古書院, 1942, 185쪽.
宮崎市定, 「宋代官制序說」, 佐伯富編, 『宋史職官志索引』, 東洋史硏究會, 1963, 18쪽.
申採湜, 『宋代官僚制硏究』, 三英社, 1981, 125쪽.

앙관제가 3성 6부인가 아니면 2성 6부인가를 해명하는데 중요한 관건이 되는 중요한 문제인 것이다.

『고려사』 백관지 문하부조에는 국초의 內議省이 성종 원년에 內史門下省으로 개편되었고, 이어 문종 15년(1061)에 中書門下省으로 개편되었다가 충렬왕 원년(1275)에 중서문하성을 상서성과 병합하여 僉議府로 되고, 충렬왕 19년(1293)에 都僉議使司로, 그 후 공민왕 5년(1356)에 中書省과 門下省을 복원하고, 尙書省을 별도로 설치하였다가 공민왕 11년(1362)에 都僉議府로 개편됨과 동시에 尙書省을 혁파하였으며, 공민왕 18년(1369)에 門下府로 개편된 것으로 나타나 있다. 즉 백관지에서는 내사문하성(중서문하성)이 여러 차례 개편을 거쳐 최종적으로 門下府로 개편되어 중서문하성이 단일기구인 것 같이 기술되어 있는 것이다. 이러한 門下府條의 기록에 대해서 의문을 제기 하지 않을 수 없다. 문제의 핵심은 충렬왕 원년에 中書省과 門下省이 僉議府로 개편되기 이전에 이것이 「中書門下省」이라는 단일기구이었던가 아니면 中書省과 門下省이 분리된 기구였던가를 구체적으로 검토해 보아야할 문제인 것이다.

『고려사』 백관지 문하부조의 기록은 최후로 개편된 관부와 관직의 칭호를 기준으로 判門下(중서령)로부터 侍中, 贊省事(평장사), 評理(참지정사)에 이어 錄事·注書에 이르기까지 품계의 순서에 따라 여러 관직을 나열하고 있다. 성종 원년의 내사문하성이 여러 차례 개편을 거쳐 최후로 개편된 門下府를 기준하여 각 관직의 품계 순서에 따라 중서성과 문하성을 단일기구로 보아 일괄적으로 정리하고 있는 것이다. 그러나 문하부조를 자세히 검토해 보면 <表 6>에서 보여주는 바와 같이 중서성과 문하성이 단일기구가 아님을 보여주고 있나. 宋制에 "左屬門下 右屬中書"[5]라고 한 바와 같이 고려에서도 宋制와 같이 左職은 문하성, 右職은 중서성으로 구별하여 문하성과 중서성이 분리

5) 右散騎常侍 右諫議大夫 右司諫 右正言 輿門下省同 但左屬門下 右屬中書(『宋史』 권161, 職官1, 中書省).

된 기구임을 분명히 알 수 있다. 그럼에도 불구하고 『고려사』 찬자는 성종 원년에 내사문하성이 설치될 당시에 내사성과 문하성이 분리된 기구라는 사실을 고려하지 않은 채 門下府條에서 일괄적으로 정리하였던 것이다. 후기에 최종적으로 개편된 관부를 기준으로 전기의 사실을 반영하다 보니 그렇게 정리할 수밖에 없었을 것이다. 실제로 중서성과 문하성 및 상서성이 처음으로 통합된 것은 충렬왕 원년이었다. 충렬왕 원년에 중서성과 문하성을 병합하여 僉議府로 개편되기 이전까지는 중서성과 문하성은 분리된 기구였다.

국초의 內議省을 성종 원년에 「내사문하성」으로 개편할 당시부터 내사성과 문하성은 분리된 기구였다. 백관지 문하부조에 "국초의 內議省을 성종 원년에 「내사문하성」으로 개편하였다"고 한다.[6] 『고려사절요』에서도 內史門下省(中書門下省)의 前身으로 내의성을 지목하고 있다.[7] 이것은 국초의 내의성을 「내사문하성」으로 개편한 것이 아니라 성종 원년에 제도를 개편할 당시에 국초의 내의성과 諸軍事 및 左・右執政 內史令의 기능까지 대신해서 이를 계승할 수 있는 唐制의 내사성과 문하성을 수용하여 개편된 것이라 여겨진다.

여기서 『고려사』와 『고려사절요』의 撰者는 內史門下省(中書門下省)의 전신으로 내의성을 지목하고 있다. 이에 대해서 政事의 협의・간쟁 등을 맡아 국왕의 고문기관과 같은 역할을 수행했던 내의성의 기능이 내사문하성과 연결을 가지는 것은 사실이지만, 그렇다고 내사문하성이 곧 내의성의 후신이 된 것은 아니라는 지적이 있다.[8] 이와는 달리 내사문하성은 계통상 직접적으로 唐制와 관련된 것으로 본 견해도 피력되어 있다.[9]

『고려사』 찬자의 견해대로 內史門下省의 전신으로 내의성을 지목

---

6) 門下府 … 國初稱內議省 成宗元年改內史門下省(『高麗史』 권76, 百官1).

7) 成宗元年春三月 改百官號 以內議省爲內史門下 廣評省爲御事都省(『高麗史節要』 권2).

8) 李泰鎭, 「高麗 宰府의 成立－그 制度史的 考察－」 『歷史學報』 56, 1972.

9) 邊太燮, 「高麗初期의 政治制度」 『韓沽劤停年紀念 史學論叢』, 지식산업사, 1981.

할 수는 없을 것 같다. 내사성과 문하성은 설립 당시부터 분리된 기구였다. 실제로 성종 원년(982)에 崔知夢이 左執政・守內史令을 제수 받아 신설된 내사성의 내사령에 최초로 취임한 예가 있고,[10] 이어서 성종 2년 정월에는 崔承老가 門下侍郎平章事에[11] 임명된 후 성종 7년에 門下守侍中을 제수 받은 예가 있다.[12] 이것은 내사성과 문하성이 설립 당시부터 분리된 기구임을 입증하는 것이다. 이에 앞서 광종 16년(965)에 伷를 正胤(太子)으로 책봉함과 동시에 그에게 「內史諸軍事內議令」이라 하여 「內史・諸軍事・內議令」의 직함을 내리고 있다.[13] 여기서 內史(令)와 내의령은 광종 16년 당시 동시에 실재한 관직이므로 내의령(내의성)을 개편하여 內史令(내사성)이 된 것이 아님을 알 수 있다. 또한 景宗 원년(976)에 荀質과 申質을 각각 左・右執政에 임명하고 모두 내사령을 겸하도록 하였다.[14] 그렇다면 이러한 內史令이라는 관직은 어디에서 나온 것일까? 국초 태조 때의 관제에 광평성 내봉성 내의성 순군부 병부는 있어도 內史令은 보이지 않는다. 唐制에 武德 3년(620)에 內書省을 고쳐 中書省이라 했고, 光宅 원년(684)에 중서성을 고쳐 鳳閣이라 하고, 中書令을 內史라 하였다.[15] 성종 원년(982)의 내사령은 이 唐制를 수용한 內史(중서령)와 관련된 것이라 여겨진다. 문하성 또한 국초의 어떠한 관부와도 연결시키기가 어렵다. 그렇다면 內史門下省의 전신으로 내의성을 지목한 것은 『고려사』 찬자의 오류로 보고, "成宗元年改內史門下省"이라 한 것은 국초에 내의

10) 『고려사』 권92, 열전, 최지몽 ; 『高麗史節要』 권2, 성종 6년 3월.

11) 『고려사』 권3, 세가, 성종 2년 정월 ; 『고려사절요』 권2, 성종 2년 정월 ; 『고려사』 권93, 열전, 최승로.

12) 『고려사』 권3, 세가, 성종 7년 12월 ; 『고려사절요』 권2, 성종 7년 10월 ; 『고려사』 권93, 열전, 최승로.

13) 『고려사』 권2, 세가, 광종 16년 2월 ; 『고려사절요』 권2, 광종 16년 2월.

14) 以荀質・甲質爲左右執政 皆兼內史令(『고려사』 권3, 세가, 경종 원년 11월).

15) 武德三年 改內書省曰中書省 內書令曰中書令 … 光宅元年 改中書省曰鳳閣 中書令曰內史(『신당서』 권47, 백관2, 중서성).

성이라 칭하던 것을 개편하여 「내사문하성」으로 된 것이 아니라 성종 원년에 개편할 당시에 唐制를 수용하여 내사성과 문하성을 분리된 기구로 수용하였던 것으로 보아야할 것 같다. 다시 말하면 국초의 내의성을 개편하여 내사문하성으로 고친 것이 아니라 국초 내의성의 기능을 계승하고 이를 대신 할 수 있는 唐制를 수용하여 내사성과 문하성으로 개편한 것이라 여겨진다. 즉 이전의 「內史·諸軍事·內議令」과 「左·右執政兼內史令」에서 보여 주듯이 내의령을 포함한 諸軍事·左·右執政·內史令의 기능까지 대신해서 계승할 수 있는 唐制의 내사성과 문하성을 수용하여 성종 원년에 내사성과 문하성으로 개편된 것이라 여겨지는 것이다. 기능적으로 보면 政事의 협의·간쟁 등의 역할을 수행했던 국초의 내의성의 기능과 諸軍事 및 政事를 집행(執政)하는 기능(문하성의 기능)을 唐制의 내사성과 문하성을 수용하여 개편한 것이라 여겨진다.

『고려사』 권3, 世家에는 三省·六曹·七寺가 성종 2년에 처음으로 정해진 것으로 나타나 있는데 그것은 唐制를 모방한 것이라 하였다.[16] 성종 2년에 정해진 고려의 3省은 내사성 문하성 상서성이다. 3성의 최고직으로 내사령 문하시중 상서령에 임명된 사례가 구체적으로 나타나고, 田柴와 祿俸[17] 및 儀從의 丘史 수(22명, 中書令·門下侍中·尙書令)[18]가 구체적으로 규정되어 있다.

---

16) (成宗 2年 夏5月) 始定三省·六曹·七寺(『高麗史』 권3, 世家).
3省 6部가 성종 2년에 처음으로 정해졌다는 이 기록과 함께 백관지 서문에는 "(太祖) 二年 立三省六尙書九寺六衛 略倣唐制"라 하여 태조 2년에 3省 6尙書가 설립되었다고 하여 그 시기가 서로 맞지 않다. 3省 6部가 태조 2년에 설립되었다고 하는 백관지의 기록은 찬자의 오류임이 분명하지만, 唐制를 모방한 것이라는 기록은 믿을 수 있다.

17) <表 7> 中書令 門下侍中 尙書令의 田柴科와 祿俸

田柴科	穆宗元年 改定田柴科			文宗30年 更定田柴科		
	田	柴	受田者	田	柴	受田者
	100 結	70 結	內史令 侍中	100 結	50 結	中書令 尙書令 門下侍中

먼저 내사령 문하시중 상서령에 임명된 사례를 보면, 內史令에 임명된 사례는 성종 원년 이전에 王佃·筍質·申質 등이 있었음은 앞서 지적한 바 있다. 그러나 新制에 의해 임명된 최초의 인물은 崔知夢이다. 성종 원년에 최지몽이 左執政·守內史令을 除授 받았고, 宗室로서 최초로 內史令이 된 사람은 王欽(현종 11년 4월)이다. 이러한 중서령(내사령)에 대해서 중서령은 宗室과 宰臣에 除授한 실직이 아닌 致仕職이나 追贈職이고, 實務職이 아니었다고 밝힌 연구가 있다.[19] 이 견해에 대해서 중서령(내사령)을 除授 받은 구체적인 사례를 자세히 검토하여 實務職이 아니었음이 거의 확실하다고 확인한 연구도 나와 있다.[20] 그리하여 중서령은 실직이 아닌 것이 확실한 것 같이 연구자들에 의해 정설처럼 통용되게 되었다. 이러한 논리는 중서령이 종실에 대한 대우직이고, 실무직으로 기능하지 않으면 제도적으로 성립될 수 없다는 모순에 빠지게 된다. 중서령이 종실에 대한 대우직이든 일반신료의 실직이 아니든지 간에 중서령 제도가 없었던 것은 아닌 것이다. 이러한 모순적 논리에 대해서 중서령의 경우는 ①일반 宰臣에게 除授되는 實職, ②宗親의 待遇職, ③致仕職, ④追贈職의 4종류로 구분하여 파악하고, 그 결과 실직의 중서령이 실재했다는 지적도 있

<table>
<tr><td rowspan="7">祿俸</td><td rowspan="3">文武班祿</td><td>구분</td><td>祿額</td><td>受祿者</td></tr>
<tr><td>文宗祿制</td><td>400石</td><td>中書令 尙書令 門下侍中</td></tr>
<tr><td>仁宗祿制</td><td>400石</td><td>門下侍中 中書令</td></tr>
<tr><td>致仕官祿</td><td>仁宗祿制</td><td>300石</td><td>門下侍中 中書令</td></tr>
<tr><td rowspan="2">宗室祿</td><td>文宗祿制</td><td colspan="2">460石10斗 公, 400石 侯, 350石 尙書令, 300石 守太尉侯, 240石 守司徒·司空伯, 200石 司空</td></tr>
<tr><td>仁宗祿制</td><td colspan="2">600石 國公, 350石 諸公 尙書令, 300石 諸侯, 240石 諸伯, 220石 諸守司空</td></tr>
</table>

18) 『高麗史』 권72, 輿服志 鹵簿 百官儀從 明宗 20年判.

19) 變太燮, 「高麗宰相考－3省의 권력관계를 중심으로－」 『歷史學報』 35·36합, 1967 ; 『高麗政治制度史硏究』, 一潮閣 1971.

20) 朴龍雲, 『고려시대 中書門下省宰臣 연구』, 일지사, 2000, 21쪽.

었다.[21] 이를 보다 더 분명하게 파악해 보기 위하여 필자는 중서령에 除授된 사례를 ①일반 臣僚의 實職, ②致仕職, ③加職 ④追贈職, ⑤宗親의 대우직, ⑥封爵 등 6가지로 분류하여 검토해 본 결과 중서령직은 다양한 방법으로 운영되었음을 알 수 있었다. 중서령의 치사직은 실직에서 물러난 사실 그대로의 致仕職이었고 대우직이 아니었다. 致仕란 실직을 전제로 하지 않고는 있을 수 없다. 그리고 나아가서 충렬왕 원년에 僉議府로 개편되면서 追贈職이나 종실에 대한 대우직으로 이용되던 中書令職의 운영방법은 사라지고, 실직만이 제도적으로 기능하게 된 것임을 밝힌 바 있다.[22]

문하시중에 임명된 최초의 인물은 崔承老이다. 崔承老는 성종 2년 정월에 門下侍郎平章事에 임명되었고,[23] 이어 성종 7년에 門下守侍中을 제수받았다.[24]

상서령에 임명된 최초의 인물은 宗室로서 王緖이다. 그가 현종 18년 5월에 상서령이 된 이후 고종 때 王侹에 이르기까지 종실로서 상서령에 임명된 된 사례는 18명으로 나타난다.[25] 일반 臣僚로서 상서령에 임명된 예로 崔維吉·李資謙·金位·蔡洪哲의 祖父가 그 예로 나타난다.[26] 이러한 사실에 대해서 邊太燮은 尙書令은 宗親에게만 수

---

21) 崔貞煥, 「高麗 中書門下省의 祿俸規定과 그 運營實態」 『韓國史研究』 50·51, 1985 ; 『高麗·朝鮮時代 祿俸制研究』, 慶北大出版部, 1991.

22) 崔貞煥, 「高麗前期 中書門下省 中書令職의 運營實態」 『韓國中世社會의 諸問題』, 韓國中世史學會, 2001 ; 『고려 정치제도와 녹봉제 연구』, 신서원, 2002.

23) 『高麗史』 권3, 세가 성종 2년 정월 ; 『高麗史節要』 권2, 성종 2년 정월 ; 『고려사』 권93, 열전, 최승로.

24) 『高麗史』 권3, 세가, 성종 7년 12월 ; 『高麗史節要』 권2, 성종 7년 10월 ; 『高麗史』 권93, 열전, 최승로.

25) 朴龍雲, 『高麗時代 尙書省 研究』, 경인문화사, 2000, 61쪽 <자료 1> 尙書令.

26) 崔維吉, 『高麗史』 권95, 列傳, 崔冲, 崔惟善. 『補閑集』 上, 文憲公於成宗.
李資謙, 『高麗圖經』 권8, 人物, 守太師尙書令李資謙.
金位, 『高麗墓地銘集成』, 401쪽, 金周鼎墓地銘.
蔡洪哲, 『高麗墓地銘集成』, 508쪽, 蔡洪哲墓地銘.

여되는 명예직이라 하였다.27) 박용운은 종친의 경우, 封爵에 따른 명예직, 人臣에게는 致仕職이나 贈職으로 수여된 것이라 하여 상서성의 장관과는 거리가 먼 직위라 하였다.28) 이러한 논리는 역시 상서령이 명예직, 치사직, 추증직이었음으로 제도적으로 성립될 수 없다는 모순에 빠지게 된다.

崔貞煥은 상서령에 대해 350석의 宗室祿이 주어진 것으로 보아 단순한 명예직에 불과한 것이 아니라 宗親에게 封爵 대신에 상서령을 除授하여 대우직으로 이용한 것으로 보았다. 그리고 최정환은 중서령 문하시중 상서령이 문종 30년 更定田柴科에 나란히 田 100결·柴 50결, 文武班祿 400석으로 규정되어 있고, 宗室祿에 상서령은 300석(文宗祿制)과 350석(仁宗祿制)으로 규정되어 있는 것으로 보아, 일반 臣僚의 상서령은 田柴와 文武班祿 400석을, 종친의 상서령은 宗室祿을 300석(인종 때 350석)을 받도록 제도적으로 규정하여 놓고, 일반 신료의 상서령은 물론 종실의 상서령 除授도 극히 제한시킨 것으로 보았다.29) 또한 그는 封爵制 연구를 통해 고려전기에 宗室은 尙書令·中書令을 겸하기도 하고, 大尉·司徒·司空을 띠기도 하였지만, 후기에 이르러 宗室이 尙書令·中書令을 겸하는 제도는 없어졌다고 하였다.30) 고려후기 충렬왕 원년 이전에 尙書令은 혁파되고,31) 고려후기

27) 邊太燮, 「高麗宰相考」『歷史學報』 35·36, 1967, 123쪽.

28) 朴龍雲, 위의 책, 19쪽.

29) 崔貞煥, 「高麗 祿俸制의 運營實態와 그 性格」『慶北史學』 2, 1980 ; 『高麗·朝鮮時代 祿俸制 硏究』, 慶北大學校 出版部, 1991.

30) 崔貞煥, 「高麗時代 封爵制의 成立過程과 整備」『한국중세사연구』 14, 한국중세사학회, 2003.

31) 文宗定尙書令一人 秩從一品 … 忠烈王元年 併于中書門下爲僉議府 幷罷員吏 二十四年忠宣 設左右僕射於僉議府…恭愍王五年革三司復置尙書省 並復文宗舊制 維不置知省事 … 十一年罷尙書省復置三司(『고려사』 권76, 백관1, 상서성)라 한 바와 같이 상서령은 공민왕 11년에 완전 혁파되었다. 상서령은 인종 宗室祿에 반영된 이후 고종 때 王侹이 상서령에 임명된 예를 마지막으로 충렬왕 원년에 혁파되었다. 공민왕 5년에 文宗舊制로 尙書

中書令은 모두 실무직으로 되었다고 하였다.32) 그러므로 상서령 중서령이 실무직이든, 종친에 대한 대우직이든 어떠한 형태라도 내사령(중서령) 문하시중 상서령이 제도적으로 실재한 것이 사실이므로 이를 3省制를 부정하는 논거로 삼을 수는 없는 것이다.

문종 30년에 제정된 更定田柴科에 중서령, 상서령, 문하시중이 나란히 田 100결, 柴 50결로 규정되어 있고, 역시 문종 30년 정비된 文武班祿에 중서령, 상서령, 문하시중이 다 같이 400石을 받게 되어 있다. 또한 『고려사』 선거지 명종 20년 판문에 中書令・門下侍中・尙書令 의 儀從의 丘史 수가 나란히 22명으로 규정되어 있다. 백관지의 문종 때 정해진 관제에는 중서령 문하시중 상서령이 나란히 종1품이라 명시하고, 『高麗圖經』에는 중서성 문하성 상서성의 건물이 나란히 병립되어 있었다고 한다.33)

省이 일시 복구될 당시 知省事만 두지 않은 것으로 되어 있어 상서령이 복구된 것으로 해석할 수 있으나, 당시 상서령에 임명된 예는 찾아지지 않는다. 상서성은 공민왕 11년에 완전 혁파되었다.

32) 崔貞煥, 「高麗 中書門下省 中書令職의 運營實態와 祿俸」 『고려 정치제도와 녹봉제 연구』, 신서원, 2002, 301～312쪽.
文宗 改中書令定一人 秩從一品 忠烈王元年 廢不置 二十一年 置都僉議令 以金方慶爲之(『고려사』 권76, 백관1, 판문하)라 한 바와 같이 중서령은 忠烈王 원년에 혁파되었다가 同王 21년에 都僉義令으로 개편되면서 전기에서와 같이 宗親이 겸직하는 제도는 사라지고, 모두 실무직으로 되었다.

33) 『高麗圖經』 권16, 官府, 臺省.
邊太燮은 『한국사』 13, 국사편찬위원회, 1993, 26쪽에서 "承休門 안에 상서성이 있고, 이 상서성의 서쪽과 春宮의 남쪽 앞의 한 문을 열면 중서성・문하성・추밀원의 세 관아가 나란히 서 있다"고 하는 『高麗圖經』의 기사를 인용하여 이는 3성이 각각 독립된 관아를 가지고 있었음을 보여준다고 하고, 또한 이것은 중서문하성이 하나의 단일 관청이라는 사실을 깨끗이 부정하는 기사라 하였다. 그러면서도 邊太燮은 同 29쪽에서 『高麗圖經』을 쓴 徐兢은 멀리 송나라에서 온 사신으로 고려에서 중국제도를 실시하였을 것이라는 선입관에서 그렇게 서술했을 가능성이 많다고 하여 『高麗圖經』의 기사는 徐兢이 잘못 기록한 것으로 보아 중서문하성은 단일기구인 것으로 간주하였다. 그러나 고려에서도 宋制와 같이 중서성과 문하

『고려사』選擧志 銓注에는 고종 12년(1215)에 舊制에 吏部·兵部에서 문·무관의 政案을 올리면 중서성에서 升黜하고, 문하성에서 制勅을 받들어 실행하였다고 하여 고종 12년 이전의 舊制에서는 3省이 각각 제 기능을 다하고 있었음을 말해 주고 있다.[34] 選擧志 銓注條의 이 기사는 고종 12년(1215)에 최우가 私第에 政房을 두고 백관의 銓注를 다룬 기록으로 「舊制」에는 吏部에서 문반의 인사를, 兵部에서 무반의 인사를 관장하는 것으로 되어 있고, 중서성에서 升黜하여 아뢰면 문하성에서 制勅을 받들어 이를 시행하는 것이 「舊制」였음을 알 수 있다. 다시 말하여 「舊制」에는 중서성과 문하성의 기능이 각각 분립되어 있어 중서문하성이 단일기구가 아님을 입증해 주는 것이다. 또한 그것은 고종 12년 당시 최우가 사사로이 정방을 설치하여 백관의 인사가 「舊制」대로 시행되지 않았음을 반영하고 있는 것이다. 「舊制」에는 중서성과 문하성이 분리되어 있었고 각각 그 기능도 달랐다. 이와 같이 「舊制」에는 3省이 엄연히 병립되어 있었다.[35]

『櫟翁稗說』에서는 문무관리의 인사에 상서성(吏部·兵部)과 중서성·문하성이 각각 독립하여 그들의 기능을 행사하였다고 한다.[36] 이와 같이

성은 분리된 기구로『高麗圖經』의 기사는 고려의 3성제를 입증할 수 있는 신빙성 있는 중요한 자료로 보아야 할 것이다.

34) 高宗十二年 崔瑀置政房於私第 擬百官銓注 選文士屬之 號曰必者赤 舊制 吏部掌文銓 兵部掌武選 … 謂之政案 中書擬升黜以奏之 門下承制勅以行之 (『高麗史』권75, 選擧3, 銓注).

35)『高麗史』권75, 選擧3, 銓注에 나오는 이 기사에 대해서 邊太燮은 위의 책 26쪽에서 "중서성과 문하성이 각각 독립하여 그 기능이 달랐으며 상서성과 함께 3성체제를 이루고 있음을 증명하는 것이라" 하였다. 그럼에도 불구하고 위의 책 29쪽에서는 고종 12년에 엄연히 중서문하성이 존재하였음으로 「舊制」라고 쓴 것은 중서문하성 체제라고 해석하여 3성 분립의 기능은 행해지지 않았고, 중서문하성은 단일기구라고 주장하였다.

36) 吏部掌文銓 兵部掌武選 第其年月 分其勞佚 標其功過 論其才否 具載于書 謂之政案 中書擬升黜以奏之 門下承制勅 以行之國家之法 蓋興中原同也 (『櫟翁稗說』前集1).

중서성(내사성)과 문하성은 설립 당시부터 분리된 기구였으며, 무인정권기에 인사문제는 政房에서 이루어져 3성이 제대로 기능을 발휘하지 못하다가 충렬왕 원년에 상서성과 더불어 僉議府에 통합되었던 것이다.

충렬왕 원년에 중서성과 문하성 그리고 상서성을 병합하여 僉議府로 개편하고 상서성의 員吏를 혁파함으로써 고려의 3省體制는 붕괴되었다. 충렬왕 원년의 僉議府는 충렬왕 19년에 都僉議使司로 개편되었고, 그 후 공민왕 5년에 중서성과 문하성 및 상서성을 복구하여 일시적으로 3省체제가 복구되기는 하였으나, 공민왕 11년에 상서성을 혁파하고, 중서성과 문하성은 다시 都僉議府로 개편되었고, 이 都僉議府가 공민왕 18년에 다시 門下府로 되었던 것이다. 요컨대 고려전기의 중서성 문하성 상서성을 병합하여 충렬왕 원년에 僉議府로 개편되기 이전까지는 3省制였던 것이다. 그러므로 고려전기의 중서성과 문하성은 단일기구가 아니라 분리된 독자적 기구였음이 확실한 것이다.

그러나 이러한 고려의 3省체제를 지금 학계에서는 중서문하성을 단일기구로 보아 고려의 중앙관제는 3省 6部가 아닌 2省 6部라고 하는 것이 정설로 되어 있다.

고려에서는 중서성과 문하성이 분립된 것이 아니라 하나의 「中書門下省」으로 통합된 단일기구라는 학설이 1967년에 邊太燮에 의해 처음 제기되어,[37] 고려의 중앙관제는 3성제가 아닌 2성체제로 인식하게 되었고, 그 이론은 概說書인 『韓國史通論』(1986)에 반영되었다. 朴龍雲은 1985년에 쓴 『高麗時代史』(上)에서 변태섭의 논문을 인용하여 "고려는 엄밀히 말하면 三省制가 아니라 中書門下省과 尙書省의 二省體制였다"라고 하여 2省制를 뒷받침하였다. 변태섭이 중서문하성을 단일기구로 인식하여 제시한 中書門下省의 인원구성 <表>를 박용운은 『高麗時代史』(上)에 그대로 반영하였다. 그 후 변태섭은 1993년에 쓴

37) 邊太燮, 「高麗의 中書門下省에 대하여」 『歷史教育』 10, 1967 ; 『高麗政治制度史研究』, 一潮閣, 1971, 47~56쪽.

「중앙의 정치조직」에서 3성제를 뒷받침하는 여러 가지 증거가 있음에도 불구하고 중서성과 문하성은 단일기구로 중서문하성을 이루고 있음이 확실하다고 하였다.[38] 이후 朴龍雲이 2000년에 쓴 『고려시대 中書門下省宰臣 연구』와 『高麗時代 尙書省 硏究』, 「高麗時代 中書門下省에 대한 諸說 검토」 등[39] 그 외의 이와 관련된 모든 연구물은 모두 2성제를 바탕으로 기술되어 있다. 고려의 중앙관제는 2성제가 아닌 3성제라는 연구가 없었던 것은 아니었지만,[40] 이상과 같은 주된 연구에 의해 고려의 중앙통치체제는 2성 6부체제라는 것이 정설로 확고히 자리잡게 되었다. 그 뿐만 아니라 『韓國史通論』을 비롯한 각종 槪說書는 물론 중·고등학교 국사 교과서에까지 그 이론이 반영되었다.[41] 최근에 발행된 고등학교 『국사』 교과서에 "고려의 통치 체제는 성종 때에 마련된 2성 6부제를 토대로 하였다"라고 기술하고 나아가 2성 6부의 도표(고려의 중앙 관제)까지 그려져 있다.[42] 이러한 것은

38) 邊太燮, 「중앙의 정치조직」 『한국사』 13, 국사편찬위원회, 1993, 25~31쪽.

39) 朴龍雲, 『고려시대 中書門下省宰臣 연구』, 일지사, 2000 ; 『高麗時代 尙書省 硏究』, 경인문화사, 2000 ; 「高麗時代 中書門下省에 대한 諸說 검토」 『韓國史硏究』 108, 2000.

40) 李貞薰, 「高麗前期 三省制와 政事堂」 『韓國史硏究』 104, 1999.

41) 姜萬吉 등, 「「국사」 敎科書의 問題點」 『創作과 批評』 9-2, 1974.
李元淳 등, 「中·高等學校用 國定國史敎科書의 分析的 考察」 『歷史敎育』 16, 1974.
李元淳 등, 「歷史敎育의 基本敎科圖書 : 歷史敎科書」 『歷史敎育論』, 三英社, 1980.
朴龍雲, 「高麗時期 中央政治體制에 대한 硏究動向과 「국사」 敎科書의 敍述」 『歷史敎育』 44, 1988.

42) 고등학교, 『국사』, 교육 인적 자원부, 2002.
국사교과서에 반영된 내용을 보면 1946년 발행된 『국사교본』, 진단학회, 조선교학도서주식회사, 1946에는 3성 6부로 나타나 있다. 1965년에 이홍직이 쓴 『우리나라 문화사』, 민교사, 1965에는 "3省이라 함은 내사성(뒤에 중서성이라 함), 문하성, 상서성을 일컷는 것이지마는 내사성과 문하성은 실상 합쳐서 내사문하성이라고 불렀다"고 하여 2성 6부설이 반영되어 있다. 같은 해 조좌호가 쓴 『우리나라 문화사』, 영지문화사, 1965에는 "중앙

심각하고 중대한 문제가 아닐 수 없다. 엄격한 검정을 통해서 각종 개설서와 국사 교과서에 잘못 반영된 이러한 내용은 시급히 시정되어야 할 것으로 생각된다. 여기서 분명히 말할 수 있는 것은 고려의 중앙관제는 전기에는 3省 6部制이고, 후기는 첨의부에서 문하부에 이르기까지 여러 번 개편을 거쳐 1府 4司制에서 1府 6司制로 바뀌어 갔다.

중서문하성이 단일기구가 아니라는 것은 위에서 지적한 것들 외에도 백관지 문하부조를 자세히 분석해 보면 그러한 사실에 대한 확실한 증거를 더 찾아 볼 수 있다. 『고려사』 백관지 문하부의 관직구성과 변천을 <表 8>과 같이 정리해 볼 수 있다.

〈表 8〉 門下府의 官員構成 변천표

관부	문하성 · 중서성		僉議府(충렬,원년)	文宗舊制(공민,5년)	門下府
왕 대	성 종	문 종	都僉議使司(충렬,19년)	都僉議府(공민,11년)	공민왕 18년
判門下	內史令	中書令	폐지(충렬,원) 都僉議令(충렬,21) 版都僉議使司事 領都僉議(後改)	中書令(공민,5) 領都僉議(공민,11)	領門下 (공민, 18) 判門下(신우)
侍中	門下侍中	門下侍中	僉議左右中贊(충렬,원) 都僉議侍中(충렬,24) 政丞(충렬,34)	門下侍中(공민,5) 僉議左右政丞(공민,11) 僉議左右侍中(공민,12)	門下左右侍中 (공민,18) 侍中, 守侍中 (신창)
贊省事	內史侍郎平章事 門下侍郎平章事	門下侍郎平章事 中書侍郎平章事 門下平章事 中書平章事	僉議侍郎贊成事 僉議贊成事 ※中護(충렬,34) ※贊省事(後改)	文宗舊制(공민,5) 平章政事(공민,9) 僉議贊成事(공민,11)	門下贊成事 (공민,18)
評理	參知政事(목종)	參知政事	僉議參理(충렬,원) 評理(충렬,34) 參里(충숙,17)	參知政事(공민,5) 僉議評理(공민,11)	參知門下政事(공민,18) 門下評理 (공민,21)
政堂文學		政堂文學	參文學士(충렬,원)	政堂文學(충렬,16) 忠宣罷 後復置	
知門下府事		知門下省事	知僉議府事(충렬,원)	知門下省事(공민,5) 知都僉議事(공민,11)	知門下府事 (공민,18)

에는 왕의 詔勅을 맡아보는 中書省(內史省), 왕명을 심의하고 정책을 세우는 門下省, 정책을 운영하는 尙書省의 3省이 있고, 그 위에 도병마사라는 회의기관이 있었다"고 하는 3성 6부설이 반영되어 서로 혼란을 빚기 시작한 이래 그 후 많은 개편을 거치는 과정에서 2성 6부가 정설로 반영되게 되었다.

관부	문하성·중서성		僉議府(충렬,원년)	文宗舊制(공민,5년)	門下府
常侍	左·右常侍(목종)	左·右常侍	左右常侍(後改) 左右散騎常侍(충렬,24)	左右散騎常侍(공민,5)	左右常侍 (공민,11) 左右散騎常侍 (공민,18) 左右常侍 (공민,21)
直門下		直門下	罷(충렬,24) 直都僉議(공민,원)	直門下(공민,5) 直都僉議(공민,11)	直門下(後改)
司議大夫	左·右諫議大夫 (목종)	左·右諫議大夫	左右司議大夫(後改) 左右諫議大夫(충렬,24)	諫議大夫(공민,5)	左右諫議大夫 (공민,18) 左右司議大夫 (공민,21)
給事中		給事中	中事(後改) 給事中(충렬,24)	中事(공민,원), 곧 革罷	
舍人	內史舍人	中書舍人	都僉議舍人(충렬,24)	中書舍人(공민,5) 內書舍人(공민,11)	門下舍人 (공민,18)
起居注		起居注		起居注(공민,5)	
起居郎		起居郎		起居郞(공민,5)	
起居舍人		起居舍人		起居舍人(공민,5)	
獻納	左·右補闕(목종)	左·右司諫(예종)	左·右補諫(後改) 左右司諫(충렬,24) 左右獻納(충렬,34)	左右司諫(공민,5) 左右獻納(공민,11)	左右司諫 (공민,18) 左右獻納 (공민,21)
正言	左·右拾遺(목종)	左·右正言 (예종,11)	思補(충렬,34)	左右正言(공민,5)	
錄事	門下錄事(목종)	門下錄事	都僉議錄事(충렬,24)	門下錄事(공민,5) 僉議錄事(공민,11)	門下錄事 (공민,18)
注書	內史注書(목종)	中書注書	都僉議注書(충렬,24)	門下注書(공민,5) 僉議注書(공민,11)	門下注書 (공민,18)

1) 宰臣의 構成과 變遷

中書令(判門下)은 성종 때 내사령을 문종 15년에 중서령이라 하였다. 내사령에 임명된 최초의 인물은 崔知夢이다. 성종 원년에 崔知夢이 左執政·守內史令을 除授받은 사례가 그 처음이다.[43] 따라서 백관지 문하부조에 "成宗元年 改內史門下省"이라고 한 그 연대의 기록은 믿을 수 있다. 그러나 실제로 內史門下省은 단일기구가 아니라 내사

43) 『高麗史』 권92, 열전, 최지몽.
『高麗史節要』 권2, 성종 6년 3월조에 실려있는 그의 卒記에는 그해가 즉위년으로 되어있어 약간의 차이가 있다.

성과 문하성으로 분리된 기구였다. 성종 원년의 최지몽 외에 내사령 직을 띤 사례는 그 이전에도 보인다. 광종 16년(965)에 伷를 正胤(太子)으로 책봉함과 동시에 그에게 「內史諸軍事內議令」이라 하여 「內史·諸軍事·內議令」의 직함을 내리고 있으나,[44] 이것은 內史令制 도입의 시원적인 단계라 하겠다.

내사령을 중서령으로 고친 시기를 『고려사』 백관지 判門下條에는 문종 때라 하고,[45] 門下府條에는 문종 15년이라 하며,[46] 문종 世家에는 문종 15년 6월로 나타나 있다.[47] 판문하부조 기록에서 내사령을 문종 때 중서령으로 고친 것은 사실로 인정할 수 있겠으나, 문하부조 기록에 성종 원년의 「내사문하성」을 「중서문하성」(문종 15년)으로 고쳤다고 한 기록은 『고려사』 찬자의 오류라 여겨진다. 문종 15년에 내사성을 중서성으로 고친 것이지 「내사문하성」을 「중서문하성」으로 고친 것이 아니다. 문하성은 성종 원년에 관제를 개편할 당시에 문하성이라 하였다. 성종 원년의 내사성을 문종 15년 몇 월에 중서성으로 고쳤다는 기록은 없다. 그러나 世家의 기록에 文宗 15년(1061) 6월에 내사령을 고쳐 중서령이라 하고, 그 나머지 이전에 內史라 한 것을 모두 고쳐 中書로 고쳤다고 한다. 이로 보아 내사성이 중서성으로 개편된 것은 문종 15년 6월이었고, 「내사문하성」을 「중서문하성」으로 고친 것이 아니었다. 문종 15년 6월에 개편된 世家의 내용은 중서성의 개편에 대한 기록이지 문하성에 관한 기록은 아니다. 이러한 사실은 중서성과 문하성이 분리된 기구임을 인식하지 못한 『고려사』 찬자의 오류에서 기인된 것이다. 그리고 내사성을 중서성으로 고칠 당시의 文宗官制는 唐制를 수용한 것이 아니라 송제를 받아들인 것이라 여겨

---

44) 『高麗史』 권2, 세가, 광종 16년 2월 ; 『고려사절요』 권2, 광종 16년 2월.

45) 判門下 … 成宗改內史令 文宗改中書令(『고려사』 권76, 백관1).

46) 門下府 … 成宗元年改內史門下省 文宗十五年改中書門下省(『고려사』 권76, 백관1).

47) 己卯 以弟內史令基 改爲中書令 其餘嘗爲內史者 皆改中書(『고려사』 권8, 문종 15년 6월).

진다. 앞서 지적한 <表 5>에『고려사』백관지의 구성을 보면『新·舊唐書』보다는『宋史』에 더 가깝고, <表 6>에서 보여주는 바와 같이 고려의 중서성과 문하성(문하부)의 관원구성을 보면『송사』직관지의 관원구성과 거의 일치한다. 고려의 중앙관제는 처음에 당의 제도를 수용하여 내사령이라 하였으나, 문종 때 제도를 정비할 시기에는 송나라 제도를 받아들여 중서령이라 했던 것으로 여겨진다.

중서령은 충렬왕 원년에 일시 폐지하였다가 동왕 21년에 다시 두어 都僉議令이라 하고 이후 判都僉議使司, 領都僉議로 개편된 후 공민왕 5년에 중서령으로 복구되었다가 동왕 11년에 領都僉議, 동왕 18년에 領門下, 우왕 때 최종적으로 判門下라고 칭하였다. 이것은 고려전기의 중서성과 문하성이 충렬왕 원년에 첨의부에 통합된 이후 중서령의 명칭이 여러 차례 개편을 거쳐 최종적으로 判門下가 된 것을 말해 주고 있다. 최후로 중서령을 領門下·判門下라 칭한 것은 공민왕 18년에 都僉議府가 門下府로 개편될 당시에 門下府의 칭호는 중서성에서 따온 것이 아니라 문하성에서 가져온 것임을 알 수 있게 한다. 다시 말하여 중서성은 완전히 혁파되고 그 산하의 기구는 문하부에 통합되었음을 알 수 있게 하는 것이다. 領門下·判門下(중서령)를 새로 개편된 문하부의 최고 상위직에 두고 그 아래 門下侍中을 두어 차례대로 새로운 문하부의 직제를 편성하게 된 것이다.

門下侍中은[48] 성종 때 처음 설치된 이래 최종적으로 문하부의 侍中에 이르기까지 가장 많은 개편이 이루어졌다. 성종 때 설립 당시의 문하시중은 문종조를 거쳐 충렬왕 원년 僉議中贊으로 개편되기 이전까지는 문하시중이라 칭했다. 충렬왕 원년에 중서성 문하성을 합쳐 僉議府로 통합함과 동시에 문하시중을 中贊이라 칭하여 左·右中贊 각 1인을 두고, 대신에 중서령을 일시 혁파하였다.[49] 충렬왕 원년(1274)

---

48) 신설된 문하성의 문하시중에 임명된 최초의 인물은 崔承老이다. 성종 7년에 崔承老는 門下守侍中에 임명되었다(『고려사』 권3, 세가, 성종 7년 12월 ;『고려사절요』 권2, 성종 7년 10월 ;『고려사』 권93, 열전, 최승로).

에 僉議府로 개편된 이후 공민왕 18년(1369)에 門下府로 되기까지 95년 간은 기본적으로 1府體制로 운영되었다. 공민왕 5년에서 11년 사이 6년간 文宗舊制로 일시 복구된 적은 있으나 기본적으로는 1府體制로 약 90여 년간 지속되었던 것이다. 그 사이 문하시중은 충렬왕 원년에 中贊→충렬왕 24년에 都僉議侍中(뒤에 다시 中贊으로 고침)→충렬왕 34년에 政丞→충숙왕 17년에 中贊(뒤에 다시 左右政丞으로 고침)→공민왕 3년에 侍中(뒤에 다시 左右政丞으로 고침)→공민왕 5년에 門下侍中・守侍中→공민왕 11년에 僉議左右政丞→공민왕 12년에 僉議左右侍中→공민왕 18년에 門下左右侍中→申昌(昌王) 때 侍中・守侍中으로 개편되어 갔다. 공민왕 18년에 都僉議府를 門下府로 개편할 당시에 문하부라고 칭한 것은 충렬왕 원년의 僉議府가 누차의 개편을 거쳐 門下府라 칭한 것이다. 그 문하부는 중서성과 문하성을 통폐합하여 문하성의 이름으로 문하부라 칭한 것이다. 그러므로 충렬왕 원년에 첨의부로 개편되기 이전 고려전기에는 중서성과 문하성은 분리된 기구로 각각 독자적인 관료조직을 구성하고, 僉議府로부터 門下府에 이르기까지 118년간은 中書省과 門下省을 합친 단일기구로 개편하여 최종적으로는 최고위의 判門下로부터 하위의 門下錄事・門下注書에 이르기까지 문하부의 관료조직을 편성하게 되었던 것이다.

최종적으로 개편된 문하부의 관직구성에 判門下(중서령)에 이어 문하시중으로부터 知門下府事에 이르기까지의 재신직에는 문하시중에만 좌・우직을 두었다. 그리고 그 이하 左・右常侍, 左・右諫議大夫, 左・右司諫 등 郎舍職에도 좌・우직을 두었다. 이러한 것은 전기와는 달리 문하부라는 단일기구 내에 좌・우직의 구별을 둔 것이다. 이러한 현상은 충렬왕 원년에 첨의부로 개편된 당시부터 나타난다. 요컨대 고려전기(성종~충렬왕 원년 이전)에는 중서성 문하성 상서성의 3省體制였고, 고려후기(충렬왕 원년~고려말) 충렬왕 원년에 중서성과

49) 判門下 … 忠烈王元年 廢不置(『고려사』 권76, 백관1, 문하부).

문하성을 합하여 僉議府로 개편하게 됨으로서 전기의 3省體制는 붕괴되었다고 할 수 있다. 고려후기 첨의부로 개편된 이후 일시적으로 공민왕 5년에 전기의 文宗舊制로 3省이 복구된 적은 있으나, 공민왕 11년에 상서성은 완전히 혁파되었다.[50] 중서성과 문하성은 都僉議府로 통합된 이후 공민왕 18년에 門下府로 개편되었던 것이므로 3성체제는 충렬왕 원년에 혁파된 것이나 다름이 없다. 다시 말하여 고려전기에는 3성제라 할 수 있고, 후기에는 1府(1司 ; 僉議府・都評議使司, 충렬왕 원년~공민왕 5년 이전)・1府制(都僉議府・門下府, 공민왕 11년~麗末)라 할 수 있는 것이다. 요컨대 고려의 중앙관제는 전기에는 3省6部制이고, 후기에는 첨의부로부터 문하부에 이르기까지 여러 번 개편을 거쳐 1府 4司制에서 1府 6司制로 바뀌어 갔다.

平章事(贊成事)는 성종 때 내사시랑평장사와 문하시랑평장사를 두었다고 한다. 平章事의 직제가 마련된 것은 성종 원년(982)에 내사성의 성립과 때를 같이하였다고 여겨진다. 사례로 보면 성종 2년 정월에 崔承老가 門下侍郞平章事에 임명된 것이 처음이다.[51] 이 평장사의 職制는 내사성과 문하성이 확연히 구분되어 나타난다. 성종 12년 10월에 徐熙가 內史侍郞, 崔亮이 門下侍郞에 동시에 在任한 사례는 이를 증명해 주고 있다.[52] 내사성과 문하성은 「내사문하성」의 단일기구가 아니라 분리된 기구임이 분명한 것이다.

그런데 이와는 좀 달리 平章事는 中書省과 門下省의 구별을 초월하여 같은 中書門下省의 宰臣으로 함께 國事를 논의하였던 것이라고 하여 「中書門下省」을 단일기구로 본 견해가 있다.[53] 그리고 또한 門下府

50) (恭愍王) 十一年罷尙書省 復置三司(『고려사』 권76, 백관1, 상서성).

51) 『高麗史』 권3, 세가, 성종 2년 정월 ; 『고려사절요』 권2, 성종 2년 정월 ; 『高麗史』 권93, 열전, 최승로.

52) 以侍中朴良柔爲上軍使 內史侍郞徐熙爲中軍使 門下侍郞崔亮爲下軍使 軍于北界 以禦契丹(『고려사』 권3, 세가, 성종 12년 10월 ; 『고려사절요』 권2, 성종 12년 10월).

53) 邊太燮, 「高麗宰相考－3省의 權力關係를 중심으로－」 『歷史學報』 35·36

條의 관부는 內史門下省(성종 원년)→中書門下省(문종 15년)→僉議府(충렬왕 원년)의 연혁을 지닌 것으로 보고 문종 15년(1061)에 이르러 관부의 명칭이 中書門下省으로 바뀜에 따라 門下侍郎平章事는 변함이 없으나 內史侍郎平章事는 中書侍郎平章事로 호칭을 고친 것이라고 하여 역시 「내사문하성」(중서문하성)을 단일 기구로 보았다.[54] 이에 대해서 平章事는 현종 때까지 내사시랑이나 문하시랑과 자동적으로 결합된 것이 아니라 분리되어 있었다고 하는 주장도 있었다.[55] 그러나 이에 대한 비판으로 만약 일시적이나마 두 칭호가 분리된 상태로 在任한 것이 사실이라면 이것은 예외적인 경우라고 보아야 한다는 주장도 있었다.[56]

논란이 되고 있는 이러한 문제에 대한 중요한 해결의 실마리는 문하부 평장사조에 "文宗定 … 又於中書門下各置平章事"라고 한 이 기록에 대한 해석상의 문제와 밀접한 관련이 있다. 「中書門下」에 각각 평장사를 두었다고 기록하고 있어 그것이 단일기구인 것 같이 오해하기 쉽다. 그러한 것이 아니라 중서성과 문하성에 각각 평장사를 둔 것으로 일단은 해석해야 할 것이다. 이렇게 볼 경우에 문종 때(문종 15년) 中書侍郎平章事·門下侍郎平章事 외에 中書平章事와 門下平章事를 더 설치하여 4平章事를 둔 것으로 해석할 수 있다.[57] 그러나 백관지 찬성사조의 이 기록은 올바른 기록이라고 볼 수 없다. 內史省을 中書省으로 고

합, 1967 ; 『高麗政治制度史硏究』, 一潮閣, 1971, 66쪽.

54) 朴龍雲, 「고려시대의 平章事」 『고려시대 中書門下省宰臣 연구』, 일지사, 2000, 124~128쪽.

55) 박재우, 「고려전기 재추의 운영원리와 권력구조」 『역사와 현실』 26, 1997, 127쪽에서 평장사는 현종 때까지 門下侍郎이나 內史侍郎과 자동적으로 결합한 것이 아니라 유리된 관직으로 보았다.

56) 박용운, 『고려시대 中書門下省宰臣 연구』, 일지사, 2000, 127쪽에서 성종 때 內史侍郎·門下侍郎과 평장사의 두 호칭을 같이 쓰거나 또는 어느 한 쪽만을 써도 그 직위를 나타내는 것으로 보았고, 만약 일시적이나마 두 칭호가 분리된 상태로 在任한 것이 사실이라면 이것은 예외적인 경우라고 보아야 한다고 하였다.

57) 文宗定門下侍郎平章事·中書侍郎平章事各一人 又於中書門下各置平章事 並秩正二品(『고려사』 권76, 백관1, 문하부 찬성사).

친 성종 원년(962)과 문종 15년(1061) 사이 95년간에 門下侍郞・內史侍郞・內史侍郞平章事・門下侍郞平章事・門下平章事・內史侍郞同內史門下平章事・門下侍郞同內史門下平章事・平章事 등에 임명된 예는 129사례가 나타나고 있다.[58] 이것은 문종 15년 이전에 內史侍郞平章事・門下侍郞平章事・內史平章事・門下平章事의 4平章事가 이미 실재하고 있었다는 것을 말해 준다. 그러므로 문종 15년에 이르러 중서평장사・문하평장사가 더 설치된 것처럼 기록한 백관지 찬성사조의 기록은 그대로 믿을 수가 없다. 찬자의 오류인 것이다. 그 이전부터 있었던 내사평장사와 문하평장사를 문종 15년에 처음으로 더 설치한 것으로『고려사』찬자가 오인하고 그렇게 정리하고 있는 것이다. 문종 15년 이전에 문하시랑평장사・내사시랑평장사・문하평장사・내사평장사의 4平章事가 이미 있었다.

58) 박용운,『고려시대 中書門下省宰臣 연구』, 일지사, 2000, 156~163쪽 <表 1>에 의거하면 성종 원년(982)에서 문종 15년(1061) 사이 69년 간에 平章事에 임명된 예는 129事例가 찾아진다. 門下侍郞 6(<表 1> 10, 11, 19, 20, 30, 35), 內史侍郞 9(<表 1> 2, 3, 21, 22, 24, 30, 34, 38, 39), 內史侍郞平章事 25(<表 1> 5, 6, 9, 9, 10, 11, 12, 12, 12, 14, 15, 16, 16, 17, 20, 23, 29, 29, 31, 37, 38, 39, 40, 41, 42), 門下侍郞平章事 26(<表 1> 1, 6, 6, 8, 8, 9, 11, 13, 15, 17, 19, 19, 24, 24, 24, 24, 26, 30, 31, 33, 36, 37, 38, 38, 39, 40), 門下平章事 2(<表 1> 15, 19), 內史侍郞同內史門下平章事 15(<表 1> 16, 19, 26, 27, 27, 27, 29, 29, 30, 30, 33, 34, 34, 38, 42), 門下侍郞同內史門下平章事 15(<表 1> 15, 16, 16, 21, 24, 24, 25, 25, 26, 27, 27, 32, 38, 39, 40), 平章事 15(<表 1> 2, 4, 7, 12, 16, 19, 21, 23, 25, 25, 26, 31, 33, 37, 39), 致仕尙書左僕射同內史門下平章事 1(<表 1> 18), 尙書左僕射同內史門下平章事 1(<表 1> 20), 平章 1(<表 1> 20), 門下侍郞同平章事 1(<表 1> 21), 致仕門下侍郞平章事 1(<表 1> 21), 守門下侍郞平章事 1(<表 1> 15), 致仕門下侍郞 1(<表> 16), 守門下侍郞平章事 1(<表 1> 19), 守門下侍郞 1(<表 1> 39), 平章事致仕 1(<表 1> 40), 門下平章 1(<表 1> 40) 등등 모두 129事例가 나타나고 있다.

이에 대해서 설명을 더 첨가하면 위의 사례는 성종 원년과 문종 15년 사이에 내사시랑평장사, 문하시랑평장사, 내사평장사, 문하평장사의 4平章事가 실재한 것을 의미하는 것이며, 이들은 모두 平章事로 통칭되기도 하였다.

예를 들어 성종 12년 10월에 門下侍郞 재임한 崔亮은 얼마 후 內史侍郞兼民官御事同內史門下平章事監修國史로 遷拜되었다가[59] 성종14년(995) 4월 그가 卒할 때 平章事라고 칭하였다.[60] 여기 崔亮의 경우 성종 12년 10월의 門下侍郞과 그 후에 승진한 內史侍郞은 각각 門下侍郞平章事와 內史侍郞平章事를 의미하는 것이고, 內史侍郞平章事로서 民官御事 및 同內史門下平章事와 監修國史를 겸하였는데, 同內史門下平章事는 內史侍郞平章事로서 內史平章事와 門下平章事를 겸한 것이다. 이러한 崔亮이 그가 卒할 때는 平章事라고만 표기되고 있다. 崔亮의 경우는 門下侍郞平章事를 역임 한 이후 內史侍郞平章事로서 同內史門下平章事를 겸하였으므로 문하시랑평장사·내사시랑평장사·내사평장사·문하평장사 등 4平章事를 역임한 實例가 되는 셈이다. 그러므로 문종때(문종 15년) 정해진 "又於中書門下各置平章事 並秩正二品"이라고 한 백관지 찬성사조의 이 기록은 이 때에 중서평장사와 문하평장사를 처음으로 더 설치한 것이 아니라 문종 15년에 내사성이 문하성으로 개편됨에 따라 중서평장사와 문하평장사의 정원과 품계 등 직제가 정비된 내용을 정리해서 반영해 놓은 것으로 보아야할 것이다.

특히 평장사의 겸직에는 內史侍郞同內史門下平章事와 門下侍郞同內史門下平章事가 각각 15事例가 찾아지는데,[61] 이것은 각각 內史侍郞平章事로서 內史平章事와 門下平章事를 겸직한 것이고, 門下侍郞平章事로서 內史平章事와 門下平章事를 겸직하고 있는 것으로 4平章事가 실재하고 있었음을 보여줄 뿐만 아니라 이러한 평장사의 겸직은 내사성(중서성)과 문하성이 별개의 분리된 기구였기 때문에 겸직이 이루어질 수 있었던 것이다.

이렇게 분리되어 있었던 중서성과 문하성을 합하여 충렬왕 원년

59) 乃命復職 未幾 拜門下侍郞 遷內史侍郞兼民官御事同內史門下平章事監修國史 十四年卒(『고려사』 권93, 열전, 최량).
60) (成宗 14年) 夏四月 平章事崔亮卒 慶州人(『고려사절요』 권2, 성종 14년 4월).
61) 박용운, 『고려시대 中書門下省宰臣 연구』, 일지사, 2000, 156~163쪽 <表 1>.

(1275)에 僉議府로 개편하였다. 忠烈王 元年(1275)에 中書省 門下省 尙書省을 합쳐 僉議府가 되면서 平章事도 贊成事라는 명칭으로 바뀌었다. 중서성과 문하성은 통합이 되고, 상서성의 員吏들은 모두 혁파되었다가[62] 뒤에 다시 복구되었다. 이에 따라 門下省과 中書省의 侍郎平章事는 僉議侍郎贊成事로, 平章事는 僉議贊成事로 개편되었다. 공민왕 5년(1356)에 文宗舊制로 환원되면서 중서성 문하성 상서성이 함께 복구되었다. 이후 공민왕 11년(1362)에 상서성이 혁파됨에 따라 중서성과 문하성을 합쳐 다시 都僉議府로 되면서 僉議贊成事로 단일화되었다. 동왕 18년(1369)에는 문하성의 이름을 계승하여 門下府로 개편되면서 僉議贊成事를 門下贊成事로 고쳐졌던 것이다.[63]

參知政事는 백관지에 穆宗 때 처음 설치된 것으로 나타나 있다. 그러나 이에 앞서 참지정사에 취임한 최초의 인물은 성종 때 崔亮이다. 실제 임명 사례와 백관지 문하부조의 기록과는 서로 맞지 않는다. 崔亮은 성종 때 左散騎常侍·參知政事·兼司衛卿을 역임하여 參知政事에 취임한 최초의 인물이다.[64] 전기의 참지정사는 충렬왕 원년에 僉議參理로 개편된 이후 두 차례의 개편을 거쳐 공민왕 5년에 참지정사로 다시 복구되었다. 공민왕 5년 11월 이후에 參知門下政事와 參知中書政事로 구분하여 임명된 사례가 보인다.[65]

---

62) 尙書省 … 忠烈王元年 倂于中書門下爲僉議府 幷罷員吏(『고려사』 권76, 백관1, 상서성).

63) 『고려사』 권76, 백관1, 문하부 찬성사.

64) 崔亮 … 累授左散騎常侍參知政事兼司衛卿 以疾解官(『고려사』 권93, 열전, 최량).

65) 공민왕 5년 11월에 慶千興은 參知門下政事, 李千善은 參知中書政事를(①) 역임한 적이 있고, 공민왕 7년 2월에 李千善은 參知門下政事로 승진하고, 安祐가 參知中書政事로 되었다(②). 공민왕 초에 李仁復은 參知中書政事를(③), 慶復興은 參知門下政事와 參知中書省事를(④), 黃裳은 參知門下政事 각각 역임한 바 있다(⑤). 중서성과 문하성이 분리된 기구임을 확인시켜 주는 것이다.

①以李齊賢爲門下侍中 廉悌臣守門下侍中 慶千興參知門下政事 李千善參知

공민왕 5년 11월에 慶千興은 參知門下政事, 李千善은 參知中書政事를 역임한 적이 있고,[66] 공민왕 7년 2월에 李千善은 參知門下政事로 승진하고, 安祐가 參知中書政事로 되었다.[67] 공민왕 초에 李仁復은 參知中書政事를,[68] 慶復興은 參知門下政事와 參知中書省事를,[69] 黃裳은 參知門下政事를 각각 역임한 바 있다.[70] 이러한 사실은 공민왕 5년에 文宗舊制로 복구될 당시에는 중서성과 문하성이 같이 복구되었음을 알 수 있고, 또한 그것은 중서성과 문하성이 단일기구가 아니라 분리된 기구라는 것을 확인시켜 주는 것이다.

政堂文學에 임명된 최초의 인물은 현종 즉위년(1009)에 崔沆이다.[71]

中書政事 李仁復爲政黨文學兼御史大夫 安祐知門下省事(『고려사』 권39, 세가, 공민왕 5년 11월).

②以廉悌臣爲門下侍中 黃石奇爲門下侍郎同中書門下平章事 金鏞爲中書侍郎門下平章事 全普門爲門下平章事 金逸逢爲中書平章事 慶千興知門下政事 李千善參知門下政事 安祐參知中書政事 鄭世雲知門下事(『高麗史』 권39, 세가, 공민왕 7년 2월).

③李仁復 … (恭愍初) 轉參知中書政事 歷判開城府事僉議評理(『고려사』 권112, 열전25, 이인복).

④慶復興 … (恭愍初) 拜軍簿判書 歷判樞密院事參知門下政事 陞知政事商議 … 改參知中書省事(『고려사』 권111, 열전24, 경복흥).

⑤黃裳 … (恭愍初) 拜參知門下政事(『고려사』 권114, 열전27, 황상).

66) 以李齊賢爲門下侍中 廉悌臣守門下侍中 慶千興參知門下政事 李千善參知中書政事 李仁復爲政黨文學兼御史大夫 安祐知門下省事(『고려사』 권39, 세가, 공민왕 5년 11월).

67) 以廉悌臣爲門下侍中 黃石奇爲門下侍郎同中書門下平章事 金鏞爲中書侍郎門下平章事 全普門爲門下平章事 金逸逢爲中書平章事 慶千興知門下政事 李千善參知門下政事 安祐參知中書政事 鄭世雲知門下事(『高麗史』 권39, 세가, 공민왕 7년 2월).

68) 李仁復 … (恭愍初) 轉參知中書政事 歷判開城府事僉議評理(『고려사』 권112, 열전25, 이인복).

69) 慶復興 … (恭愍初) 拜軍簿判書 歷判樞密院事參知門下政事 陞知政事商議 … 改參知中書省事(『고려사』 권111, 열전24, 경복흥).

70) 黃裳 … (恭愍初) 拜參知門下政事(『고려사』 권114, 열전27, 황상).

71) 『고려사』 권93, 열전, 최항 ; 『고려사절요』 권2, 목종 12년(현종 즉위년) 7월.

백관지에는 문종 때 처음 정해진 것으로 되어 있어 사례와는 조금 다르게 나타나 백관지의 기록이 좀 의심스럽다. 충렬왕 원년에 參文學士로 개편되었다가 충렬왕 16년에 다시 정당문학으로 된 이후 고려 말 공양왕 4년 7월 정당문학 李元紘에[72] 이르기까지 정당문학으로 나타나고 있다. 정당문학은 전기의 중서성과 문하성 가운데 어디에 소속되었는지 분명하지 않은 宰臣으로 첨의부로 개편된 이후 16년간 참문학사라 칭하다가 이후 문하부 체제 하에서도 줄곧 정당문학이라 하였다.

知門下省事도 정당문학과 같이 백관지의 기록에 의하면 문종 때 처음 설치된 것으로 기술되어 있다. 그러나 文宗朝나 그 이전에 知門下省事에 임명된 사람은 한 명도 보이지 않는다. 이후 宣宗 9년(1092) 8월에 權知門下省事에 임명된 李子威가 처음으로 나타난다.[73] 충렬왕 원년에 知僉議府事로 개편되었고, 공민왕 5년에 일시 지문하성사로 복구되고, 공민왕 18년에 知門下府事 개편된 이후 여말 공양왕 4년 4월까지 지문하부사로 나타나고 있다.[74] 지문하성사는 전기의 중서성과 문하성 가운데 문하성에 소속된 관원으로 보아야 할 것이고, 僉議府와 門下府 체제하에서는 知僉議府事·知門下府事라 칭하였다.

2) 省郎의 構成과 變遷

고려시대 中書省과 門下省에는 2品 이상의 宰臣이 소속한 宰府와 3品 이하의 省郎(諫官)이 소속한 郎舍로 이중구조로 편제되어 있었다.[75]

---

72)『고려사』권46, 세가, 공양왕 4년 7월.

73) 以李子威爲尙書右僕射權知門下省事兼西京留守使(『고려사』권10, 세가, 선종 9년 8월).

74) 李豆蘭 知門下府事(『고려사』권46, 세가, 공양왕 4년 4월).

75) 고려 때의 中書省과 門下省을 단일기구로 보아「중서문하성」은 從2品 이상의 宰臣이 소속한 宰府와 正3品 이하의 省郎(諫官)이 소속한 郎舍의 이중구조로 편제되어 있었다는 견해도 있다.
①邊太燮,「高麗의 中書門下省에 대하여」『歷史敎育』10, 1967 ;『高麗政

省郞들은 전기에 정비된 문종관제 하에서는 宋制에 "左屬門下 右屬中書"라고[76] 한 바와 같이 고려에서도 左職은 문하성, 右職은 중서성으로 확연히 구분되어 있었다. 이에 대해서는 이미 앞의 <表 6>에서 구체적으로 지적한 바가 있었다. 고려후기 충렬왕 원년(1275)에 중서성 문하성이 僉議府로 개편되면서 省郞들은 첨의부 안에서 左·右職으로 편제되었다. 『고려사』 찬자는 이러한 사실을 정확히 이해하지 못하고 충렬왕 원년에 이루어진 省郞들의 개편에 대한 기사 가운데 4職은 「後改」라고 기록하고, 다른 8職에 대해서는 아무런 언급이 없다.

『고려사』 백관지 문하부조에 중서성·문하성·상서성의 3省이 충렬왕 원년(1275)에 僉議府로 개편되면서 다음의 4省郞들에 대한 개편의 기록은 모두 「後改」라고 기록되어 있다. 이것은 『고려사』 찬자가 충렬왕 원년(1275)에 僉議府로 개편되면서 左·右散騎常侍는 左·右常侍로, 左·右諫議大夫는 左·右司議大夫로, 給事中은 中事로, 左·右補闕은 左·右補諫으로 바뀐 사실을 모르고 모두 「後改」라고 기록하였다. 그 시기는 충렬왕 원년이었다고 여겨진다.[77] 이러한 백관지 문하부조의 기록을 다음과 같이 (忠烈王 元年)으로 보완해 볼 수 있다.

治制度史研究』, 一潮閣, 1971, 38·39쪽.

②朴龍雲, 「高麗朝의 臺諫制度」 『歷史學報』 52, 1971 ; 『高麗時代 臺諫制度 研究』, 一志社, 1980, 66·67쪽 및 77쪽.

③朴龍雲, 「高麗時代의 臺諫과 宰樞文武兩班」 『誠信女大論文集』 12, 1979 ; 『高麗時代 臺諫制度 研究』, 一志社, 1980, 231~234쪽.

76) 右散騎常侍 右諫議大夫 右司諫 右正言 輿門下省同 但左屬門下 右屬中書 (『宋史』 권161, 職官1, 中書省).

77) 그런데 이러한 사실에 대해서 이와는 생각을 달리하는 견해도 있다. 「後改右·左常侍」에서 常侍로 명칭을 바꾸었다는 「後」의 시기는 명확치가 않다. 사례들을 보면 散騎常侍만이 사용된 듯 기술되어 있는 成宗이나 顯宗朝에도 常侍가 가끔 눈에 띄며, 이 같은 양상은 그 후에도 계속되고 있기 때문이다. 그래서 사례에 대한 좀더 정밀한 검토가 필요할 것 같다고 하였다.

朴龍雲, 「臺諫制度의 成立」 『韓國史論叢』 1, 1976 ; 『高麗時代 臺諫制度 研究』, 一志社, 1980, 73쪽.

① 常侍 … 穆宗時有左右散騎常侍 … (忠烈王元年) 後改左右常侍 忠烈王二十年忠宣復改左右散騎常侍
② 司議大夫 … 穆宗時有左右諫議大夫 … (忠烈王元年) 後改左右司議大夫 忠烈王二十四年忠宣復改左右諫議大夫
③ 給事中 … 文宗定一人 秩從四品 (忠烈王元年) 後改稱中事 忠烈王二十四年忠宣復改給事中
④ 獻納 … 穆宗時有左右補闕 … (忠烈王元年) 後改左右補諫 忠烈王二十四年忠宣復改左右司諫

文宗官制 하에서 좌・우산기상시는 충렬왕 원년에 좌・우상시, 충렬왕 24년에 좌・우산기상시로 개편되었고, 좌・우간의대부(문종)는 좌・우사의대부(後改, 충렬왕 원년)→좌・우간의대부(충렬왕 24년)로, 급사중(문종)은→中事(後改, 충렬왕 원년)→급사중(충렬왕 24년)으로, 좌・우보궐(목종)은 좌・우사간(예종)→좌・우보간(後改, 충렬왕 원년)→좌・우사간(충렬왕 24년)으로 개편되어 갔던 것이다. 이렇게 보완해 보면 충렬왕 원년에 첨의부로 개편되면서 郎舍들에 대한 개편의 내용을 보다 명료하게 이해할 수 있게 된다. 그렇지만 충렬왕 원년에 관제를 개편 한 이후의 郎舍職에 대한 편제 방식은 전기와는 전혀 달랐다.

충렬왕 원년에 僉議府로 개편되기 이전에는 문하성과 중서성은 분리되어 있었으므로 左職이 門下省이고 右職이 中書省이었다. 그러나 僉議府로 개편된 이후에는 僉議府라는 단일기구 안에 左・右職으로 통합되었던 것이다. 左・右散騎常侍(左・右常侍), 左・右諫議大夫(左・右司議大夫), 左・右補闕(左・右司諫→左・右補諫)은 전기의 文宗官制 체제 하에서는 宋制에 "左屬門下 右屬中書"라고 한 바와 같이 고려에서도 左職은 문하성, 右職은 중서성의 관원으로 구성되어 있었다. 그러나 충렬왕 원년에 첨의부로 개편된 이후로부터 문하부(공민왕 18년)로 개편된 1府 체제하에서는 동일한 官府 내에서 左・右職으로 구별되었던 것이다.

이러한 사실들을『고려사』찬자들은 올바로 이해하지 못하고 백관지를 기록하였다. 문하부 내에 좌・우직으로 구별되어 있는 후대의 사실을 전기에까지 소급 적용하여「내사문하성」을 단일기구로 보아 그 안에 좌·우직의 구별이 있었던 것 같이 백관지를 정리해 놓았던 것이다. 이러한 찬자의 오류가 고려사 연구자들에게 그동안 많은 혼란과 논란을 야기해왔고, 아직도 그러한 혼란 속에 고려사 연구자들이 헤어나지 못하고 있는 안타까운 실정이다.

충렬왕 원년에 첨의부로 개편되면서 위의 4郎舍들은「後改」라고 기록하였지만, 다른 8職(郎舍)에 대해서는 아무런 언급이 없다. 충렬왕 원년에 8職(郎舍)에 대해서도 어떤 개편이 이루어졌을 것으로 예상은 되나,『고려사』백관지 門下府條에 이에 대해서는 아무런 언급이 없는 것이다.

① 直門下 文宗定一人 秩從三品 … 忠烈王二十四年忠宣罷 恭愍王元年置直都僉議 五年復改直門下 十一年復改直都僉議 後復改直門下
② 舍人 … 文宗改中書舍人 定一人 秩從四品 忠烈王二十四年忠宣改都僉議舍人 陞正四品 恭愍王五年 復改中書舍人 降從四品 十一年改內書舍人 十八年改門下舍人
③ 起居注 文宗定一人 秩從五品 … 恭愍王五年 陞正五品
④ 起居郎 文宗定一人 秩從五品 恭愍王五年 陞正五品
⑤ 起居舍人 文宗定一人 秩從五品 恭愍王五年陞正五品
⑥ 正言 … 睿宗十一年改左右正言 各一人 秩從六品 忠烈王三十四年忠宣改思補陞正六品 恭愍王五年復改左右正言
⑦ 錄事 … 穆宗時有門下錄事 文宗定一人 秩從七品 忠烈王二十四年改都僉議錄事 陞正七品 恭愍王五年 復改門下錄事 十一年復改僉議錄事 爲階梯正七品 十八年復改門下錄事
⑧ 注書 … 文宗改中書注書 定一人 秩從七品 忠烈王二十四年改都僉議注書 陞正七品 恭愍王五年復改門下注書 十一年復改僉議注書 十八年復改門下注書

①直門下는 전기 문종 때의 直門下가 충렬왕 원년(1275)에 僉議府로 개편될 당시에 어떤 변화가 이루어졌는지 이에 대한 아무런 기록이 없이 다만 충렬왕 24년(1298)에 忠宣王이 혁파한 것으로만 나타나 있다. 충렬왕 원년에 관제를 개편할 당시에 종전대로 直門下라고 하

였는지 아니면 「直僉議」 혹은 「直都僉議」라 하였는지 이점이 분명치 않다. 僉議府가 충렬왕 19년(1293)에 都僉議使司로 바뀌고 난 이후 충렬왕 24년(1298)에 이를 일시 혁파하였다가 공민왕 원년에 直都僉議를 설치하고, 공민왕 5년에 文宗舊制로 복구할 당시에 直門下라 하였다. 이후 공민왕 11년에는 都僉議府로 개편될 당시에는 다시 고쳐 直都僉議라고 하였다. 이러한 선후관계를 통해서 유추해 보면 충렬왕 원년에 僉議府로 개편될 당시에는 直門下라고 하기보다 「直僉議」라 하였을 가능성을 생각해 볼 수 있다. 충렬왕 원년에 僉議府로 개편될 당시에는 중서성과 문하성이 통합되었으므로 直門下라고는 하지 않았을 것이다. 충렬왕 원년에 관제를 개편할 당시에 문하시중을 僉議左右中贊, 평장사를 僉議贊成事, 참지정사를 僉議參理, 지문하성사를 知僉議府事라 한 것으로 보아 직문하도 「直僉議」라고 하였을 가능성이 많은 것이다. 이러한 사실들을 『고려사』 찬자는 인식하지 못하고 백관지의 기록을 누락한 것이 아닌지 의문이 가는 것이다.

②中書舍人 역시 충렬왕 원년(1275)에 僉議府로 개편될 당시에 어떤 변화가 이루어졌는지 이에 대한 아무런 기록이 없이 충렬왕 24년(1298)에 忠宣王이 都僉議舍人으로 개편한 것으로 나타나 있다. 만약 그것이 충렬왕 원년에 관제를 개편할 당시에 혁파된 것이 아니라면, 中書舍人이라고는 하지 않았을 것이고, 「僉議舍人」 혹은 「內書舍人」이라 하였을 것이다. 충렬왕 원년에 僉議府로 개편될 당시에는 중서성과 문하성이 통합되어 중서성이 없었으므로 中書舍人이라고는 하지 않았을 것이고, 당시는 僉議府體制였기 때문에 「僉議舍人」이라 하였던가 아니면 이후 공민왕 11년에 다시 중서성과 문하성이 통합된 都僉議府體制하에서 「內書舍人」으로 바뀐 예로 보아 충렬왕 원년에 관제를 개편할 당시에는 「僉議舍人」 혹은 「內書舍人」이라 하였을 가능성이 있다. 『고려사』 백관지에 이러한 사실에 대한 기록이 누락된 것이 아닐까 의문이 가는 것이다.

③起居注, ④起居郎, ⑤起居舍人은 다 같이 문종 때 제정된 종5품에서

공민왕 5년(1356)에 정5품으로 품계가 올라간 사실만 나타나 있고, 충렬왕 원년에 관제를 개편할 당시에 이들에 대한 개편의 기록은 전혀 보이지 않는다. 이들 3省郎은 충렬왕 원년의 관제개편으로부터 여말에 이르기까지 본래의 명칭을 그대로 사용한 사례가 보이고 있어[78] 그들은 종전대로 아무런 변화가 없었던 것 같다. 다만 공민왕 5년에 품계상의 변화가 일어난 것만 기록되어 있다. 이들 3省郎들은 僉議府(충렬왕 원년)→都僉議使司(충렬왕 19년)→都僉議府(공민왕 11년)→門下府(공민왕 18년)로 개편이 이루어지는 변화 속에서도 그 명칭에는 변함이 없었다.

⑥正言은 충렬왕 원년에 3省이 첨의부로 개편되면서 전기 예종 11년의 좌・우정언이 이때에 어떤 개편이 이루어졌을 것으로 생각이 되나 이에 대해서 백관지에는 아무런 언급이 없고, 충렬왕 34년(1308)에 思補로 개편된 기록만 남아 있다. 이것은 백관지에 충렬왕 원년 당시에 사실에 대한 기록이 누락되었던가 아니면 종전대로 正言이라 하였을는지도 모른다. 충렬왕 원년에 「左・右正言」을 종전의 명칭 그대로 사용하였기 때문에 아무런 기록이 없었을는지도 모른다. 이후 都僉議使司(충렬왕 19년) 體制하에서 左正言에 보임된 사례가 있는 것으로 보아[79] 충렬왕 원년에 僉議府로 개편할 당시에도 「左・右正言」이라고 하였던 것이 분명하리라 여겨진다. 이러한 左・右正言을 忠烈王 34년(1308)에 당시 실권을 장악하고 있던 忠宣王이 思補로 고쳤다가 이후 공민왕 5년에는 예종 때의 舊制로 복구하여 다시 좌・우정언으로 고쳤던 것이다. 그러나 충렬왕 원년에는 중서성과 문하성이 통합되었기 때문에 「左・右正言」은 전기와는 같이 분리된 기구가 아니라 僉議府 안에 좌・우직으로 단일화된 것으로 보아야할 것이다.[80]

---

78) 以起居郎金磾 偕往慶尙全羅道 斂民箭羽鏃鐵 (『고려사』 권28, 세가, 충렬왕 원년 11월).
戊申 王置知印房 … 起居注李湛(『고려사』 권36, 세가, 충혜왕 즉위년 2월).
起居舍人徐彦 知淳昌郡事(『고려사』 권45, 세가, 공양왕 2년 윤4월).
79) 左獻納鄭思度 … 左正言尹安之(『고려사』 권37, 충목왕 즉위년 6월).
80) 이에 대해서 박용운은 忠烈王 34년(1308) 당시 실권을 장악하고 있던 忠宣

⑦門下錄事와 ⑧中書注書(內史注書)는 충렬왕 원년에 3省이 첨의부로 개편되면서 전기의 門下錄事와 中書注書에 대해서도 어떤 개편이 이루어졌을 것으로 생각이 되나 이에 대해서는 아무런 언급이 없고, 다만 충렬왕 24년(1298)에 都僉議錄事와 都僉議注書로 개편된 것으로 나타나 있다. 충렬왕 원년에는 중서성과 문하성이 통합되었기 때문에 門下錄事나 中書注書라고는 하지는 않았을 것이다. 그렇다면 그것은 僉議錄事와 僉議注書라고 하였을 것으로 추측해 볼 수밖에 없다. 그렇게 생각되는 이유는 이후 공민왕 11년에 都僉議府로 개편될 당시에 僉議錄事와 僉議注書라고 한 예가 있기 때문이다. 이 부분에 대해서는『고려사』찬자가 기록을 누락한 것이 아닐까 한다. 충렬왕 원년의 僉議錄事·僉議注書가 이후 충렬왕 24년에 都僉議錄事·都僉議注書로 고친 것으로 보면 논리가 맞아진다. 3省은 충렬왕 원년에 僉議府로, 충렬왕 19년에 都僉議使司로, 공민왕 11년에 都僉議府로 공민왕 18년에 門下府로 개편되어 갔다. 충렬왕 19년에 都僉議使司로 개편된 이후 5년이 지난 충렬왕 24년에 와서 都僉議錄事와 都僉議注書로 함께 개편이 되고 있는데, 이러한 사실은 都僉議使司 體制하에서 중서성과 문하성이 통합된 사실을 반영하고 있는 것이다.

고려전기 중서성의 ②中書舍人(내사사인)은 都僉議舍人(충렬왕 24년)으로 개편되고, 공민왕 5년에 중서사인으로 복구되었다가 공민왕 18년의 문하부 체제에서는 문하사인으로 되었다. 전기 중서성의 中書注書(내사주서)는 都僉議注書(충렬왕 24년)로 개편되었다가 공민왕 5년에 文宗舊制로 복구될 당시 중서주서가 아닌 문하주서로 복구되고 있어 주목이 되며, 이어 공민왕 18년에는 문하부의 문하주서로 되었다. 이러한 사실은 중서성이 문하부에 통합된 것을 의미하는 것이다.

이 正言을 思補로 고친 이후 그것이 공민왕 5년까지 사용된 듯 서술되어 있으나, 기록을 보면 이 기간 중에는 두 용어가 모두 쓰이고 있어서 百官志의 설명과 좀 다른 면을 나타내고 있다고 하였다.

朴龍雲,「高麗朝의 臺諫制度」『歷史學報』52, 1971 ;『高麗時代 臺諫制度 研究』, 一志社, 1980, 76쪽.

2. 尙書省과 尙書6部의 整備 및 變遷過程에 대한 문제점

고려전기의 3省은 문하성 중서성 상서성이었다. 문하성과 내사성은 성종 원년에 唐制를 수용하여 발족한 이후 문종 15년(1061)에 宋制를 수용하여 내사성을 중서성으로 고쳐 중서성과 문하성의 제도가 정비되었다. 그러나 상서성의 경우는 이와는 좀 달랐다. 尙書省은 성종 원년에 발족한 御事都省이라는 과도기 체제를 거쳐 성종 14년에 唐制를 수용하여 尙書都省으로 개편되었다가 문종 때 宋制를 수용하여 상서성의 제도가 정비되었다. 이러한 상서성과 상서6부의 정비과정을 <表 9>와 같이 정리해 볼 수 있다.

〈表 9〉 尙書省과 尙書6部의 整備過程

<table>
<tr><th>年代</th><th colspan="2">太祖 元年(918)</th><th colspan="2">成宗 元年(982)</th><th colspan="2">成宗 14年(995)</th><th colspan="2">文宗 (15年 ?)</th></tr>
<tr><td rowspan="2">尙書省</td><td>廣評省</td><td>侍中 侍郎 郎中 員外郎</td><td rowspan="2">御事都省</td><td rowspan="2">知都省事
左丞
郎中
員外郎</td><td rowspan="2">尙書都省</td><td rowspan="2">尙書令(현종)
左右僕射
知都省事
左右丞
左右司郎中
左右司員外郎
都事</td><td rowspan="2">尙書省</td><td rowspan="2">尙書令
左右僕射
知都省事
左右丞
左右司郎中
左右司員外郎
都事</td></tr>
<tr><td>內奉省</td><td>令, 卿, 內奉監, 內奉理決, 評察</td></tr>
<tr><td rowspan="6">尙書6部</td><td rowspan="6">徇軍部
兵部
倉部
義刑臺
(이하 생략)</td><td rowspan="6">令, 卿, 郎中, 員外郎</td><td>選官</td><td rowspan="6">御事
侍郎
郎中
員外郎</td><td>吏部</td><td rowspan="6">判事(현종)
尙書
知部事(현종)
侍郎
郎中
員外郎</td><td>吏部</td><td rowspan="6">判事
尙書
知部事
侍郎
郎中
員外郎</td></tr>
<tr><td>兵官</td><td>兵部</td><td>兵部</td></tr>
<tr><td>民官</td><td>戶部</td><td>戶部</td></tr>
<tr><td>刑官</td><td>刑部</td><td>刑部</td></tr>
<tr><td>禮官</td><td>禮部</td><td>禮部</td></tr>
<tr><td>工官</td><td>工部</td><td>工部</td></tr>
</table>

* 『고려사』 백관 1 및 세가 태조 원년 6월 條에 의거

먼저 주목되는 것은 문종 때 정비된 상서성의 전신을 국초의 어느 관부와 연관지어 볼 것인가에 대한 해명의 문제이다. 『고려사』 찬자들은 尙書省(어사도성·상서도성)의 前身을 광평성과 내봉성을 두고 어느 곳으로 지목해야할 것인가에 대해서 의문을 표시하고 있다.

상서성. 태조 때에 泰封의 제도에 따라 광평성을 두었다. 백관을 통솔(摠領)하며 시중·시랑·낭중·원외랑이 있었다. 【태조 때에 또한 내봉성이 있었는데 三國史에 이르기를 "내봉성은 곧 지금의 도성(都省)이라"하여 연혁이 이와 서로 같지 않다】 성종 원년에 광평성을 고쳐 어사도성이라 하고, 14년에 상서도성으로 고쳤다.[81)]

고 한 바와 같이 『고려사』 찬자들은 상서성의 전신으로 광평성을 지목하면서도, 또 細註로 金富軾 등이 撰進한 『三國史記』의 권50, 列傳 弓裔傳에는 內奉省이 御事都省(尙書都省·尙書省)의 전신으로 되어 있다는 사실도 附記하여 스스로 거기에 의문을 표시하고 있다. 『고려사』 찬자들이 이와 같은 의문을 가진 데는 어떤 오류가 있었을 것 같다.

국초 광평성의 관원은 侍中·侍郎·郎中·員外郎 등으로 구성되어 있고,[82)] 내봉성의 관원은 令·卿·內奉監·內奉理決·評察 등으로 구성되어 있다.[83)] 그런데 성종 원년에 발족한 御事都省은 발족할 당시부터 상·하 이원적 구조를 이루고 있었다. 상층조직인 御事都省의 관원은 知都省事·左丞·郎中·員外郎 등으로 구성되어 있고,[84)] 하층조직인 御事6官(選官·兵官·民官·刑官·禮官·工官)의 관원은 御事·侍郎·郎中·員外郎으로 구성되어 있다.[85)]

---

81) 尙書省 太祖仍泰封之制 置廣評省 … 太祖時 又有內奉省 三國史云 內奉省卽今都省 沿革與此不同(『고려사』 권76, 백관1, 상서성).

82) 太祖仍泰封之制 置廣評省 摠領百官 有侍中·侍郎·郎中·員外郎(『고려사』 권76, 백관1, 상서성).

83) 『고려사』 권1, 세가 태조 원년 6월 신유 ; 『고려사절요』 권1, 태조 원년 6월 신유.

84) 工官御事知都省事朴良柔(『고려사』 권3, 세가 성종 9년 12월).
左丞盧奕(『고려사』 권73, 선거1 과목 선장 성종 2년 12월).
穆宗 원년 改定田柴科에 諸郎中·員外郎이 보이고 있다(『고려사』 권78, 식화1 전제 전시과).
雍熙 四年(성종 6년) … 御事左司員外郎(金龍善 編著, 『高麗墓誌銘集成』, 16쪽, 柳邦憲 墓誌銘).

85) 吏曹 掌文選勳封之政 國初稱選官 有御事·侍郎·郎中·員外郎 成宗十四年改爲尙書吏部(『고려사』 권76, 백관1, 상서성). 여기서 「國初」라 칭한 것

국초의 광평성은 성종 원년 이전의 어느 시기에 혁파되고, 백관을 摠領하던 광평성의 侍中은 「左執政守內史令制」라는[86] 과도기의 체제의 執政과 관련된 것으로 그것은 門下省의 侍中으로 그 기능이 연결되어 갔을 것으로 여겨지며, 내봉성의 令·卿·內奉監·內奉理決·評察은 御事都省의 知都省事·左丞·郎中·員外郎 등으로 개편되어 갔다. 그러한 면에서 국초의 행정과 인사 및 司正을 담당한 중요한 관부인 내봉성은[87] 그 혁파와 더불어 향방이 좀 묘한 데가 있다. 그러나 이 내봉성을 비롯하여 국초의 兵部 倉部 등의 令·卿을 모두 통폐합하여 성종 원년에 御事都省과 御事6官(尙書 6部)의 御事·侍郎·郎中·員外郎 등으로 개편되어 갔다. 요컨대 성종 원년에 발족한 상층부의 御事都省은 국초의 내봉성과 연관을 가진 것이고, 하층부는 내봉성을 비롯한 여러 部의 令·卿을 통폐합하여 새로이 御事6官을 설치하여 제도화시킨 것이라 여겨진다. 내봉성은 폐지되었지만 그 기능은 어사도성으로 계승되었다. 그러므로 『고려사』 찬자가 어사도성의 전신을 광평성으로 지목한 것은 오류라 여겨진다. 『삼국사기』에서 어사도성(御事6官)의 전신을 내봉성에 연관시킨 것은 올바른 지적이었다.[88] 『고려사』 찬자들은 御事都省이 상하 이원적 조직으로 구성되어

은 성종 원년이 분명하다. 그 사례로 성종 원년에 崔承老가 行選官御事(『高麗史』 권93, 列傳, 崔承老傳)에 임명된 것이 이를 뒷받침하여 준다. 성종 원년의 選官이 성종 14년에 尙書吏部로 개편된 것이다.

86) 成宗元年 加左執政守內史令上柱國(『고려사』 권92, 열전, 崔知夢 ; 『고려사절요』 권2, 성종 6년 2월).

87) 李泰鎭, 「高麗 宰府의 성립 - 그 制度史的 考察 -」 『歷史學報』 56, 1972, 9쪽에서 內奉省의 「內奉監」, 「內奉理決」, 「評察」이 맡은 所管 업무를 人事를 담당하는 것으로 보았다. 이에 비하여 邊太燮은 「高麗初期의 政治制度」 『韓沽劤博士停年紀念 史學論叢』, 1981, 171쪽에서 內奉省에서 관리의 인사를 관장하였을 것은 물론이지만 그 관원에 監·理決·評察이 설치된 것으로 보아 이는 內部行政의 감독도 행한 것으로 보았다. 趙仁成, 「弓裔政權의 中央政治組織」 『白山學報』 제33호, 1986, 78~83쪽에서 內奉省이 인사 행정 외에 司正 기능까지를 담당한 것으로 보았다.

88) 이에 대해서 李泰鎭, 「高麗 宰府의 성립 - 그 制度史的 考察 -」 『歷史學

있는 이러한 사실을 제대로 인식하지 못하고, 御事都省(尙書都省・尙書省)의 전신을 단순히 廣評省과 內奉省의 어느 한쪽에 지목해 보려고 하다가 궁극적으로 광평성을 지목한 찬자의 오류인 동시에 거기에 대해서 의문을 품고 있었던 것이라 여겨진다.

成宗 元年(982)의 御事都省을 성종 14년(995)에 尙書都省으로 고친 것은 唐制를 수용한 것이고 성종 14년의 상서도성을 문종 때 상서성으로 고친 것은 후술하겠지만 宋制를 수용한 것이다. 成宗 元年(982)에 설치한 御事都省을 성종 14년(995)에 尙書都省으로 개편한 것이 唐制를 수용한 것이라고 할 수 있는 것은 尙書都省이라는 명칭 그 자체가 당에서 가져온 것이다. 그리고 당의 尙書都省은 尙書令 1員, 左・右僕射 各 1員, 左・右丞 각 1員, 左右司郎中 각 1員, 左右司員外郞 각 1員으로 구성되어 있다.[89] 이것은 성종 14년에 개편된 고려의 尙書都省의 관원 구성과 완전히 일치하므로 唐制를 수용한 것이 틀림없는 것이다. 성종 원년에 제정된 어사도성의 관원 구성에 대해서 기록은 없지만 <表 9>에 나타나 있는 사례로 보아 知都省事・左丞・郎中・員外郞 등으로 구성되어 있었던 것으로 여겨진다. 그런데 비해서 성종 14년에 개편된 상서도성의 관원 구성을 보면 左・右僕射, 左・右

報』 56, 1972, 8쪽에서 『三國史記』에 "內奉省이 지금의 都省"이라고 한 김부식의 기술이 정확했다고 하여 都省(御事都省・尙書都省・尙書省)의 前身을 內奉省으로 보았다.

朴龍雲, 「譯註『高麗史』百官志(1)」『고려시대연구Ⅴ』, 한국정신문화연구원, 2002, 125쪽에서 이태진의 견해에 대부분의 학자들이 동의하고 있음을 지적하면서 결론적으로는 광평성은 내사문하성과 계통을 같이하는 기구였다고 하였다.

그러나 내사문하성은 단일기구가 아닌 내사성과 문하성으로 분리된 기구였으며, 국초의 광평성은 혁파되고, 廣評侍中의 기능은 문하시중으로 연결되어 갔다. 그리고 내사성은 내의성을 개편하여 된 것이 아니라 唐制를 수용한 것이며, 내의성의 기능을 내사성과 연관은 지어 볼 수는 있겠지만, 광평성과 내사성은 그 어떤 연관성을 찾을 수 없다. 그러므로 광평성이 "내사문하성과 계통을 같이하는 기구였다"고 하는 주장은 수긍하기가 곤란하다.

89) 『舊唐書』 권43, 직관2, 尙書都省.

丞, 左・右司郞中, 左・右司員外郞, 都事 등으로 唐制와 거의 비슷하다. 이것은 성종 원년의 御事都省의 관원 구성과는 많은 차이가 있고, 후술하겠지만 이후 문종 때 宋制를 수용하여 정비된 것으로 추정되는 尙書省의 관원 구성과는 거의 일치한다. 그리고 성종 14년(995) 5월에 내린 敎書에 "지금 諸官司의 事體는 비록 禮典에 따랐으나 額名에 임시로 칭한 바가 많으니 典據를 살피고 可否를 가려서 假號는 모두 제거해 通規를 잘 나타내도록 하라"[90]고 하였다. 이러한 취지에 따라 당시에 여러 官府名을 中國式으로 고쳤다고 한다. 이 때 중국식으로 고친 관부명은 다름 아닌 唐制와 관련된 것이라 여겨지며, 성종 14년에 尙書都省으로 개편한 것도 이러한 성종 교서의 취지와 맥락을 같이하는 것이라 여겨진다.

문종 때 정비된 고려의 상서성 관원 가운데 知都省事를 제외하면 宋의 상서성 구성원과 완전히 일치한다.[91] 그리고 唐制를 수용한 성종 14년의 尙書都省과 尙書6部는 현종대에 약간의 개편을 거쳐 문종 때는 宋制를 수용하여 상서성 제도가 정비되었다.

성종 14년에 唐制를 수용하여 개편한 尙書都省과 尙書6部에는 이후 顯宗朝에 접어들어 이전에 보이지 않던 관직들이 새로이 등장하는 것이 주목이 된다. 현종 때 등장하는 상서도성의 尙書令에 임명된 최초의 사례는 현종의 아들 王緖(尙書令, 현종 18년 5월)이고, 6部의 判事에 임명된 최초의 사례는 崔士威(判尙書吏部事, 현종 12년 12월)이다. 이러한 사례는 성종 14년에 唐制를 수용하여 성서도성으로 개편한 이후에 아직도 尙書省의 制度가 제대로 갖추어지지 못한 사정을 반영하는 것이며, 그러한 사정은 尙書6部에서도 마찬가지였다. 『고려사』 권76, 백관지에

> 兵曹 … 成宗十四年 改兵官爲尙書兵部 仍改庫曹爲尙書庫部 顯宗二年罷庫部
> 戶曹 … 成宗十四年改爲尙書戶部 仍改司度爲尙書度支 金曹爲尙書金部 倉

90) 『高麗史』 권3, 世家, 成宗 14년 5月.
91) 『宋史』 권161, 직관1, 상서성.

曹爲尙書倉部 後並罷屬官
禮曹 … 成宗十四年改禮官爲尙書禮部 仍改祠曹爲尙書祠部 顯宗二年罷祠部
工曹 … 成宗十四年改工官爲尙書工部 仍改虞曹爲尙書虞部 水曹爲尙書水部 後廢虞水部

라고 한 바와 같이 성종 14년에 개편된 이후 현종 2년에 병부 호부 예부 공부 등에 또 다른 개편이 이루어지고 있다. 戶部의 "後並罷", 공부의 "後廢"라 한 시기도 현종 2년의 사실로 여겨진다. 이러한 사실은 성종 14년에 唐制를 수용하여 개편된 尙書都省과 尙書6部가 이후 현종대에 또 다른 개편이 이루어지고 있음을 말해주고 있다.

상서성의 知都省事 朴良柔가 성종 9년 12월에 工官御事知都省事에 임명된 사례가 있어[92] 또한 주목이 되는데, 尙書6部의 判事와 知部事는 현종 12년부터 그 사례가 나타나기 시작하고[93] 그 이전에는 잘 보이지 않는다. 이로 보아 判事와 知部事는 현종대부터 임명되기 시작하여 문종 때 정비된 것이라 여겨진다. 이와 같이 성종 14년에 唐制를 수용하여 제도를 개편한 이후 현종대에 접어들어 병부, 호부, 예부, 공부 등 6部의 屬官들에 대한 개편과 더불어 判事, 知部事, 尙書令 등 새로이 등장하여 그것이 제도적으로 정비되는 것은 문종 때라 할 수 있다. 하지만 문종 때 정비된 3省 6部는 성종 14년에 唐制를 수용하여 개편한 그 제도와는 다른 차이점이 있었던 것은 분명한 것이다.

그리고 백관지에 「文宗定」이라고 한 그 시기는 문종 15년(1061)이라 추측된다. 內史令(內史省)을 宋制에 의거하여 문종 15년에 中書令(中書省)으로 고친 시기와 때를 같이 하여 尙書都省의 상서령을 尙書省의 尙書令이라 하였을 것으로 여겨지는 것이다. 尙書6部 또한 백관지에는 「文宗定」이라고 기술되어 있는데, 이것 역시 문종 15년의 사실이라 여겨진다. 요컨대 고려의 3성 6부는 국초의 광평성, 내봉성, 내의성, 徇軍部, 兵部, 倉部 등을 통폐합하여 唐制를 바탕으로 宋制를

92) 朴良柔工官御事知都省事(『고려사』 권3, 세가, 성종 9년 12월).
93) 崔士威判吏部事(『고려사』 권4, 세가, 현종 12년 12월).
徐訥爲國子祭酒知吏部事(『고려사』 권4, 세가, 현종 12년 3월).

수용하여 성종 원년에 3省(내사성, 문하성, 어사도성)과 御事6官→성종 14년에 3省(내사성, 문하성, 상서도성)과 尙書6部→문종 때(문종 15년)에 3省(중서성, 문하성, 상서성)과 尙書6部로 정비되어 갔다.

고려의 3성 6부는 唐制를 바탕으로 宋制를 수용하여 문종 때(문종 15년) 정비되었다. 『新唐書』에는 백관지 1에 尙書省 아래 6部를 넣고, 백관지 2에서 門下省, 弘文館, 中書省 순으로 설정하고 있다. 그런데 비하여 『宋史』에는 宰執 아래 門下省, 中書省, 尙書省 순으로 3省을 설정하고 있다. 唐制에 尙書令·侍中·中書令이 정2품인데 비하여 宋나라에서는 모두 종1품으로 하여 고려의 품계와 같다. 唐의 6部는 左·右司로 구분되어 있는데 비하여 宋은 상서성 아래 6部가 예속되어 있다.[94]

唐의 상서성 조직은 중앙에 위치한 都堂을 중심으로 左·右司로 나뉘어, 그 중 좌사는 도당의 동편에 있는 이부·호부·예부를 통할하고 우사는 서편에 있는 병부·형부·공부를 통할하도록 되어 있었다. 그러나 고려의 상서6부는 唐과 달리 都省의 동편과 서편에 정렬되어 있지 않았고, 또 그들이 직접적으로 도성의 통할을 받은 것도 아니었다. 이처럼 체계는 좀 달랐던 것인데, 하지만 조직은 유사하여 左司에 左丞·左司郎中·左司員外郎이, 右司에는 右丞·右司郎中·右司員外郎이 설치되고 있다. 이들 가운데 특히 左·右丞은 상서도성의 하층조직을 구성하는 요원 중 가장 상급자로서 중요한 역할을 하였으며 그 아래의 직관들 역시 제 기능을 원활히 수행한 것으로 짐작된다고 한다.[95] 그러나 이러한 생각에는 어느 정도의 동감은 가지만, 문종 때 정비된 尙書 6部는 唐制와는 분명히 달랐고, 宋制를 수용한 것임을 유념할 필요가 있다.

宋의 3省 6部는 唐制와는 달리 고려의 3省 6部와 유사한 점이 있다.

---

94) 尙書省 掌施行制命 … 曰吏部 曰戶部 曰禮部 曰兵部 曰刑部 曰工部 皆隷焉(『宋史』 권161, 직관1, 상서성).

95) 邊太燮, 「고려시대 중앙정치기구의 행정체계」 『역사학보』 47, 1970 ; 『고려정치제도사 연구』, 일조각, 1971, 8~10쪽.
朴龍雲, 「高麗時代의 尙書都省에 대한 檢討」 『國史館論叢』 61, 1995 ; 『高麗時代 尙書省 硏究』, 경인문화사, 2000, 37~41쪽.

문종 때 정비된 고려의 3省(문하성, 중서성, 상서성)은 唐制를 그대로 수용한 것이 아님을 알 수 있다. 그렇다면 고려의 3省 6部은 宋制를 수용하였거나 아니면 唐制를 바탕으로 고려의 실정에 맞게끔 독자적으로 개편하여 정비된 것으로 볼 수밖에 없다. 宋의 元豊(1078) 新官制는 이전과는 달리 唐代의 3省 6部 조직으로 복원하여 3省에 시중 중서령 상서령을 두었다. 그러나 상서령을 除授하지 않고, 尙書省의 左僕射가 門下侍郎을 겸하여 시중의 직임을 맡고, 右僕射가 중서시랑을 겸하여 중서령직을 맡아 상서성의 左·右僕射가 실제적인 宰相이 되어 3省체제를 운영하였다.[96] 左·右僕射가 고려에서는 宋制와 같이 실질적인 큰 역할을 하지 못한 차이점이 있다. 그러나 고려에서도 상서령 중서령의 除授를 극히 제한하고 적임자가 없으면 자리를 비워 두는 것은 宋制와 서로 유사한 점이 있다. 이러한 사실과 3省 장관의 품계(종1품) 및 3省 6部의 편제방식에 있어서는 고려의 3省 6部制가 宋制에 영향을 받은 것은 부정할 수 없을 것 같다. 다 같은 平章事라도 성종관제에서는 내사시랑평장사가 상위직이었으나 문종관제에서는 문하시랑평장사가 상위직으로 바뀌고 있어 새로운 개편이 이루어졌음이 분명하다. 內史省을 문종 15년에 中書省으로 고친 것은 唐制에 의거한 것이 아니라 宋制에 따른 것으로 보는 이유는 바로 이러한 차이점이 있기 때문이다. 다시 말하여 唐制를 바탕으로 宋制를 참용하면서 고려의 독자적 요소를 반영하여 문종 15년에 정비된 것이라 여겨진다. 문종 15년에 중서성의 개편과 때를 같이 하여 尙書都省을 尙書省이라 하였을 것이라고 추측한 이유도 唐制와 宋制 사이에 차이점이 있기 때문에 그렇게 추측해 본 것이다.

이러한 사실과 같은 맥락에서 상서도성의 상서령(상서성 포함)도 내

---

96) 神宗新官制 於三省置侍中·中書令·尙書令 以官高不除人 而以尙書令之貳左 右僕射爲宰相 左僕射兼門下侍郎 以行侍中之職 右僕射兼中書侍郎 以行中書令之職(『宋史』권161, 職官1, 宰執 宰相之職).
和田 清 編著,『支那官制發達史』, 汲古書院, 1942, 185쪽.
宮崎市定,「宋代官制序說」, 佐伯富編,『宋史職官志索引』, 東洋史硏究會, 1963, 18쪽.
申採湜,『宋代官僚制硏究』, 三英社, 1981, 125쪽.

사령을 중서령(중서성 포함)으로 고친 시기와 때를 같이하여 문종 15년에 상서령(상서성) 제도가 정비된 것으로 추측해 보았다. 內史令에 임명된 최초의 인물은 성종 원년의 崔知夢(左執政·守內史令)이고, 宗室로서 최초로 內史令이 된 사람은 현종 11년의 王欽(현종 11년 4월)이다. 이러한 사례를 시발로 하여 현종대에 점진적으로 내사령을 除授하다가 문종 15년에 이르러 內史令을 中書令이라 고쳤다. 그러나 백관지에는 "文宗改中書令一人 秩從一品"이라고 하여 막연하게 문종 때 개편된 것으로 나타나있다. 尙書令 또한 현종 때 등장하는 상서도성의 상서령에 임명된 최초의 사람은 王緖(尙書令, 현종 18년 5월)이다. 이로부터 점진적으로 상서령에 임명되는 사례가 보이면서 백관지에는 "文宗定尙書令一人 秩從一品"이라 하여 상서령 제도가 문종 때 정해진 것으로 나타나 있다. 만약에 고려의 중서령과 상서령 제도가 宋制를 수용한 것이 확실하다면 둘 다 문종 15년에 이루어진 사실로 보는 것이 마땅할 것이고, 唐制를 바탕으로 고려에서 독자적으로 개편하여 정비된 것으로 볼 경우에도 尙書令(尙書省 포함)이 정비된 그 시기를 문종 15년 외에 다른 어떤 시기를 비정할 수 있는 근거를 찾을 수 없다. 그러므로 중서령과 상서령은 다 같이 문종 15년에 정비된 것으로 정리할 수밖에 없는 것이다.

이와 관련하여 학계의 일부에서는 문산계를 비롯한 고려의 모든 문물제도가 정비되는 시기를 田柴科와 祿俸制가 정비되는 문종 30년으로 보는 견해가 있다. 중서성과 상서성뿐만 아니라 백관지의 여러 官署에서 「文宗定」이라고 한 그 시기를 대부분 문종 30년으로 보려고 하고 있다.[97] 문종 30년에 更定田柴科와 祿俸制가 정비되었다고 하는 것은 이를 비롯한 고려의 모든 문물제도가 문종 30년에 정비되었다는 사실을 반영하는 것이라고 할 수는 있지만, 이에 근거하여 문산계를 비롯한 고

97) 朴龍雲, 「譯註 『高麗史』 百官志(1)」 『고려시대연구Ⅴ』, 한국정신문화연구원, 2002, 157쪽에서 文宗朝에 정해졌다는 百官志의 규정은 "更定田兩班柴科 又改官制 定百官班次及科田"(『高麗史節要』 권5, 文宗 30년 末尾)과 관련을 가지는 것으로 보아 각 職官들이 성종 원년 이후 설치되기 시작하여 문종 30년에 완비되는 것으로 생각하였다. 그리고 이 논리를 여러 관서의 역주에 그대로 적용하고 있다.

려의 모든 문물제도가 모두 문종 30년에 정비되었다고 확대 해석해 보는 것은 약간의 문제가 있다. 전시과와 녹봉제가 정비되려면 최소한 문종 30년 이전에 문산계를 비롯한 모든 관직체제가 갖추어져야 한다. 그러한 바탕 위에 전시과와 녹봉제가 정비될 수 있기 때문이다. 고려의 문산계는 성종 14년 이전의 성종 초부터 사용되기 시작하여 문종 때 정비되었다고 볼 수 있다.

성종 14년을 전후하여 사용한 고려의 문산계는 唐制를 수용한 것으로 이후 현종대를 거치면서 이미 폭 넓게 사용되고 있었다. 이러한 문산계가 백관지에는 "文宗改官制 文散階凡二十九"라 하여 문종 때 정비된 것으로 나타나 있다. 문산계는 성종 때부터 널리 사용되어 왔으므로 그것이 문종 몇 년에 정비된 것인지 정확히 알 수가 없다. 그러나 문산계는 최소한 문종 30년 이전 어느 시기에 완비가 되고, 모든 관직체계가 갖추어지는 바탕 위에서 이를 바탕으로 하여 최종적으로 전시과와 녹봉제가 정비된 것으로 보아야 논리가 맞아진다. 이러한 시각에서 본다면, 문산계의 정비도 여러 시기 가운데 내사령이 중서령으로 개편된 문종 15년으로 상정해 보는 것이 마땅하지 않을까 한다. 물론 확실한 증거를 찾을 수는 없다. 문종 때 개정된 고려의 문산계 29등급을 『新唐書』와 『宋史』를 비교하여 <表 10>과 같이 정리해 볼 수 있다.

〈表 10〉 高麗 文散階의 整備 비교표

成宗 14년 이전	成宗 14년 이후	文宗	品階	新唐書	宋史
	開府儀同三司	開府儀同三司	종1품	開府儀同三司	開府儀同三司
	特進	特進	정2품	特進	特進
光祿大夫	興祿大夫	金紫光祿大夫	종2품	光祿大夫	光祿大大
	金紫興祿大夫	銀青光祿大夫	정3품	金紫光祿大夫	金紫光祿大夫
銀青光祿大夫	銀青興祿大夫	光祿大夫	종3품	銀青光祿大夫	銀青光祿大夫
	(正議大夫)	上 正議大夫 下 通議大夫	정4품	上 正議大夫 下 通議大夫	上 正奉大夫 中奉大夫
(中大夫)	(太中大夫) (中大夫)	上 太中大夫 上 中大夫	종4품	上 太中大夫 下 中大夫	上 太中大夫 中大夫

	(中散大夫) (朝議大夫)	上 中散大夫 下 朝議大夫	정5품	上 中散大夫 下 朝議大夫	上 中散大夫 朝奉大夫
	(朝請大夫) (朝散大夫)	上 朝請大夫 下 朝散大夫	종5품	上 朝請大夫 下 朝散大夫	上 朝散大夫 朝請大夫
		上 朝議郎 下 承議郎	정6품	上 朝議郎 下 承議郎	上 朝奉郎 承直郎
(奉議郎) (通直郎)	(奉議郎) (通直郎)	上 奉議郎 下 通直郎	종6품	上 奉議郎 下 通直郎	上 奉直郎 通直郎
	(朝青郎) (宣德郎)	上 朝青郎 下 宣德郎	정7품	上 朝青郎 下 宣德郎	上 朝青郎 宣德郎
	(宣義郎)	上 宣議郎 下 朝散郎	종7품	上 朝散郎 下 宣義郎	上 朝散郎 宣奉郎
		上 給事郎 下 微事郎	정8품	上 給事郎 下 微事郎	上 給事郎 承事郎
	(承務郎)	上 承奉郎 下 承務郎	종8품	上 承奉郎 下 承務郎	上 承奉郎 承務郎
	(儒林郎)	上 儒林郎 下 登仕郎	정9품	上 儒林郎 下 登仕郎	上 儒林郎 登仕郎
	(文林郎)	上 文林郎 下 將仕郎	종9품	上 文林郎 下 將仕郎	上 文林郎 將仕郎

<表 10>에서 성종 14년 이전에 사용한 銀青光祿大夫는 唐制에서 가져 온 문산계이다.[98] 이것을 성종 14년에 銀青興祿大夫로 고친 백관지의 기록으로 보아 성종 14년 이전 성종 초에도 唐의 문산계를 사용하였던 것으로 보인다. 그러한 사례도 많이 나타나고 있다.[99] 백관지에는 성종 14년 당시에 開府儀同三司·特進·興祿大夫·金紫興祿大夫·銀青興祿大夫 등 문산계 가운데 일부만 채용되고, 文宗朝(문종 15년 ?)에 이르러 비로소 29등급 전체가 완비된 듯이 서술되어 있다. 이것은 성종 14년에 唐制를 채용하여 문산계의 기초가 마련되었고,

98) 『新唐書』 권46, 百官1, 尙書省 吏部 文散階.
99) 성종 14년 이전에 문산계를 사용한 사례는 朴龍雲, 「高麗時代의 文散階」 『震檀學報』 52, 1981 ; 『高麗時代 官階·官職 硏究』, 고려대학교 출판부, 1997, 55~70쪽 참조.

이후에 변화된 고려의 관제가 새로이 더 반영이 되어 文宗朝에 문산계가 정비된 것으로 여겨진다.

<表 10>에서 보여주는 바와 같이 문종조에 정비된 고려의 문산계는『新唐書』와『宋史』에 비교하여 보면 唐制와 거의 비슷하다. 고려의 문산계는 唐制를 모범으로 한 것임을 알 수 있다. 宋의 문산계도[100] 당제를 바탕으로 하여 많은 개편이 이루어 졌다. 그러한 반면에 고려의 문산계는 唐制를 바탕으로 약간의 조정이 이루어지고 있다. 성종 14년에 이전의 光祿大夫를 興祿大夫로 고쳤다가 文宗朝에는 다시 光祿大夫라 고치고, 그 순서를 光祿大夫－金紫光祿大夫－銀靑光祿大夫의 순으로 하였으며, 종7품 상・하에 宣議郞(종7품 상)과 朝散郞(종7품 하)의 순서를 바꾸어 고친 것 외에는 唐制와 거의 일치한다. 고려의 문산계는 唐制를 모범으로 문종 때(문종 15년～문종 30년) 정비된 것이다. 송의 문산계는『송사』에 "雜取唐及國朝舊制"라 한 것으로 보아 唐制와 舊制를 바탕으로 다소 개편하여 제도화시킨 것인데, 唐制 및 고려의 문산계와는 상당한 차이를 보이고 있다.

고려의 종2품 金紫光祿大夫를 송에서는 光祿大夫, 정3품 銀靑光祿大夫를 金紫光祿大夫, 종3품 광록대부를 은청광록대부, 정4품 上의 정의대부를 정봉대부, 정4품 下의 통의대부를 중봉대부, 정5품 下의 조의대부를 조봉대부, 종5품의 上下는 宋制에 상하의 階가 서로 바뀌어져 있고, 정6품의 조의랑을 조봉랑, 정6품의 승직랑을 통직랑, 정7품의 上下는 宋制에 상하의 階가 서로 바뀌어져 있고, 종7품 上의 선의랑은 조산랑, 종7품 下의 조산랑은 선봉랑, 정8품 下의 미사랑은 승사랑, 종8품 이하 종9품까지는 고려의 문산계와 완전히 서로 일치한다. 이와 같이 고려의 文散階는 宋制와는 상당한 차이를 보이고 있다. 고려의 문산계는 宋制를 따른 것이 아니라 唐制에 의거한 것이다.

성종 14년에 제정된 무산계 29계는 唐制를 채용한 것인지 宋制를 수용한 것인지 이점이 분명하지 않다. 당의 무산계는 모두 45階로 되

100)『宋史』권169, 職官9, 文散階.

어 있고,[101] 송의 무산계는 31階를 이루고 있다.[102] 송나라 무산계 31계 가운데 2階(懷化大將軍 정3품, 歸德將軍 종3품)를 제외하면 고려 무산계 29階와는 거의 일치한다. 고려의 정4품 上의 中武將軍을 『송사』에서는 忠武將軍, 고려의 종8품 上의 禦侮校尉와 종8품 下의 禦侮副尉는 『송사』에서는 禦武校尉 禦武副尉로 표기하고 있다. 이러한 점만 예외로 한다면 고려의 무산계는 송의 무산계와 거의 일치할 정도로 너무나 비슷하다. 그러한 점에서 고려 무산계는 宋制를 수용하였을 가능성을 생각해 볼 수 있다. 그러나 고려는 당의 무산계 45階를 축소 조정하여 성종 14년에 무산계 29階를 정비하고, 송나라는 그들 나름대로 唐制를 축소 조정하여 31階를 이룬 것이었을는지도 모른다. 그렇다면 그 기본은 唐制를 바탕으로 한 것이라 할 수 있다.

이렇게 唐制에 바탕하여 文·武散階를 수용한 시기와 때를 같이 하여 성종 14년에 이전의 御事都省과 御事6官(성종 원년)을 尙書都省과 尙書6部로 고쳤다고 여겨진다. 성종 14년에 개편한 상서도성과 상서부는 唐制를 수용한 것으로 당시에 唐의 文散階와 함께 두 제도가 같이 수용되었음을 알 수 있는 것이다.

이러한 사례는 秘書省의 경우에서도 그 예를 찾아 볼 수 있다. 국초의 內書省을 성종 14년에 秘書省으로 고쳤다고 한다.[103] 성종 14년(995)에 비서성으로 개편한 것은 唐制를 수용한 것 같다. 고려의 秘書監 종3품, 少監 종4품, 丞 종5품 등의 품계는 唐制와[104] 비슷하며 이러한 품계가 백관지에는 모두 문종 때 정해진 것으로 기술되어 있다. 비서감은 목종 원년(998)의 改正田柴科와 문종 30년(1076)에 정비된 更定田柴科

---

101) 武散階四十有五 從一品曰驃騎大將軍 正二品曰輔國大將軍 … 從九品上曰陪戎校尉 從九品下曰陪戎副尉(『新唐書』 권46, 백관1, 상서성 병부).

102) 武散官三十一 驃騎大將軍從一 輔國大將軍正二 … 陪戎校尉從九上 陪戎副尉從九(『宋史』 권169, 백관9, 武散官).

103) 國初稱內書省 成宗十四年改秘書省(『고려사』 권76, 百官1, 典校寺).

104) 秘書省 監一人從三品 少監二人從四品上 丞一人從五品上 監掌經籍圖書之事(『新唐書』 권47, 백관2, 비서성).

에 다 같이 5科로 규정되어 있다. 목종 원년(998) 改正田柴科의 科等을 보면 성종 14년에 唐制를 수용하여 비서성을 개편할 당시에 품계(문산계)도 같이 수용된 것임을 짐작할 수 있고, 이후 문종 5년에 비서성에 새로운 변화가 일어나고 있다. 이전과는 달리 判事가 새로 등장하고, 諸司의 判事는 원래 겸직하기로 되어 있었는데, 근래 모두 祿官으로 하여 古制에 어긋나니 이를 다시 종전대로 되돌리고 있다. 문종 5년에 이르러 諸司의 判事를 모두 兼職으로 되돌리고 있는 것은 비서성을 비롯한 諸司의 職制가 정비된 것을 의미하며 諸司의 職制가 거의 모두 문종 5년에 정비된 것임을 알 수 있다. 성종 14년에 唐制를 수용하여 개편한 비서성을 비롯한 諸司의 직제가 문종 5년에 정비될 당시에는 宋制를 수용한 것인지 이점이 분명하지는 않지만, 고려에서는 3省制를 비롯하여 三司, 中樞院 등 宋의 職制도 많이 수용하였다.

성종 2년(983) 3월에 송나라에서 사신을 파견하여 光祿大夫檢校太保使持節玄免州諸軍事玄免州都督充大順軍使上柱國 食邑二千戶 高麗國王에 册封하는 조서를 내리자 성종이 이를 받아들이고, 문무관료 장교 승려들에게 말하기를 나의 관작을 1품으로 높이고, 위계를 三師와 같은 등급으로 올리었다고 하였다.[105] 성종 4년 5월에 또한 송에서 사신을 파견하여 檢校太傅를 특별히 더하고, 使持節玄免州諸軍事玄免州都督充大順軍使高麗國王은 전과 같이 하며, 식읍 1,000호를 더 내리고, 散官과 勳은 전과 같이 한다고 하였다. 이에 대해서 성종은 1품을 除授하여 높은 지위에 있게 하고, 三師로 올려 중책을 맡게 하여 국가의 경사를 만났으니 마땅히 모든 백성들에 즐거움을 표시하여야 할 것이라 하였다.[106] 이 책문과 조서에 나타나는 文散階, 封爵, 食封, 三師, 散官, 勳, 檢校職 등은 唐制를 수용한 宋制에 근거하여 내린 조서라고 일단은 볼 수 있겠다. 그러나 고려에서는 반드시 宋制만을 수용한 것은 아니었다. 이미 살펴 본 바와 같이 문산계와 어사도성 및

105) 『고려사』 권3, 세가, 성종 2년 3월.
106) 『고려사』 권3, 세가, 성종 4년 5월.

상서6부 비서성 등 諸司는 唐制를 수용한 것이고, 三師 · 三公도 唐制를 수용한 것 같다. 『송사』에 "三師 · 三公宋承唐制"[107]라 하여 宋의 三師와 三公은 唐制를 계승한 것이라 하였다. 고려에서는 唐 · 宋制 가운데 어느 것을 수용하였는지 이 점이 분명하지 않지만, 비록 三師 · 三公의 제도를 宋制에서 가져왔다고 하더라도 그 제도의 기본은 唐制와 다를 바가 없다. 그러므로 三師 · 三公은 唐制를 수용한 것으로 보아야 할 것 같다. 그러나 위의 조서에서 성종 스스로가 唐制뿐만 아니라 宋制를 받아들이려는 수용의 자세는 충분히 엿볼 수 있다. 실제로 성종 10년에 兵官侍郎 韓彦恭이 宋에 使臣으로 가서 樞密院을 보고 돌아와서 처음으로 고려에 中樞院을 설치하였다.[108] 이러한 시각에서 본다면 고려의 제도는 "法唐體宋"[109]이라 하여 唐制를 바탕으로 宋制를 채용하였다고 한 李穀의 지적은 올바른 지적이었다고 할 수 있겠다.

성종 10년에 宋制를 받아들여 설치한 중추원의 직제가 정비된 시기를 백관지에 「文宗定」이라 막연히 기록하고 東宮官屬이 정비된 시기는 문종 22년이라고 구체적으로 밝히고 있다. 문종 22년에 정비된 東宮官屬의 기록은 여러 모로 시사하는 바가 많다. 『高麗史』 백관2, 東宮官條에

> 현종 13년에 太子를 세우고, 師保 및 官屬을 설치하여 司議郎 한 명, 司直 한 명, 通事舍人 두 명, 丞 · 注簿 · 錄事 각각 한 명씩을 두었다. 文宗 8년에는 有司에게 명하여 3품관의 손자와 5품 이상 官의 아들 20인을 선발하여 東宮侍衛公子라 하고 5품관의 孫子와 7품 이상 官의 아들 10인을 侍衛給使로 하여 길이 定制하였다. (문종) 22년에는 大師 · 大傅 · 大保 등 종1품으로부터 정8품(藥藏丞) 이하의 左右內率 府率 副率 등에 이르기까지 많은 東宮官屬이 정비되었다.

고 한다. 현종 13년 동궁관을 처음 설치할 당시의 官屬으로 司議郎 司直 등은 『신당서』에 보이나,[110] 문종 22년에 정비된 동궁관속의 大

107) 『宋史』 권161, 職官1, 三師 三公.
108) 『고려사』 권76, 백관1, 밀직사.
109) 李穀, 『稼亭集』 권9, 賀崔寺丞登第詩序.

師・大傅・大保 등은 『신당서』에는 보이지 않고, 『송사』에 보이고 있다.[111] 전반적으로 고려의 동궁관속은 『宋史』와 유사한 점이 많은 것으로 보아 宋制를 수용한 것이라 여겨진다. 이러한 동궁관속이 문종 22년에 정비되었는데, 동궁관의 녹봉은 문종 30년에 정비된 것으로 나타나 있다. 고려의 文武班綠을 비롯한 대부분의 祿俸制는 宋制를 바탕으로 하여 문종 30년에 정비되었다.[112]

이러한 사실은 문종 15년에 내사령을 중서령으로 고쳐 고려의 3省 6部가 정비된 이후에도 동궁관속을 비롯한 여러 官屬들의 정비가 더 이루어지고 있었음을 보여주는 것으로 동궁관속을 비롯한 여러 官屬의 문산계가 정비되는 바탕 위에 문종 30년에 田柴科와 祿俸制가 마련됨으로써 고려의 모든 문물제도는 문종 30년에 정비된 것이라 할 수 있겠다. 그러나 문종 5년에 정비된 비서성을 비롯한 諸司의 職官들의 田柴도 문종 30년에 정비된 것으로 정리해 놓고 있다. 문종 30년에 정비되었다고 하는 田柴科와 祿俸制는 이러한 점을 잘 유의하여 판단하여야 할 것 같다. 요컨대 고려시대 중앙관제는 문종 15년으로부터 문종 30년 사이에 거의 정비된 것이라고 정리할 수 있겠다.

그리고 고려시대 상서 6부 직관들의 官品이 정해진 것도 성종 14년에 거의 이루어진 것으로 여겨진다. 그것은 목종 원년(998)에 개편된 改正田柴科에 18과등으로 구분하여 지급한 田柴 지급규정은 正・從 18품계를 대상으로 하여 지급한 것으로 여겨지기 때문이다. 목종 원년의 改正田柴科와 문종 30년(1076)에 정비된 更定田柴科와 비교하여 尙書6部의 田柴를 정리해 보면 <表 11>과 같다.

---

110) 『新唐書』 권49 上, 백관4 上, 詹事府.
111) 『宋史』 권169, 職官9, 文散官.
112) 崔貞煥, 「高麗 祿俸制의 整備와 運營 및 그 性格」 『高麗・朝鮮時代 祿俸制 硏究』, 慶北大學校 出版部, 1991.

〈表 11〉 尙書 6部의 田柴 比較

品階	判事 (宰臣兼之)	尙書 (정3품)	知部事 (他官兼之)	侍郎 (정4품)	郎中 (정5품)	員外郎 (정6품)
목종 원년		4科 (田85, 柴55)		6科 (田75, 柴45)	9科 (田60, 柴33)	10科 (田55,柴30)
문종 30년		4科 (田85, 柴35)		6科 (田70, 柴27)	8科 (田60, 柴21)	10科 (田50, 柴15)

<表 11>을 보면 목종 원년 개정전시과에 9科로 되어 있었던 郎中이 문종 30년의 更定田柴科에서는 8科로 되고, 田柴 지급에 약간 조정이 이루어진 것 외에는 큰 차이가 없다. 이것은 목종 원년에 전시과를 개정할 당시의 품계와 문종 30년에 정비된 尙書6部의 품계가 큰 차이가 없음을 알 수 있다. 이로 보아 상서6부의 품계는 성종 14년에 당제를 수용하여 개편할 당시부터 이미 정해져 있었던 것이라 해야할 것이다. 이에 앞서 경종 원년의 始定田柴科에 이미 1·2品 등의 品이 있었다. 『新唐書』에 "尙書一人 正三品 侍郎一人正四品下"라고 되어 있어 고려의 尙書 정3품, 侍郎 정4품과 비슷하다. 이로 보아 성종 14년 唐制를 수용할 당시에 文散階까지도 함께 수용된 것으로 짐작된다. 그리하여 현종대에 尙書6部의 새로운 개편과 변화가 이루어지고, 이러한 것이 이후 文宗朝에 반영이 되어 6部의 제도가 정비된 것으로 짐작된다. 그 시기는 위에서 지적한 바와 같이 문종 15년이라 여겨진다. 田柴科도 이러한 변화의 바탕 위에 개편이 이루어지고, 문종 30년에 최종적으로 정비된 것으로 정리한 것이라 여겨진다. 식화지 田柴科條에 "顯宗 5년 12월에 문무양반과 雜色員吏에게 田柴를 加給" 한 사실도 「加給」이라고 표현하고 있지만, 실은 현종대의 관제 변화와도 어떤 관련이 있었을 것으로 추측된다. 요컨대 문종 30년에 정비된 전시과는 현종대 이후의 변화를 반영하여 문종 15년에 정비된 품계를 바탕으로 문종 30년에 田柴科가 정비된 것으로 정리한 것이라 여겨진다.[113)]

113) 이에 대해서 박용운은 文宗朝에 정해졌다는 百官志의 규정은 "更定兩班田柴科 又改官制 定百官班次 及祿科"(『高麗史節要』 권5, 文宗 30年 末尾)

다음으로 주목되는 것은 국초 광평성의 侍中이 문하성의 侍中으로 연결되는 고리에 대한 해명문제이다. 국초 광평성의 侍中이 문하성의 侍中으로 개편되어 간 기록은 물론 전혀 찾을 수가 없다. 다만 국초의 徇軍部를 광종 11년에 軍部로[114] 개편한 이후부터 광종의 개혁정치와 연관하여 그 실마리를 풀어볼 수 있으리라 여겨진다. 광종 16년(965)에 아들 伷를 正胤(太子)으로 책봉함과 동시에 그에게 「內史諸軍事內議令」 즉 「內史・諸軍事・內議令」의 직함을 내리고 있다.[115] 이것은 광종이 호족세력을 억압하고 군권을 장악하여 왕권을 강화하려는 개혁정책과 관련된 조처라 여겨진다. 국초에 백관을 摠領하던 廣評侍中의 기능을 약화시키고, 「諸軍事・內議令」의 기능 외에 새로이 內史令制를 도입하여 軍事와 정치를 摠領할 수 있는 새로운 제도로 개편하기 위한 모색작업이라 여겨진다. 경종 즉위년(975) 10월에 金傅를 尙父로 책봉하는 告身에 광평성의 侍中・侍郞, 내봉성의 令・侍郞, 군부의 令・卿, 병부의 令・卿 등이 서명 또는 무서명한 사례를[116] 마지막으로 內奉省과 廣評省에 임명된 사례는 보이지 않는다. 內議省도 경종 5년(980)에 內議令에 崔知夢이 임명된 사례를 마지막으로 자취를 감추게 된다. 이들 官府들은 성종 원년(982) 이전에 모두 혁파되었을 것으로 여겨진다. 광종 16년의 「內史諸軍事內議令」制에 이어 이후 景宗 원년(976)에 荀質과 申質을 각각 左・右執政에 임명하고 모두 내사령을 겸하도록 하였다.[117] 당시에는 左・右執政이 실질적인 수상의

와 관련을 가지는 것으로서, 종래의 제도에 약간의 添削・補完이 가해져 완비된 상황을 말해주는 것이라 생각된다고 했다. 각 職官들은 成宗 元年 이후 설치되고 있으며 품질・정원 등의 제도도 점차 마련되어 갔다고 하였다.

朴龍雲, 「譯註『高麗史』百官志(1)」『고려시대연구Ⅴ』, 한국정신문화연구원, 2002, 131쪽.

114) 『고려사』 권76, 백관1, 병조.

115) 『고려사』 권2, 세가, 광종 16년 2월 ; 『고려사절요』 권2, 광종 16년 2월.

116) 『고려사』 권2, 세가 경종 즉위년 10월 및 『삼국유사』, 기이 제2 김부대왕.

117) 以荀質・甲質爲左右執政 皆兼內史令(『고려사』 권3, 세가, 경종 원년 11월).

역할을 맡게 되었을 것으로 여겨진다. 그러나 이러한 職制는 성종 원년(982)에 唐制를 수용하여 內史省과 門下省이 설치되기 이전의 사실로서 새로운 제도를 도입하기 위한 과도적인 수상(執政)에 대한 職制라 여겨진다.

새로이 설치된 내사성과 문하성의 장관으로 성종 원년에 최지몽이 「左執政·守內史令」을 除授 받은 것이 그 최초의 예이다. 최지몽이 받은 「左執政」은 문하성의 장관인 시중과 같은 역할을 맡았을 것으로 추측되며, 「守內史令」은 새로운 唐制에 의거한 내사성의 장관인 내사령의 기능이라 여겨진다. 이러한 최지몽의 사례 역시 과도기적인 職制라 할 수 있으며, 그 執政의 前身은 백관을 摠領하던 국초의 廣評侍中이라 할 수 있을 것이다. 「左執政·守內史令」이라는 과도기 체제를 거쳐서 門下侍中과 內史令으로 제도화되어 간 것이라 여겨진다. 최지몽은 성종 3년에 이미 78세의 고령으로 이후 여러 차례 致仕를 청하였지만 왕은 朝參을 제외시켜 주면서까지 內史房에서 視事토록 조처하였고, 그 후 그는 성종 6년에 내사령으로 卒하였다.[118] 최지몽은 고려의 핵심적인 정치기구로 신설된 내사성의 장관인 내사령에 취임했던 최초의 인물인 셈이다. 이어서 성종 원년에 行選官御事를 지낸 崔承老가 성종 2년 정월에는 門下侍郎平章事에 임명되었고,[119] 또한 성종 7년에 崔承老는 門下守侍中을 除授받았다.[120] 최승로는 새로이 신설된 選官御事와 내사성과 문하성의 문하시랑평장사와 문하수시중에 취임한 최초의 인물이다. 이상에서 본다면 국초의 광평성은 혁파되고, 廣評侍中의 기능은 성종 원년의 「左執政·守內史令」이라는 과도기 체제를 마지막으로 하여 새로이 唐制를 수용한 문하성의 시중으로 그 연

118) 『고려사』 권92, 열전, 최지몽 ; 『고려사절요』 권2, 성종 6년 3월.
119) 『고려사』 권3, 세가, 성종 2년 정월 ; 『高麗史節要』 권2, 성종 2년 정월 ; 『고려사』 권93, 열전, 최승로.
120) 『고려사』 권3, 세가, 성종 7년 12월 ; 『고려사절요』 권2, 성종 7년 10월 ; 『고려사』 권93, 열전, 최승로.

결 고리를 찾을 수 있다.

성종 원년에 신설된 御事都省과 御事6官은 국초의 여러 고려관제가 唐制와는 다른 차이점 때문에 이를 바로 수용하지 못하고, 여러 가지 기능을 통합하고 조절할 필요가 있었다. 그러한 면에서 성종 원년의 제도는 唐制 수용하기 위한 고려적인 임시제도로서 과도기적인 체제라 할 수 있겠다. 그리하여 성종 14년에 가서는 唐制를 수용하여 尙書都省과 尙書6部로 바꾸었던 것이라 여겨진다. 성종 원년에 바로 唐制를 수용하여 발족한 문하성과 내사성은 문종 15년에 宋制를 수용하여 그 제도가 정비되었다. 그런데 비하여 상서성과 상서6부는 하나의 과도기 체제를 거쳐서 성종 14년에 唐制에 의거한 개편이 이루어지고, 문종 15년에 중서성 문하성과 더불어 상서성이 또한 제도화되어 고려의 3省制가 정비된 것이라 여겨진다.

그 다음으로 주목되는 문제는 문종 때 정비된 尙書省과 尙書6部는 이후 어떻게 변천되어 갔던 것인가 대한 해명이다. 충렬왕 원년에 원의 간섭으로 3성을 통합하여 僉議府가 되고, 상서6부가 4司로 개편됨으로써 고려후기에 3성 6부 체제에 새로운 변화가 일어나게 되었다. 충렬왕 원년에 상서성의 員吏들을 모두 혁파하고, 중서성과 문하성을 통합하여 僉議府로 개편함으로써 이후부터는 고려의 3성 6부 체제에 커다란 변화를 맞이하게 되었다. 이러한 변화를 『高麗史』 백관지에 의거하여 <表 12>와 같이 정리해 볼 수 있다.

〈表 12〉 高麗 3省6部의 變遷

문종	충렬왕 원년 (1275)	충렬왕 24년 충선 (1298)	충렬왕 34년 (1308)	충혜왕 원년 (1331)	공민왕 5년 (1356)	공민왕 11년 (1362)	공민왕 18년 (1369)	공민왕 21년 (1372)	공양왕 원년 (1389)
中書省	僉議府	都僉議使司 (충렬왕 19년)			中書省	都僉議府	門下府		
門下省					門下省				
尙書省	幷罷	僉議府別廳治事			尙書省 (別立)	罷			

尙書 6部	典理司 軍簿司 版圖司 典法司	銓曹 兵曹 民曹 刑曹 儀曹 工曹	選部 摠部(後改) 民部 讞部	典理司 軍簿司 版圖司 典法司	吏部 兵部 戶部 刑部 禮部 工部	典理司 軍簿司 版圖司 典法司 禮儀司 典工司	選部 摠部 民部 理部 禮部 工部	典理司 軍簿司 版圖司 典法司 禮儀司 典工司	吏曹 兵曹 戶曹 刑曹 禮曹 工曹

충렬왕 원년에 원의 간섭으로 상서성은 혁파된 것이나 다를 바가 없다. 중서성과 문하성을 통합하여 僉議府로 개편됨과 동시에 상서6부는 4司로 개편되었다. 그리하여 고려전기의 3省 6部는 1府 4司 체제로 바뀌어 갔다. 상서성은 충렬왕 원년에 혁파된 이후 충렬왕 24년에 충선왕이 다시 설치하여 左·右僕射는 僉議府(실제로는 都僉議使司)에 두고, 이하 左右司郎中 員外郎 都事는 都僉議府(실제로는 都僉議使司)의 別廳에 모여 일을 보도록 하였으나 곧 혁파되었다. 그러다가 공민왕 5년에 반원개혁정책을 펴면서 文宗舊制 즉 3省 6部로 환원하여 상서성을 별도로 설치하였으나, 공민왕 11년에 상서성은 완전히 혁파되고 말았다.

그런데 비하여 尙書6部는 충렬왕 원년에 僉議府－4司, 同王 24년에 都僉議使司(충렬왕 19년)－6曹, 同王 34년에 都僉議使司－4部, 충혜왕 원년에[121] 都僉議使司－4司, 공민왕 5년에 3省 6部, 공민왕 11년에 都僉議府－6司, 공민왕 18년에 門下府－6部, 공민왕 21년에 門下府－6司, 공양왕 원년에 門下府－6曹로 변천되어 갔다. 그런데 충렬왕 원년

121) 『고려사』 백관지에는 충렬왕 34년 개편된 選部·摠部(後改)·民部·讞部 등이 典理司·軍簿司·版圖司·典法司로 바뀐 것을 「後復稱」, 「複稱」, 「後改」라고 기록하고 있다. 이렇게 「後改」라고 한 그 시기를 朴龍雲은 忠肅王 12년(1325)으로 보았다(①). 그런데 충숙왕 12년 10월에 摠部典書 李光時의 사례가 보이고, 충혜왕 원년(1331) 6월과 충숙왕 후 4년(1335) 11월에 典法司에 대한 사례가 있는 것으로 보아 「後復稱」이라 그 시기는 충혜왕 원년으로 보아야 할 것 같다.
朴龍雲, 「高麗時代 6部判事制에 대한 考察」 『高麗時代硏究Ⅱ』, 한국정신문화연구원, 2000, 8쪽, 「高麗時代 尙書6部에 대한 檢討」 ; 『高麗時代 尙書省 硏究』, 景仁文化史, 2000, 105쪽과 226쪽의 <表 3>.

으로부터 공민왕 5년에 3省 6部로 환원되기 이전까지의 僉議府와 都僉議使司의 체제 하에서 81년간은 1府(1司)－4司(4部) 체제나 다름이 없다. 충렬왕 24년에서 동왕 34년 사이에 잠시 10년간 6曹 체제가 시행되기는 하였으나, 넓게 보면 1府 4司 체제나 다름이 없는 것이다. 공민왕 5년(1356)에 3省 6部로 복구한 이후로부터 麗末에 이르기까지의 都僉議府(공민왕 11년)와 門下府(공민왕 18년) 체제 하에서는 1府 6司(部・曹) 체제라 할 수 있다. 요컨대 고려 전기의 3省 6部는 충렬왕 원년(1275)에 중서성과 문하성을 통합하여 첨의부로 개편된 이후부터 공민왕 5년(1356)에 3省 6部로 복구하기 이전까지는 1府(僉議府・都評議使司)・4司 체제가 근간을 이루었고, 공민왕 11년(1362)에 상서성을 혁파하고 중서성과 문하성을 통합하여 都僉議府로 개편된 이후부터 공민왕 18년(1369)의 門下府・6部 체제를 거쳐 麗末 공양왕 원년(1389)에 이르기까지는 1府(門下府)・6司 체제가 근간을 이루었다. 다시 말해서 고려후기에는 1府 4司制에서 1府 6司制로 바뀌어 갔다고 요약할 수 있겠다. 공양왕 원년에는 이전의 門下府 체제하에서 6曹로 개편됨으로써 고려의 3省 6部는 수많은 변화와 우여곡절을 겪으면서 조선조의 議政府와 6曹로 이어지게 되었다.

3. 宰・樞臣職과 實職 및 兼職關係에 대한 문제점

고려시대 兼職關係는 제도적으로 겸직하기로 되어 있는 관직으로 尙書6部의 判事(宰臣兼之)와 知部事(他官兼之), 三司의 判事(宰臣兼之), 判翰林院事(宰臣兼之), 國子監의 判事(兼官) 등과 같이 兼職 또는 兼官임을 분명히 규정하고 祿科가 빠지고 없는 경우와 尙書都省의 知省事, 御史臺의 判事 등과 같이 겸직이란 표시는 없지만 祿科가 빠지고 겸직하는 경우도 있고, 그 외에도 行頭兼職制를 비롯한 매우 다양한 겸직관계가 있었다. 고려시대 宰臣이라 하면 중서령을 넣는 경우도 있지만 보통 중서령을 빼고 문하시중・평장사・참지정사・정당문학・

지문하성사를 5宰라 하였다. 이들 宰臣들이 尙書6部와 기타의 判事를 겸하는 것은 제도적으로 규정되어 있다. 중서성과 문하성의 재신들 가운데 문하시중과 평장사 이상은 실직을 지닌 예가 없지만, 이하의 참지정사·정당문학·지문하성사는 6部尙書·僕射 등 기타의 실직을 지니고 재신이 되어 宰臣으로 겸직할 수 있는 判事職을 겸하는 경우가 많았다. 樞臣들도 6부상서 등 기타의 실직을 지니고 樞臣이 된 경우가 많았다. 이와 같이 宰臣과 樞臣들 가운데는 일반 兼職制와는 달리 특수하게 宰·樞臣職이 운영되었는데, 이에 대해서는 지금 학계에 여러 가지 견해가 나와 있다.

宰·樞臣의 겸직관계에 대해서는 ①宰臣이 判事를 겸하고 樞臣이 尙書를 겸했다는 견해,[122] ②두 개의 職을 동시에 지니고 있을 경우 상위 품계가 본직이고 하위 품계가 兼職이라는 견해,[123] ③녹봉이 지급되는 관직이 실직이고 지급되지 않는 職이 겸직이라는 견해,[124] ④宰樞를 겸직으로 보고 僕射 尙書 등을 본직으로 본 견해,[125] ⑤宰樞臣을 독립직으로 보고 僕射 尙書 등 타직을 帶有했을 경우 중첩직 내지 중복직으로 보는 견해,[126] ⑥實職과 宰·樞臣職 및 兼職으로 구별해

122) 邊太燮, 앞의 책, 「高麗時代 中央政治機構의 行政體系」, 32쪽 ; 「高麗 宰相考」, 81쪽 ; 「高麗都堂考」, 87쪽 등에서 樞臣이 6部尙書를 겸하는 것으로 보았고, 「高麗의 中樞院」 『震檀學報』 41, 1976, 70~71쪽에서는 樞臣은 대개 3品職을 겸하였는데 그 중에 가장 일반적으로 추신이 되는 전직인 동시에 겸직은 6部尙書였다고 하였다. 朴龍雲, 「高麗의 中樞院研究」 『韓國史研究』 12, 1976, 136쪽에서도 樞密이 尙書職을 겸하는 것으로 보았다. 崔貞煥, 앞의 책, 「高麗後期 宰·樞臣의 祿科規定과 그 運營實態」, 179~190쪽에서 일반적으로 樞臣이 尙書를 겸하는 것이 학계의 정설처럼 되어 있는데 그렇게 생각되지 않는다고 하였다.

123) 張東翼, 「高麗前期의 兼職制에 대하여(上)」 『大丘史學』 11, 1976, 76~80쪽.

124) 崔貞煥, 「高麗 中書門下省의 祿俸規定과 그 運營實態」 『韓國史研究』 50·51, 1985 ; 「高麗 中樞院 樞臣의 祿俸規定과 그 運營實態」 『人文科學』 창간호, 경북대, 1985 ; 「高麗後期 宰·樞臣의 祿科規定과 그 運營實態」 『韓國史研究』 69, 1990 ; 『高麗·朝鮮時代祿俸制研究』, 경북대출판부, 1991.

125) 박재우, 「고려전기 재추의 운영원리와 권력구조」 『역사와 현실』 26, 1997, 168~171쪽.

보는 견해[127] 등 다양한 견해가 나와 있다.

이러한 다양한 견해에 대해 올바른 해명을 위해서는『고려사』백관지의 기록은 물론 식화지의 전시과 및 녹봉조의 기록과 관직에 임명된 실 사례를 종합적으로 비교하여 검토해 볼 필요가 있다. 宰臣들 가운데 문하시중·평장사·참지정사는 田柴와 祿科가 규정되어 있지만 政堂文學과 知門下省事는 그런 규정이 없다. 樞臣들은 田柴科 지급규정에는 모두 빠지고 없으며, 判院事와 知院使를 제외한 5樞臣들만 文宗祿制에 그 祿科가 보이다가 仁宗更定祿制에서 이들 모두의 祿科가 다 빠지고 없다. 이를 보다 더 구체적으로 살펴보기 위해 문종 30년에 정비된 宰·樞臣의 田柴科와 祿俸을 仁宗 때 更定된 祿科를 비교하여 정리해 보면 <表 13>과 같이 정리해 볼 수 있다.

〈表 13〉高麗前期 宰·樞臣의 田柴科와 祿俸 比較(文宗 30年~仁宗)[128]

中書省·門下省								中樞院				
品階	官職	田柴科(結)(文宗30年)		祿俸				官職	田柴科(文宗30年)	祿俸		
				文宗		仁宗				文宗		仁宗
		田	柴	石	斗	石	斗			石	斗	
從1品	中書令 門下侍中	100	50	400		400						
正2品	門下侍郎 中書侍郎	90	45	366	10							
	門下平章 中書平章					366	10					
從2品	參知政事	85	40	353	5	353	5	判院事	—	—	—	—
	政堂文學	—	—	—	—	—	—	院使	—	353	5	—
	知門下省事	—	—	—	—	—	—	知院事	—	—	—	—
								同知院事	—	353	5	—
正3品								副使	—	300	—	—
								簽書院事	—	300	—	—
								直學士	—	300	—	—

126) 朴龍雲,『고려시대 中書門下省宰臣 연구』, 一志社, 2000 ;『高麗時代 尙書省 硏究』, 경인문화사, 2000 ;『高麗時代 中樞院 硏究』, 고려대 民族文化硏究院, 2001.

127) 崔貞煥,「고려후기 祿俸制와 宰·樞臣의 祿科」『韓國中世史硏究』13, 2002.

128)『高麗史』권78, 食貨1, 田柴科 및『高麗史』권80, 食貨3, 祿俸條에 의거.

<表 13>에서 문종 30년에 정비된 中書省과 門下省 宰臣의 田柴와 祿俸을 보면 종1품 中書令・門下侍中은 田 100결, 柴 50결과 녹봉 400石으로 되어 있고, 인종 때 개정된 更定祿制에서 그들의 녹봉은 400석으로 변함이 없는 것으로 나타나 있다. 정2품 門下侍郞・中書侍郞은 田 90결, 柴 45결과 녹봉은 366石 10斗였고, 개정된 인종 更定祿科에서 門下平章・中書平章 366石 10斗로 나타나 있다. 녹봉은 이전과 같이 366석 10斗로 변함이 없으나 관직명을 門下侍郞・中書侍郞에서 仁宗祿制에는 門下平章・中書平章으로 나타나는 차이가 있다.

이러한 차이는 『고려사』 백관1 贊成事條에 문종 때 門下侍郞平章事・中書侍郞平章事와 中書平章事・門下平章事 등 4平章事가 설치된 것으로 정리하고 있어,[129] 門下侍郞・中書侍郞이나 門下平章・中書平章은 다 같은 平章事로서 그들의 녹봉은 366石 10斗로 같았음을 의미하는 것이다.

종2품의 參知政事는 田柴(85結, 40結)와 祿俸(353石 5斗)이 규정되어 있지만, 政堂文學・知門下省事의 田柴와 녹봉은 나타나 있지 않았다. 이들 政堂文學・知門下省事에 대한 田柴와 녹봉이 나타나 있지 않는 이유는 무엇일까? 그 이유로서 먼저 기록의 잘못으로 인한 누락이었을 가능성을 상정해 볼 수 있다.[130] 아니면 같은 종2품의 宰臣인 참지정사에 해당하는 전시와 녹봉을 적용 받은 것일까? 아니면 겸직관계나 宰臣職의 운영방법에 기인하여 이들의 田柴와 祿科를 규정하지 않았던 것일까? 여러 가지 다양한 각도에서 고찰해 볼 필요가 있다. 이에 대해서 우선 주목되는 것은 종2품인 참지정사・정당문학・지문하

---

129) 成宗 置內史侍郞平章事・門下侍郞平章事 文宗 定門下侍郞平章事 中書侍郞平章事各一人 又於中書門下 各置平章事 並秩正二品(『고려사』 권76, 백관1, 贊成事).

130) 周藤吉之, 『高麗朝官僚制の研究』, 法政大學 出版局, 1980, 42쪽에서 政堂文學의 祿科가 文宗 30年의 文武班祿에 보이지 않는 것을 기록의 누락으로 보아 諸殿大學士의 祿科에 비정하였다.

성사는 6部尙書 등 다른 3품 이상의 실직을 지니고 있었다는 점이다. 그들은 실직을 지니고 있으면서 宰臣으로서 겸직할 수 있는 6部의 判事 등을 겸직한 예가 많았다.[131] 이러한 재신직의 운영방법과 관련하여 정당문학과 지문하성사는 그 祿科와 田柴를 규정하지 않았던 것이 아닌가 한다. 고려전기에 宰臣은 參知政事 이상을 祿官으로 하고, 政堂文學과 知門下省事는 祿官으로 하지 않았다. 政堂文學과 知門下省事는 실직을 지니고 그 실직에 해당하는 祿俸을 받고, 이에 임명되면 宰臣이 될 수 있었던 것이다.

樞臣들도 6부상서 등 다른 실직을 지니고 宰臣이 된 예가 많았다. 樞臣은 문종 30년의 田柴科 지급규정에 모두 빠지고 없다. 문종 30년의 祿俸 규정에 判院事와 知院事의 祿科는 빠지고 없지만, 中樞院使·同知院事는 353石 5斗, 副使·簽書院事·直學士는 300石으로 규

---

131) 邊太燮, 「高麗宰相考」『歷史學報』35·36, 1967 ; 『高麗政治制度史硏究』, 일조각, 1971, 68쪽에서 參知政事·政堂文學·知門下省事는 尙書左右僕射·6部尙書 등 他職에 있는 자가 겸하는 예가 많았다고 하였다.
崔貞煥, 「高麗 中書門下省의 祿俸規定과 그 運營實態」『韓國史硏究』50·52, 1985 ; 앞의 책 『高麗·朝鮮時代 祿俸制硏究』, 93~98쪽에서 상서좌우복야·6부상서 등은 실직이고, 政堂文學·知門下省事를 兼職으로 보았다. 지금 다시 생각해 보면 政堂文學·知門下省事를 단순한 兼職으로 볼 것이 아니라 宰臣職으로 보아야 할 것 같다. 예를 들어 金上琦가 除授받은 「吏部尙書·參知政事·判戶部事」(선종 10년 5월)의 경우에 吏部尙書는 실직이고, 참지정사는 재신직이며, 판호부사는 재신이 겸하기로 되어 있는 兼職인 것이다.
崔貞煥, 「高麗後期 宰·樞臣의 祿科規定과 그 運營實態」『韓國史硏究』69, 1990 ; 앞의 책 『高麗·朝鮮時代 祿俸制硏究』, 191~194쪽에서 參知政事·政堂文學·知門下省事 등은 宰臣職이고, 6부상서·상서좌우복야 등은 실직이며. 6부의 判事 등을 겸직으로 보았다. 그리고 고려후기 忠烈王 때 관제개편 이후부터 재신은 실직을 지니지 않게 되었다고 하였다.
朴龍雲, 앞의 책, 『中書門下省宰臣 연구』, 242~345쪽에서 參知政事·政堂文學·知門下省事는 본직이고, 尙書左右僕射 6部尙書 등을 重複職으로 보았다.

정되어 있다. 그러나 仁宗 更定祿制에서는 7樞臣 모두의 祿科가 빠지고 보이지 않는다. 인종 更定祿制에서 7樞臣의 祿科가 모두 빠지게 된 것은 樞臣職의 운영방법에 새로운 변화가 일어난 것을 의미한다. 그러한 변화는 중추원의 설립 당시부터 추신은 실직을 지니게 하여[132] 운영하는 선례가 있었기 때문에 그러한 조처를 취할 수 있었다. 이후부터 추신은 모두 실직을 지니고 그 실직에 해당하는 녹봉을 받고 樞臣을 祿官으로 하지 않았던 것이라 여겨진다.[133]

고려후기에 宰・樞臣이 모두 祿官으로 되면서 실직을 지니지 않는 것이 일반적인 현상이었다. 宰・樞臣이 실직을 지니지 않는 현상은 충렬왕 원년(1275)의 관제개편 이후부터 나타난다. 이후에 宰・樞臣이 간혹 실직을 지닌 사례가 나타나는 것은 忠烈王・忠宣王・忠肅王代에 일시적으로 나타나는 특수한 사례라 할 수 있다.[134]

---

132) 성종 10년에 중추원의 설치를 처음 주장한 兵官侍郎 韓彦恭(①) 자신이 兵官侍郎으로서 中樞院副使가 되었고, 이어서 그가 中樞院使로 轉官했을 때 그의 실직은 殿中監이었다(②).

①成宗十年 兵官侍郎韓彦恭 使宋還奏 宋樞密院 卽我朝直宿員吏之職 於是 始置中樞院(『高麗史』 권76, 百官1, 密直司).

②始設中樞院 置使副各二人 以彦恭爲副使 俄轉爲使殿中監知禮官事(『高麗史』 권93, 列傳, 韓彦恭).

133) 崔貞煥, 앞의 책, 『高麗・朝鮮時代 祿俸制 研究』, 148～153쪽.

134) 崔貞煥, 「高麗後期 宰・樞臣의 祿科規定과 그 運營實態」 『韓國史研究』 69, 1990) ; 앞의 책 『高麗・朝鮮時代 祿俸制研究』, 181～187쪽에서 고려후기(忠烈王～恭讓王)에 樞臣이 祿官으로 되면서 判書등 실직을 겸하지 않는 것이 일반적인 현상이었다고 하였다. 그리고 후기에 樞臣이 判書常侍 등의 실직을 겸한 사례가 나타나는 것은 충렬왕 24년(충선왕 즉위년, 1298)과 忠宣王 복위년(1308) 사이에 宰・樞臣職이 특수하게 운영된 예외적인 것으로 보았다.

朴龍雲, 앞의 책, 『高麗時代 中樞院 研究』, 140～157쪽에서 고려 후・말기(忠烈王 元年, 1275～恭讓王 4年, 1392)에 ①判密直司事(判樞密院事) 90사례(85명)로부터 ⑦密直學士(密直提學, 樞密院直學士) 68사례(64명)에 이르기까지 전체 1038사례(983명)를 王代別로 분석하여 예시하였다. 그리고 樞臣에 임명된 전체 숫자를 前期(180년) : 武臣執權期(104년) : 후・말

判司事(判樞密院事)가 祿官으로 된 것은 공민왕 3년이었다고[135] 명시하고 있지만, 실제로 모든 宰·樞臣에게 녹봉이 지급된 것은 그보다 훨씬 이전 고종 때부터였다. 고종 45년 4월에 임시편법으로 崔竩의 倉穀을 太子府,「諸王·宰樞」이하 9品 이상에 이르기까지 各品에 따라 일정한 차등을 두어 지급한 것이 그 효시였다. 고종 46년부터 시행된 고려후기 9科等制의 祿科規定에서 宰·樞臣이 모두 祿官으로 되면서 새로이 宰·樞科가 등장하여 1科로 되었다.[136]

요컨대 고려후기에 宰·樞臣이 모두 祿官으로 되면서부터 실직(실무직)을 지니지 않는 것이 일반적이었다. 그러나 고려전기에 참지정사 정당문학 지문하성사의 3宰臣과 7樞臣은 모두가 실직을 지니고 있었다. 충렬왕 원년(1275)의 관제개편 이후 宰·樞臣들은 실직을 지니지 않게 되면서부터 祿官으로 되어 宰樞科(1科)의 녹봉을 받게 되었다. 그렇지만 고려후기에 宰臣의 判事兼職制는 전기와 같이 존속하였

기(118년)를 비교하여 326(180년) : 284(104년) : 1,038(118년)로 통계를 내었다. 그들 전체 숫자에 대한 단독직은 196 : 199 : 935로, 그 비율은 60.12% : 70.07% : 90.07%였다고 하였다. 또한 중복직은 시기에 따라 6部尙書는 30.06% : 16.9% : 4.72%이며, 御史大夫·散騎常侍는 14.41% : 15.14% : 5.49%라는 계산이 나온 것으로 정리하고 있다. 또한 그나마 후·말기의 중복직은 忠烈王·忠宣王·忠肅王에 집중되고 있다고 지적하였다.

崔貞煥은「고려후기 祿俸制와 宰·樞臣의 祿科」『한국중세사연구』13, 2002, 146~147쪽에서 박용운 교수가 분석한 후·말기의 중복직으로 나타나는 6部尙書 4.72%와 御史大夫·散騎常侍 5.49%는 忠烈王·忠宣王·忠肅王 대에 집중적으로 나타나는 예외적인 몇 사례에 불과한 것으로 보았다. 그것은 당시에 전기에서와 같이 추신직을 운영해 보려는 일시적 현상으로 박용운 교수의 분석은 고려후기 樞臣들은 실직을 지니지 않는 것이 원칙이었다는 주장을 뒷받침하게 하는 논리로 해석하였다.

135) 恭愍王三年 判司事·知申事·四代言 皆爲祿官(『高麗史』권76, 百官1, 密直司).

136) 崔貞煥,「고려후기 祿俸制와 宰·樞臣의 祿科」『한국중세사연구』13, 2002, 152~174쪽.

다. 이러한 관직운영의 변화와 관련지어 볼 때 고려전기의 宰·樞臣職과 實職 및 兼職關係에 관하여 다양한 여러 견해가 제시되어 있지만 이에 대해서는 實職(실무직)과 宰·樞臣職 그리고 兼職으로 구별하여 파악해야만 고려시대 관직운영의 실태를 바르게 파악할 수 있게 될 것이다.

이해를 돕기 위해 예를 들어보면 金上琦가 除授받은 「吏部尙書·參知政事·判戶部事」[137]의 경우에 吏部尙書는 실직이고, 참지정사는 재신직이며, 판호부사는 재신이 겸하기로 되어 있는 兼職인 것이다. 보다 좋은 예로 金緣의 경우에서 찾아 볼 수 있다.

> 秘書監中樞院副使(예, 6, 3)－左散騎常侍同知樞密院事翰林學士承旨(예, 7, 9)－兵部尙書知樞密院事 (예, 8, 3)－禮部尙書政堂文學判翰林院事(예, 8, 12)－戶部尙書參知政事(예, 9, 3)

라고 한 바 金緣의 경우 그의 樞臣職은 樞密院副使, 同知樞密院事, 知樞密院事로 승진하고, 宰臣職은 政堂文學, 參知政事로 승진함에 따른 그의 실직은 비서감, 좌산기상시, 병부상서, 예부상서, 호부상서로 遷官하고 있다. 김연이 「禮部尙書政堂文學判翰林院事」(예-8, 12)가 되었을 당시에는 예부상서가 실직이고 정당문학은 재신직이며, 판한림원사는 겸직인 것이다. 이와 같이 고려전기에는 실직과 재·추신직 겸직으로 구분되어 있었던 것이다.

이러한 시각에서 본다면 宰·樞臣의 겸직관계에 대해서 논란이 되고 있는 다양한 견해에 대해서 ①宰臣이 判事를 겸하고 樞臣이 尙書를 겸했다는 견해는 추신이 상서를 겸한 적이 없으므로 논리가 성립되지 않는다. ②두 개의 職을 동시에 지니고 있을 경우 상위 품계가 본직이고 하위 품계가 兼職이라는 견해도 반드시 그러한 것은 아니었다. ③녹봉이 지급되는 관직이 실직이고 지급되지 않는 職이 겸직이

137) 『고려사절요』 권6, 선종 10년 5월.

라는 견해는 실직과 겸직관계를 구분할 때는 부분적으로 논리가 성립될 수가 있을 것 같으나, 실직과 재·추신직의 구분에는 문제가 생긴다. 예를 들어 김연의 예에서「戶部尙書參知政事」(예-9, 3)가 되었을 경우에 호부상서와 참지정사는 다 같이 전시와 녹봉이 지급되는 실직이다. 이러한 경우에는 둘 다 실직이라는 모순에 빠진다. 호부상서는 실직이고 참지정사는 재신직인 것이다. ④宰樞를 겸직으로 보고 僕射尙書 등을 본직으로 본 견해는 어느 것을 본직으로 보고 어느 것은 겸직으로 볼 것인가를 단정하기가 어렵다. ⑤宰·樞臣을 독립직으로 보고 僕射 尙書 등 타직을 帶有했을 경우 중첩직 내지 중복직으로 보는 견해는 중복직이란 개념이 사료에 없는 용어로 어떠한 직을 중복했는지 판단할 수가 없는 모호한 개념이다. 2개 이상의 직을 동시에 지녔을 경우 중복직이라 할 수 있다. 실직과 재·추신직 및 겸직의 3개의 직을 동시에 지녔을 경우에도 중복직이라 할 수 있다. 그렇다면 그러한 개념으로는 고려시대 관직운영 실태를 바르게 설명할 수가 없는 것이다. 고려시대 관직운영의 실태를 올바로 이해하기 위해서는 ⑥實職과 宰·樞臣職 및 兼職으로 구별해서 보아야 할 것이다. 여기서는 이상에서 지적한 다양한 견해에 대해서 다시 재검토해야 할 새로운 문제점으로 제기해 두는 것이다.

Ⅱ.『高麗史』百官志 2의 構成과 문제점

이미 <表 4>에서 지적한 바와 같이『고려사』백관지는 ①東班(京職), ②王室(內職 東宮官 諸妃主府 諸王子府)·封君(宗室諸君·異姓諸君), ③諸司都監各色(특수기관), ④西班, ⑤外職, ⑥勳·爵, ⑦文·武散階로 구성되어 있다. 즉 각 부서(衙門)의 최고직을 기준하여 동반 3品官 이상은 백관지 1에, 동반 5品官 이하와 ②王室·封君, ③諸司都監

各色(특수기관), ④西班, ⑤外職, ⑥勳·爵, ⑦文·武散階 등은 백관지 2에 편성되어 있는 것이다.

이를 보다 더 구체적으로 살펴보면 백관지 2에서는 종5품 이하의 衙門(종5품~종9품 衙門)과 內侍府(정2품 아문), 그리고 王室[內職(정1품), 東宮官·諸妃主府(종1품), 王子府(종8품)]과 封君[宗室諸君·異姓諸君(정2품)]에 이어 ③諸司都監各色에 이르기까지는 모두 東班에 편성하고, 이어서 그 아래 ④西班(2군 6위)이 있고, 이하에 ⑤外職과 ⑥勳·爵, ⑦文·武散階 순서로 이 모두를 백관지 2에 통합하여 편성하고 있다. 王室과 封君은 조선시대『經國大典』에 內命婦·外命府와 정1품 衙門에 宗親府·忠勳府·儀賓府·敦寧府로 구분하여 편성한 것과는 차이가 있다. 백관지 2를 구성하고 하고 있는 여러 항목 가운데 주목해 보아야 할 문제는 王室과 封君 그리고 外職에 대한 것이다.

1. 王室과 封君에 대한 문제

백관지 2에서 王室과 관련되는 부서(衙門)로는 內職(정1품)과 宗室諸君(정2품), 東宮官(종1품), 諸妃主府(종1품), 王子府(종8품)이다. 內職(貴妃·淑妃 등)과 諸妃主府는 조선시대 內命婦에, 宗室諸君과 東宮官 및 王子府는 조선시대의 宗親府에, 異姓諸君은 忠勳府에 각각 편성되어 있다. 여기서 왕실과 관련하여 주목해야 할 문제는 封君에 대한 것이다.

고려시대 封君은 宗室諸君과 異姓諸君으로 구분되어 있었다. 고려시대 封爵制度로 宗室에 대한 封君은 태조 때부터 등장하고, 異姓에 대한 봉군은 경종 5년(980)에 崔知夢이 東來郡侯 食邑 1,000戶를 받은 것이 최초로 나타나고 있다.[138] 종실에 대한 封君은 국초의 태조 때부터 시행되었는데,『고려사』백관2, 宗室諸君條와 列傳, 宗室 序文에 다음과 같이 나타나 있다.

---

138) 景宗五年 召還 授大匡內議令東萊郡侯 食邑一千戶 柱國(『高麗史』권92, 列傳, 崔知夢).

① 宗室諸君은 국초에 宗親을 院君·大君이라 칭하였다. 현종 이후에는 公侯를 封하였고, 이하인 자는 元尹·正尹이라 하고 혹은 尙書·中書令을 겸하는 자도 있었고, 또 혹은 大尉·司徒·司空을 띠기도 하였다.[139]
② 고려는 宗親을 封하여 尊者를 公이라 하고, 그 다음을 侯라 하고 疎者를 伯이라 하고, 幼者를 司徒·司空이라 하고, 총칭하여 諸王이라 하였으며 모두 일을 맡기지 않았다.[140]

①에서 宗親은 국초에 院君·大君이라 칭하였다. 실제로 태조 때부터 廣州院君[141]·慶春院君[142]·弘德院君[143]과 義城府院大君[144]·興芳宮大君[145] 및 王位君·仁愛君·助伊君[146] 등의 예와 같이 院君·大君·君 등에 책봉된 實例가 있다. 이러한 사례는 현종 13년에 王亨(靖宗)을 平壤君으로, 王緖(文宗)를 樂浪君에[147] 책봉할 때까지 나타나고 있다. 현종 이후에는 公·侯를 封하였고, 이하인 자는 元尹·正尹이라 하였다고 한다. 그러나 고려전기에 元尹·正尹에 책봉된 사례는 보이지 않는다. 현종 이후 문종대에 公[148]·侯[149]·伯[150]에 封해진 사

139)『고려사』권77, 백관2, 宗室諸君.
140)『高麗史』권90, 列傳, 宗室 序文.
141) 小廣州院夫人王氏 亦規之女 生子廣州院君(『高麗史』권88, 列傳, 后妃 太祖).
142) 定宗一子 文成王后朴氏 生慶春院君 慶春院君 史逸其名(『高麗史』권90, 列傳, 宗室 定宗).
143) 壽命太子 史逸其名 子弘德院君圭(『高麗史』권90, 列傳, 宗室 太祖).
144) 義城府院夫人洪氏 義城府人 太師三重大匡儒之女 生義城府院大君(『高麗史』권88, 列傳, 后妃 太祖).
145) 元莊太子 史逸其名 子興芳宮大君 亦逸其名(『高麗史』권90, 列傳, 宗室 太祖).
146) 貞德王后柳氏貞州人 侍中德英之女 生王位君仁愛君 元莊太子 助伊君 文惠宣義二王后(『高麗史』권88, 列傳, 后妃 太祖).
147) 庚子 册子亨爲平壤君 癸卯 册子緖爲樂浪君.(『高麗史』권4, 世家, 顯宗 13年 6月).
148) 册王子基 守太尉兼尙書令開城國公(『高麗史』권5, 世家, 顯宗 22年 2月).
壬午 册弟開城國公基 守太保(『高麗史』권6, 世家, 靖宗 3年 8月).
甲申 册弟平壤公基 守太師兼內史令(『高麗史』권7, 世家, 文宗 3年 2月).
149) 甲寅 册子烝爲國原侯(『高麗史』권7, 文宗 10年 3月).
靖宗三子 容懿麗妃韓氏 生哀殤君昉·樂浪侯璥·開城侯曒(『高麗史』권90, 列傳, 宗室 靖宗).

례는 많이 나타나고 있다. 요컨대 국초로부터 시행되어 오던 宗室의 封君은[151] 현종대를 거쳐 문종 때 정비된 것으로 대충 정리될 수 있다. 국초 이래 院君·大君·君 등 院이나 宮의 칭호와 관련된 封君으로부터 현종 22년에 開城國公이라는 새로운 왕실 봉작제가 등장하고, 그러한 封爵制가 정비되는 것은 문종 때라 할 수 있다. 현종대 이후 문종 때 정비된 왕실의 封爵은 이전과는 달리 開城國公·辰韓侯 樂浪伯·平壤公 등 국명 내지 지명과 연관된 公·侯·伯으로 封하고 元尹·正尹에 봉해진 예는 없으며, 尙書令·中書令을 겸하기도 하고,[152]

樂浪侯璥 文宗六年 册爲開府儀同三司守太保兼尙書令上柱國樂浪侯 食邑三千戶 賜輸誠協理奉德功臣號(『高麗史』 권90, 列傳, 宗室 靖宗).

開城侯暟 文宗六年 册開府儀同三司守太尉兼尙書令上柱國開城侯 食邑二千戶 賜資仁保理佐化功臣號(『高麗史』 권90, 列傳, 宗室 靖宗).

150) 庚辰 … (중략) … 樂浪伯瑛爲樂浪侯(『高麗史』 권11, 肅宗 卽位年 10月).

151) 崔貞煥, 「高麗時代 封爵制의 成立過程과 整備」 『한국중세사연구』 14, 2003, 223~226쪽에서 "국초의 太祖로부터 성종 즉위 이전까지의 宗室로서 봉군에 책봉된 사례는 正胤·太子·君·大君·院君·郞君 등으로 나타난다. 이를 正胤·太子·君(君·大君·宮君·院君·郞君)의 3유형으로 구분해 볼 수 있고, 그 가운데 왕위계승자를 正胤이라 하였다"고 하였다. 金基德, 『高麗時代 封爵制 硏究』, 청년사, 1998, 25~41쪽에서는 "고려초의 宗室稱號는 크게 君稱號와 太子稱號가 있었고, 王位繼承者를 太子라"고 해석하였다.

그런데 국초의 여러 太子나 封君들 가운데 正胤에 책봉된 예는 3명(혜종 경종 성종)뿐이다. 만약에 太子를 왕위계승자로 해석한다면 왕위를 계승할 太子가 19명이나 되는 많은 수로 나타나는 모순을 낳게된다. 국초에 太子는 왕위계승자로서의 의미보다는 일반 王子 즉 「諸王」의 의미로 사용되었고 왕위계승자는 正胤이라 하였다. 성종 이후에 正胤이란 말은 없어지고, 顯宗代에 접어들어 太子와 王子로 구분되면서 태자는 왕위계승자의 의미로 제도화되어 간 것을 고려해야 할 것이다.

152) 宗親은 封君과 함께 大尉·司徒·司空을 띠기도 하고 尙書令·中書令을 겸직하기도 하였는데, 이것은 중사령·상서령을 종실에 대한 대우직으로 이용된 예이다. 충렬왕 원년에 첨의부로 개편된 이후 상서성은 혁파되고(공민왕 11년) 중서령은 여러 차례 개편을 거쳐 판문하로 이어져 갔음을 앞서 지적한 바가 있었다.

또한 大尉·司徒·司空을 띠기도 하면서 제도화되어 갔다.

②에서 宗親은 公·侯·伯과 그 이하 司徒·司空을 총칭하여 諸王이라 하였는데. 이것은 곧 宗室의 封爵制가 公·侯·伯의 封爵과 司徒·司空의 三公職을 혼용하여 封爵制로 활용하고 있음을 보여주는 것이다. 즉 宗室의 封爵制는 公·侯·伯의 封爵과 尙書令·中書令의 겸직 및 三師·三公職을 띠는 것을 혼용하여 이를 封爵制와 같이 활용하고 있는 고려 특유의 종실 封爵制인 것이다.

고려시대 封爵은 宗室에게만 주어진 것이 아니라 異姓諸君에게도 수여되었다. 이성제군에 대한 봉작은『高麗史』권77, 百官2, 異姓諸君條에 다음과 같이 나타나 있다.

> 異姓諸君은 초기에는 公·侯·伯·子·男의 호를 썼다. 忠宣王이 官制를 개정하여 諸君은 종1품으로 하고, 元尹은 종2품으로 하고, 正尹은 정3품으로 하였다. 恭愍王 5년에 諸君을 고쳐 公·侯·伯이라 하였다. 11년에 고쳐 府院君은 정1품으로 하고, 諸君은 종1품으로 하였다.

異姓諸君은 초기에 公·侯·伯·子·男으로 칭하였다고만 하고, 그 성립시기와 정비에 대하여 분명하게 기술하지 않고 있다. 이성제군에 대한 封爵은 경종 5년에 崔知夢을 東來郡侯로 봉한 예가 그 시초였다고 앞서 지적한 바 있다. 또한 그 정비된 시기에 대해서도 아무런 언급이 없었다. 그러나 다음의 백관지 2, 爵條에서는 食封制가 문종 때 정비된 것이라고 밝히고 있다.

> 爵은 5等으로 公·侯·伯·子·男이 있었다. 文宗이 정하여 公 侯 國公은 食邑 3,000호에 정2품으로 하고, 郡公은 식읍 2,000호에 종2품으로 하고, 縣侯는 식읍 1,000호로 하고, 縣伯은 700호로 하고, 開國子는 500호로 하여 모두 정5품으로 하였다. 縣男은 300호에 종5품으로 하였다. 忠烈王 이후에는 이를 폐하였다가 恭愍王 5년에 다시 公·侯·伯·子·男을 썼고 모두 정1품으로 하였다. 11년에 이를 罷하였고 18년에 이를 복구하였으며 21년에 또 이를 파하였다.[153)]

이에 의하면 封爵에는 公·侯·伯·子·男의 5等으로 구분되어 있다. 문종 때 제정된 고려의 食封制는 ①公·侯·國公(食邑 3,000호, 정2품), ②郡公(식읍 2,000호, 종2품), ③縣侯(식읍 1,000호), ④縣伯(700호), ⑤開國子(500호, 모두 정5품), ⑥縣男(300호, 종5품) 등 모두 6等으로 구분하여 食邑의 지급에 차등을 두었다. 문종 때 정해진 食封制 규정에 의거하면 고려시대 封爵은 5품 이상에게 주어지는 것으로 되어 있다.

문종 때 정비된 고려의 封爵制度 하에서 宗室諸君과 異姓諸君은 각각 그 등장시기가 서로 달랐음은 앞서 지적한 바 있었지만 또한 그 정비된 내용과 변천과정에도 서로 차이가 있었다. 이상을 보다 이해하기 쉽게 <表 14>와 같이 정리해 볼 수 있다.

〈表 14〉 高麗 封爵制의 整備와 變遷[154]

時 期	宗室諸君	異姓諸君	爵(品階) 食封
초기	院君·大君	公·侯·伯·子·男	公·侯·伯·子·男
문종	顯宗以後 公·侯·(伯) (元尹·正尹) 兼尙書令·中書令 太尉·司徒·司空	初用 公·侯·伯·子·男	①公·侯·國公(정2품) 3000호 ②郡公(종2품) 2000호 ③縣侯(정5품) 1000호 ④縣伯(정5품) 700호 ⑤開國子(정5품) 500호 ⑥縣男(종5품) 300호
충선왕	大君·院君(정1품) 諸君(종1품) 元尹(정2품) 正尹(종2품)	諸君(종1품) 元尹(종2품) 正尹(정3품)	忠烈王以後 廢之
충성왕 2년	元尹·正尹(政丞之上)		
공민왕 5년	公·侯	公·侯·伯	公·侯·伯·子·男(정1품)
공민왕 11년	復用忠宣之制	府院君(정1품) 諸君(종1품)	11년罷之, 18년復之, 21년又罷之
공양왕 3년	元尹·正尹(滿十五歲除授)		
典 據	『高麗史』 권77, 백관2.	『高麗史』 권77, 백관2.	『高麗史』 권77, 백관2.

153) 『高麗史』 권77, 百官2, 爵條.

154) 崔貞煥, 「高麗時代 封爵制의 成立過程과 整備」 『한국중세사연구』 14, 2003, 244쪽 <表 4>인용.

문종 때 제정된 食封制는 ①公・侯・國公(정2품), ②郡公(종2품), ③縣侯(정5품), ④縣伯(정5품), ⑤開國子(정5품), ⑥縣男(종5품) 등 6科等으로 구분하였다. 이 食封制는 宗室과 異姓諸君을 포함하여 封爵의 등급에 따라 6科等으로 구분하여 食邑의 지급에 차등을 두었다. 제1科等에 해당하는 ①公・侯・國公의 3000戶는 주로 宗室과 3000호 이상에 해당하는 異姓諸君(國公)을 포함하여 이를 규정한 것이고, 제2科等인 ②郡公(2000戶) 이하 ③縣侯(1000戶), ④縣伯(700戶), ⑤開國子(500戶), ⑥縣男(300戶)에 이르기까지는 주로 異姓諸君을 대상으로 하였고, 宗室도 이 규정에 적용 받도록 짜여져 있다. 문종 때 제정된 食封制는 宗室과 異姓諸君을 포함하여 封爵의 등급에 따라 기본적으로는 6科等으로 구분하였다.[155] 문종 때 제정된 6科等의 食封制는 唐制 보다는 송의 봉작제와 거의 비슷하다. 고려의 봉작제와 식봉제는 국초 이래의 封君制를 宋制에 근거하여 정비한 것이라 여겨진다.[156]

忠烈王 이후에는 이를 혁파하였다가 恭愍王 5년에 公・侯・伯・子・男을 다시 사용하였고, 모두 정1품으로 하였다. 공민왕 11년에 이를 다시 혁파하였고, 18년에 이를 복구하였다가 21년에 또 이를 파하는 등 많은 변화를 거듭하였다. 고려 말에 이르러 일시적으로 宗室은 在內大君, 在內府院君, 在內諸君이라 칭하여 異姓諸君과 구별하였다.[157] 이러한 구별은 조선 초로 이어져 조선시대『경국대전』에서는

---

155) 崔貞煥,「高麗時代 封爵制의 成立過程과 整備」『한국중세사연구』 14, 2003, 247~260쪽.
金基德,『高麗時代 封爵制 硏究』, 청년사, 1998, 113쪽에서 封爵制의 구성에 대해서 검토한 후 맺는말(269쪽)에서는 異姓諸君의 봉작을 9등급으로 간주하였다.

156) 崔貞煥,「高麗時代 封爵制의 成立過程과 整備」『한국중세사연구』 14, 2003, 247쪽 <表 5>에서 고려와 唐의 封爵制를 비교하여 고려의 봉작제는 당의 봉작제와 거리가 먼 것을 지적한 바 있다. 지금 다시 생각하여『宋史』권169, 職官9, 爵條와 비교해 보면 고려의 봉작제는 宋制와 거의 일치한다. 고려의 봉작제와 식봉제는 宋制를 수용하여 정비한 것이라 여겨진다.

宗室은 宗親府의 散階를 별도로 제정하고, 異姓諸君은 功臣과 駙馬 및 王親・外戚으로 구분하였다. 그리하여 諸功臣은 忠勳府에, 駙馬는 儀賓府에, 遠疎한 王親과 外戚은 敦寧府로 각각 소속되었던 것이다.[158]

2. 外職條의 構成과 문제점

백관지 2, 外職條는 今有・租藏을 시초로 하여 兵馬使, 行營兵馬使, 轉運使安撫使, 按廉使, 監倉使, 廉問使, 勸農使, 計點使, 指揮使, 節制使, 都統使에 이르기까지를 앞 부분에 편성하고, 그 아래 3京留守官(西京・東京・南京)으로부터 大都護府, 諸牧, 中都護府, 知州郡, 諸縣諸鎭, 館驛使, 儒學敎授官에 이르기까지를 뒷부분에 편성하고 있다. 편의상 전반부를 外職Ⅰ이라 하고 후반부를 외직Ⅱ라 하여 구분해 보면 각각 그 특색이 드러난다. 전반부 외직Ⅰ에 편성된 외직들은 전시과와 녹봉 규정에 보이지 않고, 지방에 상주한 외관이 아니라 임시로 파견되거나 교체되는 外職들이다. 외직Ⅱ에 편성된 3경 4도호부 8목을 비롯한 각각의 외관들은 전시과에는 보이지 않으나, 外官祿을 받으며, 지방에 상주하는 외관들이다. 『고려사』 찬자는 이러한 사실을 고려하여 임시로 파견되는 외직(외직Ⅰ)과 지방에 상주한 외관(외직Ⅱ)을 구별하여 편성한 것이라 여겨진다.

이 外職條와 관련하여 지금까지 학계에서 연구된 결과를 바탕으로 몇 가지 문제점을 검토해 보고자 한다. 먼저 지적되어야 할 문제는 兵馬使에 대한 것이다. 병마사를 학계에서는 都兵馬使와 관련시켜 성종 8년의 兵馬判事制가 都兵馬使의 모체가 되었다고 생각하고 있다.[159]

---

157) 崔貞煥, 「朝鮮時代 祿俸制와 封君祿科」 『朝鮮의 政治와 社會』, 집문당, 2002, 42~44쪽.

158) 崔貞煥, 「朝鮮時代 祿俸制와 封君祿科」 『朝鮮의 政治와 社會』, 집문당, 2002, 60쪽.

159) 李丙燾, 『韓國史』 -中世篇-, 을유문화사, 1961, 130쪽에서 都兵馬使는 양

병마사는 외직조에 편성되어 있고 도병마사는 동반의 京職으로 諸司都監各色條에 나타나 있다. 기왕의 견해에 따르면 외직의 병마사가 동반 경직의 都兵馬使制로 제도화되었다는 모순에 빠지게 된다. 그러므로 이 견해는 재검토되어야 할 문제로 남게 된다. 외직인 병마사의 성립과 정비 및 변천과정은 동반의 경직에 속한 도평의사사의 성립과 정비 및 변천과정이 서로 달랐고 그 기능도 전혀 달랐으므로 도병마사의 기원이나 모체를 兵馬使에서 찾을 수는 없는 것이다. 재검토되어야 할 문제이다.

병마사와 관련하여 또 하나 지적되어야 할 문제는 백관지 외직조의 병마사에 관한 다음 기록에 대한 해석상의 문제이다.

> 兵馬使. ㉮성종 8년에 동서북면에 兵馬使 1인을 두어 3품으로 하였다. … ㉯知兵馬事 1인 역시 3품으로 하고, 兵馬副使는 2인으로 4품, 兵馬判官은 3인으로 5·6품, 兵馬錄事는 4인으로 하였다. ㉰또한 門下侍中·中書令·尙書令을 判事로 삼아 京城에 머물면서 멀리서 이를 통제케 하였다.(『고려사』 권77, 외직, 병마사).

백관지 외직조의 병마사에 관한 이 기록을 지금 학계에서는 모두 성종 8년 당시에 일어난 사실로 해석하고 있다.[160] 그런데 현종 원년

계 兵馬使의 判事職에서 발전된 것이라 하였다. 邊太燮, 「高麗 都堂考」 『역사교육』 11·12, 역사교육연구회, 1969 ; 『高麗政治制度史硏究』, 일조각, 1971, 86쪽에서 성종 8년의 兵馬判事制가 뒤의 都兵馬使의 母體가 되었다고 하였다. 金甲童, 「高麗時代의 都兵馬使」 『歷史學報』 141, 1994, 64쪽에서 都兵馬使職의 기원은 성종 8년의 兵馬判事制에 있다고 할 수 있으나 그 직접적인 계기는 현종 원년의 行營兵馬使制였다고 하였다. 그리고 96쪽 결론에서 도병마사는 기구나 관부가 아니고 관직이었다고 했다. 즉, 都兵馬라는 관청의 장관에 해당하는 직책이었던 것이라 하였다.

160) 末宋保和, 「高麗兵馬使考」 『東洋學報』 39-1, 1956 ; 『青丘史草』 1, 笠井出版社, 1965에서 都兵馬使의 判事를 구성하는 中書令·尙書令의 이름은 성종 8년 당시에 없었던 것으로 보았다. 邊太燮, 「高麗都堂考」 『역사교육』 11·12, 1969 ; 『高麗政治制度史硏究』, 일조각, 1971, 86쪽에서 성종 8

(1010) 10월에 강조의 정변을 구실로 삼아 거란이 2차로 침입했을 때 좌군병마사, 우군병마사, 중군병마사로 3인의 병마사를 임명한 예가 있고,[161] 현종 10년에 병마판관과 병마사를 역임한 예가 있으며,[162] 현종 20년에 柳韶가 判兵馬事에[163] 임명되었고, 문종 27년(1073)에 知兵馬使를 역임한 예도 있다.[164] 이로 보아 ㉯, ㉰의 기록은 성종 8년 이후 현종 대를 거치면서 시행되어 온 兵馬制가 문종 대에 제도화 된 것을 반영하는 것으로 보아야 할 것 같다. 성종 8년 당시에 내사령, 문하시중은 있어도 中書令(내사령), 尙書令에 보임된 예는 없다. 내사령을 중서령으로 고친 것은 문종 15년이다. 그러므로 門下侍中, 中書令, 尙書令을 兵馬判事로 삼은 것은 문종 15년 이후의 사실로 보아야 한다. 따라서 위의 ㉯, ㉰의 기록을 좀 더 보완해서 정리해 보면 문종대(문종 15년 이후)에 정비된 兵馬制는 判兵馬事・兵馬使(보완)・知兵馬使・兵馬副使・兵馬判官・兵馬錄事 등으로 제도화되어 간 것으로 해석할 수 있다.[165] 이렇게 보면 성종 8년 당시의 사실로 논란이 되어

년의 兵馬判事制에서 判事가 門下侍中 中書令 尙書令의 3省장관으로 구성되었다고 하지만, 이 때 실제로 있었던 것은 문하시중뿐이었다고 하였다. 金甲童, 「高麗時代의 都兵馬使」『歷史學報』 141, 역사학회, 1994, 64쪽에서 都兵馬使職의 기원은 성종 8년의 兵馬判事制에 있다고 할 수 있으나 그 직접적인 계기는 현종 원년의 行營兵馬使制였다고 하였다. 그리고 96쪽 결론에서 도병마사는 기구나 관부가 아니고 관직이었다고 했다. 즉 都兵馬라는 관청의 장관에 해당하는 직책이었다고 하였다.

161) 以吏部尙書參知政事康兆爲行營都統使 … 小府監崔賢敏爲左軍兵馬使 刑部侍郎李昉爲右軍兵馬使 禮賓卿朴忠淑爲中軍兵馬使 刑部尙書崔士威爲統軍使率兵三 十萬軍于通州 以備契丹(『고려사절요』 권3, 현종 원년 10월).

162) (현종 10년 정월) 姜邯贊以丹兵逼京 兵馬判官金宗鉉 領兵一萬倍道入衛京城 東北面兵馬使 亦遣兵三千入援(『고려사절요』 권3, 현종 10년 정월).

163) 命西北面判兵馬事柳韶赴鎭 以備興遼(『고려사』 권5, 세가, 현종 20년 12월).

164) 丙申 兵馬使奏 … 賜知兵馬事秘書監李成美(『고려사』 권9, 문종 27년(1073) 6월 병신).

165) 문종대에는 判兵馬事 兵馬使(보완) 知兵馬使 兵馬副使 兵馬判官 兵馬錄事가 제도화되어 있었음을 兵馬使及軍官拜坐儀를 통해서 확인할 수 있

오던 門下侍中, 中書令, 尙書令 문제는 자연스럽게 해결이 되고, 또한 고려의 모든 문물제도가 성종대에 성립되기 시작하여 문종대에 정비되는 사실과도 부합되는 것이다.

다음으로 지적할 문제는 安撫使이다. 안무사는 "현종 3년에 75道 按撫使를 설치하고 현종 9년에 혁파하였다"고 한다.[166] 75道 按撫使를 7州 按撫使의 잘못이라고 보기도 하고[167] 75도 안무사를 그대로 믿어야 한다는 입장도 있다.[168] 75道 安撫使는 여러 기록에 너무나 명백히 75道 按撫使로 나타나 있어,[169] 7州 按撫使의 착오로 볼 수 없다.[170] 고려시대는 道의 개념을 다양하게 사용하였다. 1州를 1道라 하기도 하고 여러 개의 州를 묶어 1道라 칭하기도 하고, 州縣軍이 배치된 1州나 지역을 道라고 하기도 하고, 양계의 分道 등 道의 개념을 다양하게 사용하였다.[171] 75道 안무사는 1州를 1道라고 본 경우의 75道

다. 使若上將軍判事則南向 知兵馬事東壁 副使西壁俱設床坐 判官·錄事·南行業師及內廂都領·指諭 北壁 皆設席坐(『고려사』 권68, 예지, 가례 兵馬使及軍官拜坐儀).

166) 安撫使 顯宗三年 置七十五道按撫使 九年罷(『고려사』 권77, 백관2, 外職).

167) 河炫綱, 「高麗 地方制度의 一研究(上)」 『史學研究』 13, 1962, 30~33쪽 ; 『한국중세사의 연구』, 일조각, 1988, 202쪽 ; 邊太燮, 「高麗 前期의 外官制」 『한국사연구』 2, 1968 ; 앞의 책, 129쪽 ; 白南雲, 『朝鮮封建社會經濟史(上)』에서는 75도 按撫使를 7州 5道의 잘못이라고 하였다.

168) 李基白, 「高麗地方制度의 整備와 州縣郡의 成立」 『趙明基博士華甲記念佛教史學論叢』, 1965 ; 『고려병제사연구』, 일조각, 1968, 198쪽. 州縣軍이 배치된 單位地域의 道로 보았다.

169) 顯宗初 廢節度使 置五都護 七十五道按撫使(『고려사』 권56, 지리1, 서문). 顯宗三年 置七十五道按撫使 九年罷(『고려사절요』 권3, 현종 3년 정월). 顯宗三年 置七十五道按撫使 九年罷(『고려사』 권77, 백관2, 외직 안무사). (顯宗 2년) … 與張延祐皇甫兪義獻議 罷東京留守 置慶州防禦使 又廢節度使 置五都護 七十五道按撫使(『고려사』 권56, 지리1).

170) 崔貞煥, 「高麗 地方制度의 整備와 道制」 『慶北史學』 19, 1996 ; 『고려 정치제도와 녹봉제 연구』, 신서원, 2002, 41~48쪽.

171) 崔貞煥, 「高麗時代 5道 兩界의 成立」 『慶北史學』 21, 1998 ; 『고려 정치제도와 녹봉제 연구』, 신서원, 2002, 88~95쪽.

안무사이다. 고려시대는 道를 행정구역으로 사용한 예가 많았다. 성종 14년에 전국을 10道로 나누었다고 하고 현종 3년에 75道 안무사를 두었다고 하며 현종 9년 이후 어느 시기에 5道 兩界가 정비되었다고 한다.172) 여기서 10道와 75道 그리고 5道 兩界의 5道와 관계를 어떻게 설명되어야할 것인가 하는 것이 또 하나의 문제로 남게된다. 이러한 道에 대한 관계를 바로 이해 못하면 고려시대의 道制를 올바로 파악할 수 없게 된다.

다음으로는 按廉使(안찰사)에 대한 문제이다. 백관지에 按察使는 "현종 3년에 국초의 節度使를 혁파한 후에 按察使를 두었다고" 한다. 이 안찰사를 道의 장관으로 보려는 견해와173) 이를 반대하는 입장도 있다.174) 또한 이를 道의 장관으로 인정하려는 쪽으로 정리되기도 하였다.175) 여말 창왕 즉위년에 按廉使(안찰사)를 都觀察黜陟使로 개편한 이후 조선시대에 이르러 이를 약칭하여 道觀察使 또는 觀察使라 하였다.176) 그러므로 조선시대 道의 장관인 관찰사의 기원을 고려시

---

172) 崔貞煥, 「高麗時代 5道 兩界의 成立」 『慶北史學』 21, 1998 ; 『고려 정치제도와 녹봉제 연구』, 신서원, 2002, 95~110쪽. 5道는 현종 9년(1018)에서 예종 원년(1106) 사이에, 양계는 정종 2년(1035)에 정비된 것으로 보았다. 당시의 5도는 全羅州道 楊廣忠淸州道 慶尙晉州道 交州道 西海道이다. 邊太燮, 「高麗按察使考」 『歷史學報』 40, 1968 ; 『高麗政治制度史硏究』, 一潮閣, 1971, 160쪽에서 5道가 성립되는 것을 睿宗·仁宗朝로 보았다. 河炫綱, 「高麗 地方制度의 一硏究(上)-도제를 중심으로-」 『史學硏究』 13, 1962, 34~35쪽에서 楊廣忠淸州道·全羅州道·慶尙晉州道 등은 행정구역으로서의 道가 아니라 所管區域으로 보았다. 그리고 나아가 交州·楊廣·慶尙·全羅·西海로 대별하여 놓고 다시 이를 세분하여 가령 交州道의 경우에는 다시 春州道·東州道·交州道로 나누고 있는 것 등은 『고려사』 簒者의 自意에서 나온 편의적 조치라 하였다.

173) 邊太燮, 「高麗按察使考」 『歷史學報』 40, 1968 ; 『高麗政治制度史硏究』, 一潮閣, 1971, 181~186쪽.

174) 河炫綱, 「後期道制에의 轉成過程」 『高麗地方制度의 硏究』, 韓國硏究院, 1977, 79~82쪽.

175) 朴龍雲, 『高麗時代史(上)』, 일지사, 1985, 124쪽.

대 안찰사에서 찾을 수는 있겠으나, 고려시대 안찰사를 道의 장관으로 보거나, 道(안찰사)를 중앙과 州縣을 잇는 중간행정기구로 보는 견해는 재검토되어야 할 문제로 남는다. 안찰사는 모두 중앙의 경직을 띠고 諸道에 파견되었고, 이러한 경우는 巡撫使(按廉使), 廉問使, 勸農使 등에서도 마찬가지였다. 이들의 각각 기능과 차이점을 비교하여 밝혀지는 바탕 위에 안찰사 문제도 더 선명하게 드러날 것이다.

맺음말

『고려사』 백관지는 위로는 중앙의 3省 6部로부터 아래로 지방의 外職에 이르기까지 고려시대 중앙과 지방의 정치제도와 여러 관직체계에 대해 가장 기본이 되는 자료를 체계적으로 정리해 놓은 기록이다. 『고려사』 백관지의 체제와 구성은 역대의 중국사서인 『舊唐書』, 『新唐書』, 『宋史』와 그리고 『元史』와 비교하여 검토해 본 결과 『元史』보다는 『신·구당서』와 『송사』에 가깝고, 『신·구당서』보다는 『송사』에 더 비슷하였다. 『고려사』의 찬자들이 志를 纂修함에 『元史』에 준하여 고찰하기 쉽게 하였다고 하였지만, 실제로 백관지의 체제와 구성은 『宋史』에 더 가까웠다. 『원사』의 체제는 『송사』를 모범으로 하였고, 『고려사』는 『원사』에 준하여 편찬되었으므로 당연히 『송사』의 체제가 『고려사』에 반영되기 마련이었고, 따라서 실제로 『宋史』에 더 가까운 것이다.

『고려사』 백관지는 권76의 百官 1과 권77의 百官 2로 구분하여 구성되어 있다. 백관지 1·2 전체는 ①東班(京職), ②王室(內職·東宮官·諸妃主府·王子府)·封君(宗室諸君·異姓諸君), ③諸司都監各色(특수기관), ④西班, ⑤外職, ⑥勳·爵, ⑦文·武散階로 구성되어 있다. 백관지 1에

176) 崔貞煥, 「高麗後期 5道 兩界의 變遷」『韓國中世史硏究』 5, 1998 ; 『고려 정치제도와 녹봉제 연구』, 신서원, 2002, 132~136쪽.

서는 최고직을 기준으로 동반 3品官 이상을, 백관지 2에서는 동반 5品官 이하와 ②王室・封君, ③諸司都監各色(특수기관), ④西班, ⑤外職, ⑥勳・爵, ⑦文・武散階 등을 통합하여 기술해 놓았다. 즉 동반 관부의 최고직 5품을 기준으로 상・하로 구분하여 백관지를 1·2로 분류하여 편성해 놓고 있는 것이다. 이러한 백관지의 구성은 「法唐體宋」이라 한 바와 같이 唐制를 바탕으로 宋制를 채택하여 편성하면서 諸司都監各色처럼 고려의 독자적인 기구들도 아울러 상당수 편성되어 있다.

본 연구에서는 『고려사』 백관지에 나타나 있는 관직체계의 내용분석을 통해서 그동안 학계에서 정설로 통용되고 있는 기존학설에 대한 오류와 백관지에 내포되어 있는 찬자의 오류를 밝히는 것이 그 중요한 목적이었다. 가장 큰 문제가 되는 것은 中書門下省을 단일기구로 보아 고려의 중앙관제는 3省 6部가 아니라 2省 6部라고 하는 것이다. 3省을 2省으로 오인하게 된 가장 큰 원인은 『고려사』 찬자들이 門下府條에 중서성과 문하성의 연혁을 잘못 기록하였기 때문이다. 중서문하성이 단일기구가 아니라 중서성과 문하성이 분리된 기구임을 『宋史』 직관지와 비교하고, 백관지 내용을 다각적인 각도에서 분석해 본 결과 3省을 입정할 수 있는 확실한 논거를 찾을 수 있었다. 고려전기의 중앙관제가 2省 6部가 아니라 3省 6部임을 이 연구를 통해서 밝혀보고자 하였다. 그리고 고려전기의 3省體制가 고려후기 충렬왕 원년(1275) 이후부터 1府體制(僉議府・都僉議使司・都僉議府・門下府)로 변천되어간 것이 분명하므로 2省6部의 바탕 위에 이루어진 그 간의 여러 모든 연구성과에 대해서는 이를 수정 보완하는 방향으로 번역과 역주를 진행하고자 하였다. 『고려사』 百官志에 찬자가 범한 오류가 한 두 곳이 아니라는 것은 주지의 사실이지만, 특히 백관지 門下府條의 기록은 찬자의 오류가 여러 곳에서 많이 발견된다. 이에 대한 수정과 보완작업을 진행해 나아가야 하는 것이 또 하나의 중요한 과제라 할 수 있다.

고려전기의 3省 6部는 충렬왕 원년(1275)에 중서성과 문하성을 통합하여 僉議府로 개편한 이후부터 공민왕 5년(1356)에 3省 6部로 복구하기 이전까지는 1府(僉議府·都評議使司)·4司 체제가 근간을 이루었고, 공민왕 11년(1362)에 상서성을 혁파하고 중서성과 문하성을 통합하여 都僉議府로 개편된 이후부터 공민왕 18년(1369)의 門下府·6部 체제를 거쳐 고려 말 공양왕 원년(1389)에 이르기까지는 1府(門下府)·6司 체제가 근간을 이루었다. 공양왕 원년에는 이전의 門下府 체제 하에서 6曹로 개편됨으로써 고려의 3省 6部는 수많은 변화와 우여곡절을 겪으면서 朝鮮朝의 議政府와 6曹로 이어지게 되었다.

다음으로 검토한 것은 宰·樞臣職과 實職 및 兼職關係에 대한 문제점이다. 이에 대해서는 다양한 견해가 제시되어 있어 학계에 논란이 되고 있다. 이에 대한 올바른 해명이 없이는 고려시대 관직운영의 실태와 권력구조를 올바로 이해할 수가 없다. 여러 가지 다양한 견해가 제시되어 있음에도 불구하고 본서에서는 實職과 宰·樞臣職 및 兼職關係로 구분하여 번역과 역주에 반영하였다.

백관지 2를 구성하고 하고 있는 여러 항목 가운데 크게 주목되는 문제는 王室과 封君 그리고 外職에 대한 것이었다. 고려시대 王室과 관련되는 부서(衙門)로는 內職(정1품)과 宗室諸君(정2품), 東宮官(종1품), 諸妃主府(종1품), 王子府(종8품)이다. 內職(貴妃·淑妃 등)과 諸妃主府는 조선시대의 『경국대전』에는 內命婦에, 宗室諸君과 東宮官 및 王子府는 宗親府에, 異姓諸君은 忠勳府에, 駙馬는 儀賓府에, 遠疎한 王親과 外戚은 敦寧府에 각각 편성되어 있는데 비하여 『고려사』에서는 백관지 2에 편성되어 있었다. 王室과 封君은 封爵制와 밀접한 관련을 가지고 있었다. 고려시대 封爵制度의 성립과정과 정비 및 그 변천과정에 대한 올바른 이해가 없이는 왕실과 봉군에 대한 유기적인 파악이 불가능하므로 이에 대해서도 선행 검토를 병행해 보았다.

外職과 관련하여 今有·租藏·兵馬使부터 都統使에 이르기까지의 15職은 外職條의 앞부분에 편성하고, 그 아래 3京留守官(西京·東京·南京)으로부터 大都護府, 諸牧, 中都護府, 知州郡, 諸縣, 諸鎭, 館驛使, 儒學教授官에 이르기까지는 뒷부분에 편성되어 있었다. 전반부에 편성된 외직들은 田柴와 녹봉이 지급되지 않고, 지방에 常駐하는 것이 아니라 임시로 파견되는 外職들이다. 후반부에 편성된 3경 4도호부 8목을 비롯한 각각의 외관들은 전시과에는 보이지 않으나 外官祿을 받으며, 지방에 상주하는 외관들이다. 이 外職條와 관련하여 지금까지 학계에서 오인되고 있는 兵馬使, 75道安撫使, 按察使 등에 대해서도 약간의 검토를 해 보았다. 학계에서는 都兵馬使의 모체를 兵馬使에서 기원한 것으로 모두 인식하고 있는데, 이것은 잘못인 것 같았다. 이 논리는 외직의 병마사가 경직의 都兵馬使制로 제도화되었다는 모순에 빠진다. 외직에 대해서는 앞으로 더 해명되어야할 문제가 적지 않게 남아 있었다.

본 연구를 추진함에 있어서 『고려사』 백관지의 관직체계를 식화지 전시과의 관직체계와 녹봉조의 관직체계, 그리고 관직에 보임된 실제의 사례를 서로 비교하여 검토해 보았다. 전시과와 녹봉조의 기록을 도외시하거나 이를 활용하지 않음으로써 백관지의 관직체계를 올바로 이해하지 못하고 잘못을 범한 예를 여러 곳에서 지적해 보았다. 백관지 외직조의 기록은 식화지 외관록의 기록과 지리지의 기록을 비교하여 검토하여 번역과 역주에 반영하기로 하였다.

본 연구는 『고려사』 백관지의 체제와 구성 및 내용을 올바로 파악하여 번역과 역주에 도움이 될 수 있는 선행작업의 일환으로 추진되었다. 고려의 중앙과 지방의 정치제도 및 관직체계는 물론 고려시대의 역사를 연구하는데 기초자료를 제공할 수 있는 조그마한 보탬이라도 되었으면 하는 마음에서 이 글을 쓰게 된 것이다. 고려사 전공자 여러분들의 많은 叱正을 바란다.

제2편 譯註『高麗史』百官志

譯註『高麗史』百官志 凡例

1. 원문은 동아대 소장본, 아세아문화사 및 연세대 동방연구소 영인본을 대조하여 수정하였다.
2. 원본에서 발견되는 오자는 ( ) 안에 수정하고 번역에서 주석처리 하였다.
3. 번역은 이해하기 쉬운 우리말로 번역하였다. 필요한 경우 한자를 ( ) 안에 표기하고, 번역한 한글과 한자가 다를 경우와 풀어쓴 용어는 그 한자를 [ ]로 묶었다.
4. 조서, 표문, 책문 등 인용문은 문단을 바꾸고 아래 위 한 줄씩 띄웠다.
5. 협주의 번역은 【 】로 묶어 한글(HWP) 9폰트로 표기하고, 보충역은 ( )로 표시하였다.
6. 년 · 월 · 일은 아라비아숫자와 한글로 표기하고, 당해 연도에 ( )로 서기 연도를 표기하였다.
7. 주석은 각주로 처리하였으며, 관련 사료 등을 제시할 필요가 있을 때는 원문을 그대로 인용하였다.
8. 주석의 항목은 필요한 내용에 따라 역주자가 판단하여 설정하였다.
9. 동일한 주석의 항목은 중복을 피하고, 앞의 주석항목을 참조하도록 표기하였다. 동일한 주석항목이라도 전후 연관을 고려하여 내용을 달리할 필요가 있을 때는 주석항목으로 설정하였다.
10. 현재까지의 연구성과를 충실히 반영하여 『고려사』 백관지 이해에 도움을 줄 수 있도록 하였다.
11. 주석의 항목 명을 쓰고 주석작업을 수행하였다.
12. 주석에 반영된 典據나 연구성과는 매 주석항목의 끝에 대표적인 참고문헌을 소개하였다.

志 卷第三十 高麗史 七十六

正憲大夫工曹判書集賢殿大提學知經筵春秋館事兼成均大司成臣鄭麟趾奉敎修

百官 一

『高麗史』卷76 志30 / 百官1 / 百官志序文

高麗太祖開國之初 叅用新羅泰封之制 設官分職 以諧庶務 然其官號 或雜方言 盖草創未暇革也 二年 立三省六尙書九寺六衛 略倣唐制 成宗大新制作 定內外之官 內有省部臺院寺司館局 外有牧府州縣, 官有常守 位有定員 於是一代之制始大備 文宗睿宗 雖少加增損 大抵皆襲成宗之舊 子孫有所遵守 自忠烈改官制 凡擬上國者 悉改之 忠宣受禪 父子互相紛更 而官爵大紊 及恭愍嗣位 二十年之間 改官制者四 而或從舊制 或用新制 遂不勝其煩矣 大抵高麗之法 因時沿革 繁簡有異 當其立法之始 宰相統六部 六部統寺監倉庫 簡以制繁 卑以承尊 省不過五 樞不過七 宰相之職擧 而庶司百寮各供其職 及其弊也 省宰增至七八 自事元以來 事多倉卒 僉議密直 每於都評議司會議 而商議之名又起 與國政者 至六七十人 於是 六部徒爲虛設 百司渙散無統 而政事不復修擧矣 其設官之制 終始得失 盖如此 凡諸衙門 所統所屬 其詳未可攷 今姑以大小品秩爲次 錄之 其隨立隨罷者 亦幷錄之 以著一時之事 若因事散見 而無首尾可攷者 略之 且都監各色 因事而置, 事已則罷 或遂置而不罷 其名號 多出於武臣任意撰定 率皆鄙俚 然亦皆附錄作百官志

고려 태조가 나라를 세운(918) 처음에 신라와 태봉의1) 제도를 참작

1) 泰封 : 弓裔가 나라를 세운 나라. 국호를 後高麗(901)·摩震(904)·泰封(911～918)으로 고쳤다.

하여 관(官)을 설치하고 직(職)을 나누어 모든 사무를 처리하였다. 그러나 그 관호(官號)에 간혹 방언(方言)이 섞인 것은 초창기에 개혁할 겨를이 없었기 때문이다. 2년에 3성(三省)·6상서(六尙書)·9시(九寺)·6위(六衛)를 설치하였는데 대체로 당나라의 제도를 모방한 것이다.[2)]

---

2) (太祖) 二年 立三省·六尙書·九寺·六衛 略倣唐制 : 太祖 2년(919)에 唐나라 제도를 모방하여 3성(三省)·6상서(六尙書)·9시(九寺)·6위(六衛)가 설치되었다고 한 百官志 序文의 이 기사는『高麗史』撰者의 착오로 인한 기록의 잘못이다.『高麗史』권3, 世家에는 三省·六曹·七寺가 성종 2년에 처음으로 정해진 것으로 나타나 있다. 고려의 3省·6部와 諸寺의 설립에 대해서는

㉮門下府 … 國初稱內議省 成宗元年改內史門下省(『高麗史』권76, 百官1).

㉯成宗元年春三月 改百官號 以內議省爲內史門下 廣評省爲御事都省(『高麗史節要』권2).

㉰(成宗 2年 夏5月) 始定三省·六曹·七寺(『高麗史』권3, 世家).

㉱尙書省 太祖仍泰封之制 … 成宗元年改廣評省爲御事都省(『高麗史』권76, 百官1).

이라 하여 成宗 元年(982)~2년(983)에 걸쳐서였다(①, ②). 그리고 군사조직인 6衛는 태조 2년이 아니라 성종 14년(995)에 설치된 것으로 알려져 있다(③). 따라서 백관지 서문에 3省·6部·9寺(7寺)·6衛가 太祖 2년에 설치되었다고 한 기록은 착오임이 분명하다.

그런데 이와 유사한 기록이『高麗史』와『高麗史節要』에 실려 있는데,

(太祖) 二年 春正月 定都于松嶽之陽 創宮闕 置三省六尙書官九寺 立市廛 辨坊里 分五部 置六衛(『高麗史』권3, 世家).

(太祖) 二年 春正月 定都于松嶽之陽 陞其郡爲開州 立市廛 辨坊里 分五部 置六衛(『高麗史節要』권1).

라고 전하는 이 기록 역시 잘못된 내용이라 여겨진다. 百官志 서문은 이 잘못된 내용을 옮겨 실은 것으로 이해되고 있다.

太祖가 開國한 지 6일만에 단행한 최초의 관직 임명에(『高麗史』권1, 세가·『高麗史節要』권1, 太祖 元年 6月 辛酉) 나타난 12개 省·部에는 兵部·倉部 등 신라의 官府名도 보이지만, 廣評省·內奉省·徇軍部·兵部 등 대부분은 泰封國의 기구들이다. 그리고 고려의 개국 초에는 신라·태봉의 제도를 參用하였다고 했지만, 대부분은 신라 것이라기보다 태봉의 제도를 이은 것으로 이해되고 있다(②). 따라서 太祖 2년(919)에 唐나라 제도를 모방하여 3성(三省)·6상서(六尙書)·9시(九寺)·6위(六衛)가 설치되었다고

성종이 크게 새로 제도를 만들어 내외(內外-중앙과 지방)의 관(官)을 정하였는데, 안(중앙)으로는 성(省)·부(部)·대(臺)·원(院)·시(寺)·사(司)·관(館)·국(局)이 있고,[3] 밖(지방)으로는 목(牧) 부(府) 주(州) 현(縣)이 있었는데, 관(官)에는 일정한 직분이 있고, 위(位)에는 정원이 있어서[4] 이에 일대의 제도가 크게 갖추어졌다. 문종·예종이 비록 늘리고 줄이기를 조금씩 더하였지만, 대체로는 모두 성종의 옛 제도를 승습(承襲)하여 자손들이 준수할 바가 있었다.[5]

한 百官志 序文의 이 기사는 착오로 인한 기록의 잘못임이 분명하다(④).

①邊太燮, 「高麗時代 中央政治機構의 行政體系-尙書省 機構를 中心으로-」『歷史學報』47, 1970 ; 『高麗政治制度史硏究』, 一潮閣 1971.

②李泰鎭, 「고려 宰府의 成立-그 制度史的 考察-」『歷史學報』56, 1972.

③李基白, 「高麗 二軍·六衛의 形成過程에 대한 再考」『黃義敦古稀記念史學論叢』1960 ; 『高麗兵制史硏究』, 一潮閣 1968.

④朴龍雲, 「『高麗史』百官志의 特性과 譯註」附. 『高麗史』 百官志의 序文譯註 『고려시대연구Ⅲ』, 한국정신문화연구원, 2001.

3) 3省·6部·御史臺·中樞院·諸寺·三司·諸館(藝文館·春秋館 등)·6局(尙食局·尙藥局 등)이 있었다.

4) 각 官職이 담당해야 할 일정한 職分 내지 職任이 있고, 官位의 수에는 定員이 정해져 있다는 것을 의미한다. 『新唐書』 권46, 百官志1 "唐之官制 … 由有常守 而位有定員"라 하고, 『元史』 권85, 百官志 序文에 "官有常職 位有常員"이라 하였다.

5) 牧·府·州·縣 등 고려의 지방조직이 성종대에 어느 정도 정비가 이루어진 것은 사실이지만, 일단락되는 것은 이후의 일이므로 이 부분의 서술은 좀 문제가 있다. 고려 지방제도는 태조대, 성종대, 현종대, 현종대 이후 예종대에 걸쳐 개편 정비되었고, 정비된 이후에도 많은 변동이 이루어졌다.
국초 태조 이래의 군현개편은 성종 2년에 12牧에 외관이 파견되기 시작하면서부터 정비되기 시작하였다. 성종 2년부터 추진된 지방제도 정비작업은 성종 14년(995)에 다시 개편이 이루어졌다. 성종 14년에는 10道가 설치되고, 12州에 절도사가 파견되었다. 12節度使體制는 10년 후 목종 8년(1005)에 12節度使와 4都護府·東西北界防禦使·縣令·鎭將 등만 남기고, 나머지 觀察使·都團練使·團練使·刺史 등은 모두 혁파되었다. 현종 3년(1012)에는 성종 14년이래 지속되어 오던 12節度使를 혁파하고, 그 대신 5都護·75道 安撫使를 설치하였다. 현종 9년(1018)에 75道 安撫使를 혁파하고, 4都護·8牧·56知州郡事·28鎭將·20縣令이 설치되어 지방조직이 일

충렬왕 때부터 관제를 고쳐 무릇 상국(元)과 비슷한 것은 모두 이를 고쳤다.[6] 충선왕이 왕위를 물려받아 父子가 서로 자주 고쳐 관작(官爵)이 크게 문란해졌다.[7] 공민왕이 왕위를 이어 20년 동안에 관제를

단락을 보게 되었다(①, ②, ③). 현종 9년 이후 5道・兩界・3京・4都護府・8牧・州・府・郡・縣・鎭 체계로 지방조직이 정비되었다.

5道制는 현종 9년에 全羅州道, 예종 원년(1106)에 楊廣忠淸州道와 慶尙晉州道가 형성되고, 그 사이에 문종대에 西海道・春州道가 나타나 5도가 성립되었다(④). 양계는 국초 이래의 북계를 성종 대부터 방위적으로 동서로 구분하여 동・서 양계라 하였고, 현종 원년(1010)부터 동계(동북면)와 북계(서북면)로 양분되었다. 정종 2년(1036)에 和州・溟洲 등의 군현이 소속된 朔方道를 동계라 하고, 서경 소관의 浿西道를 북계라 칭하여 양계 병마사제가 성립되었다(⑤). 5道・兩界와 4都護府・8牧・州府郡縣의 체제가 체계화된 것은 대부분 현종 9년 이후의 사실이다.

고려의 지방조직이 성종대부터 제정되기 시작하여 현종 9년에 대폭적인 개편으로 체계화되었고, 이를 바탕으로 이후 5道・양계가 성립되었다. 그리고 州・府・郡・縣에 파견되는 外官의 품계는 모두 文宗朝에 정비된 것으로 나타나 있다(『高麗史』 권77, 百官2, 外職). 그러므로 대체로 성종의 옛 제도를 승습(承襲)하였다고 한 서술은 실상에 가까운 올바른 설명이 못된다.

①李基白, 「高麗 地方制度의 整備와 州縣軍의 成立」『趙明基博士華甲記念佛教史學論叢』, 1965 ; 『高麗兵制史研究』, 일조각, 1968.

②邊太燮, 「高麗前期의 外官制 —地方機構의 行政體系—」『韓國史研究』 2, 1968 ; 『高麗政治制度史研究』, 一潮閣, 1971.

③河炫綱, 『韓國中世史研究』, 一潮閣, 1988 ; 「지방의 통치조직」『한국사』 13, 국편위, 1993.

④崔貞煥, 「高麗 地方制度의 整備와 道制」『慶北史學』 第19輯, 1996 ; 『고려 정치제도와 녹봉제 연구』, 신서원, 2002.

⑤崔貞煥, 「高麗 兩界의 成立過程과 그 時期」『啓明史學』 제8집, 1998 ; 『고려 정치제도와 녹봉제 연구』, 신서원, 2002.

6) 고려가 몽골(蒙古)의 간섭을 받게 되면서 충렬왕 원년(1275)부터 官制나 왕실에 사용하는 용어를 낮추어 대폭적인 개편이 이루어졌다. 충렬왕 원년에 尙書省・中書省・門下省의 3省을 합쳐 僉議府라 하고, 樞密院(中樞院)을 密直司로, 尙書6部를 4司로, 御史臺를 監察司로 고치는 등 많은 개편이 이루어졌다. 충렬왕 2년에 왕실의 廟號를 祖・宗 대신에 王이라 칭하고, 陛下를 殿下, 太子는 世子, 朕은 孤, 宣旨는 王旨 등으로 고쳤다.

7) 충렬왕 24년(1298) 정월에 元에서 귀국한 충선왕이 왕위에 올라 卽位敎書

고친 것이 네 번인데 혹 옛 제도(舊制)를 따르기도 하고, 혹 새 제도(新制)를 쓰기도 하여 마침내 그 번거로움을 헤아릴 수 없었다.[8]

대체로 고려의 법은 때에 따라 연혁(沿革)이 번잡하고 간소함에 차이가 있었다. 법을 세운 처음에는 재상이[9] 6부를 통할하고, 6부는[10]

를 발표하고, 4司를 6曹로, 密直司를 光政院, 監察司는 司憲府, 翰林院을 詞林院으로 고치는 등 관제개혁을 단행하려 하였으나, 8개월이 채 못되어 元과 결탁한 父王인 忠烈王派에 의해 퇴위 당하고 말았다. 충렬왕 34년(1308)에 충선왕이 復位하여 6曹를 3部(選部·民部·讞部)로 고치고, 密直司를 2품으로 승격시켜 僉議府와 함께 兩府라 칭하는 등 6典體制가 무너지고 3部의 기형적인 체제개편으로 혼란이 야기되었다.

8) 공민왕 5년(1356), 11년(1362), 18년(1369), 21년(1372)에 걸쳐 네 번이나 관제가 개편되었다. 공민왕 5년의 개편은 反元改革政治의 일환으로 그 동안 元의 간섭으로 바뀌어졌던 관제를 문종 때의 舊制로 복구시킨다는 원칙에 따라 개정이 이루어졌다.
공민왕 11년의 관제개정은 상서성을 혁파하고(①) 중서성과 문하성을 합쳐 都僉議府가 설치되고, 6部는 6司(典理司·軍簿司·版圖司·典法司·禮儀司·典工司)로 바뀌고, 樞密院은 密直司로, 御史臺는 監察司로 고치는 등 忠烈王·忠宣王代의 제도로 회귀하여 공민왕의 반원적 자주적인 문종 구제의 실시는 수포로 돌아갔다. 공민왕 18년의 관제개정은 都僉議府가 門下府로 개편되고, 6司는 6部(選部·摠部·民部·理部·禮部·工部)로 환원하고, 密直司는 그대로 존속시켰으며, 監察司를 司憲府로 고치는 등 많은 개정이 이루어졌다. 門下府와 侍中, 6부와 상서 등 대체로 문종 구제의 원형으로 환원하는 자주성이 짙은 개편이었다. 공민왕 21년에 門下府는 그대로 존속시키고, 6部를 6사(典理司 등)로, 尙書를 判書로 격하시키고, 기타 諸司는 동왕 11년 관제로 회귀시키는 등 잦은 관제개편으로 혼란이 야기되었다.
(恭愍王) 十一年罷尙書省 復置三司(『고려사』 권76, 백관1, 상서성).

9) 宰相 : 고려 때는 2品 以上官을 宰相이라 하였다. 中書省과 門下省의 2品 이상 5宰를 宰臣·省宰·眞宰라 하고, 中樞院(樞密院·密直司)의 7樞臣(密直) 가운데 2品職과 3品職을 포함하여 넓은 의미에서 宰相이라 하였다(②). 2品 이상의 官府로는 三司·三公과 中書省·門下省·尙書省·中樞院 등이 있었다. 三司·三公은 正1品이었지만 명예직으로 宗室과 臣僚(異姓諸君)들에게 封爵과 함께 除授된 대우직으로 실무직이 아니었다. 省5 즉 5宰에 대해서는 李齊賢이 『櫟翁稗說』(前集 1)에서 侍中, 平章事, 參知政事, 政

堂文學, 知門下省事의 5職으로 보았다. 李丙燾가 이 견해를 따르고(①), 邊太燮이 이에 동의하였다(②). 趙浚은 中書令, 侍中, 平章事, 參知政事, 政堂文學의 5職을 5宰로 보았다(③). 李基白은 성종 14년의 관제를 중심으로 생각해야한다는 기초 위에 內史令, 侍中, 內史侍郎平章事, 門下侍郎平章事, 參知政事의 다섯을 5宰에 해당하였을 것이라 하였다(④). 중서령은 『고려사』 백관지에 "忠烈王元年 廢不置 … 恭愍王五年 復改中書令"이라 한 바와 같이 충렬왕 원년(1275)에 廢置된 이후 충렬왕 21년(1295)에 都僉議令을 둘 때까지 20년간 廢置되고 없었다. 공양왕 3년 科田 지급 규정에 門下侍中에서 知門下省事에 이르기까지 5宰의 과전은 규정되어 있으나, 중서령에 대한 규정은 없고, 『고려사』 백관지 諸司都監各色條에 도병마사의 구성원인 判事를 侍中이하 知門下省事까지를 5宰라 하였다(⑤).

일반적으로 中書門下省의 宰臣으로 5宰는 종1품의 門下侍中, 정2품의 平章事, 종2품의 參知政事・政堂文學・知門下省事를 가리키며(⑥), 省宰라고도 하고 樞臣과 구별하여 眞宰라 하였다. 中樞院의 樞臣인 7樞는 종2품의 判院事・院使・知院事・同知院事와 정3품의 副使・簽書院事・直學士를 가리킨다(⑦). 이들도 넓은 의미에서 재상에 포함되었다. 尙書省의 종1품인 尙書令은 종실에게 수여한 명예직・대우직으로 이용되고 실무직으로는 거의 除授되지 않았다. 그 아래 정2품 僕射는 宰相에 들지 못하였다는 견해(②)와 宰相에 포함되었다는 의견으로 엇갈리고 있으며(⑧), 종2품의 知都省事는 재상에서 제외되었다.

①李丙燾, 『韓國史』－中世篇－, 진단학회, 乙酉文化社, 1961, 130쪽 및 132쪽.
②邊太燮, 「高麗宰相考—3省의 權力關係를 중심으로—」『歷史學報』 35·36합, 1967 ; 『高麗政治制度史研究』, 一潮閣, 1971, 76～77쪽.
③『高麗史』 권118, 열전, 조준.
④『한국사』 5, 국사편찬위원회, 1975, 42쪽.
⑤崔貞煥, 「高麗 中書門下省의 祿俸規定」『韓國史研究』 50·51, 1985 ; 『高麗・朝鮮時代 祿俸制 研究』, 慶北大學校 出版部, 1991.
⑥邊太燮, ②의 논문.
崔貞煥, 「高麗 中書門下省의 祿俸規定 그 運營實態」『韓國史研究』 50·51, 1985 ; 『高麗・朝鮮時代 祿俸制 研究』, 慶北大學校 出版部, 1991.
朴龍雲, 『고려시대 中書門下省宰臣 研究』, 一志社, 2000.
⑦邊太燮, 「高麗의 中樞院」『震檀學報』 41, 1976.
朴龍雲, 「高麗의 中樞院 研究」『韓國史研究』 12, 1976.
崔貞煥, 「高麗前期 中樞院 樞臣職의 運營實態」『人文科學』 創刊號, 慶北大, 1985 ; 『高麗・朝鮮時代 祿俸制 研究』, 慶北大學校出版部, 1991.
⑧朴龍雲, 「高麗時代의 尙書都省에 대한 檢討」『國史館論叢』 61, 1995 ;

시(寺)·감(監)·창(倉)·고(庫)를[11] 통할하여, 간소한 것으로 번잡한 것을 통제하고, 낮은 것(卑)으로 높은 것(尊)을 잇게 하였다. 성재(省宰)는 다섯을 넘지 않고, 추신(樞臣) 일곱을 넘지 않아[12] 재상(宰相)이 일(職)을 들어 일으키면, 여러 관청(庶司)과 모든 관료(白寮)들은 각각 그 직(職任)을 받들었다. 그 폐단에 이르러서는 성재(省宰)가 7·8에 이르렀다. 원나라를 섬긴 이래로부터[13] 일이 많고 다급(倉卒)하여 첨의(僉議)와 밀직(密直)이[14] 매양 도평의사사(都評議使司)에서[15] 회의하여

『高麗時代 尙書省 硏究』, 景仁文化社, 2000.

10) 尙書省의 하층조직으로 국무를 분담하여 집행하던 尙書6部를 말한다.『高麗史』권76, 百官志1에 6部와 그들의 관장 업무가 소개되어 있다.

11)『高麗史』권76, 百官志1에 經籍·祝疏를 관장한 典校寺(秘書監)를 비롯하여 15개의 寺·監이 소개되어 있고,『高麗史』권77, 百官志2에는 供上의 米穀을 관장한 豊儲倉과 御廩의 米穀을 관장한 料物庫 등 18개의 倉·庫가 소개되어 있다.

朴天植,「高麗前期의 寺·監 沿革考」『全北史學』5, 1981.

12) 省不過五 樞不過七 : 中書門下省의 省宰(宰臣) 5職 8員(門下侍中 1人·平章事 4人·參知政事 1人·政堂文學 1人·知門下省事 1人)과 中樞院의 7職 9員(判院事 1人·院使 2人·知院事 1人·同知院事 1人· 副使 2人·簽書院事 1人·直學士 1人)을 宰樞라 하여 宰相으로서 정치의 중심적 위치에 있었다. 省5·樞7은 인원수가 아닌 職位의 수로 해석된다.

13) 고려는 元宗 11년(1270)에 江都에서 開京으로 還都하면서 蒙古의 정치적 간섭을 받게되었다.

14) 僉議·密直 : 忠烈王 元年(1275)에 尙書省 中書省 門下省의 3省은 僉議府로, 樞密院(中樞院)은 密直司로 개편되면서 宰相의 칭호 역시 이전에 사용하던「宰臣·樞臣」·「宰臣·樞密」대신에「僉議·密直」으로 고쳤다.

15) 都評議使司 : 고려전기에는 都兵馬使라 하였다. 宰臣과 樞臣(樞密)이 合坐하여 대외적인 국방·군사 문제를 의논하는 임시적인 회의기관이었다. 判事는 宰臣, 使는 樞臣으로 구성되었다. 이 기구는 武臣亂(1170) 이후 얼마동안 기록에 보이지 않다가 고종 후년에 都堂이 다시 나타나 忠烈王 5년(1279)에 都評議使司(都堂)로 개편되었다. 이렇게 하여 새로이 대두된 都堂은 그 후 구성원이 더욱 확대 강화되어 僉議·密直 이외에 三司의 正員과 더불어 商議까지 추가되어 60~70인 내지 70~80인에 이를 정도가 되었다. 그 기능도 임시기관에서 상설기관으로, 그리고 議政機關인 동시에 국가의 庶務를 직접 관장하는 최고 政務機關으로 바뀌게 되었다.

상의(商議)라는[16] 이름이 또한 생겨나 국정에 참여하는 자가 6·70인에 이르렀다. 이에 6部는 다만 헛되이 설치되어 있고, 여러 관청(百司)은 해이해 지고 흩어져서 계통이 없고, 정사(政事)는 다시 닦아 행해질 수 없었다. 그 관제(官制) 설치의 처음과 끝(終始)의 득실이 대개 이와 같았다.

무릇 여러 아문(衙門)의 통할하는 바와 소속된 바의 그 상세함을 가히 고찰할 수 없어 지금 우선 높고 낮은 품질(品秩)을 차례로 삼아 이를 기록한다. 그 수시로 세웠다가 수시로 파한 것도 또한 아울러 기록하여 한때의 일을 나타내었다. 만약에 일로 인해 흩어져 보이지만(散見), 처음과 끝(首尾)을 가히 고찰할 수 없는 것은 이를 생략하였다. 또한 도감(都監)과 여러 관서(各色)는[17] 일로 인하여 설치했다가 일이 끝나면 파하고, 혹은 마침내 설치했다가 파하지 아니한 그러한 칭호(名號)는 무신들이 임의로 지어 정한(撰定)데서 많이 나타난다. 대체로 모두 비리(鄙俚)하나, 또한 모두 붙여 기록하여 백관지(百官志)를 짓는다.

『高麗史』卷76 志30 / 百官1 / 三師三公

---

①邊太燮,「高麗都堂考」『歷史教育』11·12 합집, 1969 ;『高麗政治制度史研究』, 一潮閣, 1971.

②金甲童,「高麗時代의 都兵馬使」『歷史學報』141, 1994.

③邊太燮,「高麗의 會議都監」『國史館論叢』61, 1995.

16) 商議 ; 고려후기 忠烈王의 관제개편 이후에 宰樞에 덧붙여 增置된 일종의 宰相職으로 처음에는 宰樞會議에 참여하면서도 문서에 서명할 자격은 주어지지 않는 직위였다. 구체적으로 贊成事商議·政堂文學商議·同知密直司事商議·密直提學商議 등으로 표기되고 있는데, 合坐機關의 준회원을 의미하는 것이라는 견해가 피력되어 있다.
邊太燮,「高麗의 會議都監」『國史館論叢』61, 1995.

17) 都監各色 :『高麗史』권77, 百官志2에 諸司都監各色 條가 별도로 설정되어 109개의 諸司와 都監·各色에 대해 기록하고 있다. 都評議使司·式目都監 등 諸司·都監과 追徵色·點牛色 등 各色의 여러 임시관서에 대해 기술하고 있는데, 都監各色은 곧 諸司都監各色을 의미하는 것이다.

三師三公 大師・大傅・大保爲三師 大衛・司徒・司空爲三公 無其人則闕 其始置歲月不可考 文宗定三師三公各一人 皆正一品 忠烈王罷 恭愍王五年復置 十一年又罷之

3사 3공, 태사(大師)・태부(大傅)・태보(大保)를 3사라 하고, 태위(大尉, 大衛?)[18]・사도・사공을 3공이라 하는데, 적임자가 없으면 비워두었다.[19] 그 처음 설치한 시기는 가히 고찰할 수가 없다.[20] 문종 때 정하

---

18) 大衛 : 司徒・司空과 함께 삼공의 하나였던 태위를 여기서는 「大衛」라 표기하고 있는데, 이는 「大尉」의 잘못임이 분명하다. 동일한 『高麗史』의 百官志2 宗室諸君條와 食貨志3의 宗室祿條에 「大尉」로 나와 있고, 『新・舊唐書』 권46·43의 百官志1・職官2와 『宋史』 권161, 職官志1 역시 「大尉」로 되어 있다.

19) 無其人則闕 : 『新唐書』 권46, 百官志1, 三師三公條에 "三師天子所師法 無所總職 非其人則闕"이라 하였고, 『舊唐書』 권43, 職官志2의 첫머리에도 "三師 訓導之官 天子所師法 大抵無所統職 然非道德崇重 則不居其位 無其人則闕之"라 한 것을 보면 3師・3公職은 唐制와 유사하게 운영된 것 같다.

20) 『高麗史』 편찬자는 3사・3공이 처음 설치된 시기를 고찰할 수가 없다고 했으나, 實例를 보면 성종 때부터 除授되기 시작하여 文宗朝에 정비되었다(①). 成宗 15년에 徐熙가 太保・內史令을 제수받은 바 있고(『高麗史』 권94, 列傳, 徐熙傳), 顯宗 5년 4월에 劉瑨이 檢校太師・門下侍中에 임명된(『高麗史』 권4, 世家 ; 『高麗史』 권94, 列傳) 바 있다. 이러한 일반 臣僚 외에 宗室로서 현종 22년에 王子 基가 守太尉兼尙書令開城國公(『高麗史』 권5, 世家, 顯宗 22년 2월)에, 靖宗 3년에 開城國公 基가 守太保(『高麗史』 권6, 世家, 靖宗 3년 8월)에 文宗 3년 平壤公 基가 守太師兼內史令(『高麗史』 권7, 世家, 文宗 3년 2월)에 제수된 例를 비롯하여 다수의 사례가 나타난다(②).
『高麗史』 권77, 백관2, 宗室諸君條에 "宗室諸君은 국초에 宗親을 院君・大君이라 칭하였다. 현종 이후에는 公侯를 封하였고, 이하인 자는 元尹・正尹이라 하고 혹은 尙書・中書令을 겸하는 자도 있었고, 또 혹은 大尉・司徒・司空을 띠기도 하였다"라고 하여 현종 이후에 3공(실제로 3사도 제수 됨)을 제수한 것처럼 되어 있고, 文宗 30년에는 "宗室祿 文宗三十年定 四百六十石十斗 公 四百石 侯 三百五十石 尙書令 三百石 守太尉侯 二百四十石 守司徒・司空伯 二百二十石 司空"(『高麗史』 권80, 食貨3, 宗室祿)이라 한 바와 같이 宗室의 3공에 대한 녹봉이 정비된 것으로 나타나 있다. 이로 보아 3사・3공은 성종 때부터 고위 臣僚와 宗室에게 除授되기 시작

여 3사·3공은 각각 1인으로 하고 모두 정1품으로 하였다. 충렬왕 때 파(罷)하였고, 공민왕 5년에 다시 설치했다가 11년에 또 이를 파하였다.

『高麗史』卷76 志30 / 百官1 / 門下府

門下府 掌百揆庶務 其郎舍 掌諫諍封駁 國初稱內議省 成宗元年改內史門下省 文宗十五年改中書門下省 忠烈王元年併尚書省爲僉議府 五年元賜僉議府正四品印 七年元陞秩爲從三品 十九年元改爲都僉議使司 又陞從二品 恭愍王五年復稱中書門下省 別立尚書省 十一年復改都僉議府 十八年改門下府

문하부. 여러 관부의 서무를 관장하며,[21] 그 낭사는 간쟁과 봉박을

하여 文宗朝에 정비된 것이라 할 수 있다. 3사·3공은 실직이 아니고 封爵과 같이 제수하는 명예직·대우직으로 승진의 순서에 따라 녹봉과 食邑을 더 올려 받을 수 있는 특수한 제도였다.

①崔貞煥, 「高麗 祿俸制의 運營實態와 그 性格」『慶北史學』2, 1980 ; 『高麗·朝鮮時代 祿俸制 研究』, 慶北大學校出版部, 1991 ; 「高麗前期 中書門下省 中書令職의 運營實態」『韓國中世社會의 諸問題』, 韓國中世史學會, 2001 ; 『고려 정치제도와 녹봉제 연구』, 신서원, 2002.

②金基德, 『高麗時代 封爵制 研究』, 청년사, 1998.

21) 門下府 掌百揆庶務 : 이 부분은 공민왕 18년(1369)에 중서성과 문하성이 문하부로 통합된 것을 主題語로 삼아 문하부의 관장업무를 기술하고 있는 것이다. 그 이하의 기록을 보면 고려전기에는 중서성과 문하성이 분리된 기구가 아니라 단일기구인 중서문하성으로 보아 中書門下省의 상층조직인 宰府의 업무를 규정한 것으로 여겨진다. 『고려사』 찬자는 중서문하성이 단일기구인 것으로 오인하고 있는 것 같다. 충렬왕 원년(1293)에 중서성·문하성·상서성의 3성을 통합하여 僉議府로 개편하고, 공민왕 5년(1356)에 이를 복구한 후 공민왕 11년(1362)에 상서성을 혁파하고, 공민왕 11년에 중서성과 문하성이 문하부에 통합한 사실을 고려하지 않고, 그런 설명도 없이 단순히 통합된 문하부의 관장업무에 대해서 「百揆庶務」라고 기술하고 있다.

혹자는 중서문하성을 단일기구로 보아 中書門下省의 宰臣(宰相)들이 상서6부의 판사를 겸직하고 단순히 국무를 분담하여 집행하는 문구로 해석하

관장하였다.[22] 국초(國初)에는 내의성이라 칭하였다.[23] 성종 원년에

고 있다(①). 이에 대해 근자에 그 문구가 중서문하성 자체의 업무를 규정한 것으로서, 상·하층부의 관원이 다같이 국왕의 制書를 심의하고 봉박했던 기능에 대한 서술이라는 다른 해석도 나와 있다(②). 이 새로운 해석에 의문을 표하는 견해가 또한 나와 있다. 즉 "掌百揆庶務"가 하층조직이던 郎舍의 업무인 "掌諫諍封駁"과 대칭되는 형식을 취하고 있고, 그 해석은 적절치 못하다는 지적이 나와 있다. 고려의 제도를 거의 그대로 채택했던 조선초의 기록에 "定文武百官之制 … 門下府 宰臣 掌百揆庶務 郎舍掌獻納·諫諍·駁正·差除·受發敎旨·通進啓牋等事"(『朝鮮太祖實錄』 권1, 太祖 元年 七月 丁未)라 하여 "掌百揆庶務"가 문하부 재신의 관장사항으로 명시되어 있는 것으로 보아 처음의 해석이 옳다고 하는 견해도 피력되어 있다(③).

①邊太燮, 「高麗의 中書門下省에 대하여」『歷史敎育』 10, 1967 ; 『高麗政治制度史硏究』, 一潮閣, 1971, 39쪽에서 중서성과 문하성은 분리된 기구가 아닌 단일기구로 보았다.

②朴宰佑, 「高麗前期의 國政運營體系와 宰樞」『歷史學報』 154, 1997, 89~92쪽. 간쟁과 봉박은 중서문하성의 宰臣과 郎舍가 다 같이 심의하고 봉박하는 것으로 보면서 중서문하성을 역시 단일기구로 보고 있다.

③朴龍雲, 「高麗時代의 門下侍中에 대한 검토」『震檀學報』 85, 1998 ; 『고려시대 中書門下省宰臣 연구』, 일지사, 2000, 48~49쪽에서도 중서성과 문하성은 분리된 기구가 아닌 단일기구로 보고, 중서문하성 재신과 낭사의 관장업무를 분리하여 기술하고 있다.

22) 郎舍 : 중서문하성의 하층조직으로 편제되어 있는 正3品 常侍(散騎常侍) 이하 從6品 正言(拾遺)까지의 소속관원들을 의미한다(①). 諫官·省郎·諫省·諫院·諫掖·諫垣·諫司·諫曹 등으로도 불리었다. 諫諍·封駁·署經의 일을 담당하였다(②). 그런데 中書省과 門下省의 하층조직도 문하성과 중서성으로 구분되어 있었으며, 左·右常侍로부터 左·右拾遺에까지 左職은 문하성, 右職은 중서성의 소속관원으로 구성되어 있었다(③). 宋制에는 "左屬門下 右屬中書"라고 분명히 문하성과 중서성을 구별하고 있다(④).

①朴龍雲, 「高麗朝의 臺諫制度」『歷史學報』 52, 1971 ; 『高麗時代 臺諫制度 硏究』, 일지사, 1980.

②金龍德, 「高麗時代의 署經에 對하여」『李丙燾華甲紀念論叢』, 일조각, 1956.

③崔貞煥, 『『高麗史』 百官志의 硏究』 本書, 24 및 49쪽.

④右散騎常侍 右諫議大夫 右司諫 右正言 輿門下省同 但左屬門下 右屬中書(『宋史』 권161, 職官1, 中書省).

23) 國初稱內議省 成宗元年改內史門下省 : 『고려사』의 찬자는 內史門下省(中書門下省)의 전신으로 내의성을 지목하고 있다. 이에 대해서 政事의 협의·간쟁 등을 맡아 국왕의 고문기관과 같은 역할을 수행했던 내의성의 기능이 내사문하성과 연결을 가지는 것은 사실이지만, 그렇다고 내사문하성이 곧 내의성의 후신이 된 것은 아니라는 지적이 있다(①). 이와 관련하여 國初에 모든 정사를 총령하던 제1관부인 廣評省을『고려사』찬자는 尙書省의 전신으로 제시해 놓고 있지만(百官志 尙書省條), 실은 그런 것이 아니라 광평성이 소멸되었거나, 연결이 된다면 그 역시 내사문하성과 계통을 같이하는 기구로 밝힌 견해도 있다(①). 이와는 달리 내사문하성은 계통상 직접적으로 唐制와 관련된 것으로 본 견해도 피력되어 있다(②). 『고려사』 찬자의 견해대로 內史門下省의 전신으로 내의성을 지목할 수는 없을 것 같다. 내사성과 문하성은 설립 당시부터 분리된 기구였다. 실제로 성종 원년(982)에 崔知夢이 左執政·守內史令을 제수 받아 신설된 내사성의 내사령에 최초로 취임한 예가 있고(③), 이어서 성종 2년 정월에는 崔承老가 門下侍郎平章事에 임명된 후(④) 성종 7년에 門下守侍中을 제수받은 예가 있다(⑤). 이것은 내사성과 문하성이 설립 당시부터 분리된 기구임을 입증하는 것이다. 이에 앞서 광종 16년(965)에 伷를 正胤(太子)으로 책봉함과 동시에 그에게 「內史諸軍事內議令」이라 하여 「內史·諸軍事·內議令」의 직함을 내리고 있다(⑥). 여기서 內史(令)와 내의령은 광종 16년 당시 동시에 실재한 관직이므로 내의령(내의성)을 개편하여 內史令(내사성)이 된 것이 아님을 알 수 있다. 또한 景宗 원년(976)에 荀質과 申質을 각각 左·右執政에 임명하고 모두 내사령을 겸하도록 하였다(⑦). 그렇다면 이러한 內史令이라는 관직은 어디에서 나온 것일까? 국초 태조 때의 관제에 광평성·내봉성·내의성·순군부·병부는 있어도 內史令은 보이지 않는다. 唐制에 武德 3년(620)에 內書省을 고쳐 中書省이라 했고, 光宅 원년(684)에 중서성을 고쳐 鳳閣이라 하고, 中書令을 內史하였다(⑧). 성종 원년(982)의 내사령은 이 唐制를 수용한 內史(중서령)와 관련된 것이라 여겨진다. 문하성 또한 국초의 어떠한 관부와도 연결시키기가 어렵다. 그렇다면 內史門下省의 전신으로 내의성을 지목한 것은『고려사』찬자의 오류로 보고, "成宗元年改內史門下省"이라 한 것은 국초에 내의성이라 칭하던 것을 개편하여 「내사문하성」이 된 것이 아니라 성종 원년에 개편 할 당시에 唐制를 수용하여 내사성과 문하성을 분리된 기구로 수용하였던 것으로 보아야할 것 같다. 다시 말하면 국초의 내의성을 개편하여 내사문하성으로 고친 것이 아니라 국초 내의성의 기능을 계승하고 이를 대신 할 수 있는 唐制를 수용하여 내사성과 문하성으로 개편한 것이라 여겨진다. 즉 이전의 「內史·諸軍事·內議令」과 「左·右執政兼內史令」에서 보여 주

내사문하성으로 고치고,[24] 문종 15년에[25] 중서문하성이라 고쳤다.[26]

듯이 내의령을 포함한 諸軍事 左・右執政 內史令의 기능까지 대신해서 계승할 수 있는 唐制의 내사성과 문하성을 수용하여 성종 원년에 내사성과 문하성으로 개편된 것이라 여겨지는 것이다.

기능적으로 보면 政事의 협의・간쟁 등의 역할을 수행했던 국초의 내의성의 기능과 諸軍事 및 政事를 집행(執政)하는 기능(문하성의 기능)을 唐制의 내사성과 문하성을 수용하여 개편한 것이라 여겨진다.

①李泰鎭, 「高麗 宰府의 成立－그 制度史的 考察－」『歷史學報』 56, 1972.
②邊太燮, 「高麗初期의 政治制度」『韓沽劤停年紀念 史學論叢』, 지식산업사, 1981.
③『고려사』 권92, 열전, 최지몽 ; 『高麗史節要』 권2, 성종 6년 3월.
④『고려사』 권3, 세가, 성종 2년 정월 ; 『고려사절요』 권2, 성종 2년 정월 ; 『고려사』 권93, 열전, 최승로.
⑤『고려사』 권3, 세가, 성종 7년 12월 ; 『고려사절요』 권2, 성종 7년 10월 ; 『고려사』 권93, 열전, 최승로.
⑥『고려사』 권2, 세가, 광종 16년 2월 ; 『고려사절요』 권2, 광종 16년 2월.
⑦以荀質・甲質爲左右執政 皆兼內史令(『고려사』 권3, 세가, 경종 원년 11월).
⑧武德三年 改內書省曰中書省 內書令曰中書令 … 光宅元年 改中書省曰鳳閣 中書令曰內史(『신당서』 권47, 백관2, 중서성).

24) 成宗元年改內史門下省 : 내사문하성이 처음으로 설치되는 것은 『高麗史節要』 권2, 成宗 元年 3月條에 "百官의 號稱을 고쳤는데 內議省을 內史門下로 하였다"고 한 바와 같이 成宗 元年(982) 3월이었다. 여기 『고려사절요』에서도 내의성을 개편하여 내사문하성이 된 것으로 보아 내사문하성의 전신을 內議省이라 하고 있다. 이것 또한 『고려사절요』 찬자의 오류라 여겨지며, 내사문하성이 단일기구가 아니라 성종 원년 설립 당시에 唐制를 수용하여 내사성과 문하성은 분리된 기구였다는 것에 대해서는 앞에서 지적한 바 있다. 그런데 한편 『高麗史』의 권3, 世家, 成宗 2年 夏5月條에 다시 "처음으로 3省・6部・7寺를 정하였다"는 기사가 보여 약간의 문제가 되고 있다. 성종 원년의 기사에는 내사문하성을 단일기구인 것으로 기술하고, 성종 2년 5월의 기사는 3省이라고 하고 있다. 성종 원년의 기사대로 내사문하성을 단일기구라고 한다면 3성은 있을 수 없다. 그것은 撰者들의 오류라고 볼 수밖에 없다. 성종 2년에 정하였다고 하는 3성은 내사성・문하성・상서성을 지칭하는 것이라 여겨진다.

25) 文宗十五年改中書門下省 : 이 기록은 성종 원년의 「내사문하성」을 문종 15년에 「중서문하성」으로 고쳤다고 하는 것이다. 이 기록 역시 『고려사』

撰者의 오류라 생각한다. 문하성은 성종 원년에 관제를 개편할 당시에 문하성이라 하였다. 백관지에는 성종 원년의 내사성을 어느 시기에 중서성으로 고쳤다는 기록은 없다. 그러나 세가에는 文宗 15년(1061) 6월에 내사령을 고쳐 중서령이라 하고, 그 나머지 이전에 內史라 한 것을 모두 고쳐 中書로 고쳤다고(①) 한 것으로 보아 내사성이 중서성으로 개편된 것은 문종 15년 6월이었다. 문종 15년 6월에 개편된 내용은 중서성의 개편에 대한 기록이지 문하성에 관한 기록은 아니다. 이러한 사실은 중서성과 문하성이 분리된 기구임을 인식하지 못한『고려사』撰者의 오류에 기인된 것이다.「중서문하성」은 단일기구가 아니라 중서성과 문하성의 분리된 기구였다. 그리고 내사성을 중서성으로 고칠 당시의 문종관제는 唐制를 수용한 것이 아니라 송제를 받아들인 것이라 여겨진다.『고려사』백관지의 구성을 보면『新・舊唐書』보다는『宋史』에 더 가깝고, 고려의 중서성과 문하성(문하부)의 관원구성을 보면『송사』직관지의 관원구성과 거의 일치한다(②). 고려의 중앙관제는 처음에 당의 제도를 수용하여 내사성(내사령)이라 하였으나, 문종 때 제도를 정비할 시기에는 송나라 제도를 받아들여 중서성(중서령)으로 고쳤던 것으로 여겨진다.

①己卯 以弟內史令基 改爲中書令 其餘嘗爲內史者 皆改中書(『고려사』권8, 문종 15년 6월).

②최정환,『『高麗史』百官志의 연구』本書, 22~26쪽, <表 5> 百官志 構成 비교표 및 <表 6> 門下府의 官員構成 비교표.

26) 成宗元年改內史門下省 文宗十五年改中書門下省 : 성종 원년의「내사문하성」을 문종 15년에「중서문하성」으로 고쳤다는 이 기록은『고려사』撰者의 잘못이라는 것을 이미 지적한 바가 있었다. 그러나 이 기록을 사실로 받아들여 오랫동안 학계의 정설로 되어 있다. 이 기록을 어떻게 해석할 것인가 하는 것은 대단히 중대한 문제로서 학계에서 큰 논란이 이루어져 왔던 부분이다.

원래 3省制는 唐의 제도로서 조칙을 작성하는 中書省과 이를 심의하는 門下省 및 그것을 맡아 집행하는 尙書省, 이들 세 관부가 각기 제 기능을 다하는 三省並立制였다. 고려에서는 앞의 두 기구가 합쳐진 內史門下省 또는 中書門下省으로 표기되고 있다. 이점에 착안하여 실제로 고려에서는 당과 달리 中書省(內史省)과 門下省이 합쳐져 中書門下省(內史門下省)이라는 단일 기구가 됨으로써 2省체제로 운영되었다고 한다.『高麗史』의 기사 가운데에는 동일한 내용을 다루고 있음에도 불구하고 내사문하성이라 표기한 곳이 있는가 하면, 반면 다른 곳에서는 그냥 문하성이라고만 적고 있는 사실 등을 들어 그 같은 주장을 펴고 있거니와, 그리하여 사서에 내사문하성・중서문하성과 함께 내사성 또는 중서성・문하성 등의 표기도 찾아지지만 이들 후자는 전자의 略稱 내지는 簡稱에 지나지 않는 것이라고 해석하고 있다(①).

이에 대해 최근에 고려도 당과 같이 3성제였다는 견해가 제시되었다. 中書省(內史省)과 문하성은 당연히 성격이 다른 독자적 기구로 파악하고, 中書門下省(內史門下省)을 政事堂의 異稱이었다고 설명하고 있으나(②), 이 주장은 좀 무리라는 지적도 있다.

그렇지만 사실 자료 가운데는 3省制를 부인하기 어려운 기록이 있다. 麗末에 수상 등을 역임한 李齊賢이 그의 저술『櫟翁稗說』(前集1)에서 중서성과 문하성이 분립되어 각각의 기능을 수행한 것으로 설명해 놓고 있고, 또한 인종 때 송나라 사신의 한 사람으로 고려에 왔다가 견문록인『高麗圖經』(권16, 官府 省監)을 남긴 徐兢이 그 기록에서 역시 中書省과 門下省이 각각의 집무소를 보유하고 있는 별도의 기구였던 듯 기술하고 있다. 이러한 점 등을 감안하여 최근에 중서성과 문하성은 당처럼 외형상은 분리되어 있었으면서도 고려의 실정에 맞추어 실제적으로 정무를 보는 기능은 단일기구나 마찬가지로 운용되었던 것이 아닐까 하는 절충설도 나와 있다(③). 각기 2성제설과 3성제설을 뒷받침하는 상반되는 기사들을 합리적으로 이해해 보려는 시도라 하겠다.

이상의 여러 주장들이 나와 있음에도 불구하고 고려에서는 엄연히 唐・宋制를 모방한 3성제였다는 주장도 있다. 성종 2년 5월에 "처음으로 3省・6部・7寺를 정하였다"(『高麗史』 권3, 世家, 成宗 2年 夏5月)라고 하여 성립 당시부터 3성을 말하고 있고, 고려의 대부분의 제도가 정비되는 문종 30년에 3성(中書省・尙書省・門下省)에 대한 田柴와 祿俸이 규정되어 있는 것은 3省制를 의미하는 것이다(④). 고려의 중앙관제는 3성 6부제였고, 그 운영 방법에는 唐・宋制와는 차이가 있었다. 고려의 중서성(내사성)과 문하성은 단일기구가 아니었다. 3성 6부제는 忠烈王 원년(1275)에 元의 간섭에 의한 관제개편으로 커다란 변화를 맞게 되면서 그 명칭과 운영방법이 크게 바뀌게 된다(⑤). 충렬왕 원년에 중서성・문하성・상서성의 3성을 병합하여 僉議府로 통합하고 6部를 4司로 개편하면서 3省 6部制는 붕괴되어 갔다.

①邊太燮,「高麗의 中書門下省에 대하여」『歷史敎育』10, 1967 ;『高麗政治制度史硏究』, 일조각, 1971, 43~56쪽.

②李貞薰,「高麗前期 三省制와 政事堂」『韓國史硏究』104, 1999.

③朴龍雲,「高麗時代 中書門下省에 대한 諸說 검토」『韓國史硏究』108, 2000, 70~75쪽.

④崔貞煥,「高麗 中書門下省의 祿俸規定과 그 運營實態」;『高麗・朝鮮時代 祿俸制 硏究』, 慶北大學校 出版部, 1991.

충렬왕 원년에 상서성을 합쳐 첨의부라 하였다.[27] 5년에 원(元)이 첨의부에 정4품 인(印)을 내려주었고, 7년에는 원이 품질을 올려 종3품으로 하였다. 19년에는 원이 고쳐서 도첨의사사라하고 또한 품질을 종2품으로 올렸다.[28] 공민왕 5년에 다시 중서문하성이라 부르고,[29] 따로 상서성을 세웠다. 11년에 다시 도첨의부로 고치고,[30] 18년에 문하부로 고쳤다.[31]

---

⑤崔貞煥, 「高麗 中書門下省 中書令職의 運營實態와 祿俸」; 『고려 정치제도와 녹봉제 연구』, 신서원, 2002.

27) 忠烈王元年併尙書省爲僉議府 : 충렬왕 원년(1293)에 중서성·문하성·상서성의 3성을 합하여 僉議府로 개편하고 상서성의 員吏를 모두 혁파하였다. 그러나 「中書門下省」은 상서성과 합쳐져 僉議府로 개편되었다는 견해도 있다.
邊太燮, 「고려시대 중앙의 통치기구」 『한국사』 13, 국사편찬위원회, 1993, 37쪽.
朴龍雲, 『中書門下省宰臣 硏究』, 一志社, 2000, 44쪽.

28) 忠烈王元 併尙書省爲僉議府 … 又陞從二品 : 고려가 元나라의 간섭하에 들어가게 되자 元의 요구에 의해 忠烈王 元年(1275)에 대폭적으로 官制의 改編이 이루어졌다. 中書省 門下省 尙書省의 3省을 합쳐 僉議府라 하고, 元은 그 첨의부를 정4품 官衙로 대우하다가 뒤에는 종3품, 그 후 다시 명칭의 개정과 함께 종2품 官衙로 陞秩시켰다.

29) 恭愍王五年 復稱中書門下省 別立尙書省 : 元의 강요로 忠烈王 원년에 중서성·문하성·상서성의 3성을 첨의부로 개편하였던 官制를 공민왕 5년(1356)에 이르러 反元改革政治를 펴면서 문종 때의 舊制로 환원시킨다는 원칙에 따라 다시 중서성과 문하성을 복구하고, 별도로 尙書省을 세워 文宗 舊制로 환원시킨 것이다. 『고려사』 백관지, 상서성조에는 공민왕 5년에 三司를 혁파하고 다시 상서성을 설치하여 모두 文宗舊制로 환원시킨 것으로 되어 있다.
恭愍王五年 革三司 復置尙書省 並復文宗舊制 唯不置知省事 陞都事正七品(『고려사』 권76, 백관1, 상서성).

30) 十一年復改都僉議府 : 공민왕 11년(1362)에 상서성을 혁파하고, 중서성과 문하성을 합쳐 都僉議府로 고친 것이다.
(恭愍王) 十一年罷尙書省 復置三司(『고려사』 권76, 백관1, 상서성).

31) 十八年改門下府 : 공민왕 11년의 都僉議府를 공민왕 18년(1369)에 門下府로 고친 것이다. 상서성에 이어 중서성도 없어지고 문하성의 이름을 계승하여 문하부의 1府體制로 통합된 것을 의미한다.

『高麗史』卷76 志30 / 百官1 / 判門下

判門下 國初稱內議令 成宗改內史令 文宗改中書令 定一人 秩從一品 忠烈王元年廢不置 二十一年置都僉議令 以金方慶爲之 尋以嫌於上國中書令 改判都僉議使司事 後改領都僉議 恭愍王五年復改中書令 十一年復改領都僉議 十八年改領門下 辛禑改判門下

판문하. 국초(國初)에 내의령이라 부르던 것을 성종 때 내사령으로 고쳤다.[32] 문종 때 중서령이라 고치고 정원을 1인, 품질을 종1품으로 정하였다.[33] 충렬왕 원년에 폐지하고 두지 않았다가 21년에 도첨의령

---

32) 國初稱內議令 成宗改內史令 : 국초의 내의령을 성종 때 내사령으로 고쳤다고 하는 이 기록은 『고려사』 찬자의 오류이다. 광종 16년(965)에 伷를 正胤(太子)으로 책봉함과 동시에 그에게 「內史諸軍事內議令」이라 하여 「內史・諸軍事・內議令」의 직함을 내리고 있다(①). 여기서 內史(令)와 내의령은 광종 16년 당시 동시에 실재한 관직이므로 내의령(내의성)을 개편하여 內史令(내사성)이 된 것이 아님을 알 수 있다. 내사령의 전신이 內議令이 아니라 내사령은 당의 제도를 수용한 것이다(②). 이에 대해서 또한 『高麗史』 찬자는 內史門下省의 전신을 內議省으로 보아 그 장관을 內議令으로 보았고, 內史令도 이처럼 內議令과 직결시켜 연혁을 풀이하고 있으나 이는 적절한 해석이 못된다는 지적도 있었다(③).

①『고려사』 권2, 세가 광종 16년 2월 ; 『고려사절요』 권2, 광종 16년 2월.

②崔貞煥, 『『高麗史』百官志의 硏究』 本書, 27~29쪽.

③李泰鎭, 「高麗 宰府의 成立－그 制度史的 考察－」 『歷史學報』 56, 1972, 38쪽.

33) 文宗改中書令 定一人 秩從一品 : 내사령에서 중서령으로 개정된 것은 내사성이 중서성으로 바뀐 문종 15년(1061)의 일이었다(『고려사』 권76, 百官1, 門下府). 더 정확히 말해서 내사령에서 중서령으로 고친 것은 文宗 15년(1061) 6월이었다(①). 고려의 관제는 처음 제도를 개편할 당시에 당의 제도를 수용하여 내사령이라 하였으나, 문종 때 제도를 정비할 시기에는 송나라 제도를 받아들여 중서령이라 고쳤다(②). 하지만 그 정원이 1인, 품질이 종1품으로 정해진 것도 이때 함께 이루어진 것인지, 아니면 "更定兩班田柴科 又改官制 定百官班次 及祿科"(『高麗史節要』 권5, 文宗 30年 末尾)라 하여 田柴科와 祿科 및 官制의 개정과 더불어 百官의 班次가 정해진 것이 문종 30년(1076)에 이루어졌으므로 이때에 정해진 것인지 그 점은

을 설치하고, 김방경을 이에 임명하였다. 얼마 후 상국(元)의 중서령(中書令)과 유사함을 싫어하여 판도첨의사사로 고쳤으며, 뒤에 영도첨의로 개정하였다.[34] 공민왕 5년에 다시 중서령이라 고치고, 11년에 다

분명치가 않다.

中書令은 상서령이나 문하시중을 역임한 사람들이 승진하는 직위로서 이른바 「人臣之極」에 위치하는 최고직으로 실무직이 아니었다고 한다(③). 그것은 고려 전·중기의 경우 주로 王子·王弟 등의 종친들에게 대우직·명예직으로 수여되거나, 臣僚들에게는 贈職 또는 致仕職으로 제수하였던 것이라 한다(④). 그러나 고려시대 중서령은 ①實職 ②加職 ③追贈職 ④종실의 待遇職 ⑤致仕職 등 5종류로 구분이 되고, 臣僚들에게 제수한 중서령은 실무직이었다. 중서령의 치사직은 실직에서 물러난 것이며, 대우직이 아니었다. 후기 충렬왕 원년(1275)에 僉議府로 개편되면서 일시 中書令職을 폐지하였다가 충렬왕 21년에 都僉議令이라는 명칭으로 다시 설치한 이후부터는 追贈職이나 종실에 대한 대우직으로 이용되던 中書令職의 운영방법은 사라지고, 실직만이 제도적으로 기능하게 되었다(⑤).

①己卯 以弟內史令基 改爲中書令 其餘嘗爲內史者 皆改中書(『고려사』 권8, 문종 15년 6월).

②최정환, 『『高麗史』百官志의 硏究』 本書, 22~26쪽 <表 5> 百官志 構成 비교표 및 <表 6> 門下府의 官員構成 비교표.

③邊太燮, 「高麗宰相考－3省의 權力關係를 중심으로－」『歷史學報』 35·36합, 1967 ; 『高麗政治制度史硏究』, 일조각, 1971, 61~64쪽.
朴龍雲, 「高麗時期 中書令에 대한 검토」『韓國 古代·中世의 支配體制와 農民』, 지식산업사, 1997 ; 『고려시대 中書門下省宰臣 연구』, 일지사, 2000, 29~38쪽.

④金成俊, 「宗親府考」『史學硏究』 18, 1964 ; 『韓國中世政治法制史硏究』, 일조각, 1985, 310~312쪽.

⑤崔貞煥, 「高麗前期 中書門下省 中書令職의 運營實態」『金潤坤停年紀念 韓國中世社會의 諸問題』, 韓國中世史學會, 2001, 148~163쪽.

34) 忠烈王元年廢不置 … 後改領都僉議 : 忠烈王 元年(1275)에 元의 강요로 일시 中書令職을 폐지하였다가 왕 21년에 이르러 都僉議令이라는 명칭으로 다시 설치하여 그 자리에 김방경이 임명되었으며, 그 후에 명칭이 다시 判都僉議使司事로 바뀌었다가 또 領都僉議로 고쳤다. 충렬왕 21년에 김방경이 도첨의령에 임명된 이후부터 追贈職이나 종실에 대한 대우직으로 이용되던 中書令職의 운영방법은 사라지고 모두 실직으로 되었다.

시 영도첨의라 개정하였으며, 18년에 영문하라고 고치고,[35] 신우(禑王) 때에는 판문하로 고쳤다.[36]

『高麗史』卷76 志30 / 百官1 / 侍中

侍中 成宗置門下侍中 文宗定一人 秩從一品 忠烈王元年改僉議中贊 置左右各一人 二十四年 忠宣受禪 改都僉議侍中 尋復改中贊 三十四年忠宣在元改政丞 省一人 忠肅十七年忠惠王 復改中贊 後復改右左政丞 恭愍王三年復改侍中 尋復改右左政丞 五年改門下侍中・守侍中 十一年復改僉議右左政丞 十二年改僉議左右侍中 十八年改門下左右侍中 辛昌復改侍中・守侍中

시중. 성종 때 문하시중을 두었다.[37] 문종 때 정원을 1인으로, 품질은 종1품으로 정하였다.[38] 충렬왕 원년에 첨의중찬으로 고치고 좌・우 각 1인씩을 두었다.[39] 24년에 충선왕이 선위(禪位)를 받자 도첨의

---

35) 恭愍王五年 復改中書令 十一年復改領都僉議 十八年改領門下 : 공민왕 5년(1356)에 反元改革政策을 펴면서 中書省과 門下省이 文宗舊制 복구됨에 따라 다시 中書令이라 고치고, 왕 11년에 다시 領都僉議(정식 호칭은 領都僉議司事), 18년에 領門下(정식 호칭은 領門下府事)로 바꾸고 있다.

36) 辛禑改判門下 : 禑王 몇 년인지는 확실치 않으나, 이전의 領門下를 우왕 때 判門下로 고치고, 이것이 백관지의 주제어가 되었다. 당시의 判門下는 중서성과 연관된 관직명이라고 하기보다 문하성과 연관된 것으로 통합된 門下府의 최고직이다.

37) 成宗置門下侍中 : 內史省과 門下省이 처음 설치된 것은 成宗 元年(982)이므로 門下侍中의 직제도 이때 마련되었다고 짐작된다. 사례상으로는 성종 7년에 崔承老가 門下守侍中으로 제수받은 것이 처음이다.

38) 文宗 定一人 秩從一品 : 정원과 품질이 정해진 것은 文宗 때라 하고 있다. 그런데 양반의 田柴科 및 班次와 祿科는 문종 30년에 更定되었다고 한다. 이것은 문하시중의 정원과 품질 등 직제가 정비된 것은 문종 15년이고, 문하시중의 田柴와 祿科가 경정되어 다시 정비된 것은 문종 30년이라 여겨진다.
更定兩班田柴科 又改官制定百官班次 及祿科(『高麗史節要』 권5, 文宗 30年 末尾).

39) 忠烈王元年 改僉議中贊 置左・右各一人 : 문하시중은 성종 원년에 문하성이 설치된 이래 충렬왕 원년(1275)에 僉議中贊으로 바뀔 때까지는 문하성

시중으로 고쳤다. 이어서 얼마 후 다시 중찬으로 고쳤다.[40] 34년에 충

은 한번도 개편된 적이 없었다. 그런데 門下府條에는 "成宗元年改內史門下省 文宗十五年改中書門下省"이라 하여 내사문하성이 중서문하성으로 고쳐진 것으로 서술되어 있다. 이것은 성종 원년의 내사성이 문종 15년에 중서성으로 바뀐 것을 의미한 것이고, 문하성은 아무런 변화가 없었다. 『고려사』 찬자는 성종 원년의 「내사문하성」이 문종 15년에 「중서문하성」으로 바뀐 것으로 착각하고 그와 같이 기록했던 것임을 이를 통해 확인해 볼 수 있다.

忠烈王 元年(1275)에 원나라의 강요로 中書省・門下省・尙書省을 합쳐서 僉議府가 되면서 門下侍中도 僉議中贊으로 명칭이 바뀌고 있다. 이와 동시에 정원도 左僉議中贊과 右僉議中贊의 2인이 되었다. 한데 실제로 2인이 임명되기는 왕 22년 5월에 이르러 洪子藩을 右中贊, 趙仁規를 左中贊으로 삼으면서부터 이거니와, 여기에서 우중찬이 앞서고 좌중찬이 그 뒤가 된 것은 역시 원나라 제도에 따른 것으로 왕 17년 12월 이후의 일이었다(①). 그러므로 이때부터는 우중찬이 首相이었고, 좌중찬은 亞相이 되었다. 그러나 이 제도는 10여년 만인 충렬왕 29년 9월에 다시 좌직이 우직보다 앞서는 것으로 바뀌어진다(②). 이 좌・우직 간의 서열은 그 후 다시 서로 뒤바뀌는 과정을 거듭하였다.

①(충렬왕 17년 12월) 以朴義爲右副承旨 李混爲左副承旨 凡職名有左右者 以右爲上 從元制也(『고려사절요』 권21).

②(忠烈王 29년) 九月甲子 以洪子藩爲都僉議左中贊 復尙左也(『고려사』 권32, 世家).

40) (忠烈王) 二十四年忠宣受禪 改都僉議侍中 尋復改中贊 : 忠烈王 24년(1298)에 세자로 있던 충선이 禪位의 형식을 빌어 부왕을 밀어내고 즉위하여(1월) 개혁정치를 단행하면서 그 일환으로 관제를 개편하였다(5월). 하지만 그도 원과 손을 잡은 충렬왕파의 책동으로 재위 8개월만에 왕위에서 물러나고 충렬왕이 復位하여 개편되었던 관제도 이전의 상태로 되돌리는데, 이 기사는 그것을 설명한 대목이다.

①李起男, 「忠宣王의 改革과 詞林院의 設置」 『歷史學報』 52, 1971.

②李益柱, 「충선왕 즉위년(1298) '개혁정치'의 성격－官制개편을 중심으로－」 『역사와 현실』 7, 1992.

③朴宰佑, 「高麗 忠宣王代 政治運營과 政治勢力」 『韓國史論』 29, 서울대, 1993.

④朴龍雲, 「고려시대의 門下侍中에 대한 검토」 『震檀學報』 85, 1998 ; 『고려시대 中書門下省宰臣 연구』, 일지사, 2000, 45쪽.

선왕이 원나라에 있으면서 정승으로 고치고 1인으로 줄였다.[41] 충숙왕 17년에 충혜왕이 다시 중찬으로 고치고, 뒤에 또다시 우·좌정승으로 고쳤다.[42] 공민왕 3년에 다시 시중으로 고치고, 얼마 후 또다시 우·좌정승으로 고쳤다. 5년에 문하시중·수시중으로 고치고, 11년에 다시 첨의우·좌정승으로 개정하였으며, 12년에 첨의좌·우시중으로 고치고, 18년에 문하좌·우시중으로 고쳤다.[43] 신창(昌王) 때 다시 시중·수시중으로 개정하였다.[44]

---

41) (忠烈王) 三十四年忠宣在元 改政丞 省一人 : 元都에 머물고 있던 忠宣이 마침 그곳에서 일어난 皇位繼承紛爭에 개입하여 그가 지지한 武宗이 승리를 거둠으로써(1307), 고려 내에서의 실권도 자연히 충렬왕으로부터 그에게로 돌아가게 된다. 이렇게 실권을 장악한 충선왕은 이듬해(충렬왕 34년)에 자기의 의지대로 다시 관제를 고쳤던 것이다.
①高柄翊, 「高麗 忠宣王의 元 武宗 擁立」『歷史學報』 17·18합집, 1962 ; 『東亞交涉史의 硏究』, 서울대출판부, 1970.
②朴龍雲, 위의 논문 ; 위의 저서, 45쪽.

42) 忠肅十七年 忠惠王復改中贊 後復改右·左政丞 : 忠肅王 17년(1330)에 왕위를 물려받은(2월) 忠惠王이 고쳤던 관제를 이후 다시 우·좌정승으로 개정하고 있는데, 그 이후는 충숙왕 복위년(1332)으로 생각된다.
朴龍雲, 위의 논문 ; 위의 저서, 45쪽.

43) 恭愍王三年 復改侍中 … 五年改門下侍中·守侍中 … 十八年改門下左·右侍中 : 충렬왕 원년(1274)에 僉議府로 개편된 이후 공민왕 18년(1369)에 門下府로 되기까지 95년 간은 기본적으로 첨의부 체제로 운영되었다. 공민왕 5년(1356)에서 11년 사이 6년간 文宗舊制로 일시 복구된 적은 있으나 그 기본은 첨의부 체제로 약 90여 년간 지속되었다. 그 사이 문하시중은 충렬왕 원년에 中贊－충렬왕 24년에 都僉議侍中(뒤에 다시 中贊으로 고침)－충렬왕 34년에 政丞－충숙왕 17년에 中贊(뒤에 다시 左右政丞으로 고침)－공민왕 3년에 侍中(뒤에 다시 左右政丞으로 고침)－공민왕 5년에 門下侍中·守侍中－공민왕 11년에 僉議左右政丞－공민왕 12년에 僉議左右侍中－공민왕 18년에 門下左·右侍中－申昌(昌王) 때 侍中·守侍中으로 개편되어 갔다. 공민왕 18년에는 이전의 都僉議府를 門下府로 개편하였기 때문에 門下左·右侍中이라 했던 것이다.

44) 辛昌 復改侍中·守侍中 : 공민왕 18년(1369)에 출범한 門下府體制 하에서 門下左·右侍中을 창왕 때는 侍中·守侍中이라 고쳤다. 이 侍中이 백관지의 주제어로 되어 있다.

『高麗史』卷76 志30 / 百官1 / 贊成事

贊成事 成宗置內史侍郎平章事·門下侍郎平章事 文宗定門下侍郎平章事·中書侍郎平章事各一人 又於中書門下各置平章事 並秩正二品 忠烈王元年 改爲僉議侍郎贊成事·僉議贊成事 二十四年忠宣以宰執員冗 論議異同 事多稽滯 乃罷之 尋又復之 三十四年忠宣改中護 定三人 秩仍正二品 後復稱贊成事 恭愍王五年復文宗舊制 九年稱平章政事 十一年復爲僉議贊成事 十八年改門下贊成事

찬성사. 성종 때 내사시랑평장사와 문하시랑평장사를 두었다.[45] 문

---

45) 成宗置內史侍郎平章事·門下侍郎平章事 : 성종 때 내사시랑평장사와 문하시랑평장사를 두었다는 기록인데, 平章事의 직제가 마련된 것은 성종 원년(982)이었다고 짐작된다. 사례 상으로는 성종 2년 정월에 崔承老가 門下侍郎平章事에 임명된 것이 처음이다. 이 평장사의 職制는 내사성과 문하성이 확연히 구분되어 나타난다. 성종 12년 10월에 徐熙가 內史侍郎, 崔亮이 門下侍郎에 在任한 사례는 이를 증명해 주고 있다(①). 내사성과 문하성은 「내사문하성」의 단일기구가 아니라 분리된 기구임이 분명한 것이다.

그런데 이와는 달리 平章事는 中書省과 門下省의 구별을 초월하여 같은 中書門下省의 宰臣으로 함께 國事를 논의하였던 것이라고 한 견해가 있다(②). 그리고 또한 門下府條의 관부는 內史門下省(성종 원년)→中書門下省(문종 15년)→僉議府(충렬왕 원년)의 연혁을 지닌 것으로 보고 문종 15년(1061)에 이르러 관부의 명칭이 中書門下省으로 바뀜에 따라 門下侍郎平章事는 변함이 없으나 內史侍郎平章事는 中書侍郎平章事로 호칭을 고친 것이라고 피력한 견해도 있다(③).

①以侍中朴良柔爲上軍使 內史侍郎徐熙爲中軍使 門下侍郎崔亮爲下軍使 軍于北界 以禦契丹(『고려사』 권3, 세가, 성종 12년 10월 ; 『고려사절요』 권2, 성종 12년 10월)

②邊太燮, 「高麗宰相考－3省의 權力關係를 중심으로－」 『歷史學報』 35·36 합집, 1967 ; 『高麗政治制度史研究』, 一潮閣, 1971, 66쪽.

③朴龍雲, 「고려시대의 平章事」 『고려시대 中書門下省宰臣 연구』, 일지사, 2000, 124～128쪽.

平章事와 관계되는 논고로는 다음과 같은 논문을 더 들 수 있다.

④李泰鎭, 「高麗 宰府의 成立－그 制度史的 考察－」 『歷史學報』 56, 1972, 23·24쪽.

종 때 문하시랑평장사와 중서시랑평장사를 각기 1인으로 정하고,[46] 또 중서・문하에 각각 평장사를 두고,[47] 모두 품질은 정2품이었다. 충

⑤崔貞煥,「高麗 中書門下省의 祿俸規定」『한국사연구』50·51 합집, 1985 ;『高麗・朝鮮時代 祿俸制 硏究』, 慶北大出版部, 1991, 89~91쪽.

⑥박재우,「고려전기 재추의 운영원리와 권력구조」『역사와 현실』26, 1997, 163쪽.

⑦김태욱,「고려 현종대의 재추」『역사학보』144, 1994, 6쪽.

⑧周藤吉之,「高麗初期の官吏制度一とくに兩府の宰相について」『東洋大學大學院紀要』11, 1974 ;『高麗朝官僚制の硏究』, 法政大學出版局, 1980, 28쪽.

46) 文宗定門下侍郎平章事・中書侍郎平章事 各一人 : 문종 15년(1061)에 內史省이 中書省으로 개칭됨에 따라 內史侍郎平章事는 中書侍郎平章事로 개칭되어 나타나 있고, 門下侍郎平章事는 종전대로 변함이 없었다. 정원을 각 1인으로 정하였던 것인데, 이것 역시 중서성과 문하성이「중서문하성」의 단일기구가 아니라 별도의 분리된 기구임을 말해주는 것이다.

47) 又於中書門下 各置平章事 : 또한「中書門下」에 각각 평장사를 두었다고 표현하고 있어 그것이 단일기구인 것 같이 오해하기 쉬우나, 중서성과 문하성에 각각 평장사 둔 것으로 해석해야 할 것이다. 문종 때(문종 15년) 中書侍郎平章事・門下侍郎平章事 외에 中書平章事와 門下平章事를 더 설치하여 4平章事를 둔 것으로 기록하고 있는데 이 기록은 잘못이다. 평장사는 성종 때부터 나타나고 있다. 성종 2년 정월에는 崔承老가 門下侍郎平章事에 임명된 것이 최초의 예이고, 성종 12년 10월에 內史侍郎이었던 徐熙가 그 후 平章事로 轉補되어 갔다.

內史省을 中書省이라 고친 성종 원년(962)과 문종 15년(1061) 사이 95년 간에 문하시랑・내사시랑・내사시랑평장사・문하시랑평장사・문하평장사・내사시랑동내사문하평장사・문하시랑동내사문하평장사・평장사 등에 임명된 예는 129事例가 나타나고 있다(①). 이것은 문종 15년 이전에 內史侍郎平章事・門下侍郎平章事・내사평장사・문하평장사의 4平章事가 이미 실재하고 있었다는 것을 말해 주고 있는 것이다. 그러므로 문종 15년에 이르러 중서평장사・문하평장사가 더 설치된 것처럼 기록한 백관지 찬성사조의 기록은 그대로 믿을 수가 없다. 그 이전부터 있었던 내사평장사와 문하평장사를 문종 15년에 처음으로 더 설치한 것처럼『고려사』찬자가 오인하고 그렇게 정리하고 있는 것이다. 문종 15년 이전에 문하시랑평장사・내사시랑평장사・문하평장사・내사평장사의 4平章事가 이미 있었다.

특히 평장사의 겸직에는 內史侍郎同內史門下平章事와 門下侍郎同內史門

렬왕 원년에 고쳐 첨의시랑찬성사와 첨의찬성사로 하였다.48) 24년에 충선이 재집(宰執 : 宰相)의 인원수가 쓸데없이 많아서 논의에 의견이 서로 다르고 일이 많이 지체되어 이에 이를 혁파(罷)하고, 얼마 후 다

下平章事가 각각 15事例가 찾아지는데, 이것은 각각 內史侍郎平章事로서 內史平章事와 門下平章事를 겸직하고 있는 것이고, 門下侍郎平章事로서 內史平章事와 門下平章事를 겸직하고 있는 것이므로 4平章事가 실재하고 있었음을 확인시켜 주는 것이다.

①박용운,『고려시대 中書門下省宰臣 硏究』, 일지사, 2000, 156~163쪽 <表 1>에 의거하면 성종 원년(982)에서 문종 15년(1061) 사이 69년 간에 平章事에 임명된 예는 129事例가 찾아진다. 門下侍郎 6(<表 1> 10, 11, 19, 20, 30, 35), 內史侍郎 9(<表 1> 2, 3, 21, 22, 24, 30, 34, 38, 39) 內史侍郎平章事 25(<表 1> 5, 6, 9, 9, 10, 11, 12, 12, 12, 14, 15, 16, 16, 17, 20, 23, 29, 29, 31, 37, 38, 39, 40, 41, 42), 門下侍郎平章事 26(<表 1> 1, 6, 6, 8, 8, 9, 11, 13, 15, 17, 19, 19, 24, 24, 24, 24, 26, 30, 31, 33, 36, 37, 38, 38, 39, 40), 門下平章事 2(<表 1> 15, 19), 內史侍郎同內史門下平章事 15,(<表 1> 16, 19, 26, 27, 27, 27, 29, 29, 30, 30, 33, 34, 34, 38, 42), 門下侍郎同內史門下平章事 15(<表 1> 15, 16, 16, 21, 24, 24, 25, 25, 26, 27, 27, 32, 38, 39, 40), 平章事 15(<表 1> 2, 4, 7, 12, 16, 19, 21, 23, 25, 25, 26, 31, 33, 37, 39), 致仕尙書左僕射同內史門下平章事 1(<表 1> 18), 尙書左僕射同內史門下平章事 1(<表 1> 20), 平章 1(<表 1> 20) 門下侍郎同平章事 1(<表 1> 21), 致仕門下侍郎平章事 1(<表 1> 21), 守門下侍郎平章事 1(<表 1> 15), 致仕門下侍郎 1(<表 16>), 守門下侍郎平章事 1(<表 1> 19), 守門下侍郎 1(<表 1> 39), 平章事致仕 1(<表 1> 40), 門下平章 1(<表 1> 40) 등등 모두 129事例가 나타나고 있다. 이것은 성종 원년과 문종 15년 사이에 내사시랑평장사・문하시랑평장사・내사평장사・문하평장사의 4平章事가 실재한 것을 의미하는 것이며, 이들은 모두 平章事로 통칭되기도 하였다.

48) 忠烈王元年 改爲僉議侍郎贊成事・僉議贊成事 : 忠烈王 元年(1275)에 中書省・門下省・尙書省 3省이 합쳐서 僉議府가 되면서 平章事도 贊成事라는 명칭으로 바뀌었다. 중서성과 문하성은 통합이 되고, 상서성의 員吏들은 모두 혁파되었다가(①) 뒤에 다시 복구된다. 이에 따라 門下省과 中書省의 侍郎平章事는 僉議侍郎贊成事로, 門下省과 中書省의 平章事는 僉議贊成事로 개정되는데, 서열은 侍郎贊成事가 贊成事보다 위였던 것 같다.

①尙書省 … 忠烈王元年 併于中書門下爲僉議府 幷罷員吏(『고려사』 권76, 백관1, 상서성).

시 회복시켰다.[49] 34년에 충선이 중호로 고치고 정원은 3인으로 정하였으며 품질은 이전대로 정2품으로 하고, 뒤에 다시 찬성사라 칭하였다.[50] 공민왕 5년에 문종 때의 옛 제도로 회복시켰고,[51] 9년에 평장정사라 칭하고, 11년에는 다시 첨의찬성사라하고, 18년에 문하찬성사로 고쳤다.[52]

---

49) (忠烈王) 二十四年忠宣 以宰執員冗 論議異同 事多稽滯 乃罷之 尋又復之 : 忠烈王 24년(1298)에 父王을 밀어내고 일시 즉위한 忠宣王이 개혁정치를 펴면서 贊成事職을 혁파하였는데, 불과 몇 달만에 왕위에서 물러나고 忠烈王이 復位하여 관제를 이전 상태로 회복시킬 때 贊成事를 다시 복구시킨 사실을 전하는 것이다.

50) (忠烈王) 三十四年忠宣 改中護 定三人 秩仍正二品 後復稱贊成事 : 왕위에서 물러나 元都에 머물고 있던 충선왕은 마침 그곳에서 일어난 皇位繼承紛爭에 개입하여 공로를 세움으로써, 고려 국내에 대한 실권도 장악하게 된다. 그리하여 忠烈王 34년(1308)에 자기의 뜻대로 僉議贊成事를 僉議中護로 바꾸고 정원도 3인으로 줄였으나 충선왕 복위 원년(1309)경부터는 다시 僉議贊成事로 되돌렸던 것 같다.

51) 恭愍王五年 復文宗舊制 : 공민왕 5년(1356)의 反元改革政策에 따라 문종 때의 옛 제도로 환원시켰던 것을 말한다. 공민왕 5년 5월에 贊成事로 있었던 黃石奇가 공민왕 5년 7월에 門下平章事로, 동왕 7년 2월 門下侍郎同中書門下平章事로 되었고, 공민왕 5년 7월에 中書平章事였던 金鏞이 동왕 7년 2월에 中書侍郎門下平章事가 된 예로 보아 文宗舊制에 따라 문하시랑평장사·중서시랑평장사·문하평장사·중서평장사의 4平章事가 모두 복구된 것 같다.

52) 恭愍王五年 復文宗舊制 … 十八年改門下贊成事 : 공민왕 5년(1356)의 反元改革政策에 따라 문종 때의 옛 제도로 환원시켰던 것을 공민왕 9년에 平章政事로 고쳤고, 이어 공민왕 11년(1362)에 僉議贊成事로 고쳤다가 공민왕 18년(1369)에 門下贊成事로 고친 것을 말한다.
門下贊成事는 충렬왕 원년에 중서성·문하성·상서성의 3성을 통합한 僉議府體制하에서는 僉議侍郎贊成事·僉議贊成事라 하였다. 공민왕 5년에 일시 文宗舊制로 복구된 이후 공민왕 11년에 상서성이 혁파됨에 따라 공민왕 11년에 중서성과 문하성을 합쳐 다시 첨의부(충렬왕 원년 舊制)로 되면서 僉議贊成事라 하였고, 동왕 18년(1369)에는 문하성의 이름을 계승하여 門下府가 되면서 僉議贊成事를 門下贊成事로 고쳤다.

『高麗史』卷76 志30 / 百官1 / 評理

評理 穆宗時有叅知政事 文宗定一人 秩從二品 忠烈王元年改僉議叅理 三十四年忠宣改評理 增爲三人 忠肅王十七年復改叅理 恭愍王五年復改參知政事 十一年復改僉議評理 十八年改叅知門下府事 二十一年改門下評理

평리. 목종 때에 참지정사가 있었다.[53] 문종 때 정원은 1인으로 품질은 종2품으로 정하였다.[54] 충렬왕 원년에 첨의참리로 고쳤다.[55] 34

53) 穆宗時 有參知政事 : 百官志에는 參知政事가 穆宗 때 비로소 설치된 듯 기술하고 있으나 실은 그렇지 않았다. 이미 成宗朝에 그에 임명된 사례가 찾아지는 것이다. 참지정사에 취임한 최초의 인물은 성종 즉위 초에 崔亮이 나타나고 있어(①)『고려사』백관지의 기록과는 서로 맞지 않는다. 參知政事도 門下侍中 平章事 등과 마찬가지로 성종 원년(982)에 설치된 것이라 생각된다. 공민왕 5년 11월에 參知門下政事와 參知中書政事를 구분하여 임명된 사례가 보여(②~⑥) 참지정사도 문하성과 중서성의 구별이 있었던 것은 분명하나 고려전기에는 그러한 구별이 분명하지 않다.

①崔亮 … 成宗在潛邸 引爲師友 及卽位 遂加擢用 甚恊人望 累授左散騎常侍參知政事兼司衛卿 以疾解官(『高麗史』권93, 열전, 최량).

②以李齊賢爲門下侍中 廉悌臣守門下侍中 慶千興參知門下政事 李千善參知中書政事 李仁復爲政黨文學兼御史大夫 安祐知門下省事(『고려사』권39, 세가, 공민왕 5년 11월).

③以廉悌臣爲門下侍中 黃石奇爲門下侍郎同中書門下平章事 金鏞爲中書侍郎門下平章事 全普門爲門下平章事 金逸逢爲中書平章事 慶千興知門下政事 李千善參知門下政事 安祐參知中書政事 鄭世雲知門下事(『高麗史』권39, 세가, 공민왕 7년 2월).

④李仁復 … (恭愍初) 轉參知中書政事 歷判開城府事僉議評理(『고려사』권112, 열전25, 이인복).

⑤慶復興 … (恭愍初) 拜軍簿判書 歷判樞密院事參知門下政事 陞知政事商議 … 改參知中書省事(『고려사』권111, 열전24, 경복흥).

⑥黃裳 … (恭愍初) 拜參知門下政事(『고려사』권114, 열전27, 황상).

54) 文宗定一人 秩從二品 : 여기에서 參知政事의 정원이 1인이었다는 기술은 잘못인 것 같다. 사례를 보면 동시에 2인 내지 3인이 임명되는 경우가 있기 때문이다. 아마 정원을 3인으로 정해놓고 그 범위 내에서 제수하지 않았나 생각된다.

參知政事는 宰臣職으로 6부상서 등의 실직을 지니고 宰臣이 되어 宰臣으로서 겸할 수 있는 6부의 判事를 겸직하는 일반 겸직과는 다른 독특한 재신직의 운영방법이었다 한다(①). 그에 비해 參知政事는 종2품 宰臣 가운데 일원으로서 다른 재신들과 함께 국왕과 더불어 국정을 논의하는 의정기능을 맡았을 뿐더러 判尙書兵部事나 判尙書戶部事 이하의 6부판사를 겸직하는가 하면(②) 또 이부상서 등의 6부상서를 중복직으로 지니는 경우가 많아 정치적 행정적으로 중요한 역할을 수행하였던 것이다(③).
그런데 당나라에서의 參知政事는 하나의 관직이 아니라 타관에게 가하여 단순히 재상직에 들게 하는 데 쓰이던 용어였다. 그리하여 논자 가운데는 고려에서의 참지정사 역시 그와 같은 의미를 나타내던 용어에 지나지 않았다고 주장하기도 한다(④).
논자 가운데는 참지정사를 하나의 관직으로 인정하면서도 그것은 독립된 관직으로서의 본직이 아니라 겸직으로 운영되었다는 주장을 펴고 있다. 현재 고려 때의 겸직제에 대해서는 다양한 의견이 개진되고 있다. 어떤 연구자는 품계가 높은 것이 本職, 낮은 것이 兼職이라 보기도 하고(⑤), 또 혹자는 반차의 부여 여부가 그것을 구분하는 중요 기준이라고 주장하며(⑥), 또 전시과와 녹봉을 아울러 받는가 그렇지 않은가에 따라 그것들을 나누기도 한다(⑦).
참지정사에 대해서 연구자에 따라 다양한 주장이 나와 있지만, 參知政事는 宰臣職으로 6부상서 등의 실직을 지니고 宰臣이되어 宰臣으로서 겸할 수 있는 6부의 判事를 겸직하는 일반 겸직과는 다른 특수한 재신직의 운영방법이었다고 보아야 할 것이다.

①崔貞煥, 「高麗 中書門下省의 祿俸規定과 그 運營實態」『한국사연구』 50·51합집, 1985 ; 『高麗・朝鮮時代 祿俸制 硏究』, 慶北大出版部, 1991, 97~99쪽

②邊太燮, 「高麗宰相考-3省의 權力關係를 중심으로-」『歷史學報』 35·36합집, 1967 ; 『高麗政治制度史硏究』, 一潮閣, 1971, 66·67쪽, 74~82쪽.
張東翼, 「高麗前期의 兼職制에 대하여(下)」『大丘史學』 17, 1979, 25~27쪽.
朴龍雲, 「高麗時代의 6部判事制에 대한 고찰」『고려시대연구Ⅱ』, 2000 ; 『高麗時代 尙書省 硏究』, 景仁文化社, 2000.

③朴龍雲, 「고려시대의 參知政事」『고려시대 中書門下省宰臣 연구』, 일지사, 2000, 245·246쪽 및 257쪽.

④周藤吉之, 「高麗初期の官吏制度一とくに兩府の宰相について」『東洋大學大學院紀要』 11, 1974 ; 『高麗朝官僚制の硏究』, 法政大學出版局, 1980, 39쪽.
李貞薰, 「高麗前期의 三省制와 政事堂」『한국사연구』 104, 1999, 66~70쪽.

년에 충선이 평리로 고치고 정원을 늘려서 3인으로 하였다.[56] 충숙왕 17년에 다시 참리로 고쳤다.[57] 공민왕 5년에 다시 참지정사로 고쳤고,[58] 11년에 다시 첨의평리로 고치고, 18년에 참지문하부사로 고치고, 21년에 문하평리로 고쳤다.[59]

『高麗史』卷76 志30 / 百官1 / 政堂文學

---

⑤張東翼,「高麗前期의 兼職制에 대하여(上)」『大丘史學』11, 1976, 74～80쪽.
⑥李鎭漢,「高麗前期 樞密의 班次와 祿俸」『韓國學報』96, 1999, 155～160쪽.
⑦박재우,「고려전기 재추의 운영원리와 권력구조」『역사와 현실』26, 1997, 167～169쪽 ; 朴宰佑,「高麗時代의 宰樞 兼職制 硏究」『國史館論叢』92, 2000, 71～74쪽.
金泰旭,「高麗 顯宗代의 宰樞」『歷史學報』144, 1994, 18·19쪽.

55) 忠烈王元年 改僉議參理 : 元의 강요로 忠烈王 元年(1275)에 中書省・門下省・尙書省을 합쳐서 僉議府가 되면서 參知政事의 칭호도 僉議參理로 바뀌었다.

56) (忠烈王) 三十四年忠宣 改評理增爲三人 : 元에 머물면서 고려 국내의 실권을 장악한 忠宣王이 忠烈王 34년(1308)에 자기의 뜻대로 參理를 評理(僉議評理)로 바꾸었다.

57) 忠肅王十七年復改參理 : 忠肅王 17년(1330)의 개정은 이때 일시 즉위했던 忠惠王에 의한 것이었다. 그러나 2년 후 2월에 忠肅王이 복위(1332)하고 명칭도 옛 제도로 되돌림으로써 그 기간은 잠시 동안에 그쳤다.

58) 恭愍王五年 復改參知政事 : 공민왕 5년(1356)에 反元改革政治가 단행되면서 모든 관제를 문종 때의 구제로 환원시킨다는 방침에 따라 3省이 복구되고, 이 해 7월부터 參知政事라 불리게 된다. 그런데 공민왕 11월에 慶千興을 參知門下政事, 李千善을 參知中書政事에 임명한 데서 알 수 있듯이 이 직위는 중서성과 문하성으로 분리가 된다.
以李齊賢爲門下侍中 廉悌臣守門下侍中 慶千興參知門下政事 李千善參知中書政事 李仁復爲政黨文學兼御史大夫 安祐知門下省事(『고려사』권39, 세가, 공민왕 5년 11월).

59) 恭愍王五年 復改參知政事 … 二十一年改門下評理 : 공민왕 5년(1356)에 일시 文宗舊制로 3성이 복구된 이후 공민왕 11년에 상서성이 혁파됨에 따라 중서성과 문하성을 합쳐 다시 첨의부(충렬왕 원년 舊制)로 되면서 僉議評理라 하였고, 동왕 18년(1369)에는 문하성의 이름을 계승하여 門下府가 되면서 參知門下府事로 고쳤다가 동왕 21년(1372)에 門下評理로 개정되었다.

政堂文學 文宗定一人 秩從二品 忠烈王元年改叅文學事 十六年復改政堂文學 忠宣王罷 後復置之

政堂文學. 문종 때 정원은 1인으로 품질은 종2품으로 정하였다.[60]

---

60) 文宗定一人 秩從二品 : 정당문학의 정원과 품질이 정해진 것은 門下侍中·參知政事의 예와 마찬가지로 문종 15년에 직제가 갖추어 지고, 文宗 15년(1076)에 田柴와 祿科가 정비된 것으로 생각된다. 하지만 정당문학의 제도가 이때 처음 마련되었다고 보기는 어렵다. 이미 顯宗 卽位年(1009)과 德宗 3년(1034)에 제수된 사례가 찾아지기 때문이다. 中書省과 門下省의 설치가 成宗 元年(982)이므로 정당문학도 이때가 아니면 그로부터 얼마 오래지 않은 시기에 두어졌으나 실제로 임명하기는 현종 즉위년부터 였으며, 문종 25년에 이르러 제도의 정비가 이루어졌다고 짐작되는 것이다. 이 정당문학은 명칭 그대로 政堂, 즉 "宰府에서 文學을 주로 하는 宰臣職"으로 좀 특수한 위치에 있었다. 科擧及第者만이 이 직위에 임명되고 있는 것도 그 점을 보여주는 한 단면이라 할 수 있다. 물론 정당문학 역시 宰臣의 일원으로 국왕과 더불어 국정을 논의하고, 6部判事를 겸직하는가 하면, 6部尙書를 중복적으로 帶有하기도 했다고 한다(①).
그러한 생각과는 달리 政堂文學은 宰臣職으로 6부상서 등의 실직을 지니고 宰臣이 되어 宰臣으로서 겸할 수 있는 6부의 判事를 겸직하는 일반 겸직과는 다른 특수한 재신직의 운영방법이었다고 한다(②). 논자 가운데는 정당문학도 참지정사와 함께 階官으로 보거나 兼職이었다고 주장하고 있다(③). 그러나 한편에서는 여전히 獨立職·本職으로 파악하고 있는데(④), 다만 그렇다고 할 때에 정당문학은 왜 田柴科와 祿俸의 지급 규정에 포함되어 있지 않은가에 대한 설명이 필요하다. 이 점에 대해서 政堂文學은 그 실직에 대한 전시와 녹봉을 받고, 정당문학(宰臣職)에 대한 전시와 녹봉은 규정하지 않았다고 보아야 할 것이다(②).
①邊太燮, 「高麗宰相考-3省의 權力關係를 중심으로-」『歷史學報』35·36합집, 1967 ; 『高麗政治制度史硏究』, 一潮閣, 1971, 67쪽 및 74~82쪽. 朴龍雲, 「고려시대의 政堂文學에 대한 검토」『韓國史學報』7, 1999 ; 『고려시대 中書門下省宰臣 연구』, 일지사, 2000, 335~337쪽 및 339~342쪽 ; 「高麗時代의 6部判事制에 대한 고찰」『고려시대연구Ⅱ』, 2000 ; 『高麗時代 尙書省 硏究』, 景仁文化社, 2000.
②崔貞煥, 「高麗 中書門下省의 祿俸規定」『韓國史硏究』50·51, 1985 ; 『高麗·朝鮮時代 祿俸制 硏究』, 慶北大出版部, 1991, 93~96쪽.

충렬왕 원년에 참문학사로 고치고, 16년에 다시 정당문학으로 고쳤다.[61] 충선왕이 파(罷)하였다가 뒤에 다시 설치하였다.[62]

『高麗史』卷76 志30 / 百官1 / 知門下府事

知門下府事 文宗定知門下省事一人 秩從二品 忠烈王元年改知僉議府事 忠宣王罷 恭愍王五年復改知門下省事 十一年改知都僉議事 十八年改知門下府事

지문하부사. 문종 때 지문하성사의 정원을 1인으로 품질은 종2품으로 정하였다.[63] 충렬왕 원년에 지첨의부사로 고쳤다.[64] 충선왕이 혁

---

③周藤吉之,「高麗初期の官吏制度－とくに兩府の宰相について」『東洋大學大學院紀要』11, 1974 ;『高麗朝官僚制の研究』, 法政大學出版局, 1980, 42쪽.
박재우,「고려전기 재추의 운영원리와 권력구조」『역사와 현실』26, 1997, 171·172쪽.
李貞薰,「高麗前期의 三省制와 政事堂」『韓國史研究』104, 1999, 69쪽.
④張東翼,「高麗前期 兼職制에 대하여(下)」『大丘史學』17, 1979, 27쪽.
李鎭漢,「高麗前期 樞密의 班次와 祿俸」『韓國學報』96, 1999, 158쪽.
朴龍雲, 위의 1999 논문 ; 위의 저서, 342~345쪽.

61) 忠烈王元年 改參文學事 十六年復改政堂文學 : 元의 강요에 따른 忠烈王元年(1275)의 관제개편 때에 政堂文學은 參文學事로 명칭이 바뀌었으나, 동왕 16년에 다시 정당문학으로 고쳤다.

62) 忠宣王罷 復位置之 : 사례 상으로 보건데 忠宣王이 정당문학을 혁파하였다는 그 시기는 忠烈王 34년(1308)으로 생각된다. 元에 머물면서도 국내의 실권을 장악하고 있던 忠宣은 그해 5, 6월에 걸쳐 관제를 개혁하고 있는데 정당문학의 혁파도 이때의 일로 짐작되는 것이다. 그러다가 다시 임명되는 첫 사례는 忠肅王 8년(1321)의 기록에서 찾아진다. 따라서 "後에 復置하였다"는 그 시기는 忠肅王 8년이나 그에 가까운 어느 때를 말한 것으로 생각된다.

63) 文宗定知門下省事一人 秩從二品 : 百官志에 知門下省事는 막연히 문종 때 정해진 것이라 하지만, 그의 설치시기는 內史·門下省이 발족하는 成宗元年(982) 이후 어느 때로 짐작되며, 그 정원과 품질 등의 제도가 정비되는 것 역시 文宗 15년이라 이해되는 것이다. 知門下省事의 첫 임명 사례는 정당문학보다는 훨씬 떨어지는 宣宗 9년(1092)에야 보이고 있어, 처음

파(罷)하였다.[65] 공민왕 5년에 다시 지문하성사로 고치고, 11년에 지도첨의사로 고치고, 18년에 지문하부사로 고쳤다.[66]

부터 그 제도의 운영이 원만하지 못했음을 짐작케 한다(①).

知門下省事는 宰臣의 일원으로 議政의 기능을 담당하고 6部判事를 겸직했는가 하면 6部尙書를 중복직으로 지니기도 하였다(②). 그와는 달리 知門下省事는 宰臣職으로 6부상서 등의 실직을 지니고 宰臣이되어 宰臣으로서 겸할 수 있는 6부의 判事를 겸직하는 일반 겸직과는 다른 특수한 재신직의 운영방법이었다고 한다(③). 논자 가운데는 이러한 견해와는 달리하는 입장도 있다(④).

①邊太燮, 「高麗宰相考－3省의 權力關係를 중심으로－」『歷史學報』35·36합집, 1967 ; 『高麗政治制度史硏究』, 一潮閣, 1971, 67쪽.

朴龍雲, 「고려시대의 知門下省事」『고려시대 中書門下省宰臣 연구』, 一志社, 2000, 378쪽.

②朴龍雲, 「高麗時代의 6部判事制에 대한 고찰」『고려시대연구Ⅱ』, 2000 ; 『高麗時代 尙書省 硏究』, 景仁文化社, 2000 ; ①의 논문 ; ①의 저서, 381～383쪽.

③崔貞煥, 「高麗 中書門下省의 祿俸規定」『韓國史硏究』50·51, 1985 ; 『高麗·朝鮮時代 祿俸制 硏究』, 慶北大出版部, 1991, 96～98쪽.

④박재우, 「고려전기 재추의 운영원리와 권력구조」『역사와 현실』26, 1997, 171·172쪽.

李貞薰, 「高麗前期의 三省制와 政事堂」『韓國史硏究』104, 1999, 69쪽.

張東翼, 「高麗前期 兼職制에 대하여(下)」『大丘史學』17, 1979, 28쪽.

李鎭漢, 「高麗前期 樞密의 班次와 祿俸」『韓國學報』96, 1999, 158쪽.

64) 忠烈王元年 改知僉議府事 : 元의 강요로 忠烈王 元年(1275)에 中書省 門下省 尙書省이 합쳐져 僉議府로 개편됨에 따라 知門下省事의 명칭도 知僉議府事로 바뀌었다.

65) 忠宣王罷 : 忠宣王이 知僉議府事를 혁파한 시기는 정당문학과 마찬가지로 忠烈王 34년(1308)의 일로 생각된다. 하지만 그것이 언제 復置되었는지는 언급이 없는데, 사례상으로는 忠定王 元年(1349)에 知都僉議事가 새로 임명된 기사가 보인다.

朴龍雲, 「고려시대의 政堂文學에 대한 검토」『韓國史學報』7, 1999 ; 『고려시대 中書門下省宰臣 연구』, 일지사, 2000, 379쪽.

66) 恭愍王五年 復改知門下省事 十一年改知都僉議事 十八年改知門下府事 : 공민왕 5년(1356)에 反元改革政治가 단행되면서 知門下省事도 복구되었다. 그 후에도 관서가 공민왕 11년에 都僉議府로, 동 18년에 門下府로 개

『高麗史』卷76 志30 / 百官1 / 常侍

常侍 穆宗時有左右散騎常侍 文宗定左右各一人 秩正三品 後改左右常侍 忠烈王二十四年忠宣復改左右散騎常侍 尋復改左右常侍 恭愍王五年復改左右散騎常侍 十一年復改右左常侍 十八年復改左右散騎常侍 二十一年復改左右常侍

상시. 목종 때 좌·우산기상시가 있었다.[67] 문종 때 정원을 좌·우 각각 1인씩으로, 품질은 정3품으로 정하였다.[68] 뒤에 좌·우상시로

칭됨에 따라 知都僉議事는 知門下府事로 바뀌고 있다.

67) 穆宗時 有左·右散騎常侍 : 목종 때 문하성에 左散騎常侍, 내사성에 右散騎常侍가 있었다는 것인데(①), 목종 때라는 그 시기에 대해서는 撰者의 오류로 成宗 元年(982)으로 보아야할 것 같다.
이에 대해서는 다른 견해도 제시되어 있다(②). 내사성과 문하성을 단일기구로 보아 「內史門下省」(中書門下省)이 成宗 元年(982)에 설치된 이후 官員이 갖추어지는 것은 그 이듬해까지였으므로 그의 하층조직인 郎舍 소속의 散騎常侍 이하 관원들도 이때부터 두기 시작했을 것이라 하였다. 그런데 정작 百官志에는 散騎常侍가 穆宗 때에 이르러서야 비로소 설치된 것처럼 기술하고 있으며, 동일한 郎官(諫官)인 司議大夫(諫議大夫)·獻納(補闕)·正言(拾遺)도 그와 같이 설명되어 있다. 하지만 이는 모두 잘못인 것 같다. 실제로 李知白이 이미 成宗 2년 9월에 諫議大夫에 임명되고 있고, 常侍 崔暹과 左散騎常侍를 제수받은 崔亮의 경우도 이와 비슷한 시기로 추정될 뿐 아니라 왕 7년~12년 사이에 右補闕·左補闕·右拾遺의 사례 등이 찾아지고 있는 것이다. 이로써 미루어 보건데 成宗 元年에 郎舍제도가 마련되고 곧이어 그 官員들도 하나하나 설치되었다고 판단하는 것이 옳은 이해일 것 같다.
①崔貞煥, 『『高麗史』百官志의 연구』 本書, 52쪽.
右散騎常侍 右諫議大夫 右司諫 右正言 與門下省同 但左屬門下 右屬中書(『宋史』 권161, 職官1, 中書省).
②朴龍雲, 「臺諫制度의 成立」『韓國史論叢』1, 1976 ; 『高麗時代 臺諫制度研究』, 一志社, 1980, 47·48쪽.

68) 文宗定左·右各一人 秩正三品 : 문하성과 중서성에 정원을 좌·우산기상시 각각 1인, 품계는 정3품으로 하였던 것 같다. 散騎常侍의 정원과 品秩 등의 제도가 정비되는 것은 문종 15년이고, "更定兩班田柴科 又改官制 定

고쳤다.[69] 충렬왕 24년에 충선이 다시 좌·우산기상시로 고치고, 얼

百官班次 及祿科"(『高麗史節要』 권5, 文宗 30年 末尾)라고 한 바 그들의 田柴와 祿科가 정비된 것은 문종 30년(1076)이라 생각된다.

고려 때의 中書省과 門下省을 단일기구로 보아 「중서문하성」은 從2品 이상의 宰臣이 소속한 宰府와 正3品 이하의 省郎(諫官)이 소속한 郎舍의 이중구조로 편제되어 있었다는 견해도 있다.

①邊太燮, 「高麗의 中書門下省에 대하여」 『歷史敎育』 10, 1967 ; 『高麗政治制度史硏究』, 一潮閣, 1971, 38·39쪽.

②朴龍雲, 「高麗朝의 臺諫制度」 『歷史學報』 52, 1971 ; 『高麗時代 臺諫制度 硏究』, 一志社, 1980, 66·67쪽 및 77쪽.

③朴龍雲, 「高麗時代의 臺諫과 宰樞文武兩班」 『誠信女大論文集』 12, 1979 ; 『高麗時代 臺諫制度 硏究』, 一志社, 1980, 231~234쪽.

69) 後改右·左常侍 : 좌·우산기상시가 좌·우상시로 고쳐진 시기를 「後改」라고 기록하고 있는데, 그 시기는 충렬왕 원년(1275)이라 여겨진다.

『고려사』 백관지 문하부조에 중서성·문하성·상서성의 3省이 충렬왕 원년(1275)에 僉議府로 개편되면서 다음과 같은 郎舍들에 대한 개편의 기록은 모두 「後改」라고 기록되어 있다. 이것은 『고려사』 찬자가 충렬왕 원년(1275)에 僉議府로 개편되면서 左·右散騎常侍는 左·右常侍로, 左·右諫議大夫는 左·右司議大夫로 給事中은 中事로, 左·右補闕은 左·右補諫으로 바뀐 사실을 모르고 모두 「後改」라고 기록한 것으로 그 시기는 충렬왕 원년이었다고 여겨진다. 이러한 백관지 문하부조의 기록을 보완해 보면 다음과 같이 (忠烈王 元年)으로 보완해 볼 수 있다. 그리고 충렬왕 원년에 僉議府로 개편되기 이전에는 문하성과 중서성이 분리되어 있었음으로 左職이 門下省이고 右職이 中書省이었다. 그러나 僉議府로 개편된 이후에는 僉議府라는 단일기구 안에 左·右職으로 통합되었던 것이라 여겨진다.

常侍 … 穆宗時有左右散騎常侍 … (忠烈王元年) 後改左右常侍 忠烈王二十四年忠宣復改左右散騎常侍

司議大夫 … 穆宗時有左右左右諫議大夫 … (忠烈王元年) 後改左右司議大夫 忠烈王二十四年忠宣復改左右散騎常侍

給事中 … 文宗定一人 秩從四品 (忠烈王元年) 後改稱中事 忠烈王二十四年忠宣復改給事中

獻納 … 穆宗時有左右補闕 … (忠烈王元年) 後改左右補諫 忠烈王二十四年忠宣復改左右司諫

그런데 이러한 사실에 대해서 이와는 생각을 달리하는 견해도 있다. 散騎常侍에서 常侍로 명칭을 바꾸었다는 「後」의 시기는 명확치가 않다. 사례

마 후 다시 좌・우상시로 고쳤다.[70] 공민왕 5년에 다시 좌・우기상시로 고치고, 11년에 다시 우・좌상시로 고쳤으며, 18년에 다시 좌・우산기상시로 고치고, 21년에 다시 좌・우상시로 고쳤다.[71]

『高麗史』卷76 志30 / 百官1 / 直門下

直門下 文宗定一人 秩從三品 睿宗十一年詔 立本品行頭 忠烈王二十四年忠宣罷 恭愍王元年置直都僉議 五年復改直門下 十一年復改直都僉議 後復改直門下

직문하. 문종 때 정원을 1인으로, 품질은 종3품으로 정하였다.[72] 예

들을 보면 散騎常侍만이 사용된 듯 기술되어 있는 成宗이나 顯宗朝에도 常侍가 가끔 눈에 띄며, 이 같은 양상은 그 후에도 계속되고 있기 때문이다. 사례에 대한 좀더 정밀한 검토가 필요할 것 같다고 하였다.
朴龍雲,「臺諫制度의 成立」『韓國史論叢』1, 1976 ;『高麗時代 臺諫制度研究』, 一志社, 1980, 73쪽.

70) 忠烈王二十四年忠宣 復改左・右散騎常侍 尋復改左・右常侍 : 忠烈王 24년(1298)에 忠宣이 일시 즉위하여 개혁정치를 펴면서 그 일환으로 官制를 고칠 때에 常侍도 散騎常侍로 개정된 것 같다. "尋復改"란 그가 몇 달만에 왕위에서 밀려나고 忠烈王이 복위하여 다시 관제를 이전으로 되돌리는 조처를 취하는데, 이는 그때를 뜻하는 듯하다.

71) 恭愍王五年復改左・右散騎常侍 … 二十一年復改左・右常侍 : 공민왕 5년(1356)의 反元改革政治에 따라 文宗舊制로 복구하여 左・右散騎常侍라 하였고, 공민왕 11년에 都僉議府로 개편되면서 左・右常侍라 고치고, 이후 문하부(공민왕 18년)로 개편되면서 공민왕 18년에 左・右散騎常侍로 고쳤다가, 공민왕 21년에 다시 左・右常侍라 하였다. 이 常侍가 백관지의 주제어로 나타나 있다.

72) 文宗定一人 秩從三品 : 直門下의 정원과 품질이 정해지는 것은 文宗 15년(1061)의 일로 생각된다. 그러나 直門下制의 설치가 이때라고 보기는 어렵다. 그것은 벌써 靖宗 2年(1036) 8月에 제수되고(『高麗史』 권6, 世家) 있는 사례가 보이는 것이다. 이 역시 다른 省郎(諫官)들과 마찬가지로 成宗 元年(982)에 직제가 마련된 이후 얼마간 지나 운영되기 시작했다고 짐작된다.
朴龍雲,「高麗朝의 臺諫制度」『歷史學報』52, 1971 ;『高麗時代 臺諫制度研究』, 一志社, 1980, 67·68쪽과 73·74쪽.

종 11년에 조서(詔)를 내려 본품(本品)의 항두(行頭)로 세웠다.[73] 충렬왕 24년에 충선이 파(罷)하였다.[74] 공민왕 원년에 직도첨의를 설치하고. 5년에 다시 직문하로 고치고, 11년에 다시 직도첨의로 고치고, 후에 다시 직문하로 고쳤다.[75]

---

73) 睿宗十一年詔 立本品行頭 : 睿宗 11년(1116)에 이르러 국왕의 명령으로 直門下를 그의 品階인 從3品의 여러 직위 가운데에서 으뜸의 위치에 서게 하였음을 말하는 것이다. 行頭란 항렬, 즉 從3品의 우두머리라는 의미로, 이렇게 本品行頭職이 되면 겸임직으로 운영되었다 한다. 省郎 중에는 直門下 이외에도 司議大夫(諫議大夫)와 起居注가 이때에 다같이 本品行頭職이 되었다.

①崔貞煥,「高麗 中書門下省의 祿俸規定」『韓國史硏究』 50·51, 1985 ;『高麗·朝鮮時代 祿俸制 硏究』, 慶北大出版部, 1991, 101~105쪽.

②李鎭漢,「人物 事例를 통해 본 官職의 班次와 祿俸」『고려 전기의 官職과 祿俸의 관계 연구』, 一志社, 1999, 191~195쪽.

74) 忠烈王二十四年 忠宣罷 : 전기 문종 때의 直門下가 충렬왕 원년(1275)에 僉議府로 개편될 당시에 어떤 변화가 이루어 졌는지 이에 대한 아무런 기록이 없이 충렬왕 24년(1298)에 忠宣王이 혁파한 것으로 나타나 있다. 충렬왕 원년에 관제를 개편할 당시에 종전대로 直門下라고 하였는지 아니면 [直僉議] 혹은 直都僉議라 하였는지 이점이 분명치 않다. 僉議府가 충렬왕 19년(1293)에 都僉議使司로 바뀌고 난 이후 충렬왕 24년(1298)에 이를 일시 혁파하였다가 공민왕 원년에 直都僉議를 설치하고, 공민왕 5년에 文宗舊制로 복구할 당시에 直門下라 하였다. 이후 공민왕 11년에는 都僉議府로 개편될 당시에는 다시 고쳐 直都僉議라고 하였다. 이러한 사실을 통해서 유추해 보면 충렬왕 원년에 僉議府로 개편될 당시에는 直門下라고 하기보다 [直僉議]라 하였을 가능성이 많다. 충렬왕 원년에 僉議府로 개편될 당시에는 중서성과 문하성이 통합되었으므로 直門下라고는 하지 않았을 것이다. 이러한 사실들을『고려사』찬자는 인식하지 못하고 백관지의 기록을 누락한 것이 아닌지 의문이 가는 것이다. 하여튼 이 기록은 충렬왕 24년(1298)에 忠宣이 일시 즉위하여 官制를 개편할 때에 直門下制를 혁파한 사실을 전하는 기사이다.

75) 恭愍王元年置直都僉議 五年復改直門下 十一年復改直都僉議 後復改直門下 : 전기 문종 때의 直門下가 충렬왕 원년(1275)에 僉議府로 개편될 당시에 어떤 변화가 이루어 졌는지 이에 대한 아무런 기록이 없이 충렬왕 24년(1298)에 忠宣王이 혁파하였다는 기록에 이어 공민왕 원년(1352)에 直都

『高麗史』卷76 志30/ 百官1 / 司議大夫

司議大夫 穆宗時有左右諫議大夫 文宗定左右各一人 秩正四品 睿宗十一年詔 立本品行頭 後改左右司議大夫 忠烈王二十四年忠宣改左右諫議大夫 降從四品 後復改左右司議大夫 恭愍王五年復改諫議大夫 陞從三品 班在直門下上 十一年復改右左司議大夫 十八年復改左右諫議大夫 二十一年復改左右司議大夫

사의대부. 목종 때 좌・우간의대부가 있었다.[76] 문종 때 정원은 좌・우 각각 1인씩으로, 품질은 정4품으로 정하였다.[77] 예종 11년에 조서(詔)를 내려 본품(本品)의 항두(行頭)로 세웠다.[78] 뒤에 좌・우사의대부로 고쳤다.[79] 충렬왕 24년에 충선이 좌・우간의대부로 고치고 종4품으

僉議를 설치하고, 공민왕 5년(1356)에 文宗舊制로 복구할 당시에 直門下라 하였다가 이후 공민왕 11년에는 都僉議府로 개편될 당시에는 다시 고쳐 直都僉議라고 하였고 그 후 다시 直門下로 바뀐 사실을 전하는 기사이다. 공민왕 원년(1352)에 直都僉議를 둔 것은 그 당시는 都僉議使司(충렬왕 19년) 체제였기 때문에 直都僉議라 하였던 것이고, 공민왕 5년(1356)에는 文宗舊制로 복구하여 직문하라 하였고, 공민왕 11년에 都僉議府체제로 바뀌면서 直都僉議로 고쳤던 것이며, 마지막 「後復改」 直門下라고 한 그 시기는 공민왕 18년이었다고 여겨진다. 공민왕 18년에는 이전의 도첨의부가 문하부로 개편되었기 때문에 直門下라고 한 것이 확실할 것이다.

76) 穆宗時 有左・右諫議大夫 : 이 기록은 잘못된 기술이다. 실제로는 前代인 成宗 元年(982)에 郎舍가 설치된 이후 곧이어 임명되기 시작하였다. 간의대부에 최초로 임명된 사례는 성종 2년에 이지백이다(①). 이지백이 좌간의대부인지 우간의대부인지 분명치 않으나, 이후에 좌・우간의대부로 구분되어 임명되는 사례가 많이 나타나는데, 좌직은 문하성, 우직은 내사성(중서성)의 관원으로 보아야할 것이다.

戊午 以佐丞李知白爲諫議大夫(『고려사』 권3, 세가, 성종 2년 9월).

77) 文宗定左・右各一人 秩正四品 : 문하성과 중서성에 諫議大夫의 정원과 품질이 정해지는 것은 문종 15년(1061)이고, 田柴科와 녹제가 정비된 것은 文宗 30년(1076)으로 여겨진다.

78) 睿宗十一年詔 立本品行頭 : 예종 11년(1116)에 이르러 왕명으로 諫議大夫가 그의 품계인 正4品의 行頭에 위치하게 되었음을 말한다.

로 내렸다가 뒤에 다시 좌・우사의대부로 고쳤다.[80] 공민왕 5년에 다시 간의대부로 고치고 종3품으로 올려서 반열(班列)을 직문하의 위에 있게 하였다. 11년에 다시 우・좌사의대부로 고치고, 18년에 다시 좌・우간의대부로 고치고, 21년에 다시 좌・우사의대부로 고쳤다.[81]

『高麗史』卷76 志30 / 百官1 / 給事中

給事中 文宗定一人 秩從四品 後改稱中事 忠烈王二十四年忠宣復改給

---

79) 後改左・右司議大夫 : 예종 11년(1116) 이후 어느 때에 명칭이 司議大夫로 고쳐졌다는 것인데, 「後改」라는 그 시기는 忠烈王 元年(1275)이었다고 여겨진다(①, ②). 충렬왕 2년(1276)에 左司議大夫에 임명된 실례가 보여(③) 충렬왕 원년에 개편된 것이 확실할 것이다. 충렬왕 원년에 첨의부로 개편되면서 전기와는 달리 같은 관부 내에 左・右職으로 구분되는 것으로 보아야 할 것이다(①).

①崔貞煥, 『『高麗史』百官志의 研究』본서, 52쪽.

②朴龍雲, 「高麗朝의 臺諫制度」『歷史學報』52, 1971 ; 『高麗時代 臺諫制度 研究』, 一志社, 1980, 73쪽.

③癸未 以左司議大夫李仁成爲選軍別監(『고려사』권28, 세가, 충렬왕 2년 8월).

80) 忠烈王二十四年忠宣 改左・右諫議大夫 降從四品 後復改左・右司議大夫 : 충렬왕 원년에 고친 사의대부를 忠烈王 24년(1298)에 忠宣이 일시 즉위하여 개혁정치를 펴면서 그 일환으로 관제를 고칠 때 司議大夫도 諫議大夫로 改稱하고 품계도 정4품에서 종4품으로 내린 것이다. 「後復改」란 그가 몇 달만에 왕위에서 밀려나고 忠烈王이 復位하여 다시 관제를 이전으로 되돌리는 조처를 취하는데, 이는 그때를 뜻하는 것이라 여겨진다.

81) 恭愍王五年復改諫議大夫 … 二十一年復改左・右司議大夫 : 공민왕 5년(1356)과 同 11년(1362)・18년(1369)・21년(1372)의 통상적인 개정이 간의대부에도 있었다. 공민왕 5년에는 이전의 左・右司議大夫를 文宗舊制로 복구하여 문하성과 중서성에 각각 간의대부가 복구된 것이고, 공민왕 11년의 개정은 도첨의부로 개편되면서 동일 관부 내에 「右・左」는 右職을 左職보다 위에 두는 元나라 제도의 영향에 의해 일시 서열이 바뀌어 우・좌사의대부로 고쳐진 것이다. 동왕 18년에는 門下府로 개편되면서 다시 간의대부로 고치고, 자체 내에 좌・우간의대부의 서열이 바뀐 것을 뜻한다. 동왕 21년에는 다시 좌・우사의대부로 고쳤는데, 이 司議大夫가 백관지의 주제어로 되어있다.

事中 三十四年忠宣罷 恭愍王元年復置中事 尋罷之

급사중. 문종 때 한 사람으로 정하고 품질을 종4품으로 하였다.[82] 후에 중사(中事)로 고쳐 칭(改稱)하였다.[83] 충렬왕 24년에 충선이 다시 급사중으로 고치고, 34년에는 충선이 혁파하였다.[84] 공민왕 원년에 다시 중사를 두고, 얼마 후 혁파(罷)하였다.[85]

---

82) 文宗定一人 秩從四品 : 給事中의 정원과 품질 등이 정해지는 것은 문종 15년(1061)이나 文宗 30년(1076)의 일로 생각된다. 그러나 給事中의 설치가 이때라고 보기는 어렵다. 그것은 벌써 成宗 12년(993)에 그 사례가 확인되는 것이다(『高麗史』 권94, 列傳 徐熙傳). 이 역시 다른 省郞(諫官)들과 마찬가지로 成宗 元年(982)에 직제가 마련된 이후 오래지 않아 운영되기 시작했다고 짐작된다. 한데 唐에서의 給事中은 門下省의 判官으로서 매우 중요한 위치에 있었다. 고려에서의 급사중도 그와 같은 판관의 위치에 있었는지의 여부는 잘 알 수 없는데, 그러나 諫官의 일원으로서 역할을 수행하고 있는 사례는 여럿 찾아진다(①, ②). 『송사』 직관지에 급사중은 문하성에, 중서사인은 중서성의 소속으로 되어 있고, 『고려사』 백관지에도 이와 같이 되어 있어 문하성과 중서성은 분리된 기구임이 분명하다(③).
①邊太燮, 「高麗의 中書門下省에 대하여」 『歷史敎育』 10, 1967 ; 『高麗政治制度史硏究』, 一潮閣, 1971, 39·40쪽.
②朴龍雲, 「高麗朝의 臺諫制度」 『歷史學報』 52, 1971 ; 『高麗時代 臺諫制度 硏究』, 一志社, 1980, 68·69쪽.
③崔貞煥, 『『高麗史』 百官志의 硏究』 본서, 25쪽 <表 6>.

83) 後改稱中事 : 후에 中事로 改稱했다는 「後改」는 충렬왕 원년(1275)에 첨의부로 개편되면서 中事로 고친 것이라 여겨진다(①). 이에 대해서 中事로 改稱했다는 「後」가 언제인지는 분명치가 않다는 견해도 있다(②).
①崔貞煥, 『『高麗史』 百官志의 硏究』 본서, 50쪽.
②朴龍雲, 「譯註 『高麗史』 百官志(1)」 『고려시대연구Ⅴ』, 한국정신문화연구원, 2002, 105쪽.

84) 忠烈王二十四年忠宣 復改給事中 三十四年忠宣罷 : 忠烈王 24년(1298)에 충선이 일시 즉위하여 개혁정치를 펴면서 그 일환으로 官制를 고칠 때 이전의 中事(충렬왕 원년)를 給事中으로 개정하고, 그 후 비록 왕위에서 밀려나 있었으나 실권을 장악했던 忠烈王 34년(1308) 당시 그가 주도하여 다시 관제를 고치면서 혁파하였다.

85) 恭愍王元年 復置中事 尋罷之 : 충렬왕 34년(1308)에 혁파하였던 給事中을

『高麗史』卷76 志30 / 百官1 / 舍人

舍人 太祖十三年置內議舍人 成宗改內史舍人 文宗改中書舍人 定一人 秩從四品 忠烈王二十四年忠宣改都僉議舍人 陞正四品 恭愍王五年 復改中書舍人 降從四品 十一年改內書舍人 十八年改門下舍人

사인. 태조 13년에 내의사인을 두었고, 성종 때 내사사인으로 고쳤다.[86] 문종 때 중서사인으로 고치고 한 사람으로 정하였으며 품질은 종4품으로 하였다.[87] 충렬왕 24년에 충선이 도첨의사인으로 고치고

공민왕 원년(1352)에 다시 설치하여 中事라 하고 얼마 있다가 또 혁파하고 있는데, 그 시기는 분명치가 않다. 그런데 백관지에는 主題語로 中事가 아닌 급사중으로 나타나 있는 것으로 보아 혁파된 이후 어느 시기에 다시 급사중으로 복구되었을 것으로 추측된다. 백관지는 최종적으로 개편된 관직명을 주제어로 삼았기 때문에 그렇게 추측되는 것이다. 만약에 다시 복구되었다면 공민왕 5년, 11년, 18년, 21년 가운데 어느 시기일 것인데 사례가 보이지 않아 공민왕 5년에 文宗舊制로 복구되면서 급사중이라 하였던 것이 아닐까 추측해 볼 수 있다. 아니면 최종적으로 中事를 혁파한 이후 中事는 원과 연관된 용어이기 때문에 이를 주제어로 사용하지 않고 급사중이라 했을 가능성도 생각해 볼 수 있다.

86) 太祖十三年置內議舍人 成宗改內史舍人 : 『高麗史』撰者의 이 기록은 그대로 믿을 수 없다. 태조 13년에 설치한 內議舍人을 성종 때 內史舍人으로 고친 것이 아니라 내의사인의 기능을 계승해서 唐制를 수용하여 내사사인으로 고친 것이다. 국초의 내의성을 내사성으로 고친 것이 아니라 내의성의 기능을 계승하여 唐制를 수용하여 내사성이라 한 것이다(①). 이에 대해서 생각을 달리하는 견해도 있다.
『高麗史』 찬자는 內史門下省(中書門下省)의 전신을 內議省이라(②) 보았기 때문에 그 관원의 하나인 舍人도 이와 같이 직결시켜 놓았다. 그러나 양자는 계통을 같이하고 있음에도 불구하고 그처럼 직결시키는 데는 약간의 문제가 있다. 여기서의 成宗 때는 成宗 元年(982)을 의미한다(③).
①崔貞煥, 『『高麗史』百官志의 硏究』 본서, 28쪽.
②李泰鎭, 「高麗 宰府의 成立－그 制度史的 考察－」 『歷史學報』 56, 1972, 10·11쪽.
③朴龍雲, 「譯註 『高麗史』百官志(1)」 『고려시대연구Ⅴ』, 한국정신문화연구원, 2002, 106쪽.

정4품으로 올렸다.[88] 공민왕 5년에 다시 중서사인으로 고치고 종4품

---

87) 文宗改中書舍人 定一人 秩從四品 : 이전의 내사사인을 문종 때 中書舍人으로 고쳤다는 기록인데, 內史省에서 中書省으로 바뀐 것은 文宗 15년(1061)의 일이다(①). 그 정원과 품질 등이 정해지는 것도 이때 함께 이루어진 것이라 여겨진다. 이에 대해서 생각을 달리하는 견해도 있다.
관직명의 개정은 기구의 명칭이 바뀐 데 따른 것이었으므로 內史舍人에서 中書舍人으로의 개정도 기구가 內史門下省에서 中書門下省으로 바뀐 文宗 15년(1061)의 일이었다고 생각된다고 하였다(②, ③). 하지만 그 정원과 품질 등이 정해지는 것도 이때 함께 이루어진 것인지 그 점은 분명치가 않다. 원래 唐에서 이 中書舍人은 中書省의 判官으로서 매우 중요한 위치에 있었다. 고려에서의 중서사인도 그와 같은 판관의 위치에 있었는지의 여부는 잘 알 수 없다. 그러나 給事中과 마찬가지로 諫官의 일원으로서 역할을 수행하고 있는 사례는 여럿 찾아진다(④).
①崔貞煥,『『高麗史』百官志의 연구』본서, 65쪽.
②邊太燮,「高麗의 中書門下省에 대하여」『歷史教育』10, 1967 ;『高麗政治制度史研究』, 一潮閣, 1971, 39·40쪽.
③朴龍雲,「高麗朝의 臺諫制度」『歷史學報』52, 1971 ;『高麗時代 臺諫制度 研究』, 一志社, 1980, 69·70쪽.
④朴龍雲,「譯註,『高麗史』百官志(1)」『고려시대연구Ⅴ』, 한국정신문화연구원, 2002, 107쪽.

88) 忠烈王二十四年忠宣 改都僉議舍人 陞正四品 : 고려전기의 中書舍人이 충렬왕 원년(1275)에 僉議府로 개편될 당시에 어떤 변화가 이루어졌는지 이에 대한 아무런 기록이 없이 충렬왕 24년(1298)에 忠宣王이 都僉議舍人으로 개편한 것으로 나타나 있다. 만약 그것이 충렬왕 원년에 관제를 개편할 당시에 혁파된 것이 아니라면, 中書舍人이라고는 하지 않았을 것이고, [僉議舍人] 혹은 [內書舍人]이라 하였을 것이다. 충렬왕 원년에 僉議府로 개편될 당시에는 중서성과 문하성이 통합되어 중서성이 없었음으로 中書舍人이라고는 하지 않았을 것이고, 당시는 僉議府體制였기 때문에 [僉議舍人]이라 하였던가 아니면 이후 공민왕 11년에 다시 중서성과 문하성이 통합된 都僉議府體制 하에서 [內書舍人]으로 바뀐 것으로 보아 충렬왕 원년에 관제를 개편할 당시에는 [僉議舍人] 혹은 [內書舍人]이라 하지 않았을까 의문이 가는 것이다.
이와 같은 의문이 깔려있는 中書舍人을 충렬왕 24년(1298)에 忠宣이 일시 즉위하여 관제를 개편할 때 都僉議舍人으로 고쳤다는 것인데, 中書舍人은 충렬왕 원년에 [僉議舍人] 혹은 [內書舍人] 바뀌고, 충렬왕 19년에 원의

으로 내렸으며, 11년에는 내서사인으로 고치고, 18년에는 문하사인으로 고쳤다.[89)]

『高麗史』卷76 志30 / 百官1 / 起居注

起居注 文宗定一人 秩從五品 睿宗十一年詔 立本品行頭 恭愍王五年陞正五品

기거주. 문종 때 한 사람으로 정하고 품질을 종5품으로 하였다.[90)]

강요로 都僉議府로 개편됨에 따라 충렬왕 24년에 都僉議舍人으로 고친 것이 아닌지 의문이 간다. 백관지에 충렬왕 원년에 관제를 개편할 당시의 [僉議舍人] 혹은 [內書舍人]에 대한 기사가 누락된 것이 아닐까 한다.

89) 恭愍王五年復改中書舍人 降從四品 十一年改內書舍人 十八年改門下舍人 : 공민왕 5년(1356)에 반원개혁정책에 따라 文宗舊制로 복구하여 중서사인이라 하였다. 同 11년(1362)에 상서성을 혁파하고 중서성과 문하성이 都僉議府에 통합되면서 內書舍人으로 고치고, 동왕 18년(1369)에 문하부로 개편되면서 門下舍人으로 바뀐 것이다.

90) 文宗定一人 秩從五品 : 起居注는 문하성의 관원으로 그 정원과 품질 등이 정해진 것은 문종 15년(1061)의 일로 생각된다(①). 그러나 起居注의 처음 설치가 문종 때라고 한 기록은 잘못인 것 같다. 이에 앞서 成宗 때 金審言의 관직이 「右補闕兼起居注」였고(『高麗史』 권93, 列傳, 金審言傳), 또 李陽도 「左補闕兼知起居注」였던 것으로(『高麗史』 권3, 世家, 成宗 7年 春2月) 미루어 보아 그 직제가 마련된 것은 다른 省郞(諫官)들과 마찬가지로 成宗 元年(982)이었다고 여겨진다.

한데 唐에서의 起居注는 史官職이었다. 그런데다가 위에 든 金審言과 李陽만 하더라도 諫官인 右補闕・左補闕로서 起居注職을 함께 띠고 있어서 고려에서도 그가 史官이 아니었던가 하는 의심을 갖게 한다. 하지만 실례를 찾아보면 그도 하나같이 諫官으로서의 역할을 수행하고 있다. 혹시 위의 두 예는 아직 고려조 나름의 史官制度가 마련되기 이전에 임시로 唐・宋의 제도를 좇아 그에게 史官의 일도 보도록 한 것에서 비롯된 것이 아닌지 모르겠다(②, ③).

①崔貞煥, 『『高麗史』 百官志의 硏究』 본서, 65쪽.

②邊太燮, 「高麗의 中書門下省에 대하여」 『歷史敎育』 10, 1967 ; 『高麗政治制度史硏究』, 一潮閣, 1971, 39·40쪽.

예종 11년에 조서(詔)를 내려 본품(本品)의 항두(行頭)로 세웠다.[91] 공민왕 5년에 정5품으로 올렸다.[92]

『高麗史』卷76 志30 / 百官1 / 起居郞

起居郞 文宗定一人 秩從五品 恭愍王五年 陞正五品

기거랑. 문종 때 한 사람으로 정하고 품질은 종5품으로 하였다.[93]

---

③朴龍雲,「高麗朝의 臺諫制度」『歷史學報』52, 1971 ;『高麗時代 臺諫制度 研究』, 一志社, 1980, 71·72쪽.

91) 睿宗十一年詔 立本品行頭 : 睿宗 11년(1116)에 이르러 왕명으로 起居注가 그의 品階인 從5品의 行頭에 위치하게 되었음을 말한다.

92) 恭愍王五年 陞正五品 : 起居注는 다음에 설명할 起居郞, 起居舍人과 더불어 다 같이 문종 때 제정된 종5품에서 공민왕 5년(1356)에 정5품으로 품계가 올라간 사실만 나타나 있고, 충렬왕 원년에 관제를 개편할 당시나 이후에 이들에 대한 개편의 기록은 전혀 보이지 않는다. 이들 3省郞은 충렬왕 원년의 관제개편으로부터 여말에 이르기까지 본래의 명칭을 그대로 사용한 사례가 보이고 있어(①, ②, ③), 종전대로 아무런 변화가 없었던 것 같다. 다만 공민왕 5년에 품계 상에 변화가 일어난 것만 기록되어 있는 것이다. 이들 3省郞들은 僉議府(충렬왕 원년)→都僉議使司(충렬왕 19년)→都僉議府(공민왕 11년)→門下府(공민왕 18년)로 개편이 이루어지는 변화 속에서도 그 명칭을 그대로 지니고 변함이 없었기 때문에 기록이 나타나 있지 않는 것이다.

①以起居郞金磾 偕往慶尙全羅道 斂民箭羽鏃鐵(『고려사』 권28, 세가, 충렬왕 원년 11월).

②戊申 王置知印房 … 起居注李湛(『고려사』 권36, 세가, 충혜왕 즉위년 2월).

③起居舍人徐彥 知淳昌郡事(『고려사』 권45, 세가, 공양왕 2년 윤4월).

93) 文宗定一人 秩從五品 : 起居郞은 문하성의 관원으로 그 정원과 품질 등이 정해지는 것은 문종 15년(1061)의 일로 생각된다. 그러나 起居郞의 처음 설치가 이때라고 보기는 어렵다. 成宗 9년(990) 9월에 벌써 그의 사례가 확인되는 것이다(『高麗史』 권3, 世家). 이것 역시 다른 省郞(諫官)들과 마찬가지로 成宗 元年(982)에 직제가 마련된 이후 오래지 않아 운영되기 시작했다고 짐작된다. 원래 唐에서의 起居郞은 史官職이었으나 고려에서 찾아지는 실례는 모두 諫官으로서의 역할을 담당하고 있다. 고려와 唐에서

공민왕 5년에 정5품으로 올렸다.[94]

『高麗史』卷76 志30 / 百官1 / 起居舍人

起居舍人 文宗定一人 秩從五品 恭愍王五年陞正五品.

기거사인. 문종 때 한 사람으로 정하고 품질은 종5품으로 하였다.[95] 공민왕 5년에 정5품으로 올렸다.[96]

의 起居郞 업무는 좀 다르지 않았나 짐작된다.
①崔貞煥, 『『高麗史』百官志의 硏究』 본서, 65쪽.
②邊太燮, 「高麗의 中書門下省에 대하여」『歷史敎育』10, 1967 ; 『高麗政治制度史硏究』, 一潮閣, 1971, 39쪽.
③朴龍雲, 「高麗朝의 臺諫制度」『歷史學報』52, 1971 ; 『高麗時代 臺諫制度 硏究』, 一志社, 1980, 71쪽.

94) 恭愍王五年 陞正五品 : 起居郞은 앞서 말한 起居注와 起居舍人과 더불어 다 같이 문종 때 제정된 종5품에서 공민왕 5년(1356)에 정5품으로 품계가 올라간 사실만 나타나 있고, 충렬왕 원년에 관제를 개편할 당시와 이후의 이들에 대한 개편의 기록은 전혀 보이지 않는다. 그것은 이들 3省郞은 충렬왕 원년의 관제개편으로부터 여말에 이르기까지 종래의 명칭을 그대로 사용하고 변함이 없었기 때문이다.
崔貞煥, 『『高麗史』百官志의 硏究』 본서, 52~53쪽.

95) 文宗定一人 秩從五品 : 起居舍人은 중서성의 관원으로 그 정원과 품질 등이 정해지는 것은 문종 15년(1061)의 일로 생각된다. 起居舍人의 처음 설치가 문종 때라고 한 이 기록은 잘못인 것 같다. 그 사례가 이미 顯宗 11년(1020) 春正月에 보이고 있다(『高麗史』권4, 世家). 다른 省郞(諫官)들과 마찬가지로 成宗 元年(982)에 직제가 마련된 것이라 짐작된다. 원래 唐에서의 起居舍人은 史官職이었으나 고려에서 찾아지는 실례는 모두 諫官으로서의 역할을 담당하고 있다. 고려와 唐에서의 起居舍人 업무는 起居郞의 경우와 같이 좀 다르지 않았나 짐작된다.
①崔貞煥, 『『高麗史』百官志의 硏究』 본서, 65쪽.
②邊太燮, 「高麗의 中書門下省에 대하여」『歷史敎育』10, 1967 ; 『高麗政治制度史硏究』, 一潮閣, 1971, 39쪽.
③朴龍雲, 「高麗朝의 臺諫制度」『歷史學報』52, 1971 ; 『高麗時代 臺諫制度 硏究』, 一志社, 1980, 71쪽 및 73쪽.

96) 恭愍王五年 陞正五品 : 起居舍人은 앞서 말한 起居注와 起居郞과 더불어

『高麗史』卷76 志30 / 百官1 / 獻納

獻納 穆宗時有左右補闕 睿宗改左右司諫 各一人 秩正六品 後改左右補諫 忠烈王二十四年忠宣復改左右司諫 三十四年忠宣改左右獻納 陞正五品 恭愍王五年復改左右司諫 降從五品 十一年復改右左獻納 陞正五品 十八年復改左右司諫 二十一年復改左右獻納

헌납. 목종 때에 좌·우보궐이 있었다.97) 예종 때 좌·우사간으로 고쳐 각각 한 사람으로 하고 품질은 정6품이었다.98) 뒤에 좌·우보간으로 고쳤다.99) 충렬왕 24년에 다시 충선이 좌·우사간으로 고쳤고,

---

다 같이 문종 때 제정된 종5품에서 공민왕 5년(1356)에 정5품으로 품계가 올라간 사실만 나타나 있고, 충렬왕 원년에 관제를 개편할 당시와 이후의 이들에 대한 개편의 기록은 전혀 보이지 않는다. 그것은 이들 3省郎은 충렬왕 원년의 관제개편으로부터 여말에 이르기까지 종래의 명칭을 그대로 사용하고 변함이 없었기 때문이다.
崔貞煥,『『高麗史』百官志의 研究』본서, 52~53쪽.

97) 穆宗時 有左·右補闕 : 목종 때 左·右補闕이 있었다는 이 기록은 잘못된 기술이다. 이미 成宗 때 金審言의 관직이「右補闕兼起居注」였고(『高麗史』권93, 列傳 金審言傳), 또 李陽도「左補闕兼知起居注」였던 것으로(『高麗史』권3, 世家 成宗 7年 春2月) 미루어 보아 그 직제가 마련된 것은 다른 省郎(諫官)들과 마찬가지로 成宗 元年(982)이었다고 여겨진다. 당시의 左補闕은 문하성, 右補闕은 내사성의 관원이었다.

98) 睿宗改左·左司諫 各一人 秩正六品 : 이전의 補闕을 예종 때 司諫으로 고쳤다는 것인데, 예종 때라는 그 시기는 다음에 설명할 正言(拾遺)의 예로 보아 예종 11년(1116)으로 생각된다. 司諫은 이처럼 여러 省郎들과는 달리 정원과 품질 등이 예종 때에 이르러 정비되고 있음이 주목된다.

99) 後改左·右補諫 : 補諫이라는 칭호가 예종 11년 이후의 어느 시기부터 사용된 듯 설명되어 있으나 실례는 잘 찾아지지 않는다. 그러나「後改」라고 한 그 시기는 충렬왕 원년(1275)이었다고 여겨진다. 충렬왕 원년에 3성이 첨의부로 통합되면서 左·右補諫으로 고쳤다가 이후 충렬왕 24년 左右司諫으로 다시 고친 것이라 여겨진다. 첨의부로 통합되기 이전에는 문하성과 중서성이 분리되어 있었으므로 좌직이 문하성, 우직이 중서성이었으나, 통합된 이후부터는 첨의부 내에 좌·우직으로 구분되었던 것이다.
崔貞煥,『『高麗史』百官志의 研究』본서, 50~51쪽.

34년에는 충선이 좌·우헌납으로 고치고 정5품으로 올렸다.[100] 공민왕 5년에 다시 좌·우사간으로 고치고 종5품으로 내렸으며, 11년에는 다시 우·좌헌납으로 고치고 정5품으로 올렸으며, 18년에 다시 좌·우사간으로 고치고, 21년에 다시 좌·우헌납으로 고쳤다.[101]

『高麗史』 卷76 志30 / 百官1 / 正言

正言 穆宗時有左右拾遺 睿宗十一年改左右正言 各一人 秩從六品 忠烈王三十四年忠宣改思補 陞正六品 恭愍王五年復改左右正言

정언. 목종 때에 좌·우습유가 있었다.[102] 예종 11년에 좌·우정언

---

100) 忠烈王二十四年忠宣 復改左·右司諫 三十四年忠宣 改左·右獻納 陞正五品 : 忠烈王 24년(1298)에 충선이 일시 즉위하여 개혁정치를 펴면서 그 일환으로 관제를 고칠 때에 좌·우사간으로 개정했던 것을, 그 후 비록 왕위에서 밀려나 있었으나 실권을 장악했던 충선왕은 忠烈王 34년(1308)에 다시 그가 주도하여 관제를 고치면서 좌·우헌납으로 개정하고, 그 품계도 정5품으로 올리고 있다. 그런데 『고려사』 백관지 문하부조에 "(忠烈王) 十九年元改爲都僉議使司"라 한 바와 같이 충렬왕 19년(1293)년부터는 都僉議府로 바뀌었다. 충렬왕 24년에는 都僉議府 體制하에서 이전의 左·右補諫을 左·右司諫으로 고치고, 충렬왕 34년에는 같은 체제 하에서 다시 左·右獻納으로 바뀐 것이다. 이 시기에는 도첨의부라는 동일 관부 내에서 좌·우직의 구분이 있었던 것이다.
崔貞煥, 『『高麗史』 百官志의 硏究』 본서, 50~51쪽.

101) 恭愍王五年復改左·右司諫 降從五品 十一年復改右·左獻納 陞正五品 十八年復改左·右司諫 二十一年復改左·右獻納 : 공민왕 5년(1356)에는 예종 때의 舊制로 복구하여 좌·우사간이라 하였고, 동왕 11년(1362)에는 都僉議府로 개편되면서 右·左獻納으로 고쳤고, 동왕 18년(1369)에는 門下府로 개편되면서 左·右司諫으로, 동왕 21년(1372)에는 역시 門下府 體制하에서 칭호만 左·右獻納으로 바뀐 것이다. 공민왕 5년에 舊制로 복구될 당시에는 중서성과 문하성도 함께 복구되었고, 이후의 都僉議府와 門下府 體制에서는 같은 관부 내에 左·右職으로 구분되었던 것이다. 다만 그 가운데 11년의 「左·右」는 左職을 右職보다 위에 두는 元나라 제도의 영향에 의해 일시 서열이 바뀐 것이다.
崔貞煥, 『『高麗史』 百官志의 硏究』 본서, 51쪽.

으로 고쳐 각각 한 사람씩이었고 품질은 종6품이었다.103) 충렬왕 34년에 충선이 사보(思補)로 고치고 정6품으로 올렸다.104) 공민왕 5년에 다시 좌・우정언으로 고쳤다.105)

---

102) 穆宗時 有左・右拾遺 : 습유에 임명된 사례가 성종 때부터 나타나고 있어 목종 때 左・右拾遺가 있었다는 이 기록은 잘못이다. 이 직제가 마련된 것은 前代인 成宗 元年(982)이었다고 여겨진다.
崔沆 … 成宗朝年二十登甲科 王嘉其才 擢授右拾遺知制誥 累遷內史舍人(『고려사』 권93, 열전, 최항).

103) 睿宗十一年改左・右正言 各一人 秩從六品 : 예종 11년(1116)에 이르러 左・ 右正言으로 개칭되고 정원과 품질 등도 정비되고 있다. 다른 여러 省郎들의 경우 대략 문종조에 제도가 정비된 것과 비교해 볼 때 正言은 司諫과 함께 그 시기가 좀 늦은 것으로 나타나고 있다.

104) 忠烈王三十四年忠宣 改思補 陞正六品 : 충렬왕 원년에 3省이 첨의부로 개편되면서 전기 예종 11년의 좌・우정언에 대해서도 어떤 개편이 이루어졌을 것으로 생각이 되나 이에 대해 백관지에는 전혀 기록이 보이지 않고, 충렬왕 34년(1308)에 思補로 개편된 기록만 남아 있다. 이것은 백관지에 충렬왕 원년 당시에 사실에 대한 기록이 누락되었던가 아니면 종전대로 正言이라 하였을는지도 모른다. 충렬왕 원년에 「左・右正言」을 전기에서와 같이 그대로 「左・右正言」이라 하였기 때문에 아무런 기록이 없었던 것인지, 아니면 첨의부로 개편되면서 「僉議左・右正言」하였던 것인지 이 점이 분명치 않다. 이러한 것을, 忠烈王 34년(1308)에 당시 실권을 장악하고 있던 忠宣王이 「正言」 혹은 「僉議正言」을 思補로 고친 것이다. 이후 공민왕 5년에는 예종 때의 舊制로 복구하여 다시 좌・우정언으로 고쳤다. 충렬왕 원년에는 중서성과 문하성이 통합되었기 때문에 「左・右正言」 혹은 「僉議左・右正言」은 전기와 같이 분리된 기구가 아니라 같은 관부 내에 좌・우직으로 단일화된 것이 분명한 것이다(①).
이에 대해서 박용운은 忠烈王 34년(1308) 당시 실권을 장악하고 있던 忠宣이 正言을 思補로 고친 이후 그것은 공민왕 5년까지 사용된 듯 서술되어 있으나, 기록를 보면 이 기간 중에는 두 용어가 모두 쓰이고 있어서 百官志의 설명과 좀 다른 면을 나타내고 있다고 하였다(②).
①崔貞煥, 『『高麗史』 百官志의 硏究』 본서, 54쪽.
②朴龍雲, 「高麗朝의 臺諫制度」 『歷史學報』 52, 1971 ; 『高麗時代 臺諫制度 硏究』, 一志社, 1980, 76쪽.

105) 恭愍王五年 復改左・右正言 : 공민왕 5년(1356)의 反元改革政治에 따른 관제의 개정 때에 이전의 思補를 예종 11년의 구제로 복구하여 다시 正

『高麗史』卷76 志30 / 百官1 / 錄事

錄事 穆宗時有門下錄事 文宗定一人 秩從七品 忠烈王二十四年改都僉議錄事 陞正七品 恭愍王五年 復改門下錄事 十一年復改僉議錄事 爲階梯正七品 十八年復改門下錄事

녹사. 목종 때에 문하녹사가 있었다.106) 문종 때 한 사람으로 정하고 품질은 종7품으로 하였다.107) 충렬왕 24년에 도첨의녹사로 고치고 정7품으로 올렸다.108) 공민왕 5년에 문하녹사로 고쳤고, 11년에 다시

言으로 고친 것이다. 이 때는 중서성과 문하성이 같이 복구되었으므로 좌정언은 문하성, 우정언은 중서성의 관원이었다.

106) 穆宗時 有門下錄事 : 문하녹사는 내사문하성의 녹사가 아니라 문하성의 녹사이다. 문하녹사에 임명된 사례는 잘 찾아지지 않으나 문하녹사(종7품)는 목종 원년(998)의 개정전시과에 내사성의 注書(종7품)와 나란히 제13과(田 40결·柴 20결)에 나타나 있다. 이로 보아 그 직제가 마련된 것은 이에 앞서 成宗 元年(982)에 門下省의 설치와 때를 같이한 것이라 여겨진다. 문종 30년(1076)에 정비된 更定田柴科에 門下錄事와 中書注書는 다 같이 46石 10斗로 규정되어 있다. 이것은 문하성에 녹사를 두는 대신에 중서성에는 注書를 두었음을 알 수 있게 한다.

107) 文宗定一人 秩從七品 : 門下錄事의 정원과 품질 등의 제도가 정비되는 것은 문종 15년(1061)의 일로 생각된다. 門下錄事는 門下省의 여러 행정 업무를 맡아 처리하는 사무직이었다. 이에 대해서 다음과 같이 생각을 달리하는 견해도 있다.

錄事의 정원과 품질 등의 제도가 정비되는 것은 文宗 30년(1076)의 일로 생각된다. 그러나 문하녹사는 諫諍 등을 담당하는 諫官이 아니라 다음에 설명할 中書注書와 더불어 中書門下省의 여러 행정 업무를 맡아 처리하는 사무직이었다(①, ②).

①邊太燮, 「高麗의 中書門下省에 대하여」『歷史教育』10, 1967 ; 『高麗政治制度史研究』, 一潮閣, 1971, 39쪽.

②朴龍雲, 「高麗朝의 臺諫制度」『歷史學報』52, 1971 ; 『高麗時代 臺諫制度 研究』, 一志社, 1980, 76쪽.

108) 忠烈王二十四年 改都僉議錄事 陞正七品 : 충렬왕 원년에 3省이 첨의부로 개편되면서 전기의 門下錄事에 대해서도 어떤 개편이 이루어졌을 것으로 생각이 되나 이에 대해서는 아무런 기록이 보이지 않고, 다만 충렬왕 24년(1298)에 都僉議錄事로 개편된 것으로 나타나 있다. 충렬왕 원년에는

첨의녹사로 고치고 품계를 정7품으로 하였으며, 18년에 다시 문하녹사로 고쳤다.[109]

『高麗史』卷76 志30/ 百官1 / 注書

注書 穆宗時有內史主書 文宗改中書注書 定一人 秩從七品 忠烈王二十四年改都僉議注書 陞正七品 恭愍王五年復改門下注書 十一年復改僉議注

중서성과 문하성이 통합되었기 때문에 門下錄事라고 하지는 않았을 것이다. 그렇다면 그것은 僉議錄事라고 하였을 것으로 추측해 볼 수밖에 없다. 그렇게 생각되는 이유는 이후 공민왕 11년의 개편에서 僉議錄事라고 한 예가 있기 때문이다. 이 부분에 대해서는『고려사』찬자가 기록을 누락한 것이 아닐까 한다. 충렬왕 원년의 僉議錄事가 이후 충렬왕 24년에 都僉議錄事로 고친 것으로 보면 논리가 맞아진다. 3省은 충렬왕 원년에 僉議府로, 충렬왕 19년에 都僉議使司로, 공민왕 11년에 都僉議府로 공민왕 18년에 門下府로 개편되어 갔다. 충렬왕 19년에 도첨의사사로 개편된 이후 5년이 지난 충렬왕 24년에 와서 都僉議錄事와 후술할 都僉議注書로 함께 개편이 이루어지고 있는데, 이러한 사실은 도첨의사사 體制하에서 중서성과 문하성이 통합된 사실을 반영하고 있는 것이다(①).

이에 대해서 朴龍雲은 都僉議錄事와 같은 호칭은 元의 강요로 忠烈王 元年(1275)에 中書門下省이 僉議府로 바뀐 이후의 명칭으로 보았다. 그러나 都僉議錄事의 경우는 忠烈王 24년(1298)의 개편 때에 비로소 고쳐진 이름으로 나와 있지마는, 그 개편을 주도한 사람은 당시에 일시 즉위했던 忠宣王이므로 그것도 다른 예에서처럼 "忠烈王二十四年忠宣"으로 표기해야 옳을 것 같다고 하였다(②).

①崔貞煥,『『高麗史』百官志의 硏究』본서, 54~55쪽.

②朴龍雲,「譯註『高麗史』百官志(1)」『고려시대연구Ⅴ』, 한국정신문화연구원, 2002, 107쪽.

109) 恭愍王五年復改門下錄事 十一年復改僉議錄事 爲階梯正七品 十八年復改門下錄事 : 공민왕 5년(1356)에는 文宗舊制로 복구하여 문하녹사로 고쳤고, 同 11년(1362)에는 도첨의부로 개편되면서 첨의녹사로 고쳤다가 同 18년(1369)에는 문하부로 개편되면서 문하녹사로 바뀌고 있다. 그 가운데에서 11년에 "품계를 正7品으로 하였다"는 기술은 앞뒤가 맞지 않는 말이다. 짐작컨대 공민왕 5년의 개혁은 文宗 때의 舊制로 환원시킨다는 원칙에 의해 이루어졌으므로 그때 아마 품계를 從7品으로 내렸던 모양이며, 그 후 11년에 다시 正7品으로 올린 것을 의미하는 것이 아닌가 한다.

書 十八年復改門下注書

주서. 목종 때에 내사주서(內史主書)가 있었다.110) 문종 때 중서주서로 고쳐 한 사람으로 정하고 품질은 종7품으로 하였다.111) 충렬왕 24년에 도첨의주서로 고치고 정7품으로 올렸다.112) 공민왕 5년에 다

110) 穆宗時 有內史主書 : 內史注書는 내사문하성의 注書가 아니라 내사성의 注書이다. 內史注書에 임명된 사례는 잘 찾아지지 않으나 內史注書(종7품)는 목종 원년(998)의 개정전시과에 문하성의 門下錄事書(종7품)와 나란히 제13과(田 40결·柴 20결)에 나타나 있다. 이로 보아 그 직제가 마련된 것은 이에 앞서 成宗 元年(982)에 內史省의 설치와 때를 같이한 것이라 여겨진다. 문종 30년(1076)에 정비된 更定田柴科에 門下錄事와 中書注書는 다 같이 46石 10斗로 규정되어 있다. 이로 보아 문하성에 녹사를 두는 대신에 중서성에는 注書를 두었음을 알 수 있다(①). 그리고 內史主書의 '主'자는 아마 '注'자의 오기인 것 같다.
이에 대해서 박용운은 成宗 元年(982)에 內史門下省(中書門下省)이 설치되고 곧이어 여러 관원이 임명되기 시작한 것으로 미루어 내사주서 역시 그러했으리라 짐작된다. 목종 때에 이르러서야 비로소 있었던 듯한 이곳의 기술은 잘못인 것 같다고 하였다(②).
①崔貞煥, 『『高麗史』 百官志의 硏究』 본서, 54~55쪽.
②朴龍雲, 「譯註 『高麗史』 百官志(1)」 『고려시대연구Ⅴ』, 한국정신문화연구원, 2002, 116쪽.

111) 文宗改中書注書 定一人秩從七品 : 內史注書에서 中書注書로의 개정은 內史省에서 中書省으로 바뀐 文宗 15년(1061)의 일이었다. 문종 15년 6월에 내사령을 고쳐 중서령이라 하고, 그 나머지 이전에 內史라 한 것은 모두 中書로 고쳤다고 한다. 이 中書注書는 중서성의, 앞서 말한 門下錄事는 문하성의 여러 행정 업무를 맡아 처리하는 사무직이었다.
崔貞煥, 『『高麗史』 百官志의 硏究』 本書, 54~55쪽.
그런데 이와는 달리 생각한 견해도 있다. 中書注書는 門下錄事와 함께 諫諍 등을 담당하는 諫官이 아니라 中書門下省의 여러 행정 업무를 맡아 처리하는 사무직이었다(①, ②).
①邊太燮, 「高麗의 中書門下省에 대하여」 『歷史敎育』 10, 1967 ; 『高麗政治制度史硏究』, 一潮閣, 1971, 39쪽.
②朴龍雲, 「高麗朝의 臺諫制度」 『歷史學報』 52, 1971 ; 『高麗時代 臺諫制度 硏究』, 一志社, 1980, 76쪽.

112) 忠烈王二十四年 改都僉議注書 陞正七品 : 충렬왕 원년에 3省이 첨의부로

시 문하주서로 고치고, 11년에 다시 첨의주서로 고쳤으며, 18년에 다시 문하주서로 고쳤다.[113)]

『高麗史』卷76 志30/ 百官1 / 典務令

典務令一人 從七品 丞二人 從八品 錄事二人 正九品 並忠烈王三十四年忠宣始置 尋罷之

전무령은 한 사람으로 종7품이고, 승은 두 사람으로 종8품이며, 녹

개편되면서 전기의 中書注書에 대해서도 어떤 개편이 이루어졌을 것으로 생각이 되나 이에 대해서는 아무런 기록이 보이지 않고, 다만 충렬왕 24년(1298)에 都僉議注書로 개편된 것으로 나타나 있다. 충렬왕 원년에는 중서성과 문하성이 통합되었기 때문에 中書注書라고는 하지 않았을 것이다. 그렇다면 그것은 僉議注書라고 하였을 것으로 추측해 볼 수밖에 없다. 그렇게 생각되는 이유는 이후 공민왕 11년의 개편에서 僉議注書라고 한 예가 있기 때문이다. 이 부분에 대해서는『고려사』撰者가 기록을 누락한 것이 아닐까 한다. 충렬왕 원년의 僉議注書가 이후 충렬왕 24년에 都僉議注書로 고친 것으로 보면 논리가 맞아진다. 3省은 충렬왕 원년에 僉議府로, 충렬왕 19년에 都僉議使司로, 공민왕 11년에 都僉議府로 공민왕 21년에 門下府로 개편되어 갔다. 충렬왕 24년 당시에는 都僉議錄事 아래 都僉議注書가 함께 공존하고 있는 것으로 보아 중서성과 문하성이 통합된 것임을 이를 통해서도 확인해 볼 수 있다.

이에 대해서 朴龍雲은 都僉議注書와 같은 호칭은 元의 강요로 忠烈王 元年(1275)에 中書門下省이 僉議府로 바뀐 이후의 명칭이다. 그러나 都僉議注書의 경우는 忠烈王 24년(1298)의 개편 때에 비로소 고쳐진 이름으로 나와 있지마는, 그 개편을 주도한 사람은 당시에 일시 즉위했던 忠宣王이므로 그것도 다른 예에서처럼 "忠烈王二十四年忠宣"으로 표기해야 옳을 것 같다고 하였다.

朴龍雲,「譯註『高麗史』百官志(1)」『고려시대연구Ⅴ』, 한국정신문화연구원, 2002, 117쪽.

113) 恭愍王五年復改門下注書 十一年復改僉議注書 十八年復改門下注書 : 공민왕 5년(1356)에 文宗舊制로 복구되면서 中書注書라 하지 않고 門下注書로 복구되고 있는 것이 주목된다. 同 11년(1362)에는 도첨의부로 개편되면서 첨의주서로 고쳤다가 同 18년(1369)에는 문하부로 개편되면서 문하주서로 바뀌고 있다.

사는 두 사람으로 종9품이다. 모두 충렬왕 34년에 충선이 처음으로 두었다가 얼마 후 혁파하였다.[114)]

『高麗史』卷76 志30 / 百官1 / 首領官

首領官 經歷一人 都事二人 並忠宣始置 尋罷之

수령관은 경역이 한 사람이고, 도사는 두 사람이다. 모두 충선이 처음으로 두었다가 얼마 후 혁파하였다.[115)]

『高麗史』卷76 志30 / 百官1 / 掾屬

掾屬 文宗置 主事六人 令史六人 書令史六人 注寶三人 待詔二人 書藝二人 試書藝二人 記官二十人 書手二十六人 直省八人【唐・鄕各四人】電吏百八十人 門僕十人 忠宣王加置 照磨一人 令史二十人譯史二人 通事二人 知印二人 奏差十人

연속.[116)] 문종 때 두었다.[117)] 주사는 여섯 사람, 영사는 여섯사람,

---

114) 並忠烈王三十四年忠宣始置 尋罷之 : 忠烈王 34년(1308) 당시의 실권을 장악하고 있던 忠宣이 官制를 개편하면서 都僉議使司(충렬왕 19년)에 한동안 典務令・丞・綠事 등의 사무관을 설치했다가 곧 혁파한 모양인데, 그들 실체는 알 수가 없다. 이에 대해서 박용운은 忠烈王 34년(1308) 당시의 실권을 장악하고 있던 忠宣이 官制를 개편하면서 僉議府(中書門下省의 後身)에 한동안 典務令・丞・綠事 등의 사무관을 설치했다가 곧 혁파한 모양인데, 그들의 실체는 알 수가 없다고 하였다.
朴龍雲, 「譯註『高麗史』百官志(1)」『고려시대연구Ⅴ』, 한국정신문화연구원, 2002, 118쪽.

115) 首領官은 忠烈王 34년(1308)에 忠宣에 의해 都僉議使司에 일시 설치했던 사무관들인 것 같으나 그 실체는 알 수가 없다.

116) 掾屬 : 기록이나 文簿를 관장하는 刀筆의 임무를 띠고 행정의 말단을 맡아 실무에 종사한 직위를 일컫는 말로, 吏屬・胥吏・刀筆吏라고도 하였다. 『高麗史』백관지에 門下府와 判門下 및 尙書省의 吏屬을 掾屬이라 하고, 그 외의 관서는 吏屬이라 하고 있다. 중서성과 문하성의 掾屬으로

主事(6人)·令史(6人)·書令史(6人)·注寶(3人)·待詔(2人)·書藝(2人)·試書藝(2人)·記官(2人)·書手(26人)·直省(8人)·電吏(180人)·門僕(10) 등이 나타나고 있는데, 이들은 掾屬임으로 文武班綠에 보이지 않고, 雜別賜에 나타나고 있다. 잡별사 지급규정에 待詔(10石)·直省(7石)·試直省(5石)·借直省(4石)만 나타나고 있어 백관지의 기록과는 상당히 대조를 이루고 있다(①).

이들은 主事·錄事 등의 入仕職과 掌固 등의 未入仕職으로 分立되어 있어서, 未入仕職에서 入仕職의 하위부터 차례로 진급하게 되어 있었다. 한 연구에 의해 밝혀진 바 그들의 분류와 서열 등을 도표로 소개하면 다음과 같다(②, ③).

分 類	入仕職 — 人吏					未入仕職(下典)
	正 職			(權 務)		
序 列	1	2	3	4	5	6
文 班	主事 錄事 別駕 待詔	令史 書史 監史 書藝 醫針史	史 書令史 計史	記事	記官	掌固 書者 書手 算士 給使 丁吏 醫士 (匠人)
	(記事)	孔目 (記事)	(記事)			
		閤門承旨 禮賓承旨	尙乘內承旨 同副內承旨			

①崔貞煥,「高麗 中書門下省의 祿俸規定」『韓國史研究』 50·51, 1985 ; 『高麗·朝鮮時代 祿俸制 研究』, 慶北大學校 出版部, 1991, 108쪽.

②李佑成,「高麗朝의 '吏'에 對하여」『歷史學報』 23, 1964, 2~4쪽 ; 『韓國中世社會研究』, 一潮閣, 1991, 90~92쪽.

③金光洙,「高麗時代의 胥吏職」『韓國史研究』 4, 1969, 10~13쪽.

117) 文宗置 : 百官志에는 掾屬(胥吏)들이 文宗朝에 처음 설치된 듯 기술되어 있으나 이는 잘못된 설명이다. 吏의 존재는 이미 太祖 때부터 보이고 있으며, 또 景宗 元年(976)의 田柴科에도「雜吏」에 대한 토지의 지급 규정이 실려 있다. 그러므로 행정의 실무자인 이들 胥吏들은 國初부터 설치되어 업무를 보았다고 이해하는 것이 옳을 듯 싶다. 掾屬에 대해서『고려사』撰者는 중서성과 문하성이 통합된 이후 최종적으로 개편된 門下府(공민왕 18년)를 기준으로 백관지에 모든 掾屬을 정라해 놓았기 때문에 전기의 掾屬들은 그것이 문하성의 소속인지 중서성의 소속인지 이 점이 분명하지 않다. 중서성과 문하성에 각각 그렇게 많은 掾屬을 설치한 것인지, 아니면 掾屬들도 중서성의 소속과 문하성의 소속으로 구별을 지운 것인지 이점이 분명치 않다. 다만 중서성과 문하성은 분명히 분리된

서령사는 여섯사람,[118] 주보는 세 사람,[119] 대조는 두 사람, 서예는 두 사람, 기관은 20인, 서수는 26인,[120] 직성은 여덟 사람이다. 당(唐)과

별도의 기구이므로 어떠한 형태이든 연속들이 각각 배치되어 있었던 것으로 보아야할 것이다.

이렇게 본다면 內史省과 門下省에 소속된 掾屬(胥吏職)의 제도가 마련되는 것은 역시 이 기구가 처음 설치되는 成宗 元年(982) 이래의 일로 생각된다. 그리고 이것은 穆宗 元年(998)의 田柴科 第17科에 令吏·書史·監事·書令史 등이 포함되어 있다 (『高麗史』 권78, 食貨志1, 田制 田柴科). 이런 과정을 거쳐 文宗朝에 이르러서는 그들 직제가 한층 더 정비되었다고 짐작된다. 그리고 百官志에는 최종적으로 개편된 門下府를 기준으로 掾屬들이 편성되어 있기 때문에 그것이 중서성의 소속인지 문하성의 소속인지 분명하지 않게 실리게 된 것이라 여겨진다.

이에 대해서 박용운은 內史門下省을 두고 거기에 소속된 胥吏職의 제도가 마련되는 것은 역시 이 기구가 처음 설치되는 成宗 元年(982) 이래의 일로 생각된다고 하였다. 그리고 이것은 穆宗 元年(998)의 田柴科 第17科에 令吏·書史·監事·書令史 등이 포함되어 있어서(『高麗史』 권78, 食貨志 1, 田制 田柴科) 입증도 된다. 이런 과정을 거쳐 文宗朝에 이르러서는 그들 직제가 한층 더 정비되었다고 짐작되며, 百官志에는 그것이 실리게 된 것으로 보고 있다.

①李佑成, 위의 논문, 2쪽 ; 위의 저서, 90쪽.

②金光洙, 위의 논문, 2~5쪽.

③朴龍雲, 「譯註『高麗史』百官志(1)」『고려시대연구Ⅴ』, 한국정신문화연구원, 2002, 120쪽.

118) 主事六人 令史六人 書令史六人 : 이들의 업무는 『唐書』 등을 참작컨대 주로 文案·文簿를 관장하는 일을 맡았던 것 같다.
金光洙, 위의 논문, 7쪽.

119) 중서문하성의 印章을 맡은 직위가 아니었나 추측된다.
金光洙, 위의 논문, 8쪽.

120) 書藝二人 試書藝二人 記官二十人 書手二十六人 : 고려 때에는 국립대학격인 國子監에 書學이 설치되고, 科擧에도 雜科의 하나로 書業이 있을 만큼 書藝 관계는 중시되었다. 서리직으로서의 書藝·試書藝는 이들 출신과 관련이 있는 전문기술자들로 짐작되는데, 여기서의 試書藝는 書藝로 승진하기 이전의 바로 아래 직위를 일컫는 명칭이었다. 이들 書藝에 비하여 記官과 書手는 여러 잡다한 기록을 직접 담당한 하층 서리들로 생각된다.
①金光洙, 위의 논문, 9쪽.

향(鄕)이 각각 네 사람,[121] 전리는 180인, 문복은 열 사람이다.[122] 충선왕이 관원을 더 설치하여 조마는 한 사람, 영사는 20인, 역사는 두 사람, 통사는 두 사람, 지인은 두 사람, 주차는 열 사람이다.[123]

『高麗史』卷76 志30 / 百官1 / 尙書省

尙書省 太祖仍泰封之制 置廣評省 摠領百官 有侍中·侍郎·郎中·員外郎【太祖時又有內奉省 三國史云 內奉省卽今都省 沿革與此不同】 成宗元年改廣評省 爲御事都省 十四年改尙書都省 文宗定尙書令一人 秩從一品 左右僕射各一人正二品 知省事一人從二品 左右丞各一人從三品 左右司郎中各一人正五品 左右司員外郎各一人正六品 都事二人從七品 掾屬 主事四人 令史六人 書令史六人 記官二十人 筭士一人 直省二人 忠烈王元年併于中書門下爲僉議府 幷罷員吏 二十四年忠宣設左右僕射於僉議府 又置左右司郎中·員外郎·都事各二人 會都僉議府別廳治事 尋並罷之 恭愍王五年革三司 復置尙書省 並復文宗舊制 唯不置知省事 陞都事正七品 十一年罷

---

②朴龍雲, 「고려시대의 官職－試·攝·借·權職에 대한 검토」『震檀學報』79, 1995 ; 『高麗時代 官階·官職 硏究』, 고려대출판부, 1997, 157쪽 및 167쪽.

121) 直省八人 唐·鄕各四人 : 여기서의 唐·鄕은 중국의 음악을 唐樂, 우리나라의 그것을 鄕樂이라고 표현하는 그 용법과 동일한 것이 아닌가 짐작된다. 그렇다면 直省 8人 가운데에 4명은 중국인 내지는 중국 관계 담당자, 4명은 우리나라 사람 또는 국내 업무 담당자로 임명했다는 이야기인 듯한데, 이는 필시 直省의 직무와 관련이 있었을 것이다. 그러나 지금으로서는 그 直省의 업무가 잘 파악되지 않는다.

122) 電吏百八十人 門僕十人 : 末端吏屬인 雜類에 해당하는 식위들로, 電吏는 中書省과 門下省의 어느 소속인지 분명치 않으나 출입문을 수위하는 임무를 담당한 직위로 생각된다.
洪承基, 「高麗時代의 雜類」『歷史學報』57, 1973, 60~62쪽 ; 『高麗社會史硏究』, 一潮閣, 2001.

123) 忠宣王加置 照磨一人 令史二十人 譯史二人 通事二人 知印二人 奏差十人 : 忠烈王 24년(1298)에 忠宣이 일시 즉위하여 官制를 대폭적으로 개편할 때에 추가로 설치했던 서리직들로 생각된다. 이들 중 몇몇은 그 명칭으로 미루어 담당했던 업무도 대략 짐작이 가나, 자세한 내용은 잘 알 수가 없다.

尙書省 復置三司

상서성. 태조 때에 태봉(泰封)[124]의 제도에 따라 광평성을 설치하고 백관을 모두 통솔(摠領)하며 시중・시랑・낭중・원외랑이 있었다.[125]

124) 泰封 : 弓裔가 나라를 세운 후(901) 後高句麗・摩震이라 칭했다가, 다시 911년부터 그가 왕위에서 쫓겨나 나라가 망하는 918년까지 불렸던 나라 이름이다.

125) 太祖仍泰封之制 置廣評省 摠領百官 有侍中・侍郞・郞中・員外郞 : 泰封國에서 으뜸의 위치에 있던 관부가 廣評省이었는데, 弓裔의 왕권을 인수하는 형태를 취하여 왕위에 오른 고려 태조 왕건은 그 체제를 그대로 두고 이용하였다. 그러므로 그가 즉위한 지 6일만에 단행한 인사조처의 기사에 廣評省이 첫머리에 나오고 있는 것이다. 이처럼 고려에서도 여전히 제1관부였던 광평성은 거기에 광평시중・광평시랑・광평낭중・광평원외랑 등의 관원을 두고 百官을 摠領하였음을 알 수 있다. 백관을 摠領하였던 광평성의 侍中은 국초의 광평성이 혁파되고 左執政守內史令制라는(①) 과도기의 체제를 거쳐서 唐制를 수용하여 제도화 된 門下省의 侍中으로 그 기능이 연결되어 갔을 것으로 여겨진다(②).

①成宗元年 加左執政守內史令上柱國(『고려사』 권92, 열전, 崔知夢 ; 『고려사절요』 권2, 성종 6년 2월).

②崔貞煥, 本書, 56~59쪽.

그런데 박용운은 이 기구의 성격에 대해 처음에는 유력한 豪族들의 최고 出仕 자리로서 그들의 상징이나 마찬가지였으며(㉠), 따라서 그것은 호족세력을 대변하는 국가의 정책결정기관일 것으로(㉡) 파악하였다. 그러나 이와는 좀 달리 광평성은 정치를 널리 평의하는 공식적인 정부기구였다는 점을 강조하는 견해가(㉢) 이어서 제기되었고, 그 후에도 이들에 대한 찬반 양론이(㉣) 더 나왔거니와, 어떻든 이 기구는 고려의 새로운 체제가 마련되는 成宗 元年(982)까지 핵심적인 위치를 점하고 있었던 관부였다고 하였다(㉤).

㉠李泰鎭, 「高麗 宰府의 성립-그 制度史的 考察-」 『歷史學報』 56, 1972, 13쪽.

㉡李基白, 「貴族的 統治機構의 整備」 『한국사』 5, 국사편찬위원회, 1975, 18~20쪽 ; 『高麗貴族社會의 形成』, 일조각, 1990, 100~103쪽.

㉢邊太燮, 「高麗初期의 政治制度」 『韓沽劤停年紀念 史學論叢』, 지식산업사, 1981, 170쪽.

㉣張東翼, 「金傅의 册尙父誥에 대한 一檢討」 『慶北大 歷史敎育論集』 3, 1982.

【태조 때에 또한 내봉성이 있었는데[126] 삼국사(三國史)[127]에 이르기를 "내봉성은 곧 지금의 도성(都省)이라"하여 연혁이 이와 서로 같지 않다】[128] 성종 원년에 광평성을 고쳐 어사도성이라 하고, 14년에 상

趙仁成,「弓裔政權의 中央政治組織－이른바 廣評省體制에 대하여－」『白山學報』33, 1986.

崔圭成,「廣評省考－高麗 太祖代 廣評省의 性格을 중심으로－」『金昌洙華甲紀念 史學論叢』, 범우사, 1992.

㉥朴龍雲,「譯註『高麗史』百官志(1)」『고려시대연구Ⅴ』, 한국정신문화연구원, 2002, 123쪽.

126) 太祖時 又有內奉省 : 太祖 때부터 설치한 또 하나의 중요 관부로 內奉省이 있었다.『고려사』찬자는 광평성을 御事都省(尙書都省·尙書省)의 전신으로 지목하기도 하고, 이 內奉省을 그 전신으로 지목하기도 하였다. 앞서 지적한 바와 같이 국초의 광평성은 혁파되고 侍中은 唐制를 수용하여 제도화 된 門下省의 侍中으로 그 기능이 연결되어 갔을 것이다. 내봉성은 어사도성으로 그 기능이 연결되었을 것으로 여겨진다(①).

그런데 내봉성의 관원은 令·卿·內奉監·內奉理決·評察 등으로 구성되어 있었는데, 이 내봉성의 관장사항에 대해서는 논자간에 약간의 의견이 엇갈려있다. 인사관계의 업무였다는 견해와(②), 국왕 측근에서 奉命實踐하는 기구로, 인사와 함께 內部行政을 감독하는 일을 맡아보았다는 의견(③) 등이 제시되었다. 이 기구의 장관은 內奉令이었으며, 다음이 內奉卿이었다(④).

①崔貞煥, 本書, 56~59쪽

②李泰鎭, 위의 논문, 9쪽.

③邊太燮, 위의 논문, 170~171쪽.

④朴龍雲,「譯註『高麗史』百官志(1)」『고려시대연구Ⅴ』, 한국정신문화연구원, 2002, 124쪽.

127) 三國史 : 고려 仁宗 때에 金富軾 등이 撰進한『三國史記』를 말한다.

128) 尙書省 太祖仍泰封之制 置廣評省 … 太祖時 又有內奉省 三國史云 內奉省 卽今都省 沿革與此不同 :『고려사』의 찬자들은 상서성의 전신으로 광평성을 지목하면서도, 또 細註로 金富軾 등이 撰進한『三國史記』의 권50, 列傳 弓裔傳에는 內奉省이 御事都省(尙書都省·尙書省)의 전신으로 되어 있다는 사실도 附記하여 스스로 거기에 의문을 표시하고 있다.『고려사』찬자들이 이와 같은 의문을 가진 것에는 나름대로의 그 이유가 있었을 것 같다.

성종 원년에 唐制를 수용하여 발족한 문하성과 내사성은 문종 15년에 문하성과 중서성의 제도가 정비되어 갔지만 상서성의 경우는 이와는 좀 달랐다. 성종 원년에 御事都省이 발족한 이래 과도기를 거쳐 성종 14년에 唐制를 수용하여 尙書都省으로 개편되었다가 문종 때 상서성의 제도가 정비되었다. 이러한 상서성의 전신을 광평성으로 볼 것인가, 내봉성으로 볼 것인가를 두고 찬자들이 혼란을 빚고 있는 것이다.
국초 광평성의 관원은 侍中・侍郎・郎中・員外郎 등으로 구성되어 있고, 내봉성의 관원은 令・卿・內奉監・內奉理決・評察 등으로 구성되어 있다(①). 그런데 성종 원년에 御事都省은 발족할 당시부터 상・하 이원적 구조를 이루고 있었다. 상층조직인 御事都省의 관원은 知都省事・左丞・郎中・員外郎 등으로(②) 구성되어 있고, 하층조직인 御事6官(選官・兵官・民官・刑官・禮官・工官)의 관원은 御事・侍郎・郎中・員外郎으로 구성되어 있다. 국초에 백관을 摠領하던 광평성의 侍中은 左執政守內史令制라는(③) 과도기의 체제를 거쳐서 門下省의 侍中으로 그 기능이 연결되어 갔다. 국초의 행정실무와 인사를 담당한 중요한 관부인 내봉성은 혁파와 더불어 그의 향방이 좀 묘한 데가 있다. 그러나 이 내봉성은 御事都省으로 그 기능이 연결되었을 것으로 짐작된다. 내봉성은 폐지되었지만 그 기능은 어사도성으로 계승되었으므로 『삼국사기』에서는 그 전신을 내봉성에 연관시킨 것이 아닌가 한다. 『고려사』 찬자들은 御事都省이 상하 이원적 조직으로 구성되어 있는 이러한 사실을 제대로 인식하지 못하고, 御事都省(尙書都省・尙書省)의 전신을 단순히 廣評省과 內奉省의 어느 한쪽에 연결시켜 보려고 하다가 결국 광평성를 지목한 찬자의 오류인 동시에 거기에 대해서 의문을 품고 있었던 것이라 여겨진다(④).
이에 대해서 박용운은 『고려사』의 찬자들은 상서성의 전신으로 광평성을 지목하면서도, 또 細註로 金富軾 등이 撰進한 『三國史記』의 권50, 列傳 弓裔傳에는 內奉省이 御事都省(尙書都省・尙書省)의 전신으로 되어 있다는 사실도 附記하여 스스로 거기에 의문을 표시하고 있다. 그리하여 얼마간의 문제가 되었지만, 이태진은 고려초기 정치정세의 변동을 염두에 두면서 중요 官府의 변천을 추적하여 김부식 쪽의 기술이 정확했다는 주장을 펴고 있으며(⑤), 대부분의 학자들 역시 그에 동의하고 있다고 지적하고 결론적으로 광평성은 내사문하성과 계통을 같이하는 기구였다고 하였다(⑥).

①『고려사』 권1, 세가, 태조 원년 6월 신유 ; 『고려사절요』 권1, 태조 원년 6월 신유.

②工官御事知都省事朴良柔(성종 9년 12월)와 廣評侍郎徐逢如(광종 3년) 및 『고려사』 권2, 세가, 광종 23년 8월)條. 박용운, 『高麗時代 尙書省

서도성으로 고쳤다.[129] 문종 때 정하여[130] 상서령은 한 사람으로 품질

研究』, 경인문화사, 2000년 15쪽 <표 2>는 좀 더 보완할 필요가 있다.
③成宗元年 加左執政守內史令上柱國(『고려사』 권92, 열전, 崔知夢 ; 『고려사절요』 권2, 성종 6년 2월).
④崔貞煥, 本書, 56~59쪽.
⑤李泰鎭,「高麗 宰府의 성립－그 制度史的 考察－」『歷史學報』 56, 1972, 8쪽.
⑥朴龍雲,「譯註『高麗史』百官志(1)」『고려시대연구Ⅴ』, 한국정신문화연구원, 2002, 125쪽.

129) 成宗元年 改廣評省爲御事都省 十四年 改尙書都省 : 成宗 元年(982)에 개정된 御事都省을 성종 14년(995)에 尙書都省으로 고쳤다고 한 기록인데, 당시에는 唐制를 수용하여 尙書都省으로 고쳤다. 尙書都省이라 명칭자체가 당에서 가져온 관부명으로 당의 尙書都省은 尙書令 1員, 左·右僕射 各 1員, 左·右丞 각 1員, 左右司郎中 각 1員, 左右司員外郎 각 1員으로 구성되어 있다(『舊唐書』 권43, 직관2, 尙書都省). 이것은 성종 14년에 개편된 고려의 尙書都省의 관원 구성과 완전히 일치하므로 당제를 수용한 것이 틀림이 없는 것이다.
성종 원년에 제정된 어사도성의 관원 구성은 기록은 없지만 사례로 보아 知都省事·左丞·郎中·員外郎 등으로 구성되어 있음은 앞서 지적한 바 있다. 성종 14년에 唐制에 의거한 상서도성의 관원은 左·右僕射, 左·右丞, 左·右司郎中, 左·右司員外郎 都事 등으로 구성되어 있다. 이것은 성종 원년의 御事都省의 관원구성과는 많은 차이가 있고, 성종 14년의 관원구성과 이후 문종 때 宋制를 수용하여 정비되는 尙書省의 관원 구성과는 거의 일치한다.
위의 기록과 비슷한 내용으로 『高麗史節要』 권2, 成宗 元年條에 "春三月 改百官號 以內議省爲內史門下 廣評省爲御事都省"이라 한 것도 동일한 사실을 전하는 기사로, 御事都省의 발족이 成宗 元年(982) 3월이었음을 알 수 있다. 다만 이들 기사 가운데 광평성이 어사도성의 전신이 아니라 내봉성이 그 전신이었다. 그리고 성종 14년(995) 5월에 내린 敎書에 "지금 諸官司의 事體는 비록 禮典에 따랐으나 額名에 임시로 칭한 바가 많으니 典據를 살피고 可否를 가려서 假號는 모두 제거해 通規를 잘 나타내도록 하라"(『高麗史』 권3, 世家, 成宗 14년 5月條)는 취지에 따라 여러 官府名이 中國式으로 고쳐지는데, 唐制를 수용하여 尙書都省으로 개편한 것도 이러한 성종 교서의 취지와 맥락을 같이하는 것이라 여겨진다.

崔貞煥, 本書, 59쪽.

이에 대해서 박용운은 상서성에 상대되는 명칭을 '御事省'으로 짐작하여 國初의 내봉성과 맥락이 닿는 어사성이 성종 원년에 발족되고 그것이 성종 14년에 상서도성으로 개칭됨에 따라 상층조직은 御事都省—尙書都省으로, 하층조직도 御事6官－尙書6部로 바뀌었다고 하였다. 여기서 성종 원년에 발족한 어사도성은 기록 그대로 어사도성이지 그것을 '御事省'으로 짐작한 것은 잘 수긍이 가지 않는다.

①朴龍雲, 「高麗時代의 尙書都省에 대한 檢討」『國史館論叢』61, 1995 ; 『高麗時代 尙書省 硏究』, 경인문화사, 2000, 10～16쪽.

②朴龍雲, 「譯註『高麗史』百官志(1)」『고려시대연구Ⅴ』, 한국정신문화연구원, 2002, 126쪽.

130) 文宗定尙書令一人 : 이 부분은 상서성의 모든 관원과 제도가 문종 때 정비된 사실에 대해서 기술해 놓고 있는 것이다. 『고려사』撰者들은 상서성의 前身을 광평성과 내봉성 가운데 어느 곳으로 지목할 것인가 하는 의문을 가지면서 궁극적으로는 광평성을 지목하여 백관지를 정리해 놓고 있다. 이러한 사실은 撰者의 잘못이었다. 국초의 내봉성이 혁파되고 성종 원년에 발족한 御事都省의 과도기 체제를 거치면서 성종 14년에는 唐制를 수용하여 尙書都省으로 개편되었다가 문종 때 宋制를 수용하여 尙書省 제도가 정비되었다(①). 이러한 상서성과 상서6부의 정비과정을 아래와 같이 예시해 볼 수 있다.

尙書省과 尙書6部의 整備過程
(『고려사』 백관1 및 세가 태조 원년 6월 條에 의거)

<table>
<tr><td>年代</td><td colspan="2">太祖 元年(918)</td><td colspan="2">成宗 元年(982)</td><td colspan="2">성종 14年(995)</td><td colspan="2">文宗 (15년 ?)</td></tr>
<tr><td rowspan="2">尙書省</td><td>廣評省</td><td>侍中, 侍郞, 郎中, 員外郞</td><td rowspan="2">御事都省</td><td rowspan="2">知都省事
左丞
郞中
員外郞</td><td rowspan="2">尙書都省</td><td rowspan="2">尙書令(현종)
左右僕射
知都省事
左右丞
左右司郞中
左右司員外郞
都事</td><td rowspan="2">尙書省</td><td rowspan="2">尙書令
左右僕射
知都省事
左右丞
左右司郞中
左右司員外郞
都事</td></tr>
<tr><td>內奉省</td><td>令, 卿, 內奉監, 內奉理決, 評察</td></tr>
<tr><td rowspan="6">尙書6部</td><td rowspan="6">徇軍部
兵部
倉部
義刑臺
(이하 생략)</td><td rowspan="6">令, 卿, 郞中, 員外郞</td><td>選官</td><td rowspan="6">御事
侍郞
郞中
員外郞</td><td>吏部</td><td rowspan="6">判事(현종)
尙書
知部事
侍郞
郞中
員外郞</td><td>吏部</td><td rowspan="6">判事
尙書
知部事
侍郞
郞中
員外郞</td></tr>
<tr><td>兵官</td><td>兵部</td><td>兵部</td></tr>
<tr><td>民官</td><td>戶部</td><td>戶部</td></tr>
<tr><td>刑官</td><td>刑部</td><td>刑部</td></tr>
<tr><td>禮官</td><td>禮部</td><td>禮部</td></tr>
<tr><td>工官</td><td>工部</td><td>工部</td></tr>
</table>

①成宗 元年(982)의 御事都省을 성종 14년(995)에 尙書都省으로 고친 것

은 唐制를 수용한 것임은 앞서 지적한 바 있거니와 성종 14년의 상서도성을 문종 때 상서성으로 고친 것은 宋制를 수용한 것이다. 문종 때 정비된 고려의 상서성 관원 가운데 知都省事를 제외하면 宋의 상서성 구성원과 완전히 일치한다(『宋史』 권161, 직관1, 상서성). 그리고 唐制를 수용한 성종 14년의 尙書都省과 尙書6部는 현종 대에 약간의 개편을(②) 거쳐 문종 때는 宋制를 수용하여 상서성 제도가 정비되었다. 다만 상서성의 知都省事와 상서6부의 判事 및 知部事는 宋制에 없는 고려의 독자적인 것으로 보아야 할 것이다. 또한 백관지에 「文宗定」이라고 한 그 시기는 문종 15년(1061)이라 여겨진다. 內史省을 宋制에 의거하여 문종 15년에 中書省으로 고친 시기와 때를 같이 하여 尙書省이라 하였을 것으로 여겨지기 때문이다. 요컨대 고려의 3성 6부는 국초의 廣評省·內奉省·內議省·徇軍部·兵部·倉部 등을 통폐합하는 바탕 위에 唐·宋制를 수용하여 성종 원년에 3省(내사성·문하성·어사도성)과 御事6官→성종 14년에 3省(내사성·문하성·상서도성)과 尙書6部→문종 때(문종 15년)에 3省(중서성·문하성·상서성)과 尙書6部로 정비되어 갔다.

②현종 때 등장하는 상서도성의 상서령에 임명된 최초의 사례는 현종의 아들 王緖(尙書令, 현종 18년 5월)이고, 6部의 判事에 임명된 최초의 사례는 崔士威(判尙書吏部事, 현종 12년 12월)이다. 이러한 사례는 성종 14년에 唐制를 수용하여 성서도성으로 개편한 이후에 아직도 제도가 완전히 정비되지 못한 사정을 반영하는 것이며, 그러한 사정은 尙書6部에서도 마찬가지였다. 『고려사』 권76, 백관지에

兵曹 … 成宗十四年 改兵官爲尙書兵部 仍改庫曹爲尙書庫部 顯宗二年罷庫部

戶曹 … 成宗十四年改爲尙書戶部 仍改司度爲尙書度支 金曹爲尙書金部 倉曹爲尙書倉部 後並罷屬官

禮曹 … 成宗十四年改禮官爲尙書禮部 仍改祠曹爲尙書祠部 顯宗二年罷祠部

工曹 … 成宗十四年改工官爲尙書工部 仍改虞曹爲尙書虞部 水曹爲尙書水部 後廢虞水部

라고 한 바와 같이 성종 14년에 개편된 이후 현종 2년에 병부 호부 예부 공부 등에 또 다른 개편이 이루어지고 있다. 호부의 "後並罷", 공부의 "後廢"라 한 것도 현종 2년의 사실로 여겨진다. 이러한 사실은 성종 14년에 唐制를 수용하여 개편된 尙書都省과 尙書6部가 이후 현종 대에 또 다른 개편이 이루어졌고, 이후 문종 때 宋制를 수용하여 제도가 정비된 것이라 여겨진다.

은 종1품이고,[131] 좌・우복야(左右僕射)는 각각 한 사람으로 정2품, 지성사는 한 사람으로 종2품,[132] 좌・우승은 각각 한 사람씩으로 종3품,

---

③崔貞煥, 本書, 60～64쪽.

131) 尙書令一人 秩從一品 : 상서령은 상서성의 최고의 직위로 목종 원년(998)의 改正田柴科(1科 ; 內史令 門下侍中)에는 보이지 않고, 문종 30년(1076)에 정비된 更定田柴科에 중서령・문하시중과 나란히 1科(田 100결, 柴 50결)를 받은 것으로 되어 있다. 문종 30년에 정비된 文武班祿에는 400석, 宗室祿에는 350석으로 규정되어 있고, 인종 更定祿制에서는 文武班祿에서 빠지고 宗室祿에서만 350석을 받은 것으로 나와있다. 상서령에 최초로 임명된 사람은 현종 18년 5월에 그의 아들 王緖이다. 상서령은 일반 臣僚의 實務職으로는 그 除授를 극히 제한시키고, 封爵과 더불어 宗親에 대한 대우직으로 운영되다가 고종 이후 어느 시기에 혁파되었다(①). 이러한 상서령 제도는 그 사례가 현종 때부터 등장하지만, 그것이 제도화 된 것은 宋制를 수용하여 중서령과 함께 문종 15년에 정비된 것으로 여겨진다.

①崔貞煥, 「高麗時代 封爵制의 成立過程과 整備」『한국중세사연구』14, 2003, 143～244쪽.

②崔貞煥, 本書, 63쪽.

이에 대해서 박용운은 상서령은 상서도성의 최상급 직위로서 의당 그의 장관이 되어야 하는 것이었으나 실제적으로 그렇지가 못하였다. 尙書令은 중서령과 마찬가지로 實務職이 아니었고, 王子・王叔 등 주로 宗親들에게 封爵과 함께 수여되던 명예직의 성격이 강한 직위였다고 하였다.

①邊太燮, 「高麗宰相考－3省의 權力關係를 중심으로－」『歷史學報』35・36합집, 1967 ; 『高麗政治制度史研究』, 일조각, 1971, 69～70쪽.

②邊太燮, 「高麗時代 中央政治機構의 行政體系－尙書省 機構를 중심으로－」『歷史學報』47, 1970 ; 『高麗政治制度史研究』, 일조각, 1971, 15쪽.

③朴龍雲, 「譯註『高麗史』百官志(1)」『고려시대연구Ⅴ』, 한국정신문화연구원, 2002, 127쪽.

132) 左右僕射各一人 正二品, 知省事一人 從二品 : 상서령은 실무직이 아니었으므로 상서도성의 장관은 正2品인 左・右僕射가 되었을 것이다. 그런데 실제로 보면 이 직위도 자기의 위치에 합당한 대우를 받지 못하였다. 僕射는 田柴科나 祿俸・儀從의 丘史 수 등에서 中書門下省과 中樞院(樞密院)의 從2品 宰相보다도 오히려 낮은 대우를 받은 閑職으로서, 재상에 포함되지 않는 게 통상이었다는 평가까지 나와 있다. 僕射가 이러하였으니 그 아래의 知都省事는 더 말할 나위가 없는 것이었다. 그 역시 고려에서는 宰相의 반열에 들어가는 從2品職이었음에도 불구하고 아예 재상과는

좌·우사낭중은 각각 한 사람으로 정5품, 좌·우사원외랑은 각각 한 사람으로 정6품,[133] 도사(都事)는 두 사람으로 종7품이다.[134] 연속(掾

거리가 먼 직위였다.

이러한 사정은 상서도성의 기능과 밀접한 관련을 가지고 있었다. 그것은 정무를 처리하는데 발언권이 있는 권력기구가 되지 못하고 국가의 여러 행사나 주관하고 공문의 발송을 맡은 사무관청에 지나지 않았다는 것이다(①). 하지만 이 같은 주장에 대해서 異見도 있다. 知都省事는 여전히 그렇지가 않았지만, 적어도 左·右僕射는 재상의 일원으로 이해해야 된다는 것이다. 논자들은 그 근거로 재상들만이 겸직하게 되어있는 三司와 6部의 判事職을 僕射들도 띠고 있는 사례를 들고 있다(②).

이와 함께 상서도성의 기능도 좀더 적극적으로 해석한다. 6部를 포함한 수도 소재 官署의 公貼을 지방으로 발송하는 업무만 하여도 그것이 단순한 기계적인 사무처리가 아니라 可否를 검토하는 권한이 부여되어 그에 대한 일정한 통제적 역할을 상정할 수 있다는 것이다. 아울러 국가의 祭禮나 禱雨 행사의 주관도 당시로서는 매우 중요한 업무였다고 보고 있다. 상서도성은 중서문하성이나 중추원과 비교하여 상대적인 의미에서 권력이 약했다고 할 수 있으나 그 나름으로 중요한 일을 담당하고 있는 기구였다는 이해이다(③). 僕射와 知都省事도 이와 같은 여러 상황을 염두에 두고 살펴야 할 것 같다(④).

①邊太燮, 위의 논문, 1967 ; 위의 저서, 70~74쪽.
 邊太燮, 위의 논문, 1970 ; 위의 저서, 15~17쪽 및 22~26쪽.

②周藤吉之,「高麗初期の宰相, 左右僕射について」『朝鮮學報』77, 1975 ;『高麗官僚制の研究』, 法政大學 出版局, 1980, 103~108쪽.

③朴龍雲,「高麗時代의 尙書都省에 대한 檢討」『國史館論叢』61, 1995 ;『高麗時代 尙書省 研究』, 경인문화사, 2000, 43~51쪽.

④朴龍雲,「譯註『高麗史』百官志(1)」『고려시대연구Ⅴ』, 한국정신문화연구원, 2002, 127쪽.

133) 左右丞各一人 從三品 左右司郎中各一人 正五品 左右司員外郎各一人 正六品 : 고려가 모범으로 했다는 唐나라의 상서성 조직은 중앙에 위치한 都堂을 중심으로 左·右司로 나뉘어, 그 중 좌사는 도당의 동편에 있는 이부·호부·예부를 통할하고 우사는 서편에 있는 병부·형부·공부를 통할하도록 되어 있었다. 그러나 고려의 상서6부는 唐과 달리 都省의 동편과 서편에 정렬되어 있지 않았고, 또 그들이 직접적으로 도성의 통할을 받은 것도 아니었다. 이처럼 체계는 좀 달랐던 것인데, 하지만 조직은 유사하여 左司에 左丞-左司郎中-左司員外郎이, 右司에는 右丞-右司郎中-右司

屬)은 주사가 네 사람, 영사는 여섯 사람, 서령사 여섯 사람, 기관 20인, 산사 한 사람, 직성은 두 사람이다.[135]

충렬왕 원년에 중서문하에 병합시켜 첨의부라하고, 아울러 원리(員吏)를 파(罷)하였다.[136] 24년에 충선이 좌·우 복야를 첨의부에 설치하고, 또한 좌우사낭중·원외랑·도사를 각각 두 사람씩 두어 도첨의부의 별청(別廳)에 모여 일을 보도록 하였다가 얼마 후 모두 혁파하였다.[137]

員外郎이 설치되고 있다. 이들 가운데 특히 左右丞은 상서도성의 하층조직을 구성하는 요원 중 가장 상급자로서 중요한 역할을 하였으며 그 아래의 직관들 역시 제 기능을 원활히 수행한 것으로 짐작된다고 하였다(①, ②). 그러나 이러한 생각에 동의를 하면서도 문종 때 정비된 관제는 唐制를 수용한 것이 아니라 宋制를 수용한 것임을 유념할 필요가 있다(③).
①邊太燮, 위의 논문, 1970 ; 위의 저서, 8~10쪽.
②朴龍雲, 「高麗時代의 尙書都省에 대한 檢討」『國史館論叢』61, 1995 ; 『高麗時代 尙書省 硏究』, 경인문화사, 2000, 37~41쪽.
③崔貞煥, 本書, 62~65쪽.

134) 都事二人 從七品 : 상서성의 사무를 총괄하는 관원이었던 것으로 생각된다.
①朴龍雲, 「高麗時代의 尙書都省에 대한 檢討」『國史館論叢』61, 1995 ; 『高麗時代 尙書省 硏究』, 경인문화사, 41~42쪽.
②朴龍雲, 「譯註『高麗史』百官志(1)」『고려시대연구Ⅴ』, 한국정신문화연구원, 2002, 129쪽.

135) 掾屬主事四人, 令史六人, 書令史六人, 記官二十人, 筭士一人, 直省二人 : 成宗 元年(982) 이래 설치되기 시작하여 文宗 때 정비된 사무적인 서리들이다. 이들 가운데에서 會計 관련의 업무를 담당했다고 생각되는 算士 이외의 직위에 대해서는 門下府條에서 설명한 바 있다.

136) 忠烈王元年 併于中書門下爲僉議府 幷罷員吏 : 尙書省은 御事都省으로 출발한 지 294년이 되는 忠烈王 원년(1275)에 이르러 마침내 혁파된다. 元의 정치적 간섭에 의해 관제가 바뀌면서 尙書省과 中書省·門下省을 합병하여 僉議府가 되고 상서성의 員吏를 파함으로써 실제적으로 소멸되었다가 뒤에 다시 복구된다.

137) 忠烈王元年 併于中書門下 爲僉議府 幷罷員吏 … 會都僉議府別廳治事 尋並罷之 : 忠烈王 원년(1275)에 元의 정치적 간섭에 의해 관제가 바뀌면서 中書省과 門下省을 합병하여 僉議府가 되고 상서성의 員吏를 혁파하였다가 충렬왕 24년(1298)에 忠宣王이 일시 즉위하여 개혁정치를 시행하면서 관제를 고칠 때에 그 일부가 부활되었다. 즉 이 때에 左右僕射를 僉議

공민왕 5년에 3사를 혁파하고 상서성을 다시 설치하여 문종 때의 옛 제도로 모두 회복시켰다. 다만 지성사는 두지 않고, 도사는 정7품으로 올렸다. 11년에 상서성을 혁파(罷)하고, 다시 3사를 설치하였다.[138]

『高麗史』卷76 志30 / 百官1 / 三司

三司 掌摠中外錢穀出納會計之務 太祖改泰封調位府爲三司 顯宗五年因武臣之請 罷三司置都正司 十四年復置三司 文宗定判事一人 宰臣兼之 使二人正三品 知司事一人 副使二人從四品 判官四人 睿宗十一年詔 本司員立本品行頭 忠烈王置左右使 忠惠王元年置都事 恭愍王五年罷爲尙書省 十一年復置三司 定判事一人從一品 左右使各一人正二品 左右尹各二人從三品 副使四人正四品 判官二人正五品 都事階梯正七品 十八年改副使爲少尹 辛禑始置領三司事 吏屬 文宗 置主事六人 令史十一人 書令史二人 記官二十五人 重監二人 計史二人 筭士四人【吏屬 文宗前後 史闕未攷 諸司倣此】

삼사. 중앙과 지방의 전곡(錢穀)의 출납(出納)과 회계의 업무를 총괄하였다.[139] 태조 때에 태봉의 조위부를 고쳐 삼사라 하였다.[140] 현종

府에 둠과 동시에 그 아래에 左·右司郎中과 員外郎·都事를 따로 설치하여 僉議府의 別廳에서 일을 보게 하였다. 하지만 충선왕은 몇 달 뒤에 元의 압력을 받아 왕위에서 물러나고 그가 마련하였던 제도가 모두 혁파되고 상서성도 공민왕 11년에 혁파되었다.

138) 恭愍王五年 革三司 復置尙書省 並復文宗舊制 唯不置知省事 陞都事正七品 十一年罷尙書省 復置三司 : 혁파되었던 尙書省(尙書都省)이 정식으로 부활되는 것은 공민왕 5년(1356)에 이르러서였다. 공민왕은 이 해에 적극적인 反元改革政治를 단행하면서 관제도 고치거니와, 그에 즈음하여 三司를 혁파함과 동시에 상서성을 설치하고 관원들도 문종 때의 舊制로 환원시키는 것이다. 다만 이때에도 知都省事만은 두지 않았고, 都事는 품계를 정7품으로 올리는 조처를 취했는데, 그러나 이 제도도 6년 뒤인 왕 11년에 혁파함으로써 상서성은 아예 자취를 감추게 된다.

139) 三司掌摠中外錢穀出納會計之務 : 고려의 三司는 唐制보다는 오히려 宋의 제도를 더 많이 채용한 것인데, 宋에서의 三司는 鹽鐵部·度支部·戶部의 셋으로 구성되어 재정 및 그와 관련된 방대한 국가의 업무를 관장한

5년에 무신들의 요청에 의하여 삼사를 혁파하고 도정사를 두었다가 14년에 다시 삼사를 설치하였다.[141)]

중요 기구였다. 그것은 民政을 담당한 中書門下와 軍政을 맡은 樞密院과 함께 최고의 재정 기관으로서 三府의 하나를 이루고 있었던 것이다.

하지만 고려의 三司는 동일한 명칭에도 불구하고 그와 많이 달라서 3部로 편제되어 있지 않았고, 관장사항도 많이 제한되어 있었다. 삼사는 中外(중앙과 지방)의 錢穀의 출납을 회계하는 사무를 주로 담당하였던 것이다. 그 같은 언급은 麗末인 恭讓王 3년(1391) 4월에 "命三司 會計中外錢穀出納"(『高麗史節要』 권35)이라고 한데서도 찾아볼 수 있거니와, 여기서의 '收納'은 租稅와 歲貢, '支出'은 賜穀과 祿俸을 주 내용으로 하는 것이었다. 이 같은 三司의 업무에 대하여 재정 일반은 상서호부의 관장사항이었다.

①邊太燮, 「고려의 三司」『역사교육』 17, 1975, 42~50쪽.

②周藤吉之, 「高麗朝における三司とその地位－宋の三司との關聯において」『朝鮮學報』 77, 1975 ; 『高麗官僚制の硏究』, 法政大學出版局, 1980, 125~138쪽.

③朴龍雲, 「譯註『高麗史』百官志(1)」『고려시대연구Ⅴ』, 한국정신문화연구원, 2002, 131쪽.

140) 太祖改泰封調位府 爲三司 : 백관지에는 고려의 三司가 태봉의 調位府를 이어서 태조 때에 설치되었다고 기술되어 있으나 이는 어떤 착오로 인한 잘못으로 판단된다. 三司의 존재는 太祖代는 말할 것 없고 그 이후에도 오랫동안 史書에 보이지 않다가 성종 때에 이르러서 비로소 찾아지는 것이다. 아울러 태봉의 조위부는 다시 新羅의 調府에서 연유하는 것으로 貢賦를 관장하는 기구였으므로 고려의 三司와도 일맥 상통하는 면이 없지 않으나, 그러나 그것의 설치와 보다 직접적으로 관련이 있는 관서는 唐의 三司가 아니라 宋의 三司였다. 고려의 여러 기구 가운데서 宋의 영향을 많이 받은 것으로 성종 10년(991)에 설치된 中樞院이 있다(『高麗史』 권76, 百官志1, 密直司). 이로 미루어 볼 때 三司도 성종 10년을 전후한 어느 때에 宋의 제도를 모범으로 하여 설치한 것으로 생각된다.

邊太燮, 「高麗의 三司」『歷史教育』 17, 1975, 40~42쪽.

141) 顯宗五年 因武臣之請 罷三司 置都正司 十四年復置三司 : 현종 5년(1014) 11월에 上將軍 金訓과 崔質 등이 반란을 일으켰다. 軍額의 증가로 백관의 祿俸이 부족하게 되자 中樞院使 張延祐 등의 건의에 따라 京軍永業田을 빼앗아 그에 충당한 것이 武臣들의 불만을 산 때문이었다. 그리하여 일시 권력을 장악한 무신들은 감찰기관인 御史臺를 金吾臺로 바꾸고 아울러 三司도 혁파한 뒤 都正司를 설치하는 조처를 취하였다. 백관지의

문종 때 정하여[142] 판사는 한 사람으로 재신이 겸하고,[143] 사(使)는 두 사람으로 정3품이며, 지사사(知司事) 한 사람과 부사 두 사람은 종4품, 판관은 네 사람으로 하였다. 예종 11년에 조서(詔)를 내려 본사(三司)의 관원을 본품(本品)의 항두(行頭)로 세웠다.[144]

도정사가『高麗史節要』에는 都正署로 표기되어(권3, 현종 5년 11월) 있지만, 어떻든 무신들이 집권과 함께 이 두 기구를 개혁의 대상으로 삼은 것은 아마 녹봉 문제와 관련되었던 듯하다. 하지만 반란은 5개월만에 수습되고 그와 동시에 金吾臺는 御史臺(司憲臺)로 되돌려지는데(『高麗史』권76, 백관지1, 司憲府), 都正司만은 왕 14년(1023)에 이르러서야 三司로 복구가 되었다고 전하고 있다. 그리고 이는 왕 11년에 晉含祚가 右僕射兼都正司를 제수받고 있어서(『高麗史』권4, 세가, 현종 11년 春正月) 뒷받침도 되고 있으나, 한편으로 왕 7년 9월에 "三司奏"가 보이고(『高麗史節要』권3) 또 8년 당시에 "門下侍郞同內史門下平章事·判三司事 崔士威"의 존재가 찾아져(『朝鮮金石總覽』, 244쪽 玄化寺碑銘) 복구의 시기에 대해서는 의문이 남는다. 앞으로 더 검토가 이뤄져야 할 것 같다.
①邊太燮, 위의 논문, 43~44쪽.
②周藤吉之, 앞의 논문 ; 앞의 저서, 138쪽~139쪽.
③朴龍雲,「譯註『高麗史』百官志(1)」『고려시대연구Ⅴ』, 한국정신문화연구원, 2002, 133쪽.

142) 文宗 定 : 文宗朝에 정해졌다는 백관지의 규정은 종래의 제도에 약간의 添削·補完이 가해져 완비된 상황을 보여주는 것으로 생각된다. 三司의 각 職官들은 穆宗朝 이후로 계속 보이고 있다.
①邊太燮, 위의 논문, 41쪽.
②周藤吉之, 앞의 논문 ; 앞의 저서, 139쪽~145쪽

143) 定判事一人 宰臣兼之 : 判三司事는 宰臣이 겸하도록 되어 있었다는 것인데, 보다 정확하게 표기하자면 '宰臣'이 아니라 '宰相'으로 했어야 한다. 처음에는 주로 중서문하성의 재신들이 判三司事를 겸임하기는 했으나 거기에는 僕射 등도 섞여 있었으며, 얼마의 시기가 지난 뒤에는 樞密院使 등 樞密宰相들이 判三司事를 겸임하도록 되어 있었다는 것은 고려의 정치체제가 宰樞中心이었음을 보여주는 한 모습으로서 주목할 필요가 있다.
①邊太燮, 위의 논문, 53~55쪽.
②周藤吉之, 앞의 논문 ; 앞의 저서, 139~141쪽.

144) 睿宗十一年詔 本司員立本品行頭 : 예종 11년(1116)에 이르러 국왕의 명령으로 정3품인 三司使와 종4품인 知司事·副使를 각각 당해 품계의 行頭에 위치하게 했음을 말한다. 항두란 글자 그대로 항렬의 우두머리라는

충렬왕 때에 좌·우사를 두고, 충혜왕 원년에 도사(都事)를 두었다. 공민왕 5년에 (3사를) 혁파하고 상서성으로 하였다가 11년에 다시 3사를 두었다.[145] 판사(判事)는 한 명으로 종1품, 좌·우사는 각각 한 명으로 정2품, 좌·우윤은 각각 두 명으로 종3품, 부사는 네 명으로 정4품, 판관은 두 명으로 정5품,[146] 도사의 품계는 정7품으로 하였으

의미로, 이렇게 본품항두직이 되면 겸임직으로 운영되었다 한다.

①崔貞煥, 「高麗 中書門下省의 祿俸規定」『韓國史研究』 50·51, 1985 ; 『高麗·朝鮮時代 祿俸制 研究』, 경북대출판부, 1991, 101~102쪽.

②李鎭漢, 「人物 事例를 통해 본 官職의 班次와 祿俸」『고려전기 官職과 祿俸의 관계 연구』, 일지사, 1999, 191~195쪽.

145) 恭愍王五年 罷爲尙書省 十一年復置三司 : 공민왕 5년(1356)에 이르러 三司를 혁파하고 尙書省을 설치함으로써, 상서성이 삼사의 직무도 함께 보도록 된 것 같다. 이 때 상서성이 다시 설치된 것은 충렬왕 원년(1275)에 元의 강요로 인해 폐지되었던 제도를 문종 때의 舊制로 환원시킨다는 방침에 따른 것인데, 그러나 6년만에 다시 폐지되고 三司가 復置되고 있거니와, 이는 백관지 尙書省條에도 그대로 설명되어 있다.

한데 살펴보면 삼사의 혁파가 공민왕 5년에 처음 있었던 것은 아니었다. 이미 충렬왕 34년(1308)에 실권을 장악한 忠宣王이 관제를 개편할 때에 三司와 軍器監·都鹽院을 民部(전기의 戶部)에 병합시킴으로써(『高麗史』 권76, 백관지1, 戶曹) 삼사는 폐지된 일이 있었던 것이다. 하지만 삼사는 그 후 곧 다시 설치된 듯 싶거니와, 그러므로 백관지 三司條에는 이 사실이 실리지 않은 것 같다.

邊太燮, 앞의 논문, 59~60쪽.

146) (恭愍王) 十一年 復置三司 定判事一人從一品 左右使各一人正二品 左右尹各二人從三品 副使四人 正四品 判官二人正五品 : 공민왕 11년(1362)에 이르러 상서성이 혁파되고, 이전의 都僉議使司(충렬왕 19년)가 都僉議府로 개편되면서 삼사 직관들의 품계가 크게 상승했음을 전해주고 있는데, 특히 判三司事는 首相인 政丞(전기의 門下侍中)과 동일한 종1품이 되고 三司左右使도 宰相의 반열인 정2품으로 정해지고 있음이 주목된다. 宰樞의 합좌기구인 都評議使司(전기의 都兵馬使)에 대한 공양왕 2년(1390)의 기사에 "門下府·三司·密直司의 正員을 判司事·同判司事·兼司事로 삼았다"(『高麗史』 권77, 백관지2, 諸司都監各色)고 한 것은 그처럼 昇秩된 직위에 따른 위상이 반영된 한 사례로 생각된다.

그런데 이 점에 있어서도 좀 다른 사실이 찾아진다. 공민왕 11년 훨씬 이

며, 18년에 부사를 고쳐 소윤으로 하였다. 신우(禑王) 때 처음으로 영삼사사를 두었다.[147)]

이속은 문종 때 주사 여섯 명, 영사 11명, 서령사 두 명, 기관 25명, 중감 두 명, 계사 두 명, 산사 네 명을 두었다. 이속은 문종을 전후한 역사의 기록이 빠지고 없어 고찰할 수가 없다. 제사(諸司)도 이와 비슷하였다.[148)]

전부터 이미 저들의 직위가 상승된 모습을 보여주는 기록이 눈에 띄는 것이다. 역시 재추의 회의기구인 式目都監에 대한 충선왕 2년(1310) 기사에 "式目이 邦國의 重事를 관장하는데, 그 僉議政丞·判三司事·密直使·僉議贊成事·三司左右使·僉議評理로 判事를 삼고, 知密直 이하로 使를 삼는다"(上同 諸司都監各色 및 『高麗史節要』 권23, 충선왕 2년 8월)고 한 것과 또 忠惠王 後3년(1342)에 李齊賢이 펴낸 바 『櫟翁稗說』에 실려있는 合坐禮 설명에 "判三司事는 亞相의 윗자리에 앉고, 左右使는 評理의 上下에 앉는다"(前集 1, 合坐)고 한 것이 그런 것들이다. 判三司事·三司左右使 등은 분명치는 않지만 고려 후·말기의 어느 때부터 품계가 상승된 것은 이처럼 확인이 되며, 그것이 백관지에는 공민왕 11년조에 정리되지 않았나 한다.

이와 같이 직관의 품계가 올라간데 비해 三司의 기능 자체는 도리어 약화된 현상을 나타내는 기사가 여기 저기에 보이고 있다. 이것은 당시 기구가 확대되고 기능도 크게 강화된 都評議使司가 재정권까지도 장악하고 있었던 것에 연유된 듯하다(①). 그러나 논자 가운데는 그와 달리 삼사 직관의 위치 상승과 함께 기능도 강화되었는데, 그 이유는 元나라에 대한 臣事에 대비하기 위함이었다고 설명하고 있지마는(②) 그렇게 잘 납득이 가지는 않는다(③).

①邊太燮, 앞의 논문, 54~63쪽.

②周藤吉之, 「高麗朝における三司とその地位－宋の三司との關聯において」『朝鮮學報』 77, 1975 ; 『高麗朝官僚制の研究』, 法政大學出版局, 1980, 161~162쪽.

③朴龍雲, 「譯註『高麗史』百官志(1)」『고려시대연구Ⅴ』, 한국정신문화연구원, 2002, 136쪽.

147) 辛禑始置領三司事 : 禑王 때에 이르러 判三司事 위에 領三司事를 더 설치했다는 것인데, 실제로 왕 원년(1375)부터 계속 보이고 있다.
周藤吉之, 위의 논문 ; 위의 저서, 161·162쪽.

148) 吏屬 文宗置 主事六人令史十一人 書令史二人 記官二十五人 重監二人 計史二人 筭士四人 吏屬 文宗前後 史闕未攷 諸司倣此 : 主事·令史·書令史

『高麗史』卷76 志30 / 百官1 / 密直司

密直司 掌出納宿衛軍機之政 成宗十年 兵官侍郎韓彥恭使宋還奏 宋樞密院 卽我朝直宿員吏之職, 於是 始置中樞院 顯宗初卽位 罷中樞院及銀臺南北院 置中臺省 以掌三官機務 有使・副使・直中臺・兼直中臺 二年罷中臺 復置中樞院 十四年中樞院日直員爲左右承宣各有副 仍以副樞以下兼之 文宗定判院事一人 院使二人 知院事一人 同知院事一人 秩並從二品 副使二人 簽書院事一人 直學士一人 並正三品 知奏事一人 左右承宣各一人 左右副承宣各一人 亦正三品 堂後官二人正七品 獻宗元年改樞密院睿宗十一年詔 承宣立本品行頭 忠烈王初卽位置執奏 自崔忠粹死 執奏之職廢 至是復之 元年改密直司 二年改承宣爲承旨 二十四年忠宣改光政院 删定員吏 使從一品 同知院事正二品 副使從二品 僉院事正三品 同僉院事從三品 都承旨從五品 承旨副承旨並從六品 計議官正七品 計議叅軍正八品 尋復改密直司 使一人 知司事二人 同知司事三人 副使四人 並從二品 知申事一人 左右承旨各一人 左右副承旨各一人 並正三品 堂後官正七品 三十四年忠宣罷 及卽位復之 加置判司事 二年密直司陞秩 與僉議府同稱兩府 改承旨爲代言 三年副使降正三品 恭愍王三年 判司事知申事四代言 皆爲祿官 五年復改樞密院 員秩並復文宗舊制 十一年復改密直司 判司事司使知司事簽書司事同知司事並從二品 副使提學知申事右左代言右左副代言並正三品 堂後官階梯正七品 十八年降簽書正三品 改提學爲學士 代言爲承宣 後復改學士爲提學 承宣爲代言 吏屬 文宗置 別駕十人 主事十人 試別駕二人 令史二人 記官八人 通引四人

등의 상급 서리를 비롯하여 많은 吏屬들이 배치되어 있는데, 특히 직접 회계를 맡았을 것으로 생각되는 計史와 算士의 숫자가 尙書戶部보다 더 많은 것은 이 기구의 성격과 관련하여 주목되는 점이다. 그리고 重監은 그 회계의 감찰을 담당한 吏屬이 아니었나 짐작된다. 이들 이속은 "文宗置"에도 불구하고 다른 기구들에서의 예와 같이 삼사의 설치 이래로 갖추어갔다고 생각되는데, 그래서인지 이 자리에 細註로 문종 전후의 이속에 대해서는 역사기록에 없어 상고하기가 어렵다는 설명을 붙여놓고 있다.
邊太燮, 앞의 논문, 52~53쪽.

밀직사. 출납과 숙위와 군기(軍機)의 정사(政事)를 관장하였다.149) 성종 10년에 병관시랑 한언공이 송(宋)에 사신으로 갔다가 돌아와 아뢰기를 "송의 추밀원은 곧 우리나라 직숙(直宿)하는 원리(員吏)의 직(職)입니다"라고 하여 이에 처음으로 중추원을 설치하였다.150)

---

149) 密直司 掌出納宿衛軍機之政 : 中樞院(樞密院・密直司)은 중서문하성이나 상서성과 마찬가지로 상하 이중조직으로 되어 있었는데, 이 곳의 出納은 정확히 말해서 王命의 출납을 뜻하는 것으로 하층조직인 承宣房의 승선들 관장사항이었다. 즉 君王에게 올라가는 백관의 狀啓나 疏文 및 품달사항은 승선을 거쳐서 올리게 되어 있었으며 반대로 왕명이 하달될 때에도 승선을 통하여 행하였던 것이다. 그런데 이러한 승선의 직임이 단순히 행정적 의례적인 것만은 아니어서, 특히 奏啓를 조정했는가 하면 傳宣도 詔旨를 그대로 전달하기도 했으나 대체적으로는 宣諭・傳旨의 형태로 군왕의 의사를 대변하였으므로 그 역할은 매우 큰 것이었다.
이에 대하여 軍機는 상층조직인 樞府의 樞密들이 맡고 있던 사항이었다. 여기서의 군기는 軍事機密 내지는 軍事機務 정도로 해석이 되거니와, 한데 樞府가 이 직능을 수행한 시기에 관해서는 얼마간의 문제가 있다. 고려전기는 말할 것 없고 무신정권기까지도 樞府자체의 군사관계 업무가 명확하게 드러나고 있지 않기 때문이다. 그러므로 논자 중에는 중추원 樞府가 군기를 관장하기 시작한 기점을 그가 僉議府와 함께 새로운 兩府體制를 이루는 충선왕 2년(1310)으로 잡고 있지마는, 어떻든 고려 후・말기에 오면 樞府의 군기 관장은 여러모로 확인이 된다.
이처럼 중추원의 상층부가 軍機, 하층부가 왕명의 出納을 주로 관장한데 대하여 중추원 자체로서는 宿衛를 맡았던 것 같다. 이때의 宿衛는 宿直 또는 直宿과 통하는 말로, 문신들이 궁궐 내에서 侍衛하는 일을 지칭한 것으로 해석된다. 그러니까 중추원의 관원들은 자신들이 궁궐에 入直했을 뿐만 아니라 그 업무를 관장하기도 했다고 할 것이다. 이밖에도 사례들을 보면 중추원은 의례와 宮中庶務의 주관 등 禮司로서의 역할을 담당하고 있다.
①邊太燮, 「고려의 中樞院」『진단학보』41, 1976, 64～65쪽 및 72～72쪽.
②朴龍雲, 「고려의 中樞院 硏究」『한국사연구』12, 1976 ; 『高麗時代 中樞院 硏究』, 高麗大 民族文化硏究院, 2001, 36～49쪽.

150) 成宗十年 兵官侍郎韓彦恭使宋還奏 宋樞密院卽我朝直宿員吏之職 於是 始置中樞院 : 이 사실이 『高麗史節要』(권2, 성종 10년 10월)와 『高麗史』(권93, 열전 한언공)에도 실려 있는데, 그것에 의하여 중추원이 설치된 정확

현종이 처음 즉위하여 중추원과 은대 남북원(南北院)을 혁파(罷)하고 중대성을 두어 삼관(三官)의 기무(機務)를 관장케 하였는데 사·부사·직중대·겸직중대가 있었다. 2년에 중대(성)을 파하고 다시 중추원을 설치하였으며,151) 14년에는 중추원의 일직원(日直員)으로 좌·우

한 시기는 왕 10년(991) 10월이며, 그와 동시에 使·副使 등의 관원을 두었음도 알 수 있다. 아울러 그 설치의 목적은 闕內를 直宿 내지 宿直하는 員吏의 제도를 마련하는 것이었으므로 처음 얼마 동안 그들의 역할은 近臣으로서의 성격이 보다 강하였다고 짐작된다.

①邊太燮, 앞의 논문, 54~56쪽.

②朴龍雲, 위의 논문, 93쪽 ; 위의 저서, 5쪽.

151) 顯宗初卽位 罷中樞院及銀臺南北院 置中臺省 以掌三官機務 有使·副使·直中臺·兼直中臺 二年罷中臺 復置中樞院 : 성종 10년에 처음으로 설치된 중추원은 현종 즉위년(1009) 2월에 이르러 혁파되고 대신에 中臺省이 그 기구를 이었다가 1년 11개월만인 왕 2년(1011) 正月에 復置되는 변화 과정을 겪었다. 얼마 되지 않는 기간에도 불구하고 中樞院→中臺省→中樞院으로 변신을 거듭한 것인데, 이는 강조의 정변과 집권, 연이은 실각과 궤를 같이하는 것이었다.

金致陽 일파의 발호를 제어하기 위해 군사를 일으킨 西北面都巡檢使 康兆가 穆宗마저 폐하여 버리는 와중에 현종이 즉위하지마는, 실권을 장악한 강조는 中樞院을 혁파하고 中臺省을 설치한 후 그 자신이 中臺使를 겸직하였다. 그런데 이때의 혁파기사가 백관지에는 “罷中樞院及銀臺南北院”으로 되어 있는데 대해 『高麗史節要』에는 “罷銀臺中樞南北院”(권2, 현종 즉위년 2월)으로 되어 있어서 해석에 약간의 혼선을 빚고 있다. 혹자는 뒷 기사에 더 무게를 두어 “罷銀臺·中樞南院·中樞北院”으로 이해한데(①) 비해 혹자는 그들을 “罷中樞院·銀臺·南北院”·“罷銀臺·中樞院·南北院”으로 해석하고(②) 있는 것이다. 아마 후자의 해석이 좀더 타당하지 않나 싶거니와, 그렇다면 당시에는 중추원과 함께 銀臺와 南北院(宣徽院)이 설치되어 있던 것을 모두 혁파하고 대신에 中臺省을 둔 것이 된다. 원래 宋에서의 銀臺(銀臺司)는 樞密院의 예하 기구로 奏狀·案牘 등의 일을 관장하였으며, 宣徽院은 內僚를 총령하는 기구로 그 관원은 樞密院官이 겸하는 게 통례였거니와, 고려에서의 그들 업무와 운영도 유사하지 않았을까 짐작된다(③). 그러니까 중대성은 이들 세 기구의 업무를 총괄하는 기구로 등장한 것이라 하겠는데, 백관지에 “掌三官機務”라 한 기술도 바로 이 부분을 말한 것으로 이해된다. 이렇게 볼 때 새로

승선을 삼고 각각에 부(승선)를 두었는데 부추(副樞) 이하가 이를 겸하도록 하였다.[152)]

문종 때 정하여[153)] 판원사는 한 명이고, 원사 두 명, 지원사 한 명,

운 中臺省의 설치는 쿠데타라는 비상수단을 통하여 실권을 장악한 康兆 일파가 왕의 近侍職을 단일화하고 그 자리를 자신들이 차지함으로써 권력을 강화하려는 의도에서 비롯된 것 같다(④).

강조의 그 정변을 핑계로 契丹의 2차 침입이 있게 되고, 이를 방어하기 위해 출전했던 康兆가 포로로 잡혀 죽임을 당함으로써 실각하고 만다. 그에 따라 中臺省도 설치된 지 1년 11개월만에 폐지되고 다시 중추원으로 돌아가게 되었던 것이다. 이 중추원이 復置된 이후에도 銀臺가 다시 설치된 것 같지는 않으며, 宣徽院의 행방 역시 분명치가 않다.

①朴龍雲, 앞의 논문, 94~96쪽 ; 앞의 저서, 6~8쪽.

崔貞煥,「高麗 中樞院 樞臣의 祿俸規定과 그 運營實態」『人文科學』창간호, 경북대, 1985 ;『高麗・朝鮮時代 祿俸制 硏究』, 경북대출판부, 1991, 111쪽.

②邊太燮, 앞의 논문, 57~60쪽.

周藤吉之,「高麗初期の中樞院, 後の中樞院の成立とその構成－唐末・五代・宋初の樞密院との關聯において－」『朝鮮學報』119·120합집, 1986, 206쪽.

金炅希,「高麗前期 中樞院 承宣硏究」『梨大史苑』24·25합집, 1989, 132쪽.

③邊太燮, 앞의 논문, 57~58쪽.

④朴龍雲, 앞의 논문, 96쪽 ; 위의 저서, 9쪽.

152) (顯宗) 十四年 中樞院日直員爲左右承宣 各有副 仍以副樞以下兼之 : 성종 14년(995)에는 左承宣, 목종 12년(1009)에는 右承宣의 사례가 보이며 또 현종 5년(1014)에는 日直의 사례가 찾아진다. 초기에는 이들 두 종류의 직위가 있었다는 말이다. 그러던 것을 이번 현종 14년(1023)의 조처는 日直員을 左右承宣에 통합한 사실을 말하는 것 같다. 그 대신에 承宣職을 늘려서 새로이 左右副承宣의 제도를 설정하였으며, 그들(承宣, 副承宣)을 副樞, 즉 樞密인 中樞院副使 이하가 겸직케 함으로써 중추원의 근시 기능을 한층 확대・강화한 게 아닌가 생각된다.

①邊太燮, 앞의 논문, 56쪽.

②朴龍雲, 앞의 논문, 99~100쪽 ; 위의 저서, 14~16쪽.

153) 文宗 定 : 성종과 현종 이래로 점진적으로 갖추어가던 중추원의 직제를 문종조에 이르러 다시 한번 정비한 사실을 뜻하는 것으로 생각된다.

동지원사는 한 명으로 품질은 모두 종2품이며, 부사 두 명, 첨서원사 한 명, 직학사는 한 명으로 모두 정3품이고,[154] 지주사 한 명, 좌·우

154) 判院事一人 院使二人 知院事一人 同知院事一人 秩並從二品 副使二人 簽書院事一人 直學士一人並正三品 : 史書에 흔히 「樞七」 즉 樞密 7職으로 표현되는 직위들로 중추원의 상층조직인 樞府의 구성원들이다. 그런데 이렇게 樞府를 구성하는 추밀들 가운데에서 高麗前期의 경우 副使·簽書院事·直學士는 모두 정3품으로 품계상 宰相의 반열에 들 수 없었다. 그런데다 簽書院事는 睿宗 12년(1117)에야 그 존재가 처음으로 확인되며 直學士도 주로 成宗~德宗까지의 초기에 얼마가 보이는 한계성을 나타내고 있다. 당시의 상황이 이러하였으므로 樞密宰相은 종2품의 4職이었다고 하겠는데, 그나마 이들 중 判院事는 문종 35년(1081)에 최초의 임명이 있은 훨씬 뒤에 4차례 더 보이는데 그치고 있어서 역시 한계성을 드러내고 있다. 고려전기의 樞府는 院使·知院事·同知院事 등 3職의 樞密宰相과 樞密이면서도 宰相에는 들지 못했던 副使를 중심으로 운영되었다고 한다(①). 이와는 달리 원래 文宗朝 官制整備 당시에는 6樞密이었고, 후기에는 7樞密이었다. 후기의 7樞臣 가운데 直學士가 빠지면 전기의 6樞臣이 된다는 견해도 있다(②).

그 뒤 武臣政權이 들어서고 樞密院의 위상이 강화되면서 副使 이하의 직위들이 품계에도 불구하고 재상의 위치에 서게 된다. 그들도 재상이라 불리우고 있을 뿐 아니라 정2품인 僕射보다 서열·반차가 앞서고 있는 데서 그 점을 확인할 수 있다. 이제는 樞密이면 모두가 재상이 되었던 것이다(③). 다만 이 기간에도 直學士의 사례는 찾아지지 않는 만큼 굳이 말하자면 6樞密宰相이었다고 할 것이다.

그러다가 추밀 7직이 모두 갖추어지고 각자가 제기능을 발휘하는 것은 고려 후·말기에 이르러서였다. 이는 사례상으로도 확인이 되는데, 그런 속에서 백관지에 설명되어 있듯이 副使는 충렬왕 24년(1298)부터 충선왕 3년(1311)까지, 그리고 簽書院事는 공민왕 11년(1362)부터 동왕 18년(1369)까지 품계가 종2품으로 상승되기도 한다.

다음은 定員 문제인데, 문종조의 정비 때에는 院使·副使가 2인씩 나머지는 1인씩이었다고 전하거니와, 실제 사례들도 대체적으로 그대로 나타나고 있다. 하지만 시기가 좀 많이 지난 숙종조 이후에는 知院事·同知院事를 중심으로 정해진 인원보다 많은 수가 동시에 임명되고 있는 기사가 종종 눈에 띄고 있는 것이다(④). 이는 무신정권기에도 마찬가지이며, 부사 역시 많은 사례가 보이고 있다. 그러다가 충렬왕 24년에 충선왕이 정원을 조정하여 司使 1인, 知司事 2인, 同知司事 3인, 副使 4인으로 정

하였다고 백관지에 전하지만, 그 후에도 이들 정원을 초과한 임명 기사가 계속 나타나고 있다. 추밀의 정원은 가능한 한 규정을 지키되 사정에 따라서는 그에 구애받지 않고 초과하여 임명하는 일이 꽤 많았던 모양이다. 그로 말미암은 듯 추밀의 전체 숫자는 시기가 내려가면서 점차 많아져 가는 추세를 띠고 있다(⑤).

다음으로 한 가지 더 검토해야 할 중요한 문제가 있다.『高麗史』권80, 食貨志3, 祿俸 文武班祿條에 의하면 문종 30년(1076)의 지급 규정에 中樞院使·同知院事·中樞院副使·簽書院事·直學士는 포함되어 있으나, 나머지 判院事·知院事는 그렇지가 않다. 혹자는 이에 근거하여 녹봉을 지급받은 직위는 實職, 그렇지 못한 직위는 兼職이었다고 파악하고 있다. 그러나 얼마 뒤인 인종조(1123~1146)에 그 규정이 更定되면서는 추밀직 전체가 빠지고 있거니와, 그때부터 사례상 다소 예외도 있지만 樞臣은 모두 6部尙書 등 기타의 실직을 지니고 그에 대한 녹봉을 받으며, 樞臣이 되어 일반 겸직제와는 다른 특수한 방법으로 추신직이 운영되었다. 그러다가 고려후기에 樞臣이 모두 祿官이 되면서 전기에서와 같이 모두 실직을 지니지 않았던 것이다. 사례상으로 보면忠烈王 원년(1275)에 樞密院이 密直司로 개편된 이후부터는 樞臣(樞密)은 실직을 지니지 않는 것이 일반적이었다. 고려후기에는 樞臣이 모두 祿官으로 되면서 실직으로 되었던 것이다(⑥).

그런가 하면 혹자는『高麗史』권78, 食貨志1, 田制 田柴科條에 추밀직들이 역시 모두 포함되어 있지 않은 점까지도 감안해 전시과에 의한 토지와 녹봉을 아울러 받은 직위가 本職, 그 하나라도 받지 못한 직위는 겸직이라는 기준을 설정하여 그들은 아예 처음부터 겸직으로 운영되었다는 주장을 펴고 있기도 하다(⑦).

이 본직과 겸직에 대한 諸家의 견해 가운데 혹자는 추밀직들이 겸직으로 운영되었다는데 반대하는 소견을 가지고 있다(⑧). 추밀들은 재상의 일원으로서 三司判事나 文翰職, 東宮官職을 겸직으로 지님과 동시에 六部尙書와 御史大夫, 左右散騎常侍 등의 중요직을 帶有하는 예가 많았거니와 (⑨) 이를 重複職의 개념으로 이해하고 있다(⑩). 그리하여 中書門下省의 宰臣들이 六部判事를 겸직하고 있는데 대해 中樞院 추밀들은 六部尙書 등을 重複職으로 帶有함으로써, 이들 宰樞가 정치적·행정적으로 한층 커다란 역할을 담당했다고 한다(⑪).

①朴龍雲,「고려시대의 樞密에 대한 검토」『高麗時代 中樞院 研究』, 高麗大 民族文化研究院, 2001, 87~88쪽.

②崔貞煥,「高麗 中樞院 樞臣의 祿俸規定과 그 運營實態」『人文科學』창간호, 경북대, 1985 ;『高麗·朝鮮時代 祿俸制 研究』, 경북대출판부,

승선 각 한 명, 좌·우부승선 각 한 명으로 역시 정3품이며,[155] 당후

1991, 171～172쪽.

③李鎭漢, 「高麗前期 樞密의 班次와 祿俸」『韓國學報』96, 1999, 167～171쪽.

朴龍雲, ①의 저서, 88쪽.

邊太燮, 「고려의 中樞院」『震檀學報』41, 1976, 61～63쪽.

④周藤吉之, 「高麗初期の官吏制度－特に兩府の宰相について－」『東洋大學大學院紀要』11, 1974 ; 『高麗官僚制の研究』, 法政大學出版局, 1980, 54쪽.

朴龍雲, ①의 저서, 80쪽.

⑤朴龍雲, ①의 논문 ; ①의 저서, 81～82쪽.

⑥崔貞煥, 「高麗 中樞院 樞臣의 祿俸規定과 그 運營實態」『人文科學』창간호, 경북대, 1985 ; 『高麗·朝鮮時代 祿俸制 硏究』, 경북대출판부, 1991, 115～153쪽 및 178～194쪽.

⑦朴宰佑, 「고려전기 재추의 운영원리와 권력구조」『역사와 현실』26, 1997, 167～169쪽 및 173～176쪽 ; 「高麗時代의 宰樞 兼職制 硏究」『國史館論叢』92, 2000, 71～73쪽 및 82～89쪽.

⑧朴龍雲, 「고려시대의 政堂文學에 대한 검토」『韓國史學報』7, 1999 ; 『고려시대 中書門下省宰臣 연구』, 일지사, 2000, 252～255쪽 ; 「고려시대의 參知政事」, 위의 저서, 249～254쪽 ; 「高麗時代의 尙書6部에 대한 檢討」『高麗時代 尙書省 硏究』, 경인문화사, 2000, 252～255쪽.

⑨張東翼, 「高麗前期의 兼職制에 대하여(下)」『大丘史學』17, 1979, 31～38쪽.

⑩朴龍雲, ①의 논문, ①의 저서, 90쪽.

⑪朴龍雲, 「高麗時代의 宰臣과 樞密과 6部尙書의 關係를 통해본 權力構造」『震檀學報』91, 2001 ; ①의 저서, 361～364쪽.

155) 知奏事一人 左右承宣各一人 左右副承宣各一人 亦正三品 : 중추원의 상층부를 구성하는 承宣團으로서, 동일한 정3품이었지만 知州事를 우두머리로 하여 다음이 承宣, 그 다음이 副承宣으로 서열화되어 있었다. 이들이 왕명의 출납을 본무로 하고 있었다. 국왕의 의사를 대변하였으므로 龍喉·喉舌職 등의 별칭을 지니고도 있었다. 이처럼 승선들은 近侍職으로서 매우 중요한 위치에 있었는데, 특히 무신정권기에 들어와 인사기구인 政房이 신설되자 그곳의 政色承宣까지 겸하여 막강한 권력을 장악하기도 하였다. 知奏事와 承宣들의 집사기구는 각각 知奏事房과 承宣房이었다. 그러므로 知奏事의 명칭이 바뀌면서 그 집사기구의 호칭도 고쳐졌으리라 짐작되는데, 승선의 경우 뒤에 承旨·代言 등으로 명칭이 바뀌면서 집사기구

관 두 명은 정7품이다.[156]

헌종 원년에 추밀원으로 고쳤다.[157] 예종 11년에 조서(詔)를 내려 승선을 본품의 항두로 세웠다.[158]

충렬왕이 처음 즉위하여 집주를 두었다. 최충수가 죽은 후로부터 집주직을 폐지하였다가 이 때에 이르러 이를 회복하였다.[159] 원년에

가 그때마다 承旨房 또는 代言司 등으로 고쳐진 사실은 확인된다.

①邊太燮, 앞의 논문, 64~66쪽.

②朴龍雲,「고려의 中樞院 硏究」『한국사연구』12, 1976 ;『高麗時代 中樞院 硏究』, 高麗大 民族文化硏究院, 2001, 28~30쪽 및 33~35쪽.

156) 堂後官二人 正七品 : 중추원의 사무를 총괄한 직위로 생각된다. 원래 宋에서는 中書省에 5房을 두고 그 각 房에 堂後官을 설치하여 여러 가지 행정실무를 맡겼었는데, 고려에서는 그 당후관을 중서문하성이 아니라 중추원에 설치하고 있는 것이다. 史書에 의하면 고려의 중추원이 爵邑의 封祟, 연등회 등의 행사, 特赦 등에 관여하고 있지마는, 이런 업무가 당후관과 관련지어 생각해 볼 수 있다는 점에서 주목된다.

①邊太燮, 앞의 논문, 74~75쪽.

②周藤吉之,「高麗初期の中樞院, 後の中樞院の成立とその構成－唐末・五代・宋初の樞密院との關聯に於いて－」『朝鮮學報』119·120합집, 1986, 209~213쪽.

③金炅希,「高麗前期 中樞院 承宣硏究」『梨大史苑』24·25합집, 1989, 134~135쪽 및 141~143쪽.

157) 獻宗元年 改樞密院 : 헌종 원년(1095) 5월에 知中樞院事를 제수받은 孫冠과 함께 中樞院使에 임명된 李資義가(『高麗史』권10, 世家) 7월에 이른바 李資義亂을 일으켜 주살(誅殺)되고, 8월에 접어들어 그 상대역이었던 鷄林公 熙(뒤의 肅宗)가 中書令에 취임하여 실권을 장악하였다. 이런 사건이 있은 며칠 뒤에 孫冠이 樞密院使, 崔思諏가 吏部尙書・知樞密院事에 임명됨으로써, 중추원이 樞密院으로 개칭된 시실을 확인할 수 있는데, 이들 일련의 사실을 볼 때에 그 같은 명칭의 개정은 李資義亂 및 계림공의 집권과 관련이 있지 않나 짐작된다.

金炅希, 위의 논문, 135~136쪽.

158) 睿宗十一年詔 承宣立本品行頭 : 예종 11년(1116)에 이르러 국왕의 명령으로 承宣을 그의 품계인 정3품의 여러 직위 가운데에서 으뜸의 위치에 서게 하였음을 말하는 것이다. 行頭란 항렬, 즉 정3품의 우두머리라는 의미로, 이렇게 본품항두직이 되면 겸임직으로 운영되었다고 한다.

밀직사로 고쳤고,[160] 2년에는 승선을 고쳐 승지라 하였다.[161] 24년에

159) 忠烈王初卽位 置執奏 自崔忠粹死 執奏之職廢 至是復之 : 執奏는 승선보다 하위에 있던 출납직으로 짐작된다. 종래 이 직위에의 처음 임명은 武臣亂의 장본인인 李高·李義方이 각각 大將軍·衛尉卿과 大將軍·殿中監으로 집주를 겸임한 것이라(『高麗史』 권19, 세가, 명종 즉위년 9월) 이해하였다. 그러므로 그것은 무신정권기에 새로 추가된 직위라고 보아 왔으나 이는 잘못인 듯 싶다. 이미 睿宗 11년(1116)에 鄭沆은 "王旨를 받고 執奏에 임명되어 마음가짐을 平直케 하고 출납을 미덥게 했다"고 한 기사가 보이며(金龍善編著, 『高麗墓地銘集成』, 61쪽 鄭沆墓地銘), 인종 18년(1140)에도 "왕이 郎舍의 言事로 인해 執奏官 등을 파직했다"는 기사가(『高麗史節要』 권10, 인종 18년 7월) 찾아지기 때문이다. 그렇다면 다시 이 직위가 처음 설치된 것은 언제인가 하는 게 문제가 되겠는데, 그 점은 현재로서는 잘 알 수가 없다.

어떻든 새로이 설치된 이후 특히 무신정권기에 들어와 자주 임명된 모양인데, 그러다가 최충헌의 동생인 최충수가 죽임을 당함으로써(1197년) 폐지되었던 것 같다. 그러했던 것을 충렬왕 즉위년(1274)에 다시 복구시켰다는 것인데, 이 사실은 "(충렬왕 즉위년 8월) 李汾成을 樞密院執奏로 삼았다. 최충수가 죽은 다음부터 집주직을 폐지했었는데 이때에 이르러 復置한 것이다"(高麗史節要』 권19)라는 기사에 의해 확인된다.

①邊太燮, 「高麗의 中樞院」 『震檀學報』 41, 1976, 67~68쪽.

②朴龍雲, 「高麗의 中樞院 硏究」 『韓國史硏究』 12, 1976 ; 『高麗時代 中樞院 硏究』, 高麗大 民族文化硏究院, 2001, 17~18쪽.

③朴龍雲, 「高麗의 中央政治機構에 대한 硏究成果와 課題」 『한국인문과학의 현황과 쟁점』, 1998 ; 『고려시대사연구의 성과와 과제』, 신서원, 1999, 261~262쪽.

160) (忠烈王) 元年 改密直司 : 元의 강요로 충렬왕 원년(1275)에 중서성과 문하성 상서성을 합쳐 僉議府가 되는 등 대폭적인 관제 개혁이 이루어지는데, 이때 추밀원도 密直司로 개편되었다. 그에 따라 職官들도 여기에는 나타나 있지 않으나 判密直司事·密直司使·知密直司事·同知密直司事·密直副使·簽書密直司事·密直學士 등으로 명칭이 바뀌었다. 한데 그로부터 얼마 뒤에 한시적이기는 하지만 副知密直司事라는 칭호가 하나 더 보이고 있다. 이것은 密直副使 아래의 직위가 아니라 당시에 변용된 명칭이었다.

①朴龍雲, 위의 ② 논문, 99~100쪽 ; 위의 저서, 16쪽.

②朴龍雲, 「고려시대의 樞密에 대한 검토 硏究」 『高麗時代 中樞院 硏

충선이 광정원이라 고치고, 원리(員吏)를 산정(刪定)하여 사(使)는 종1품, 동지원사 정2품, 부사 종2품, 첨원사 정3품, 동첨원사 종3품, 도승지 종5품, 승지·부승지는 모두 종6품, 계의관 정7품, 계의참군은 정8품으로 하였다. 얼마 후에 다시 밀직사로 고치고[162] 사(使)는 한 명, 지사사 두 명, 동지사사 세 명, 부사 네 명으로 모두 종2품, 지사사 한 명, 좌·우승지 각각 한 명, 좌·우부승지 각각 한 명으로 모두 정3품, 당후관은 정7품이다. 34년에 충선이 혁파했다가 즉위하여 이를 회복시키고, 판사사를 더 두었다.[163] 2년에 밀직사의 품질을 올려 첨의부와 함께 양부(兩府)라 칭하고,[164] 승지를 고쳐 대언으로 하였다. 3년에

究』, 高麗大 民族文化硏究院, 2001, 79쪽.

161) (忠烈王) 二年 改承宣爲承旨 : 충렬왕 2년(1276)에 이르러 承宣이 承旨로 명칭이 바뀐 사실을 전하는데, 그와 동시에 副承宣도 副承旨로 개정되었을 것이다. 그리고 『高麗史』 권77, 백관지2, 諸司都監各色條에 보이는 承旨房 역시 이때 마련된 호칭으로 그것은 필시 承宣房의 後身이었다고 생각된다. ①朴龍雲, 위의 논문, 99~102쪽 및 114~115쪽 ; 위의 저서, 14~17쪽 및 33~35쪽.

162) (忠烈王) 二十四年 忠宣改光政院 刪定員吏 使從一品 … 尋復改密直司 : 충렬왕 24년(1298)에 父王을 밀어내고 즉위한 충선왕은 개혁정치를 펴면서 그 일환으로 官制를 고치는데, 이때 密直司도 光政院으로 개칭하고 員吏를 刪定하여 光政院使 등을 설치한 사실을 알 수 있다. 하지만 그도 불과 몇 달만에 왕위에서 밀려나고 忠烈王이 복위하여 개정된 관제를 옛 제도로 되돌리는 조처를 취함에 따라 다시 密直司로 바뀌고 있다.

163) (忠烈王) 三十四年忠宣罷 及卽位復之 加置判司事 : 元에 머물면서도 고려 국내의 실권을 장악한 忠宣王은 忠烈王 34년(1308)에 자기의 의지대로 관제를 고치면서 잠시 密直司를 혁파했다가 즉위와 동시에 복구시키고 있다. 이때 判密直司事를 加置했다는 것인데, 이는 아마 10년 전의 光政院 설치와 관련이 있는 일인 듯하다. 그때에도 光政院使의 위에 參知光政院使를 설치했었으나 그것이 判密直司事와 직결되는 관직은 아니라고 생각하여 다시금 判司事가 加置되는 형식을 취한 것으로 판단되는 것이다. 朴龍雲, 「고려의 中樞院 硏究」 『한국사연구』 12, 1976 ; 『高麗時代 中樞院 硏究』, 高麗大 民族文化硏究院, 2001, 17쪽.

164) (忠宣王) 二年 密直司陞秩 與僉議府同稱兩府 : 中書省과 門下省의 宰府와 중추원의 樞府를 일컬어 兩府라 한 것은 고려전기부터의 일이다. 그럼에

부사를 정3품으로 내렸다.

공민왕 3년에 판사사·지신사·4대언을 모두 녹관(祿官)으로 하였다.[165] 5년에 다시 추밀원으로 고치고 정원과 품질을 모두 문종 때의

도 忠宣王 2년(1310)에 이르러 密直司의 秩을 높이고 僉議府와 함께 새로이 兩府라 칭하게 한 데는 密直司의 질적인 변화, 즉 軍務의 총괄과 관련되는 것이 아닐까 추측된다.

朴龍雲, 위의 논문, 131~132쪽 ; 위의 저서, 57~58쪽.

165) 恭愍王三年 判司事·知申事·四代言 皆爲祿官 : 공민왕 3년(1354)에 이르러 判密直司事(前期의 判樞密院事)와 知申事(前期의 知奏事)·4代言(左右代言·左右副代言 ; 전기의 左右承宣·左右副承宣)을 祿官으로 하였다는 기사이다.

『高麗史』 권80, 食貨志3, 祿俸 文武班祿條에 의하면 문종 30년(1076)의 녹봉지급 규정에 中樞院使·同知院事·中樞院副使·簽書院事·直學士는 포함되어 있으나, 나머지 判院事·知院事는 그 祿科를 규정하지 않았다. 그러나 얼마 뒤인 인종조(1123~1146)에 그 규정이 更定되면서는 樞臣職 전체의 祿科가 빠지고 없어진다. 이러한 현상은 樞臣은 그 성립 당시부터 6部尙書 등 기타의 실직을 지니고 있었기 때문에 仁宗更定祿制에서 그 祿科를 규정하지 않았던 것이며, 仁宗更定祿制가 실시되는 이후부터 樞臣은 그 실직에 대한 녹봉을 받고, 樞臣이 되어 일반 겸직제와는 다른 특수한 방법으로 추신직이 운영되었다. 그러다가 고려후기 高宗 45년(1258)부터 樞臣들에게 녹봉이 지급된 여러 기록에 이어서 여기서는 공민왕 3년에 判司事(判密直司事)를 祿官으로 하였다고 하고 있는 것이다.

그런데 여기서는 判司事만 공민왕 3년에 祿官으로 하였다고 하지만 실제로 기록상에는 고종 45년 이후부터 모든 樞臣(樞密)들에게 祿俸이 지급된 것으로 나타난다. 고려후기 樞臣이 모두 祿官이 되면서 전기에서와 같이 모두 실직을 지니지 않았다. 사례상으로 보면 忠烈王 원년(1275)에 樞密院이 密直司로 개편한 이후부터는 樞臣(樞密)은 실직을 지니지 않는 것이 일반적이었다. 고려후기에 樞臣이 모두 祿官으로 되면서 樞臣職은 祿이 지급되는 實職으로 변화되었던 것이다.

中樞院의 상층구조를 이룬 것이 樞臣들인데 비해서 하층구조를 이루고 있었던 것은 承宣(知州事, 左·右承宣, 左·右副承宣)들이다. 承宣들은 『高麗史』 食貨志 田柴科 및 祿俸條에 田柴와 祿俸이 모두 규정되어 있지 않았다. 이들에게 田柴와 祿俸이 없었던 것은 예종 11년(1116)에 "承宣立本品行頭"와 관련이 있었을 것으로 여겨지며, 이들은 전기에 대부분 어떤 일정한 실직을 지니고 承宣이 되어 그들은 고려전기에 모두 祿官이

옛 제도로 회복시켰다.[166] 11년에 다시 밀직사로 고치고,[167] 판사사·사사·지사사·첨서사사·동지사사는 모두 종2품, 부사·제학·지신사·우좌대언·우좌부대언은[168] 모두 정3품, 당후관의 품계는 정7품이다. 18년에 첨서를 정3품으로 내리고, 제학을 고쳐 학사로, 대언은 승선이라 하였다가 뒤에 다시 고쳐[169] 학사는 제학이라 하고, 승선은

아니었던 것이다. 그러다가 고려후기 공민왕 3년에 知申事(前期의 知奏事)·4代言(左右代言·左右副代言 ; 전기의 左右承宣·左右副承宣)을 모두 祿官으로 하였다는 것이다. 여기서 承旨(承宣)들이 祿官으로 된 것은 공민왕 3년이라 하지마는 그 시원을 전기의 祿俸制가 붕괴된 이후에 나타나는 諸王宰樞이하 9品에 이르기까지 品을 기준하여 녹봉이 지급된 고종 45년(1258)으로 잡아 볼 수 있고, 忠烈王 2년(1276)에 이르러 承宣이 承旨로 개편된 이후부터 모두 祿官으로 된 것이 아닌가 추측된다. 후기 忠烈王 2년 이후부터 承旨는 전기에서와 같이 다른 실직을 지니지 않는 것이 일반적이었다고 짐작이 되는데, 이에 대해서는 좀 더 자세한 검토가 필요하다.

①崔貞煥,「高麗 中樞院 樞臣의 祿俸規定과 그 運營實態」『人文科學』창간호, 경북대, 1985 ;『高麗·朝鮮時代 祿俸制 研究』, 경북대출판부, 1991, 148~153쪽, 178~187쪽.

②崔貞煥,「高麗後期 宰·樞臣 祿科規定과 그 運營實態」『韓國史研究』69, 1990 ; 위의 저서, 154~163쪽.

③崔貞煥,「고려후기 祿俸制와 宰·樞臣의 祿科」『한국중세사연구』13, 2002, 137~155쪽.

④李鎭漢,「高麗前期 樞密의 班次와 祿俸」『韓國學報』96, 1999, 174쪽.

166) (恭愍王) 五年復改樞密院 員秩並復文宗舊制 : 공민왕 5년(1356)에 대대적인 反元改革政治를 단행하면서 3省6部로 官制를 고칠 때 추밀원도 文宗舊制로 되돌려지고 있다.

167) 十一年復改密直司 : 공민왕 5년에 文宗舊制로 환원된 3省6部가 공민왕 11년에 都僉議府와 6司로 바뀌면서 樞密院도 密直司로 바뀌고 있다.

168) 右左代言·右左副代言 : 元 제도의 영향으로 고려에서도 때에 따라서 右職이 左職보다 서열이 앞서기도 하였다.

169) 공민왕 5년(1356)의 개혁 후에도 국내외의 정세와 관련하여 동왕 11년(1362)·18년(1369)·21년(1372) 등 계속하여 개정이 이루어졌거니와, 여기서는 21년의 개정을「後復改」로 기술해놓고 있다.

공민왕 11년(1362)의 개편은 공민왕 5년에 文宗舊制로 환원된 3省6部가

대언이라 하였다.

이속은 문종 때 설치하여 별가는 열 명, 주사 열 명, 시별가 두 명, 영사 두 명, 기관 여덟 명, 통인은 네 명이다.170)

『高麗史』卷76 志30 / 百官1 / 資政院

資政院 忠烈王二十四年忠宣新置之 使秩從一品 同知院事正二品 僉院事從二品 同僉院事正三品 判官正五品 計議官正七品 計議叅軍從八品 尋罷之

자정원. 충렬왕 24년에 충선이 새로 설치하였다.171) 사(使)는 품질이 종1

同王 11년에 都僉議府와 6司로 바뀌면서 樞密院이 密直司로 바뀐 것이고, 공민왕 18년의 개편은 都僉議府가 門下府로 바뀌면서 密直司에도 개편이 이루어진 것이다. 「後復改」로 기술해 놓은 공민왕 21년의 개편은 이전 공민왕 18년의 門下府와 6部 체제가 동왕 21년에 門下府와 6司 체제로 바뀜과 때를 같이하여 密直司도 개편이 이루어진 것이다.
崔貞煥, 本書, 37 및 76쪽 참조.

170) 吏屬 文宗置 別駕十人 主事十人 試別駕二人 令史二人 記官八人 通引四人 : 中樞院의 吏屬도 다른 官府에서와 마찬가지로 당해 기구가 설치되면서부터 두기 시작하여 文宗朝에 정비가 이루어졌다고 생각된다. 그 중 別駕는 宋의 경우 諸州에 설치된 吏屬으로서 堂後官으로 승진이 많았다고 하는데, 고려에서는 이들이 모두 中樞院에 비치되고 있다. 그 외의 주사・영사・기관 등은 여러 기구에 통상적으로 설치되었던 胥吏들이다.
①周藤吉之, 「高麗初期の中樞院後の中樞院の成立とその構成－唐末・五代・宋初の樞密院との關聯に於いて－」『朝鮮學報』119·120합집, 1986, 201~203쪽.
②金炅希, 「高麗前期 中樞院 承宣硏究」『梨大史苑』24·25합집, 1989, 135쪽.

171) 資政院 忠烈王二十四年 忠宣新置之 : 世子로 있던 충선이 충렬왕 24년(1298)에 父王을 밀어내고 즉위한 후 개혁정치를 단행하면서 그 일환으로 5월에 官制를 고치거니와, 자정원도 이 때 새로이 설치되었다. 그런데 그 조직 등으로 미루어 자정원은 이번의 개정에서 광정원으로 바뀌는 종래의 밀직사(樞密院)와 관련이 깊은 듯 싶은데, 이들 광정원・자정원 등은 모두 元나라 제도의 영향으로 말미암은 것이었다(①). 元의 자정원 儲慶司使→昭功萬戶府使→徽政院→資政院의 연혁을 가지는 것으로 왕실, 특히 皇后의 財賦管理를 위한 기구였다고 한다(②). 그러나 고려의 그것이 어떠한 직무를 담당하였는지는 잘 알려져 있지 않다. 元의 資政院에

품이고, 동지원사는 정2품, 첨원사는 종2품, 동첨원사는 정3품, 판관은 정5품, 계의관은 정7품, 계의참군은 종8품이다.[172] 얼마 후 혁파하였다.[173]

『高麗史』卷76 志30 / 百官1 / 吏曹

吏曹 掌文選勳封之政 國初稱選官 有御事・侍郎・郎中・員外郎 成宗十四年改爲尙書吏部 文宗定 判事一人宰臣兼之 尙書一人秩正三品 知部事一人 他官兼之 侍郎一人正四品 郎中一人正五品 員外郎一人正六品 忠烈王元年倂吏・禮部爲典理司 改尙書爲判書 侍郎爲摠郎 郎中爲正郎 員外郎爲佐郎 二十四年忠宣改爲銓曹 別立禮部 復改判書爲尙書 仍一人 摠郎爲侍郎 增三人 其一以他官兼之 正郎爲郎中 佐郎爲員外郎 並增三人 其一皆以西班兼之 仍罷六曹判事・知事 尋復之 三十四年忠宣 倂吏・兵・禮爲選部 仍以選軍堂後衛尉倂焉 改尙書爲典書增三人 侍郎爲議郎 郎中爲直郎 員外郎爲散郎 並仍三人 加設注簿二人正七品 以他官兼之 後復稱典理司 恭愍王五年復立六部 吏部置尙書・侍郎・郎中・員外郎 品秩並復

대해서는 『元史』 권92, 백관지8 資政院條에 의해 대략 파악할 수 있다.
①이익주, 「충선왕 즉위년(1298) '개혁정치'의 성격－관제개편을 중심으로－」 『역사와 현실』 7, 1992, 128~131쪽.
②李龍範, 「奇皇后의 册立과 元代의 資政院」 『中世東北亞細亞史硏究』, 1975, 106~112쪽.

172) 使秩從一品 同知院事正二品 僉院事從二品 同僉院事正三品 判官正五品 計議官正七品 計議叅軍從八品 : 資政院이 처음 설치되는 5월의 인사에서 車信과 李之氐가 모두 檢校司徒・資政院使에, 그리고 崔冲紹가 同知資政院事・行中京留守에, 朴義 역시 同知資政院事에 임명되고 있어서(『高麗史』 권33, 세가 ; 『高麗史節要』 권22, 충렬왕 24년(충선왕 즉위년 5월) 그 일부와 그들의 定員도 확인할 수가 있다. 그런데 같은 해 7월의 인사에서는 1인의 資政院使, 2인의 同知資政院事가 임명되고 있어서(『高麗史』 권33, 세가) 이곳 백관지의 설명과는 다른 측면도 보인다. 앞으로 더 검토가 있어야 할 것 같다.

173) 尋罷之 : 충선왕은 즉위한 그해 8월에 왕위에서 밀려나고 충렬왕이 復位하여 官制도 옛 제도로 되돌리므로 資政院은 결국 3개월간 존재한 기구가 되고 말았다.

文宗舊制 十一年復改典理司 以尙書爲判書 侍郎爲摠郎 郎中爲正郎 員外郎爲佐郎 十八年復改選部 稱尙書・議郎・直郎・散郎 二十一年復改典理司 仍復判書・摠郎・正郎・佐郎之號 恭讓王元年改吏曹 吏屬 文宗置 主事二人 令史二人 書令史二人 記官六人

이조.[174] 문선(文選)과 훈봉(勳封)의 정사(政事)를 관장하였다.[175] 국초(國初)에는 선관(選官)이라 칭하고, 어사・시랑・낭중・원외랑이 있었다.[176] 성종 14년에 고쳐 상서이부라 하였다.[177]

---

174) 吏曹 : 尙書省도 中書省 門下省이나 中樞院과 마찬가지로 상・하 이중으로 조직되어 있어서 상층부를 尙書都省(御事都省), 하층부를 尙書6部(御事6官)라 일컬었다. 吏曹의 명칭은 여기에 서술되어 있듯이 고려 말인 공양왕 원년(1389) 이후 몇 년간 사용된 데 불과하고 일반적인 칭호는 吏部(尙書吏部)였다. 百官志는 맨 마지막의 칭호를 주제어로 삼았기 때문에 그처럼 된 것이다.

175) 掌文選・勳封之政 : 文選은 文官의 선발, 勳封은 勳勞가 있는 사람의 표창과 册封을 뜻한다. 이부는 이 같은 인사 업무와 함께 그와 관련된 규정의 제정 및 그것이 잘 준수되고 있는가를 점검하는 일 등을 담당하였는데, 그의 屬司인 考功司는 그 내용을 가지고 考課하는 업무를 본 기구였다. 朴龍雲, 「高麗時代의 尙書6部에 대한 檢討」『高麗時代 尙書省 硏究』, 景仁文化社, 2000, 230～233쪽.

176) 國初稱選官 有御事・侍郎・郎中・員外郎 : 尙書省의 前身인 御事都省의 설치가 成宗 元年(982)이므로 그 하층조직인 御事6官의 설치 역시 이때라고 할 수 있다. 따라서 選官이 설치되었다는 「國初」는 역시 成宗 元年이 되겠다. 그리고 그해부터 이듬해에 걸쳐 職官들도 점차 비치되는데, 選官의 경우는 왕 원년에 崔承老가 行選官御事에(『高麗史』 권93, 列傳 崔承老傳) 임명되고 있는 것이 처음이다(①～③). 『고려사』 백관지에 御事6官이 설치된 시기를 選官・民官・禮官・工官은 「國初稱」이라 기술하고, 兵官은 「後稱」, 刑官은 「後改」라고 기술되어 있는데, 이것은 모두 성종 원년이라 여겨진다. 성종 원년의 選官은 성종 14년에 唐制를 수용하여 개편된 吏部尙書의 전신으로 과도기적인 職制라 할 수 있다(④).
①邊太燮, 「高麗時代 中央政治機構의 行政體系 -尙書省 機構를 중심으로-」『歷史學報』 47, 1970 ; 『高麗政治制度史硏究』, 一潮閣, 1971, 5～8쪽.
②李泰鎭, 「高麗 宰府의 成立-그 制度史的 考察-」『歷史學報』 56, 1972, 28～34쪽.

문종 때 정하여[178] 판사는 한 명으로 재신이 이를 겸하고,[179] 상서

---

③朴龍雲, 「高麗時代의 尙書6部에 대한 檢討」『高麗時代 尙書省 硏究』, 景仁文化社, 2000, 220~223쪽.

④崔貞煥, 本書, 53~57쪽.

177) 成宗十四年 改爲尙書吏部 : 成宗 14年(995)에 諸官司가 禮典에 準據한 것이기는 하지만 "額名에 임시적인 것이 많으므로 典常을 살피고 可否를 가려서 假號는 모두 제거해 通規를 잘 나타내도록 한다"(『高麗史』 권3, 世家, 成宗 14年 5月)는 취지에 의거해 여러 官府名이 中國式으로 개칭되었다. 이와 같이 성종 원년의 御書6官을 尙書6部로 개칭한 것은 唐制를 수용한 것이라 여겨지며(①), 그에 따라 選官도 尙書吏部로 고쳐지는 것이다(②, ③).

①崔貞煥, 本書, 57쪽.

②邊太燮, 위의 논문 ; 위의 저서, 5~8쪽.

③朴龍雲, 「高麗의 尙書都省에 대한 檢討」『國史館論叢』 61, 1995 ; 『高麗時代 尙書省 硏究』, 景仁文化社, 2000, 10~14쪽.

178) 文宗 定 : 이 부분은 尙書吏部의 관원 구성이 문종 때 정비된 사실에 대해서 기술해 놓고 있는 것이다.

唐制를 수용한 성종 14년의 尙書都省과 尙書6部는 현종 대에 약간의 개편을 거쳐 문종 때는 尙書6部가 정비되었다(①). 문종 때 정비된 尙書6部는 唐制를 개편한 것인지 宋制를 수용한 것인지 이점이 분명치 않다. 그리고 백관지에 「文宗定」이라고 한 그 시기는 문종 15년(1061)이라 여겨진다. 內史省을 宋制에 의거하여 문종 15년에 中書省으로 고친 시기와 때를 같이 하여 尙書省이라 하였을 것으로 여겨진다. 尙書6部 또한 백관지에는 「文宗定」이라고 기술되어 있다. 이것 역시 문종 15년의 사실이라 여겨진다. 요컨대 고려의 3성6부는 국초의 광평성, 내봉성, 내의성, 徇軍部, 兵部, 倉部 등을 통폐합하여 성종 원년(982)에 3省(내사성, 문하성, 어사도성)·御事6官을 설치하고, 이후 唐制를 수용하여 성종 14년(995)에 3省(내사성, 문하성, 상서도성)·尙書6部로 개편하고, 문종 15년에는 宋制를 참용하여 3省(중서성, 문하성, 상서성)·尙書6部로 정비되어 갔다고 여겨진다.

①崔貞煥, 本書, 62~74쪽 참조.

179) 判事一人 宰臣兼之 : 고려 때 尙書6部의 장관인 尙書는 正3品으로서 宰相이 되지 못하여 국정의 수행에 한계가 있게 마련이었으므로 그 위에 判事를 더 두고 宰臣들로 하여금 겸직토록 하고 있었다. 이렇게 6部判書를 겸직토록 한 宰臣들이란 주로 中書省과 門下省의 門下侍中 이하 實務職 宰相들이었는데, 尙書吏部는 6부 가운데에서 서열이 가장 위였던 관계로 判尙書吏部事(判吏部事)는 통상적으로 門下侍中이 겸임하였다. 그

는 한 명으로 품질은 정3품,[180] 지부사는 한 명으로 다른 관원이 이를

러나 당시에는 門下侍中이 闕位인 경우가 많았고, 그럴 때에는 원칙적으로 서열이 앞서는 平章事가 겸임하는 게 일반적이었다. 그리하여 이처럼 判吏部事를 겸직하는 門下侍中 내지 平章事가 首相(冢宰)으로서 吏部의 업무도 총괄하였던 것이다(①).

判吏部事의 사례가 처음으로 보이는 것은 顯宗 12年(1021) 8월이다(『高麗史』 권4, 世家). 하지만 이 제도는 御事6官制가 설치되는 成宗 元年(982)으로부터 그리 오래지 않은 시기에 마련되었다고 짐작된다. 실제로 判吏部事는 고려전기와 무신정권기에 많은 사람이 임명되어 활발한 활동을 보이다가 忠烈王 元年(1275) 이후인 후·말기에 위축되는 양상을 보이고 있다(②).

그런데 判吏部事를 포함한 이들 6部判事의 역할은 직접적이요 매우 강력했던 것으로 알려져 있다(③). 거기에다가 宰臣과 특히 樞密들이 尙書職을 帶有하는 경우도 많았으므로 고려의 정치와 행정이 宰樞中心으로 이루어졌다는 견해가 제기되고 있는 것이다(④). 이에 비해 6부가 직접 국왕에게 上奏하고 허락을 받아 일을 처리하였다는 6部直奏制說도 나와 있다(⑤).

①邊太燮, 「高麗宰相考－3省의 權力關係를 중심으로－」『歷史學報』 35·36합집, 1967 ; 『高麗政治制度史研究』, 一潮閣, 1971, 79～82쪽 ; 「高麗時代 中央政治機構의 行政體系－尙書省 機構를 중심으로－」『歷史學報』 47, 1970 ; 『高麗政治制度史研究』, 一潮閣, 1971, 17·18쪽.

朴龍雲, 「고려시대의 門下侍中」『震檀學報』 85, 1998 ; 『고려시대 中書門下省宰臣 연구』, 一志社, 2000, 48～53쪽.

②朴龍雲, 「高麗時代의 6部判事制에 대한 考察」『고려시대연구Ⅱ』, 한국정신문화연구원, 2000 ; 『高麗時代 尙書省 研究』, 景仁文化社, 2000, 102～106쪽 및 114～141쪽.

③朴龍雲, 위의 논문 ; 위의 저서, 108～114쪽.

④朴龍雲, 「고려시대 중앙 정치체제의 권력구조와 그 성격」『한국사』 13, 국사편찬위원회, 1993, 142～145쪽 ; 「高麗時代의 宰臣과 樞密과 6部尙書의 관계를 통해본 權力構造」『震檀學報』 91, 2001 ; 『高麗時代 中樞院 研究』, 高麗大 民族文化研究院, 2001.

⑤邊太燮, ①의 논문, 1970 ; 위의 저서, 18～22쪽 ; 「高麗의 政治體制와 權力構造」『韓國學報』 4, 1976, 23～26쪽.

180) 尙書一人 秩正三品 : 吏部尙書는 選官御事를 이은 직위로서, 처음에 정원이 1人이었다가 忠烈王 34年(1308)에 忠宣이 비로소 3人으로 늘렸다고 했지만, 이미 高宗 8년(1221)에 2명을 임명한 사례도 보여(『高麗史』 권22, 世家, 高宗 8年 12月) 좀더 검토해볼 여지는 있는 듯하다(①), 아울러 이

겸하고, 시랑은 한 명으로 정4품, 낭중은 한 명으로 정5품, 원외랑은 한 명으로 정6품이다.[181)]

충렬왕 원년에 이부와 예부를 병합하여 전리사라 하고,[182)] 상서를

들 尙書職도 參知政事·政堂文學·知門下省事 등 下位 宰臣과 특히 樞密宰相들이 중복적으로 帶有하는 경우가 많았다고 한다(②). 이에 대해서 參知政事·政堂文學·知門下省事 등 下位 宰臣은 6部尙書 등 기타의 實職을 지니고 宰臣이 되어 宰臣으로서 제도적으로 겸직하게 되어 있는 6部判事를 兼職하고, 樞臣은 6部尙書 등 기타의 實職을 지니고 樞臣이 되어 下位 宰臣과 樞臣들은 일반 兼職制와는 다르게 宰·樞臣職이 운영되었다고 한다. 그리하여 忠烈王 원년(1275)에 元의 강요로 中書省과 門下省을 합쳐서 僉議府로 되고, 尙書省은 혁파되었으며, 樞密院이 密直司로 되는 대폭적인 관제개편이 이루어진 이후부터는 宰·樞臣 모두가 실직을 지니지 않는 것이 일반적이었고, 宰臣의 判事 兼職制는 朝鮮朝에 이르러 혁파되었다. 그러므로 이러한 한 경우에 사료적으로 뒷받침이 되지 않는 중복직 대유직이란 말보다 직제상 實職(實務職), 宰·樞臣職, 兼職으로 구분하는 것이 타당하리라 여겨진다(③).

①朴龍雲,「高麗時代의 尙書6部에 대한 檢討」『高麗時代 尙書省 硏究』, 景仁文化社, 2000, 한국정신문화연구원, 225~228쪽.

②朴龍雲, 위의 논문, 255~256쪽과 279·296쪽.

③崔貞煥,「高麗 中書門下省의 祿俸規定과 그 運營實態」『韓國史硏究』50·51, 1985 ;『高麗·朝鮮時代 祿俸制 硏究』, 경북대출판부, 1991, 93~199쪽.
崔貞煥,「高麗 中樞院 樞臣의 祿俸規定과 그 運營實態」『人文科學』창간호, 경북대, 1985 ; 위의 저서, 148~153쪽.
崔貞煥,「高麗後期 宰·樞臣 祿俸規定과 그 運營實態」『韓國史硏究』69, 1990 ; 위의 저서, 178~194쪽.
崔貞煥,「고려후기 祿俸制와 宰·樞臣의 祿科」『한국중세사연구』13, 2002, 137~155쪽.

181) 侍郞一人正四品 郞中一人正五品 員外郞一人正六品 : 이 부분은 성종 원년의 選官侍郞·選官郞中·選官員外郞을 성종 14년에 唐制를 수용하여 尙書吏部로 고치고, 문종 때 宋制를 수용하여 判吏部事 吏部尙書 知吏部部事 이하에 吏部侍郞 吏部郞中 吏部員外郞을 둔 것이라 여겨진다.
崔貞煥, 本書, 62~64쪽.

182) 忠烈王元年 倂吏·禮部 爲典理司 : 忠烈王 元年(1275)에 이르러 元의 壓力에 의해 고려는 관제를 대폭적으로 고치지 않을 수 없었다. 尙書省은 혁파되고 6部는 4司로 축소되었는데(①), 이에 따라 吏部와 禮部가 병합

고쳐 판서라 하고, 시랑은 총랑, 낭중은 정랑, 원외랑은 좌랑이라 하였다. 24년에 충선이 고쳐 전조(銓曹)라 하고, 따로 예부를 세웠고, 다시 고쳐 판서를 상서라 하고, (정원은) 그대로 한 명으로 하였다. 총랑은 시랑이라 하고 세 명으로 늘려 그 하나는 다른 관원이 이를 겸하고, 정랑은 낭중, 좌랑은 원외랑이라 하고 모두 세 명으로 늘려 그 하나는 모두 서반(西班)이 이를 겸하였다. 이어서 6조의 판사와 지사를 혁파했다가 얼마 뒤에 복구하였다.[183] 34년에 충선이 이부·병부·예부를 병합하여 선부(選部)라하고, 이어서 선군(選軍)·당후(堂後)·위위(衛尉)를 이에 합병시켰다.[184] 상서를 고쳐 전서라 하고, 세 명으로

되어 典理司가 되었던 것이다. 이렇게 규모의 축소도 축소지만, '部'에서 '司'로의 개정 역시 官格의 저하였거니와, 그와 함께 직관들의 명칭 또한 모두 바뀌고 있다(②).

①崔貞煥, 本書, 76~77쪽.

②이익주,「충선왕 즉위년(1298) '개혁정치'의 성격－관제개편을 중심으로－」『역사와 현실』 7, 1992, 122~125쪽.

183) (忠烈王) 二十四年忠宣 改爲銓曹 別立禮部 復改判書爲尙書 仍一人 … 仍罷六曹判事·知事 尋復之 : 충렬왕 24년(1298)에 世子로 있던 忠宣이 父王을 밀어내고 일시 즉위하여 개혁정치를 단행하면서 그 일환으로 官制도 고치거니와, 이때 典理司를 銓曹라 개정하고 禮部(儀曹)를 따로 세우는 등의 조처를 통해 6曹禮制로 개편하였다. 이것은 충렬왕 원년의 僉議府를 충렬왕 19년에 都僉議使司로 바꾸고 충렬왕 24년에 이전의 4司를 6曹體制로 고친 것이다(①). 이와 함께 職官의 명칭을 고치고 정원을 조절하였으며, 判事와 知事를 혁파하기도 했지마는, 이는 元나라 제도를 감안하면서 忠烈王 元年의 개정으로 야기된 모순을 시정하는데 중점이 두어진 것이었다고 보고 있다. 그러나 이번의 개정도 元의 간섭으로 忠宣王이 물러나고 忠烈王이 복위하여 官制를 옛 제도로 되돌림으로써 불과 몇 달간의 시행으로 그치고 말았다(②).

①崔貞煥, 本書, 76쪽 <表 12>.

②이익주, 위의 논문, 125~131쪽.

184) (忠烈王) 三十四年忠宣 倂吏·兵·禮 爲選部 仍以選軍·堂後·衛尉倂焉 : 忠烈王 34년(1308) 당시 元에 머물면서도 고려 조정에 대한 실권을 장악하고 있던 忠宣王이 다시 관제를 고치면서 이번에는 吏部와 兵部·禮部를 합병하여 選部를 만들고 있다. 그에 따라 選軍과 堂後官·衛尉寺도

늘리고, 시랑은 의랑, 낭중은 직랑, 원외랑은 산랑이라 하고, 모두 그대로 세 명으로 하였다. 주부는 두 명을 더 설치하여 정7품으로 하고, 다른 관원이 이를 겸하게 하였다. 뒤에 다시 전리사라 칭하였다.[185]

거기에 합병시켰다는 것인데, 그중 選軍은 京軍 소속의 군인에 결원이 생겼을 때 簡選하여 보충하던 기구로써(①) 이때 잠시 혁파되어 그 업무가 選部에 귀속했다가 忠宣王 3년(1311)에 復置되고 있다(百官志2, 諸司都監各色 選軍). 그리고 堂後官은 中樞院의 屬官이었거니와, 원래 宋에서는 中書省에 吏房・兵房・戶房 등 5房을 두고 그 각 房에 堂後官을 설치하여 행정실무를 보게 하였던 점을 감안할 때(②) 그런 업무와 관련하여 고려에서도 당후관을 잠시 選部에 소속시켰던 것 같으며, 衛尉寺는 內軍→掌衛部→司衛府→衛尉寺의 연혁을 지니는 기구로서 「儀物 器械를 관장」하였으므로(百官志1, 衛尉寺) 역시 그 같은 업무와 관련하여 選部에 합병되었던 것 같다.

①李基白, 「高麗 軍人考」『震檀學報』21, 1960 ; 『高麗兵制史硏究』, 一潮閣, 1968, 110～123쪽.

②周藤吉之, 「高麗初期の中樞院, 後の樞密院の成立とその構成－唐末・五代・宋初の樞密院との關聯において－」『朝鮮學報』119·120합집, 1986, 209～213쪽.

金昊希, 「高麗前期 中樞院 承宣硏究」『梨大史苑』24·25합집, 1989, 134·135쪽 및 141～143쪽.

185) 後復稱典理司 : 『고려사』 백관지에는 충렬왕 34년 개편된 選部・摠部(後改)・民部・讞部 등이 典理司・軍簿司・版圖司・典法司로 바뀐 것을 「後復稱」, 「複稱」, 「後改」라고 기록하고 있다. 여기서 「後復稱」이라고 한 그 시기는 충혜왕 원년(1331)으로 보아야 할 것 같다. 충숙왕 12년 10월에 摠部典書 李光時의 사례가 보이고, 충혜왕 원년(1331) 6월과 충숙왕 후 4년(1335) 11월에 典法司에 대한 사례가 있는 것으로 보아 「後復稱」이라 그 시기는 충혜왕 원년으로 보는 것이 옳을 것 같다(①). 이에 대해서 박용운은 選部에서 典理司로 바뀐 「後復稱」이라고 시기를 忠肅王 12년(1325)경으로 보았다(②).

①崔貞煥, 本書, 76～77쪽.

②朴龍雲, 「高麗時代 6部判事制에 대한 考察」『高麗時代硏究Ⅱ』, 한국정신문화연구원, 2000, 8쪽 ; 『高麗時代 尙書省 硏究』, 景仁文化社, 2000, 105쪽 ; 「高麗時代 尙書6部에 대한 檢討」 ; 『高麗時代 尙書省 硏究』, 경인문화사, 2000, 226쪽 <表 3>.

공민왕 5년에 다시 6부를 세우고, 이부에는 상서・시랑・낭중・원외랑을 두고, 품질은 모두 문종 때의 옛 제도대로 복구시켰다.[186] 11년에 다시 전리사라 고치고, 상서는 판서, 시랑을 총랑, 낭중은 정랑, 원외랑은 좌랑이라 하였다.[187] 18년에 다시 선부로 고치고, 상서・의랑・직랑・산랑이라 칭하였다.[188] 21년에 다시 전리사라 고치고, 이어서 판서・총랑・정랑・좌랑의 칭호로 복구시켰다.[189]

이속은 문종 때 설치하여 주사 두 명, 영사 두 명, 서령사 두 명, 기관 여섯 명을 두었다.[190]

---

186) 恭愍王五年 復立六部 吏部置尙書・侍郞・郞中・員外郞 品秩並復文宗舊制 : 공민왕 5년(1356)에 이르러 대대적인 반원개혁정치를 펴면서 충혜왕 원년(1331)의 4司(典理司, 軍簿司, 版圖司, 典法司) 체제를 문종 때의 舊制로 환원시켜 6部를 다시 복구시킨 것이다. 그러한 조처에 따라 吏部도 文宗舊制로 복구되고 있다.
崔貞煥, 本書, 76~77쪽.

187) 十一年復改典理司 以尙書爲判書 侍郞爲摠郞 郞中爲正郞 員外郞爲佐郞 : 공민왕 5년(1356)에 文宗 때의 舊制로 복구된 6部가 공민왕 11년(1362)에 6司로 개편됨에 따라 吏部는 典理司로 바뀌고, 그에 따라 관직명도 함께 고쳐지고 있다. 공민왕 5년에 복구된 3省6部는 동왕 11년에 상서성은 혁파되고 중서성과 문하성을 통합하여 都僉議府가 됨으로써 3省6部가 1府6司體制로 개편되는 조처에 따라 吏部는 典理司로 바뀌고 있는 것이다.
崔貞煥, 本書, 76~77쪽.

188) 十八年復改選部 稱尙書・議郞・直郞・散郞 : 공민왕 11년(1362)의 典理司가 동왕 18년(1369)에 選部로 改稱되면서 그에 따라 관직명도 바뀌고 있다. 공민왕 11년의 都僉議府가 동왕 18년에 門下府로 개편됨에 따라 1府6司體制가 1府6部體制로 되었고, 그에 따라 典理司는 選部로 바뀌고 있다.
崔貞煥, 本書, 76~77쪽.

189) 二十一年復改典理司 仍復判書・摠郞・正郞・佐郞之號 : 공민왕 18년(1369)의 選部를 동왕 21년(1372)에 와서 다시 공민왕 11년 당시의 典理司로 바뀌고, 그에 따른 관직명도 공민왕 11년 당시의 명칭으로 다시 되돌리고 있다. 이것은 공민왕 18년의 門下府體制하의 6部를 공민왕 21년에 門下府와 6司로 바꾸면서 選部를 공민왕 11년 당시의 典理司로 되돌리고 있는 것이다.
崔貞煥, 本書, 76~77쪽.

『高麗史』卷76 志30 / 百官1 / 考功司

考功司 掌考覈官吏功過 國初稱司績 成宗十四年改尙書考功 文宗定郎中二人秩正五品 員外郎二人正六品 忠烈王元年改郎中爲正郎 員外郎爲佐郎 二十四年忠宣併於銓曹 恭愍王五年復置考功司郎中·員外郎 十一年復稱正郎·佐郎 十八年改直郎·散郎 二十一年復稱正郎·佐郎 吏屬 文宗置 主事二人 令史四人 書令史四人 計史一人 記官二人 筭士一人

고공사. 관리의 공적과 과실(功過)을 살피고 조사하여 밝히는(考覈) 일을 관장하였다.[191] 국초(國初)에는 사적이라 칭하였다.[192] 성종 14년에 상서고공으로 고쳤다.[193] 문종 때 정하여 낭중은 두 명으로 품질은 정5품이고, 원외랑은 두 명으로 정6품이다.[194] 충렬왕 원년에 낭중을 고쳐 정랑이라 하고, 원외랑을 좌랑이라 하였다.[195] 24년에 충선이 전

---

190) 吏屬 文宗置 主事二人 令史二人 書令史二人 : 胥吏職으로서 文案·文簿를 관장하는 일을 맡았다(門下府條 掾屬 참조).

191) 考功司 掌考覈官吏功過 : 고공사는 尙書吏部의 屬司로서, 관리들의 功過를 考覈하는 일을 담당한 부서였다. 그러므로 이곳의 책임자도 품계가 正5品에 그치고 있거니와, 그처럼 功過를 考覈하는 일을 考課라 하였다. 고공사는 각 관서로부터 소속 관원의 근무 성적인 都歷狀을 제출받아 考課에 필요한 문서를 작성하였던 것으로 생각된다.
朴龍雲,「高麗時代 官員의 陞黜과 考課」『歷史學報』145, 1995 ;『高麗時代 官階·官職 硏究』, 고려대출판부, 1997, 132~140쪽.

192) 國初 稱司績 : 이곳의「國初」는 成宗 元年(982)을 말한다. 출발 당시의 부서명은 司績이었다.

193) 成宗十四年 改尙書考功 : 御事6官이 尙書6部로 개칭됨에 따라 御事司績도 尙書考功으로 바뀌고 있다.

194) 文宗定 郎中二人秩正五品 員外郎二人正六品 : 문종 때 정비된 考功司의 郎中과 員外郎은 宋制를 수용한 것 같다. 宋制에는「考功郎中員外郎 掌文武官選敍 磨勘 資任 考課之政」(『宋史』 권163, 직관3, 吏部)으로 되어 있으나 고려에서는 文班의 考課를 관장 한 것으로 여겨진다.

195) 忠烈王元年 改郎中爲正郎 員外郎爲佐郎 : 충렬왕 원년에 元의 간섭으로 3省 6部가 僉議府 4司로 개편되고, 吏部와 禮部를 병합하여 典理司로 바뀜에 따라 그에 속한 考功司의 직명도 바뀌고 있다.

조에 병합하였다.[196] 공민왕 5년에 다시 고공사를 설치하여 낭중・원외랑을 두었고,[197] 11년에 다시 정랑・좌랑이라 칭하고,[198] 18년에는 직랑・산랑이라 고치고,[199] 21년에 다시 정랑・좌랑이라 칭하였다.[200]

이속은 문종 때 설치하여 주사 두 명, 영사 네 명, 서령사 네 명, 계사 한 명, 기관 두 명, 산사 한 명을 두었다.[201]

『高麗史』卷76 志30 / 百官1 / 兵曹

兵曹 掌武選軍務儀衛郵驛之政 太祖元年置兵部令・卿・郎中 後稱兵官有御事・侍郎・郎中・員外郎 其屬有庫曹【太祖元年 有徇軍部令・郎中 十六年有兵禁官・郎中・史 光宗十一年改徇軍部爲軍部 其職掌未詳 疑皆是掌兵之官 後並廢之】成宗十四年改兵官爲尙書兵部 仍改庫曹爲尙書庫部 顯宗二年罷庫部 文宗定兵部判事一人宰臣兼之 尙書一人秩正三品 知部事一人他官兼之 侍郎二人正四品 郎中二人正五品 員外郎二人正六品 忠烈王元年改軍簿司 仍改尙書爲判書 侍郎爲摠郎 郎中爲正郎 員外郎爲佐郎 二十四年忠宣改爲兵曹 又改判書爲尙書 增二人 其一班主兼之 摠郎爲侍郎 增三人 其

---

196) (忠烈王) 二十四年忠宣 併於銓曹 : 이 해의 관제 개정에서 典理司(전기의 吏部)를 銓曹로 고치고, 그와 동시에 考功司를 거기에 병합시키는 조처도 취하고 있다.

197) 恭愍王五年復置考功司郎中・員外郎 : 공민왕 5년에 반원개혁정치를 펴면서 문종대의 舊制로 복구하여 다시 考功司를 설치하고 郎中・員外郎을 두었다.

198) 十一年復稱正郎・佐郎 : 공민왕 5년(1356)에 文宗 때의 舊制로 복구된 6部가 공민왕 11년(1362)에 6司로 개편됨에 따라 吏部는 典理司로 바뀌고, 考功司의 관직명도 따라 고쳐지고 있다.

199) 十八年改直郎・散郎 : 공민왕 11년(1362)의 典理司가 동왕 18년(1369)에 選部로 개칭되면서 그에 따라 考功司의 관직명도 바뀌고 있다.

200) 二十一年復稱正郎・佐郎 : 공민왕 18년(1369)의 選部를 동왕 21년(1372)에 와서 다시 공민왕 11년 당시의 典理司로 바뀌고, 그에 따른 고공사의 관직명도 공민왕 11년 당시의 명칭으로 다시 되돌리고 있다.

201) 吏屬 文宗置 主事二人 令史四人 書令史四人 計史一人 記官二人 筭士一人 : 尙書省의 吏屬 참조.

一以他官兼之 正郎爲郎中 佐郎爲員外郎 並增三人 其一皆以西班兼之 三十四年忠宣併于選部 後改摠部 又復稱軍薄司 恭愍王五年復改兵部 稱尙書・侍郎・郎中・員外郎 十一年復改軍薄司 以尙書爲判書 侍郎爲摠郎 郎中爲正郎 員外郎爲佐郎 十八年復改摠部 稱尙書・議郎・直郎・散郎 二十一年復改軍薄司 仍復稱判書・摠郎・正郎・佐郎 恭讓王元年復改兵曹 吏屬 文宗置 主事二人 令史二人 書令史二人 記官十二人.

병조.[202] 무선(武選)과 군무(軍務)・의위(儀衛)・우역(郵驛)의 정사(政事)를 관장하였다.[203]

태조 원년에 병부를 설치하고 영(令)・경(卿)・낭중을 두었다.[204] 후에 병관(兵官)이라 칭하고, 어사・시랑・낭중・원외랑이 있었으며,[205]

---

202) 兵曹 : 이 칭호는 忠烈王 24년(1298)에 잠시 즉위했던 忠宣王 때의 몇 달과 고려 말인 공양왕 원년(1389) 이후 몇 년간 사용된 데 불과하고 일반적인 칭호는 兵部(尙書兵部)였다. 하지만 百官志는 맨 마지막의 명칭을 주제어로 삼았기 때문에 이와 같이 된 것이다.

203) 掌武選・軍務・儀衛・郵驛之政 : 兵部의 관장사항으로 규정된 武選은 吏部의 文選에 상대되는 말로 武官의 선발을 포함한 인사업무를 뜻하며, 軍務는 군사관계의 일반 업무를 포괄적으로 나타낸 말이라 이해된다. 그리고 儀衛는 국왕 등에 대한 儀仗과 保衛 업무 등을 말하며, 郵驛은 站驛과 관계된 업무를 뜻한 것으로 해석된다.
朴龍雲,「高麗時代의 尙書6部에 대한 檢討」『高麗時代 尙書省 硏究』, 景仁文化社, 2000, 233~235쪽.

204) 太祖元年 置兵部 令・卿・郎中 : 새로이 나라를 세운 太祖 王建이 즉위 6일만에 행한 대폭적인 인사조처에 12개의 省・部가 나오는데(『高麗史』 권1, 世家, 太祖 元年 夏6월 辛酉), 兵部는 廣評省・內奉省・徇軍部에 이어서 네 번째로 제시되고 있다. 이것들은 한결같이 泰封의 세도를 그대로 계승한 기구들이었거니와, 정치를 담당한 前二者에 대하여 徇軍部와 兵部는 군사를 담당한 관서로서 그만큼 중요한 위치에 있었음도 알 수 있다. 두 군사기구 가운데 兵部에는 令・卿・郎中 등의 관원이 있어 주로 軍事行政면을 맡았던 것으로 짐작된다.
李泰鎭,「高麗 宰部의 成立-그 制度史的 考察-」『歷史學報』 56, 1972, 3~8쪽.

205) 後稱兵官 有御事 ・侍郎・郎中・員外郎 : 여기서 「後稱」이라 한 것은 成宗 元年(982)을 말한다. 성종 원년에 尙書省의 전신인 御事都省이 설치되

그 속사(屬司)로 고조(庫曹)가 있었다.[206] 【태조 원년에 순군부에 영(令)·낭중이 있었고,[207] 16년에는 병금관(兵禁官)에 낭중·사(史)가 있었다.[208] 광종 11

고 그 하층조직으로 御事6官이 두어지는데, 兵官은 그 가운데 하나이다. 이 兵官에는 御事·侍郎·郎中·員外郎 등의 관원이 있어 일을 보았거니와, 처음으로 兵官御事가 임명된 것은 成宗 2년 5월이었으며(『高麗史』 권3, 世家), 그들의 주 업무는 역시 군사행정이었던 것 같다. 그러므로 沿革도 兵部→兵官으로 파악했으나 사실 太祖 이래의 兵部는 태봉의 제도를 이은 것인데 비해 兵官은 이후 성종 14년에 당나라 제도에 따른 상서병부의 전신이므로 하나의 과도기적인 職制라 할 수 있다.

①邊太燮, 「高麗時代 中央政治機構의 行政體系-尙書省 機構를 중심으로-」 『歷史學報』 47, 1970 ; 『高麗政治制度史硏究』, 一潮閣, 1971, 5~8쪽.

②李太鎭, 위와 같음.

③朴龍雲, 「高麗時代의 尙書6部에 대한 檢討」 『高麗時代 尙書省 硏究』, 景仁文化社, 2000, 220~223쪽.

④崔貞煥, 本書, 56~59쪽.

206) 其屬 有庫曹 : 성종 원년에 兵官의 屬司로 설치되었던 庫曹는 成宗 14년(995)에 尙書庫部로 개칭되었다가 顯宗 2년(1011)에 혁파되고 만다(①). 여기서 庫曹라 한 것은 唐制에 없는 과도기적인 職制로 성종 14년에 唐制를 수용하여 庫曹를 尙書庫部로 고쳤다. 唐制에는 「庫部郎中員外郎各一人 掌戎器鹵簿儀仗」(『新唐書』 上, 권46, 百官1, 兵部)이라 하여 庫部의 郎中과 員外郎은 융기 노부 의장을 맡은 것으로 되어 있다(②).

①邊太燮, 위의 논문 ; 위의 저서, 6~8쪽.

②崔貞煥, 本書, 60~61쪽.

207) 太祖元年 有徇軍部令·郎中 : 太祖 때의 군사기구로서 위에 설명한 兵部 이외에 徇軍部가 더 있었다는 것인데, 이는 太祖가 즉위한지 6일만에 단행한 인사조처에서도 확인된다. 그런데 이번 인사에서 순군부가 병부보다 서열이 앞서고 있을뿐더러 徇軍郎中이 兵部郎中보다 중시되고 있는 기사도 찾아져(『高麗史』 권92, 列傳, 洪儒傳附 裵玄慶傳) 전자가 후자보다 중요한 위치에 있었음을 알 수 있다. 이렇게 된 까닭은 양자의 업무상 차이에서 비롯된 듯 싶거니와, 순군부의 職掌에 대해 百官志에서는 「掌兵之官」이 아니었을까 라고 짐작하고 있으며, 위에 든 裵玄慶傳에는 「典兵權」하였다. 그리하여 처음에는 兵部가 주로 軍事行政의 기구였던 데 비해 徇軍部는 軍事指揮權의 統帥府로서 諸豪族의 군사력과 연결된 협의체적 기구였다는 견해가 제시되었다(①). 하지만 그 뒤 순군부와 호족의 관련성을 부정하고, 그것은 兵權을 典掌한 국왕 직속의 군통수기관이

년에 순군부를 고쳐 군부라 하였다. 그 관장하는 직책(職掌)은 알 수 없으나, 아마 모두 병권을 관장(掌兵)하는 관서였던 것 같다. 후에 모두 이를 폐지하였다】[209]

성종 14년에 병관을 고쳐 상서병부라하고,[210] 따라서 고조도 고쳐

었다는 의견이 나왔으며(②), 다시 그 兵權을 發兵權과 用兵作戰權으로 나누어 순군부가 장악한 것은 전자였다는 의견도(③) 제시되어 있다. 이와 약간 다른 견해가 없지 않지만(④) 순군부의 실체는 대략 후자와 유사하였다는 의견이 좀 많은 듯하다.

①李基白, 「高麗京軍考」『李丙燾華甲紀念論叢』, 1956 ; 『高麗兵制史硏究』, 一潮閣, 1968, 54~58쪽.

李泰鎭, 앞의 논문, 8쪽.

②邊太燮, 「高麗初期의 政治制度」『韓沽劤停年紀念 史學論叢』, 知識產業社, 1981, 172·173쪽.

鄭景鉉, 「高麗太祖代의 徇軍部에 대하여」『韓國學報』 48, 1987, 46쪽.

③鄭景鉉, 「高麗初期 京軍의 統帥體系」『韓國學報』 62, 1991, 27·28쪽 및 43~52쪽.

④崔圭成, 「徇軍部考」『祥明史學』 創刊號, 1993.

208) (太祖)十六年 有兵禁官・郎中・史 : 『高麗史』 권81, 兵志1, 兵制 五軍條에 "(太祖)十六年 置兵禁官・郎中・史 各一人 以掌戎事"라 보이며, 또 『高麗史節要』 권1, 太祖 16年條에 "是歲 置兵禁官"이라고 한 기사도 찾아진다. 百官志에도 兵禁官은 "掌兵之官"이라고 되어 있어 그 업무는 대략 짐작이 가나 실체는 잘 알 수 없다.

①李基白, 위의 논문 ; 위의 저서, 55쪽.

②李基白, 『高麗史 兵志 譯註 一』, 1969, 14쪽.

209) 後並廢之 : 徇軍部(軍部)와 兵禁官이 모두 폐지되는 「後」는 성종 원년에 兵官이 설치되기 이전의 사실로 여겨지며, 徇軍部는 광종 11년에 軍部로 바뀌었다가 성종 원년 이전의 어느 시기에 혁파된 것이라 여겨진다. 국초의 고려군제와 성종 14년에 받아들인 唐制(尙書兵部)와의 사이에는 차이점이 있을 수 있고, 이를 조절하는 과도기적 職制로 성종 원년에 兵官을 설치한 것으로 이해되기 때문에 그들은 모두 성종 원년 이전에 혁파된 것이라 짐작된다.

이에 대해서 박용운은 당나라 제도를 모범으로 한 尙書兵部의 전신인 兵官이 공식으로 발족하는 成宗 元年(982)이거나 또는 그로부터 얼마 오래지 않은 시기였다고 짐작은 되지만 정확한 때는 잘 알 수가 없다고 하였다.

朴龍雲 譯註, 「『高麗史』 百官志(1)」『고려시대연구Ⅴ』, 한국정신문화연구원, 2002, 168쪽.

상서고부라 하였다. 현종 2년에 고부를 파하였다.

문종 때 정하여,211) 병부판사는 한 명으로 재신이 이를 겸하고,212) 상서는 한 명으로 품질은 정3품,213) 지부사는 한 명으로 다른 관원이

---

210) 成宗十四年 改兵官爲尙書兵部 : 성종 원년의 御書6官을 尙書6部로 개칭한 것은 唐制를 수용한 것이라 여겨지며 그에 따라 兵官도 尙書兵部로 고쳐지고 있다.

211) 文宗 定 : 이 부분은 尙書兵部의 관원 구성이 문종 때 정비된 사실에 대해서 기술해 놓고 있는 것이다.

唐制를 수용한 성종 14년의 尙書都省과 尙書6部는 현종 대에 약간의 개편을 거쳐 문종 때는 宋制를 수용하여 尙書6部가 정비되었다. 여기서「文宗定」이라고 한 그 시기는 문종 15년(1061)이라 여겨진다.

崔貞煥, 本書, 65~66쪽 및 앞의 吏曹 참조.

212) 兵部判事一人 宰臣兼之 : 判尙書兵部事(判兵部事)는 6部判事 가운데에서 서열이 제2위였으므로 이것을 겸하는 宰臣이 亞相(二宰・二相)이 되었다. 그리하여 平章事를 중심으로 해 參知政事 등이 겸임하고 있지만, 그 첫 사례는 顯宗 16년(1025)에 門下侍郎平章事로 判尙書兵部事를 제수받은 庾方이었다(『高麗史』 권5, 世家, 顯宗 16年 正月). 그 후 이 제도는 고려 말까지 존속한다.

朴龍雲,「高麗時代의 6部判事制에 대한 考察」『고려시대연구Ⅱ』, 2000 ; 『高麗時代 尙書省 硏究』, 景仁文化社, 2000, 102~114쪽 및 141~161쪽.

213) 尙書一人 秩正三品 : 兵部尙書는 兵官御事를 이은 직위로서, 처음에 정원이 1인이었다가 忠烈王 24년(1298)에 忠宣이 2인으로 늘렸다고 했지만, 일찍이 顯宗 9년(1018)에 2명을 임명한 사례가 보이고(『高麗史』 권4, 世家 顯宗 9年 3月) 좀더 검토해볼 여지는 있는 듯하다(①). 아울러 이들 尙書職도 參知政事・政堂文學・知門下省事 등 下位 宰臣과 특히 樞密宰相들은 6部尙書 등의 實職(實務職)을 지니고 宰・樞臣이 된 경우가 많았고 宰臣은 尙書6部의 判事職을 겸하였다(②).

①朴龍雲,「高麗時代의 尙書6部에 대한 檢討」『高麗時代 尙書省 硏究』, 景仁文化社, 2000, 225~228쪽과 257쪽 및 280·297쪽.

②崔貞煥,「高麗 中書門下省의 祿俸規定과 그 運營實態」『韓國史硏究』50·51, 1985 ; 『高麗・朝鮮時代 祿俸制 硏究』, 경북대출판부, 1991, 93~199쪽.

崔貞煥,「高麗 中樞院 樞臣의 祿俸規定과 그 運營實態」『人文科學』창간호, 경북대, 1985 ; 위의 저서, 148~153쪽,

崔貞煥,「高麗後期 宰・樞臣 祿俸規定과 그 運營實態」『韓國史硏究』

이를 겸하고, 시랑은 두 명으로 정4품, 낭중은 두 명으로 정5품, 원외랑은 두 명으로 정6품이다.[214)]

충렬왕 원년에 군부사라 고치고, 따라서 상서를 고쳐 판서라 하고, 시랑은 총랑, 낭중은 정랑, 원외랑은 좌랑이라 하였다.[215)] 24년에 충선이 고쳐 병조라 하고, 또 판서를 고쳐 상서라 하고, 두 명으로 늘려 그 하나는 반주(班主)가 이를 겸하였다. 총랑을 시랑이라 하고 세 명으로 늘려 그 하나는 다른 관원이 이를 겸하고, 정랑은 낭중, 좌랑은 원외랑이라 하고 모두 세 명으로 늘려 그 하나는 다 같이 서반(西班)이 이를 겸하였다.[216)] 34년에 충선이 선부(選部)에 합병하였다가, 후에

69, 1990 ; 위의 저서, 178~194쪽.

崔貞煥,「고려후기 祿俸制와 宰・樞臣의 祿科」『한국중세사연구』13, 2002, 137~155쪽.

214) 侍郎二人正四品 郎中二人正五品 員外郎二人正六品 : 이 부분은 성종 원년의 兵官侍郎・兵官郎中・兵官員外郎을 성종 14년에 唐制를 수용하여 尙書兵部로 고치고, 문종 때 宋制를 수용하여 兵部部侍郎・兵部郎中・兵部外郎을 둔 것이다.

崔貞煥, 本書, 56~60쪽.

215) 忠烈王元年 改軍簿司 仍改尙書爲判書 侍郎爲摠郎 郎中爲正郎 員外郎爲佐郎 : 忠烈王 元年(1275)에 이르러 元의 壓力에 의해 고려는 관제를 대폭적으로 고쳤다. 尙書省은 혁파되고 尙書6部는 4司로 축소됨에 따라 兵部는 軍簿司로 개칭되거니와 그와 함께 직관들의 명칭 또한 모두 바뀌고 있다.

216) (忠烈王) 二十四年忠宣 改爲兵曹 又改判書爲尙書 增二人 其一班主兼之 … 其一 皆以西班兼之 : 忠烈王 24년(1298)에 世子로 있던 忠宣이 父王을 밀어내고 일시 즉위하여 官制를 개편한 것인데, 충렬왕 원년의 僉議府를 충렬왕 19년에 都僉議使司로 개편한 이후 충렬왕 24년에 충선왕이 이전의 4司를 6曹體制로 고치면서 軍簿司를 兵曹라 개칭하고, 직관의 명칭과 정원도 개정하고 있다. 특히 兵曹尙書를 2인으로 늘리고 그 하나는 班主가 겸임토록 한 사실은 전기에 없었던 일이다. 班主는 武班의 長이란 의미로서, 鷹揚軍上將軍으로 軍簿典(尙)書를 겸한 사람을 일컫는(『高麗史』 권77, 百官志2, 西班 鷹揚軍) 말이다.

①崔貞煥, 本書, 76쪽 <表 12>.

②李基白,「高麗京軍考」『李丙燾華甲紀念論叢』, 1956 ;『高麗兵制史研究』, 一潮閣, 1968, 69~71쪽.

총부라 고치고, 또 다시 군부사라 칭하였다.217)

공민왕 5년에 다시 병부라 고치고, 상서・시랑・낭중・원외랑이라 칭하였다.218) 11년에 다시 군부사라 고치고, 상서는 판서, 시랑은 총랑, 낭중은 정랑, 원외랑은 좌랑이라 하였다.219) 18년에 다시 총부라

---

③閔賢九, 「高麗後期의 班主制」『千寬宇還曆紀念 韓國史學論叢』, 正音文化社, 1985, 403~415쪽.

217) (忠烈王) 三十四年忠宣 倂于選部 後改摠部 又復稱軍薄司 : 忠烈王 34년(1308) 당시 元에 머물면서도 고려 조정에 대한 실권을 장악하고 있던 忠宣王이 다시 관제를 고치면서 이번에는 吏部와 兵部・禮部를 합병하여 選部를 만들었다(百官志 吏曹條). 그러나 그 후 곧바로 兵部(兵曹)는 다시 摠部라 개칭하고, 충혜왕 원년(1331)에는 다시 軍簿司로 고쳤다(①).
여기서 「後改摠部」라고 한 시기는 충렬왕 34년에 吏部와 兵部・禮部를 選部에 합병하자마자 곧 바로 병부(兵曹)를 選部에서 따로 독립시켜 摠部로 고친 것이다. 忠宣王 2년(1310) 10월에 文武의 銓選을 選部와 摠部에(『고려사』 권75, 선거, 전주 선법) 나누어 맡기고 있는 것으로 보아 그렇게 이해된다. 「復稱軍薄司」라 한 시기는 충숙왕 12년 10월에 摠部典書 李光時의 사례가 보이고, 충혜왕 원년(1331) 6월과 충숙왕 후 4년(1335) 11월에 典法司에 대한 사례(『고려사』 세가)가 있는 것으로 보아 「後復稱」이라 한 시기는 충혜왕 원년으로 보아야 할 것 같다. 이에 대해서 박용운은 摠部를 軍簿司로 고친 시기인 忠肅王 12년(1325)경으로 보았다(②).
①崔貞煥, 本書, 76~77쪽.
②朴龍雲, 앞의 논문, 「高麗時代 6部判事制에 대한 考察」「高麗時代 尙書6部에 대한 檢討」; 『高麗時代 尙書省 硏究』, 景仁文化社, 2000, 105쪽과 226쪽의 <表 3> 및 『고려시대사연구』, 한국정신문화연구원, 2000, 8쪽.

218) 恭愍王五年復改兵部 稱尙書・侍郞・郞中・員外郞 : 공민왕 5년(1356)에 이르러 대대적인 반원개혁정치를 펴면서 충혜왕 원년(1331)의 4司(典理司・軍簿司・版圖司・典法司) 체제를 문종 때의 舊制로 환원시켜 6部를 다시 복구시키면서 그에 따라 兵部도 文宗舊制로 복구되고 있다.
崔貞煥, 本書, 76~77쪽.

219) 十一年復改軍簿司 以尙書爲判書 侍郎爲摠郞 郞中爲正郞 員外郞爲佐郞 : 공민왕 5년(1356)에 文宗 때의 舊制로 복구된 6部가 공민왕 11년(1362) 에 6司로 개편됨에 따라 兵部는 軍簿司로 바뀌고, 그에 따라 관직명도 함께 고쳐지고 있다. 공민왕 5년에 복구된 3省6部는 동왕 11년에 상서성은 혁파되고 중서성과 문하성을 통합하여 都僉議府가 됨으로써 3省6部가 1府

고치고, 상서·의랑·직랑·산랑이라 칭하였다.[220] 21년에 다시 군부사라 고치고, 따라서 다시 판서·총랑·정랑·좌랑이라 칭하였다.[221] 공양왕 원년에 다시 병조라 고쳤다.

이속은 문종 때 설치하여 주사 두 명, 영사 두 명, 서령사 두 명, 기관 12명을 두었다.[222]

『高麗史』卷76 志30 / 百官1 / 戶曹

戶曹 掌戶口貢賦錢粮之政 國初稱民官 有御事·侍郞·郎中·員外郞 其屬有司度·金曹·倉曹 成宗十四年改爲尙書戶部 仍改司度爲尙書度支 金曹爲尙書金部 倉曹爲尙書倉部 後並罷屬官 文宗定 戶部判事一人宰臣兼之 尙書一人秩正三品 知部事一人他官兼之 侍郞二人正四品 郎中二人正五品 員外郞二人正六品 忠烈王元年改爲版圖司 仍改尙書爲判書 侍郞爲摠郞 郎中爲正郎 員外郞爲佐郞 二十四年忠宣改爲民曹 又改判書爲尙書 仍一人摠郞爲侍郞 增三人 其一以他官兼之 正郎爲郎中 佐郞爲員外郞 並增三人 其一皆以西班兼之 三十四年忠宣改爲民部 仍以三司軍器都塩院併焉 改尙書爲典書 增三人 摠郞爲議郞 正郎爲直郞 佐郞爲散郞 並仍三人

6司로 개편되는 조처에 따라 兵部는 軍簿司로 바뀌고 있는 것이다.
崔貞煥, 本書, 76~77쪽.

220) 十八年復改摠部 稱尙書·議郞·直郞·散郞 : 공민왕 11년(1362)의 軍簿司가 동왕 18년(1369)에 選部로 改稱되면서 그에 따라 관직명도 바뀌고 있다. 공민왕 11년의 都僉議府가 동왕 18년에 門下府로 개편됨에 따라 1府6司가 1府6部로 개편되었고, 그에 따라 軍簿司는 摠部로 바뀌고 있다.
崔貞煥, 本書, 76~77쪽.

221) 二十一年 復改軍薄司 仍復稱判書·摠郞·正郎·佐郞 : 공민왕 18년(1369)의 摠部를 동왕 21년(1372)에 와서 다시 공민왕 11년 당시의 軍簿司로 바뀌고, 그에 따른 관직명도 공민왕 11년 당시의 명칭으로 다시 되돌리고 있다. 이것은 공민왕 18년의 門下府體制 하의 6部를 공민왕 21년에 門下府와 6司로 바꾸면서 摠部를 공민왕 11년 당시의 軍簿司로 되돌리고 있는 것이다.
崔貞煥, 本書, 76~77쪽.

222) 門下府條 掾屬 참조.

後改版圖司 恭愍王五年復改戶部 稱尙書·侍郎·郎中·員外郎 十一年復改版圖司 以尙書爲判書 侍郎爲摠郎 郎中爲正郎 員外郎爲佐郎 十八年 復改民部 稱尙書·議郎·直郎·散郎 二十一年復改版圖司 仍復稱判書·摠郎·正郎·佐郎 恭讓王元年改戶曹 吏屬 文宗置 主事六人 令史六人 書令史十人 計史一人 記官二十五人 筭士一人.

호조.[223] 호구(戶口)·공부(貢賦)·전량(錢粮)의 정사(政事)를 관장하였다.[224] 국초(國初)에는 민관(民官)이라 칭하고, 어사·시랑·낭중·원외랑이 있었다.[225] 그 속사(屬司)로 사탁(司度)·금조(金曹)·창조(倉

223) 戶曹 : 이 칭호는 麗末인 공양왕 원년(1389) 이후 몇 년간 사용된 데 불과하고 일반적인 칭호는 戶部(尙書戶部)였다. 하지만 百官志는 맨 마지막의 명칭을 주제어로 삼았기 때문에 이와 같이 된 것이다.

224) 掌戶口·貢賦·錢粮之政 : 戶部는 戶口(戶籍·人口)·田地와, 그리고 그에 근거한 徭役·貢物·租稅 관계의 政事를 관장하였다. 이곳에서는 그 중 후자를 貢賦라는 용어로 표기하고 있지마는, 원래 貢賦란 『高麗史』 권78, 食貨志 1, 田制에 貢賦條가 따로 설정되어 있듯이 貢物을 뜻했으나 때로는 賦稅·稅賦 등과 같이 수취 일반을 의미하는 수식적 용어로 사용되기도 하였는데 이곳 百官志의 用例가 바로 그에 해당하는 것으로 해석된다. 호부는 이처럼 戶口·田地·貢賦의 政事를 관장하는 한편으로 貨幣의 업무를 보았거니와, 그 이외에 市估·鹽法 등도 관장했음이 드러나 있다.
朴龍雲, 「高麗時代의 尙書6部에 대한 檢討」 『高麗時代 尙書省 硏究』, 景仁文化社, 2000, 235~238쪽.

225) 國初稱民官 有御事·侍郎·郎中·員外郎 : 尙書省의 前身인 御事都省의 설치가 成宗 元年(982)이므로 그 하층조직인 御事6官의 설치도 역시 이때라고 할 수 있다. 따라서 「國初」에 民官이라 칭했다고 하는 그 시기도 역시 成宗 元年이 되겠다. 『고려사』 백관지에 御事6官이 설치된 시기를 選官·民官·禮官·工官은 「國初稱」이라 기술하고, 兵官은 「後稱」, 刑官은 「後改」라고 기술되어 있는데, 이것은 모두 성종 원년이라 여겨진다. 또한 그것은 성종 14년에 唐制를 수용하여 개편된 尙書6部의 전신으로 과도적인 職制라 할 수 있다. 그리고 民官에 임명된 그 첫 사례는 成宗 3年 5月條에 전하는 民官員外郎이다(『高麗史』 권3, 世家).
①邊太燮, 「高麗時代 中央政治機構의 行政體系－尙書省 機構를 중심으로－」 『歷史學報』 47, 1970 ; 『高麗政治制度史硏究』, 一潮閣, 1971, 5~8쪽.

曹)가 있었다.[226] 성종 14년에 고쳐서 상서호부라하고,[227] 그에 따라 사탁을 고쳐서 상서탁지(尙書度支), 금조는 상서금부, 창조는 상서창부라 하고, 후에 속관(屬官)은 모두 파(罷)하였다.[228]

---

②李泰鎭, 「高麗 宰府의 成立－그 制度史的 考察－」『歷史學報』 56, 1972, 28～34쪽.

③朴龍雲, 「高麗時代의 尙書6部에 대한 檢討」『高麗時代 尙書省 硏究』, 景仁文化社, 2000, 220～223쪽.

④崔貞煥, 本書, 56～57쪽.

226) 其屬有司度・金曹・倉曹 : 이들 屬司는 成宗 14년(995)에 이르러 民官이 尙書戶部로 개칭됨에 따라 司度은 尙書度支, 金曹는 尙書金部, 倉曹는 尙書倉部라 고쳐지고 있다. 이렇게 성종 원년의 司度・金曹・倉曹가 성종 14년에 尙書度支, 尙書金部, 尙書倉部로 고쳐진 것은 唐制를 수용한 것이라 여겨진다. 唐制에는 『新唐書』 권46, 백관 1, 戶部條에 「度支郎中員外郎各一人 掌天下租賦 …」, 「金部郎中員外郎各一人 掌天下庫藏出納 …」, 「倉部郎中員外郎各一人 掌天下庫儲 …」라고 되어 있다. 이로 보면 唐制를 수용한 것이 분명한 것이다. 이들이 宋制를 수용하여 고려의 모든 제도가 정비되는 文宗官制에 보이지 않는 것은 현종 때 혁파되었기 때문이라 여겨진다.

이에 대해서 변태섭은 이들 屬司는 成宗 14년(995)에 이르러 民官이 尙書戶部로 개칭됨에 따라 司度은 尙書度支, 金曹는 尙書金部, 倉曹는 尙書倉部라 고쳐지고 있다. 이들은 그 후 모두 罷해졌다고(後並罷屬官) 하는데 그 「後」는 다른 官署의 屬司들이 대부분 혁파되는 顯宗 2년(1011)으로 생각된다고 하였다.

邊太燮, 「高麗時代 中央政治機構의 行政體系－尙書省 機構를 중심으로－」『歷史學報』 47, 1970 ; 『高麗政治制度史硏究』, 一潮閣, 1971, 6～8쪽.

227) 成宗十四年 改爲尙書戶部 : 성종 원년의 御書6官을 尙書6部로 개칭한 것은 唐制를 수용한 것이라 여겨지며(①), 그에 따라 民官도 尙書吏部로 고쳐지고 있다(②, ③).

①崔貞煥, 本書, 59～60쪽.

②邊太燮, 위의 논문 ; 위의 저서, 5～8쪽.

③朴龍雲, 「高麗의 尙書都省에 대한 檢討」『國史館論叢』 61, 1995 ; 『高麗時代 尙書省 硏究』, 景仁文化社, 2000, 10～14쪽 註 169) 참조.

228) 이들 屬司는 成宗 14년(995)에 이르러 民官이 尙書戶部로 개칭됨에 따라 司度은 尙書度支, 金曹는 尙書金部, 倉曹는 尙書倉部라 고쳐지고, 그 후 모두 罷해졌다고(後並罷屬官) 하는데 그 「後」는 다른 官署의 屬司들이 대부분 혁파되는 顯宗 2년(1011)으로 생각된다.

문종 때 정하여[229] 호부판사는 한 명으로 재신이 이를 겸하고,[230] 상서는 한 명으로 품질은 정3품,[231] 지부사는 한 명으로 다른 관원이 이를 겸하고, 시랑은 두 명으로 정4품, 낭중은 두 명으로 정5품, 원외랑은 두 명으로 정6품이다.[232]

邊太燮, 「高麗時代 中央政治機構의 行政體系－尙書省 機構를 중심으로－」『歷史學報』 47, 1970 ; 『高麗政治制度史研究』, 一潮閣, 1971, 6~8쪽.

229) 文宗 定 : 이 부분은 尙書戶部의 관원 구성이 문종 때 정비된 사실에 대해서 기술해 놓고 있는 것이다. 唐制를 수용한 성종 14년의 尙書都省과 尙書6部는 현종 대에 약간의 개편을 거쳐 문종 때는 宋制를 수용하여 尙書6部가 정비되었다. 여기서 「文宗定」이라고 한 그 시기는 문종 15년(1061)이라 여겨진다.

崔貞煥, 本書, 64~65쪽 및 앞의 吏曹 참조.

230) 戶部判事一人 宰臣兼之 : 判尙書戶部事에 임명된 그 첫 사례는 靖宗 元年(1035)에 內史侍郎同內史門下平章事로 判尙書戶部事를 제수받은 皇甫兪義였다(『高麗史』 권94, 列傳, 皇甫兪義傳).

231) 尙書一人 秩正三品 : 戶部尙書는 民官御事를 이은 직위로서, 처음에 정원이 1인 이었다가 충렬왕 34년(1308)에 忠宣王이 3인으로 늘렸다고 했지만, 이미 高宗 14년(1227)에 2명이 제수된 사례가 찾아져(『高麗史』 권22, 世家, 高宗 14年 12月 辛未) 좀더 검토해 볼 여지가 있는 듯 하다(①). 아울러 이들 尙書職도 參知政事·政堂文學·知門下省事 등 下位 宰臣과 樞臣들은 6부尙書 등 기타의 實職(實務職)을 지니고 宰臣이 된 경우가 많았고, 宰臣은 尙書6部의 判事職을 겸하였다(②).

①朴龍雲, 「高麗時代의 尙書6部에 대한 檢討」『高麗時代 尙書省 研究』, 景仁文化社, 2000, 225~228쪽과 259쪽 및 281·298쪽.

②崔貞煥, 「高麗 中書門下省의 祿俸規定과 그 運營實態」『韓國史研究』 50·51, 1985 ; 『高麗·朝鮮時代 祿俸制 研究』, 경북대출판부, 1991, 93~199쪽.

崔貞煥, 「高麗 中樞院 樞臣의 祿俸規定과 그 運營實態」『人文科學』 창간호, 경북대, 1985 ; 위의 저서, 148~153쪽.

崔貞煥, 「高麗後期 宰·樞臣 祿俸規定과 그 運營實態」『韓國史研究』 69, 1990 ; 위의 저서, 178~194쪽.

崔貞煥, 「고려후기 祿俸制와 宰·樞臣의 祿科」『한국중세사연구』 13, 2002, 137~155쪽.

232) 侍郎二人正四品 郎中二人正五品 員外郎二人正六品 : 이 부분은 성종 원년의 民官侍郎·民官郎中·民官外郎을 성종 14년에 唐制를 수용하여 尙書戶部로 고치고, 문종 때 宋制를 수용하여 戶部侍郎·戶部郎中·戶部

충렬왕 원년에 고쳐서 판도사라 하였다. 이에 따라 상서를 고쳐 판서라 하고, 시랑은 총랑, 낭중은 정랑, 원외랑은 좌랑이라 하였다.[233] 24년에 충선이 고쳐 민조라 하고, 또 판서를 고쳐 상서라 하고, (정원은) 이전과 같이 한 명으로 하였다. 총랑은 시랑이라 하고 세 명으로 늘려 그 하나는 다른 관원이 이를 겸하고, 정랑은 낭중, 좌랑은 원외랑이라 하고, 모두 세 명으로 늘려 그 하나는 다같이 서반(西班)이 이를 겸하였다.[234]

34년에 충선이 고쳐 민부라 하고, 이어서 삼사(三司)와 군기(軍器)·도염원(都塩院)을 이에 합병시켰다.[235] 상서를 고쳐 전서라 하고 세 명으로 늘이고, 총랑은 의랑, 정랑은 직랑, 좌랑은 산랑이라 하고, 모

員外郎을 둔 것이라 여겨진다.

233) 忠烈王元年改版圖司 仍改尙書爲判書 侍郞爲摠郞 郎中爲正郞 員外郞爲佐郞 : 忠烈王 元年(1275)에 이르러 元의 壓力에 의해 고려는 관제를 대폭적으로 고쳤다. 尙書省은 혁파되고 尙書6部는 4司로 축소됨에 따라 戶部는 版圖司로 개칭되거니와 그와 함께 직관들의 명칭 또한 모두 바뀌고 있다.

234) (忠烈王) 二十四年忠宣 改爲民曹 又改判書爲尙書 仍一人 … 其一皆以西班兼之 : 忠烈王 24년(1298)에 世子로 있던 忠宣이 父王을 밀어내고 일시 즉위하여 官制를 개편한 것인데, 충렬왕 원년의 僉議府를 충렬왕 19년에 都僉議使司로 개편한 이후 충렬왕 24년에 충선왕이 이전의 4司를 6曹體制로 고치면서 軍簿司를 兵曹라 개칭하고, 직관의 명칭과 정원도 개정하고 있다. 崔貞煥, 本書, 76~77쪽.

235) (忠烈王) 三十四年忠宣 改爲民部 仍以三司·軍器·都塩院倂焉 : 忠烈王 34년(1308) 당시 元에 머물면서도 고려 조정에 대한 실권을 장악하고 있던 忠宣王이 다시 官制를 고치면서 民部라 개칭하고, 거기에 三司와 軍器監·都塩院을 합병시키는 조처를 취하고 있다. 이때 民部에 합병된 三司는 앞서 소개하였듯이 中外 錢穀의 出納을 會計하는 사무를 총괄하는 기구였는데 잠시나마 폐지되고 있다. 아울러 軍器監은 兵器의 營造를 담당한 관서였고(『高麗史』 권76, 百官志1, 軍器寺), 都塩院(『高麗史』 권77, 百官志2, 諸司都監各色)은 鹽業關係의 국가기구였는데(①) 역시 폐지되어 소관업무가 民部에 귀속되고 있는 것이다. 이러한 일련의 조처는 아마 忠宣王이 재차 시도하는 개혁정책과 관련이 있는 듯하다(②).
①孫弘烈, 「高麗時代의 鹽業制度」『淸大史林』 3, 1979, 69~72쪽.
②姜順吉, 「忠宣王의 塩法改革과 塩戶」『韓國史硏究』 48, 1985.

두 그대로 세 명으로 하였다. 후에 판도사라 고쳤다.[236)]

공민왕 5년에 다시 호부라 고쳐 상서·시랑·낭중·원외랑이라 칭하고,[237)] 11년에 다시 판도사라 고치고 상서는 판서, 시랑은 총랑, 낭중은 정랑, 원외랑은 좌랑이라 하였다.[238)] 18년에 다시 민부라 고치고, 상서·의랑·직랑·산랑이라 칭하였다.[239)] 21년에 다시 판도사라 고치고, 그에 따라 다시 판서·총랑·정랑·좌랑이라 칭하였다.[240)]

---

236) 後改版圖司 : 版圖司로의 개칭 시기가 여기에는 「後改」라고만 설명되어 있으나 사례 등을 살펴보건데 그때는 충혜왕 원년(1331)이라 여겨진다.
①崔貞煥, 本書, 121쪽 및 앞의 兵曹條 참조.
②朴龍雲, 앞의 논문, 「高麗時代 6部判事制에 대한 考察」「高麗時代 尙書6部에 대한 檢討」; 『高麗時代 尙書省 硏究』, 景仁文化社, 2000, 105쪽과 226쪽의 <表 3>.

237) 恭愍王五年復改戶部 稱尙書·侍郞·郞中·員外郞 : 공민왕 5년(1356)에 이르러 대대적인 반원개혁정치를 펴면서 충혜왕 원년(1331)의 4司(典理司, 軍簿司, 版圖司, 典法司)를 문종 때의 舊制로 환원시켜 6部를 다시 복구시키면서 그에 따라 戶部도 文宗舊制로 복구되고 있다.
崔貞煥, 本書, 76쪽.

238) 十一年復改版圖司 以尙書爲判書 侍郞爲摠郞 郞中爲正郞 員外郞爲佐郞 : 공민왕 5년(1356)에 文宗 때의 舊制로 복구된 6部가 공민왕 11년(1362)에 6司로 개편됨에 따라 兵部는 軍簿司로 바뀌고, 그에 따라 직관도 함께 고쳐지고 있다. 공민왕 5년에 복구된 3省6部는 동왕 11년에 상서성은 혁파되고 중서성과 문하성을 통합하여 都僉議府가 됨으로써 3省6部가 1府6司로 개편되는 조처에 따라 戶部는 版圖司로 바뀌고 있는 것이다.
崔貞煥, 本書, 76~77쪽.

239) 十八年復改民部 稱尙書·議郞·直郞·散郞 : 공민왕 11년(1362)의 版圖司가 동왕 18년(1369)에 民部로 改稱되면서 그에 따라 관직명도 바뀌고 있다. 공민왕 11년의 都僉議府가 동왕 18년에 門下府로 개편됨에 따라 1府6司가 1府6部로 개편되었고, 그에 따라 版圖司는 民部로 바뀌고 있다.
崔貞煥, 本書, 76쪽

240) 二十一年 復改版圖司 仍復稱判書·摠郞·正郞·佐郞 : 공민왕 18년(1369)의 民部를 동왕 21년(1372)에 와서 다시 공민왕 11년 당시의 版圖司로 바뀌고, 그에 따른 직관도 공민왕 11년 당시의 명칭으로 다시 되돌리고 있다. 이것은 공민왕 18년의 門下府 體制하의 6部를 공민왕 21년에 門下府와 6司로 바꾸면서 民部를 공민왕 11년 당시의 版圖司로 되돌리고 있는 것이다.

공양왕 원년에 호조라 고쳤다.[241)]

이속은 문종 때 설치하여 주사 여섯 명, 영사 여섯 명, 서령사 여섯 명, 계사 한 명, 기관 25명, 산사 한 명을 두었다.

『高麗史』卷76 志30 / 百官1 / 刑曹

刑曹 掌法律詞訟詳讞之政 太祖仍泰封之制 置義刑臺 後改刑官 有御事・侍郎・郎中・員外郎 成宗十四年改尙書刑部 文宗定 判事一人宰臣兼之 尙書一人秩正三品 知部事一人他官兼之 侍郎二人正四品 郎中二人正五品 員外郎二人正六品 又別置律學博士一人從八品 助敎二人從九品 忠烈王元年改爲典法司 仍改尙書爲判書 侍郎爲摠郎 郎中爲正郎 員外郎爲佐郎 二十四年忠宣改爲刑曹 又改判書爲尙書 仍一人 摠郎爲侍郎 增三人 其一以他官兼之 正郎爲郎中 佐郎爲員外郎 並增三人 其一皆以西班兼之 三十四年忠宣改爲讞部 仍以監傳色・都官・典獄併焉 改判書爲典書 增二人 侍郎爲議郎 復減爲二人 郎中爲直郎 員外郎爲散郎 並仍三人 後復稱典法司 恭愍王五年復改刑部 稱尙書・侍郎・郎中・員外郎 十一年復改典法司 仍復稱判書・摠郎・正郎・佐郎 十八年改爲理部 稱尙書・議郎・直郎・散郎 二十一年復改典法司 又復稱判書・摠郎・正郎・佐郎 恭讓王元年復改刑曹 吏屬 文宗置主事二人 令史六人 書令史四人 計史一人 記官六人 筭士二人 杖首二十六人

형조.[242)] 법률과 사송(詞訟)・상언(詳讞)의 정사(政事)를 관장하였다.[243)]

崔貞煥, 本書, 76쪽.

241) 공양왕 원년(1389)의 門下府 體制하에 戶曹로 고친 것이 주제어로 되어 있다.

242) 刑曹 : 이 칭호는 충렬왕 24년(1298)에 잠시 즉위했던 충선왕 때의 몇 달과 麗末인 공양왕 원년(1398) 이후 몇 년간 사용된 데 불과하고 일반적인 칭호는 刑部(尙書刑部)였다. 하지만 百官志는 맨 마지막의 명칭을 주제어로 삼았기 때문에 이와 같이 된 것이다.

243) 掌法律・詞訟・詳讞之政 : 여기에서 法律은 律令格式을 모두 포괄하는 개념으로 그의 제정과 改變 등의 업무를 뜻하며, 詞訟은 그에 따른 재판, 그리고 祥讞은 결단하여 처벌하는 것을 의미한다. 따라서 이것은『高麗史』권84, 刑法志

태조가 태봉(泰封)[244]의 제도에 따라서 의형대를 설치하였다.[245] 후에 형관(刑官)이라 고치고, 어사·시랑·낭중·원외랑이 있었다.[246] 성종

序文에 '法'은 未然에 방지하기 위한 것이며, '刑'은 이미 저질러진 일을 징벌하기 위란 것이라는 설명과도 관련하여 法律은 '法'에 詞訟과 상언은 '刑'과 연결을 가지는 일련의 체계를 말한 것이 아닌가 한다.

朴龍雲, 「高麗時代의 尙書6部에 대한 檢討」『高麗時代 尙書省 硏究』, 景仁文化社, 2000, 238~240쪽.

244) 泰封 : 弓裔가 901년에 나라를 세운 후 後高句麗·摩震이라 칭했다가, 다시 911년부터 그가 왕위에서 쫓겨나 나라가 망하는 918년까지 불렸던 나라 이름이다.

245) 太祖 仍泰封之制 置義刑臺 : 刑政을 맡았던 義刑臺는 泰封國에서 서열 제6위의 기구였다. 太祖가 새로이 나라를 세운 이후에도 이 제도를 그대로 襲用했다는 것이다. 그가 즉위 6일만에 행한 인사조처에서 義刑臺는 여전히 여섯 번째에 들고 있다(『高麗史』 권1, 世家, 太祖 元年 夏6月 辛酉). 그만큼 중요한 위치에 있었다는 것이다.

李泰鎭, 「高麗 宰府의 成立-그 制度史的 考察-」『歷史學報』 56, 1972, 3~6쪽.

246) 後改刑官 有御事·侍郎·郎中·員外郎 : 尙書省의 前身인 御事都省의 설치가 成宗 元年(982)이므로 그 하층조직인 御事6官의 설치도 역시 이때라고 할 수 있다. 따라서 「國初」에 刑官이라 칭했다고 하는 그 시기도 역시 成宗 元年이 되겠다. 『고려사』 백관지에 御事6官이 설치된 시기를 選官·民官·禮官·工官은 「國初稱」이라 기술하고, 兵官은 「後稱」, 刑官은 「後改」라고 기술되어 있는데, 이것은 모두 성종 원년이라 여겨진다.

실제로 成宗 2년 6월에 처음으로 刑官御事가 임명된 데(『高麗史』 권3, 世家) 이어서 同 3년 5월에는 刑官侍郎·刑官郎中·刑官員外郎의 존재가 확인된다. 이들의 업무는 더 말할 필요도 없이 刑政이었거니와, 그렇기 때문에 百官志에서는 그 沿革도 義刑臺→刑官으로 파악하였으나 사실 太祖 이래의 義刑臺는 泰封의 제도를 이은 것인데 비해 刑官은 성종 14년에 唐나라 제도에 따른 尙書刑部의 전신이므로 양자를 직선적으로 연결시키는 데는 얼마간 고려해야 할 점이 없지 않다. 刑官은 唐制를 수용하기 이전의 과도기적인 職制라 여겨진다.

①邊太燮, 「高麗時代 中央政治機構의 行政體系-尙書省 機構를 중심으로-」『歷史學報』 47, 1970 ; 『高麗政治制度史硏究』, 一潮閣, 1971, 5~8쪽.

②李泰鎭, 「高麗 宰府의 成立-그 制度史的 考察-」『歷史學報』 56, 1972, 28~34쪽.

③朴龍雲, 「高麗時代의 尙書6部에 대한 檢討」『高麗時代 尙書省 硏究』,

14년에 상서형부라 고쳤다.[247]

문종 때 정하여[248] 판사는 한 명으로 재신이 이를 겸하고,[249] 상서

景仁文化社, 2000, 220~223쪽.

④崔貞煥, 本書, 75쪽.

247) 成宗十四年 改尙書刑部 : 성종 원년의 御書6官을 성종 14년에 尙書6部로 개칭한 것은 唐制를 수용한 것이라 여겨지며(①), 그에 따라 刑官도 尙書刑部로 고쳐지고 있다(②, ③).

①崔貞煥, 本書, 59쪽.

②邊太燮, 위의 논문 ; 위의 저서, 5~8쪽.

③朴龍雲,「高麗의 尙書都省에 대한 檢討」『國史館論叢』61, 1995 ;『高麗時代 尙書省 硏究』, 景仁文化社, 2000, 10~14쪽.

248) 文宗定 : 이 부분은 尙書刑部의 관원 구성이 문종 때 정비된 사실에 대해서 기술해 놓고 있는 것이다. 唐制를 수용한 성종 14년의 尙書都省과 尙書6部는 현종 대에 약간의 개편을 거쳐 문종 때는 宋制를 수용하여 尙書6部가 정비되었다. 여기서「文宗定」이라고 한 그 시기는 문종 15년(1061)이라 여겨진다.

崔貞煥, 本書, 63~64쪽 및 앞의 吏曹 참조.

249) 判事一人 宰臣兼之 : 고려에서의 상서 6부 서열은『周禮』에서의 전통적인 6典 서열에 따른 左司 아래의 吏部·戶部·禮部, 그리고 右司 아래의 兵部·刑部·工部를 그대로 수용한 것이 아니라 左·右司의 前行인 吏部와 兵部, 中行인 戶部·刑部, 後部인 禮部·工部의 순서를 서열로 받아들인 체제였다고 파악하였다. 그렇게 됨으로써 刑部가 제4위가 되고 禮部는 자연이 제5위에 위치하게 되었다고 이해하였던 것이다. 이곳 百官志에 刑曹가 네 번째로 서술되고 있지마는 이 역시 같은 맥락에서일 것이라고 보았다(①).

특히 6部判事에 있어서 승진 관계나 本職을 검토하여 보면 判禮部事가 判刑部事보다 상위에 위치하고 있다. 그러므로 이 양자의 서열만은 바꾸어야 옳다는 주장이 나와 있는 것이다. 고려에서의 상서6부 서열은 그 나름의 사정에 따라『周禮』에서의 전통적인 6典序列에서 兵部만을 戶部의 상위에 위치하도록 한 체제로 운영하였다는 설명이다(②). 이렇게 되면 判尙書刑部事(判刑部事)는 5宰가 되게 마련이지만 그 첫 사례는 德宗 때(1032~1034)에 內史門下侍郎平章事로 判尙書刑部事를 겸직한 柳韶였다(金龍善 編著,『高麗墓誌銘集成』, 47쪽, 尹彦榮 妻 柳氏墓誌銘). 그 후 이 제도도 고려전기에는 원만히 운영되어 平章事와 參知政事·僕射 등이 주로 겸직하고 있는데, 무신정권기에 접어들면 이미 두 사례만이 전하여 神

는 한 명으로 품질은 정3품,[250] 지부사는 한 명으로 다른 관원이 이를

宗 卽位年(1197) 11월에 于述儒가 守司空・左僕身寸로서 判刑部事를 겸임한 것을(『高麗史』 권21, 世家) 마지막으로 더 이상 찾아지지 않는다. 이런 점에서 判刑部事는 上述한 세 판사와는 좀 다른 점을 나타내고 있다(③).

①邊太燮, 「高麗時代 中央政治機構의 行政體系－尙書省 機構를 중심으로－」 『歷史學報』 47, 1970 ; 『高麗政治制度史硏究』, 一潮閣, 1971, 8～13쪽.

②朴龍雲, 앞의 논문, 「高麗時代의 6部判事制에 대한 考察」 『高麗時代硏究Ⅱ』, 정신문화연구원, 2000 ; 『高麗時代 尙書省 硏究』, 景仁文化社, 2000, 197～199쪽.

③朴龍雲, 위의 논문 ; 위의 저서, 102～114쪽 및 187～194쪽.

250) 尙書一人 秩正三品 : 刑部尙書는 判刑部事를 이은 직위로서, 처음에 정원이 1인이었다가 忠烈王 34년(1308)에 2인으로 늘렸다고 했지만, 이미 高宗 9년(1222)에 2명을 임명한 사례가 찾아져(『高麗史』 권22, 世家, 高宗 9年 冬12月) 좀더 검토해 볼 여지는 있는 듯 하다. 아울러 이들 尙書職도 參知政事・政堂文學・知門下省事 등 下位 宰臣과 樞臣들은 6部尙書 등 다른 實職(實務職)을 지니고 宰・樞臣이 되어 중복적으로 帶有하는 경우가 많았다고 한다(①).

이에 대해서 參知政事・政堂文學・知門下省事 등 下位 宰臣은 6部尙書 등 기타의 實職을 지니고 宰臣이 되어 宰臣으로서 제도적으로 겸직하게 되어 있는 6部判事를 兼職하고, 樞臣은 6部尙書 등 기타의 實職을 지니고 樞臣이 되어 下位 宰臣과 樞臣들은 일반 兼職制와는 다르게 宰・樞臣職이 운영되었다고 한다. 그리하여 忠烈王 원년(1275)에 元의 강요로 中書省과 門下省을 합쳐서 僉議府로 되고, 尙書省은 혁파되었으며, 樞密院이 密直司로 되는 대폭적인 관제개편이 이루어진 이후부터는 宰・樞臣 모두가 실직을 지니지 않는 것이 일반적이었고, 宰臣의 判事 兼職制는 조선조에 이르러 혁파되었다. 그러므로 이러한 한 경우에 사료적으로 뒷받침이 되지 않는 중복직 대유직이란 말보다 직제상 實職(實務職), 宰・樞臣職, 兼職으로 구분하는 것이 타당하리라 여겨진다(②).

①朴龍雲, 「高麗時代의 尙書6部에 대한 檢討」 『高麗時代 尙書省 硏究』, 景仁文化社, 2000, 225～228쪽과 259쪽 및 281·298쪽.

②崔貞煥, 「高麗 中書門下省의 祿俸規定과 그 運營實態」 『韓國史硏究』 50·51, 1985 ; 『高麗・朝鮮時代 祿俸制 硏究』, 경북대출판부, 1991, 93～199쪽.
崔貞煥, 「高麗 中樞院 樞臣의 祿俸規定과 그 運營實態」 『人文科學』 창간호, 경북대, 1985 ; 위의 저서, 148～153쪽.
崔貞煥, 「高麗後期 宰・樞臣 祿俸規定과 그 運營實態」 『韓國史硏究』

겸하고, 시랑은 두 명으로 정4품, 낭중은 두 명으로 정5품, 원외랑은 두 명으로 정6품이다.251) 별도로 율학박사 한 명을 설치하여 종8품으로 하고, 조교는 두 명으로 종9품이다.252)

충렬왕 원년에 고쳐 전법사라 하였고, 그에 따라 상서를 고쳐 판서라 하고, 시랑은 총랑, 낭중은 정랑, 원외랑은 좌랑이라 하였다.253) 24년에 충선이 고쳐 형조라고 하고, 또 판서를 고쳐 상서라 하고, (정원은) 이전대로 한 명이다. 총랑을 시랑이라 하고 세 명으로 늘려 그 하나는 다른 관원이 이를 겸하고, 정랑은 낭중, 좌랑은 원외랑이라 하고 모두 세 명으로 늘려 그 하나는 다같이 서반(西班)이 이를 겸하였다.254) 34년에 충선이 고쳐 언부(讞部)라 하고, 이어서 감전색(監傳色)

69, 1990 ; 위의 저서, 178～194쪽.
崔貞煥, 「고려후기 祿俸制와 宰·樞臣의 祿科」『한국중세사연구』 13, 2002, 137～155쪽.

251) 侍郞二人 正四品 郞中二人 正五品 員外郞二人 正六品 : 이 부분은 성종 원년의 兵官侍郞·兵官郞中·兵官員外郞을 성종 14년에 唐制를 수용하여 尙書刑部로 고치고, 문종 때 宋制를 수용하여 그 제도가 정비된 것이라 여겨진다.
崔貞煥, 本書, 62～64쪽.

252) 別置律學博士一人 從八品 助敎二人 從九品 : 이들은 律學生의 교육을 위한 職官으로 생각된다. 그렇다면 京師 6學 가운데에서 文宗 당시 律學만은 刑部에 설치되었다고 보아야 할 듯 한데 이는 國子監의 敎育職官 중에 國子·太學·四門博士와 함께 書學博士·算學博士의 존재는 찾아지나 律學博士가 보이지 않는 것과도(百官志1, 成均館條) 부합되는 내용이다. 하지만 다른 기사에는 文宗 17년 당시 律生이 국자감에 재학하고 있었던 것이 확실하여 (『高麗史』 권74, 選擧志2, 學校 仁宗 17年 8月) 약간의 문제가 된다.

253) 忠烈王元年 改爲典法司 仍改尙書爲判書 侍郞爲摠郞 郞中爲正郞 員外郞爲佐郞 : 忠烈王 元年(1275)에 이르러 元의 압력에 의해 고려는 관제를 대폭적으로 고쳤다. 尙書省은 혁파되고 尙書6部는 4司로 축소됨에 따라 刑部는 典法司로 개칭되거니와 그와 함께 직관들의 명칭도 모두 바뀌고 있다.

254) (忠烈王) 二十四年忠宣 改爲刑曹 又改判書爲尙書 仍一人 … 其一 以西班兼之 : 忠烈王 24년(1298)에 世子로 있던 忠宣이 父王을 밀어내고 일시 즉위하여 官制를 개편한 것인데, 충렬왕 원년의 僉議府를 충렬왕 19년에 都僉議使司로 개편한 이후 충렬왕 24년에 충선왕이 이전의 4司를 6曹로 고

과 도관(都官)·전옥(典獄)을 이에 합병시켰다. 판서(상서의 誤)를 고쳐 전서라 하고 두 명으로 늘이고, 시랑은 의랑이라 하고 다시 감하여 두 명으로 하고, 낭중은 직랑, 원외랑은 산랑이라 하고 모두 그대로 3인으로 하였다.[255] 후에 다시 전법사라 칭하였다.[256]

치면서 典法司를 刑曹라 개칭하고, 직관의 명칭과 정원도 개정하고 있다. 崔貞煥, 本書, 76쪽.

255) (忠烈王) 三十四年忠宣 改爲讞部 仍以監傳色·都官·典獄併焉 改判書(尙書의 誤)爲典書 增二人 … 員外郎爲散郎 並仍三人 : 忠烈王 34년(1308) 당시 원에 머물면서도 고려 조정에 대한 실권을 장악하고 있던 忠宣王이 다시 官制를 고치면서 讞部라 개칭하고, 거기에 監傳色과 도관·典獄署를 합병시키고 있다. 그런데 이때 讞部에 합병된 監傳色의 경우 이곳 이외에서는 더 이상 찾아지지 않고 다만 忠穆王 4년(1348)에 金倫 등이 康允忠을 논핵하면서 "그는 監傳之奴 출신이라 어찌 流品의 淸濁을 알겠습니까"라는 기사가(『高麗史』 권124, 列傳, 康允忠傳·『高麗史節要』 권25, 忠穆王 4년 春正月) 보이는 정도이다. 그렇기 때문에 監傳色이 어떤 업무를 담당한 기구였는지 잘 알 수 없는 실정이나, 이곳의 '傳'字가 驛舍·旅舍 또는 역말(驛遞)의 의미를 지닌 글자로 해석되는 만큼 감전색은 이런 것을 감독하는 기구였으리라 짐작되는데, 그것이 刑部에 합병된 점을 아울러 감안할 때 혹 범죄자의 감호 내지 이송을 맡은 기구가 아니었는지 모르겠다. 이에 비해 都官은 이어서 설명하는 刑部의 屬司였고, 典獄署는 글자 그대로 "獄囚를 관장한" 기구였으므로(『高麗史』 권77, 百官志 2, 典獄署) 담당 업무와 함께 형부에 병합된 연유도 비교적 쉽게 이해된다. 형부(讞部)의 업무가 이때 와서 그처럼 확장되었으므로 그 책임자인 전서(판서)도 2인으로 늘리는 등 직관의 명칭과 정원을 재조정하고 있다. 그리고 충렬왕 34년에 "改判書(尙書)爲典書"라 한 것에서 判書는 충렬왕 원년에 尙書를 判書라 고치고, 충렬왕 24년에 判書를 尙書라 고쳤으므로 당시에는 「判書」가 아니라 "「尙書」를 고쳐 典書"라 했다고 해야 옳은 것이다. 吏曹와 兵曹條에 충렬왕 34년 당시에는 모두 「尙書」로 나와 있다.

256) 後復稱典法司 : 讞部에서 典法司로 바뀐 시기에 대해 이곳에는 「後復稱」이라고만 설명되어 있으나 사례 등을 살펴보건데 그때는 충혜왕 원년(1331)이라 생각된다.

①崔貞煥, 本書, 76~77쪽.

②朴龍雲, 앞의 논문, 「高麗時代 6部判事制에 대한 考察」「高麗時代 尙書6部에 대한 檢討」; 『高麗時代 尙書省 研究』, 景仁文化社, 2000, 105

공민왕 5년에 다시 형부라 고치고, 상서·시랑·낭중·원외랑이라 칭하였다.257) 11년에는 다시 전법사로 고치고, 그에 따라 다시 판서·총랑·정랑·좌랑이라 칭하였다.258) 18년에 고쳐서 이부(理部)라 하고, 상서·의랑·좌랑·산랑이라 칭했다.259) 21년에 다시 전법사라 고치고, 또 다시 판서·총랑·정랑·좌랑이라 칭하였다.260) 공양왕 원년에 다시 형조라 고쳤다.

이속은 문종 때 설치하여 주사 두 명, 영사 여섯 명, 서령사 네 명, 계사 한 명, 기관 여섯 명, 산사 두 명, 장수 26명을 두었다.261)

쪽과 226쪽의 <表 3>.

257) 恭愍王五年復改刑部 稱尙書·侍郞·郞中·員外郞 : 공민왕 5년(1356)에 이르러 대대적인 반원개혁정치를 펴면서 충혜왕 원년(1331)의 4司(典理司·軍簿司·版圖司·典法司)를 문종 때의 舊制로 환원시켜 6部를 다시 복구시키면서 그에 따라 刑部도 文宗舊制로 복구되고 있다.
崔貞煥, 本書, 76~77쪽.

258) 十一年復改典法司 以尙書爲判書 侍郞爲摠郞 郞中爲正郞 員外郞爲佐郞 : 공민왕 5년(1356)에 文宗 때의 舊制로 복구된 6部가 공민왕 11년(1362)에 6司로 개편됨에 따라 刑部는 典法司로 바뀌고, 그에 따라 관직명도 함께 고쳐지고 있다. 공민왕 5년에 복구된 3省6部는 동왕 11년에 상서성은 혁파되고 중서성과 문하성을 통합하여 都僉議府가 됨으로써 3省6部가 1府6司로 개편되는 조처에 따라 刑部는 典法司로 바뀌고 있는 것이다.
崔貞煥, 本書, 76~77쪽.

259) 十八年復改理部 稱尙書·議郞·直郞·散郞 : 공민왕 11년(1362)의 典法司가 동왕 18년(1369)에 理部로 改稱되면서 그에 따라 관직명도 바뀌고 있다. 공민왕 11년의 都僉議府가 동왕 18년에 門下府로 개편됨에 따라 1府6司가 1府6部로 개편되었고, 그에 따라 典法司는 理部로 바뀌고 있다.
崔貞煥, 本書, 76~77쪽.

260) 二十一年 復改典法司 又復稱判書·摠郞·正郞·佐郞 :공민왕 18년(1369)의 理部를 동왕 21년(1372)에 와서 다시 공민왕 11년 당시의 典法司로 바꾸고, 그에 따른 관직명도 공민왕 11년 당시의 명칭으로 다시 되돌리고 있다. 이것은 공민왕 18년의 門下府體制하의 6部를 공민왕 21년에 門下府體制의 6司로 바꾸면서 理部를 공민왕 11년 당시의 典法司로 되돌리고 있는 것이다.
崔貞煥, 本書, 76~77쪽.

261) 門下府條 掾屬 참조.

『高麗史』卷76 志30 / 百官1 / 都官

都官 掌奴婢簿籍決訟 文宗定 尙書都官 郎中二人正五品 員外郎二人正六品 忠烈王元年 改郎中爲正郎 員外郎爲佐郎 二十四年忠宣復改郎中・員外郎 三十四年忠宣倂於言獻部 忠宣王二年以訴良者多 而言獻部 不能辨 復設都官 置正郎・佐郎 恭愍王五年 改郎中・員外郎 九年加員外郎二人 十一年加置摠郎正四品 改郎中爲正郎 員外郎爲佐郎 十八年革摠郎 改正郎爲直郎 佐郎爲散郎 二十一年復稱正郎・佐郎 吏屬 文宗置 主事六人 令史六人 書令史六人 計史一人 記官五人 筭士一人

도관. 노비의 문서(簿籍)와 소송(決訟)을 관장하였다.[262] 문종 때 정하여 상서도관에 낭중은 두 명으로 정5품, 원외랑은 두 명으로 정6품이다.[263]

---

262) 都官 掌奴婢・簿籍・決訟 : 都官은 刑部의 屬司로서 노비 관계의 문서와 소송을 총괄하는 기구였다(①).
도관에 대해서는 『新唐書』에 "都官郎中員外郎 各一人 掌浮隸簿錄 …"(『新唐書』 권46, 백관1, 刑部)이라 되어 있고, 『宋史』에는 "都官郎中員外郎 掌徒流配隷"(『宋史』 권163, 직관3, 형부)라 하였다. 고려에서는 현종 원년(1010)에 都官員外郎 盧戩(『고려사』 열전, 강조)과 현종 2년(1011) 10월에 都官郎中 金崇義(『고려사』 세가)가 첫 사례가 보이는 것으로 보아, 아마 宋制를 수용한 것이 아닌가 한다. 성종 14년에 唐制를 받아드린 이후 현종 2년에 庫部를 비롯한 度支金部 倉部 등의 여러 屬司가 혁파되는 과정을 거쳐, 文宗朝에는 宋制를 수용하여 고려의 모든 제도가 정비되었기 때문에 그렇게 이해되는 것이다(②).
①朴龍雲, 「高麗時代의 尙書6部에 대한 檢討」 『高麗時代 尙書省 硏究』, 景仁文化社, 2000, 238쪽 및 240쪽.
②崔貞煥, 本書, 60~61쪽 ; 앞의 兵曹 및 戶曹 참조.

263) 文宗 定尙書都官 郎中二人 正五品, 員外郎二人 正六品 : 이 기사대로라면 도관은 文宗朝에 이르러 처음 설치된 듯 이해하기 쉬우나 실은 그렇지가 않다. 실제로 顯宗 원년(1010)에 벌써 都官員外郎 盧戩이 확인되는 것이다(『高麗史節要』 권3, 顯宗 元年 11月 己亥). 그러므로 이 관서도 다른 6部의 屬司들과 마찬가지로 成宗 元年(982)에 설치되었다가 同王 14년(995)에 尙書都官으로 명칭이 바뀌는 연혁을 지니는 것이라 생각된다. 아울러 그 직관들 역시 성종 때부터 두어졌으리라 짐작되며, 이후 점차 정

충렬왕 원년에 낭중을 고쳐 정랑이라 하고, 원외랑을 좌랑이라 하였다.[264] 24년에 충선이 다시 낭중・원외랑이라 고쳤다.[265] 34년에 충선이 讞部에 병합시켰다. 충선왕 2년에 양인(良人)으로서 소송하는 자가 많아 언부가 능히 판별하지 못하여 다시 도관을 설치하고 정랑과 좌랑을 두었다.[266]

공민왕 5년에 낭중・원외랑이라 고치고,[267] 9년에는 원외랑 2인을 더 두었다. 11년에는 총랑을 더 두어 정4품으로 하고, 낭중은 정랑, 원외랑은 좌랑이라 고쳤다.[268] 18년에 총랑을 혁파하고, 정랑을 고쳐 직랑, 좌랑은 산랑이라 하였다.[269] 21년에 다시 정랑・좌랑이라 칭하였다.[270]

비되어 간 것이라 이해된다.
邊太燮,「高麗時代 中央政治機構의 行政體系－尙書省 機構를 중심으로－」『歷史學報』47, 1970 ;『高麗政治制度史硏究』, 一潮閣, 1971, 6~8쪽.

264) 忠烈王元年 改郞中爲正郞 員外郞爲佐郞 : 忠烈王 元年(1275)에 이르러 元의 壓力에 의해 고려는 관제를 대폭적으로 고쳤다. 尙書省은 혁파되고 尙書 6部는 4司로 축소됨에 따라 刑部는 典法司로 개칭되거니와 그와 함께 都官의 직관들의 명칭도 모두 바뀌고 있다.

265) (忠烈王) 二十四年忠宣 復改郞中・員外郞 : 忠烈王 24년(1298)에 世子로 있던 忠宣이 父王을 밀어내고 일시 즉위하여 官制를 개편한 것인데, 충렬왕 원년의 僉議府를 충렬왕 19년에 都僉議使司로 개편한 이후 충렬왕 24년에 충선왕이 이전의 4司를 6曹로 고치면서 典法司를 刑曹라 개칭하고, 그와 함께 都官에 직관의 명칭도 바뀌고 있다.

266) (忠烈王) 三十四年忠宣 倂於讞部 忠宣王二年 … 復設都官 置正郞・佐郞 : 忠烈王 34년(1308) 당시 원에 머물면서도 고려 조정에 대한 실권을 장악하고 있던 忠宣王이 다시 官制를 고치면서 讞部라 개칭하고, 거기에 監傳色과 都官・典獄署를 합병시켰다. 그러나 혁파한 都官은 충선왕 2년(1310)에 復舊시키는 조처를 취하고 있다.

267) 恭愍王五年 改郞中・員外郞 : 공민왕 5년(1356)에 이르러 대대적인 반원 개혁정치를 펴면서 충혜왕 원년(1331)의 4司(典理司, 軍簿司, 版圖司, 典法司)를 문종 때의 舊制로 환원시켜 6部를 다시 복구시키면서 그에 따라 都官의 職官도 文宗舊制로 복구되고 있다.

268) 十一年加置摠郞正四品 改郞中爲正郞 員外郞爲佐郞 : 공민왕 5년(1356)에 文宗 때의 舊制로 복구된 6部가 공민왕 11년(1362)에 6司로 개편됨에 따라 刑部는 典法司로 바뀌고, 그에 따라 都官의 職官名도 함께 고쳐지고 있다.

이속은 문종 때 설치하여 주사 여섯 명, 영사 여섯 명, 서령사 여섯 명, 계사 한 명, 기관 다섯 명, 산사 한 명을 두었다.

『高麗史』卷76 志30 / 百官1 / 禮曹

禮曹 掌禮儀祭享朝會交聘學校科擧之政 國初稱禮官 有御事·侍郞·郞中·員外郞 其屬有祠曹 成宗十四年改禮官爲尙書禮部 仍改祠曹爲尙書祠部 顯宗二年罷祠部 文宗定 禮部判事一人宰臣兼之 尙書一人秩正三品 知部事一人他官兼之 侍郞一人正四品 郞中二人正五品 員外郞二人正六品 忠烈王元年倂于典理司 二十四年忠宣復置 稱儀曹 尙書一人 侍郞三人 其一以他官兼之 郞中·員外郞 並三人 其一皆以西班兼之 三十四年忠宣復倂于選部 恭愍王五年復立禮部 置尙書·侍郞·郞中·員外郞 十一年改禮儀司 仍改尙書爲判書 侍郞爲摠郞 郞中爲正郞 員外郞爲佐郞 十八年復稱禮部 又改判書爲尙書 摠郞爲議郞 正郞爲直郞 佐郞爲散郞 二十一年復改禮儀司 稱判書·摠郞·正郞·佐郞 恭讓王元年改禮曹 吏屬 文宗置 主事二人 令史四人 書令史二人 記官六人 篆書書者二人

예조.[271] 예의(禮儀)·제향(祭享)·조회·교빙(交聘)·학교·과거(科擧)의 정사(政事)를 관장하였다.[272] 국초에는 예관(禮官)이라 칭하고,

---

269) 十八年革摠郞 改正郞爲直郞 佐郞爲散郞 : 공민왕 11년(1362)의 典法司가 동왕 18년(1369)에 理部로 改稱되면서 都官의 摠郞은 혁파하고, 그에 따라 관직명도 바뀌고 있다.

270) 二十一年 復稱正郞·佐郞 : 공민왕 18년(1369)의 理部를 동왕 21년(1372)에 와서 다시 공민왕 11년 당시의 典法司로 바뀌고, 그에 따른 都官의 관직명도 공민왕 11년 당시의 명칭으로 다시 되돌리고 있다.

271) 禮曹 : 이 칭호는 麗末인 공양왕 원년(1389) 이후 몇 년간 사용된 데 불과하고 일반적인 칭호는 禮部(尙書禮部)였다. 하지만 百官志는 맨 마지막의 명칭을 주제어로 삼았기 때문에 이와 같이 된 것이다.

272) 掌禮儀·祭享·朝會·交聘·學校·科擧之政 : 이곳의 禮儀는 각종 儀禮 가운데에서 일반적인 禮節·禮式에 관한 일을 말한 것 같고, 祭享은 儀禮 중 국가 祭禮와 관계된 사안을 지칭하는 것이며, 朝會는 글자 그대로 闕內의 조회에 관한 업무를 이른 것이다. 그리고 交聘은 오늘날 외교사

어사・시랑・낭중・원외랑이 있었다.[273] 그 속사로 사조가 있었다.[274] 성종 14년에 예관을 고쳐 상서예부라 하고[275] 그에 따라 사조를 고쳐 상서사부라 하였다. 현종 2년에 사부를 파하였다.

문종 때 정하여[276] 예부판사는 한 명으로 재신이 이를 겸하고,[277]

절 관계의 업무를 말하며, 이어지는 학교와 과거에 대한 일은 더 설명이 필요치 않겠거니와 禮部는 매우 다양한 업무를 보았음을 알 수 있다.
朴龍雲,「高麗時代의 尙書6部에 대한 檢討」『高麗時代 尙書省 研究』, 景仁文化社, 2000, 240～244쪽

273) 國初稱禮官 有御事・侍郎・郎中・員外郎 : 이곳의「國初」는 위의 吏曹條에서 설명했듯이 성종 원년(982)을 말한다. 이 禮官에는 御事・侍郎・郎中・員外郎 등의 관원이 있어 일을 보았거니와, 그 첫 사례는 성종 3년(984) 5월 당시 예관시랑에 재임 중이던 韓諺恭이었다(『高麗史』 권3, 世家).

274) 其屬有祠曹 : 성종 원년에 禮官의 屬司로 설치되었던 祠曹는 성종 14년(955)에 이르러 尙書祠部로 개칭되었다가 顯宗 2년(1011)에 혁파되고 만다(①). 성종 원년에 설치한 祠曹를 성종 14년에 尙書詞部로 개칭한 것은 唐制를 수용한 것이라 여겨지며(②), 현종 2년에 혁파된 이후 宋制를 받아들여 문종 때 제도가 정비될 때는 이를 두지 않았던 것이라 짐작된다.
①邊太燮,「高麗時代 中央政治機構의 行政體系－尙書省 機構를 중심으로－」『歷史學報』47, 1970 ;『高麗政治制度史研究』, 一潮閣, 1971, 6～8쪽.
②『新唐書』에는 祠曹라 하지 않고 詞部라 하였다. 이로 보아 성종 원년의 祠曹는 唐制를 수용하기 위한 과도기적인 職制라 여겨진다.
詞部郎中員外郎 各一人 掌詞祀享祭 (『新唐書』 권46, 백관1, 禮部).

275) 成宗十四年 改禮官爲尙書禮部 : 성종 원년의 御書6官을 성종 14년에 尙書6部로 개칭한 것은 唐制를 수용한 것이라 여겨지며(①), 그에 따라 禮官도 尙書禮部로 고쳐지고 있다(②, ③).
①崔貞煥, 本書, 59쪽.
②邊太燮, 위의 논문 ; 위의 저서, 5～8쪽.
③朴龍雲,「高麗의 尙書都省에 대한 檢討」『國史館論叢』61, 1995 ;『高麗時代 尙書省 研究』, 景仁文化社, 2000, 10～14쪽.

276) 文宗定 : 이 부분은 尙書禮部의 관원 구성이 문종 때 정비된 사실에 대해서 기술해 놓고 있는 것이다. 唐制를 수용한 성종 14년의 尙書都省과 尙書6部는 현종 대에 약간의 개편을 거쳐 문종 때는 宋制를 수용하여 尙書6部가 정비되었다. 여기서「文宗定」이라고 한 그 시기는 문종 15년(1061)이라 여겨진다.
崔貞煥, 本書, 60～64쪽 및 앞의 吏曹 참조.

상서는 한 명으로 품질은 정3품[278] 지부사는 한 명으로 다른 관원이 이를 겸하고, 시랑은 한 명으로 정4품, 낭중은 두 명으로 정5품, 원외랑은 두 명으로 정6품이다.[279]

---

277) 禮部判事一人 宰臣兼之 : 判尙書禮部事(判禮部事)는 判刑部事를 설명하는 자리에서 언급했듯이 논자에 따라서 5宰로 보기도 하나, 실은 4宰의 위치에 있었던 것으로 생각된다. 그리하여 역시 平章事와 參知政事를 비롯해 여러 宰臣들이 겸임하고 있지마는 그 첫 사례는 顯宗 16년(1025)에 內史侍郎平章事로 判尙書禮部事를 제수받은 蔡忠順이었다(『高麗史』 권4, 世家 顯宗 16年 春正月). 그 뒤 이 제도는 麗末까지 존속하는데, 그러나 충렬왕 원년(1275) 이후에는 상당한 기간동안 禮部가 吏部에 합병되어 있는 상태였던 만큼 그 사례는 몇몇에 지나지 않는다.

朴龍雲, 앞의 논문, 「高麗時代의 6部判事制에 대한 考察」 ; 『高麗時代研究Ⅱ』, 한국정신문화연구원, 2000 ; 『高麗時代 尙書省 研究』, 景仁文化社, 2000, 102～114쪽 및 175～187쪽.

278) 尙書一人 秩正三品 : 禮部尙書는 禮官御事를 이은 직위로서, 그의 정원이 1인으로 규정되어 있음에도 불구하고 다른 상서들의 경우 동시에 2인씩 임명되는 사례가 찾아져 이것 역시도 좀 더 검토해볼 여지는 있는 듯하다(①). 아울러 이들 또한 參知政事・政堂文學・知門下省事 등 下位 宰臣과 樞臣들은 6部尙書 등 다른 實職(實務職)을 지니고 宰・樞臣이 된 경우가 많았다(②).

①朴龍雲, 「高麗時代의 尙書6部에 대한 檢討」 『高麗時代 尙書省 研究』, 景仁文化社, 2000, 225～228쪽과 261쪽 및 282·300쪽.

②崔貞煥, 「高麗 中書門下省의 祿俸規定과 그 運營實態」 『韓國史研究』 50·51, 1985 ; 『高麗・朝鮮時代 祿俸制 研究』, 경북대출판부, 1991, 93～99쪽.

崔貞煥, 「高麗 中樞院 樞臣의 祿俸規定과 그 運營實態」 『人文科學』 창간호, 경북대, 1985 ; 위의 저서, 148～153쪽,

崔貞煥, 「高麗後期 宰・樞臣 祿俸規定과 그 運營實態」 『韓國史研究』 69, 1990 ; 위의 저서, 178～194쪽.

崔貞煥, 「고려후기 祿俸制와 宰・樞臣의 祿科」 『한국중세사연구』 13, 2002, 137～155쪽.

279) 侍郎一人正四品 郎中二人正五品 員外郎二人正六品 : 이 부분은 성종 원년의 禮官侍郎・禮官郎中・禮官員外郎을 성종 14년에 唐制를 수용하여 尙書禮部로 고치고, 문종 때 宋制를 수용하여 그 제도가 정비된 것이라 여겨진다.

崔貞煥, 本書, 60～64쪽.

충렬왕 원년에 전리사에 합병되었다.[280] 24년에 충선이 다시 설치하여 의조(儀曹)라 칭하고, 상서는 한 명이고, 시랑은 세 명으로 그 하나는 모두 西班이 이를 겸하였다.[281] 34년에는 충선이 다시 選部에 합병시켰다.[282]

공민왕 5년에 다시 예부를 세우고, 상서・시랑・낭중・원외랑을 두었다.[283] 11년에는 예의사라 고치고, 그에 따라 상서를 고쳐 판서라 하고, 시랑은 총랑, 낭중은 정랑, 원외랑은 좌랑이라 하였다.[284] 18년에

---

280) 忠烈王元年 倂于典理司 : 忠烈王 元年(1275)에 이르러 元의 壓力에 의해 고려는 관제를 대폭적으로 고쳤다. 尙書省은 혁파되고 尙書6部는 4司로 축소됨에 따라 禮部는 典理司에 합병되었다.

281) (忠烈王) 二十四年 忠宣復置 稱儀曹 尙書一人 … 其一皆以西班兼之 : 忠烈王 24년(1298)에 世子로 있던 忠宣이 父王을 밀어내고 일시 즉위하여 官制를 개편한 것인데, 충렬왕 원년의 僉議府를 충렬왕 19년에 都僉議使司로 개편한 이후 충렬왕 24년에 충선왕이 이전의 4司를 6曹로 고치면서 혁파되었던 禮部를 다시 두어 儀曹라 하고 그곳 소속 직관들의 정원 등을 조절하고 있다.
崔貞煥, 本書, 76~77쪽.

282) (忠烈王) 三十四年 忠宣復倂于選部 : 忠烈王 34년(1308) 당시 元에 머물면서도 고려 조정에 대한 실권을 장악하고 있던 忠宣王이 다시 관제를 고치면서 이번에는 吏部와 兵部・禮部를 합병하여 選部를 만들 당시에 儀曹(禮部)가 選部에 병합된 사실을 나타내고 있다. 그리하여 이전의 6曹(충렬왕 24년)가 4部로 바뀌게 되었다.
崔貞煥, 本書, 76~77쪽 <表 12> 참조.

283) 恭愍王五年 復立禮部 置尙書・侍郞・郞中・員外郞 : 공민왕 5년(1356)에 이르러 대대적인 반원개혁정치를 펴면서 충혜왕 원년(1331)의 4司(典理司, 軍簿司, 版圖司, 典法司) 체제를 문종 때의 舊制로 환원시켜 6部를 다시 복구시키면서 禮部도 文宗舊制로 복구되고 있다.
崔貞煥, 本書, 76~77쪽.

284) 十一年復改禮儀司 以尙書爲判書 侍郞爲摠郞 郞中爲正郞 員外郞爲佐郞 : 공민왕 5년(1356)에 文宗 때의 舊制로 복구된 6部가 공민왕 11년(1362)에 6司로 개편됨에 따라 禮部는 禮儀司로 바뀌고, 그에 따라 職官名도 함께 고쳐지고 있다. 공민왕 5년에 복구된 3省6部는 동왕 11년에 상서성은 혁파되고 중서성과 문하성을 통합하여 都僉議府가 됨으로써 3省6部가 1府6司로 개편되는 조처에 따라 禮部는 禮儀司로 바뀌고 있는 것이다.
崔貞煥, 本書, 76~77쪽.

다시 예부라 칭하고, 또한 판서를 고쳐 상서라 하고, 총랑은 의랑, 정랑은 직랑, 좌랑은 산랑이라 하였다.[285] 21년에 다시 예의사로 고치고, 판서・총랑・정랑・좌랑이라 칭했다.[286] 공양왕 원년에 예조라 고쳤다.

이속은 문종 때 설치하여 주사 두 명, 영사 네 명, 서령사 두 명, 기관 여섯 명, 전서사자 두 명을 두었다.[287]

『高麗史』 卷76 志30 / 百官1 / 工曹

工曹 掌山澤工匠營造之事 國初稱工官 有御事・侍郎・郎中・員外郎 其屬有虞曹水曹 成宗十四年改工官爲尙書工部 仍改虞曹爲尙書虞部 水曹爲尙書水部 後廢虞水部 文宗定 工部判事一人宰臣兼之 尙書一人秩正三品 知部事一人他官兼之 侍郎一人正四品 郎中二人正五品 員外郎二人正六品 忠烈王元年罷 二十四年忠宣復置 稱工曹 尙書一人 侍郎三人 其一以他官兼之 郎中・員外郎 並三人 其一皆以西班兼之 後復罷之 恭愍王五年復立工部 置尙書・侍郎・郎中・員外郎 十一年改典工司 以尙書爲判書 侍郎爲摠郎 郎中爲正郎 員外郎爲佐郎 十八年復稱工部 仍改判書爲典書 摠郎爲議郎 正郎爲直郎 佐郎爲散郎 二十一年復改典工司 稱判書・摠郎・正郎・佐郎 恭讓王元年復改工曹

---

285) 十八年復改禮部 又改判書爲尙書 … : 공민왕 11년(1362)의 禮儀司가 동왕 18년(1369)에 禮部로 개칭되면서 그에 따라 직관명도 바뀌고 있다. 공민왕 11년의 都僉議府가 동왕 18년에 門下府로 개편됨에 따라 1府6司가 1府6部로 되었고, 그에 따라 禮儀司는 다시 禮部로 바뀌고 있다.
崔貞煥, 本書, 76~77쪽.

286) 二十一年 復改禮儀司 稱判書・摠郎・正郎・佐郎 : 공민왕 18년(1369)의 禮部를 동왕 21년(1372)에 와서 다시 공민왕 11년 당시의 禮儀司로 바뀌고, 그에 따른 직관명도 공민왕 11년 당시의 명칭으로 다시 되돌리고 있다. 이것은 공민왕 18년의 門下府體制 하의 6部를 공민왕 21년에 門下府・6司로 바꾸면서 禮部를 공민왕 11년 당시의 禮儀司로 되돌리고 있는 것이다.
崔貞煥, 本書, 76~77쪽.

287) 吏屬 文宗置 主事二人 令史四人 書令史二人 記官六人 篆書書者二人 : 禮部의 특성상 篆書를 담당할 篆書書者를 따로 둔 것 같다(門下府條 掾屬 참조).

吏屬 文宗置 主事二人 令史四人 書令史四人 計史一人 記官八人

공조.[288] 산택(山澤)·공장(工匠)·영조(營造)의 일을 관장하였다.[289] 국초(國初)에는 공관(工官)이라 칭하고, 어사·시랑·낭중·원외랑이 있었다.[290] 그 속사(屬司)로 우조(虞曹)와 수조(水曹)가 있었다.[291] 성

---

288) 工曹 : 이 칭호는 忠烈王 24년(1298)에 잠시 즉위했던 忠宣王 때의 몇 달과 麗末인 공양왕 원년(1398) 이후 몇 년간 사용된 데 불과하고 일반적인 칭호는 工部(尙書工部)였다. 하지만 百官志는 맨 마지막의 명칭을 주제어로 삼았기 때문에 이와 같이 된 것이다.

289) 掌山澤·工匠·營造之事 : 공부는 규정 그대로 산림과 냇물·못 및 기술자인 공장, 그리고 건축·營造에 관련된 일을 관장한 기구였다.
朴龍雲, 「高麗時代의 尙書6部에 대한 檢討」『高麗時代 尙書省 硏究』, 景仁文化社, 2000, 244쪽.

290) 國初稱工官 有御事·侍郞·郞中·員外郞 : 이곳의 「國初」는 위에서 여러 번 설명했듯이 成宗 元年(982)을 말한다. 이 공관에는 御事·侍郞·郞中·員外郞 등의 관원이 있어 일을 보았거니와, 그 첫 사례는 成宗 2年 5月에 工官御事를 제수받은 鄭謙儒였다(『高麗史』 권3, 世家(①, ②, ③)). 『고려사』 백관지에 御事6官이 설치된 시기를 選官·民官·禮官·工官은 「國初稱」이라 기술하고, 兵官은 「後稱」, 刑官은 「後改」라고 기술되어 있는데, 이것은 모두 성종 원년이라 여겨진다. 성종 원년의 選官은 성종 14년에 唐制를 수용하여 개편된 吏部尙書의 전신으로 과도기적인 직제라 할 수 있다(④).
①邊太燮, 「高麗時代 中央政治機構의 行政體系－尙書省 機構를 중심으로－」『歷史學報』 47, 1970 ; 『高麗政治制度史硏究』, 一潮閣, 1971, 5～8쪽.
②李泰鎭, 「高麗 宰府의 成立－그 制度史的 考察－」『歷史學報』 56, 1972, 28～34쪽.
③朴龍雲, 「高麗時代의 尙書6部에 대한 檢討」『高麗時代 尙書省 硏究』, 景仁文化社, 2000, 220～223쪽.
④崔貞煥, 本書, 75쪽.

291) 其屬有虞曹·水曹 … : 이들 屬司는 성종 14년(995)에 이르러 工部를 尙書工部라 개칭함에 따라 虞曹는 尙書虞曹, 水曹는 尙書水部라 고치고 있다. 이들은 그 후 폐지되었다고 하는데(後廢虞·水部), 그 「後廢」는 다른 관서의 屬司들이 대부분 혁파되는 顯宗 2년(1011)으로 생각된다(①). 성종 원년에 설치한 虞曹와 水曹를 성종 14년에 尙書虞部, 尙書水部로 개칭한 것은 唐制를 수용한 것이라 여겨지며(②), 현종 2년에 혁파된 이후 宋制를 받아들여 문종 때 제도가 정비될 때는 이들을 모두 두지 않았던 것이라 여겨진다.

종 14년에 공관을 고쳐 상서공부라 하고,[292] 그에 따라 우조를 고쳐 상서우부라 하였으며, 수조는 상서수부라 하였다. 후에 우부·수부를 폐지하였다.

문종 때 정하여[293] 공부판사는 한 명으로 재신이 이를 겸하고[294]

---

①邊太燮, 「高麗時代 中央政治機構의 行政體系－尙書省 機構를 중심으로－」『歷史學報』 47, 1970 ; 『高麗政治制度史研究』, 一潮閣, 1971, 6~8쪽.

②『新唐書』에는 虞曹, 水曹라 하지 않고 虞部, 水部라 하였다. 이로 보아 성종 원년의 虞曹, 水曹는 唐制를 수용하기 위한 과도기적인 職制라 여겨진다(『新唐書』 上, 권46, 백관1, 工部).

292) 成宗十四年 改工官爲尙書工部 : 成宗 14年(995)에 諸官司가 禮典에 準據한 것이기는 하지만 「額名에 임시적인 것이 많으므로 典常을 살피고 可否를 가려서 假號는 모두 제거해 通規를 잘 나타내도록 한다」(『高麗史』 권3, 世家, 成宗 14年 5月)는 취지에 의거해 여러 官府名이 중국식으로 개칭되었다. 이와 같이 성종 원년의 御書6官을 尙書6部로 개칭한 것은 唐制를 수용한 것이라 여겨지며(①), 그에 따라 選官도 尙書吏部로 고쳐지는 것이다(②, ③).

①崔貞煥, 本書, 59쪽.

②邊太燮, 위의 논문 ; 위의 저서, 5~8쪽.

③朴龍雲, 「高麗의 尙書都省에 대한 檢討」『國史館論叢』 61, 1995 ; 『高麗時代 尙書省 研究』, 景仁文化社, 2000, 10~14쪽.

293) 文宗 定 : 이 부분은 尙書工部의 관원 구성이 문종 때 정비된 사실에 대해서 기술해 놓고 있는 것이다. 唐制를 수용한 성종 14년의 尙書都省과 尙書6部는 현종 대에 약간의 개편을 거쳐 문종 때는 宋制를 수용하여 尙書6部가 정비되었다. 그리고 백관지에 「文宗定」이라고 한 그 시기는 문종 15년(1061)이라 여겨진다.

崔貞煥, 本書, 64쪽 및 위의 吏曹 참조.

이에 대해서 박용운은 文宗朝에 정해졌다는 百官志의 규정은 「更定兩班田柴科 又改官制 定百官班次 及祿科」(『高麗史節要』 권5, 文宗 30年 末尾)와 관련을 가지는 것으로서, 종래의 제도에 약간의 添削·補完이 가해져 완비된 상황을 말해주는 것이라 생각된다. 각 職官들은 成宗 元年 이후 설치되고 있으며 품질·정원 등의 제도도 점차 마련되어 갔다고 하였다.

朴龍雲, 「譯註『高麗史』百官志(1)」『고려시대연구Ⅴ』, 한국정신문화연구원, 2002, 131쪽.

294) 工部判事一人 宰臣兼之 : 判尙書工部事(判工部事)는 6部判事 가운데 서열이 제일 낮은 제6위였으므로 이것을 겸하는 宰臣은 6宰가 되었다. 그

상서는 한 명으로 품질은 정3품,[295] 지부사는 한 명으로 다른 관원이

러므로 당해 宰臣들도 주로 參知政事・政堂文學・知門下省事・僕身寸 등 하위직이지마는, 그 첫 사례마저도 숙종 10년(1105)에야 찾아지는가(『高麗史』 권12, 肅宗 10년 6월)하면, 忠烈王 元年(1275)이후에는 工部 자체가 상당히 긴 기간동안 폐지된 상태여서 사례 또한 몇몇에 지나지 않아 제도의 원만한 운영에 의문을 갖게 한다.

朴龍雲, 「高麗時代의 6部判事制에 대한 考察」『高麗時代研究Ⅱ』, 한국정신문화연구원, 2000 ; 『高麗時代 尙書省 研究』, 景仁文化社, 2000, 102~114쪽 및 200~205쪽.

고려시대는 省5樞7이라 하여 5宰를 많이 거론하는데, 여기서 6宰는 무엇을 의미하는지 분명하지 않고, 宰臣이 判事를 겸하는 제도는 전기부터는 후기에까지 지속이 되지만, 宰臣의 서열에 따라 일률적으로 6部의 判事를 겸직한 것이 아니라 예외적인 사례가 너무 많아 단정적으로 말하기가 곤란하다. 그리고 고려전기의 3省6部는 충렬왕 원년에 僉議府-4司, 同王 24년에 都僉議使司(충렬왕 19년)-6曹, 同王 34년에 都僉議使司-4部, 충혜왕 원년에 都僉議使司-4司, 공민왕 5년에 3省6部, 공민왕 11년에 都僉議府-6司, 공민왕 18년에 門下府-6部, 공민왕 21년에 門下府-6司, 공양왕 원년에 門下府-6曹로 많은 변천을 거듭하였기 때문에 그에 따른 判事의 兼職制 운영은 별도로 검토가 되어야 할 것이다.

295) 尙書一人 秩正三品 : 工部尙書는 工官御事를 이은 직위로서, 그의 정원이 1인으로 규정되어 있음에도 불구하고 이미 高宗 9년(1222) 12월에 2명이 임명되는 사례가 찾아져(『高麗史』 권22, 世家) 좀더 검토해 볼 여지는 있는 듯하다(①). 아울러 이들 또한 參知政事・政堂文學・知門下省事 등 下位 宰臣과 樞臣들은 6部尙書 등 다른 實職(實務職)을 지니고 宰・樞臣이 된 경우가 많아서 實職 宰臣職 樞臣職으로 구분하여 관직운영 실태를 파악해 봐야 할 것이다(②).

①朴龍雲, 「高麗時代의 尙書6部에 대한 檢討」『高麗時代 尙書省 研究』, 景仁文化社, 2000, 225~228쪽과 264쪽 및 284·302쪽.

②崔貞煥, 「高麗 中書門下省의 祿俸規定과 그 運營實態」『韓國史研究』 50·51, 1985 ; 『高麗・朝鮮時代 祿俸制 研究』, 경북대출판부, 1991, 93~199쪽.
崔貞煥, 「高麗 中樞院 樞臣의 祿俸規定과 그 運營實態」『人文科學』 창간호, 경북대, 1985 ; 위의 저서, 148~153쪽.

崔貞煥, 「高麗後期 宰・樞臣 祿俸規定과 그 運營實態」『韓國史研究』 69, 1990 ; 위의 저서, 178~194쪽.

崔貞煥, 「고려후기 祿俸制와 宰・樞臣의 祿科」『한국중세사연구』 13,

이를 겸하고, 시랑은 한 명으로 정4품, 낭중은 두 명으로 정5품, 원외랑은 두 명으로 정6품이다.[296)]

충렬왕 원년에 혁파하였다.[297)] 24년에 충선이 다시 설치하여 공조라 칭하고, 상서는 한 명이고, 시랑은 세 명으로 그 하나는 다른 관원이 이를 겸하고, 낭중과 원외랑은 다같이 세 명으로 그 하나는 모두 서반(西班)이 이를 겸하였다. 후에 다시 이를 혁파하였다.[298)]

공민왕 5년에 다시 공부를 세우고, 상서·시랑·낭중·원외랑을 두

2002, 137~155쪽.

296) 侍郎一人正四品 郎中二人正五品 員外郎二人正六品 : 이 부분은 성종 원년의 工官侍郎·工官郎中·工官員外郎을 성종 14년에 唐制를 수용하여 尙書工部로 고치고, 문종 때 宋制를 수용하여 判事 尙書 知部事 아래에 侍郎 郎中 員外郎을 둔 것이라 여겨진다. 判事와 知部事에 보임 된 사례가 현종 12년부터 나타나기 시작하고(①), 그 이전에는 보이지 않기 때문에 그렇게 여겨지는 것이다. 判事와 知部事는 현종 대를 거쳐 문종 때 정비된 것으로 보아야할 것 같다(②).

①崔士威判吏部事(『고려사』 권4, 세가, 현종 12년 12월).
徐訥爲國子祭酒知吏部事(『고려사』 권4, 세가, 현종 12년 3월).

②崔貞煥, 本書, 61~64쪽.
이에 대해서 박용운은 工部侍郎·工部郎中·工部員外郎은 각각 工官侍郎·工官郎中·工官員外郎을 이은 지위로 이해하였다(③). 기능적으로 이은 것은 사실이겠지만, 성종 원년의 과도기적인 職制에서 唐·宋制를 수용하여 제도화시킨 것과는 구별지어 보아야할 것 같다.

③朴龍雲「譯註『高麗史』百官志(1)」『고려시대연구Ⅴ』, 한국정신문화연구원, 2002, 193쪽.

297) 忠烈王元年 罷 : 忠烈王 元年(1275)에 이르러 元의 압력에 의해 尙書6部는 4司로 축소·격하되는데, 이때 尙書工部는 아예 혁파되고 있다.

298) (忠烈王) 二十四年 忠宣復置 稱工曹 尙書一人 … 其一皆以西班兼之, 後復罷之 : 忠烈王 24년(1298)에 世子로 있던 忠宣이 父王을 밀어내고 일시 즉위하여 官制를 개편한 것인데, 충렬왕 원년의 僉議府를 충렬왕 19년에 都僉議使司로 개편한 이후 충렬왕 24년에 충선왕이 이전의 4司를 6曹로 고치면서 혁파되었던 工部를 다시 두어 工曹라 하고 그곳 소속 직관들의 정원 등을 조절하고 郎中과 員外郎 가운데 한 명은 西班이 겸하도록 하였다가 뒤에 다시 혁파하고, 공민왕 5년에 다시 복구된다.
崔貞煥, 本書, 76~77쪽.

었다.[299] 11년에는 전공사라 고치고, 그에 따라 상서를 판서라 하고 시랑은 총랑, 낭중은 정랑, 원외랑은 좌랑이라 하였다.[300] 18년에 다시 공부라 칭하고, 그에 따라 판서를 고쳐 전서라 하고, 총랑을 의랑, 정랑은 직랑, 좌랑은 산랑이라 하였다.[301] 21년에 다시 전공사라 고치고, 판서·총랑·정랑·좌랑이라 칭하였다.[302] 공양왕 원년에 다시 공조라 고쳤다.

이속은 문종 때 설치하여 주사 두 명, 영사 네 명, 서령사 네 명, 계사 한 명, 기관 여덟 명을 두었다.

『高麗史』卷76 志30 / 百官1 / 司憲府

---

299) 恭愍王五年復立工部 置尙書·侍郎·郎中·員外郎 : 공민왕 5년(1356)에 이르러 대대적인 반원개혁정치를 펴면서 충혜왕 원년(1331)의 4司(典理司, 軍簿司, 版圖司, 典法司) 체제를 문종 때의 舊制로 환원시켜 6部를 다시 복구시키면서 工部도 文宗舊制로 복구되고 있다.
崔貞煥, 本書, 76~77쪽.

300) 十一年改典工司 以尙書爲判書 侍郎爲摠郎 郎中爲正郎 員外郎爲佐郎 : 공민왕 5년(1356)에 文宗 때의 舊制로 복구된 6部가 공민왕 11년(1362)에 6司로 개편됨에 따라 工部는 典工司로 바뀌고, 그에 따라 직관도 함께 고쳐지고 있다. 공민왕 5년에 복구된 3省6部는 동왕 11년에 상서성은 혁파되고 중서성과 문하성을 통합하여 都僉議府가 됨으로써 3省6部가 1府6司로 개편되는 조처에 따라 工部는 典工司로 바뀌고 있는 것이다.

301) 十八年復稱工部 仍改判書爲典書 摠郎爲議郎 正郎爲直郎 佐郎爲散郎 : 공민왕 11년(1362)의 典工司가 동왕 18년(1369)에 工部로 改稱되면서 그에 따라 직관도 바뀌고 있다. 공민왕 11년의 都僉議府가 동왕 18년에 門下府로 개편됨에 따라 1府6司가 1府6部로 바뀌고, 그에 따라 典工司는 工部로 바뀌고 있다.
崔貞煥, 本書, 76~77쪽.

302) 二十一年 復改典工司 稱判書·摠郎·正郎·佐郎 : 공민왕 18년(1369)의 工部를 동왕 21년(1372)에 와서 다시 공민왕 11년 당시의 典工司로 바뀌고, 그에 따른 직관도 공민왕 11년 당시의 명칭으로 다시 되돌리고 있다. 이것은 공민왕 18년의 門下府體制하의 6部를 공민왕 21년에 門下府와 6司로 바꾸면서 工部를 공민왕 11년 당시의 典工司로 되돌리고 있는 것이다.
崔貞煥, 本書, 76~77쪽.

司憲府 掌論執時政矯正風俗糾察彈劾之任 國初稱司憲臺 成宗十四年改御史臺 有大夫·中丞·侍御史·殿中侍御史·監察御史 顯宗五年武臣金訓等 請罷御史臺 置金吾臺 使·副使·錄事 並無常員 六年罷金吾臺 復以御史臺爲司憲臺 置大夫·中丞·雜端·侍御司憲·殿中侍御司憲·監察司憲 十四年 復改御史臺 靖宗十一年陞權知監察御史 班在閤門祗候上 文宗定 判事一人 大夫一人秩正三品 知事一人 中丞一人 從四品 雜端一人 侍御史二人 並從五品 殿中侍御史二人正六品 監察御史十人從六品【文吏 各五人】睿宗十一年詔 知事·雜端 立本品行頭 神宗五年御史二人陞爲叅秩 忠烈王元年改監察司 仍改大夫爲提憲 中丞爲侍丞 侍御史爲侍史 監察御史爲監察史 二十四年忠宣改爲司憲府 改提憲復爲大夫 陞從二品 侍丞復爲中丞 增二人 陞從三品 侍史改內侍史 殿中侍御史改殿中內侍史 監察史改監察內史 省爲六人 新置注簿一人正七品 減知事·雜端 尋復改監察司 以內侍史復爲侍御史 殿中內侍史爲殿中侍御史 監察內史爲監察御史 三十四年忠宣復改司憲府 改大夫爲大司憲 陞正二品 中丞爲執義 陞正三品 侍御史爲掌令 陞從四品 殿中侍御史爲持平 陞正五品 監察御史爲糾正 增十四人 其四兼官 仍從六品 忠宣王三年 降大司憲正三品 執義從三品 後復改監察司 以大司憲爲大夫 恭愍王五年復改御史臺 大夫如故 改執義爲中丞 省一人 掌令爲侍御史 持平爲殿中侍御史 降從五品 糾正爲監察御史 十一年復改監察司 仍復改中丞爲執義 侍御史爲掌令 殿中侍御史爲持平 陞正五品 監察御史爲糾正 十八年復稱司憲府 改大夫爲大司憲 革執義 置知事·兼知事從三品 掌令改侍史 持平改雜端 降從五品 加置兼糾正 二十一年革知事 復置執義 改侍史復爲掌令 雜端爲持平 吏屬 文宗置 錄事三人 令史四人 書令史六人 計史一人 知班二人 記官六人 算士一人 記事十人 所由五十人

사헌부.[303] 시정(時政)을 의논하여 집행하고, 풍속을 바로 잡고(矯

303) 司憲府 : 時政을 논의하여 집행하고, 풍속을 바로 잡고(矯正), 관리들을 감찰하고 탄핵하는 직임을 맡은 기관으로 고려시대 국초에 사헌대(司憲臺)라 칭하였으나, 그 명칭이 御史臺, 金吾臺, 司憲臺, 監察司, 司憲府 등

正), 관리들을 감찰하고 탄핵하는 직임을 맡았다. 국초에 사헌대(司憲臺)라 칭하였다. 성종 14년에 어사대(御史臺)로 고치고,[304] 대부(大夫),

---

으로 여러 차례 개편되었다. 충렬왕 24년과 충렬왕 34년에 일시 司憲府라 칭한 적이 있으나 일반적인 칭호는 御史臺였으며, 麗末 恭愍王 18년에 다시 司憲府라 하였다. 百官志는 맨 마지막의 칭호를 주제어로 삼았기 때문에 司憲府로 나타나고 있는 것이다.

①朴龍雲,「高麗朝의 臺諫制度」『歷史學報』51 ;「高麗時代 臺諫 機能의 變遷『史叢』17·18, 高大史學會, 1973 ;「臺諫制度의 成立」『韓國史論叢』1 ;『高麗時代臺諫制度 硏究』, 일지사, 1980.

②李洪烈,「臺諫制度의 法制史的 考察」『史叢』5, 高大史學會, 1960.

③宋春永,「高麗 御史臺에 관한 一硏究」『大丘史學』3, 1971.

304) 國初稱司憲臺 成宗十四年改御史臺 : 국초에 사헌대라 칭했다고 하는「국초」는 성종 원년이라 여겨진다. 성종 원년에는 唐制를 수용하여 內史省과 門下省이 설치되고, 광평성을 御事都省이라 고치고, 選官(吏部)을 비롯한 御事6官이 설치되었다. 御事6官의 설치는 다 같이「國初」라고 기술되어 있음은 앞서 누차 지적한 바가 있다. 여기 사헌대의 설치도「國初」라고 하였는데, 이들은 모두 다 함께 성종 원년에 설치된 것이라 여겨진다. 내사성과 문하성은 성종 원년에 唐制를 수용하여 그렇게 칭하였지만, 어사도성과 어사6관 및 司憲臺는 그와는 달리 성종 14년에 唐制를 수용하여 개칭한 것이라 여겨진다(①). 성종 14년에 唐制를 수용하여 어사대로 개편하기 이전 국초에 司憲臺라 칭한 것은 唐制와는 상관이 없는 고려의 職制였다. 이를 뒷받침할 수 있는 증거는 성종 9년 7월에 金審言이 올린 封事文에서 찾아 볼 수 있다. 김심언이 西京의 중요성을 강조하면서 올린 封事文에 "청컨대 唐이 東都에 知臺御史(御史臺)를 설치한 예에 의거하여 司憲(分司司憲) 1員을 分遣하자"고(②) 건의하자 왕이 이를 받아들여 그대로 시행토록 하였다. 이것은「國初」에 설치된 司憲臺는 고려가 설치한 기구로서 당의 어사대와 같은 기구임을 말해 주고 있다. 또한 그것은 당시까지 고려에서는 아직 唐制가 수용되지 않았음을 알게 한다. 국초의 司憲臺가 당의 御史臺와 같다는 이러한 생각이 성종 원년에 설치한 司憲臺를 이후 唐制에 따라 성종 14년에 御史臺로 고치게 된 것이라 여겨진다.

①崔貞煥, 本書, 59~60쪽 및 앞의 門下府 尙書省條 참조.

②『고려사』권93, 열전, 金審言.

이에 대해서 박용운은 國初에 司憲臺가 있었다고 하지마는 그 조직이나 기능에 있어서는 의문시되는 점이 많다. 그러다가 司憲臺가 새로이 정비되기는 내외의 관제가 갖추어지는 成宗 2년으로 생각되며 여기에 중승(中丞), 시어사(侍御史), 전중 시어사(殿中侍御史), 감찰어사(監察御史)가 있었다.

현종 5년에 무신 김훈(金訓) 등이 어사대 혁파를 요청하여 금오대를 설치하고 사・부사・녹사를 두고, (어사대의) 상원(常員)은 모두 없애었다.[305] 6년에 금오대를 혁파하고 어사대를 다시 사헌대라 하고, 대부・중승・잡단・시어사헌・전중시어사헌・감찰사헌을 두었다. 14년에 다시 어사대로 고쳤다. 정종 11년에 권지감찰어사로 올려 반렬(班列)을 각문지후(閣門祇侯) 위에 있게 하였다.

문종 때 정하여[306] 판사는 한 명이고, 대부는 한 명으로 품질은 정3

점차적으로 大夫・中丞・侍御司憲・殿中侍御司憲・監察司憲・監察御使 등의 관원이 置有된 것으로 보인다. 이것은 成宗 14년의 변혁으로 司憲臺는 御史臺로 바뀌고 그 관직명도 大夫・中丞・侍御史・殿中侍御史・監察御史로 개칭되었다고 하였다.

朴龍雲, 「臺諫制度의 成立」『高麗時代臺諫制度 硏究』, 일지사, 1980, 45쪽.

305) 顯宗五年武臣金訓等 請罷御史臺 置金吾臺 : 이것은 현종 5년 11월에 상장군 金訓과 崔質 등이 난을 일으켜 중추원사 張延祐와 일직(日直) 皇甫兪義를 유배시키고, 일시적으로 어사대를 혁파하고 금오대를 설치한 것이라 여겨진다.

306) 文宗 定 : 이 부분은 御史臺의 관원 구성이 문종 때 정비된 사실에 대해서 기술해 놓고 있는 것이다. 성종 원년(982)에 설치된 司憲臺 성종 14년(995)에 唐制에 의거하여 御史臺로 개편된 이후 현종 5년(1014)에 金吾臺, 현종 6년에는 동왕 원년의 司憲臺로 되돌아갔다가 현종 14년(1023)에 다시 御史臺로 고치는 등 많은 변화를 거쳐 문종 때 어사대의 제도가 정비된 것으로 정리해 놓고 있다. 현종 14년 개편된 御史臺는 이전과는 달리 宋制를 수용한 것으로 추측은 되나 그 증거를 찾을 수가 없다. 다만 현종 14년에 개편된 어사대는 唐制에 의거한 성종 14년의 어사대의 職官構成과는 약간의 차이가 있다. 현종 2년에 判御史臺事(張延祐, 현종 2년 8월, 世家), 목종 원년에 知御史臺事(皇甫穎, 목종 원년 8월, 世家)가 등장하는 사례에 이어 靖宗 11년에 權知監察御使가 나타나는 것은 이전과는 차이가 있는 것이다. 이러한 새로운 변화를 더 거친 후 최종적으로 문종 때 어사대의 관제가 정비된 것으로 정리되고 있는 것이다. 이렇게 문종 때 정비된 어사대의 職制는 분명히 唐制에 의거한 제도는 아닐 것으로 여겨진다. 그리고 백관지에 「文宗定」이라고 한 그 시기는 문종 15년(1061)이라 여겨진다.

품, 지사 한 명과 중승 한 명은 종4품, 잡단 한 명과 시어사 두 명은 다같이 종5품이다. 전중시어사는 두 명으로 정6품, 감찰어사는 열 명으로 종6품이다. 【문리(文吏)는 각각 5명이다】

예종 11년에 조서(詔)를 내려 지사·잡단은 본품의 항두로 세웠다.[307] 신종 5년에 어사 두 명을 참질(參秩, 6품 이상)로 올렸다.

충렬왕 원년에 감찰사로 고치고, 대부는 제헌, 중승은 시승(侍丞), 시어사는 시사, 감찰어사는 감찰사라 하였다.[308] 24년에 충선왕이 고쳐 사헌부라 하고, 제헌을 다시 대부라 하고, 종2품으로 올렸다. 시승을 다시 중승이라 하고, 두 명으로 늘려 종3품으로 올렸다. 시사(侍史)를 내시사로 고치고, 전중시어사는 전중내시사로 고치고, 감찰사는 감찰내사로 고치고, (정원을) 줄여서 여섯 명으로 하였다. 새로이 주부 한 명을 두어 정7품으로 하고, 지사(知事)와 잡단(雜端)은 (정원을) 줄였다. 얼마 후에 다시 감찰사로 고쳐 내시사는 다시 시어사, 전중내시사는 전중시어사, 감찰내사는 감찰어사라 하였다.[309] 34년에 충선왕

崔貞煥, 本書, 59~64쪽 및 앞의 吏曹條 참조.

307) 睿宗十一年詔 知事·雜端 立本品行頭 : 예종 11년(1116)에 이르러 국왕의 명령으로 知事(종4품)·雜端(종5품)을 해당 품계의 여러 직위 가운데에서 으뜸의 위치에 서게 하였음을 말하는 것이다. 이렇게 본품항두직이 되면 겸임직으로 운영되었다고 한다.

308) 忠烈王元年 改監察司 : 元의 강요로 충렬왕 원년(1275)에 상서성은 혁파되고, 중서성과 문하성을 합쳐 僉議府가 되는 등 대폭적이 관제 개혁이 이루어지면서 御史臺는 監察司로 개편되었다(①). 그에 따라 職官들도 提憲·侍丞·侍史·監察史 등으로 명칭이 바뀌었다. 그런데 이때의 개정에서 유독 殿中侍御史에 관한 것만 빠져 있는데 이는 기록상의 착오로 생각된다.『高麗史』권29, 世家(忠烈王 6년 3월)에는 분명히 殿中侍御史의 활동 상황을 전하고 있다(②).

①崔貞煥, 本書, 76~77쪽과 앞의 門下府 및 尙書省條 참조.

②朴龍雲,「臺諫의 職制」『高麗時代臺諫制度 研究』, 일지사, 1980, 56쪽.

309) (忠烈王) 二十四年忠宣改爲司憲府 … 尋復改監察司 … : 忠烈王 24년에 忠宣王에 의해 監察司가 司憲府로 개정된 얼마 뒤에「尋復改」하여 다시 본래의 명칭으로 되돌아가는데 그 시기는 동년 12월로 판단된다. 忠宣王

이 다시 사헌부라 고치고, 대부를 고쳐 대사헌이라 하고, 정2품으로 올렸다. 중승을 집의(執義)라 하여 정3품으로 올렸고, 시어사는 장령(掌令)이라 하고 종4품으로 올렸다. 전중시어사는 지평(持平)이라 하고 정5품으로 올려다. 감찰어사는 규정이라 하고 14명으로 증원시켜 그 중 네 명은 겸임 관직으로 하되 이전과 같이 종6품으로 하였다. 충선왕 3년에 대사헌을 정3품으로, 집의를 종3품으로 내렸다. 그 후 다시 감찰사를 고쳐 대사헌을 대부라 하였다.[310)]

공민왕 5년에 다시 옛날과 같이 어사대 대부로 고치고, 집의를 고쳐 중승(中丞)이라 하고, 한 명을 줄였다. 장령은 시어사, 지평은 전중시어사라 하고 종5품으로 낮추고, 규정은 감찰어사라 하였다.[311)] 11년에 다시 감찰사라 고치고, 그에 따라 다시 중승을 고쳐 집의라 하고, 시어사는 장령, 전중시어사는 지평이라 하고 정5품으로 올리고, 감찰어사는 규정이라 하였다.[312)] 18년에 다시 사헌부라 고치고, 대부를 고쳐 대사헌이라 하고, 집의는 혁파하고, 지사와 겸지사(兼知事)를 두어 종3품으로 하였다. 장령은 시사(侍史)로 고치고, 지평(持平)은 잡단(雜

의 개혁정치가 실패로 끝난 후에 그에 대한 반동으로 「官制를 復舊」한 것이 同年 12월이기 때문이다. 전국의 변혁에 따라 어사대의 명칭도 달라지고 있는 사실이 주목된다.

310) (忠烈王) 三十四年忠宣復改司憲府 … 後復改監察司 以大司憲爲大夫 : 忠烈王 34년에 忠宣王에 의해 바뀌어진 司憲府가 그후 다시 監察司로 불리게 되는데 그 시기는 「後復改」라 하여 분명치가 않다. 그러나 『高麗史』 世家에 忠肅王 12년까지는 司憲府로 나오다가 同王 15년에는 監察司로 표시되고 있음으로 이 3년 사이의 어느 때가 그에 해당하리라 생각된다.

311) 恭愍王五年復改御史臺 : 공민왕 5년(1356)에 이르러 대대적인 반원개혁정치를 펴면서 관제를 문종 때의 舊制로 환원시키는 조처에 따라 監察司는 御史臺로 복구되고 그에 따라 직관도 복구되고 있다.

312) 十一年復改監察司 : 공민왕 5년(1356)에 文宗 때의 舊制로 복구된 御史臺가 공민왕 11년(1362)에 監察司로 개편됨에 따라 그에 따라 직관도 함께 고쳐지고 있다. 공민왕 5년에 복구된 3省 6部는 동왕 11년에 상서성은 혁파되고 중서성과 문하성을 통합하여 都僉議府가 됨으로써 3省 6部가 1府6司로 개편되는 조처와 함께 御史臺는 監察司로 바뀌고 있는 것이다.

端)으로 고쳐 종5품으로 내리고, 겸규정(兼糾正)을 더 두었다.[313] 21년에 지사를 혁파하고 다시 집의를 두고, 시사를 고쳐 다시 장령으로 하고, 잡단을 지평으로 하였다.[314]

이속은[315] 문종 때 설치하여 녹사 세 명, 영사 네 명, 서령사 여섯 명, 계사 한 명, 지반(知班) 두 명, 기관 여섯 명, 산사 한 명, 기사 열 명, 소유(所由) 50명을 두었다.

『高麗史』卷76 志30 / 百官1 / 開城府

開城府 成宗始置尹 顯宗罷府 置縣令 文宗復稱開城府 置知府事 忠烈王三十四年 忠宣併給田都監及五部於開城府 掌都城內 判府尹一人從二品 尹二人一兼官正三品 少尹三人一 兼官正四品 判官二人正五品 記室叅軍二人正七品 並隨品帶繕工職事 別置開城縣令 掌都城外 恭愍王五年 改定尹從二品 少尹正四品 判官正五品 叅軍正七品 縣令亦正七品 縣丞正八品 十一年加置判府事 位在尹上亦從二品 恭讓王元年 令掌家舍財物追倍 二年 依中朝應天府 直申中書省例 令本府直報都評議司 且擢用孝子順孫 旌表義夫節婦 點考大小學校 以養人才 禁惡逆奸僞 以正風俗 又掌農桑・戶婚・田土・逋欠・宿債・牧民之任

---

313) 十八年復稱司憲府 : 공민왕 11년(1362)의 監察司가 동왕 18년(1369)에 司憲府로 改稱되면서 그에 따라 직관도 바뀌고 있다. 공민왕 11년의 都僉議府가 동왕 18년에 門下府로 개편됨에 따라 1府6司가 1府6部로 바뀌고, 그와 함께 監察司는 司憲府로 바뀌고 있다.
崔貞煥, 本書, 76~77쪽.

314) 二十一年革知事 復置執義 改侍史復爲掌令 雜端爲持平 : 공민왕 18년(1369)의 司憲府 직관들을 동왕 21년(1372)에 와서 일부 개편하고, 다시 공민왕 18년 당시의 職官名으로 되돌리고 있다. 이것은 공민왕 18년의 門下府 體制하의 6部를 공민왕 21년에 門下府6司로 바꾸면서 司憲府에도 개편이 이루어진 것이다.

315) 吏屬 : 기록이나 文簿를 관장하는 刀筆의 임무를 띠고 행정의 말단을 맡아 실무에 종사한 직위를 일컫는 말로, 吏屬・胥吏・刀筆吏라고도 하였다.

개성부.[316] 성종 때에 처음으로 윤(尹)을 두었다.[317] 현종 때에 부(府)를 혁파하고, 현령(縣令)을 두었다.[318] 문종이 다시 개성부라 칭하고 지부사를 두었다.[319]

---

316) 開城府 : 개성부는 태조 2년에 松嶽의 남쪽에 首都를 정하여 開州라 하고, 新羅 이래의 松嶽郡과 開州를 포함하여 成宗 14년에 開城府로 되었으며, 그 관하에 赤縣 6縣과 畿縣 7縣을 통할케 하였다(『高麗史』 권56, 地理1, 王京 開城府 ; 『高麗史節要』 권2, 성종 14년 7월).

①末松保和, 「高麗開城府考」 『稻葉還曆記念 滿鮮史論叢』, 1937 ; 『青丘史草』 1, 笠井出版社, 1965.

②尹武炳, 「所謂 赤縣에 對하여」 『李丙燾華甲紀念論叢』, 一潮閣, 1956.

③邊太燮, 「高麗時代 京畿의 統治制」 『高麗政治制度史研究』, 一潮閣, 1971.

317) 成宗始置尹 : 여기서는 단순히 성종 때에 처음으로 윤(尹)을 두었다고 하였는데, 府尹을 둔 시기는 成宗 14년이라 여겨진다. 成宗 14년(995)에 開州는 開城府로 승격되어 府尹이 설치되고, 赤縣 6縣과 畿縣 7縣을 관할케 되었다(『高麗史』 권56, 地理1, 王京 開城府 ; 『高麗史節要』 권2, 성종 14년 7월).

318) 顯宗罷府 置縣令 : 현종 때에 開城府를 혁파하고, 縣令을 두었다는 기사인데, 더 구체적으로 말하면 顯宗 9년(1018)에 開城府를 혁파하고, 대신 開城縣과 長湍縣에 縣令을 두었다. 그리하여 개성현은 貞州·德水·江陰 등의 3縣을, 장단현은 松林·臨津·兎山 등 7縣을 각각 관할하게 하였으며, 이들을 京畿라 칭하고, 모두 尙書都省에 直隷케 하였던 것이다(『高麗史』 권56, 地理1, 王京 開城府).

319) 文宗復稱開城府 置知府事 : 문종이 다시 개성부라 칭하고 지부사를 두었다고 하는 이 기사는 현종 9년 開城縣令과 長湍縣令縣에 의하여 이원적으로 지배되던 경기의 통치제도가 문종 때에 이르러 변화된 것을 의미한다. 즉 문종 16년(1062)에 개성부로 개편되어 知府事가 설치되고 상서도성이 관장하던 11현과 西海道 平州의 속현인 牛峯郡을 아울러 12현을 통할케 된 것이다(『高麗史』 권56, 地理1, 王京 開城府).

문종 16년(1062)의 개성부는 이전 성종 14년(995)의 개성부와 같이 개성부라 칭하였고, 또 경기의 일원적인 통치기구인 점에서 동일하지만 그 내용에는 커다란 차이가 있었다. 성종 때의 개성부는 王京까지도 관할하여 장관을 開城府尹이라 칭하고 京官의 대우를 받았는데 대하여 문종 때의 개성부는 王京 밖의 경기를 통치하는 하나의 지방관으로 장관도 知府事라 칭하고 治所도 성외에 위치하고 있었던 것이다. 비록 開城府라 칭한 것은 동일하지만 성종조에는 王京을 관할하여 府尹이 설치된 특별구였는데 대하여 충렬왕 34년에 충선왕이 급전도감과 5부를 개성부에 합쳐 도성(都城) 안을 관장케 하였다. 판부윤은 한 명으로 종2품, 윤(尹)은 두 명으로 그 중 한 명은 겸임관이고 정3품이다. 소윤은 세 명으로 그 중 한 명은 겸임관이며 정4품이다. 판관은 두 명으로 정5품, 기실참군은 두 명으로 정7품이다. 모두 다같이 품계에 따라 선공시(繕工寺)의 직임을 겸대(帶)하고, 별도로 개성현령을 두어 도성(都城) 밖의 일을 맡아보게 하였다.[320)]

공민왕 5년에 윤(尹)은 종2품, 소윤은 정4품, 판관은 정5품, 참군은 정7품, 현령도 역시 정7품, 현승(縣丞)은 정8품으로 개정하였다. 11년에 판부사를 더 두어 그 지위가 윤(尹) 위에 있게 하되 역시 종2품이다.[321)]

문종조에는 지방기구에 불과하여 양자 사이에는 커다란 차이가 있었다.
邊太燮,「高麗時代 京畿의 統治制」『高麗政治制度史硏究』, 一潮閣, 1971, 250～251쪽.
邊太燮,「지방의 중간 통치기구」『한국사』13, 국사편찬위원회, 1993, 242～245쪽.

320) 忠烈王三十四年 忠宣併給田都監及五部於開城府 掌都城內 判府尹一人從二品 尹二人一兼官正三品 … 別置開城縣令 掌都城外 : 忠烈王 34년(1308) 忠宣王에 의해 개성부에 다시 王京 통치기구로서 府尹이 설치되어 도성 안을 관장하고 또한 개성현으로 하여금 성외를 관장케 한 것을 의미한다. 이전까지 開城府는 경기 8현(8현의 성립은 분명치 않으나 원종 12년을 즈음한 어느 시기라 여겨짐.『高麗史』세가, 원종 12년 2월)을 다스리는 지방기구였으며 王京 5부는 중앙정부의 직할이었는데, 이제는 다시 개성부윤으로 승격하여 경기와 더불어 경중 5부까지 관장하게끔 변한 것이다. 이 때 개성부는 給田都監을 병합하고 그 관원은 繕工職事까지도 兼帶하여 그 기능이 확대되었다.
判府尹一人從二品 : 충렬왕 34년에 종2품의 判府尹이 있는 것으로 되어 있지만, 실제로 恭愍王 11년부터 判事가 설치된 것 같다.
邊太燮,「高麗時代 京畿의 統治制」『高麗政治制度史硏究』, 一潮閣, 1971, 262～264쪽 ;「지방의 중간 통치기구」『한국사』13, 국사편찬위원회, 1993, 246～247쪽.

321) 恭愍王五年 改定尹從二品 … 十一年加置判府事 位在尹上 亦從二品 : 이 기사는 공민왕 5년 이전에 충렬왕 34년 이후부터 정3품의 府尹이 開城府의 장관이 되어 있었는데, 恭愍王 5년에는 종2품으로 陞秩하였으며, 공민왕 11년에는 같은 종2품이나 府尹보다 서열이 높은 判府事를 加置하여 2品官이 두 사람이나 두게 된 것을 말하고 있다.

공양왕 원년에 (개성부로 하여금) 가옥(家舍)·재물(財物)의 추배(追倍)하는 일을 맡아보게 하였다. 2년에 중조(中朝, 원)의 응천부(應天府)가 중서성에 직접 보고하는 관례에 의거하여 본부(개성부)로 하여금 도평의사(都評議司)에 직접 보고하도록 하였다.[322] 또한 효자와 순손(順孫)을 뽑아 채용하고, 의부(義夫)와 절부(節婦)들에게 정문(旌門)을 세워 표창하고, 크고 작은 각급 학교를 점검하여 살피고, 인재를 양성하며, 악역과 간사한 거짓을 금지하고, 풍속을 바로 잡게 하였다. 또한 농상(農桑)·호혼(戶婚)·전토(田土)·국가의 재산을 축내는 포흠(逋欠)·오래 묵은 빚(宿債)·백성을 다스리는 직임을 맡아보게 하였다.[323]

『高麗史』 卷76 志30 / 百官1 / 藝文館

藝文館 掌制撰詞命 太祖仍泰封之制 置元鳳省 後改學士院 有翰林學士 顯宗改爲翰林院 文宗定 判院事宰臣兼之 學士承旨一人正三品 學士二人正四品 侍讀學士一人 侍講學士一人 直院四人 其二權務 醫官二人 睿宗十一年刪定員吏 學士承旨·學士並正三品 侍讀學士·侍講學士並正四品 諸兼

邊太燮, 「高麗時代 京畿의 統治制」 『高麗政治制度史研究』, 一潮閣, 1971, 265쪽.

322) (恭讓王) 二年 依中朝應天府 直申中書省例 令本府直報都評議司 : 공양왕 2년에 중조(中朝, 원)의 응천부(應天府)가 중서성에 직접 보고하는 관례에 의거하여 본부(개성부)로 하여금 都評議司(都評議使司)에 직접 보고하도록 하였다는 것인데, 開城府尹을 통하여 京中 5부와 경기 8현이 통치된 종래의 제도가 일대 변혁을 일으킨 것을 의미한다. 『高麗史』 권56, 地理1, 王京 開城府條에 의하면 공양왕 2년에 문종 때의 舊制에 따라 京畿를 확장하여 左道와 右道로 나누고, 여기에 각각 都觀察黜陟使를 설치하였다고 한다. 이때의 개혁은 前年에 있었던 趙浚의 建議에 따라 이루어진 것인데, 同王 2년의 새로운 경기는 文宗 舊制를 확대한 大京畿制이다. 同 地理志에 의하면 이 때의 大京畿는 原京畿 13현에다 新畿縣 31을 합한 44州縣으로서 左道가 25현, 右道가 19현이 되고 있다.
邊太燮, 「高麗時代 京畿의 統治制」 『高麗政治制度史研究』, 一潮閣, 1971, 265~273쪽.

323) 공양왕 2년에 설치된 京畿左·右道의 都觀察黜陟使는 京畿의 土地·戶口·農桑·學校·詞訟 등의 일을 관장하였다.

本院官 並令立本品行頭 諸知制誥亦立本品行頭【翰林院·寶文閣兼者 謂之內知制誥 他官兼者 謂之外知制誥 後改知製敎】後陞直院爲八品 高宗七年復以直院爲權務 忠烈王元年改文翰署 二十四年忠宣命直史館一人 直文翰一人 更日直文翰署 又罷政房 使本署主選法 尋改爲詞林院 委以出納之任 學士承旨 陞從二品 學士二人正三品 侍讀·侍講學士各一人從三品 新置待制一人正四品 尋復改文翰署 後改學士爲司學 三十四年忠宣併文翰史官爲藝文春秋館 仍以右文館·進賢館·書籍店併焉 置大詞伯三人從二品 詞伯二人正三品 直詞伯二人正四品 應敎二人正五品 供奉二人正六品 已上並兼官 脩撰二人正七品 注簿二人正八品 檢閱二人正九品 忠宣王三年改詞伯爲提學 忠肅王十二年分藝文春秋爲二館 藝文館置脩撰·注簿各一人 檢閱二人 後改供奉正七品 脩撰正八品 檢閱正九品 恭愍王五年復稱翰林院 置學士承旨正三品 待制正五品 供奉一人正七品 檢閱一人正八品 直院二人正九品 九年加置大學士二人 十一年復稱藝文館 改大學士爲大提學 從二品 置提學正三品 直提學正四品 應敎正五品 供奉仍正七品 脩撰正八品 檢閱降正九品 十八年提學例改學士 二十一年復改提學 恭讓王元年復併爲藝文春秋館 吏屬 文宗置 錄事二人 承事郞二人 待詔二人 記官一人 書手一人

예문관.[324] 사명(詞命)을 짓는(制撰) 일을 맡았다. 태조 때 태봉의 제도를 이어 원봉성(元鳳省)을 두었다.[325] 후에 학사원으로 고치고, 한림학사가 있었다. 현종 때 고쳐 한림원이라 하였다.[326]

---

324) 藝文館 : 예문관(翰林院)은 文翰機構의 하나로서 詞命(국왕의 말이나 명령)을 制撰하는 일을 맡았다. 여기서는 왕족을 封하는 册文과 신하와 백성에게 내리는 敎書, 將相을 임명하는 制誥, 왕의 회답인 批答 등 王命과 表·箋 같은 외교문서를 왕을 대신하여 작성하는 직임을 맡고 있었다.
①崔濟淑, 「高麗翰林院考」『韓國史論叢』4, 1981, 18~19쪽.
②邊太燮, 「高麗의 文翰官」『金哲埈華甲紀念 史學論叢』, 知識産業社, 1983.
③周藤吉之, 「高麗初期翰林院誥院－宋翰林學士·知制誥關連－」『東洋學報』58－3·4, 1977 ; 『高麗朝官僚制硏究』, 法政大學出版局, 1980.

325) 太祖仍泰封之制 置元鳳省 : 태조 때 태봉의 제도에 따라 원봉성(元鳳省)을 두었다고 하는데, 『三國史記』에 궁예의 관제로써 「元鳳省 今翰林院」이라 하였으므로 원봉성이 고려 한림원의 전신이었음을 알 수 있다.

문종 때에 정하여[327] 판원사는 재신이 이를 겸하고, 학사승지는 한 명으로 정3품, 학사는 두 명으로 정4품, 시독학사는 한 명, 시강학사 한 명, 직원(直院)은 네 명으로 그 중 두 명은 권무(權務)로 하고,[328] 의관(醫官)

---

326) 顯宗改爲翰林院 : 百官志에 의하면 태조 때 태봉의 제도에 따라 원봉성(元鳳省)을 설치하고 그 후 學士院으로 고쳤다가 현종 때 翰林院으로 개정하였다고 하는데, 이 기록은 사실과는 다르며 실제로는 이미 광종 때 元鳳省에서 翰林院으로 개칭된 듯하다. 광종 대부터 翰林學士의 기록이 자주 보이고, 특히 광종 16년(965)에 세워진 鳳巖寺靜眞大師圓悟塔碑(『朝鮮金石總覽』 上, 朝鮮總督府, 1919)에 한림학사 이몽유가 奉勅撰하고, 翰林院書博士 張端說이 奉勅書하고 있어, 이 때 翰林院이 존재하고 있었음을 알 수 있다. 成宗 14년(995)의 교서에도(『高麗史節要』 권2, 성종 14년 2월) 翰林院의 존재를 확인할 수 있다. 현종대에는 한림원이 실질적인 장관이라 할 수 있는 翰林學士承旨를 비롯하여 관원의 정원이 정비된 것이 아닌가 추측된다.

邊太燮, 「高麗의 文翰官」 『金哲埈華甲紀念 史學論叢』, 知識產業社, 1983.
邊太燮, 「한림원과 문한관」 『한국사』 13, 국사편찬위원회, 1993. 93~94쪽.

327) 文宗 定 : 백관지에 「文宗定」이라고 한 그 시기는 문종 15년(1061)이라 여겨진다.

崔貞煥, 本書 59~64쪽 및 吏曹條 참조.

이에 대해서 박용운은 文宗朝에 정해졌다는 百官志의 규정은 "更定兩班田柴科 又改官制 定百官班次 及祿科"(『高麗史節要』 권5, 文宗 30年 末尾)와 관련을 가지는 것으로서, 종래의 제도에 약간의 添削·補完이 가해져 완비된 상황을 말해주는 것이라 생각된다. 각 職官들은 成宗 元年 이후 설치되고 있으며 품질·정원 등의 제도도 점차 마련되어 갔다고 하였다.

朴龍雲, 「譯註 『高麗史』 百官志(1)」 『고려시대연구Ⅴ』, 한국정신문화연구원, 2002, 131쪽.

328) 權務 : 權務官이란 正職品官의 실직이 아닌 특정한 임시관서의 실무직에 종사하는 文散階나 同正職의 散階를 지니고 있는 品官을 뜻하는 것이다(①). 그런데 비하여 "權務官이란 임시적인 職務의 뜻으로 官制上 正職 소관 외의 업무를 처리하기 위하여 마련된 임시적인 職責을 표현하는 것으로 品官과 吏屬사이에 개재되는 準品官적인 職制였다"고 하고(②), 이 견해가 학계에 널리 알려져 있다(③). 이에 대해 "권무직은 품관직과는 달리 관직에 품계가 없으며, 대신에 甲科·乙科·丙科·雜權務 등의 구분이 있고, 품관직과는 다른 체계를 가진 別定官制"(④)라고 하는 견해도 또한 나와 있다. 여기서는 처음에 말한 ①의 견해가 權務의 실체를 바르

은 두 명이다.

예종 11년에 관원(員吏)을 산정(刪定)하여 학사승지와 학사는 모두 정3품, 시독학사와 시강학사는 모두 정4품으로 하고, 모두 본원(藝文館)의 관직(官)을 겸하며, 모두 다 본품(本品)의 항두로 세웠다.[329] 여러 지제고(知制誥) 역시 본품의 항두로 세웠다.[330] 【한림원과 보문각의 관원이 겸직한 자를 내지제고(內知制誥)라 하고, 다른 관직이 겸직한 자를 외지제고(外知制誥)라 하고 후에 지제교(知製敎)로 고쳤다】 후에 직원(直院)은 승격시켜 8품으로 하였다.

고종 7년에 다시 직원을 권무(權務)로 하였다.[331] 충렬왕 원년에 문

게 설명하고 있는 것이 아닌가 한다.

①崔貞煥,「權務官祿을 통해 본 高麗時代의 權務職」『國史館論叢』26, 1991 ;『고려 정치제도와 녹봉제 연구』, 신서원, 2002 ;「權務官祿を通じてみた高麗時代の權務職」京都大學『史林』75-3, 1992 ;「權務官의 槪念에 대한 再檢討」『한국중세사연구』11, 2001 ;『고려 정치제도와 녹봉제 연구』, 신서원, 2002, 235~265쪽.

②김광수,「고려시대의 권무직」『한국사연구』30, 1980, 59쪽.

③박용운,『고려시대사』上, 일지사, 1985, 107쪽.

④李鎭漢,「高麗前期 權務職의 地位와 祿俸」『民族文化硏究』20, 1997 ;『고려전기 官職과 祿俸의 관계 연구』, 一志社, 1999, 85쪽, 236쪽.

329) 睿宗十一年刪定員吏 … 並令立本品行頭 : 예종 11년(1116)에 이르러 관원(員吏)을 산정(刪定)하여 學士承旨와 學士는 모두 정3품, 시독학사와 시강학사는 모두 정4품으로 하고, 모두 본원(藝文館)의 관직(官)을 겸하며, 모두 다 본품(本品)의 항두로 세웠다는 것이데, 이렇게 본품항두직이 되면 겸임직으로 운영되었다고 한다.

330) 諸知制誥亦立本品行頭 : 지제고는 고려시대에 국왕이 반포하는 詔書·敎書 등의 글을 지어 바치는 일을 맡아보던 翰林院·寶文閣의 관원이 겸직하던 관직을 말하며, 이들을 本品의 行頭로 세워 겸직으로 운영된 것을 말하고 있다.

331) 高宗七年復以直院爲權務 : 고려시대 권무직에는 3품으로부터 7품 이상의 品官權務(甲·乙·丙科)와 同正職의 산계 8·9품에 해당하는 有祿權務(甲·乙·丙科)와 이 외에 또한 雜權務가 있었다.

고려후기에는 權務職의 운영에 새로운 변화가 일어났다. 品官權務는 대부분 혁파되고, 有祿權務와 雜權務는「正·雜權務」로 구분이 되어 麗末

한서(文翰署)로 고쳤다.[332] 24년에는 충선왕이 직사관 한 명과 직문한(直文翰) 한 명으로 하루건너 문한서에서 숙직하도록 명하였다. 또한 정방(政房)을 혁파하고 본서(文翰署)로 하여금 관리의 선발방법(選法)을 주관하게 하였다. 얼마 후에 고쳐서 사림원(詞林院)이라 하고,[333] (왕명의) 출납(出納) 임무를 맡기었다. 학사승지(學士承旨)는 종2품으로 올리고, 학사는 두 명으로 정3품, 시독과 시강학사는 각각 한 명으로 종3품이다. 새로이 대제(待制)를 한 명 두어 정4품으로 하였다. 얼마 후에 다시 문한서로 고치고, 뒤에 학사를 고쳐 사학(司學)이라 하였다. 34년에 충선왕이 문한서와 사관(史官)을 합쳐서 예문춘추관이라 하고,[334] 이어서 우문관·진현관·서적점을 이에 병합하였다. 대사백(大詞伯)은 세 명으로 종2품, 사백(詞伯)은 두 명으로 정3품, 직사백(直詞伯)은 두 명으로 정4품, 응교(應敎)는 두 명으로 정5품, 공봉(供奉)은 두 명으로 정6품이다. 이상은 모두 다같이 겸임관이다. 수찬 두 명은 정7품, 주부(注簿) 두 명은 정8품, 검열(檢閱) 두 명은 정9품이다. 충선

에 이어 鮮初에까지 존속하였다. 여기서 고종 7년에 다시 直院을 權務로 하였다고 하는 것은 그 이전에 8품의 정직의 품관으로 하였던 直院을 이때에 權務로 바뀐 것으로 고려후기 권무직의 변화와 관련하여 이해하여야 될 것 같다.

崔貞煥, 「權務官祿을 통해 본 高麗時代의 權務職」『國史館論叢』26, 1991 및 「權務官의 概念에 대한 再檢討」『한국중세사연구』11, 2001 ; 『고려 정치제도와 녹봉제 연구』, 신서원, 2002, 226~230쪽 및 264~266쪽.

332) 忠烈王元年 改文翰署 : 忠烈王 元年(1275)에 이르러 元의 壓力에 의해 고려의 관제를 대폭적으로 고칠 당시에 한림원은 文翰署로 고쳤다.

333) 詞林院 : 건국 초기에는 泰封의 제도를 이어 元鳳省을 두어 詞命(왕명)을 制撰(왕명의 기초)하게 하였다. 그 후 學士院·翰林院이라 부르다가, 元나라의 지배를 받게 되자 그 압력으로 충렬왕 원년(1275)에 文翰署로 이름을 고쳤다가 忠烈王 24년(1298)에 忠宣王이 詞林院이라 하였다.

334) 三十四年忠宣併文翰史官爲藝文春秋館 : 충렬왕 원년(1275)의 文翰署를 忠烈王 24년(1298)에 忠宣王이 詞林院이라 하였다가 얼마 후에 다시 文翰署로 고쳤고, 忠烈王 34년(1308)에는 충선왕이 文翰署(藝文館)와 史館(春秋館)을 합쳐서 藝文春秋館이라 하였던 것이다.

왕 3년에 사백(詞伯)을 고쳐 제학(提學)이라 했다. 충숙왕 12년에 예문춘추관을 2館(예문관・춘추관)으로 분리하여 예문관에는 수찬(脩撰)과 주부(注簿)를 각각 한 명, 검열(檢閱)은 두 명을 두었다. 뒤에 공봉(供奉)은 정7품, 수찬은 정8품, 검열은 정9품으로 고쳤다.

공민왕 5년에 다시 한림원으로 고치고,[335] 학사승지를 두어 정3품, 대제(待制)는 정5품, 공봉(供奉)은 한 명으로 정7품, 검열은 한 명으로 정8품, 직원(直院)은 두 명을 두어 정9품으로 하였다. 9년에 대학사(大學士) 두 명을 더 두었다. 11년에는 다시 예문관이라 칭하고, 대학사를 고쳐 대제학(大提學)이라 하여 종2품, 제학(提學)을 두어 정3품, 직제학(直提學)은 정4품, 응교(應教)는 정5품, 공봉(供奉)은 이전대로 정7품, 수찬(脩撰)은 정8품, 검열은 정9품으로 내렸다. 18년에 제학을 전례에 따라 학사로 고쳤다. 21년에 다시 제학으로 고쳤다. 공양왕 원년에 다시 합병하여 예문춘추관이라 하였다.[336]

---

335) 恭愍王五年 復稱翰林院 : 공민왕 5년(1356)에 이르러 대대적인 반원개혁정치를 펴면서 관제를 문종 때의 舊制로 환원시키는 조처에 따라 翰林院으로 복구되고 있다. 즉 忠烈王 34년(1308)에는 충선왕이 文翰署와 史館(春秋館)을 합쳐서 藝文春秋館이라 하였으나, 충숙왕 12년(1335)에 예문춘추관을 2館(예문관・춘추관)으로 분리하여 藝文館을 독립시켰던 것인데, 공민왕 5년에 藝文館은 문종 때의 舊制인 한림원으로 다시 복구되고 있는 것이다.

336) 恭讓王元年 復倂爲藝文春秋館 : 공민왕 5년(1356)에 翰林院을 문종 때의 舊制로 환원시킨 것에 대해서는 앞서 말한 바가 있거니와 이를 同王 11년(1362)에 다시 예문관이라 하였고, 恭讓王 원년(1389)에 藝文館과 春秋館을 다시 통합하여 예문춘추관이라 하였던 것이다.

그런데 다음에 설명할 백관지 春秋館條에서는 공양왕 원년에 史官 최견 등이 글을 올려 "근년에 와서 史翰이 둘로 분리되어(近年以來 史翰歧而爲二) 있었다"고 하여, 여기서는 恭讓王 원년(1389)에 藝文館과 春秋館이 통합되지 않았다는 것을 시사하고 있어 두 기록이 서로 일치하지 않고 있다. 사실의 내용이 분명치 않으므로 藝文館條 이 부분은 기록은 좀 더 자세히 검토해 보아야 할 것 같다. 기록상 공양왕 원년 12월藝文館大提學(『高麗史』 권45, 세가) 柳珣로부터 공양왕 4년 7월 藝文館大提學(『高麗史』 권45, 세가) 韓蔵에 이르기까지 藝文館의 존재가 여러 곳에 나타나는 實例를 보아 통합되지 않은 것은 아닌지 더 검토해 보아야할 것 같다.

이속은[337] 문종 때 설치하여 녹사 두 명, 승사랑 두 명, 대조 두 명, 기관 한 명, 서수 한 명을 두었다.

『高麗史』 卷76 志30 / 百官1 / 春秋館

春秋館 掌記時政 國初稱史館 監修國史 侍中兼之 修國史・同修國史二品以上兼之 脩撰官 翰林院三品以下兼之 直史館四人 其二權務 後陞直館爲八品 高宗復以直館爲權務官 忠烈王三十四年忠宣併於文翰署爲藝文春秋館 忠肅王十二年分藝文春秋爲二館 春秋館 置脩撰・注簿各一人 檢閱二人 後改供奉正七品 脩撰正八品 檢閱正九品 又有領館事・監館事首相爲之 知館事・同知館事二品以上爲之 充脩撰官・充編修官・兼編修官三品以下爲之 恭愍王五年復稱史館 置編修官一人正七品 檢閱一人正八品 直館二人正九品 十一年復稱春秋館 供奉正七品 脩撰正八品 檢閱正九品 恭讓王元年史官崔蠲等 上書曰 史官之任 君上之言行政事 百官之是非得失 皆得直書 以示後世 而垂勸戒 故自古有國家者 莫不以史職爲重 本朝設藝文春秋館 選有文行者八人 同任史翰之職 又置兼官以領之 所以重其任也 近年以來 史翰歧而爲二 兼官亦不供職 但以供奉以下四人當之 不能備記 非國家置史之本意也 願自今以史翰八人 同其職任 各修史草二本 秩滿當遷 一納于館 一藏于家 以備後考 兼官充脩撰官以下 各據見聞,錄爲史草 悉送史館 又本館直牒京外大小衙門 凡所施爲之事 一一報館 以憑記錄 永爲恒式從之 吏屬 文宗置 書藝四人・記官一人

춘추관.[338] 시정(時政)의 기록을 맡았다. 국초에 사관이라 칭했다.

---

337) 吏屬 : 胥吏職으로서 文案・文簿를 관장하는 일을 맡았다.

338) 春秋館 : 時政의 기록을 관장하는 官府로서 임금의 言行・政事와 백관의 잘잘못과 얻고 잃는 것(是非得失)을 모두 바르게 기록하여 후세에 교훈을 남기는 일을 맡았다.
고려 개국 초에는 史館이라 하다가 충렬왕 34년(1308)에 이를 文翰署에 병합하여 藝文春秋館으로 고쳤고, 忠肅王 12년(1325)에 예문관에서 갈라져 춘추관으로 독립하였다. 춘추관은 공민왕 5년(1356)에 사관으로 개칭하였다가 同王 11년(1362)에 다시 춘추관이 되고, 공양왕 원년(1389)에는 감수국사는 시중이 이를 겸하고, 수국사(修國史)와 동수국사(同修國史)는 2품 이상이 이를 겸하며, 수찬관(修撰官)은 한림원의 3품 이하가 이를 겸임하고, 직사관은 네 명으로 그 중 두 명은 권무(權務)이고,[339] 후에 직관(直館, 직사관)을 올려 8품으로 하였다. 고종 때에 다시 직관을 권무관(權務官)으로 하였다.[340]

충렬왕 34년에 충선왕이 문한서(文翰署)에 병합하여 예문춘추관이라 하였다.[341] 충숙왕 12년에 예문춘추관을 2관(藝文館·春秋館)으로 분리하여 춘추관에 수찬(脩撰)·주부(注簿) 각각 한 명, 검열(檢閱)은 두 명을 두었다.[342] 그 뒤에 공봉(供奉)은 정7품, 수찬은 정8품, 검열은 정9품으로 고쳤다. 또 (춘추관에는) 영관사·감관사를 두어 수상(首相)이 이를 겸하고, 지관사·동지관사는 2품 이상이 이를 겸하며, 충수찬관(充修撰官)·충편수관(充編修官)·겸편수관(兼編修官)은 3품 이하가 이를 겸하였다. 공민왕 5년에 다시 사관이라 칭하고,[343] 편수관 한 명을 두어 정7품, 검열 한 명은 정8품, 직관 두 명을 두어 정9품으로 하였다. 11년에 다시 춘추관이라 칭하고,[344] 공봉(供奉)은 정7품, 수찬은

예문관을 합하여 다시 예문춘추관이라 하였는데, 百官志에서는 각각 분리하여 맨 마지막의 칭호를 주제어로 삼아 春秋館으로 나와 있다.

339) 앞의 藝文館條 참조.

340) 앞의 藝文館條 참조.

341) 忠烈王三十四年忠宣併於文翰署爲藝文春秋館 : 고려 국초에는 史館이라 하였는데, 충렬왕 34년(1308)에 이를 文翰署에 병합하여 藝文春秋館이라 하였다.

342) 忠肅王十二年 分藝文春秋爲二館 春秋館 置脩撰·注簿各一人 檢閱二人 : 충숙왕 12년(1325)에 예문춘추관을 2관(藝文館·春秋館)으로 분리하여 춘추관에 脩撰·注簿 각각 한 명, 檢閱은 두 명을 두고, 예문관에도 脩撰과 注簿를 각각 한 명, 檢閱은 두 명을 두었다.

343) 恭愍王五年復稱史館 : 국초에 史館이라 하였으나 충렬왕 34년(1308)에 이를 文翰署에 병합하여 藝文春秋館이라 하였고, 忠肅王 12년(1325)에 예문관에서 갈라져 춘추관으로 독립하였다가, 공민왕 5년(1356)에 다시 이전의 史館으로 복구하였던 것이다.

344) (恭愍王) 十一年復稱春秋館 : 공민왕 5년(1356)에 다시 이전의 칭호인 史館으로 복구하였던 것을 공민왕 11년(1362)에 와서 다시 春秋館이라고

정8품, 검열은 정9품으로 하였다.

공양왕 원년에 사관(史官) 최견 등이 글을 올려[345] "사관의 소임은 임금의 언행(言行)·정사(政事)와 백관의 잘잘못과 얻고 잃는 것(是非得失)을 모두 바르게 기록하여 후세에 보이고, 가르쳐 훈계(勸戒)하는 교훈을 남기는 것입니다. 그러므로 예로부터 국가에서는 사관의 직무를 중시하였습니다. 우리 왕조에서는 예문춘추관을 설치하고 학식과 덕행이 있는 자 여덟 명을 뽑아 사관과 한림의 직무를 함께 맡아보게 하였고, 또한 겸임 관직(兼官)을 두어 이 일을 맡아 거느리게 한 것은 그 소임이 중요하였기 때문입니다. 근년에 와서 사한(史翰)이 둘로 분리되고, 겸관이 또한 그 직분을 받들지 않고, 단지 공봉(供奉) 이하의 네 명이 이 일을 담당하여 능히 제대로 기록을 갖출 수 없으니 국가에서 사관(史官)을 설치한 본래의 뜻이 아닙니다. 바라건대 지금부터는 사한(史翰) 여덟 명이 그 직임을 함께 맡게 하고, 각각 사초(史草) 두 본을 작성하여 임기가 차서 다른 관직으로 옮기게 되면 한 본은 사관에 바치고 한 본은 사가(私家)에 간직하여 후고(後考)에 참고케 하며, 겸관(兼官)과 충수찬관(充修撰官) 이하는 각각 보고 들은 것에 의거하여 기록하고 사초를 만들어 모두 사관에 보내고, 또 본관(史館)은 직접 중앙과 지방의 각급 아문(관청)에 통첩하여 무릇 시행한 일을 일일이 사관에 보고하여 기록에 증거가 되게 하여 길이 항구적인 법

칭하였던 것이다.

345) 恭讓王元年 史官崔蠲等 上書曰 … : 앞서 백관지 藝文館條에는 "恭讓王元年 復併爲藝文春秋館"이라 하여 恭讓王 원년(1389)에 藝文館과 春秋館을 다시 통합하여 예문춘추관이 된 것으로 기록되어 있었다. 그런데 비하여 여기 春秋館條에서는 공양왕 원년에 史官 최견 등이 글을 올려 "근년에 와서 史翰이 둘로 분리되어 있었다(近年以來 史翰岐而爲二)"고 하여 서로의 내용이 일치하지 않고 있다. 기록상으로 보아 恭讓王 원년 12월藝文館大提學(『高麗史』 권45, 세가) 柳珣로부터 공양왕 4년 7월 藝文館大提學(『高麗史』 권45, 세가) 韓蕆에 이르기까지 藝文館의 관직 임명에 대한 實例가 여러 곳에 나타나고 있어 당시에 통합되지 않았던 것이 아닌지 더 검토해 보아야할 것 같다.

식(恒式)이 되도록 하소서"라고 하니 왕이 이에 따랐다.

이속은346) 문종 때 설치하여 서예(書藝) 네 명, 기관 한 명을 두었다.

『高麗史』卷76 志30 / 百官1 / 寶文閣

寶文閣 睿宗十一年禁中作淸燕閣 選置學士・直學士・直閣各一人 朝夕講論經書 學士視從三品 直學士視從四品 直閣視從六品 又置校勘四人 其二以御書院校勘充之 其二以職事兼之 尋以淸燕閣 在禁內學士直宿出入爲難 就其旁別置閣 改官號曰寶文 加置待制 官班視給舍直賜金紫 仍修紅樓下南廊爲學士會講之堂 賜號曰精義 就其左右爲休息之所 充其選者 皆一時豪傑 又置提擧・同提擧・管勾・同管勾 皆以中樞內臣兼之 後加置大學士一人 毅宗五年始置文牒所於寶文閣 以文士十四人 及寶文閣校勘 專掌其事 命司空林光爲別監 忠烈王元年改寶文署 二十四年忠宣倂於同文院【文宗 以同文院爲丙科權務官 使一人三品兼之 副使一人五品兼之 錄事四人二兼官】忠肅王元年瀋王鈞旨 復置寶文閣 大提學從二品 提學正三品 直提學正四品 恭愍王五年改大提學爲大學士 減提學改直提學爲直學士 置待制正五品 十一年復改大學士爲大提學 復置提學 改直學士爲直提學 減待制 置直閣正四品 十八年提學例改學士 減直閣 置應敎正五品 二十一年復用十一年官制【忠烈王以後寶文閣 徒有其名 忠穆王初立 大臣請置書筵官 分四番更日侍讀 恭愍王元年 開書筵亦分番入侍 辛禑元年令五品以下四人爲侍學 分兩番進講 及遞官 陞四品 恭讓王二年改稱經筵 置領經筵事・知經筵事・講讀官】

보문각.347) 예종 11년에 궁궐 안(禁中)에 청연각을 짓고, 학사・직학사・직각을 각각 한 명을 선발하여 두고 아침저녁으로 경서(經書)를

---

346) 吏屬 : 胥吏職으로서 文案・文簿를 관장하는 일을 맡았다.

347) 寶文閣 : 고려시대 經筵과 藏書를 맡아보던 관청으로 睿宗 11년(1116)에 궁궐 안에 설치한 請讌閣이 궁중에 있기 때문에 학자들의 출입과 숙직이 불편하다 하여 같은 해 11월 따로 설치하여 보문각이라 하였다.
周藤吉之,「高麗前期の寶文閣－宋の諸閣學士・直學士・待制などとの關聯において－」『朝鮮學報』90, 1979 ;『高麗官僚制の研究』, 法政大學出版局, 1980, 333쪽.

강론(講論)하게 하였다. 학사는 종3품 대우, 직학사는 종4품 대우, 직각은 종6품으로 대우하였다. 또 교감(校勘) 네 명을 두고, 그 중 두 명은 어서원(御書院)의 교감으로 이에 충당하고, 두 명은 현직에 있는 직사관(職事官)이 이를 겸임하였다. 얼마 후에 청연각이 궁궐 안(禁內)에 있어서 학사들이 숙직함에 나들기가 어려워 곧 그 곁에 따로 각(閣)을 세워 각의 칭호를 고쳐 보문(寶文)이라 하였다. 대제(待制)를 더 두어 그 관직의 반열(官班)을 급사(給舍－給事中과 舍人, 종4품)와 같이 하고 (왕이) 직접 금자(金紫)를 하사하였다. 이어서 홍루(紅樓) 아래의 남랑(南廊)을 수리하여 학사들이 모여 강론하는 처소(堂)로 삼아 이름을 하사하여 정의당(精義堂)이라 하고, 곧 그 좌우주변을 휴식처로 삼았다. 그기에 뽑혀 충당된 자들은 모두 한때 당시의 호걸(豪傑)들이었다. 또 제거(提擧)・동제거(同提擧)・관구(管句)・동관구(同管勾)를 두어 모두 중추원의 내신(內臣)이 이를 겸하였다. 후에 대학사(大學士) 한 명을 더 두었다.

의종 5년에 처음으로 보문각에 문첩소(文牒所)를 설치하여 문사(文士) 14명과 보문각의 교감(校勘)이 그 일을 전담하였다. 사공(司空) 임광(林光)에게 명하여 별감(別監)으로 삼았다.

충렬왕 원년에 보문서(寶文署)라 고치고,[348] 24년에 충선왕이 동문원(同文院)에 병합하였다.[349] 【문종 때 동문원은 병과(丙科) 권무관(權務官)으로 하였다. 사(使) 한 명은 3품이 이를 겸하고, 부사(副使) 한 명은 5품이 이를 겸하고, 녹사(錄事)는 네 명으로 그 중 두 명은 겸임(兼官)으로 하였다】[350]

---

348) 忠烈王元年改寶文署 : 충렬왕 원년(1275)에 元의 강요로 寶文閣을 寶文署로 고쳤다.

349) (忠烈王) 二十四年忠宣併於同文院 : 충렬왕 24년(1298)에 이전의 寶文署를 충선왕이 同文院에 병합하였다.

350) 文宗 以同文院爲丙科權務官 使一人三品兼之 副使一人五品兼之 錄事四人二兼官 : 고려시대 권무직에는 3품으로부터 7품 이상의 品官權務(甲・乙・丙科)와 同正職의 산계 8·9품에 해당하는 有祿權務(甲・乙・丙科)와 이 외에 또한 雜權務가 있었다. 그런데 여기서 문종 때 동문원은 모두 丙

충숙왕 원년에 심왕(瀋王－충선왕)의 명령(鈞旨)으로 다시 보문각을 두어 대제학(大提學)은 종2품, 제학은 정3품, 직제학은 정4품으로 하였다.[351]

공민왕 5년에 대제학을 고쳐 대학사로 하고, 제학은 없애고, 직제학을 고쳐 직학사(直學士)로 하고, 대제(待制)를 두어 정5품으로 하였다. 11년에 다시 대학사를 고쳐 대제학이라 하고, 다시 제학을 두고, 직학사는 고쳐 직제학이라 하고, 대제는 없애고, 직각(直閣)을 두어 정4품으로 하였다. 18년에 提學을 관례에 따라 학사로 고치고, 직각은 없애고, 응교(應敎)를 두어 정5품으로 하였다. 21년에 다시 11년의 관제를 사용하였다. 【충렬왕 이후 보문각은 다만 그 이름만 남아 있었다. 충목왕(忠穆王)이 처음 왕위에 오르자 대신(大臣)의 청으로 서연관(書筵官)을 두고, 4번(四番)으로 나누어 날을 바꾸어 가면서 시강(侍講)하였다. 공민왕 원년에 서연(書筵)을 열고, 역시 번(番)을 나누어 시강(侍講)에 들어갔다. 신우(禑王) 원년에 5품 이하 네 명으로 하여금 시학(侍學)으로 삼아 양번(兩番)으로 나누어 강의에 나아가고, 관직이 교체될 때 이르면 4품으로 올렸다. 공양왕 2년에 고쳐 경연(經筵)이라 하고, 영경연사(領經筵事·지경연사(知經筵事)·강독관(講讀官)을 두었다】

『高麗史』卷76 志30 / 百官1 / 諸館殿學士

諸館殿學士 廢置沿革未詳 率皆選文臣之有才學者 入銜兼帶 以備侍從

科權務로 한 것처럼 기록하고 있어 이해에 약간의 혼란을 일으킬 소지가 다분히 있다. 즉 동문원의 使(3품)와 副使(5품)는 품관권무 가운데 을과권무로서 이를 겸하게 한 것인지 정직의 품관으로 겸하게 한 것인지 이 점이 분명치 않다. 그러나『高麗史』식화지 權務官祿條에는 使(3품)와 副使(5품)의 녹봉은 없고 同文院 錄事만 8석(石) 10두(斗)로 나와 있어, 錄事 네 명 가운데 두 명만 權務(을과)로 하고 그 외는 다른 品官으로 兼官케 한 것으로 보아야할 것 같다.

崔貞煥,「權務官을 통해 본 高麗時代의 權務職」『國史館論叢』26, 1991 및「權務官의 概念에 대한 再檢討」『한국중세사연구』11, 2001 ;『고려 정치제도와 녹봉제 연구』, 신서원, 2002.

351) 忠肅王元年瀋王鈞旨 復置寶文閣 : 이전에 寶文署를 충선왕이 同文院에 병합하였다가 忠肅王 원년(1314)에 瀋王(충선왕)의 명령(鈞旨)으로 다시 보문각을 설치하였다.

成宗十四年以崇文館爲弘文館置學士 文宗定官制 諸殿大學士秩從二品 學士正四品 睿宗十一年詔 諸殿學士立本品行頭 仁宗十四年 改文德殿爲修文殿 延英殿爲集賢殿 文德·延英古有大學士·學士 今隨殿改號 神宗二年凡帶學士職者 並許忝侍臣之列 舊制雖帶學士 非臺諫·知制誥 則不得與侍從 至是 中書奏改之 忠烈王二十四年 忠宣置弘文館學士·直學士 又復置崇文館學士 仍改修文殿爲館, 尋復改爲殿 二十九年改學士爲司學 後並廢之 置右文館·進賢館 三十四年 倂右文·進賢館於文翰署 尋復置右文館 大提學正二品 提學正三品 直提學正四品 進賢館 大提學從二品 提學·直提學同右文 恭愍王五年廢兩館 置修文殿集賢殿大學士直學士 十一年復置右文館進賢館大提學提學直提學 十八年復置修文殿集賢殿 例改提學爲學士 二十一年復置右文進賢館 改學士爲提學

여러 관(館)과 전(殿)의 학사.[352] 설치하고 없앤 내력(沿革)은 자세히 알 수 없다. 대개 모두 문신 가운데 재주와 학식이 있는 자들을 뽑아 직함(職銜)에 넣어(入銜) 겸임(兼帶)토록 하여 시종(侍從)을 맡아보게 하였다. 성종 14년에 숭문관을 홍문관이라 하고 학사(學士)를 두었다.[353]

문종 때 정하여 여러 전(殿)의 대학사(大學士)의 품질은 종2품, 학사는 정4품으로 하였다. 예종 11년에 왕명(詔)을 내려 여러 전의 학사는 본품의 항두(行頭)로 세웠다.[354] 인종 14년에 문덕전(文德殿)을 고쳐

---

352) 諸館殿學士 : 고려시대 문신 가운데 재주와 학문이 뛰어난 자를 뽑아 여러 館이나 殿의 학사로 겸임하도록 하여 侍從을 담당하게 하였다. 이러한 館과 殿에는 崇文館(弘文館), 文德殿(修文殿·修文館), 延英殿(集賢殿), 右文館과 進賢館 등이 있었다.

353) 成宗十四年以崇文館爲弘文館 : 崇文館은 고려시대 국왕의 侍從機關으로 문신 가운데 재주와 학문이 뛰어난 자를 뽑아 학사로 임명하고 經書에 관한 사무를 담당하게 하여 임금의 측근에 두었다. 成宗 14년(995)에 崇文館을 弘文館이라 하였다가 그 후 충렬왕 24년(1298)에 충선왕이 홍문관 외에 다시 숭문관을 설치하였다고 한다. 공민왕 16년(1367)에는 文宣王(孔子)의 塑像을 모셔 두기도 하였다.

354) 睿宗十一年詔 諸殿學士立本品行頭 : 예종 11년(1116)에 이르러 여러 殿의 學士들을 本品의 항두로 세웠다는 것이데, 이렇게 본품항두직이 되면 겸

수문전(修文殿)이라 하고, 연영전(延英殿)을 집현전(集賢殿)이라 하였다. 문덕전(文德殿)과 연영전(延英殿)은 예부터 대학사·학사가 있었는데, 지금 전(殿)의 이름에 따라 고쳐 부르게 되었다.

신종 2년에 무릇 학사직을 띠고 있는 자들은 모두 시신(侍臣)의 열(列)에 참가할 수 있게 허락하였다. 이전 제도에는 비록 학사를 띠었더라도 대간(臺諫)이나[355] 지제고(知制誥)가[356] 아니면 더불어 시종(侍從)에 참여할 수 없었는데 이때에 와서 중서성(中書省)에서 아뢰어(上奏) 이를 고쳤다.

충렬왕 24년에 충선왕이 홍문관 학사(學士)·직학사(直學士)를 두고, 또 다시 숭문관 학사를 두었다. 이어서 수문전(修文殿)을 고쳐 수문관이라 하고, 얼마 후 다시 (수문)전으로 고쳤다. 29년에 학사를 고쳐 사학(司學)이라 하였다가 후에 모두 이를 폐지하고, 우문관과 진현관을 두었다. 34년에는 우문관과 진현관을 문한서(文翰署)에 합쳤다가 얼마 후 다시 우문관을 설치하여 대제학은 정2품, 제학은 정3품, 직제학은 정4품으로 하고, 진현관의 대제학은 종2품, 제학과 직제학은 우문관과 같이 하였다.[357]

임직으로 운영되었다고 한다.

355) 臺諫 : 御史臺의 臺官과 中書門下省(중서성과 문하성)의 諫官(郎舍, 省郎)을 臺諫이라 하였다. 대관은 어사대의 大夫(정3품)이하 監察御使(종6품) 이상을, 간관은 중서문하성의 左·右散騎常侍(정3품) 이하 左·右拾遺(종6품) 이상의 관원을 의미한다. 이들은 관리들에 대한 감찰·탄핵과 국왕에 대해 諫諍·封駁·署經하는 직임을 맡았다.
朴龍雲,『高麗時代 臺諫制度研究』, 一志社, 1980.

356) 知制誥 : 고려시대에 국왕이 반포하는 詔書·敎書 등의 글을 지어 바치는 일을 맡아보던 翰林院·寶文閣의 관원이 겸직하던 관직을 말한다. 그러나 신종 2년부터는 臺諫이나 知制誥가 아닌 여러 館·殿의 학사직을 띠고 있는 자들도 모두 侍臣의 반열에 참가할 수 있게 허락되었다.

357) (忠烈王) 三十四年 倂右文·進賢館於文翰署 尋復置右文館 … : 앞에서 말한 백관지 藝文館條에서 "忠烈王三十四年忠宣倂於文翰署爲藝文春秋館"이라 하여 국초의 史館(春秋館)을 충렬왕 34년(1308)에 文翰署에 병합하여 藝文春秋館이라 할 당시에 右文館과 進賢館을 일시 文翰署에 병합하

공민왕 5년에 두 관(우문·진현관)을 폐하고, 수문전과 집현전에 대학사와 직학사를 두었다. 11년에 다시 우문관과 진현관에 대제학·제학·직제학을 두었다. 18년에는 다시 수문전과 집현전을 두고, 예에 따라서 제학을 고쳐 학사라 하였다. 21년에 다시 우문관과 진현관을 두고, 학사를 고쳐 제학이라 하였다.

『高麗史』卷76 志30 / 百官1 / 成均館

成均館 掌儒學教誨之任 成宗置國子監 有國子司業博士·助教·大學博士·助教·四門博士·助教 文宗定提擧·同提擧·管勾各二人 判事一人皆兼官 祭酒一人秩從三品 司業一人從四品 丞從六品 國子博士二人正七品 大學博士二人從七品 注簿從七品 四門博士正八品 學正二人·學錄二人並正九品 學諭四人 直學二人 書學博士二人 算學博士二人 並從九品 睿宗十一年 改判事爲大司成從三品 祭酒降正四品 忠烈王元年改國學 仍改祭酒爲典酒 司業爲司藝 二十四年忠宣改成均監陞大司成正三品 復改典酒爲祭酒 司藝爲司業 國子博士爲成均博士 加置明經博士 明經學諭 三十四年忠宣改成均館 刪定員吏 置祭酒一人從三品 樂正一人從四品 丞一人從五品 成均博士二人正七品 諄諭博士二人從七品 進德博士二人從八品 學正二人學錄二人並正九品 直學二人學諭四人並從九品 後復置大司成正三品 樂正改司藝 丞改直講 進德博士陞正八品 恭愍王五年復稱國子監 大司成正三品 祭酒從三品 司業從四品 直講從五品 國子博士正七品 大學博士從七品 四門博士明經博士並正八品 律學博士從八品 學正·學錄正九品 直學·學諭·書學博士·明經學諭·算學博士·律學助教從九品 十一年復稱成均館 改司業爲司藝 國子博士爲成均博士 四門博士爲諄諭博士陞從七品 十八年改祭酒爲司成 吏屬 文宗置 書史二人 記官二人

성균관.[358] 유학을 가르치는 임무를 맡는다. 성종 때에 국자감(國子

였다가 얼마 후 다시 설치되었다고 한다.

358) 成均館 : 고려시대 최고 국립교육기관으로 중앙에 國子監이 있었다. 이를

監)을 설치하여[359] 국자사업(國子司業), (국자) 박사(博士), (국자) 조교(助敎), 태학박사(大學博士), (태학) 조교(助敎), 사문박사(四門博士), (사문) 조교(助敎)가 있었다.

문종 때 정하여[360] 제거(提擧) 동제거(同提擧) 관구(管勾)는 각각 두

忠烈王 24년(1298)에 成均監이라 고쳤고, 충렬왕 34년(1308)에 忠宣王이 다시 고쳐 成均館이라 하였다가 恭愍王 5년(1356)에는 다시 國子監이라 칭하였고, 同王 11년(1362)에 다시 成均館이라 하였다. 이 때의 이름인 성균관이 백관지에 나타나 있는 것이다.

①閔丙河,「高麗時代의 教育制度－특히 國子監을 中心으로－」『歷史教育』2, 歷史教育研究會, 1957 ;「高麗時代에 있어서의 成均館 成立과 發展」『大東文化研究』6·7, 成均館大 大東文化研究院, 1970.

②朴性鳳,「國子監과 私學」『한국사』6, 국사편찬위원회, 1975.

③朴天植,「高麗前期의 國子監 沿革考」『全北史學』6, 全北大, 1982.

④申千湜,「高麗中期 教育理念과 國子監 運營－仁宗代의 學式을 中心으로－」『明知史論』 창간호, 明知大 1983 ;『高麗教育制度史研究』, 螢雪出版社, 1983 ;「중앙의 교육기관」『한국사』17, 국사편찬위원회, 1994.

⑤朴贊洙,「高麗의 國子監과 私學 十二公徒」『韓國史市民講座』18, 一潮閣, 1996.

359) 成宗置國子監 : 종래에는 성종11년(992)에 國子監이 설립된 것으로 보아왔으나, 근간에 국초에 신라의 제도 國學을 이어받은 중앙 교육기관이 있었고, 國子監은 성종 5년(986)을 전후하여 설립되었으며, 성종 11년에 국자감의 시설을 준공하여 최고학부로서의 면모를 갖추게 되었다고 한다.

①申千湜,「중앙의 교육기관」『한국사』17, 국사편찬위원회, 1994, 16~21쪽. 성종 11년에 설립한 국자감은 唐制에 의거하고, 이후 문종 때 정비된 관원구성은 宋制를 바탕으로 고려의 독자적인 요소를 가미하여 정비된 것으로 여겨지나 자세한 것은 더 검토해 보아야할 것 같다.

②國子監 祭酒一人 從三品 司業二人從四品下(『新唐書』上 권48, 백관3, 국자감).

③國子監舊制判監事二人 以兩制或帶職朝官充 …(『宋書』二, 권165, 직관5, 국자감).

360) 文宗 定 : 국자감의 직제와 관원구성이 모두 문종 때 정비된 사실을 기술해 놓고 있는 부분이다. 성종 11년에 설립된 국자감은 唐制에 의거하고, 이후 문종 때 정비된 관원구성은 宋制를 바탕으로 고려의 독자적인 요소를 가미하여 정비된 것으로 여겨지나 자세한 것은 더 검토해 보아야할

명을 두고, 판사(判事)는 한 명으로 모두 겸임관직이다. 제주(祭酒)는 한 명 종3품, 사업(司業)은 한 명 종4품, 승(丞)은 종6품, 국자박사(國子博士)는 2명 정7품, 태학박사(大學博士)는 두 명 종7품, 주부(注簿)는 종7품, 사문박사(四門博士)는 정8품, 학정(學正) 두 명과 학록(學錄) 두 명은 모두 정9품, 학유(學諭) 네 명과 직학(直學) 두 명, 서학박사(書學博士) 2명과 산학박사(算學博士) 2명은 모두 종9품으로 하였다. 예종 11년에 판사(判事)를 고쳐 대사성(大司成)이라 하여 종3품이고, 제주(祭酒)는 정4품으로 낮추었다. 충렬왕 원년에 국학(國學)으로 고치고[361] 이어서 제주(祭酒)는 전주(典酒)로, 사업(司業)은 사예(司藝)로 고쳤다. 24년에 충선이 성균감(成均監)으로 고쳤다.[362] 대사성을 정3품으로 올리고, 전주는 제주로, 사예는 사업으로 다시 고치고, 국자박사는 성균박사(成均博士)로 하고, 명경박사(明經博士)와 명경학유(明經學諭)를 더 두었다. 34년에 충선이 성균관으로 고치고[363] 관원을 정하는데, 제주는 한 명 종3

것 같다. 다만 唐·宋制에 보이지 않는 提學 同提學 官勾가 보이고, 『신당서』에 보이는 祭酒 종3품과 司業 종4품(下)은(①) 文宗朝 정비된 그 품계와 거의 일치하며, 判事의 겸직제도는 宋制와 고려의 제도가 비슷한 것이다(②). 이로 보아 성종 11년에 당제를 수용하여 국자감이 설립할 당시부터 품계도 수용된 것으로 여겨지며, 이후의 변화는 文宗朝에 반영되어 제도화 된 것으로 그 시기는 앞서 누차 지적한 바와 같이 문종 15년이라 여겨진다(③). 文宗朝에 정비된 국자감 제도는 宋制에 의거하여 고려의 독자적인 요소가 가미된 것으로 보여지나 자세한 것은 더 많은 검토가 필요하다.

①國子監 祭酒一人 從三品 司業二人從四品下(『新唐書』上, 권48, 백관3, 국자감).

②國子監舊制判監事二人 以兩制或帶職朝官充 …(『宋書』二, 권165, 직관5, 국자감).

③崔貞煥, 本書, 61~64쪽 및 吏曹條 참조.

361) 忠烈王元年改國學 : 충렬왕 원년(1275)에 元국의 간섭으로 관제를 고치는 가운데 국자감을 國學으로 고쳤다.

362) (忠烈王) 二十四年忠宣改成均監 : 忠烈王 24년(1298)에 忠宣王이 그 이전 충렬왕 원년의 國學을 成均監이라 고쳤다.

363) 三十四年忠宣改成均館 : 충렬왕 34년(1308)에 忠宣王이 그 이전 忠烈王

품, 악정(樂正)은 한 명 종4품, 승(丞)은 한 명 종 5품, 성균박사는 두 명 정7품, 순유박사(諄諭博士)는 두 명 종7품, 진덕박사(進德博士)는 두 명 종8품, 학정(學正) 두 명과 학록(學錄) 2명은 모두 정9품, 직학(直學) 두 명과 학유(學諭) 네 명은 모두 종9품으로 하였다. 후에 다시 대사성을 두고 정3품으로 하였으며, 악정은 사예(司藝)로, 승은 직강(直講)으로 고치고, 진덕박사는 정8품으로 올렸다.

공민왕 5년에 다시 국자감으로 고치고[364] 대사성은 정3품, 제주는 종3품, 사업은 종4품, 직강은 종5품, 국자박사는 정7품으로, 태학박사는 종7품, 사문박사와 명경박사는 모두 정8품, 율학박사는 종8품, 학정과 학록은 정9품, 직학・학유・서학박사・명경학유・산학박사・율학조교는 종9품으로 하였다. 11년에 다시 성균관이라 칭하고[365] 사업은 사예로, 국자박사는 성균박사로, 사문박사는 순유 박사로 고치고 종7품으로 올렸다. 18년에 제주(祭酒)를 고쳐 사성(司成)이라 하였다.

이속은[366] 문종이 서사(書史) 2명과 기관(記官) 2명을 두었다.

『高麗史』卷76 志30 / 百官1 / 典校寺

典校寺 掌經籍祝蹠 國初稱內書省 成宗十四年改秘書省 有監・少監・丞・郎・校書郎・正字 文宗定判事秩正三品【文宗五年 內史門下省奏 諸司判事 本皆權帶 近皆爲祿官 有違古制 請改之 從之】監一人從三品 少監一人從四品 丞二人從五品 郎一人從六品 校書郎二人正九品 正字二人從九品 校

24년(1298)에 成均監이라 하였던 것을 이 때 와서 成均館으로 고쳤다.

364) 恭愍王五年復稱國子監 : 공민왕 5년(1356)에 이르러 대대적인 반원개혁정치를 펴면서 관제를 문종 때의 舊制로 환원시키는 조처에 따라 成均館을 다시 國子監이라 고쳤다.

365) 十一年復稱成均館 : 공민왕 11년(1362)에 그 이전 同王 5년(1356)에 문종 때의 舊制로 복구하여 國子監이라 칭하던 것을 이때 다시 成均館이라고 하였던 것이다.

366) 吏屬 : 胥吏職으로서 文案・文簿를 관장하는 일을 맡았다(崔貞煥, 本書 門下府 掾屬 참조).

勘二人 忠烈王二十四年 忠宣改秘書監 減判事 降丞爲從六品 郎從七品 併留院官於校勘【文宗定 御書院知院事 副知院事 判院兼押院二人 檢計官二人 留院官二人 知書二人 書手二十五人】三十四年忠宣降爲典校署 爲藝文館所轄 丞一人正五品 郎一人正七品 校勘一人正九品 又置權知校勘十二人 後陞爲典校寺 置判事正三品 令從三品 副令從四品 丞從五品 郎正七品 注簿正八品 校勘·正字並從九品 恭愍王五年 復稱秘書監 改令爲監 副令爲少監 置著作郎二人正七品 郎增二人 降從七品 復置秘書郎四人正八品 校勘陞正九品 判事·丞·正字如故 十一年 復稱典校寺 改監爲令 少監爲副令 革著作郎 陞郎爲正七品 革校書郎 置注簿正八品 校勘復降從九品 餘並仍 十八年 復用五年官制 二十一年 復用十一年官制 吏屬 文宗置 主事一人 令史一人 書藝十人 記官二人 書手十五人

전교시.[367] 경적(經籍)과 축문(祝疏)에 관한 사무를 맡았고,[368] 국초에 내서성(內書省)이라고 칭하였다. 성종 14년에 비서성(秘書省)이라 고치고, 감(監)·소감(少監)·승(丞)·낭(郎)·교서랑(校書郎)·정자(正字)를 두었다.[369]

---

367) 典校寺 : 고려시대에 經籍·祝文 등을 맡아본 관청으로 국초에 內書省이라 하던 것을 成宗 14년(995)에 秘書省이라 고쳤다. 忠烈王 24년(1298) 秘書監으로 고쳤다가 충렬왕 34년(1308) 典校署로 개칭하였고, 이후 공민왕 5년(1356) 비서감, 공민왕 11년(1362) 典校寺, 공민왕 18년(1369) 비서감, 공민왕 21년(1372)년 다시 전교시로 개칭하여 말기까지 존속하였다.

368) 掌經籍祝疏 : 藝文館은 詞命을 맡고, 春秋館은 記事를 맡고, 典校寺는 제사와 祝文을 닦는 일을 맡았다고 한 것에서 3기관의 기능과 역할을 비교해 볼 수 있는데, 전교시는 경서와 축문에 관한 일을 맡았다(①). 『신당서』에는 經籍과 圖書에 관한 일을 관장한 것으로 되어 있다(②).

①藝文春秋館典校寺上言 藝文掌詞命 春秋掌記事 典校掌祀典而修祝文 此三者 皆重事也(『高麗史』 권137, 열전, 창왕 1년 정월).

②秘書省 … 監掌經籍圖書之事(『新唐書』 上, 권47, 백관2, 비서성).

369) 成宗十四年改秘書省 有監·少監·丞·郎·校書郎·正字 : 성종 14년(995)에 개편한 비서성은 唐制를 수용한 것 같다. 그런데 秘書監 종3품, 少監 종4품, 丞 종5품 등의 품계가 唐制와(①) 비슷하며 이러한 품계가 백관지에는 모두 문종 때 정해진 것으로 기술되어 있다. 비서감은 목종

문종 때 정하여 판사(判事)는 정3품으로 하고, 【문종 5년에 내사문하성에서 아뢰기를 "여러 사(司)의 판사는 본래 모두 겸임(權帶)하기로 하였는데 근래에 와서 모두 녹관(祿官)으로 하여 옛 제도에 어긋나니 청컨대 이를 고치소서"하여 그대로 따랐다】[370] 감(監)은 한 명 종3품, 소감은 한 명 종4품, 승은 두 명 종5품, 낭은 한 명 종6품, 교서랑은 두 명 정9품, 정자(正字)는 두 명 종9품, 교감(校勘)은 두 명으로 하였다.

충렬왕 24년에 충선이 비서감(秘書監)으로 고쳐[371] 판사는 없애고, 승(丞)은 낮추어 종6품으로, 낭(郞)은 종7품으로 낮추고, (御書院의) 유원관(留院官)을 (秘書監의) 교감(校勘)에 합쳤다. 【문종 때 정하여 어서원(御書院)에 지원사(知院事), 부지원사(副知院事), 판원겸압원(判院兼押院) 두 명, 검계관(檢計官)은 두 명, 유원관(留院官)은 두 명, 지서(知書)는 두 명, 서수(書手)는 25명으로 하였다】

34년에 충선이 비서감을 전교서(典校署)로 낮추어 예문관에서 관할하게 하였다.[372] 승(丞) 한 명 정5품, 낭(郞) 한 명 정7품, 교감(校勘) 한

원년(998)의 改正田柴科와 문종 30년(1076)에 정비된 更定田柴科에 다 같이 5科로 규정되어 있다. 이로 보아 성종 14년에 唐制를 수용하여 비서성을 개편할 당시부터 품계도 같이 수용된 것으로 짐작이 되며, 이후 문종 5년에 비서성에 약간의 변화가 이루어지고 있다.

①秘書省 監一人從三品 少監二人從四品上 丞一人從五品上 監掌經籍圖書之事(『新唐書』上, 권47, 백관2, 비서성).

370) 文宗定判事秩正三品【文宗五年 內史門下省奏 諸司判事 本皆權帶 近皆爲祿官 有違古制 請改之 從之】: 비서성의 직제와 관원구성이 文宗朝에 정비된 것으로 정리하고 있다. 그런데 국초의 내서성을 성종 14년에 唐制를 수용하여 비서성으로 개편할 당시부터 이미 관원의 품계(문산계)가 이미 도입이 되었고, 문종 때는 그 정원 및 품계가 정비된 것으로 여겨진다. 다만 이전과는 다른 것은 判事가 새로 등장하여, 諸司의 判事는 원래 겸직하기로 되어 있었는데, 근래에 모두 祿官으로 하여 古制에 어긋나므로 문종 5년에 이를 종전대로 다시 되돌렸던 것이다. 이러한 것은 비서성을 비롯하여 諸司의 判事나 그 職制가 문종 5년에 정비된 것을 말해주고 있다.

371) 忠烈王二十四年 忠宣改秘書監 : 국초에 內書省이라 하던 것을 成宗 14년(995)에 秘書省이라 하였으나. 忠烈王 24년(1298) 秘書監으로 낮추었다.

372) (忠烈王) 三十四年忠宣 降爲典校署 爲藝文館所轄 : 앞서 백관지 藝文館條

명 정9품으로 하고, 또한 권지교감(權知校勘) 12명을 두었다. 그 후에 다시 전교시(典校寺)로 올리고, 판사를 두어 정3품, 영(令)은 종3품, 부령(副令)은 종4품, 승(丞)은 종5품, 낭(郞)은 정7품, 주부(注簿)는 정8품, 교감과 정자(正字)는 모두 종9품으로 하였다.

공민왕 5년에 다시 비서감이라 칭하고,[373] 영(令)을 고쳐 감(監)이라 하고, 부령(副令)은 소감(少監)이라 하였다. 저작랑(著作郞) 두 명을 두어 정7품으로 하고, 낭(郞)은 2명으로 늘려 종7품으로 낮추고, 다시 비서랑(秘書郞) 네 명을 두어 정8품으로 하고, 교감(校勘)은 정9품으로 올리고, 판사(判事)·승(丞)·정자(正字)는 이전대로 하였다. 11년에 다시 전교시라 칭하여 감은 영으로, 소감은 부령으로 고치고, 저작랑은 없애고, 낭(郞)은 올려 정7품으로 하였다. 교서랑(校書郞)은 없애고, 주부(注簿)를 두어 정8품으로 하고, 교감은 다시 종9품으로 낮추고, 그 나머지는 모두 그대로 두었다. 18년에는 다시 5년의 관제를 사용하였고,[374] 21년에는 다시 11년의 관제를 사용했다.[375] 이속은 문종 때 주사(主事) 한 명, 영사(令史) 한 명, 서예(書藝) 열 명, 기관 두 명, 서수(書手) 15명을 두었다.

『高麗史』 卷76 志30 / 百官1 / 通禮門

에 "三十四年忠宣併文翰史官爲藝文春秋舘"이라 하여 忠烈王 34년(1308)에 충선왕이 文翰署(藝文館)와 史館(春秋館)을 합쳐서 藝文春秋館이라 하였는데, 여기서는 典校署를 藝文館에서 관할하도록 하였다고 한다. 사실의 내용이 서로 맞지 않으므로 더 자세한 검토가 필요할 것 같다.

373) 恭愍王五年 復稱秘書監 : 공민왕 5년(1356)에 이르러 대대적인 반원개혁정치를 펴면서 관제를 문종 때의 舊制로 환원시키는 것이 일반적이었다. 그러나 여기 비서감은 문종 때의 구제인 비서성(秘書省)으로 환원시킨 것이 아니라, 忠烈王 24년(1298)의 제도인 비서감(秘書監)으로 복구시키고 있는 것이 주목된다.

374) (恭愍王) 十八年 復用五年官制 : 공민왕 18년(1369)에는 다시 同王 5년의 관제를 사용하였는데, 공민왕 5년(1356)에는 비서감이라 하였다.

375) (恭愍王) 二十一年 復用十一年官制 : 공민왕 21년(1372)에는 동왕 11년의 관제를 다시 사용하였는데, 공민왕 11년(1362)에는 典校寺라 하였다.

通禮門 掌朝會儀禮 穆宗朝有閣門使・副使・祗候 文宗定 判事秩正三品 知事兼官 使正五品 引進使二人正五品 引進副使從五品 閣門副使正六品 通事舍人四人・祗候四人正七品 權知祗候六人 睿宗十一年詔 知閣門事立本品行頭 神宗五年 祗候・文吏各三人 陞爲叅秩忠烈王元年 改通禮門 二十四年 忠宣復改爲閣門 判事以下 皆復舊制 唯祗候增爲八人 減權知祗候 三十四年 忠宣改爲中門 改定員吏 使二人正三品 副使二人正四品 判官二人正五品 舍人二人正六品 祗候十四人 其四以郎將兼之 從六品 後復改通禮門 以使爲判事 恭愍王五年 復改閣門 判事如故 知事從三品 引進使正四品 引進副使正五品 通事舍人・祗候並從六品 十一年復改通禮門 引進使改副使 引進副使改判官 通事舍人改舍人 十八年 復改閣門 又改副使爲引進使 判官爲引進副使 舍人爲通事舍人 二十一年復稱通禮門 仍改稱副使・判官・舍人 吏屬 文宗置 承旨四人・聽頭二十人・記官一人

통례문.[376] 조회(朝會) 의례(儀禮)에 관한 사무를 맡았다. 목종 때 각문사(閣門使), 부사(副使), 지후(祗候)가 있었다. 문종 때 정하여 판사(判事)는 정3품으로, 지사(知事)는 겸관으로, 사(使)는 정5품으로, 인진사(引進使)는 두 명으로 정5품, 인진부사(引進副使)는 종5품, 각문부사(閣門副使)는 정6품, 통사사인(通事舍人) 네 명과 지후(祗候) 네 명은 정7품, 권지지후(權知祗候)는 여섯 명으로 하였다.

예종 11년에 왕명(詔)으로 지각문사는 본품의 항두로 세웠다.[377] 신종 5년에 지후(祗候)와 문리(文吏) 각각 3명씩을 참질(參秩)로 승격시켰다.

---

376) 고려시대에 朝會・儀禮 등 국가의 의전사무를 관장한 관서로서 목종 때 처음 설치하여 閣門이라 하였고, 문종 때 그 기구가 정비되었다. 충렬왕 원년에 通禮門으로 고치고, 충렬왕 24년에 다시 閣門이라 하였고, 충렬왕 34년에 中門으로 고쳤다가 후에 다시 通禮門이라 하였다. 공민왕 5년 다시 閣門이라 하고, 同王 11년에는 通禮門, 同王 18년에 閣門, 同王 21년에 다시 通禮門이라 칭하였다.

377) 睿宗十一年詔 知閣門事立本品行頭 : 예종 11년(1116)에 이르러 知閣門事는 本品의 항두로 세웠다는 것이데, 이렇게 본품항두직이 되면 겸임직으로 운영되었다고 한다.

충렬왕 원년에 통례문으로 고쳤다. 24년에 충선이 다시 각문으로 고치고 판사 이하는 모두 옛 제도로 복구하였다. 다만 지후(祗候)는 8명으로 늘이고 권지지후(權知祗候)는 없앴다. 34년에 충선이 중문(中門)으로 고치고, 관원을 고쳐 정하여 사(使)는 두 명으로 정3품, 부사는 두 명으로 정4품, 판관(判官)은 두 명으로 정5품, 사인(舍人)은 두 명으로 정6품, 지후는 14명으로 그 가운데 네 명은 낭장(郎將)이 이를 겸임하고 종6품으로 하였다. 그 후 다시 통례문으로 고치고 사(使)를 판사로 삼았다.

공민왕 5년에 다시 각문(閣門)으로 고쳐서 판사는 이전과 같이 하고, 지사는 종3품, 인진사(引進使)는 정4품, 인진부사는 정5품, 통사사인(通事舍人)과 지후는 모두 종6품으로 하였다. 11년에 다시 통례문으로 고치고, 인진사(引進使)는 부사(副使)로, 인진부사는 판관(判官)으로, 통사사인은 사인(舍人)으로 고쳤다. 18년에 다시 각문으로 고치고 또 다시 부사는 인진사로, 판관은 인진부사로, 사인은 통사사인으로 고쳤다. 21년에는 또 다시 통례문이라 하고 잇따라 부사·판관·사인이라 고쳐 칭하였다.

이속은 문종 때 승지(承旨) 네 명, 청두(聽頭) 20명, 기관 한 명을 두었다.

『高麗史』卷76 志30 / 百官1 / 典儀寺

典儀寺 掌祭祀贈諡 穆宗朝有大常卿·少卿·博士·司儀·齋郎 文宗以大常府爲丙科權務官 使一人三品兼之 副使一人五品兼之 錄事四人亦兼官 忠烈王二十四年 忠宣改大常府爲奉常寺 置卿二人秩正三品 少卿一人正四品 丞一人正五品 博士一人從七品 大祝一人奉禮郎一人並正九品 三十四年 忠宣改爲典儀寺 置領事二人皆兼官 改卿爲令 省一人 少卿爲副令增二人 丞仍一人 革博士大祝奉禮郎 置注簿一人正六品 直長二人正七品 錄事二人正九品 後置判事正三品 降令從三品 丞從五品 恭愍王五年 改大常寺 改令爲卿 副令爲少卿 革注簿 復置博士陞正六品 判事丞直長錄事如故 十一年 復稱典儀寺 又改卿爲令 少卿爲副令 降從四品 革博士復置注簿 餘並

仍 十八年 復稱大常寺 改令爲卿 副令爲少卿 陞正四品 注簿爲博士 二十一年 復用十一年官制 吏屬 文宗置記事書者

전의시.[378] 제사와 시호(贈諡)를 내리는 일을 맡았다. 목종 때에 대상경·소경·박사·사의(司儀)·재랑(齋郎)이 있었다. 문종 때 대상부(大常府)는 병과권무관으로 하였다. 사(使) 한 명은 3품이 겸하고, 부사 한 명은 5품이 겸하고, 녹사는 네 명으로 역시 겸임관직(兼官)이다.[379]

충렬왕 24년에 충선이 대상부를 고쳐 봉상시(奉常寺)라 하고, 경(卿)은 두 명을 두어 정3품, 소경(少卿)은 한 명으로 정4품, 승(丞)은 한 명으로 정5품, 박사는 한 명으로 종7품, 대축(大祝) 한 명과 봉예랑(奉禮郎) 한 명은 나란히 정9품으로 하였다. 34년에 충선이 전의시(典儀寺)로 고치고, 영사(領事) 두 명을 두어 모두 겸임관직으로 하였다. 경(卿)은 영(令)으로 고치고 한 명을 줄였으며, 소경(少卿)은 부령(副令)으로 고치고 두 명으로 늘렸다. 승(丞)은 그대로 한 명으로 하고, 박사·대축·봉예랑은 없애고, 주부 한 명을 두어 정6품으로, 직장(直長) 두 명을 두어 정7품으로, 녹사 두 명을 두어 정9품으로 하였다.[380] 그 후에

---

378) 典儀寺 : 고려시대 제사와 諡號에 관련된 업무를 맡아본 관청. 목종 때 처음 설치하여 大常이라 하던 것을 문종 때 大常府라 하였다. 충렬왕 24년(1298) 奉常寺로 하였다가 충렬왕 34년(1308)년 전의시로 개칭하고, 공민왕 5년(1356)에 大常寺로, 同王 11년에 다시 전의시, 同王 18년에 또다시 대상시, 同王 21년(1372)에 또다시 典儀寺라 하였는데, 여기서는 전의시를 주제어로 삼고 있다.

379) 文宗 以大常府爲丙科權務官 使一人三品兼之 副使一人五品兼之 錄事四人亦兼官 : 大常府의 使·副使·錄事 등은 모두 丙科權務로 「兼之」, 「兼官」하는 것으로 기록되어 있다. 그러나 실제로 使·副使의 녹봉은 권무관록에 보이지 않고, 錄事만 丙科權務로 仁宗 更定權務官祿에 8석 10두로 나타나 있다. 이 大常府의 使는 3품, 副使는 5품이 각각 이를 겸직하게 하고, 錄事만 丙科權務로 하였던 것 같다.
崔貞煥, 「權務官을 통해 본 高麗時代의 權務職」『國史館論叢』26, 1991 및 「權務官의 概念에 대한 再檢討」『한국중세사연구』11, 2001 ; 『고려 정치제도와 녹봉제 연구』, 신서원, 2002, 245쪽.

판사(判事)를 두어 정3품으로 하고, 영(令)은 낮추어 종3품으로, 승(丞)은 종5품으로 낮추었다.

공민왕 5년에 대상시(大常寺)로 고치고,381) 영(令)은 고쳐 경(卿)으로, 부령은 소경으로, 주부(注簿)를 없애고, 다시 박사를 두어 정6품으로 올리고, 판사·승·직장·녹사는 이전대로 두었다. 11년에 다시 전의시라 칭하고 또 경을 고쳐 영으로, 소경은 부령으로 하되 종4품으로 낮추고, 박사는 없애고, 주부를 다시 두고, 그 나머지는 모두 이전대로 하였다. 18년에 다시 대상시로 고치고 영을 고쳐 경으로, 부령은 소경으로 하되, 정4품으로 올리고, 주부를 고쳐 박사라 하였다. 21년에는 11년의 관제를 복구하여 사용했다.382)

이속은 문종 때 기사(記事)·서자(書者)를 두었다.

『高麗史』卷76 志30 / 百官1 / 宗簿寺

宗簿寺 掌族屬譜牒 穆宗朝 有殿中省監·少監·丞·內給事 文宗定 判事秩正三品 監一人從三品 少監一人從四品 丞二人從五品 內給事一人從六品 後改殿中寺 改監爲尹 少監爲少尹 忠烈王二十四年 改宗正寺 革判事改尹爲卿 少尹爲少卿 丞·內給事仍舊 新置注簿從七品 後改殿中監 復稱尹·少尹 忠宣王二年 改爲宗簿寺 置判事正三品 令從三品 副令從四品 丞

---

380) 錄事二人正九品 : 문종 때 大常府의 錄事는 丙科權務로 하였던 것인데, 여기서는 정직의 품관인 정9품으로 바뀌고 있다. 고려후기 권무직의 운영에 새로운 변화가 일어나고 있음을 의미한다.
崔貞煥, 「權務官을 통해 본 高麗時代의 權務職」『國史館論叢』 26, 1991 및 「權務官의 概念에 대한 再檢討」『한국중세사연구』 11, 2001 ; 『고려 정치제도와 녹봉제 연구』, 신서원, 2002, 264쪽.

381) 恭愍王五年 改大常寺 : 공민왕 5년(1356)에 이르러 대대적인 반원개혁정치를 펴면서 관제를 문종 때의 舊制로 환원시키는 것이 일반적이었다. 그러나 여기 大常寺는 문종 때의 구제인 大常府로 환원시킨 것이 아니었다. 문종 때의 舊制와 비교하면 관원 구성이나 관직 운영에 상당한 차이가 있다.

382) (恭愍王) 二十一年 復用十一年官制 : 공민왕 21년에는 同王 11년의 관제를 복구하여 사용했던 것인데, 그 당시의 관제는 典儀寺였다.

從五品 注簿從七品 恭愍王五年 復稱宗正寺 改令爲卿 副令爲少卿 十一年 復稱宗簿寺 又改卿爲令 少卿爲副令 十八年 復稱宗正寺 例改爲卿・少卿 二十一年 復稱宗簿寺 仍改爲令・副令 吏屬 文宗置主事四人 令史四人 書令史四人 記官四人 算士一人

종부시.[383] 왕실의 보첩을 맡아보았다. 목종 때 전중성에 감・소감・승・내급사가 있었다. 문종 때 정하여 판사는 정3품, 감(監)은 한 명으로 종3품, 소감은 한 명으로 종4품, 승은 두 명으로 종5품, 내급사는 한 명 종6품으로 하였다. 그 후에 전중시(殿中寺)로 고치고, 감(監)을 고쳐 윤(尹)으로, 소감(少監)은 소윤(少尹)으로 고쳤다.[384]

충렬왕 24년에 종정시(宗正寺)로 고쳐, 판사는 없애고, 윤(尹)은 경(卿)으로, 소윤은 소경으로 하고, 승(丞)과 내급사(內給事)는 이전대로 하였으며, 새로이 주부를 두어 종7품으로 하였다. 후에 전중감(殿中監)으로 고쳐 다시 윤(尹)・소윤(少尹)이라 칭하였다. 충선왕 2년에 종부시(宗簿寺)로 고쳤다. 판사를 두어 정3품으로, 영(令)은 종3품으로, 부령은 종 4품으로, 승(丞)은 종5품으로, 주부는 종7품으로 하였다.

공민왕 5년에 다시 종정시(宗正寺)로 고쳤다. 영은 고쳐 경으로, 부령은 소경이라 하였다. 11년에 다시 종부시라고 칭하고, 또한 경은 영

---

383) 고려시대 왕실의 보첩을 맡아보던 관청. 목종 때 전중성이라 하고, 문종 때 그 직제가 갖추어 졌다가 뒤에 전중시로 고쳤다. 충렬왕 24년(1298년)에 종정시로 고친 후 다시 전중감으로 바꾸었다가 충선왕 2년(1310)에 종부시로 고쳤다. 그 후 여러 번 개칭되었는데 공민왕 5년에 다시 宗正寺, 同王 11년에 다시 宗簿寺, 同王 18년에 가서 또다시 종정시, 同王 21년에는 다시 宗簿寺라고 칭했다. 여기서는 여러 번의 개편 가운데 제일 마지막에 칭한 종부시가 주제어로 나타나 있다.

384) 목종대부터 전중성이 등장한 이래 또한 전중성의 사례가 현종 9년(『高麗史』 권5, 세가, 현종 20년 9월 乙亥)과 명종 11년(『高麗史』 권20, 세가, 명종 11년 6월 壬申)에 나타나는 것으로 보아 그 직제가 정비되는 문종 당시에는 殿中省이었음이 분명하다. 그러나 그 뒤에 殿中寺로 개편된 시기는 자세히 알 수가 없다.

으로, 소경은 부령으로 고쳤다. 18년에 다시 종정시로 고치고, 예에 따라 경·소경으로 고쳤다. 21년에는 다시 종부시라 칭하고 이어서 영·부령으로 고쳤다.

이속은 문종 때 주사 네 명, 영사(令史) 네 명, 서령사(書令史) 네 명, 기관(記官) 네 명, 산사(算士) 한 명을 두었다.

『高麗史』 卷76 志30 / 百官1 / 衛尉寺

衛尉寺 掌儀物器械 太祖元年 置內軍卿 光宗十一年 改內軍爲掌衛部 後稱司衛寺 成宗十四年 改衛尉寺 文宗定 判事秩正三品 卿一人從三品 少卿一人從四品 丞二人從六品 注簿二人從七品 忠烈王二十四年 忠宣革判事 增卿爲二人 減丞一人 尋改卿爲尹 少卿爲少尹 三十四年 忠宣倂於吏部 忠惠王元年 復置判事正三品 令從三品 少尹從四品 丞從六品 注簿從七品 恭愍王五年 改令爲卿 少尹爲少卿 十一年 復改卿爲尹 少卿爲少尹 十八年 復改尹爲卿 少尹爲少卿 二十一年 復改爲尹·少尹 恭讓王元年 罷 倂於重房 吏屬 文宗置書史六人記官

위위시.[385] 의장(儀仗)에 쓰는 물건과 기구를 맡아보았다. 태조 원년에 내군(內軍)을 설치하여 경(卿)을 두었다. 광종 11년에 내군을 고쳐 장위부(掌衛部)라 하고, 그 후에 사위시(司衛寺)라 칭하였다. 성종 14년에 위위시(衛尉寺)로 고쳤다. 문종 때 정하여 판사(判事)의 품계를 정3품으로, 경(卿)은 한 명으로 종3품, 소경(少卿)은 한 명으로 종4품, 승(丞)은 두 명으로 종6품, 주부(注簿) 두 명은 종7품으로 하였다.

---

385) 고려시대 儀仗에 쓰는 물건과 기구를 맡아본 관청. 태조 원년에 內軍을 두었고, 광종 11년(960)에 이를 掌衛府로 고쳤다가 뒤에 司衛寺라 칭하였다. 성종 14년(995) 衛尉寺로 고치고, 문종 때 그 직제가 정비되었다. 그 후 여러 번 직제에 개편이 이루어 졌고, 충렬왕 34년(1308)에 일시 吏部에 병합되기도 하였다가 復設된 후 공민왕 때 또한 누차의 개편을 거쳐 공양왕 원년(1389)에는 重房에 병합되고 말았다. 여기서는 성종 때 개편된 衛尉寺가 주제어로 나타나 있다.

충렬왕 24년에 충선이 판사를 없애고, 경은 두 명으로 늘리고, 승은 한 명으로 줄였다. 얼마 후에 경을 고쳐 윤(尹)이라 하고, 소경을 소윤(少尹)이라 하였다. 충렬왕 34년에 충선이 (衛尉寺를) 이부(吏部)에다 합쳤다. 충혜왕 원년에 다시 판사를 두어 정3품으로 하고, 영(令)은 종3품, 소윤(少尹)은 종4품, 승(丞)은 종6품, 주부는 종7품으로 하였다.

공민왕 5년에 영을 고쳐 경(卿)으로, 소윤은 소경(少卿)이라 하였다. 11년에는 다시 경을 고쳐 윤이라 하고, 소경을 소윤이라 하였다. 18년에는 또다시 윤을 고쳐 경이라 하고, 소윤을 소경이라 하였다. 21년에 다시 고쳐 윤·소윤이라 하였다. 공양왕 원년에 (위위시를) 폐지하여 중방(重房)에다 합쳤다.

이속은 문종 때에 서사(書史) 여섯 명과 기관을 두었다.

『高麗史』卷76 志30 / 百官1 / 司僕寺

司僕寺 掌輿馬廐牧 文宗定大僕寺判事秩正三品 卿一人從三品 少卿一人從四品 丞一人從六品 注簿二人從七品 忠烈王二十四年 忠宣革判事 增卿爲二人 三十四年 忠宣改司僕寺 以尙乘典牧 諸牧監倂焉 置領事一人從二品兼之 正二人其一兼官正三品 副正二人其一兼官正四品 丞二人正五品 直長二人 正七品 後改定判事正三品 副令從四品 丞從六品 直長從七品 恭愍王五年 復稱大僕寺 革副令置卿從三品 改直長爲注簿 判事丞如故 十一年 復稱司僕寺 改卿爲正 加置副正從四品 復改注簿爲直長 十八年 復稱大僕寺 又改正爲卿 副正爲少卿 直長爲注簿 二十一年 復稱司僕寺 又改爲正副正直長 吏屬 文宗置書史四人記官一人

사복시.[386] (임금이 타는) 수레와 말, 그리고 마구간(廐牧)을 관장하

386) 司僕寺 : 國初에 泰封의 飛龍省 제도를 계승하여 문종 때에 大僕寺라 하고, 정원과 품계 등 그 직제가 정비되었다. 충렬왕 34년(1308)에 司僕寺라고 이름을 고쳤다. 그 뒤 다시 대복시(공민왕 5년, 1356), 사복시(공민왕 11년, 1362), 대복시(공민왕 18년, 1369)로 번갈아 개칭되다가, 공민왕 21

였다. 문종 때 정하여 대복시(大僕寺)의 판사는 정3품, 경(卿)은 한 명으로 종3품, 소경은 한 명 종4품, 승(丞)은 한 명 종6품, 주부(注簿)는 두 명 종7품으로 하였다.

충렬왕 24년에 충선이 판사를 혁파하고, 경(卿)을 2명으로 늘렸다. 34년에 충선이 사복시(司僕寺)로 고치고, 상승(尙乘局), 전목(典牧司), 제목감(諸牧監)을 여기에 합쳤다. 영사(領事)는 한 명을 두어 종2품이 이를 겸하고, 정(正)은 두 명으로 그 중 한 명은 겸임 관직이며 정3품이다. 부정(副正)은 두 명으로 그 중 한 명은 겸임 관직이며 정4품이다. 승(丞)은 두 명으로 정5품이고, 직장(直長)은 두 명인데 정7품이다. 그 후에 고쳐 정하여 판사는 정3품, 부정(副正)은 종4품, 승은 종6품, 직장은 종7품으로 하였다.

공민왕 5년에 다시 대복시(大僕寺)라 칭하였다. 부령(副令)은 없애고, 경(卿)을 두어 종3품으로, 직장을 고쳐 주부라 하고, 판사와 승은 이전대로 두었다. 11년에 다시 사복시라 칭하고, 경(卿)을 고쳐 정(正)이라 하고, 부정(副正)을 더 두어 종4품으로 하였으며, 다시 주부를 고쳐 직장이라 하였다. 18년에는 다시 대복시라 칭하고, 또한 정(正)을 고쳐 경(卿)으로, 부정(副正)은 소경(少卿)으로, 직장은 주부라 하였다. 21년에 또 다시 사복시라 칭하고, 또한 다시 고쳐정·부정·직장이라 하였다.

이속은 문종 때 서사(書史) 네 명, 기관(記官) 한 명을 두었다.

『高麗史』 卷76 志30 / 百官1 / 禮賓寺

禮賓寺 掌賓客燕享 太祖四年 置禮賓省 成宗十四年改客省 後復改禮賓省 文宗定 判事秩正三品 卿一人從三品 少卿一人從四品 丞二人從六品 注簿二人從七品 忠烈王二十四年 忠宣改典客寺 革判事 增卿爲二人 減丞爲一人 尋改禮賓寺 改卿爲尹 少卿爲少尹 三十四年 忠宣復改典客寺 置領事

년(1372)에 사복시로 다시 고쳐 조선에 계승되었다.

남도영, 「상승국에 대하여-선초의 내사복시, 겸사복 성립에 대한 일고-」 『동국사학』 9·10합집, 동국대학교 사학회, 1966.

二人兼官 改卿爲令陞正三品 少卿爲副令增二人陞正四品 丞增二人陞正五品 注簿陞正七品 後改定判事正三品 令從三品 副令從四品 丞從六品 注簿從七品 錄事從八品 恭愍王五年 復稱禮賓寺 改令爲卿 副令爲少卿 十一年復稱典客寺 改卿爲令 少卿爲副令 十八年 復稱禮賓寺 例改爲卿·少卿 二十一年 復稱典客寺 又改爲令·副令 恭讓王二年 復改禮賓寺 吏屬 文宗置書史八人 令史八人 記官四人 算士一人 承旨四人 孔目十五人 都衙十五人

예빈시.387) 외국의 사신(賓客)을 접대하며 연회(燕享)를 베푸는 일을 맡았다. 태조 4년에 예빈성(禮賓省)을 두었다. 성종 14년에 객성(客省)으로 고쳤고 그 후 다시 예빈성으로 고쳤다.388) 문종 때 정하여 판사(判事)의 품질은 정3품으로, 경(卿)은 한 명으로 종3품, 소경(少卿)은 한 명으로 종4품, 승(丞)은 두 명으로 종6품, 주부(注簿)는 두 명으로 종7품으로 하였다.

충렬왕 24년에 충선이 전객시(典客寺)로 고쳐 판사는 없애고, 경(卿)을 두 명으로 늘리고, 승(丞)은 한 명으로 줄였다. 얼마 후에 예빈시(禮賓寺)로 고치고, 경은 고쳐 윤(尹)이라 하고, 소경은 고쳐 소윤(少尹)이라 하였다. 34년에 충선이 다시 전객시로 고쳐, 영사(領事)는 2명을 두

---

387) 禮賓寺 : 고려시대 외국의 賓客을 접대하며 燕享를 베푸는 일을 맡은 관청. 태조 4년(921)에 처음 설치하여 禮賓省이라 하였다. 성종 14년(995)에 客省으로 고쳤다가 후에 다시 예빈성이라고 고치고, 문종 때 그 직제가 정비되었다. 충렬왕 24년(1298)에 典客寺로 고친지 얼마 후 다시 예빈시로 고쳤다가 충렬왕 34년(1308)에 전객시라고 이름을 고쳤다. 그 뒤 다시 예빈시(공민왕 5년, 1356), 전객시(공민왕 11년, 1362), 예빈시(공민왕 18년, 1369), 전객시(공민왕 21년, 1372)로 번갈아 개칭되다가, 공양왕 2년(1390)에 다시 예빈시로 고쳐 조선에 계승되었다.

388) 後復改禮賓省 : 성종 14년에 客省이라 하다가 그 후 어느 시기에 예빈성으로 고쳤는지 자세히 알 수는 없다. 다만 靖宗 8년(1042)에 禮賓省에서 上奏한 예가 있는 것으로 보아 이 이전 어느 시기에 그렇게 고쳐진 것 같다. 丙申 西女眞酋長高之知等十二人 來獻土物 禮賓省奏 之知等於往年平虜·寧遠兩城拓開之時 頗有勞效 請優賜禮物 從之(『高麗史』 권6, 세가, 靖宗 8년 2월).

어 겸임관직으로 하고, 경은 고쳐 영(令)이라 하고 정3품으로 올리고, 소경은 부령(副令)으로 고쳐 두 명으로 늘리고 정4품으로 올렸으며, 승(丞)은 두 명으로 늘리고 정5품으로 올렸으며, 주부는 정7품으로 올렸다. 후에 다시 고쳐 정하여 판사(判事)는 정3품, 영(令)은 종3품, 부령은 종4품, 승은 종6품, 주부는 종7품, 녹사(錄事)는 종8품으로 하였다.

공민왕 5년에 다시 예빈시라 칭하고, 영을 고쳐 경으로, 부령은 소경이라 하였다. 11년에는 다시 전객시라 칭하고, 경을 고쳐 영(令)이라 하고, 소경은 부령이라 하였다. 18년에 또다시 예빈시라 칭하고, 예에 따라 경·소경이라 하였다. 21년에는 다시 전객시라 칭하고, 또한 영·부령이라 고쳤다. 공양왕 2년에 다시 예빈시로 고쳤다.

이속은 문종 때 서사(書史) 여덟 명, 영사(令史) 여덟 명, 기관 네 명, 산사(算士) 한 명, 승지(承旨) 네 명, 공목(孔目) 15명, 도아(都衙) 15명을 두었다.

『高麗史』 卷76 志30 / 百官1 / 典農寺

典農寺 掌供粢盛 穆宗時 有司農卿 後廢之 忠宣王置典農司 其司員吏出使者 皆稱務農鹽鐵使 尋改爲儲積倉 恭愍王五年 復置司農寺 判事秩正三品 卿從三品 少卿從四品 丞從五品 注簿從六品 直長從七品 十一年 改典農寺 改卿爲正 少卿爲副正 革直長 十八年 復稱司農寺 又改正副正爲卿少卿 復置直長 十九年 置籍田官 令一人 肄本寺 二十一年 復稱典農寺 仍復爲正副正

전농시.[389] 제사에 올리는 곡물(粢盛)을[390] 공급하는 일을 맡았다.

---

389) 典農寺 : 고려시대 제사에 올리는 곡물을 공급하는 관청. 목종 때 司農卿이 있었는데 뒤에 폐지되고 충선왕 때 典農司를 두었다. 얼마 후 儲積倉이라 고쳤다가 공민왕 5년(1356)에 다시 司農寺를 두었다. 그 후에 전농시(공민왕 11년, 1362), 사농시(공민왕 18년, 1369) 등으로 번갈아 개칭되다가, 공민왕 21년(1372)에 다시 典農寺라 칭하여 백관지에는 이것이 주제어로 나타나 있다.

목종 때 사농경(司農卿)이 있었고,[391] 후에 이를 폐지하였다.

충선왕이 전농사(典農司)를 설치하여 그 사(전농사)의 관리(員吏)들로서 (지방에) 사신으로 가는 자는 모두 무농염철사라고 하였다. 얼마 후 고쳐 저적창(儲積倉)이라 하였다.

공민왕 5년에 다시 사농시(司農寺)를 설치하였다.[392] 판사(判事)의 품질은 정3품, 경(卿)은 종3품, 소경(少卿)은 종4품, 승(丞)은 종5품, 주부는 종6품, 직장(直長)은 종7품이었다. 11년에 전농시로 고치고, 경은 고쳐 정(正)으로, 소경은 고쳐 부정(副正)으로 하고, 직장은 혁파하였다. 18년에 다시 사농시라 칭하고, 또한 정・부정을 고쳐 경・소경이라 하고 직장을 다시 두었다. 19년에는 적전관을 두어 영(令)한 명을 본시(사농시)에 소속시켰다. 21년에 다시 전농시라 칭하고, 이어서 다시 정・부정으로 복구하였다.

---

390) 粢盛 : 제사에 쓰는 곡물. 보통 黍稷 즉 기장과 쌀을 의미한다. 고려시대는 왕이 친히 籍田을 갈아 거기에서 나온 자성을 제물로 사용하였다. 성종 2년에 왕이 몸소 籍田을 갈아 神農에게 제사하고 后稷을 配享하는 籍田의 예가 처음 시작되었다고 한다.

乙亥 躬耕籍田 祀神農配以后稷 祈穀籍田之禮 始此(『高麗史』 권3, 세가, 성종 2년 1월).

조선시대의 경우 종묘나 사직과 같은 국가의 큰 제사에 사용되는 자성은 임금이 籍田에서 직접 밭을 갈아 심은 곡식을 이용하였다. 『漢書』 권4, 文帝紀에는 "給宗廟粢盛"이라 하여 자성이란 말이 있다.

391) 穆宗時 有司農卿 : 목종 때 사농경이 있었다고 하나 실제로 이에 앞서 광종 23년(972)에 檢校司農卿의 예가 보이므로 이 기록은 믿을 수 없다. "副使內奉卿崔業 檢校司農卿兼御史大夫判官廣評侍郎"(『高麗史』 권2, 세가, 광종 23년 8월). 그리고 목종 때의 司農卿은 司農寺의 卿이었을 것으로 짐작된다. 이어서 공민왕 5년에 "復置司農寺"라고 하는 것으로 보아 그렇게 짐작되는 것이다.

392) 恭愍王五年 復置司農寺 : 공민왕 5년(1356) 에 다시 司農寺를 설치하였다고 한다. 목종 때 司農寺가 설치되었고, 현종 즉위년(1009) 2월에 司農卿의 사례가 있고, 예지(길례중사 적전 친향의)에 사농경의 사례사 많이 보이는 것으로 보아 공민왕 5년에 「復置」라고 표현한 것은 문종 때의 구제로 복구된 것이라 여겨진다.

『高麗史』卷76 志30 / 百官1 / 內府寺

內府寺 掌財貨廩藏 文宗定 大府寺判事秩正三品 卿一人從三品 少卿二人從四品 知事兼官 丞二人從六品 注簿四人從七品 忠烈王二十四年 忠宣改外府寺 革判事增卿二人 減少卿一人丞一人注簿二人 後復稱大府寺 改卿爲尹 少卿爲少尹 三十四年 忠宣改內府司 改卿爲令陞正三品 少尹爲副令增二人陞正四品 丞復增二人陞正五品 注簿陞正七品 後改內府寺 置判事正三品 令降從三品 副令降從四品 丞降從五品 注簿降從七品 恭愍王五年 改大府監 改令爲卿 副令爲少卿 降丞從六品 十一年 復稱內府寺 改卿少卿爲令副令 十八年 復稱大府寺 仍復爲卿少卿 二十一年 復稱內府寺 又改爲令副令 吏屬 文宗 置書史十二人 計史一人 記官六人 算士一人

내부시.[393] (궁중의) 재물과 화폐(財貨), 창고(廩藏)의 관리업무를 맡았다. 문종 때 정하여 대부시 판사(判事)의 품질은 정3품, 경(卿)은 한 명으로 종3품, 소경(少卿)은 두 명으로 종4품, 지사(知事)는 겸임관직으로 하고, 승(丞)은 두 명으로 종6품, 주부는 네 명으로 종7품으로 하였다.

충렬왕 24년에 충선(왕)이 외부시(外府寺)로 고쳤다. 판사는 폐지하고, 경을 두 명으로 늘이고, 소경은 한 명으로 줄이고, 승(丞)은 한 명으로, 주부는 두 명으로 하였다. 후에 다시 대부시(大府寺)로 고쳐서 경을 고쳐 윤(尹)으로, 소경은 소윤(少尹)이라 하였다.

34년에 충선이 내부시(內府寺)로 고쳤다. 윤을 고쳐 영(令)이라 하고 정3품으로 올렸으며, 소윤은 부령(副令)으로 고쳐 두 명으로 늘려 정4품으로 올리고, 승(丞)은 다시 두 명으로 늘려 정5품으로 올리고, 주부

393) 內府寺 : 고려시대 궁중에 필요한 財貨의 출납과 이를 관리하는 廩藏 업무를 맡은 관청. 문종 때 大府寺의 품질과 정원의 職制가 마련되었다. 충렬왕 24년(1298)에는 外府寺로 고쳤다가 후에 다시 대부시라 하고, 충렬왕 34년에 內府司로 고쳤다가 다시 內府寺로 고쳤다. 공민왕 5년(1356년)에는 大府監이라고 고치고, 그 후에 다시 내부시(공민왕 11년, 1362), 대부시(공민왕 18년, 1369) 등으로 개칭되다가, 공민왕 21년(1372)에 다시 內府寺라 칭하여 백관지에는 이것이 主題語로 나타나 있다.

는 정7품으로 올렸다. 그 후에 내부시로 고쳐서 판사는 정3품으로, 영(令)은 종3품으로 내리고, 부령(副令)은 종4품으로 내리고, 승(丞)은 종5품으로 내리고, 주부(注簿)는 종7품으로 내렸다.

공민왕 5년에 대부감(大府監)으로 고치고, 영을 고쳐 경으로, 부령을 소경이라 하고, 승은 종6품으로 낮추었다. 11년에 다시 내부시(內府寺)로 고치고, 경・소경을 고쳐 영・부령이라 하였다. 18년에 다시 대부시(大府寺)로 고치고, 이어서 다시 경・소경이라 하였다. 21년에는 또다시 내부시라고 칭하고 또 영・부령이라 고쳤다.

이속은 문종 때 서사(書史) 12명, 계사(計史) 한 명, 기관 여섯 명, 산사(算士) 한 명을 두었다.

『高麗史』卷76 志30 / 百官1 / 小府寺

小府寺 掌工技寶藏 太祖仍泰封之制 置物藏省 有令卿 光宗十一年 改爲寶泉 後改小府監 有監少監丞注簿 文宗定 判事秩從三品 監一人正四品 少監一人從四品 丞二人從六品 注簿二人從七品忠烈王二十四年 忠宣改內府監 革判事 陞監從三品 三十四年 忠宣倂於繕工司 忠惠王元年 復置爲小府寺 判事正三品 尹從三品 少尹從四品 丞從六品 注簿從七品 恭愍王五年 復稱小府監 改尹爲監 少尹爲少監 十一年 復稱小府寺 改監少監爲尹少尹 十八年, 復稱少府監 又改爲監少監 二十一年 復稱小府寺 仍復爲尹少尹 恭讓王二年罷之 委其任於內府寺 吏屬 文宗置 監史六人 記官四人 算士一人

소부시.394) 공예품과 보물창고(工技寶藏)에 관한 일을 맡았다. 태조

394) 小府寺 : 고려시대에 공예품(工技)과 보물창고(寶藏)를 맡아보던 관청. 태조 때 설치한 物藏省을 광종 11년(960)에 寶泉이라 고쳤다. 후에 小府監이라 고치고 문종 때 품질과 정원의 직제가 마련되었다. 충렬왕 24년(1298)에 內府監이라 고치고, 충렬왕 34(1308)에 繕工司에 병합시켰고, 충혜왕 원년(1331) 다시 小府寺를 설치하였다. 공민왕 5년(1356)에 다시 소부감이라고 칭하고, 그 후에 다시 소부시(공민왕 11년, 1362), 소부감(공민왕 18년, 1369), 소부시(공민왕 21년, 1372) 등으로 개칭되다가, 공양왕

때 태봉의 제도에 따라 물장성(物藏省)을 설치하고, 영(令)·경(卿)이 있었다. 광종 11년에 보천(寶泉)이라 고쳤고, 후에 소부감(小府監)이라 고쳐 감(監)·소감(少監)·승(丞)·주부(注簿)를 두었다.[395] 문종 때 정하여 판사의 품질은 종3품, 감(監)은 한 명으로 정4품, 소감(少監)은 한 명으로 종4품, 승(丞)은 두 명으로 종6품, 주부(注簿)는 두 명으로 종7품으로 하였다.

충렬왕 24년에 충선이 내부감(內府監)으로 고쳐, 판사를 없애고, 감(監)은 종3품으로 올렸다. 34년에 충선(왕)이 (내부감을) 선공사(繕工司)에다 병합시켰다.[396] 충혜왕 원년에 다시 소부시(小府寺)를 설치하여, 판사는 정3품, 윤(尹)은 종3품, 소윤(少尹)은 종4품, 승은 종6품, 주부는 종7품으로 하였다.

공민왕 5년에 다시 소부감(小府監)이라 칭하고, 윤(尹)을 고쳐 감으로, 소윤은 소감이라 하였다. 11년에는 다시 소부시라고 칭하고, 감·소감을 윤·소윤이라 하였다. 18년에 다시 소부감이라 칭하고, 또한 감·소감이라 고쳤다. 21년에 다시 소부시라 칭하고 이어서 윤·소윤

2년(1390)에 이를 혁파하고 그 소임은 內府寺에 이관되었다. 여기서는 가장 나중에 개편된 小府寺가 주제어로 나타나 있다.

395) 光宗十一年 改爲寶泉 後改小府監 : 태조 때 설치한 物藏省을 광종 11년(960)에 寶泉이라 고쳤다가 후에 小府監이라 고쳤다는 것인데, 그 고친 시기를 정확히는 알 수가 없다.

다만 광종 23년(972)에 檢校小府小監에 임명된 예와 현종 원년(1010) 에 小府監에 임명된 예로 보아 광종 11년에 개편한 보천이란 관호를 사용한 기간은 그렇게 길지 않았던 것 같고, 光宗代에 곧 小府監으로 고쳐진 것이라 추측된다.

①判官廣評侍郎康禮 檢校少府少監(『高麗史』 권2, 세가, 광종 23년 8월).

②少府監崔賢敏 爲左軍兵馬使(『高麗史』 권4, 세가, 현종 1년 10월).

396) (忠烈王) 三十四年 忠宣併於繕工司 : 충렬왕 34년(1308)에 충선왕이 內府監(小府寺)을 繕工司에 병합할 당시에 內府監만 여기에 병합한 것이 아니라 이어서 서술할 백관지 繕工寺條에는 소부감(小府監·內府監·小府寺)을 비롯한 宮闕都監·倉庫都監·燃燈都監·國贐庫 등을 함께 선공사에다 병합한 것으로 나타나 있다.

이라 하였다. 공양왕 2년에 이(소부시)를 혁파하고, 그 소임을 내부시(內府寺)에다 위임하였다.

이속은 문종 때 감사(監史) 여섯 명, 기관 네 명, 산사(算士) 한 명을 두었다.

『高麗史』卷76 志30 / 百官1 / 軍資寺

軍資寺 掌軍需儲積 恭讓王二年 革小府寺 置軍資寺 又革轉輸都監 其錢穀文書 悉委之 判事正三品 尹從三品 少尹從四品 丞從六品 注簿從七品

군자시.397) 군수와 저장 관리(軍需儲積)에 관한 일을 맡았다. 공양왕 2년에 소부시(小府寺)를 혁파하고 군자시를 설치했다. 또한 전수도감(轉輸都監)을 폐지하고 그 전곡 문서(錢穀文書)를 모두 여기(군자시)에 이관하였다. 판사는 정3품, 윤(尹)은 종3품, 소윤(小尹)은 종4품, 승은 종6품, 주부는 종7품으로 하였다.

『高麗史』卷76 志30 / 百官1 / 繕工寺

繕工寺 掌土木營繕 穆宗朝有將作監 監少監丞注簿 文宗定 判事秩從三品 監一人正四品 少監一人從四品 丞二人從六品 注簿二人從七品 忠烈王二十四年 忠宣改繕工監 革判事 陞監從三品 三十四年 忠宣改繕工司 以小府宮闕都監倉庫都監燃燈都監國贐併焉 置領事一人從二品 改監爲令增三人 陞正三品 少監爲副令增三人陞正四品 陞丞正五品 注簿正七品 自領事至注簿皆兼官 後改繕工寺 改定判事正三品 令從三品 副令從四品 丞從六品 注簿從七品 恭愍王五年 復稱將作監 改令爲監 副令爲少監 十一年 復稱繕工寺 改監爲令 少監爲副令 十八年 復稱將作監 又改令副令爲監少監 二十一年 復稱繕工寺 仍復爲令副令 恭讓王元年 趙浚建議 繕工務劇員少 以重房上大

---

397) 軍資寺 : 고려시대 군수물자와 저장 관리를 맡아 본 관청. 공양왕 2년(1390)에 小府寺와 轉輸都監을 폐합하여 군자시를 설치하여, 전국의 軍資寺田에서 거둬들인 군량미와 錢穀文書를 관장하였다.

將軍郎別將 兼判事以下官 吏屬 文宗置監作六人 記官三人 算士一人

선공시.[398] 토목과 건축 수리(土木營繕)를 맡았다. 목종 때 장작감(將作監)에 감(監)·소감(少監)·승(丞)·주부(注簿)가 있었다. 문종 때 정하여 판사의 품질은 종3품, 감(監)은 한 명으로 정4품, 소감(少監)은 한 명으로 종4품, 승은 두 명으로 종6품, 주부는 두 명으로 종7품으로 하였다.

충렬왕 24년에 충선이 선공감(繕工監)으로 고쳐, 판사를 없애고, 감을 종3품으로 올렸다. 34년에 충선(왕)이 선공사(繕工司)로 고치고, 소부감(小府監)·궁궐도감(宮闕都監)·창고도감(倉庫都監)·연등도감(燃燈都監)·국신고(國贐庫)를 여기에다 합하였다. 영사(領事) 한 명을 두어 종2품으로, 감(監)은 고쳐 영(令)으로 하고 세 명으로 늘려 정3품으로 올리고, 소감(少監)은 부령(副令)으로 고쳐 세 명으로 늘려 정4품으로 올리고, 승은 정 5품으로, 주부는 정7품으로 올렸다. 영사로부터 주부에 이르기까지 모두 겸임관직으로 하였다. 후에 선공시(繕工寺)로 고치고, 판사는 개정하여 정3품으로, 영(令)은 종3품으로, 부령은 종4품으로, 승은 종6품으로, 주부는 종7품으로 하였다.

공민왕 5년에 다시 장작감(將作監)이라 칭하고, 영을 고쳐 감으로, 부령은 소감이라 하였다. 11년에 또 다시 선공시라 칭하고, 감을 고쳐 영으로, 소감은 부령으로 고쳤다. 18년에 다시 장작감이라 칭하고 또 영·부령을 고쳐 감·소감이라 하였다. 21년에는 다시 선공시라 칭하고 이어서 다시 영·부령이라 하였다. 공양왕 원년에 조준(趙浚)의 건

---

398) 繕工寺 : 고려시대 土木과 건축 營繕를 맡아본 관청. 목종 때 將作監이 있었고, 문종 때 장작감의 정원과 품질의 직제가 정비되었다. 충렬왕 24년(1298)에 충선(왕)이 繕工監으로 고쳤다. 충렬왕 34년(1308)에 충선왕이 繕工司로 고쳐 小府寺, 宮闕都監, 倉庫都監, 燃燈都監 및 國贐庫 등을 여기에다 합치고, 뒤에 繕工寺로 고쳤다. 공민왕 5년(1356)에 다시 장작감이라 칭하고, 그 후에 다시 선공시(공민왕 11년, 1362), 장작감(공민왕 18년, 1369), 선공시(공민왕 21년, 1372) 등으로 개칭되면서 고려 말까지 존속하였다. 여기서는 가장 나중에 개편된 선공시가 주제어로 나타나 있다.

의로 선공시의 업무가 많고 인원은 적어 중방(重房)의 상장군(上將軍), 대장군(大將軍), 낭장(郎將), 별장(別將)으로서 (선공시의) 판사 이하의 관직을 겸임하게 하였다.

이속은 문종 때 감작(監作) 여섯 명, 기관 세 명, 산사 한 명을 두었다.

『高麗史』卷76 志30 / 百官1 / 司宰寺

司宰寺 掌魚梁川澤 文宗定 司宰寺判事秩正三品 卿一人從三品 少卿一人從四品 丞二人從六品 注簿二人從七品 忠烈王二十四年 忠宣改司津監 革判事 改卿爲監 少卿爲少監 尋復稱司宰寺 改監爲尹 少監爲少尹 三十四年 忠宣改都津司 刪定員吏 令三人其一兼官正三品 長三人其一兼官正四品 丞二人正五品 注簿二人正七品 後復改司宰寺 置判事正三品 令降從三品 革長置副令從四品 降丞從六品注簿從七品 恭愍王五年 改令爲卿 副令爲少卿 十一年 復改卿爲令 少卿爲副令 十八年 改司宰監 復改令副令爲監少監 二十一年 復稱司宰寺 仍改爲令副令 吏屬 文宗置 書史六人 記官二人 算士二人

사재시.399) 어장과 내와 못(魚梁川澤)을 관장하였다. 문종 때 정하여 사재시 판사의 품질은 정3품, 경(卿)은 한 명으로 종3품, 소경(少卿)은 한 명으로 종4품, 승은 두 명으로 종6품, 주부는 두 명으로 종7품으로 하였다.

충렬왕 24년에 충선이 사진감(司津監)으로 고쳐, 판사는 없애고, 경을 고쳐 감으로, 소경은 소감(少監)으로 고쳤다. 얼마 후에 다시 사재시라 칭하고, 감은 고쳐 윤(尹)으로, 소감은 소윤(少尹)이라 하였다. 34년에 충선(왕)이 도진사(都津司)로 고치고, 관원(員吏)을 고쳐 정하였다. 영

399) 司宰寺 : 고려시대 어장과 내와 못(魚梁川澤)을 관장하던 관청. 문종 때 사재시의 정원과 품질의 직제가 정비되었다. 충렬왕 24년(1298)에 司津監으로 고치고, 충렬왕 34년(1308)에 都津司로 고쳤다가 후에 司宰寺라고 고쳤다. 공민왕 18년(1369)에 司宰監이라 고치고, 공민왕 21년(1372)에 다시 사재시라 고쳐 고려 말까지 존속하였다. 여기서는 가장 나중에 개편된 司宰寺가 주제어로 나타나 있다.

(令)은 세 명으로 그 중 한 명은 겸임관직이요 정3품이며, 장(長)은 세 명으로 그 중 한 명은 겸임관직이요 정4품이고, 승(丞)은 두 명으로 정5품, 주부는 두 명으로 정7품이다. 후에 다시 사재시로 고치고, 판사를 두어 정3품, 영(令)은 종3품으로 낮추고, 장(長)은 없애고, 부령(副令)을 두어 종4품, 승은 종6품으로, 주부는 종7품으로 낮추었다.

공민왕 5년에 영(令)을 고쳐 경(卿)으로, 부령을 소경(少卿)이라 하였다. 11년에 다시 경을 고쳐 영으로, 소경은 부령이라 하였다. 18년에 사재감(司宰監)이라 고치고, 다시 영·부령을 고쳐 감·소감이라 하였다. 21년에는 다시 사재시라 칭하고, 이어서 영·부령이라 고쳤다.

이속은 문종 때 서사(書史) 여섯 명, 기관 두 명, 산사 두 명을 두었다.

『高麗史』 卷76 志30 / 百官1 / 司水寺

司水寺 掌兵船軍 忠宣王 以都府署爲都津司所轄 恭讓王二年 罷都府署爲司水署 尋改爲寺 判事正三品 令從三品 副令從四品 丞從六品 注簿從七品 三年 都堂啓請於司水寺 依漢都船令例 置都船指論 依齊官船典軍例 置官船典軍 從之

사수시.[400] 병선(兵船)과 선군(船軍)을 관장하였다. 충선왕 때 도부서(都府署)를 도진사(都津司)에서 관할하게 하였다. 공양왕 2년에 도부서(都府署)를 혁파하여 사수서(司水署)라 하였다가 얼마 후에 사수시(司水寺)로 고쳤다. 판사의 품질은 정3품, 영(令)은 종3품, 부령은 종4품, 승은 종6품, 주부는 종7품으로 하였다. 3년에 도당(都堂)에서 아뢰어 청하기를(啓請) 사수시(司水寺)에다 한 나라의 도선령(都船令)의 예에 따라 도선지유(都船指論)를 두고, 제(齊)나라의 관선전군(官船典

---

400) 司水寺 : 고려시대 兵船과 船軍을 관장한 관청. 이전에 있었던 都府署를 충선왕 때 都津司의 관할 하에 두었다. 공양왕 2년(1390)에 都府署를 혁파하여 司水署라 하였다가 곧 이어 司水寺로 고쳤다. 여기서는 가장 나중에 개편된 司水寺가 주제어로 나타나 있다.

軍)의 예에 따라 관선전군을 두고자 하여 이에 따랐다.

『高麗史』卷76 志30 / 百官1 / 軍器寺

軍器寺 掌營造兵器 穆宗朝 有軍器監 監少監丞注簿 文宗定 判事秩從三品 監一人正四品 少監一人從五品 丞二人正七品 注簿四人正八品 忠烈王二十四年 忠宣革判事 省注簿二人 三十四年 忠宣併於民部 恭愍王五年 復置軍器監 判事正三品 監從三品 少監從四品 丞從五品 注簿從六品 直長從七品 十一年 加置錄事正八品 後改軍器寺 恭讓王元年 趙浚建議 軍器寺務劇員少 以重房上大將軍郎別將 兼判事以下官 吏屬 文宗置 監史八人 記官四人 算士二人

군기시.401) 병기(兵器)를 제조(營造)하는 일을 맡았다. 목종 때 군기감(軍器監)에 감(監)·소감·승·주부가 있었다. 문종 때 판사의 품질은 종3품, 감(監)은 한 명으로 정4품, 소감은 한 명으로 종5품, 승은 두 명으로 정7품, 주부는 네 명이며 정8품으로 정하였다.

충렬왕 24년에 충선이 판사를 없애고, 주부는 두 명을 줄였다. 34년에 충선(왕)이 (군기감을) 민부(民部)에다 병합시켰다.402)

---

401) 軍器寺 : 고려시대 兵器의 제조를 관장한 관청. 목종 때 軍器監을 설치하고 문종 때 그 정원과 품질의 직제가 정비되었다. 충렬왕 24년(1298)에 군기감의 직제에 약간의 개편이 이루어졌고, 충렬왕 34년(1308)에 民部에 병합되었다가 공민왕 5년(1356)에 군기감을 다시 설치하였다. 공민왕 11년(1362)에 약간의 직제 개편이 이루어진 이후에 軍器寺로 고쳤다가 이후 조선시대에 계승되었다. 여기서는 가장 나중에 개편된 軍器寺의 이름이 주제어로 나타나 있다.

402) (忠烈王) 三十四年 忠宣併於民部 : 충렬왕 34년(1308)에 충선왕이 군기감을 民部에 병합할 때 軍器監뿐만 아니라 三司와 軍器監과 都塩院을 합해서 이에 합병시켰다.

(忠烈王) 三十四年忠宣 改爲民部 仍以三司·軍器·都塩院併焉(『高麗史』 권77, 百官志1 戶曹).

①孫弘烈, 「高麗時代의 鹽業制度」『淸大史林』3, 1979, 69~72쪽.

②姜順吉, 「忠宣王의 塩法改革과 塩戶」『韓國史硏究』48, 1985.

공민왕 5년에 다시 군기감을 설치하여 판사는 정3품, 감은 종3품, 소감은 종4품, 승은 종5품, 주부는 종6품, 직장(直長)은 종7품으로 하였다. 11년에 녹사(錄事)를 더 두어 정8품으로 하였고, 후에 군기시(軍器寺)로 고쳤다. 공양왕 원년에 조준의 건의로 군기시는 업무가 많고 인원은 적어, 중방의 상장군·대장군·낭장 별장이 판사 이하의 관직을 겸임하게 하였다.

이속은 문종 때 감사(監史) 여덟 명, 기관 네 명, 산사 두 명을 두었다.

『高麗史』卷76 志30 / 百官1 / 書雲觀

書雲觀 掌天文曆數測候刻漏之事 國初分爲太卜監太史局 太卜監有監·少監·四官正·丞·卜博士·卜正 太史局有令·丞·靈臺郎·保章正·挈壺正·司辰·司曆·監候 顯宗十四年 改太卜監爲司天臺 文宗定 司天臺判事秩正三品 監一人從三品 少監二人從四品 春官正·夏官正·秋官正·冬官正各一人 從五品 丞二人從六品 注簿二人從七品 卜正一人卜博士一人並從九品 太史局 判事一人知局事一人令一人從五品 丞一人從七品 靈臺郎二人正八品 保章正一人挈壺正二人並從八品 司辰二人正九品 司曆二人監候二人並從九品 睿宗十一年 改司天臺爲監 忠烈王元年 改司天監爲觀候署 後復改司天監 三十四年 忠宣併太史局爲書雲觀 刪定員吏 置提點一人兼官正三品 令一人正三品 正一人從三品 副正一人從四品 丞一人從五品 注簿二人從六品 掌漏二人從七品 視日三人正八品 司曆三人從八品 監候三人正九品 司辰二人從九品 後罷提點 改令爲判事 餘並仍舊 恭愍王五年 復改司天監 判事以下並復文宗舊制 但加置卜助教從九品 又別立太史局 令以下品秩亦復文宗舊制 十一年 復併司天太史爲書雲觀 改定員吏 判事正三品 正從三品 副正從四品 丞從五品 注簿從六品 掌漏從七品 視日正八品 司曆從八品 監候正九品 司辰從九品 十八年復分爲司天監·太史局員吏品秩用五年官制 二十一年 復併爲書雲觀 用十一年官制

서운관.[403] 천문(天文)·역수(曆數)·측후(測候)·각루(刻漏)에 관한 일을 맡았다. 건국 초기에 태복감(太卜監)과 태사국(太史局)으로 나누어져 있었다. 태복감에는 감(監)·소감(少監)·4관정(四官正)·승(丞)·복박사(卜博士)·복정(卜正)이 있었고, 태사국에는 영(令)·승(丞)·영대랑(靈臺郎)·보장정(保章正)·설호정(挈壺正)·사신(司辰)·사력(司曆)·감후(監候)가 있었다. 현종 14년에 태복감을 고쳐 사천대(司天臺)라 하였다.

문종 때 정하여 사천대판사의 품질은 정3품, 감(監)은 한 명으로 종3품, 소감은 두 명으로 종4품, 춘관정(春官正)·하관정(夏官正)·추관정(秋官正)·동관정(冬官正)은 각각 한 명으로 종5품, 승은 두 명으로 종6품, 주부는 두 명으로 종7품, 복정(卜正)과 복박사(卜博士)는 각각 한 명으로 종9품으로 하였다. 태사국(太史局)의 판사 한 명, 지국사(知局事) 한 명, 영(令) 한 명은 종5품, 승은 한 명으로 종7품, 영대랑(靈臺郎)은 두 명으로 정8품, 보장정(保章正) 한 명과 설호정 두 명은 모두 종8품, 사진(司辰)은 두 명으로 정9품, 사력(司曆) 두 명과 감후(監候) 두 명은 모두 종9품으로 하였다.

예종 11년에 사천대를 고쳐 사천감(司天監)이라 하였다. 충렬왕 원년에 사천감을 고쳐 관후서(觀候署)라 하였다가 후에 다시 사천감이라 고쳤다. 34년에 충선(왕)이 (사천감을) 태사국(太史局)에 합쳐서 서운관(書雲觀)이라 하고 관원을 고쳐 정하였다. 제점(提點)은 한 명을 두어 겸임관직으로 하고 정3품, 영(令)은 한 명으로 정3품, 정(正)은 한

403) 書雲觀 : 고려시대에 天文·曆數·測候·刻漏의 일을 맡아본 관청. 국초에는 업무가 太卜監과 太史局으로 분리되어 있었다. 현종 14년(1023)에 태복감을 고쳐 司天臺라 하였다. 문종 때 司天臺와 太史局의 정원과 품질의 직제가 정비되었다. 예종 11년(1116)에 司天臺를 司天監이라 고치고, 충렬왕 원년(1275) 觀候署로 개칭하였다가 후에 다시 사천감이라 고쳤다. 충렬왕 34년(1308년)에 司天監과 태사국을 병합하여 서운관이라 하였다. 공민왕 5년(1356년)에 다시 사천감과 태사국을 분립시켜 문종 때의 구제로 복구시켰다. 공민왕 11년(1362)에 다시 사천감과 태사국을 병합하여 서운관이라 하였다. 공민왕 18년(1369) 다시 사천감과 태사국을 분립시켰다가 공민왕 21년(1372)에 다시 서운관에 병합하여 조선시대에 이어졌다. 여기서는 가장 나중에 개편된 서운관이 주제어로 나타나 있다.

명으로 종3품, 부정(副正)은 한 명으로 종4품, 승은 한 명으로 종5품, 주부는 두 명으로 종6품, 장루(掌漏)는 두 명으로 종7품, 시일(視日)은 세 명으로 정8품, 사력(司曆)은 세 명으로 종8품, 감후(監候)는 세 명으로 정9품, 사신(司辰)은 두 명으로 종9품이었다. 후에 제점(提點)을 폐지하고, 영(令)을 고쳐 판사라 하고, 나머지는 모두 옛날대로 하였다.

공민왕 5년에 다시 사천감이라 고치고 판사 이하는 모두 문종 때의 옛 제도로 복구하였다. 다만 복조교(卜助敎)를 더 두어 종9품으로 하였다. 또한 별도로 태사국(太史局)을 세워 영(令) 이하의 품질은 역시 문종 때의 옛 제도대로 복구하였다. 11년에 다시 사천감과 태사국을 합쳐서 서운관이라 하고, 정원을 고쳐 정하여 판사는 정3품, 정(正)은 종3품, 부정은 종4품, 승은 종5품, 주부는 종6품, 장루(掌漏)는 종7품, 시일(視日)은 정8품, 사력(司曆)은 종8품, 감후(監候)는 정9품, 사신(司辰)은 종9품으로 하였다. 18년에 다시 사천감과 태사국으로 분리하고, 관원의 품질은 (공민왕) 5년의 관제를 사용하였다. 21년에 다시 병합하여 서운관이라 하고, (공민왕) 11년의 관제를 쓰기로 하였다.

『高麗史』卷76 志30 / 百官1 / 典醫寺

典醫寺 掌醫藥療治之事 穆宗朝 有太醫監監少監丞博士醫正 文宗定 判事秩從三品 監一人正四品 少監二人從五品 博士二人丞二人並從八品 醫正二人助敎一人呪噤博士一人並從九品 醫針史一人 注藥二人 藥童二人 呪噤師二人 呪噤工二人 忠烈王三十四年 忠宣改司醫署 改定員吏 置提點二人兼官正三品 令一人正三品 正一人從三品 副正一人從四品 丞一人從五品 郎一人從六品 直長一人從七品 博士二人從八品 檢藥二人正九品 助敎二人從九品 後改典醫寺 罷提點 改令爲判事 郎爲注簿 恭愍王五年 復稱大醫監 改正爲監 副正爲少監 革檢藥 十一年 復稱典醫寺 改監爲正 少監爲副正 復置檢藥 十八年 復稱大醫監 又改正副正爲監少監 二十一年 復稱典醫寺 仍改爲正副正

전의시.[404] 의약 치료(醫藥療治)의 일을 맡았다. 목종 때 태의감(太醫監)에 감(監)·소감(少監)·승(丞)·박사(博士)·의정(醫正)이 있었다.

문종 때 정하여 판사의 품질은 종3품, 감은 한 명으로 정4품, 소감은 두 명으로 종5품, 박사 두 명과 승 두 명은 모두 종8품, 의정 두 명과 조교 한 명과 주금박사 한 명은 모두 종9품으로 하고, 의침사(醫針史)는 한 명, 주약(注藥)은 두 명, 약동(藥童)은 두 명, 주금사는 두 명, 주금공은 두 명으로 하였다.

충렬왕 34년에 충선(왕)이 사의서(司醫署)로 고치고 관원들을 고쳐 정하였다. 제점(提點)은 두 명으로 겸임관직으로 하고 정3품, 영(令)은 한 명 정3품, 정(正)은 한 명 종3품, 부정은 한 명 종4품, 승은 한 명 종5품, 낭(郞)은 한 명 종6품, 직장(直長)은 한 명 종7품, 박사는 두 명 종8품, 검약(檢藥)은 두 명 정9품, 조교(助敎)는 두 명 종9품으로 하였다. 후에 전의시(典醫寺)로 고쳐서 제점은 폐지하고, 영(令)을 고쳐 판사로, 낭(郞)을 주부(注簿)라 하였다.

공민왕 5년에 다시 태의감(太醫監)이라 칭하고, 정(正)을 고쳐 감(監)으로, 부정(副正)은 소감(少監)이라 하고, 검약(檢藥)은 혁파하였다. 11년에는 다시 전의시라 칭하고, 감을 고쳐 정(正)으로, 소감은 부정이라 하고, 검약을 다시 두었다. 18년에 다시 대의감(大醫監)이라 칭하고, 또한 정·부정을 고쳐 감·소감이라 하였다. 21년에 다시 전의시라 칭하고, 이어서 고쳐 정·부정이라 하였다.

『高麗史』卷76 志30 / 百官1 / 通文館

---

404) 典醫寺 : 고려시대 의약과 치료의 업무를 맡아본 관청. 목종 때 처음으로 설치하여 太醫監이라 하였고, 문종 때 그 정원과 품질의 직제가 정비되었다. 충렬왕 34년(1308) 고쳐 司醫署라 하였다가 뒤에 典醫寺로 고쳤다. 공민왕 5년(1356년)에 大醫監, 공민왕 11년(1362)에 전의시, 공민왕 18년(1369)에 大醫監이라 하다가 공민왕 21년(1372)에 다시 전의시라 하였다. 여기서는 가장 나중에 개편된 전의시가 주제어로 나타나 있다.

通文館 忠烈王二年 始置之 令禁內學官等叅外 年未四十者 習漢語【禁內學官 秘書・史館・翰林・寶文閣・御書・同文院也 幷式目都兵馬迎送 謂之禁內九官】時 舌人多起微賤 傳語之閒 多不以實 懷奸濟私 叅文學事金坵建議置之 後置司譯院 以掌譯語

통문관.[405] 충렬왕 2년에 처음으로 설치하였다. 금내학관(禁內學官) 등 참외(參外)의 관직에 있는 자로서 나이가 40살 미만인 자들에게 한어(漢語)를 배우게 하였다.【금내학관은 비서(秘書省), 사관(史館), 한림(翰林院), 보문각(寶文閣), 어서(御書院), 동문원(同文院)의 학관을 말한다. 식목(式目都監), 도병마(都兵馬使), 영송(迎送都監)과 함께 금내9관(禁內九官)이라고 한다】

당시에 설인(舌人－통역인)들이 미천한 신분에서 일어난 사람이 많고, 말을 전함에 사실대로 하지 않고 간사스러운 마음을 먹고 사익(私益)을 건지므로 참문학사(參文學事) 김구(金坵)가 건의하여 이를(통문관) 설치하였다. 후에는 사역원(司譯院)을 설치하여 말의 통역(譯語)을 맡아보게 하였다.

405) 通文館 : 고려시대에 번역 및 통역의 업무를 맡아보던 관청. 충렬왕 2년(1276)에 參文學事 金坵의 건의로 설치되었다. 고려 말에 외국과의 교섭이 활발해지고 사신들의 왕래가 잦아지면서, 당시 외국어교육을 체계적으로 받지 못한 舌人들에 의해 무분별하게 이뤄지던 통역을 바로잡고, 아울러 통역한 사실을 그대로 전하지 않고 私利를 꾀하는 것을 막고자 설치한 기관이다. 고려 말기에 가서 통문관 대신 전문기관인 司譯院을 설치하여 통역 및 번역에 관한 일을 맡아보게 하였으며, 이후 조선시대에 계승되었다.

志 卷第三十一　高麗史七十七

正憲大夫工曹判書集賢殿大提學知 經筵春秋館事兼成均大司成臣鄭麟趾奉 教修

百官 二

『高麗史』卷77 志31 / 百官2 / 寢園署

寢園署 掌守衛宗廟 文宗定 大廟署令一人秩從五品 丞二人正七品 神宗五年 陞令爲叅秩 忠烈王三十四年 忠宣改爲寢園署屬典儀寺 令降正七品 丞省一人降正八品 後又降令從七品 丞從八品 恭愍王五年 復改大廟署 復陞令正五品 丞從七品 加置注簿從八品 十一年 復改寢園署 員吏如故 十八年 復改大廟署 二十一年 復改寢園署 吏屬 文宗置史四人記官二人

침원서.[1] 종묘(宗廟)를 수위(守衛)하는 일을 맡았다. 문종 때 정하여 대묘서(大廟署)의 영(令)은 한 명으로 종5품, 승(丞)은 두 명으로 정7품으로 하였다. 신종 5년에 영(令)을 올려서 참질(參秩)로 하였다.

충렬왕 34년에 충선(왕)이 침원서로 고치고 전의시(典儀寺)에 속하게 하였고, 영을 낮추어 정7품으로 하고, 승(丞)은 한 명을 줄이고 정8품으로 낮추었다. 후에 또 영은 종7품, 승은 종8품으로 낮추었다.

---

1) 寢園署 : 고려시대 宗廟의 守衛를 맡아보던 관청. 문종 때 大廟署라 하여 그 정원과 품질의 직제가 정비되었다. 충렬왕 34년(1308) 원나라의 압력으로 관제를 격하 개편하면서 침원서로 개칭하고 典儀寺의 부속기관으로 삼았다. 공민왕 5년(1356)에 반원정책으로 다시 대묘서라 칭하였다. 공민왕 11년(1362) 다시 침원서로 고쳤다가, 공민왕 18년(1369)에 다시 대묘서로 고치고 공민왕 21년(1372)에 다시 침원서로 고쳤다.

공민왕 5년에 다시 대묘서라 고치고, 영은 다시 정5품으로, 승은 종7품으로 올리고, 주부를 더 두어 종8품으로 하였다. 11년에 다시 침원서라 고치고, 관원은 그전과 같이 하였다. 18년에 다시 대묘서로 고쳤다. 21년에 다시 침원서라 고쳤다.

이속은 문종 때 사(史) 네 명, 기관(記官) 두 명을 두었다.

『高麗史』卷77 志31 / 百官2 / 諸陵署

諸陵署 掌守護山陵 穆宗朝 有諸陵署令・丞 文宗定 令一人秩從五品 丞二人從七品 神宗五年 陞令爲叅秩 忠烈王三十四年 忠宣爲典儀寺所轄 恭愍王五年 只置丞仍從七品 十一年 復置令從五品 丞仍舊 吏屬 文宗置史六人記官二人

제릉서.[2] 산릉(山陵)을 지키고 보호하는 일을 맡았다. 목종 때 제릉서에 영(令)・승(丞)이 있었다. 문종 때 정하여 영은 한 명으로 품질은 종5품, 승은 두 명으로 종7품으로 하였다. 신종 5년에 영을 올리어 참질(參秩)로 하였다.

충렬왕 34년에 충선(왕)이 제릉서를 전의시(典儀寺)의 관할 밑에 두었다. 공민왕 5년에 단지 승(丞)만 두고, 이전처럼 종7품으로 하였다. 11년에 다시 영을 두어 종5품으로 하고, 승은 옛 내로 두었다.

이속은 문종 때 사(史) 여섯 명, 기관 두 명을 두었다.

『高麗史』卷77 志31 / 百官2 / 司醞署

司醞署 掌供酒醴 文宗定 良醞署令二人秩正八品 丞二人正九品 後改爲掌醴署 肅宗三年 復爲良醞署 忠烈王五年 罷宣送酒色併於本署 加置叅上叅外別監各一人 三十四年 忠宣改爲司醞署 置提點三人兼官正五品 令仍

---

2) 諸陵署 : 고려 諸王의 山陵을 지키기 위해 穆宗 때 설치한 관청으로, 文宗 때 정원과 품질의 직제가 정비되었다. 충렬왕 34년(1308)에 충선왕이 典儀寺의 관할하에 두었다가 공민왕 때 다시 복구되었다.

二人其一兼官陞正五品 丞仍二人其一兼官 陞正六品 加置直長一人正七品 副直長一人正八品 後罷提點 降令正六品 丞正九品 直長副直長如故 恭愍王五年 復改良醞署 又陞令正五品 丞正六品 十一年 復改司醞署 員吏如故 十八年 復改良醞署 二十一年 復改司醞署 吏屬 文宗置史六人記官二人

사온서.[3] 술과 단술(酒醴)을 빚어서 공급하는 일을 맡았다. 문종 때 정하여 양온서에 영(令)은 두 명으로 품질은 정8품, 승(丞)은 두 명으로 정9품으로 하고, 후에 장예서(掌醴署)로 고쳤다. 숙종(肅宗) 3년에 다시 양온서라 하였다.

충렬왕 5년에 선송주색(宣送酒色)을 파하여 본서(良醞署)에 합치고, 참상(參上)·참외별감(參外別監)을 각각 한 명 더 두었다. 34년에 충선(왕)이 고쳐 사온서라 하였다. 제점(提點)은 세 명을 두어 겸임관직으로 하되 정5품으로 하고, 영(令)은 이전과 같이 두 명으로 하되 그 중 한 명은 겸임관직으로 하고, 정5품으로 올리고, 승(丞)은 이전처럼 두 명으로 하고, 그 중 한 명은 겸임관직으로 하되 정6품으로 올렸다. 직장(直長) 한 명을 더 두어 정7품으로, 부직장(副直長) 한 명을 더 두어 정8품으로 하였다. 후에 제점은 없애고, 영은 정6품으로, 승은 정9품으로 낮추고, 직장과 부직장은 이전과 같이 하였다.

공민왕 5년에 다시 양온서로 고치고, 또한 영은 정5품, 승은 정6품으로 올렸다. 11년에 다시 사온서라 고치고, 관원(員吏)은 옛 대로 두었다. 18년에 다시 양온서라 고쳤다. 21년에는 다시 사온서라 고쳤다.

이속은 문종 때 사(史) 여섯 명, 기관 두 명을 두었다.

---

3) 司醞署 : 고려시대 술과 단술을 빚어 공급하는 일을 맡은 관청. 문종 때 良醞署의 정원과 품질의 직제가 정해졌다. 후에 고쳐 掌醴署라 하였다가 숙종 3년(1098)에 다시 양온서로 고치고, 충렬왕 34년(1308)에 고쳐 司醞署라 하였다. 공민왕 5년(1356)에 다시 양온서라 고쳤고, 공민왕 11년(1362)에 사온서로, 공민왕 18년(1369)에 양온서로 바뀌는 변화를 거쳐 공민왕 21년(1372)에 다시 사온서라 개칭하여 조선시대에 이어졌다. 여기서는 가장 나중에 개편된 사온서가 주제어로 나타나 있다.

『高麗史』卷77 志31 / 百官2 / 司膳署

司膳署 掌供膳羞 穆宗朝 有尙食局奉御直長食醫 文宗定 奉御一人秩正六品 直長二人正七品 食醫二人正九品 忠烈王三十四年 忠宣改司膳署 以御廚別廚迎送併焉 置提點一人兼官正五品 令三人其一官正五品 丞三人其一兼官正六品 直長三人正七品 副直長三人正八品 後罷提點丞副直長 降令爲正六品 復置食醫正九品 恭愍王五年 復改尙食局 改令爲奉御 直長食醫如故 十一年 復改司膳署 改奉御爲令 十八年 復改尙食局 復稱奉御 二十一年 復改司膳署 又復稱令 吏屬 文宗置書令史四人記官二人筭士一人雜路八人

사선서.[4] 반찬과 음식(膳羞)을 공급하는 일을 맡았다. 목종 때 상식국(尙食局)에 봉어(奉御)・직장(直長)・식의(食醫)가 있었다. 문종 때 정하여 봉어는 한 명으로 품질은 정6품, 직장은 두 명으로 정7품, 식의는 두 명으로 정9품으로 하였다.

충렬왕 34년에 충선(왕)이 사선서(司膳署)로 고치고, 어주(御廚)・별주(別廚)・영송(迎送都監)을 여기에 합쳤다.[5] 제점(提點)은 한 명을 두어 겸임관직으로 하고 정5품으로 하였다. 영(令)은 세 명으로 그 중 한 명은 겸임관직으로 하고 정5품으로 하였다. 승(丞) 세 명으로 그 중 한 명은 겸임관직으로 하고 정6품으로 하였다. 직장(直長)은 세 명으로

---

4) 司膳署 : 고려시대 임금의 식사와 궐내의 繕羞을 提供하던 관청. 穆宗 때 尙食局을 설치하고, 문종 때 상식국의 정원과 품질의 직제가 정비되었다. 충렬왕 34년(1308)에 司膳署라 고쳤다가 공민왕 5년(1356)년에 다시 상식국으로 고치고, 공민왕 11년(1362)에 사선서, 공민왕 18년(1369)에 상식국, 공민왕 21년(1372)에 다시 사선서로 고쳐 고려 말까지 존속하였다. 여기서는 가장 나중에 개편된 사선서가 주제어로 나타나 있다.

5) 以御廚別廚迎送併焉 : 御廚와 別廚는 그 자체가 하나의 관부로서 都監이었는지 분명치 않으나, 迎送은 迎送都監을 지칭한 것이 분명하다. 문종 때 설치한 迎送都監이 충렬왕 34년(1308)에 충선왕이 상식국에 병합하였다가 뒤에 다시 설치하였다고 한다.
迎送都監 文宗定判事三人 … 忠宣併於尙食局 後復置(『高麗史』 권77, 백관2, 제사도감각색).

정7품, 부직장(副直長)은 세 명으로 정8품으로 하였다. 후에 제점·승·부직장은 폐지하고, 영(令)은 낮추어 정6품으로 하고, 뒤에 다시 식의(食醫)를 두어 정9품으로 하였다.

공민왕 5년에 다시 상식국(尙食局)이라 고치고, 영(令)을 고쳐 봉어(奉御)라 하고, 직장과 식의(食醫)는 이전대로 두었다. 11년에 사선서(司膳署)라 다시 고치고 봉어를 고쳐 영이라 하였다. 18년에 다시 상식국이라 고치고, 다시 봉어라 하였다. 21년에 다시 사선서라 고치고, 또 다시 영이라 하였다.

이속은 문종 때 서령사(書令史) 네 명, 기관 두 명, 산사(算士) 한 명, 잡로(雜路) 여덟 명을 두었다.

『高麗史』 卷77 志31 / 百官2 / 奉醫署

奉醫署 掌和御藥 穆宗朝 有尙藥局奉御侍御醫直長醫佐 文宗定 奉御一人秩正六品 侍醫二人從六品 直長二人正七品 醫佐二人正九品 醫針史二人 藥童二人 忠宣王二年 改掌醫署 後改奉醫署 置令正六品 直長正七品 醫佐正九品 恭愍王五年 改尙醫局 改令爲奉御 直長醫佐如故 十一年 復改奉醫署 改奉御爲令 十八年 復改尙醫局 又改稱奉御 二十一年 復改奉醫署仍改爲令 恭讓王三年 倂於典醫寺 吏屬 文宗置書令史二人筭士二人

봉의서.[6] 임금의 약(御藥)을 짓는 일을 맡았다. 목종 때 상약국(尙藥局)에 봉어(奉御)·시어의(侍御醫)·직장(直長)·의좌(醫佐)가 있었다. 문종 때 정하여 봉어는 한 명으로 정6품, 시의(侍醫)는 두 명으로 종6품,

---

6) 奉醫署 : 고려시대 임금의 약을 짓는 일을 맡아본 관청. 목종 때 尙藥局을 두었고, 문종 때 상약국의 정원과 품질의 직제가 정비되었다. 충선왕 2년(1310)에 掌醫署라 고치고, 후에 봉의서로 바꾸었다가, 공민왕 5년(1356)에 상의국, 공민왕 11년(1362)에 봉의서, 공민왕 18년(1369)에 다시 상의국, 공민왕 21년(1372)에 다시 봉의서로 고치는 등 많은 변화를 거쳐 공양왕 3년(1391)에 典醫寺에 병합되었다. 여기서는 전의시에 병합되기 이전에 가장 나중에 개편된 봉의서가 주제어로 나타나 있다.

직장은 두 명으로 정7품, 의좌는 두 명으로 정9품으로 하고, 의침사(醫針史)는 두 명, 약동(藥童)은 두 명으로 정하였다.

충선왕 2년에 장의서(掌醫署)로 고치고, 후에 봉의서(奉醫署)로 고쳤다. 영(令)을 두어 정6품, 직장은 정7품, 의좌는 정9품으로 하였다.

공민왕 5년에 상의국(尙醫局)이라 고치고, 영(令)을 고쳐 봉어라 하고, 직장과 의좌는 이전대로 두었다. 11년에 다시 봉의서라 고치고 봉어를 고쳐 영이라 하였다. 18년에 다시 상의국이라 고치고, (영을) 또 다시 봉어라 하였다. 21년에 다시 봉의서라 고치고, (봉어를) 이전대로 고쳐 영이라 하였다. 공양왕 3년에 전의시(典醫寺)에 합쳤다.

이속은 문종 때 서령사(書令史) 두 명, 산사(算士) 두 명을 두었다.

『高麗史』卷77 志31 / 百官2 / 掌服署

掌服署 掌供御衣 穆宗朝 有尙衣局奉御・直長 文宗定 奉御一人秩正六品 直長一人正七品 忠宣王二年 改掌服署 改奉御爲令 直長如故 恭愍王五年 復改尙衣局 改令爲奉御 十一年 復改掌服署 改稱令 十八年 復改尙衣局 又稱奉御 二十一年 復改掌服署 又稱令 恭讓王三年 併於工曹 吏屬 文宗置書令史四人記官二人注衣一人

장복서.[7] 임금의 옷(御衣)을 지어 바치는 일을 맡았다. 목종 때 상의국(尙衣局)에 봉어(奉御)・직장(直長)이 있었다. 문종 때 정하여 봉어는 한 명으로 품질은 정6품, 직장은 한 명으로 정7품으로 하였다.

---

7) 掌服署 : 고려시대에 임금의 옷(御衣)을 지어 바치던 관청. 목종 때 尙依局을 설치하고, 문종 때 상의국의 정원과 품질의 직제가 정비되었다. 충선왕 2년(1310) 장복서라 고치고, 공민왕 5년(1356)에는 反元 정책의 하나로 관제를 개혁하면서 문종 때처럼 상의국으로 바꾸었다가 공민왕 11년(1362)에 장복서, 공민왕 18년(1369)에 다시 尙依局, 공민왕 21년(1372)에 다시 장복서로 고치는 등 많은 변화를 거쳐 공양왕 3년(1391)에 工曹에 병합되었다. 여기서는 공조에 병합되기 이전 가장 나중에 개편된 장복서가 주제어로 나타나 있다.

충선왕 2년에 장복서(掌服署)라 고치고, 봉어를 고쳐 영(令)이라 하고, 직장은 이전과 같이 두었다.

공민왕 5년에 다시 상의국이라 고치고, 영은 고쳐 봉어라 하였다. 11년에는 다시 장복서라 고치고, (봉어를) 영이라 하였다. 18년에 다시 상의국이라 고치고, 또 (영을) 봉어라 하였다. 21년에는 다시 장복서라 고치고, (봉어를) 영이라 하였다. 공양왕 3년에 공조(工曹)에 병합시켰다.

이속은 문종 때 서령사 네 명, 기관 두 명, 주의(注衣) 한 명을 두었다.

『高麗史』 卷77 志31 / 百官2 / 司設署

司設署 掌供鋪設 穆宗朝 有尙舍局奉御直長 文宗定 奉御一人秩正六品 直長二人正七品 忠烈王三十四年 忠宣改司設署 置提點一人兼官正五品 令二人亦正五品 丞二人正六品 直長二人正七品 副直長二人正八品 後罷提點 降令正六品 丞正九品 罷副直長 恭愍王五年 改尙舍署 改令爲奉御 直長丞如故 十一年 復改司設署 又改奉御爲令 罷丞 十八年 復改尙舍署 又改令爲奉御 復置丞 二十一年 復改司設署 仍改爲令 吏屬 文宗置 書令史四人記官二人幕士四十人

사설서.[8] 가례의식(嘉禮儀式)에 좌석 배치와 바칠 준비물(鋪設)을 제공하는 일을 맡았다.[9] 목종 때 상사국(尙舍局)에 봉어・직장이 있었

---

8) 司設署 : 고려시대 왕비나 태자비의 책봉 등 儀式을 행할 때 군신의 좌석 배치와 書案 등 준비물을 제공하는 일을 맡아본 관청. 목종 때 尙舍局을 설치하고, 문종 때 상사국의 정원과 품질의 직제가 정비되었다. 충렬왕 34년(1308)에 충선왕이 司設署라 고쳤다. 공민왕 5년(1356)에 尙舍署로 고쳤다가 공민왕 11년(1362)에 사설서, 공민왕 18년(1369)에 다시 상사서, 공민왕 21년(1372)에 다시 司設署로 고쳐 고려 말까지 존속하였다. 여기서는 가장 나중에 개편된 사설서가 주제어로 나타나 있다.

9) 司設署 掌供鋪設 : 왕비나 태자비의 책봉 등 국가 중요한 嘉禮儀式에 群臣의 좌석 배치와 바쳐야할 書案 璽綬案 등 준비물을 尙舍局에서 맡아보았다. 금은 미곡 布帛 등을 바치는 경우도 있었다.

①大觀殿陳設 前一日 尙舍局 鋪王座於大觀殿 如常儀 設書案於王座前兩楹

다. 문종 때 봉어는 한 명으로 품질은 정6품, 직장은 두 명으로 정7품으로 정하였다.

충렬왕 34년에 충선(왕)이 사설서(司設署)라 고쳤다. 제점(提點)은 한 명을 두어 겸임관직으로 하되 정5품이고, 영은 두 명으로 역시 정5품, 승(丞)은 두 명으로 정6품, 직장(直長)은 두 명으로 정7품, 부직장(副直長)은 두 명으로 정8품으로 하였다. 그 후에 제점은 없애고, 영은 낮추어 정6품으로, 승은 정9품으로 하고, 부직장은 없앴다.

공민왕 5년에 상사서(尙舍署)라 고치고, 영을 고쳐 봉어라 하고, 직장과 승은 이전과 같이 두었다. 11년에 다시 사설서라 고치고, 또 봉어를 고쳐 영이라 하고, 승(丞)은 폐지하였다. 18년에는 다시 상사서라 고치고, 또 영을 고쳐 봉어라 하고, 승을 다시 두었다. 21년에 다시 사설서라 고치고, 이어서 (봉어를) 고쳐 영이라 하였다.

이속은 문종 때 서령사 네 명, 기관 두 명, 막사(幕士) 40명을 두었다.

『高麗史』卷77 志31 / 百官2 / 奉車署

奉車署 掌內廐 穆宗朝 有尙乘局奉御直長 文宗定 奉御一人正六品 直長二人正七品 忠宣王二年 改奉車署 以奉御爲令 恭愍王五年 復改尙乘局 以令爲奉御 十一年 復改奉車署 又改奉御爲令 十八年 復改尙乘局 又改稱奉御 二十一年 復改奉車署 又改爲令 恭讓王三年 併於重房 吏屬 文宗置書令史四人承旨五十人

봉거서.[10] 궁내의 마굿간(內廐) 일을 맡아보았다. 목종 때에 상승국

開少南 設璽綬案於王座之左近東 設門下侍中・門下侍郎・中書侍郎位於王座東南 西向北上 設樞密位於王座西南 東向北上 … (『高麗史』 권65, 예지, 가례 册王妃儀).

②庚子 慶安宮主 下嫁于齊安伯淑 是年封册四 嘉禮二 所費金銀千餘斤 米穀三千餘石 布帛不可勝計(『高麗史』 권25, 세가, 원종 원년 12월).

10) 奉車署 : 고려시대 궁궐 안의 內廐을 관리하던 관청. 穆宗 때 처음 설치하여 尙乘局이라 하고, 문종 때 상승국의 정원과 품질의 직제가 마련되었으

(尙乘局)에 봉어·직장이 있었다. 문종 때 정하여 봉어는 한 명으로 정6품, 직장은 두 명으로 정7품으로 하였다.

충선왕 2년에 봉거서라 고치고, 봉어를 영(令)이라 하였다. 공민왕 5년에 다시 상승국이라 고치고 영을 봉어라 하였다. 11년에는 다시 봉거서라 고치고 또 봉어를 고쳐 영이라 하였다. 18년에 다시 상승국이라 고치고, 또 (令을) 봉어라 칭했다. 21년에 다시 봉거서라 고치고 또 (봉어를) 영이라 하였다. 공양왕 3년에 (봉거서를) 중방(重房)에다 합쳤다.

이속은 문종 때 서령사 네 명, 승지(承旨) 50명을 두었다.

『高麗史』卷77 志31 / 百官2 / 供造署

供造署 掌御用器玩 穆宗朝 有中尙署令 文宗定 令一人秩正六品 丞二人正八品 忠宣王二年 改供造署 恭愍王五年 復改中尙署 以令爲奉御 十一年 復改供造署 以奉御爲令 十八年 復改中尙署 令丞如故 二十一年 復改供造署 吏屬 文宗置史六人記官二人算士一人

공조서.[11] 왕이 쓰는 기구와 장식물을 만들어 바치는 일을 맡았다. 목종 때 중상서(中尙署)에 영(令)이 있었다. 문종 때 영(令)은 한 명으로 정6품으로, 승(丞)은 두 명으로 정8품으로 정하였다. 충선왕 2년에

며, 충선왕 2년(1310)에 奉車署로 고쳤다. 공민왕 5년(1356)에 다시 尙乘局으로 고쳤다가 공민왕 11년(1362)에 다시 奉車署라 하고, 공민왕 18년(1369)에 다시 尙乘局, 공민왕 21년(1372)에 다시 奉車署라 하였다가 공양왕 3년(1391)에 重房에 병합되었다. 여기서는 가장 나중에 개편된 봉거서가 주제어로 나타나 있다.

11) 供造署 : 고려시대 왕이 쓰는 여러 기물·장식품의 제조를 관장한 관청. 목종 때 中尙署를 설치하고, 문종 때 중상서의 정원과 품질의 직제가 정비되었다. 충선왕 2년(1310)에 供造署라 고치고, 공민왕 5년(1356)에 다시 중상서로 바뀐 뒤 여러 번 그 명칭이 변경되었다. 공민왕 11년(1362)에 다시 공조서라 하고, 공민왕 18년(1369)에 다시 중상서로, 공민왕 21년(1372)에 다시 공조서라 하였다. 조선시대까지 계속되다가 태종 10년(1410년) 工曹에 합쳤다. 여기서는 가장 나중에 개편된 공조서가 주제어로 나타나 있다.

공조서로 고쳤다. 공민왕 5년에 다시 중상서로 고치고, 영을 봉어라 하였다. 11년에는 다시 공조서로 고치고 봉어를 영이라 하였다. 18년에는 다시 중상서로 고치고, 영과 승은 이전대로 두었다. 21년에는 다시 공조서로 고쳤다.

이속은 문종 때 사(史) 여섯 명, 기관 두 명, 산사 한 명을 두었다.

『高麗史』卷77 志31 / 百官2 / 京市署

京市署 掌勾檢市廛 穆宗朝 有京市署令 文宗定 令一人秩正七品 丞二人正八品 忠烈王二十四年 忠宣 陞令權叅 三十四年 忠宣增丞爲三人 恭愍王五年 降丞從八品 吏屬 文宗置史三人記官二人

경시서.[12] 도시의 상점(市廛)을[13] 조사 검열(勾檢)하는 일을 맡았다. 목종 때 경시서에 영(令)이 있었다. 문종 때 영은 한 명으로 정7품, 승은 두 명으로 정8품으로 정하였다.

충렬왕 24년에 충선(왕)이 영을 올리어 권참(權參)으로 하였다.[14] 34년에는 충선(왕)이 승을 늘려 세 명으로 하였다. 공민왕 5년에 승을 종8품으로 낮추었다.

이속은 문종 때 사(史)는 세 명, 기관은 두 명을 두었다.

---

12) 京市署 : 고려시대에 市廛을 조사 검열 감독하는 일을 맡아본 관청. 목종 때 京市署를 설치하고, 文宗 때 경시서에 정원과 품질의 직제가 정비되었다. 그 이후 정원과 품질에 여러 번 변경이 이루어졌다. 조선시대에 계승되어 세조 12년(1466)에 관제를 개혁할 때 平市署로 개칭하였다.

13) 市廛 : 시전은 고려 태조 때부터 있었다고 한다.
定都于松嶽之陽 創宮闕 置三省六尙書官九寺 立市廛辨坊里分五部 置六衛(『高麗史』 권1, 세가, 태조 2년 정월).

14) 權叅 : 令을 임시로 參秩로 올린 것을 의미한다. 參秩은 朝會에 참석할 수 있는 6품 이상 3품 이하 관을 말한다. 參秩에 대한 연구는 다음과 같은 것이 있다.
①李成茂, 「兩班과 官僚組織」『朝鮮初期 兩班研究』, 一潮閣, 1980, 85쪽.
②朴龍雲, 「高麗時代의 文散階」『震檀學報』52, 1981, 22~23쪽 ; 『高麗時代 官階·官職研究』, 고려대학교 출판부, 1997.

『高麗史』卷77 志31 / 百官2 / 膳官署

膳官署 掌祀宴饌膳 穆宗朝 有大官署令 文宗定 令二人秩從七品 丞四人從八品 忠烈王三十四年 忠宣改爲膳官署 屬司膳署員額品秩仍舊 恭愍王五年 復改大官署 十一年 復改膳官署 十八年 復改大官署 二十二年 復改膳官署 吏屬 文宗置史六人記官二人算士一人

선관서.[15] 제사와 연회(祀宴)의 음식과 반찬(饌膳)을 공급하는 사무를 맡았다. 목종 때 대관서(大官署)에 영(令)이 있었다. 문종 때 영은 두 명으로 종7품, 승(丞)은 네 명으로 종8품으로 정하였다.

충렬왕 34년에 충선(왕)이 선관서로 고치고, 사선서(司膳署)에 예속시켰으며[16] 정원과 품질은 이전과 같이 하였다. 공민왕 5년에 다시 대관서로 고쳤다. 11년에는 다시 선관서로 고쳤다. 18년에는 또다시 대관서로 고쳤다. 22년에는 다시 선관서로 고쳤다.

이속은 문종 때 사(史)는 여섯 명, 기관은 두 명, 산사는 한 명을 두었다.

『高麗史』卷77 志31 / 百官2 / 掌冶署

掌冶署 掌鎔冶之事 文宗定 令二人秩從七品 丞二人正八品 忠烈王三十四年 忠宣罷掌冶署置營造局 使從五品 副使從六品 直長從七品 忠宣王二年 罷營造局 復置掌冶署 令從七品 丞從八品 恭讓王三年 倂於工曹 吏屬 文宗置史四人記官二人算士一人

---

15) 膳官署 : 고려시대 제사와 祀宴의 음식을 마련하는 일을 담당한 관청. 목종 때 大官署를 설치하고, 문종 때 대관서의 정원과 품질의 직제가 정비되었다. 충렬왕 34년(1308)에 膳官署로 개칭하여 司膳署에 예속시켰다. 공민왕 5년(1356)에 다시 대관서로 고쳤다가 공민왕 11년(1362)에 다시 선관서라 하고, 공민왕 18년(1369)에 다시 대관서, 공민왕 22년(1373)에 다시 선관서라 고쳤다. 여기서는 가장 나중에 개편된 선관서가 주제어로 나타나 있다.

16) 忠烈王三十四年 忠宣改爲膳官署 屬司膳署 : 충렬왕 34년에 충선왕이 선관서로 고치고, 司膳署에 예속시킬 때 御廚·別廚·迎送都監 등과 함께 司膳署에 합쳤다. 忠烈王三十四年 忠宣改司膳署 以御廚別廚迎送倂焉(『高麗史』권77, 百官2, 司膳署)

장야서.[17] 쇠붙이를 녹여서 물건을 주조(鎔冶)하는 일을 맡았다. 문종 때 영(令)은 두 명으로 품질은 종7품, 승(丞)은 두 명으로 정8품으로 정하였다.

충렬왕 34년에 충선(왕)이 장야서를 없애고, 영조국(營造局)을 두어 사(使)는 종5품, 부사(副使)는 종6품, 직장(直長)은 종7품으로 하였다. 충선왕 2년에 영조국을 폐지하고, 다시 장야서를 두어 영은 종7품, 승은 종8품으로 하였다. 공양왕 3년에 공조(工曹)에다 합쳤다.

이속은 문종 때 사(史)는 네 명, 기관은 두 명, 산사는 한 명을 두었다.

『高麗史』卷77 志31 / 百官2 / 都校署

都校署 掌工作之事 文宗定 令二人秩從八品 丞四人正九品 忠烈王三十四年 忠宣罷都校署 置雜作局 使從五品 副使從六品 直長從七品 忠宣王二年 罷雜作局 復置都校署 令正八品 丞正九品 恭愍王五年降令從八品 恭讓王三年 併於繕工寺 吏屬 文宗置監作四人書令史四人記官二人

도교서.[18] 공제품을 만드는 일을 맡았다. 문종 때 영(令)은 두 명으로 품질은 종8품, 승(丞)은 네 명으로 정9품으로 정하였다.

충렬왕 34년에 충선(왕)이 도교서를 없애고, 잡작국(雜作局)을 두어 사(使)는 종5품, 부사는 종6품, 직장(直長)은 종7품으로 하였다. 충선왕 2년에 잡작국을 폐지하고, 다시 도교서를 두어 영은 정8품, 승은 정9품으로 하였다. 공민왕 5년에 영을 종8품으로 낮추었다. 공양왕 3년에

---

17) 掌冶署 : 고려시대 쇠붙이를 녹여서 물건을 鎔冶하는 일을 관장하던 관청. 문종 때 掌冶署의 정원과 품질의 직제가 정비되었다. 충렬왕 34년(1308)에 장야서를 혁파하고, 營造局을 두었다. 충선왕 2년(1310년)에 영조국을 파하고, 다시 장야서를 두었다가 공양왕 3년(1391)에 工曹에 병합하였다.

18) 都校署 : 고려시대에 공제품을 제작하는 일을 맡아본 관청. 문종 때 都校署의 정원과 품질의 직제가 정비되었다. 충렬왕 34년(1308년)에 도교서를 파하여 雜作局을 두었다. 충선왕 2년(1310년)에 잡작국을 파하고, 다시 도교서를 두었다가 공양왕 3년(1391년)에 繕工寺에 병합되었다. 여기서는 가장 나중에 개편된 도교서가 주제어로 나타나 있다.

(도교서를) 선공시(繕工寺)에 합쳤다.

이속은 문종 때 감작(監作) 네 명, 서령사(書令史) 네 명, 기관 두 명을 두었다.

『高麗史』卷77 志31 / 百官2 / 典樂署

典樂署 掌敎閱聲律 穆宗朝 有大樂署令 文宗定 令一人秩從七品 丞二人從八品 忠烈王三十四年 忠宣改爲典樂署 屬紫雲坊 改定員吏 置令二人正七品 長二人從七品 丞二人史二人並從八品 直長二人從九品【紫雲坊 亦是年置 有提點一人正五品 使一人正五品 副使二人正六品 判官二人正七品 尋罷之】後降令從七品 罷長 陞直長從七品 加置副直長從九品 恭愍王五年 復改大樂署 令仍從七品 復置長亦從七品 史丞仍從八品 直長復降從九品 罷副直長 十一年 復改典樂署 員秩並仍 十八年 復改大樂署 二十一年 復改典樂署 恭讓王三年 別置雅樂署 習宗廟樂歌 吏屬 文宗置史六人記官二人

전악서.[19] 음악(聲律)을 가르치고 검열하는 일을 맡았다. 목종 때 대악서(大樂署)에 영(令)이 있었다. 문종 때 영은 한 명으로 품질은 종7품, 승은 두 명으로 종8품으로 정하였다.

충렬왕 34년에 충선(왕)이 전악서로 고치고, 자운방(紫雲坊)에 속하게 하였으며, 관원(員吏)을 고쳐 정하여 영(令)은 두 명을 두어 정7품, 장(長)은 두 명으로 종7품, 승(丞) 두 명과 사(史) 두 명은 나란히 종8품, 직장(直長) 두 명은 종9품으로 하였다.【자운방 역시 이 해에 설치하여

---

19) 典樂署 : 고려시대 음악을 가르치고 검열하는 일을 맡아본 관청. 목종 때 大樂署를 설치하고, 문종 때 대악서의 정원과 품질의 직제가 정비되었다. 충렬왕 34년(1308)에 典樂署로 고쳤다. 공민왕 5년(1356)에 다시 대악서로 고쳤다가 공민왕 11년(1362)에 다시 전악서로 고치고, 공민왕 18년(1369)에 다시 대악서, 공민왕 21년(1372)에 다시 전악서라 고쳤다. 공양왕 3년(1391)에 종묘의 음악(樂歌)만을 담당하는 雅樂署를 별도로 설치하였다. 여기서는 가장 나중에 개편된 전악서가 주제어로 나타나 있다.
서인화, 「장악원의 관원, 악인, 습악－조선왕조실록의 관련 기사를 중심으로－」 『역대국립음악기관 연구』, 국립국악원, 2001.

제점(提點) 한 명을 두어 정5품, 사(使)는 한 명으로 정5품, 부사(副使는) 두 명으로 정6품, 판관(判官)은 두 명으로 정7품으로 하였다가 얼마 후 이를 폐지하였다】 그 후에 영을 종7품으로 낮추고, 장(長)은 없애고, 직장(直長)은 종7품으로 올리고, 부직장(副直長)을 더 두어 종9품으로 하였다.

공민왕 5년에 다시 대악서로 고치고, 영은 이전처럼 종7품으로 하고, 다시 장(長)을 두어 역시 종7품으로 하였고, 사(史)와 승(丞)은 이전처럼 종8품으로 하고, 직장은 다시 종9품으로 낮추고, 부직장은 없앴다. 11년에 다시 전악서로 고치고, 정원과 품질은 다 같이 이전대로 하였다. 18년에 다시 대악서로 고쳤다. 21년에 다시 전악서로 고쳤다. 공양왕 3년에 별도로 아악서(雅樂署)를 두어 종묘(宗廟)·음악(樂歌)을 익히게 하였다.

이속은 문종 때 사(史) 여섯 명, 기관 두 명을 두었다.

『高麗史』卷77 志31 / 百官2 / 內園署

內園署 掌諸園苑 文宗置 令二人秩從七品 丞二人從八品 忠烈王三十四年 爲司膳署所轄 增丞爲四人 吏屬 文宗置史四人記官二人算士一人

내원서. 여러 동산과 정원(園苑)에 관한 일을 맡았다. 문종 때 영은 두 명을 두고 품질은 종7품, 승은 두 명을 두어 종8품으로 하였다. 충렬왕 34년에 (내원서를) 사선서(司膳署)의 관할 하에 두게 하고,[20] 승(丞)을 늘려 네 명으로 하였다.

이속은 문종 때 사(使) 네 명, 기관 두 명, 산사 한 명을 두었다.

20) 忠烈王三十四年 爲司膳署所轄 : 충렬왕 34년에 內園署를 司膳署의 관할 하에 두게 할 당시에는 膳官署(大官署)와 御廚·別廚·迎送都監 등을 함께 司膳署에 합쳤다.
忠烈王三十四年 忠宣改爲膳官署 屬司膳署(『高麗史』권77, 百官2, 膳官署).
忠烈王三十四年 忠宣改司膳署 以御廚別廚迎送併焉(『高麗史』권77, 百官2, 司膳署).

『高麗史』 卷77 志31 / 百官2 / 供驛署

供驛署 掌諸道程驛 文宗定 令二人秩從七品 丞二人從八品 恭讓王二年 司憲府啓 供驛署 主鋪馬起發 而每於私所 開印移文 人輕職要 請托易行 驛馬日減 驛卒日散 願自今 令常坐公廳 必據都堂公牒印給 吏屬 文宗置 史四人記官二人幕士四十人

공역서.[21] 여러 도(諸道)의 정역(程驛)을 관장하였다.[22] 문종 때 정하여 영(令)은 두 명으로 품질은 종7품으로, 승(丞)은 두 명으로 종8품으로 하였다.

공양왕 2년에 사헌부(司憲府)에서 왕에게 보고하기를 "공역서는 말을 풀어(鋪馬) 출발시키는 일을 주관함에 매양 (공식 청사가 아닌) 사사로운 처소(私所)에서 봉인을 열어 공문을 보내니 사람들이 그 직무를 가볍게 여기고 청탁이 쉽게 행해지므로 역마(驛馬)는 날로 줄어들고 역졸(驛卒)은 날마다 흩어지니 바라건데 지금부터는 항상 공청(公

---

21) 供驛署 : 고려시대 諸道의 역(驛站)과 사신이 행차할 때 필요한 驛馬를 관장하는 관청. 문종 때 供驛署의 정원과 품질의 직제가 정비되어 고려 말까지 존속하였다.

22) 供驛署 掌諸道程驛 : 供譯署가 여러 도(諸道)의 程驛을 관장하였다고 하는 것을 더 구체적으로 말하면 諸道의 驛과 賓客 朝聘 등 사신이 행차할 때 필요한 驛馬를 관장하는 관청임을 의미하는 것이다.

辛禑 14년 8월 조준 등의 상소에서는 "供驛署는 8道의 驛과 上國의 賓客과 朝聘하는 巡問·按廉 등 여러 使命을 받드는 자에게 鋪馬를 起發하는 일을 관장하였다"고 하고(①), 元宗 15년 判文에는 각 道에 使臣으로 나가는 대소 員吏들의 驛馬의 匹數를 규정하고 있는 것으로 보아 그렇게 생각되는 것이다(②).

①(辛禑 14年 8月) 供驛署 全掌八道之驛 上國之賓 朝聘之使 巡問·按廉諸奉使者 以至出將入相之鋪馬起發(『高麗史』 권82, 병지2, 역참).

②元宗十三年正月 分遣程驛蘇復別監于各道 十五年判 各道出使 大小員鋪馬 宰樞十匹 三品員及按廉使七匹 參上別監五匹 參外別監及外官參以上三匹 參外二匹 參上都領指諭等差使員三匹 將校一匹(『高麗史』 권82, 병지2, 역참).

廳)에 앉아서 반드시 도당(都堂)의 공문(公牒)에 의거하여 확인하여 지급하게 하소서"라고 하였다.

이속은 문종 때 사(史) 네 명, 기관 두 명, 막사(幕士) 40명을 두었다.

『高麗史』卷77 志31 / 百官2 / 典廏署

典廏署 掌飼雜畜 穆宗朝 有典廏署令 文宗定 令一人秩從七品 丞二人從八品 忠烈王三十四年 忠宣 爲典儀寺所轄 吏屬 文宗置史三人記官二人算士一人

전구서.[23] 여러 가축(雜畜)을 기르는 일을 맡았다. 목종 때 전구서에 영(令)이 있었다. 문종 때 정하여 영은 한 명으로 품질은 종7품, 승은 두 명으로 종8품으로 하였다. 충렬왕 34년에 충선(왕)이 전의시(典儀寺)에서 관할하게 하였다.

이속은 문종 때 사(使) 세 명, 기관 두 명, 산사 한 명을 두었다.

『高麗史』卷77 志31 / 百官2 / 掌牲署

掌牲署 掌薦犧牲 文宗置 令一人秩從八品 丞二人正九品 沿革未攷 吏屬 文宗置史三人記官二人

장생서.[24] 희생(犧牲)을 바치는 일을 맡았다.[25] 문종 때 영은 한 명으로 품질은 종8품, 승은 두 명으로 정9품으로 정하였다. 연혁은 고증할 수 없다.

---

23) 典廏署 : 고려시대 여러 가축의 사육을 맡아본 관청. 목종 때 典廏署를 설치하고 문종 때 전구서의 정원과 품질의 직제가 정비되었다가 충렬왕 34년(1308) 典儀寺에서 이를 관할하게 하였다.

24) 掌牲署 : 고려시대 종묘나 국가에서 주관하는 제사에 쓰일 犧牲의 제물을 담당한 기관. 문종 때 掌牲署의 정원과 품질의 직제가 정비되었다. 설치 연대와 변천에 대해서는 자세히 알 수 없으나 조선시대에 典牲署로 이어졌다.

25) 犧牲 : 종묘나 국가에서 주관하는 제사에 희생의 제물로 드릴 짐승을 의미한다.

이속은 문종 때 사(史) 세 명, 기관 두 명을 두었다.

『高麗史』 卷77 志31 / 百官2 / 都染署

都染署 掌色染 文宗定 令一人秩正八品 丞二人正九品 忠烈王三十四年 忠宣倂雜織署爲織染局 屬繕工司 置使二人其一兼官從五品 副使一人從六品 直長一人從七品 後忠宣以織染等事闕廢 令內謁者監 內侍伯 內謁者 長源亭直 各二人任其事 二年分爲都染署 復置令正八品 丞正九品 吏屬 文宗置史四人記官二人

도염서.[26] 염색(色染)에 관한 일을 맡았다. 문종 때 영(令)은 한 명으로 품질은 정8품, 승(丞)은 두 명으로 정9품으로 정하였다.

충렬왕 34년에 충선(왕)이 (도염서를) 잡직서(雜織署)와 합쳐서 직염국(織染局)이라 하고 선공사(繕工司)에 예속시켰다. 사(使)는 두 명으로 그 중 한 명은 겸임관직으로 하되 종5품, 부사(副使)는 한 명으로 종6품, 직장(直長)은 한 명으로 종7품으로 하였다. 후에 충선(왕)이 천을 짜고 물들이는 일 등이 문이 닫혀 잘 진행되지 않아 내알자감(內謁者監)·내시백(內侍伯)·내알자(內謁者)·장원정직(長源亭直) 각 2명에게 그 일을 일임하게 하였다. (충선왕) 2년에 (잡직서와) 분리하여 도염서라 하고,[27]

26) 都染署 : 고려시대 염색 업무를 맡아보던 관청. 문종 때 都染署의 정원과 품질의 직제가 정비되었다. 충렬왕 34년(1308년)에 도염서와 雜織署를 병합하여 織染局이라 하였다가 충선왕 2년(1310)에 이를 분리하여 다시 도염서로 되어 조선시대에 계승되었다. 조선시대에는 고려의 도염서 제도를 계승하여 태조 원년(1392년)에 설치하였다. 그 후 세조 7년(1461) 濟用監에 흡수, 폐지되었다. 서울 종로구 도염동 일대에 위치한 것에서 유래되어 도염동이라는 洞名이 남아 있다.

27) (忠宣王) 二年 分爲都染署 : 충렬왕 34년(1308년)에 도염서와 雜織署를 병합하여 織染局이라 하던 것을 충선왕 2년(1310)에 이를 분리하여 다시 도염서와 雜織署로 나누어지게 됨으로써 織染局은 없어졌다. 도염서와 雜織署를 織染局에 병합하였다가 도염서가 분리된 시기를 여기서는 충선왕 2년(1310)이라 하였지만, 雜織署가 분리된 시기는 다음 사료에서 보여 주듯

다시 영(令)을 두어 정8품으로, 승을 정9품으로 하였다.

이속은 문종 때 사(史) 네 명, 기관 두 명을 두었다.

『高麗史』卷77 志31 / 百官2 / 雜織署

雜織署 掌織糸任 文宗定 令二人秩正八品 丞二人正九品 忠烈王三十四年 忠宣併於都染署爲織染局 後復置雜織署 令丞如故 吏屬 文宗置史四人記官二人

잡직서.[28] 베 짜는 일(織糸任)을 맡았다. 문종 때 영(令)은 두 명으로 품질은 정8품, 승(丞)은 두 명으로 정9품으로 정하였다.

충렬왕 34년에 충선(왕)이 (잡직서를) 도염서(都染署)에 합쳐서 직염국(織染局)이라 하였다가, 후에 다시 잡직서를 설치하고[29] 영과 승은 이전처럼 두었다.

이속은 문종 때 사(史) 네 명, 기관 두 명을 두었다.

『高麗史』卷77 志31 / 百官2 / 司儀署

司儀署 掌贊禮 文宗定 令一人秩正八品 丞二人正九品 忠烈王三十四年 忠宣增令爲二人 降從八品 丞仍二人 降從九品 吏屬 文宗置史四人記官二人

이 "後復置雜織署"라 하고 있다. 여기서 "後復置"라고 한 그 시기는 충선왕 2년(1310)임을 알 수 있다.

忠烈王三十四年 忠宣併於都染署爲織染局 後復置雜織署 令丞如故(『高麗史』 권77, 백관2, 잡직서).

28) 雜織署 : 고려시대 비단과 베를 짜는 일을 맡아보던 관청. 문종 때 雜織署의 정원과 품질의 직제가 정비되었다. 충렬왕 34년(1308)에 도염서에 병합하여 織染局이라 하였다가 충선왕 2년(1310) 다시 잡직서를 두었다.

29) 後復置雜織署 : 여기서 "後復置"라 한 그 시기는 충선왕 2년(1310)이라 여겨진다. 앞서 말한 都染署에 대한 설명에서 충렬왕 34년(1308년)에 도염서와 雜織署를 병합하여 織染局으로 되었던 것을 충선왕 2년(1310)에 이를 분리하여 다시 도염서와 雜織署를 두었으므로 그렇게 여겨지는 것이다. (忠宣王) 二年 分爲都染署 復置令正八品 丞正九品(『高麗史』 권77, 백관2, 도염서).

사의서.[30] 의례를 돕는(贊禮) 일을 맡았다. 문종 때 영(令)은 한 명으로 품질은 정8품, 승은 두 명 정9품으로 정하였다. 충렬왕 34년에 충선(왕)이 영을 늘려 두 명으로 하되 종8품으로 낮추고, 승은 이전과 같이 두 명으로 하되 종9품으로 낮추었다.

이속은 문종 때 사(史) 네 명, 기관 두 명을 두었다.

『高麗史』 卷77 志31 / 百官2 / 守宮署

守宮署 掌供帳幕 文宗置 令二人秩正八品 丞二人正九品 沿革未攷 吏屬 文宗置史六人記官三人幕士五十人

수궁서.[31] 장막(帳幕)을 가설하는 일을 맡았다. 문종 때 영(令)은 두 명으로 품질은 정8품, 승(丞)은 두 명 정9품으로 정하였다. 연혁은 알 수 없다.

이속은 문종 때 사(史) 여섯 명, 기관 세 명, 막사(幕士) 50명을 두었다.

『高麗史』 卷77 志31 / 百官2 / 典獄署

典獄署 掌獄囚 國初始置典獄署 成宗十四年 改爲大理寺 有評事 文宗復改爲典獄署 置令一人秩正八品 丞二人正九品 忠宣王罷 恭愍王十一年復置令從八品 丞從九品 吏屬 文宗置史二人記官三人

전옥서.[32] 감옥의 죄인(獄囚)에 관한 사무를 맡았다. 국초에 처음으

---

30) 司儀署 : 고려시대 儀禮를 돕는 일을 맡아본 관청. 문종 때 사의서의 정원과 품질의 직제가 정비되었다. 충렬왕 34년(1308)에 사의서의 정원과 품질에 약간의 변경이 있었다.

31) 守宮署 : 고려시대 궁중의 帳幕을 가설하는 일을 맡은 관청. 문종 때 수궁서의 정원과 품질의 직제가 정비되었다. 조선시대에는 동일한 업무를 典設司가 담당했다.

32) 典獄署 : 고려시대 감옥의 獄囚에 관한 일을 맡아본 관청. 국초에 전옥서를 두었다가, 성종 14년(995)에 大理寺라 고치고, 문종 때 다시 전옥서라 고침과 동시에 그 정원과 품질의 직제가 정비되었다. 충선왕 때 일시 폐지하였다가 공민왕 11년(1362)에 다시 설치되어 조선에 계승되었다.

로 전옥서를 설치하였다. 성종 14년에 고쳐 대리시(大理寺)라 하고 평사(評事)를 두었다. 문종 때 다시 고쳐 전옥서라 하고, 영(令)은 한 명을 두어 정8품, 승(丞)은 두 명을 두어 정9품으로 하였다. 충선왕 때 (전옥서를) 폐지하였다. 공민왕 11년에 다시 두어 영은 종8품, 승은 종9품으로 하였다.

이속은 문종 때 사(史) 두 명, 기관 세 명을 두었다.

『高麗史』卷77 志31 / 百官2 / 大倉署

大倉署 穆宗元年 有大倉署令 文宗定 令二人秩從七品 丞四人從八品 沿革未攷 吏屬 文宗置史五人記官四人算士二人

대창서.[33] 목종 원년 대창서에 영(令)이 있었다. 문종 때 영은 두 명으

---

33) 大倉署 : 고려시대 곡식을 저장한 창고인 대창을 관리하는 관청. 목종 원년(998)에 대창서를 설치하고 문종 때 대창서의 정원과 품질의 직제가 정비되어 고려 말까지 이르렀다. 고려시대 대창은 개경과 서경 두 곳에 있었다(①). 개경의 대창은 廣化門 안에 있었는데(②), 20여만 石을 저장할 수 있었다고 한다(③). 고려시대 右倉에서는 國用을, 左倉에서는 祿俸을 관장하였는데(④), 대창에서는 供役의 勞賃, 登科米, 軫恤 등 國用과(⑤) 때로는 녹봉도 관장하여(⑥) 여러 용도로 사용된 國庫였던 것으로 여겨진다.

①西京官祿 以西京大倉 歲輸西海道稅粮一萬七千七百二十二石十三斗給之(『고려사』 권80, 식화3, 녹봉 서문).

②丁未 改營大市左右長廊 自廣化門至十字街 凡一千八楹 又於廣化門內 構大倉南廊 迎休門等七十三楹 凡五部坊里兩班戶斂米 就賃供役 兩班坊里之役始此(『고려사』 권21, 세가, 희종 4년 7월).

③癸丑 築地倉于大倉 以備火災 可容二十餘萬斛(『고려사』 권22, 세가, 고종 12년 10월).

④崔貞煥, 「高麗 祿俸制의 運營實態와 그 性格」『慶北史學』2, 1980 ; 『高麗·朝鮮時代 祿俸制 硏究』, 慶北大學校 出版部, 1991.

⑤又於廣化門內 構大倉南廊 迎休門等七十三楹 凡五部坊里兩班戶斂米 就賃供役 兩班坊里之役始此(『고려사』 권21, 세가, 희종 4년 7월).

景山 睿宗朝 擢第二名 仕至大卿 以三子登科 例賜母大倉米歲三十碩(『고려사』 권95, 열전, 박인량).

로 품질은 종7품, 승은 네 명 종8품으로 정하였다. 연혁은 알 수 없다.

이속은 문종 때 사(史) 다섯 명, 기관 네 명, 산사(算士) 두 명을 두었다.

『高麗史』卷77 志31 / 百官2 / 大盈署

大盈署 文宗定 令一人秩從七品 丞二人 沿革未攷 吏屬 文宗置史三人 記官二人算士一人

대영서.[34] 문종 때 영(令)은 한 명으로 종7품, 승(丞)은 두 명으로 정하였다. 연혁은 알 수 없다.

이속은 문종 때 사(史) 세 명, 기관 두 명, 산사 한 명을 두었다.

『高麗史』卷77 志31 / 百官2 / 豐儲倉

豐儲倉 掌供上米廩 文宗時 京城有左右倉 以近侍爲別監 忠烈王三十四年 忠宣改右倉爲豐儲倉 置使一人秩正五品 副使一人正六品 丞一人正七品 恭愍王 降使從五品 副使從六品 丞從七品 增置注簿從八品

풍저창.[35] 공상미(供上米)를 저장한 창고에 관한 사무를 맡았다. 문

仁宗五年三月 … 七月 發大倉粟 賑貧民(『高麗史』권80, 식화3, 진휼).

⑥高宗四十六年正月 大倉御史奏 … 十一月 大倉頒五品祿倉匱 只給數十人(『고려사』권80, 식화3, 녹봉).

34) 大盈署 : 고려 때 軍服을 저장한 大盈庫를 관장하던 관서. 문종 때 대영서의 정원과 직제가 정비되었다. 장교 여덟 명을 看守軍으로 배치하였다. (宣宗 10年) … 八月 都兵馬使奏 兵書云 急行軍者着縛絡 今縫衣是也 乞以大盈庫蠹布 付征袍都監 製三四千領 分送東北兩界 藏於營庫 有急許着之 制可(『고려사』권81, 병지1, 5군).

35) 豐儲倉 : 고려시대에 供上米 등 國用을 저장한 창고. 문종 때 개경에 左·右倉이 있었는데, 충렬왕 34년(1308)에 右倉의 이름을 고쳐 豊儲倉이라 하였다.

①崔貞煥, 「高麗 祿俸制의 運營實態와 그 性格」『慶北史學』2, 1980 ; 『高麗·朝鮮時代 祿俸制 硏究』, 慶北大學校 出版部, 1991.

②이혜옥, 「조선시대의 풍저창」『난곡이은순교수정년기념사학논문집』, 논문집간행위원회, 2000.

종 때 개경(京城)에 좌창(左倉)과 우창(右倉)이 있었는데, 근시(近侍)로서 별감(別監)으로 삼았다.

충렬왕 34년에 충선(왕)이 우창을 고쳐 풍저창이라 하고, 사(使)는 한 명을 두어 품질은 정5품, 부사는 한 명으로 정6품, 승은 한 명으로 정7품으로 하였다. 공민왕 때 사는 종5품, 부사는 종6품, 승은 종7품으로 낮추고, 주부(注簿)를 더 두어 종8품으로 하였다.

『高麗史』卷77 志31 / 百官2 / 廣興倉

廣興倉 掌百官祿俸 忠烈王三十四年 忠宣改左倉爲廣興倉 置使一人秩正五品 副使一人正六品 丞一人正七品 恭愍王 降使從五品 副使從六品 丞從七品 增置注簿從八品

광흥창.[36] 모든 관리들의 녹봉(錄俸)에 관한 사무를 맡았다. 충렬왕 34년에 충선(왕)이 좌창(左倉)을 고쳐 광흥창(廣興倉)이라 하고, 사(使)는 한 명을 두어 품질은 정5품, 부사는 한 명으로 정6품, 승은 한 명으로 정7품으로 하였다. 공민왕 때 사는 종5품, 부사는 종6품, 승은 종7품으로 낮추고, 주부(注簿)를 더 두어 종8품으로 하였다.

『高麗史』卷77 志31 / 百官2 / 料物庫

料物庫 掌御廩米穀 忠宣王二年 改備用司爲料物庫 置使秩從五品 副使從六品 注簿從八品

요물고.[37] 왕이 쓰는 창고(御廩)의 미곡에 관한 일을 맡았다. 충선

36) 廣興倉 : 고려 관리들의 祿俸을 관리하던 창고. 문종 때 개경에 左·右倉이 있었는데, 충렬왕 34년(1308)에 左倉의 이름을 고쳐 廣興倉이라 하였다. 崔貞煥,「高麗 祿俸制의 運營實態와 그 性格」『慶北史學』2, 1980 ;『高麗·朝鮮時代 祿俸制 硏究』, 慶北大學校 出版部, 1991.

37) 料物庫 : 고려시대 임금이 쓸 창고의 米穀을 관리하는 창고. 어느 시기인지는 알 수 없으나, 이전에 있었던 備用司를 고쳐 충선왕 2년(1310)에 料

왕 2년에 비용사(備用司)를 고쳐 요물고(料物庫)라 하고, 사(使)를 두어 품질은 종5품, 부사(副使)는 종6품, 주부(注簿) 종8품으로 하였다.

『高麗史』卷77 志31 / 百官2 / 義盈庫

義盈庫 忠烈王三十四年 忠宣置使一人秩從五品 副使一人從六品 直長一人從七品 恭愍王增置注簿從八品

의영고.[38] 충렬왕 34년에 충선(왕)이 사(使)는 한 명을 두어 종5품, 부사는 한 명으로 종6품, 직장(直長)은 한 명으로 종7품으로 하였다. 공민왕 때 주부(注簿) 더 두어 종8품으로 하였다.

『高麗史』卷77 志31 / 百官2 / 長興庫

長興庫 忠烈王三十四年 忠宣以大府上庫爲長興庫 置使一人秩從五品 副使一人從六品 直長一人從七品 恭愍王 降使從六品 革副使直長 置注簿從八品

장흥고.[39] 충렬왕 34년에 충선(왕)이 대부(大府寺)의 상고(大府上庫)

物庫라 하고, 정원과 품질을 정했다.

38) 義盈庫 : 고려시대 궁중에서 쓰이는 기름・꿀・밀(黃蠟)・素物・胡椒 등을 관장하는 창고. 충렬왕 34년(1308) 충선왕이 설치하여 정원과 품질을 정하였다. 조선시대에는 戶曹의 屬衙門으로, 국초부터 설치하여 기름・꿀・밀(黃蠟)・채소・후추 등의 조달・관리 등의 일을 맡아보았다.
義盈庫 掌油密黃蠟素物胡椒等物 直長以下一員久任員(『經國大典』권1, 吏典, 京官職 義盈庫).

39) 長興庫 : 고려시대 왕실에 사용하는 물품을 조달 관리하던 창고(①). 충렬왕 34년(1308)에 충선왕이 이전에 있었던 大府寺의 上庫를 長興庫라 하고, 정원과 품질을 정하였으며, 공민왕 때 그 정원과 품질에 개편이 이루어 졌다. 충렬왕 34년(1308)에 충선왕이 大府寺의 上庫를 長興庫로 고칠 당시에 大府庫의 下庫를 常滿庫라 하였다. 조선에서는 고려의 제도를 계승하여 돗자리・油芚・紙物 등 궁중에서 사용하는 물품을 공급 관리하게 하였다.

를 장흥고(長興庫)라 하고, 사(使)는 한 명을 두어 품질은 종5품, 부사는 한 명으로 종6품, 직장은 한 명으로 종7품으로 하였다. 공민왕 때 사(使)를 종6품으로 낮추고, 부사·직장은 없애고, 주부를 두어 종8품으로 하였다.

『高麗史』卷77 志31 / 百官2 / 常滿庫

常滿庫 忠宣以大府下庫爲常滿庫 置使一人秩從五品 副使一人從六品 直長一人從七品 恭愍王降使從六品 革副使直長 置注簿從八品

상만고.[40] 충선(왕)이 대부(大府寺)의 하고(大府下庫)를 상만고(常滿庫)라 하고, 사(使)는 한 명을 두어 품질은 종5품, 부사는 한 명으로 종6품, 직장은 한 명으로 종7품으로 하였다. 공민왕 때 사(使)를 종6품으로 낮추고, 부사·직장은 없애고, 주부를 두어 종8품으로 하였다.

『高麗史』卷77 志31 / 百官2 / 內庫

---

①長興庫는 궁중의 재물과 廩藏의 업무를 관장하던 大府寺(內府寺)의 上庫를 충렬왕 34년(1308)에 충선왕이 長興庫로 고쳤으므로 그 기능은 고려시대 궁중에 사용하는 물품을 조달 관리하던 창고였음을 알 수 있다. 內府寺 掌財貨廩藏 文宗定 大府寺判事秩正三品(『고려사』 권76, 백관1, 내부시).

40) 常滿庫 : 고려시대 궁중에 사용하는 물품을 조달 관리하던 창고(①). 충렬왕 34년(1308)에 충선왕이 이전에 있었던 大府寺의 下庫를 常滿庫라 하고, 정원과 품질을 정하였으며, 공민왕 때 그 정원과 품질에 개편이 이루어졌다. 충렬왕 34년(1308)에 충선왕이 大府寺의 上庫를 長興庫로 고칠 당시에 大府庫의 下庫를 常滿庫라 하였다. 조선에서는 고려의 제도를 계승하여 돗자리·油芚·紙物 등 궁중에서 사용하는 물품을 공급 관리하게 하였다.

①常滿庫는 궁중의 재물과 廩藏의 업무를 관장하던 大府寺(內府寺)의 下庫를 충렬왕 34년(1308)에 충선왕이 常滿庫로 고쳤으므로 그 기능은 고려시대 궁중에 사용하는 물품을 조달 관리하던 창고였음을 알 수 있다. 內府寺 掌財貨廩藏 文宗定 大府寺判事秩正三品(『고려사』 권76, 백관1, 내부시).

內庫 文宗置使一人秩從六品 副使二人正八品 忠烈王三十四年 忠宣以使爲權叅 吏屬 文宗置史四人承旨二十人

내고.[41] 문종 때 사(使)는 한 명을 두어 품질은 종6품, 부사(副使)는 두 명을 두어 정8품으로 하였다. 충렬왕 34년에 충선(왕)이 사(使)를 임시참직(權參)으로 하였다.

이속은 문종 때 사(史) 네 명, 승지(承旨) 20명을 두었다.

『高麗史』卷77 志31 / 百官2 / 內房庫

內房庫 忠宣王元年 倂雲臻倉於富興倉 尋改爲義成倉 置使秩從五品 副使從六品 丞從七品 忠肅王十二年 改爲內房庫 罷員吏 十七年 復爲義成倉

---

41) 內庫 : 고려 때 왕실재정을 담당한 창고. 정확한 설치시기는 알 수 없으나 태조 때 內庫가 있었다고 하며(①), 문종 때 관직의 품계와 정원을 정비하였다. 충렬왕 34년(1308)에 충선왕이 직제를 개편하여 使를 權參으로 삼았다. 內庫는 內莊宅과 함께 왕실재정을 담당하였으며, 주로 금·은 등 보물과 布帛을 저장하였다. 재원은 兩界를 제외한 지역의 所에서 나오는 금·은·동·철·포백·종이·소금·기와·도자기 등의 貢物과, 주현의 國用 공물의 일부와 宋나라에서 보낸 보물도 포함하였다. 주로 御用에 사용되었으나, 백성을 賑恤하고 宮院에 賜給할 때 사용되기도 하였다.

고려중기 이래 왕실의 사치가 심해지면서 공물의 수취가 늘어나자 소의 주민이 유망하는 경우가 빈번하였고, 이런 추세는 무신정권과 대몽골전쟁 과정에서 더욱 확산되었다. 이에 토지제도의 문란으로 내장택의 기능마저 마비되자 왕실재정은 더욱 궁핍해졌으며, 반대로 내고의 공물 수취도 강화되었다. 충렬왕 때는 왕실재정을 충당하기 위해 내고에 따로 內房庫를 두어 토지탈점을 일삼았으며, 그 과정에서 환관 등의 측근세력이 많은 폐단을 일으키기도 하였다. 또한 이때 탈점한 토지는 處干이라는 농민을 동원하여 경작하였는데, 특히 처간의 貢賦를 면제시키자 이에 투탁하는 농민이 많아져 왕실재정은 확충되었지만 국가재정은 더욱 악화되었다.

고려후기에 왕실재정이 義成庫·德泉庫 등에 의해 운영되자 내고의 기능은 약화되었으며, 이에 공민왕 때는 공물을 寶源庫에서 관장하였다. 그 뒤에 고려 말, 조선 초를 거치면서 內藏庫로 개편하였다.

①(太祖 元年 8月) … 於是 得一千餘口 以內庫布帛 贖還之(『고려사』 권1, 세가, 태조 원년 8월 신해).

置員吏委糾正監之 恭愍王四年 復稱內房庫 罷祿官及糾正 置提擧別監

내방고.[42] 충선왕 원년에 운진창(雲臻倉)을 부흥창(富興倉)에다 합치고, 얼마 후에 고쳐 의성창(義成倉)이라 하였다. 사(使)를 두어 품질은 종5품, 부사는 종6품, 승은 종7품으로 하였다. 충숙왕 12년에 고쳐 내방고라 하고, 관원(員吏)을 폐지하였다. 17년에는 다시 의성창이라 하고, 관원을 두고, 규정(糾正)에게 맡겨 이를 감독하게 하였다. 공민왕 4년에 다시 내방고라 칭하고,[43] 녹관(祿官) 및 규정(糾正)을 폐지하고, 제거별감(提擧別監)을 두었다.

『高麗史』卷77 志31 / 百官2 / 德泉庫

德泉庫 忠宣王時 有德泉倉使秩從五品 副使從六品 丞從七品 忠肅王十二年 改爲德泉庫罷員吏 十七年 復置員吏委糾正監之 恭愍王四年 罷祿官及糾正 置提擧別監

덕천고.[44] 충선왕 때 덕천창(德泉倉)에 사(使)를 두어 품질은 종5품,

---

42) 內房庫 : 고려 때 궁중의 재정을 담당한 御庫. 궁중의 연회를 베푸는 경비를 담당하는 것이 상례였다(①). 충렬왕 15년(1289) 3월에 왕은 별도로 御庫를 두어 이름을 內房庫라 하였다(②). 충선왕 원년(1309)에 雲臻倉을 富興倉에다 합친지 얼마 후에 고쳐 義成倉이라 하고, 관원과 품질을 정하였다. 충숙왕 12년(1325)에 고쳐 內房庫라 하였다가 충숙왕 17년(1330)에 다시 義成倉이라 하고, 공민왕 4년(1355년)에 다시 내방고라 하였다.
①(忠烈王 28年 6月)… 丙寅 還宮 王之幸壽康宮也 宰樞・將軍房・忽赤・內房庫內僚 輪日設宴 後以爲常(『고려사』 권32, 세가, 충렬왕 28년 6월).
②(忠烈王 15年 3月)… 時 王別置御庫 名曰內房庫 使黃門一人 掌之 (『고려사』 권79, 식화2, 과감).

43) 恭愍王四年 復稱內房庫 : 공민왕 4년에 다시 내방고라 칭한 데 대한 또 다른 기록으로 "공민왕 초에 왕이 드디어 義成・德泉官 및 監檢糾正을 罷하여 內房庫라 일컫고 따로 提擧를 두어 맡게 하였다"고 한다.
(恭愍王初) … 王遂罷義成德泉官及監檢糾正 稱內房庫 別設提擧 以掌之 (『고려사』 권114, 열전, 김보).

부사는 종6품, 승은 종7품으로 하였다. 충숙왕 12년에 고쳐 덕천고라 하고, 관원(員吏)을 폐지하였다. 17년에 다시 관원을 두고 규정(糾正)에게 맡겨 이를 감독하게 하였다. 공민왕 4년에 녹관(祿官) 및 규정을 폐지하고, 제거별감(提擧別監)을 두었다.[45]

『高麗史』卷77 志31 / 百官2 / 義塩倉

義塩倉 恭愍王 置丞秩從七品 注簿從八品

의염창.[46] 공민왕 때 승(丞)을 두어 품질은 종7품, 주부(注簿)는 종8

---

44) 德泉庫 : 고려시대 궁중의 재정을 관장한 창고. 충선왕 때 德泉倉을 두고 관원과 품질을 정하였다. 충숙왕 12년(1325)에 덕천고로 고치면서 관원을 전부 없앴다가 충숙왕 17년(1330)에 다시 관원을 두면서 사헌부 소속의 糾正이 그 업무를 감독하게 하였다. 이 기관은 왕실에 딸린 고을과 位田에서 공납되는 물자를 재원으로 왕실 재정을 운영하였기 때문에 이권을 탐하여 국왕의 총신들이 앞다투어 그 직을 얻고자 하였다. 공민왕 4년(1355)에 관원과 규정에 의한 감독도 폐지하고 提擧別鑑을 두어 업무를 주관하게 하는 등 관리들의 부정 제거에 힘썼다. 이 기관은 조선 전기에 이어져 태종 3년(1403)에 內贍寺로 개칭되었다.

45) 恭愍王四年 罷祿官及糾正 置提擧別監 : 공민왕 4년에 祿官 및 규정을 파하고 提擧別監을 둘 당시에는 義成·德泉官 및 監檢糾正을 罷하여 內房庫에 흡수되었던 것이다.
(恭愍王初) … 王遂罷義成德泉官及監檢糾正 稱內房庫 別設提擧 以掌之 (『고려사』권114, 열전, 김보).

46) 義塩倉 : 소금을 저장하고 배급하는 일을 맡아보았다. 충선왕 원년(1309)에 소금 榷塩法의 제정에 따라 설치된 기구이다. 공민왕 때 관원과 품질을 정하였다. 塩業은 고려 초기부터 국가의 전매가 되어 이를 위한 都塩院의 官制가 문종 때 정비되었다. 국가에서 塩盆을 소유하고 직접 소금을 제조하여 민간에게 배급 판매하였다. 후기에 이르러 귀족·권신·부호들이 소금가마솥을 소유하고, 염업을 私營함으로써 利를 취하여 鹽政의 문란을 초래하게 되었다. 그 결과 충선왕 때 각염법을 새로 제정하고 다시 염업을 국가 전매로 강력히 통제하기 위해 의염창을 설치하고 지방 군현에는 鹽倉을 두게 되었다.
忠宣王元年二月 傳旨曰 古者榷塩之法 所以備國用也 本國諸宮院寺社 及權

품으로 하였다.

『高麗史』卷77 志31 / 百官2 / 常積倉

常積倉 忠烈王三十四年 忠宣始置之 使一人正五品 副使一人正六品 丞一人正七品 沿革未攷

상적창.[47] 충렬왕 34년에 충선(왕)이 처음으로 상적창을 설치하여, 사(使)는 한 명으로 정5품, 부사는 한 명으로 정6품, 승은 한 명으로 정7품으로 하였다. 연혁은 알 수 없다.

『高麗史』卷77 志31 / 百官2 / 寶興庫

寶興庫 忠肅王後八年 忠惠王私置之 忠惠後四年 罷有備倉 併於本庫 忠穆王罷之 以其所聚土田奴婢 還本處【有備倉 有使從五品 副使從六品 丞從七品 注簿從八品】

보흥고.[48] 충숙왕 후 8년에 충혜왕이 사사로이 이를 설치하였다. 충혜왕 후 4년에 유비창(有備倉)을 폐지하고, 본고(보흥고)에 합쳤다. 충

勢之家 私置塩盆 以專其利 國用何由可贍 今將內庫・常積倉・都塩院・安國社 及諸宮院內外寺社 所有塩盆 盡行入官 估價 銀一斤六十四石 銀一兩四石 布一匹二石 以此爲例 令用塩者 皆赴義塩倉和買 郡縣人皆從本管官司納布受塩 … 又令營置塩倉 民甚苦之 楊廣道 塩盆一百二十六 塩戶二百三十一 … (『고려사』 권79, 식화2, 염법).

47) 常積倉 : 국용의 물품을 관리하던 창고. 충렬왕 34년(1308)에 충선왕이 처음 설치하여 정원과 품질을 정하였다. 상적창에는 곡물과 소금을 보관하였는데, 충선왕 원년(1309)에 榷塩法을 실시함으로써 소금은 義塩倉으로 이관시켰다(『고려사』 권79, 식화2, 염법).

48) 寶興庫 : 충숙왕 8년(1339)에 충혜왕이 토지를 점탈하여 사사로이 설치한 창고. 원나라를 오가며 사치・향락에 빠진 충혜왕은 그 비용 마련을 위하여 백성의 땅・재산을 빼앗아 여기에 속하게 하였다. 간신들이 아부하여 서로 수탈의 奸計를 고해 바쳐 나라를 소란하게 하는 등 그 폐해가 많았다. 충목왕 때 이를 혁파하고, 탈취한 토지와 노비를 本處로 돌려주었다.

목왕 때 이(보흥고)를 폐지하고, 수취한 토지(土田)와 노비(奴婢)를 본래의 곳으로 돌려주었다. 【유비창[49] 사(使)는 종5품, 부사는 종6품, 승은 종7품, 주부(注簿)는 종8품이었다】

『高麗史』卷77 志31 / 百官2 / 典廨庫

典廨庫 恭愍王五年 置令秩從七品 丞從八品 十一年革令 十八年復置令

전해고.[50] 공민왕 5년에 영(令)을 두어 종7품, 승을 종8품으로 하였다가, 11년에 영을 없애고, 18년에는 다시 영을 두었다.

『高麗史』卷77 志31 / 百官2 / 架閣庫

架閣庫 掌藏圖籍 恭愍王五年 置丞秩從七品 注簿從八品

가각고.[51] 도서 문적(圖籍)을 보관하는 일을 맡았다. 공민왕 5년에

---

49) 有備倉 : 충선왕이 즉위하여 설치한 창고.
忠宣受禪 … 設典農司有備倉(『고려사』 권108, 열전, 배정지).

50) 典廨庫 : 백관지에는 공민왕 5년(1356)에 전해고에 令과 丞의 관원을 둔 것으로 나타나 있으나, 의종 때 전해고 판관에 임명된 사례가 있고(①), 看守軍으로 장교·雜職將校 각 2명, 군사 5명이(②) 파견되어 창고를 수비한 것으로 보아 이전에 설치되어 있었던 전해고에 공민왕 5년에 이르러 관원의 개편이 이루어진 것이 아닌가 추측된다. 國用으로 사용할 麤布나 官布 등을 관장하는 창고가 아니었을까 한다.
①戊辰 少府少監韓令臣 嘗爲典解庫判官 以私麤布 潛換官布三十匹 收職田放還田里(『고려사』 권17, 세가, 의종 5년 4월).
②典廨庫 將校二 雜職將校二 軍人五(『고려사』 권83, 병지3, 간수군).

51) 架閣庫 : 고려시대 도서와 문적(圖籍)을 보관하고 관리한 관청. 충렬왕 6년(1280)에 架閣庫의 사례가(①) 나타나는 것으로 보아 그 이전 어느 시기에 가각고가 설치되었을 것으로 여겨진다. 그 이전의 사정은 자세히 알 수 없고, 그 후 공민왕 5년(1356)에는 丞과 注簿를 두었다고 한다. 조선시대 태조 3년(1394)에는 인원을 늘려 승 두 명, 주부 두 명, 直長 다섯 명, 司吏 두 명을 두었으며, 세조 6년(1460)에는 승 두 명, 부승 두 명, 錄事 두 명, 부녹사 10명을 두었다. 조선 전기에는 敎書를 비롯한 軍國에 관한 문서와

승(丞)을 두어 종7품, 주부(注簿)를 종8품으로 하였다.

『高麗史』卷77 志31 / 百官2 / 惠濟庫

惠濟庫 恭愍王十一年 置令秩從七品 丞從八品 錄事從九品

혜제고.[52] 공민왕 11년에 영(令)을 두어 품질을 종7품, 승(丞)은 종8품, 녹사(錄事)는 종9품으로 하였다.

『高麗史』卷77 志31 / 百官2 / 義濟庫

義濟庫 恭愍王十年 置令秩從七品 丞從八品 錄事從九品 恭讓王三年 併於惠濟庫

의제고.[53] 공민왕 10년에 영을 두어 품질은 종7품, 승은 종8품, 녹사(錄事)는 종9품으로 하였다. 공양왕 3년에 혜제고(惠濟庫)에 합쳤다.

『高麗史』卷77 志31 / 百官2 / 資贍司

資贍司 忠烈王三十四年 忠宣置濟用司 知事二人秩正五品 使四人其二兼官正五品 副使二人其一兼官正六品 丞二人正七品 忠宣王二年 改爲資贍司 革知事 陞使從四品 副使正五品 革丞置注簿正八品 尋罷之 恭讓王四

종실 및 관청의 노비문서와 물건에 관한 문서를 보관하고 검사하며 출납하는 등의 임무를 맡았다. 그 중요성 때문에 태조 때는 경복궁 政殿 왼쪽에 두었고, 세종 14년(1432)에 中樞院 자리로 옮겼다가 세조 8년(1462)에 다시 의정부로 옮겼다. 세조 14년(1468)에 폐지하였다(②).

①是月 元行中書省 移牒征東軍事 牒曰 … 架閣庫管勾占一名(『고려사』 권29, 세가, 충렬왕 6년 10월).

②남권희, 「가각고고」『서지학연구』 창간호, 서지학회, 1986.

52) 惠濟庫 : 고려 말기에 빈민 구제를 위하여 설치한 구호기관. 공민왕 11년(1362)에 설치하였으며, 공양왕 3년(1391)에 義濟庫를 이에 병합하였다.

53) 義濟庫 : 惠濟庫와 함께 빈민 구제에 관한 일을 맡아보았다. 공민왕 10년(1361) 설치되어 공양왕 3년(1391)에 혜제고에 병합되었다.

年 置資贍楮貨庫 尋又罷之

자섬사.[54] 충렬왕 34년에 충선(왕)이 제용사(濟用司)를 설치하고, 지사(知事)는 두 명으로 품질은 정5품, 사(使)는 네 명인데 그 중 두 2명은 겸임관직이며 정5품이고, 부사(副使)는 두 명인데 그 중 한 명은 겸임관직이고 정6품이며, 승(丞)은 두 명인데 정7품이었다. 충선왕 2년에 자섬사로 고쳐, 지사는 없애고, 사(使)를 종4품으로, 부사는 정5품으로 올리고, 승은 없애고 주부를 두어 정8품으로 하였다. 얼마 후 이(자섬사)를 폐지하였다. 공양왕 4년에 자섬저화고(資贍楮貨庫)를 설치하였다가 얼마 후 또한 이를 폐지하였다.

『高麗史』卷77 志31 / 百官2 / 寶源解典庫

寶源解典庫 恭愍王十八年 置使秩從五品 副使從六品 丞從七品 注簿從八品 錄事從九品 恭讓王三年併供辦署濟用庫於本庫 【恭讓 曾罷准備色 置濟用庫】

보원해전고.[55] 공민왕 18년에 사(使)를 두어 품질을 종5품, 부사는 종

---

54) 資贍司 : 고려시대에 銀甁・저화 등 화폐의 주조와 관리를 맡아보던 관청(①). 충렬왕 34년(1308)에 충선왕이 濟用司를 설치하여 관원과 품질을 정하고, 충선왕 2년(1310년)에 자섬사로 고쳤다가 곧 이어 이를 폐지하였다. 자섬사를 폐지한 이유는 은병・동전을 비롯하여 원나라의 화폐인 至元寶鈔・中統寶鈔 등 여러 화폐가 유통되는 과정에서 많은 폐단이 발생했기 때문으로 추측된다. 그러나 공양왕 4년(1392)에 저화를 다시 유통하게 할 목적으로 資贍楮貨庫를 설치하고, 송나라의 會子와 원나라의 보초를 본떠 만든 저화를 五綜布와 함께 사용하였으나 곧 이어 다시 없앴다.
①忠肅王十五年十二月 資贍司狀申 銀甁之價日賤 自今上品甁 折賓布十匹 貼甁折布八九匹 違者有職徵銅 白身及賤人科罪判可 時鑄銀甁雜以銅 銀少銅多 故官雖定價 人皆不從(『고려사』 권79, 식화2, 화폐).

55) 寶源解典庫 : 고려 말에 의복과 米豆에 관한 일을 맡아본 관청. 공민왕 18년(1369)에 寶源解典庫의 관원과 품질을 정하였다. 공양왕 3년(1392)에 供辦署와 濟用庫를 보원해전고에 합쳤다. 조선시대에는 태조 1년(1392년)에

6품, 승은 종7품, 주부는 종8품, 녹사(錄事)는 종9품으로 하였다. 공양왕 3년에 공판서(供辦署)와 제용고(濟用庫)를 본고(寶源解典庫)에 합쳤다. 【공양왕이 일찍이 준비색(准備色)을[56] 폐지하고 제용고(濟用庫)를 두었다】

『高麗史』卷77 志31 / 百官2 / 大淸觀

大淸觀 忠宣王置判官秩從九品 主藏纛 凡出征必禡于本觀 恭愍王將討紅賊 制大纛 設官爲纛赤 辛禑三年 以纛赤每政敍用 其弊不細 汰之

대청관.[57] 충선왕 때 판관(判官)을 두어 품질을 종9품으로 하였다. 기(纛)를[58] 보관하는 일을 주관하고, 정벌에 나아갈 때 반드시 본관(대청관)에서 제사를 지내었다. 공민왕이 장차 홍건적(紅賊)을 치고자 하여 큰 기(大纛)를 만들고, 관(官)을 두어 독적(纛赤)이라 하였다. 우왕 3

典當에 관한 일을 맡아보게 하였다.

56) 准備色 : 준비색에 저장한 衣服과 米豆를 거두어 들여 妓妾에게 주었다고 한 것으로 보아(①) 준비색을 파하여 설치한 濟用庫나 공양왕 3년에 供辦署와 濟用庫를 합친 寶源解典庫는 그 기능이 의복과 米豆를 관리하였을 것으로 여겨진다.

①己丑朔 前郎將郭興安 僞造都堂經歷司印牒 付准備色・軍資寺 受衣服米豆 以與妓妾 事覺斬之(『고려사』 권45, 세가, 공양왕 2년 11월).

57) 大淸觀 : 고려시대 큰 기(大纛)를 제작 보관하고, 出征에 앞서 禡祭를 주관하던 기관(①). 충선왕 때 대청관에 判官을 두어 纛를 보관하는 일을 주관하고, 出征을 위한 제사(禡祭)를 대청관에서 지내었다고 한다. 공민왕 때 홍건적(紅賊)의 침입에 대비하여 큰 기(大纛)를 만들고, 이를 관리할 관원을 두어 纛赤이라 하였다가, 우왕 3년에 纛赤을 敍用함에 폐단이 적지 않아 이를 폐지하였다.

①공민왕이 일찍이 西京에 巡御하였을 때 큰 기(大纛)를 만들어 官衙를 두어 이를 지키게 하고, 서북면도통사 이인임이 출진함에 큰 기(大纛)를 주고, 大淸觀에서 禡祭를 지내게 한 것으로 보아 대청관의 기능이 그와 같았음을 대충 확인 할 수 있다.

"以守門下侍中李仁任 爲西北面都統使 賜大纛以遣之 王嘗巡御西京製大纛 置官守衛 以時致祭 至是 授仁任出鎭 禡于大淸觀 …"(『고려사』 권41, 세가, 공민왕 18년 11월 신미).

58) 纛(독) : 出征에 앞서 왕이 친히 내려주는 큰 기.

년에 독적(纛赤)을 매번 정치적으로 채용(敍用)하여 그 폐단이 적지 않음으로 이를 폐지하였다.

『高麗史』卷77 志31 / 百官2 / 五部

五部 太祖二年立【東·南·西·北·中 五部】文宗定 五部使一人四品以上 副使一人五品以上 錄事各二人 甲科權務 後五部錄事陞八品 高宗四年 改置判官二人 錄事二人 搜檢亡卒 七年 以錄事復爲權務 後復置副使 忠烈王十三年 改副使爲副令秩從六品 三十四年 忠宣併於開城府 忠惠王元年 復置五部令 後改令爲副令 恭愍王五年 改定五部令從六品 錄事權務 十一年 改令爲副令 十八年 復改爲令

5부.[59] 태조 2년에 5부를 두었다.【동·남·서·북·중부의 5부이다】

---

59) 五部 : 고려의 수도 開京을 동·서·남·북·중부로 나누어 5부라 하였다. 5부는 태조 2년에 마련되었다고 하나 구체화된 것은 성종 6년(987) 때이다. 成宗 6년에 五部 坊里를 정하고 성종 14년에 開城府라 하여 赤縣 6과 畿縣 7을 관할하였다. 顯宗 9년에 개성부를 폐지하고, 尙書都省에 直屬하게 하여 京畿라 하였다.

현종 9년(1018)에 경중 5부는 경기와 분리 독립된 기구로 되었고, 현종 15년(1024)에 5부 坊里制를 갖추게 되면서 동·서·남·북·중부의 5부에 35방 344리가 정해지고, 문종 때 5부의 관원과 품질의 직제가 정비되었다. 문종 16년에 다시 개성부가 설치되면서 知府事가 장관이 되어 경기를 관할하게 되었다. 이 같은 京中 5부와 京畿의 이원체제가 계속되는 가운데 개성부와 경기는 몇 차례의 변화를 겪게되고, 충렬왕 34년에 5부를 개성부에 합쳤다가 충혜왕 원년에 다시 5부를 설치하였다. 그 후 5부는 공민왕 5년과 11년, 18년에 걸쳐 직제의 개편이 이루어졌고, 이후 개성부와 5부는 조선 초에까지 존속하게 된다. 태조 5년에는 한성부에 5부를 설치하였다. 그리고 경기는 공양왕 2년에 좌도와 우도로 나누었다가 조선 태종 14년에 경기좌·우도를 통합하여 경기도로 되었다.

①末松保和, 「高麗開城府考」『稻葉還曆記念 滿鮮史論叢』1938 ; 『青丘史草』1, 笠井出版社, 1965.

②尹武炳, 「所謂 赤縣에 對하여」『李丙燾華甲紀念論叢』, 一潮閣, 1956.

③邊太燮, 「高麗時代 京畿의 統治制」『高麗政治制度史硏究』, 一潮閣, 1971.

문종 때 정하여 5부의 사(使)는 한 명으로 4품 이상, 부사(副使)는 한 명으로 5품 이상, 녹사(錄事)는 각 두 명이며 갑과권무(甲科權務)로 하였다.[60] 후에 5부의 녹사를 8품으로 올렸다.

고종(高宗) 4년에 고쳐 판관 두 명, 녹사 두 명을 두고 도망한 군사들을 찾아 검거하게 하였다. 7년에 녹사를 다시 권무(權務)로 하고,[61] 후에 다시 부사(副使)를 두었다. 충렬왕 13년에 부사를 고쳐 부령(副令)이라 하고, 품질을 종6품으로 하였다. 34년에 충선(왕)이 개성부(開城府)에 (5부를) 합쳤다. 충혜왕 원년에 다시 5부에 영(令)을 두고, 후

---

④河玄綱, 「高麗地方制度의 一研究(上)(下)－道制를 中心으로－」『史學研究』 13·14, 1962 ; 『地方制度의 研究』, 韓國研究院, 1977.

⑤崔貞煥, 「高麗後期 5道兩界의 變遷」『韓國中世史研究』 5, 1998 ; 『고려 정치제도와 녹봉제 연구』, 신서원, 2002.

⑥홍영의, 「고려전기 개경의 오부방리 구획과 영역」『역사와 현실』 38, 한국역사연구회, 2000.

60) 文宗定 五部使一人四品以上 副使一人五品以上 錄事各二人甲科權務 : 5部의 錄事는 甲科의 有祿權務임이 분명하나 使와 副使는 정직의 품관으로 보아야 할 것인지 권무관으로 간주해야 할 것인지 百官志의 기록을 통해서는 이 점이 분명하지 않다. 『고려사』 식화3, 녹봉조의 권무관록에 5부의 使에게는 60석, 副使에게는 40석의 권무관록이 주어진 것으로 나타나 있다. 고려시대 정직의 정·종 3품의 녹봉이 300석에서 173석 5두 사이인데 비해서 5部(4품 이상) 使의 녹봉은 60석으로 그 받은 녹봉에 현저한 차이가 있다. 이로 보면 使는 권무관임이 분명한 것이다. 5부의 使와 副使는 문산계 4품 및 5품 이상에 해당하는 甲科의 品官權務인 것이다. 그리고 품계가 명시되지 않은 5部의 錄事는 甲科權務로서 丘史數 2명에 해당하는 有祿權務인 것이다.

崔貞煥, 「權務官祿을 통해 본 高麗時代의 權務職」『國史館論叢』 26, 1991 ; 「權務官의 概念에 대한 再檢討」『한국중세사연구』 11, 2001 ; 『고려 정치제도와 녹봉제 연구』, 신서원, 2002, 241～242쪽.

61) 權務 : 고려후기에 品官權務는 대부분 혁파되고, 同正職散階 8·9품에 해당하는 판관·녹사 등 有祿權務와 그 이하의 雜權務는 고려 말에 이어 조선 초까지 존속되었다.

崔貞煥, 「權務官의 概念에 대한 再檢討」『한국중세사연구』 11, 2001 ; 『고려 정치제도와 녹봉제 연구』, 신서원, 2002.

에 영을 고쳐 부령(副令)이라 하였다. 공민왕 5년에 고쳐 정하여 5부의 영은 종6품으로, 녹사는 권무(權務)로 하였다. 11년에는 영(令)을 고쳐 부령(副令)이라 하였다. 18년에는 다시 고쳐 영이라 하였다.

『高麗史』卷77 志31 / 百官2 / 延慶宮提擧司

延慶宮提擧司 文宗定 延慶宮使一人 副使一人 錄事二人 丙科權務 忠宣王五年 始置提擧司 提擧一人 副提擧二人 提控二人正七品 司鑰八人正八品 司涓八人正九品 吏屬 文宗置記事二人記官二人史二十人

연경궁제거사.62) 문종 때 연경궁에 사(使) 한 명, 부사 한 명, 녹사 두 명을 두어 병과권무(丙科權務)로 하였다.63) 충선왕 5년에 처음으로 제거사를 두고, 제거(提擧)는 한 명, 부제거(副提擧)는 두 명, 제공(提控)은 두 명으로 정7품으로, 사약(司鑰)은 여덟 명으로 정8품, 사연(司涓)은 여덟 명으로 정9품으로 하였다.

이속은 문종 때 기사(記事) 두 명, 기관(記官) 두 명, 사(史) 20명을 두었다.

---

62) 延慶宮提擧司 : 世祖(作帝建)가 松嶽의 옛집에서 여러 해 살다가 또 새 저택을 그 남쪽에다 지어 이를 延慶宮이라 하고, 역대의 여러 왕들이 이곳에 移御하여 살았다. 문종 때 연경궁을 관리하는 관원과 품질을 정비하였는데 모두 丙科權務로 하였다. 연경궁제거사는 연경궁을 관리하는 기구로서 충선왕 5년에 처음으로 설치하여 提擧, 副提擧를 비롯하여 司涓(정9품)에 이르기까지 여러 관원을 두었다.

63) 文宗定 延慶宮使一人 副使一人 錄事二人 丙科權務 : 연경궁의 사・부사・녹사는 모두 권무관록을 받고 있는 권무직이었다. 使는 40석, 副使는 26석 10두, 錄事는 10석 10두로 규정되어 있다. 연경궁의 使와 副使는 품관권무(갑・을・병과)로서 丙科權務에 해당하고, 錄事는 유록권무(有祿權務) 갑・을・병과 가운데 丙科權務에 해당한다.

崔貞煥, 「權務官祿을 통해 본 高麗時代의 權務職」『國史館論叢』26, 1991 ; 「權務官의 槪念에 대한 再檢討」『한국중세사연구』11, 2001 ; 『고려 정치제도와 녹봉제 연구』, 신서원, 2002, 241~243쪽.

『高麗史』卷77 志31 / 百官2 / 掖庭局

掖庭局 國初稱掖庭院 成宗十四年改掖庭局 文宗定官制 內謁者監一人正六品 內侍伯一人正七品 內謁者從八品 監作一人 書令史·記官·給使三人 又南班之職本限七品 職事員凡三十六人 內殿崇班四人正七品 東西頭供奉官各四人從七品 左右侍禁各四人正八品 左右班殿直各四人從八品 殿前承旨八人正九品 又有殿前副承旨·尙乘內承旨·副內承旨爲南班初入仕路 睿宗十一年 改殿前承旨爲三班奉職 副承旨爲三班借職 尙乘內承旨爲三班差使 副內承旨爲三班借差 忠烈王四年 金周鼎建議 以內寮不可皆令啓事 擇人爲申聞色【內寮傳命者稱辭 掌門鑰者稱金直 不知始於何代】三十四年 忠宣改爲內謁司 置伯二人正三品 令二人從三品 正二人正四品 副正二人從四品 僕二人正五品 謁者二人從五品 丞二人正六品 直長二人從六品 內殿崇班四人正七品 東頭供奉官四人 西頭供奉官四人並從七品 右侍禁四人 左侍禁四人並正八品 右班殿直四人左班殿直四人並從八品 內班從事四人從九品 忠宣王元年 罷內謁司 復爲掖庭 二年 改爲巷庭 後復改掖庭 置內謁者監正六品 內侍伯正七品 內謁者從八品 置內殿崇班從七品 東頭供奉 西頭供奉從七品 左侍禁 右侍禁 左班殿直 右班殿直並從八品 內班從事從九品

액정국.[64] 건국 초기에 액정원(掖庭院)이라 하였다. 성종 14년에 액정국으로 고쳤다. 문종 때 관제를 정하여 내알자감(內謁者監)은 한 명으로 정6품, 내시백(內侍伯)은 한 명으로 정7품, 내알자(內謁者)는 종8품, 감작(監作)은 한 명, 서령사(書令史)·기관(記官)·급사(給使)는 3명으로 하였다. 또한 남반(南班)의 관직은 본래 7품으로 제한하였다. 직사원(職事員)은 모두 36명이다. 내전숭반(內殿崇班)은 네 명으로 정7품, 동·서두공봉관(東西頭供奉官)은 각 네 명으로 종7품, 좌·우시금(左右侍禁)은

---

64) 掖庭局 : 고려시대 왕명의 전달과 궁문의 열쇠를 관리하는 관청. 국초의 掖庭院을 성종 14년(995)에 掖庭局이라 고치고, 문종 때 정원과 품질의 직제가 정비되었다. 충렬왕 34년(1308)에 액정국을 고쳐 內謁司라 하였고, 충선왕 원년(1309)에 內謁司를 혁파하고 다시 액정국이라 하였다가 충선왕 2년(1310)에 巷庭局이라 하고 후에 다시 액정국이라 하였다.

각 네 명으로 정8품, 좌・우반전직(左右班殿直)은 각 네 명으로 종8품, 전전승지(殿前承旨)는 여덟 명으로 정9품이었다. 또한 전전부승지(殿前副承旨)・상승내승지(尙乘內承旨)・부내승지(副內承旨)를 두어 남반(南班)의 처음 벼슬에 들어가는 길(初入仕路)로 삼았다.

예종 11년에 전전승지(殿前承旨)를 고쳐 3반봉직(三班奉職)이라 하고, 부승지를 3반차직(三班借職)이라 하고, 상승내승지(尙乘內承旨)를 3반차사(三班差使)라 하고, 부내승지(副內承旨)를 3반차차(三班借差)라 하였다.

충렬왕 4년에 김주정(金周鼎)이 건의(建議)하기를 “내료(內寮)로서 모두 아뢰는 일(啓事)을 하게 하는 것은 불가하오니 사람을 선택하여 신문색(申聞色)을 삼으소서”라고 하였다. 【내료(內寮)로서 왕의 명령을 전달하는 자를 “사(辭)”라고 하고, 문(門)의 열쇠를 관리하는 자를 “금직(金直)”이라고 하는데, 어느 대에 시작되었는지 알 수가 없다】 34년에 충선(왕)이 (액정국을) 고쳐 내알사(內謁司)라 하고, 백(伯)은 두 명을 두어 정3품, 영(令)은 2명을 두어 종3품, 정(正)은 두 명을 두어 정4품, 부정(副正)은 두 명을 두어 종4품, 복(僕)은 두 명으로 정5품, 알자(謁者)는 두 명으로 종5품, 승(丞)은 두 명으로 정6품, 직장(直長)은 두 명으로 종6품, 내전숭반(內殿崇班)은 네 명으로 정7품, 동두공봉관(東頭供奉官) 네 명과 서두공봉관(西頭供奉官) 네 명은 나란히 종7품, 우시금(右侍禁) 네 명과 좌시금(左侍禁) 네 명은 나란히 정8품, 우반전직(右班殿直) 네 명과 좌반전직(左班殿直) 네 명은 나란히 종8품, 내반종사(內班從事) 네 명은 종9품으로 하였다.

충선왕 원년에 내알사(內謁司)를 폐지하고 다시 액정(掖庭局)이라 하였다. 2년에는 고쳐 항정(巷庭局)이라 하고, 후에 다시 액정(掖庭局)이라 하였다. 내알자감(內謁者監)을 두어 정6품, 내시백(內侍伯)은 정7품, 내알자(內謁者)는 종8품으로 하고, 내전숭반(內殿崇班)을 두어 종7품, 동두공봉(東頭供奉)과 서두공봉(西頭供奉)은 종7품, 좌시금(左侍禁)・우시금・좌반전직(左班殿直)・우반전직은 나란히 종8품, 내반종사(內班從事)는 종9품으로 하였다.

『高麗史』卷77 志31 / 百官2 / 內侍府

內侍府 恭愍王五年 改宦官職 設內詹事 內常侍 內侍監 內承直 內給事 宮闈丞 奚官令 後置內侍府 秩比開城府 判事一人正二品 檢校三人同判事一人從二品 檢校三十二人知事一人正三品 檢校三十八人僉事一人從三品 檢校二十八人同知事二人正四品 同僉事二人從四品 左承直二人正五品 右承直二人從五品 左副承直一人正六品 右副承直一人從六品 司謁一人正七品 謁者一人從七品 宮闈丞一人正八品 奚官令一人從八品 給事一人正九品 通事一人從九品 辛禑罷之 恭讓王復之 階三品

내시부.65) 공민왕 5년에 환관직(宦官職)을 고쳐 내첨사(內詹事)·내

---

65) 內侍府 : 고려시대 궁중 內侍의 일을 관장하던 관청. 공민왕 5년(1356년)에 이전의 宦官職을 고쳐 內詹事에서 奚官令에 이르기까지 관원을 두었다가 뒤에 다시 내시부를 설치하고, 정원과 품질은 開城府에 준하여 정하였다. 우왕 때 폐지하였다가 공양왕 3년(1391)에 다시 설치하였다.

宦官은 去勢된 남자로서 궁중에서 여러 가지 일에 사역하는 內官을 말한다. 환관의 직임은 궁문수위, 어전 내의 보안, 官婢의 감독, 궁중위 傳命, 궁궐 안의 청소 및 대내의 監膳, 임금의 출행시 수행, 여러 儀式의 각종 잡역을 담당하였다.

宦官은 국초로부터 忠烈王 때 이르기까지 參官을 얻지 못하게 되어 있었고, 朝宗의 制度에 宦寺는 官이 없고 文宗 때 환관의 수는 10여 명에 지나지 않았다고 한다. 舊制에 依하여 宦官에게는 6품을 除拜함을 허락하지 않았다. 환관이 朝官으로 참여하기 시작한 것은 의종 때부터였던 것 같다. 宦寺의 職은 毅宗 5년에 환관 鄭誠으로서 權知閣門祇候로 삼으니 御史臺에서 宦者로서 朝官에 참여함은 古制에 없다고 諫諍한 것으로 보아 그렇게 여겨진다(①). 원 간섭기에 들어와 환관들이 원의 위세를 등에 업고 정치에 관여하기 시작하여 사회적 문제로 대두되면서 恭愍王 때 이르러는 宦寺로 하여금 兩府 8衛의 班列에 참여하게끔 그들의 위세가 부상되어 갔다. 공민왕 5년(1356)에 이전의 宦官職을 고쳐 內詹事를 설치하여 관원을 두었다가 뒤에 다시 내시부를 설치하게 된 것은 이러한 연유와 관련된 것이 아닌가 한다.

①『고려사』 권75, 선거3, 전주 宦侍.

②장희흥, 「조선전기 내시부에 대한 고찰」 『지촌 김갑주교수 화갑기념 사학논총』, 1994.

상시(內常侍)・내시감(內侍監)・내승직(內承直)・내급사(內給事)・궁위승(宮衛丞)・해관령(奚官令)을 두었다. 후에 내시부(內侍府)를 설치하고, 품질을 개성부(開城府)에 비준하여[66] 판사는 한 명으로 정2품, 검교(檢校) 세 명과 동판사(同判事) 한 명은 종2품, 검교(檢校) 32명과 지사(知事) 한 명은 정3품, 검교 38명과 첨사(僉事) 한 명은 종3품, 검교 28명과 동지사(同知事) 두 명은 정4품, 동첨사(同僉事)는 두 명으로 종4품, 좌승직(左承直)은 두 명으로 정5품, 우승직은 두 명으로 종5품, 좌부승직(左副承直)은 한 명으로 정6품, 우부승직은 한 명으로 종6품, 사알(司謁)은 한 명으로 정7품, 알자(謁者)는 한 명으로 종7품, 궁위승(宮闈丞)은 한 명으로 정8품, 해관령(奚官令)은 한 명으로 종8품, 급사(給事)는 한 명으로 정9품, 통사(通事)는 한 명으로 종9품으로 하였다. 신우(禑王) 때 이를 폐지하였다. 공양왕 3년에 다시 설치하여 품계를 3품 관아(官衙)로 하였다.

『高麗史』卷77 志31/ 百官2 / 內職

內職 國初未有定制 后妃而下 以某院 某宮夫人爲號 顯宗時 有尙宮 尙寢 尙食 尙針之職 又有貴妃 淑妃等號 靖宗以後 或稱院主 院妃 或稱宮主 文宗定官制 貴妃 淑妃 德妃 賢妃並正一品【外命婦 公主 大長公主正一品 國大夫人正三品 郡大夫人 郡君正四品 縣君正六品】忠宣王 改宮主爲翁主 忠惠以後 後宮女職尊卑無等 私婢官妓亦封翁主宅主

---

66) 後置內侍府 秩比開城府 : 후에 설치한 내시부 관원의 품질은 개성부에 준하여 정하였다는 것인데, 공민왕 5년에 고쳐 정한 개성부의 관원은 종2품 개성부윤으로부터 정8품 현승(開城縣 丞)에 이르기까지 정해져 있고(①), 내시부는 정2품 판사로부터 종9품 通事에 이르기까지 관원이 정해져 있어 그 실상이 서로 다르다. 개성부는 종2품 衙門이고, 내시부는 정2품 아문인데, 다만 2품 아문이란 공통성은 지니고 있으므로 이를 두고 단순히 내시부의 위상을 개성부에 비정한 것이 아닌가 한다.

①開城府 … 恭愍王五年 改定尹從二品 少尹正四品 判官正五品 參軍正七品 縣令亦正七品 縣丞正八品 十一年 加置判府事 位在尹上 亦從二品(『고려사』권76, 백관1, 개성부).

내직.[67] 건국 초기에는 정해진 제도가 없이 후비(后妃) 이하 무슨 원부인(某院夫人), 무슨 궁부인(某宮夫人)이라 불렀다. 현종(顯宗) 때 상궁(尙宮)・상침(尙寢)・상식(尙食)・상침(尙針)의 직(職)이 있었고, 또한 귀비(貴妃)・숙비(淑妃) 등의 칭호가 있었다. 정종(靖宗) 이후에는 혹 원주(院主)・원비(院妃)라 칭하기도 하고, 혹은 궁주(宮主)라 칭하기도 하였다.

문종 때 관제를 정하여 귀비(貴妃)・숙비(淑妃)・덕비(德妃)・현비(賢妃)는 모두 정1품으로 하였다. 【외명부(外命婦)에 공주(公主)・대장공주(大長公主)는 정1품, 국대부인(國大夫人)은 정3품, 군대부인(郡大夫人)・군군(郡君)은 정4품, 현군(縣君)은 정6품으로 하였다】

충선왕 때 궁주(宮主)를 고쳐 옹주(翁主)라 하였다. 충혜왕 이후 후궁(後宮)의 여직(女職)에 높고 낮은 등급이 없고, 사비(私婢)와 관기(官妓)도 또한 옹주(翁主)나 택주(宅主)로 책봉하였다.

『高麗史』卷77 志31 / 百官2 / 宗室諸君

宗室諸君【異姓諸君】

國初宗親稱院君大君 顯宗以後封公侯 下者爲元尹正尹 或有兼尙書中書令 又或帶太尉司徒司空 忠烈王二十四年 忠宣改官制 定大君院君正一品 諸君從一品 元尹正二品 正尹從二品 忠宣王二年 敎曰 元尹正尹古之高爵

---

67) 內職 : 고려시대 后妃 이하의 宮人과 이를 보필하는 宮官(궁녀)들의 직제. 고려시대 국초에는 내직에 정해진 제도가 없이 某院夫人, 某宮夫人이라 불렀다. 현종 때 尙宮・尙寢・尙食・尙針 등의 宮官職과 貴妃・淑妃 등의 후궁직을 정하였다. 靖宗 이후에는 院主・院妃 혹은 宮主라고 칭하다가 문종 때 貴妃・淑妃・德妃・賢妃는 모두 정1품으로 하였다. 外命婦의 公主와 大長公主는 정1품으로 하고, 國大夫人은 정3품, 郡大夫人은 정4품, 縣君은 정6품으로 정하였다. 충선왕이 宮主를 翁主로 고쳤고, 충혜왕 이후에는 後宮의 女職에 높고 낮은 등급이 없었다.
조선시대에 내명부와 외명부의 직제가 마련되었다. 내명부는 궁인의 관직으로서 왕・왕세자의 후궁인 내관직과 궁중의 잡무를 담당하는 宮官(궁녀)직으로 구분되었고, 외명부는 공주・왕비의 어머니・종친과 문무관의 처 등의 직제가 정비되었다.

自今宗親除之者 坐於政丞之上 異姓坐於本品之列 恭愍王五年 復置公侯 十一年復用忠宣之制 恭讓王二年 憲府上疏曰 宗親不任以事 古之制也 近年多帶成衆愛馬倉庫宮司提調 乞皆停罷 以尊王親 其元尹正尹 年滿十五歲許除授 其未滿者雖制下 毋得受祿 從之

종실제군.68) 【이성제군】

---

68) 宗室諸君 : 고려시대의 封君制는 종실을 대상으로 한 宗室諸君과 일반 臣僚들을 대상으로 한 異姓諸君으로 구별된다.
宗親은 국초에 院君·大君이라 칭하였다고 하지만, 실례를 보면 太祖로부터 성종 즉위 이전까지는 正胤·太子·君(君·大君·宮君·院君·郎君)의 3유형으로 나타난다. 그 가운데 왕위계승자를 正胤이라 하였다. 顯宗代 13년부터 太子와 왕자로 구별이 이루어지면서 왕위계승자를 太子라 하였다. 현종 22년부터 중국(周)의 5等爵(公·侯·伯·子·男)을 王室에 적용하기 시작하여 文宗代에 이르러 王室의 封爵制가 정비되었다. 문종 때 정비된 宗室의 封爵制는 중국(周)의 5等爵을 그대로 받아들인 것이 아니라 公·侯·伯 이상과 三師·三公 및 中書令·尙書令의 兼職을 혼용하여 이를 제도화시켰다(①).
異姓諸君에 대한 封爵은 경종 5년(980)에 崔知夢이 東來郡侯 食邑 1000戶에 봉해진 예를 시초로 하여 현종 대를 거쳐 문종 대에 이르러 公·侯·伯·子·男의 5等爵으로 정비되었다. 宗室에 대한 봉작은 주로 국명과 관련된 封爵이 주어진데 비하여 異姓諸君에 대한 封爵은 郡·縣과 관련된 封爵이 수여되었다. 또한 종실에는 公·侯·伯까지의 封爵에 봉해진데 비하여 異姓諸君은 5等爵 전체에 걸쳐 수여되고, 國公과 郡公 이하에서 郡爵과 縣爵의 구별이 있었다(①).
문종 때 제정된 食封制는 公·侯·伯·子·男의 5等爵의 기초 위에 宗室과 異姓諸君을 포함하여 6科等으로 구분하였다. 食邑의 지급과 관련된 爵制 즉 食封制는 公·侯·國公(3,000호), 郡公(2,000호), 縣侯(1,000호), 縣伯(700호), 開國子(500호), 縣男(300호) 등 6科等으로 구분하였다. 이 食封制는 宗室과 異姓諸君을 포함하여 封爵의 등급에 따라 6科等으로 구분하여 食邑의 지급에 차등을 규정한 것이다. 6科等으로 구분한 科等면에서는 종실과 이성제군이 서로 일치되지만 여기서도 宗室과 이성제군의 食封은 서로 구별이 되었다. 宗室은 公·侯·伯 이상에서 6科等을 이루었고, 異姓諸君은 公·侯·伯·子·男 전반에 걸쳐 6科等을 이루었다(①).
문종 때 정비된 봉작제도는 고려후기에 이르러 새로운 변화를 맞이하게

건국 초기에 종친(宗親)은 원군(院君), 대군(大君)이라 칭하였다.[69]

된다. 문종 때 6科等으로 정비된 고려의 食封制는 忠烈王 이후에 일시 이를 폐지하고 封君制는 그대로 존속하여 충렬왕 24년에 충선왕이 다시 이를 개편하였다. 충렬왕 24년에 충선왕이 관제를 고쳐 大君과 院君은 정1품으로, 諸君은 종1품으로 元尹은 정2품으로, 正尹은 종2품으로 정하였다가 충선왕 2년에 종친으로서 봉군된 자들은 政丞의 班列 위에 있게 하였다.

恭愍王 5년에는 다시 公·侯·伯의 封爵制로 일시 복구하여 모두 정1품으로 하였다. 공민왕 11년에 이를 파하고, 18년에 이를 다시 복구하였다가 21년에 또 이를 파하는 등 많은 변화를 거듭하였다. 고려후기에는 이 食封制뿐만 아니라 封爵制 자체가 宗室과 異姓諸君으로 구별이 되면서 각각 많은 변화를 거듭하다가 恭讓王 3年 5月에 반포된 科田의 지급규정에는 종실제군을 이성제군과 구별하여 재내대군(在內大君)이라 하였다(①). 그리하여 고려 말 이래로 在內諸君과 異姓諸君으로 구분되어 오던 宗室과 異姓諸君의 封爵制는 조선 초 이래로 많은 改編을 거듭하여 온 결과가 『經國大典』에 반영되어 체계적으로 제도화되었다. 『經國大典』에서 大君은 第1科에 3石을 더하여 최고록을 받게 되어 있고, 宗室은 宗親府에서, 駙馬는 儀賓府에, 諸功臣은 忠勳府에, 遠疎한 王親과 外戚은 敦寧府에서 각각 해당 官府의 散階를 적용 받게 되었던 것이다(②).

①崔貞煥, 「高麗時代 封爵制의 成立過程과 整備」『한국중세사연구』 14, 2003.
②崔貞煥, 「朝鮮時代 祿俸制와 封君祿科」『朝鮮의 政治와 社會』, 집문당, 2002.
金成俊, 「宗親府考」『史學研究』 18, 1964.
河玄綱, 「高麗食邑考」『歷史學報』 26, 1965.
黃雲龍, 「高麗諸王考」『又軒鄭仲煥博士 還曆紀念論文集』, 1974.
鄭容淑, 『高麗王室族內婚姻研究』, 새문사, 1988.
李景植, 「古代 中世의 食邑制의 構造와 展開」『孫寶基敎授停年紀念韓國史學論叢』, 1988.
金昌謙, 「新羅時代 太子制度의 性格」『韓國上古史學報』 13, 1993.
金基德, 『高麗時代 封爵制 研究』, 청년사, 1998.

69) 國初 宗親稱院君大君 : 국초에 종친은 원군·대군이라 칭하였다고 하지만, 太祖로부터 성종 즉위 이전까지의 宗室로서 봉군에 책봉된 사례는 正胤·太子·君(君·大君·宮君·院君·郎君)의 3유형으로 나타나고 있다. 院君·大君·君·宮君·郎君의 구분에는 일정한 규정이 없고, 母의 출신지나 宮·院의 칭호와 관련이 있는 경우가 많았다.
崔貞煥, 「高麗時代 封爵制의 成立過程과 整備」『한국중세사연구』 14, 2003, 220~235쪽.

현종 이후에 공·후(公·侯)로 봉하고, 이하인 자는 원윤(元尹)·정윤(正尹)이라 하고, 혹 상서령(尙書令)·중서령(中書令)을 겸임하기도 하고, 또 혹은 태위(太尉)·사도(司徒)·사공(司空)을 띠기도 하였다.70)

충렬왕 24년에 충선(왕)이 관제를 고쳐 대군(大君)·원군(院君)은 정1품, 제군(諸君)은 종1품으로 원윤(元尹)은 정2품으로, 정윤(正尹)은 종2품으로 정하였다. 충선왕 2년에 (왕이) 교서(敎書)를 내리어 "원윤·정윤은 옛날의 높은 작위(爵位)이었으니 지금부터는 종친으로서 이에 제수(除授)된 자들은 정승(政丞) 위에 앉게 하고, 이성(異姓)은 본 품계의 반열(班列)에 앉게 하라"라고 하였다. 공양왕 3년에 사헌부(憲府)에서 상소하여 이르기를 "종친에게 직사(職事)를 맡기지 않는 것은 옛날의 제도입니다. 근년에 와서 (종친들이) 성중애마(成衆愛馬)·창고(倉庫)·궁사(宮司)의 제조(提調)를 많이 맡으니 바라건데 모두 정파하여 왕친(王親)을 높이고, 원윤(元尹)·정윤(正尹)은 나이가 15세에 차면 제수(除授)를 허락하고, 나이가 차지 않은 자에게 비록 제칙(制勅)을 내려 제수(除授)하였다 하더라도 녹(祿)을 받지 못하게 하소서"라고 하니 왕이 이에 따랐다.

異姓諸君 初用公侯伯子男之號 忠宣王改官制 定諸君從一品 元尹從二品 正尹正三品 恭愍王五年 改諸君爲公侯伯 十一年改府院君正一品 諸君從一品

---

70) 顯宗以後封公侯 下者爲元尹正尹 或有兼尙書中書令 又或帶太尉司徒司空 : 현종 이후에 公·侯로 책봉하였다고 하지만, 실례를 보면 현종 이후 宗室은 실제로 公·侯·伯까지 封하고, 元尹·正尹은 전기에 봉한 예는 보이지 않는다. 尙書令·中書令을 겸하기도 하고, 大尉·司徒·司空을 띠기는 하였으나 元尹·正尹에 봉한 예는 없다. 元尹·正尹은 후기의 사정이『高麗史』권77, 백관2, 宗室諸君條에 반영된 것이 아닌가 한다.
崔貞煥, 「高麗時代 封爵制의 成立過程과 整備」『한국중세사연구』 14, 2003, 243~246쪽.

이성제군.[71] 처음에 공(公)·후(侯)·백(伯)·자(子)·남(男)의 칭호를 사용하였다.[72] 충선왕이 관제를 고쳐 제군(諸君)은 종1품, 원윤은 종2품, 정윤은 정3품으로 정하였다. 공민왕 5년에 고쳐 제군(諸君)을 공·후·백으로 하였다.[73] 11년에 부원군(府院君)은 정1품, 제군(諸君)은 종1품으로 고쳤다.

『高麗史』卷77 志31 / 百官2 / 東宮官

東宮官

顯宗十三年 立太子置師保及官屬 司議郎一人 司直一人 通事舍人二人 丞注簿錄事各一人 文宗八年 命有司 選三品官之孫五品以上官之子二十人爲東宮侍衛公子 五品官之孫七品以上官之子十人爲侍衛給使 永爲定制 二十二年 置大師大傅大保各一人從一品 少師少傅少保各一人從二品 賓客四

---

71) 異姓諸君 : 宗室諸君을 제외하고, 일반 臣僚들을 대상으로 하여 제수한 封君.

72) 初用公侯伯子男之號 : 異姓諸君에 대한 封爵은 경종 5년(980)에 崔知夢이 東萊郡侯 食邑 1,000戶에 봉해진 예를 시초로 하여 현종 대를 거쳐 문종 대에 이르러 公·侯·伯·子·男의 5等爵으로 정비되었다. 宗室에 대한 봉작은 주로 국명과 관련된 封爵이 주어진데 비하여 異姓諸君에 대한 封爵은 郡·縣과 관련된 封爵이 수여되었다. 또한 종실에는 公·侯·伯까지의 封爵에 봉해진 데 비하여 異姓諸君은 5等爵 전체에 걸쳐 수여되고, 國公과 郡公 이하에서 郡爵과 縣爵의 구별이 있었다.
崔貞煥, 「高麗時代 封爵制의 成立過程과 整備」『한국중세사연구』 14, 2003, 243~254쪽.

73) 恭愍王五年 改諸君爲公侯伯 : 恭愍王 5년에 諸君을 고쳐 公·侯·伯이라 하였는데, 이것은 公·侯·伯·子·男을 略해서 표현한 것으로 문종 때의 舊制로 복구한 것이라 하겠지만, 그러나 실제로 실례를 보면 公·侯·伯만 나타나고 있어(①), 이때의 異姓封君에는 전기와는 다른 어떤 변화가 일어난 것이 아닌가 한다. 그것은 同王 11년에 府院君은 정1품으로 하고, 諸君은 종1품으로 고친 것으로 보아 異姓封君에 새로운 변화가 일어난 것이 분명하다(②).
①金基德, 『高麗時代 封爵制 硏究』, 청년사, 1998, 184쪽.
②崔貞煥, 「高麗時代 封爵制의 成立過程과 整備」『한국중세사연구』 14, 2003, 246쪽.

人正三品 左右庶子各一人正四品 左右諭德各一人正四品 侍講學士侍讀學士各一人從四品 左右贊善大夫各一人中舍人一人中允一人並正五品 洗馬一人典內一人並從五品 文學一人司議郞一人並正六品 侍讀事一人詹事府知府事一人詹事一人正三品 少詹事一人從三品 丞一人正六品 司直一人正七品 注簿一人從七品 錄事一人正九品 又置家令一人從四品 僕一人從五品 內直郞一人從六品 宮門郞從六品 率更寺事・率更令從五品 率更士二人藥藏郞一人正六品 藥藏丞正八品 左右司禦率府率・副率 左右監門率府率・副率 左右淸道率府率・副率 左右內率府率・副率 又有侍衛上大將軍肅宗三年 立太子備宮僚 依文宗之制 睿宗十一年 定太子官屬 大少師・傅・保・賓客・庶子・諭德・侍講・侍讀學士・贊善・中舍人・中允・詹事・少詹事・率更令 品秩並依文宗之制 餘並不置 仁宗九年 立詹事府 左右詹事各一人 司直一人 注簿一人 錄事一人 春坊通事舍人二人 神宗卽位以文武官子弟三十餘人 充春坊侍衛公子・給使 忠烈王二年 置世子詹事府丞・司直・注簿・錄事・各一人 又置春坊通事舍人一人 三年 置世子師・傅・保・貳師・調護・詹事府知事・左右贊德・左右庶尹 其餘宮官皆置之三十四年 忠宣置世子府 諮議一人正三品兼官 翊善一人正五品 伴讀一人從五品 直講一人正六品 丞一人從六品 司直一人從六品 記室參軍二人正七品 恭讓王二年 置知書筵・同知書筵及侍學 尋改知書筵爲世子左右師 同知書筵爲左右賓客 侍學三品爲左右輔德 四品爲左右弼善 五品爲左右文學六品爲左右司經 三年 置澄源堂 改世子左右司經爲澄源堂左右司經 又立春坊院 專掌東宮事務 置知院事一人正四品 左右衛率各一人正五品 以武官爲之 諮議一人正六品 洗馬一人正七品 長史一人從七品 吏屬 顯宗置書令史二人掌固二人 文宗置令史二人書令史一人書藝二人計史一人記官二人書手二人書者四人

동궁관.[74)]

---

74) 東宮官 : 太子가 기거하는 건물을 동궁이라 하고, 이에 소속된 관원을 동궁관이라 한다. 동궁관은 태자의 책봉과 태자 비의 納妃 등 여러 儀式을 주관하고 태자의 교육 및 侍衛 등을 맡아보기 위해 설치한 기관이다.

현종 13년에 태자(太子)를 세우고 사보(師保) 및 관속(官屬)을 설치하여 사의랑(司議郞) 한 명, 사직(司直) 한 명, 통사사인(通事舍人) 두 명, 승(丞)·주부(注簿)·녹사(錄事) 각각 한 명씩을 두었다.

문종 8년에 유사(有司)에게 명령하여 3품관(三品官)의 손자와 5품 이상 관원의 아들 20명을 뽑아 동궁시위공자(東宮侍衛公子)로 삼고, 5품관의 손자들과 7품 이상 관원들의 아들 10명을 뽑아 시위급사(侍衛給使)로 삼아 이를 항구적인 제도로 정하였다. 22년에 태사(大師)·태

국초의 태조로부터 성종 즉위 이전까지는 왕자들을 태자나 君으로 봉하고, 태자들 가운데 內禪을 받은 왕위계승자를(정종과 광종은 제외) 正胤이라 하였다. 顯宗代 13년부터 太子와 왕자로 구별이 이루어지면서 왕위계승자를 太子라 하였다(①). 東宮은 태조 원년부터 있었으나(②), 현종 13년(1022)에 太子를 세우고 師保 및 東宮官의 官屬을 설치하기 시작하였다. 太子가 거처하는 동궁관의 관속은 현종 13년 이후부터 갖추기 시작하여 문종 8년을 거쳐 문종 22년에 정원과 품질의 직제가 정비되었다. 文宗 8년에는 有司에게 명하여 3품관의 손자와 5품 이상 官의 아들 20인을 선발하여 東宮侍衛公子라 하고 5품관의 孫子와 7품 이상 官의 아들 10인을 侍衛給使라 하여 항구적인 제도로 정하였다. 문종 22년에는 大師·大傅·大保 등 종1품으로부터 정8품(藥藏丞) 이하의 左右內率·府率·副率 등에 이르기까지 많은 東宮官屬이 정비되었다(③).

이후 동궁관의 직제는 누차에 걸쳐 많은 개편이 이루어졌다. 충렬왕 3년(1277)에는 원의 간섭으로 태자를 고쳐 세자라 하고, 世子師·世子傅·世子保·貳師 등을 두었다. 공양왕 2년(1390)에 知書筵, 同知書筵 및 侍學을 두었다가, 얼마 후에 지서연을 고쳐 世子左右師로, 동지서연을 左右賓客 등으로 고쳤다가 공양왕 3년에 징원당(澄源堂)을 설치하고 世子左右司經을 고쳐 澄源室左右司經이라 하고, 또한 春坊院을 세워 동궁의 사무를 전담하게 하기도 하였다. 공양왕 2년(1390)에는 左師·右師를 두었던 것과 같이 조선시대에도 전기에는 좌사·우사의 제도가 있었는데,『경국대전』에서는 사·부·이사의 제도로 정착되면서 영의정·贊成 등이 각각 이를 맡도록 규정되었다.

①崔貞煥, 「高麗時代 封爵制의 成立過程과 整備」『한국중세사연구』 14, 2003, 223~228쪽.

②所有內莊及東宮食邑積穀歲久(『高麗史』 권1, 世家, 太祖 元年 6月).

③崔貞煥, 「高麗時代 封爵制의 成立過程과 整備」『한국중세사연구』 14, 2003, 233~234쪽.

부(大傅)・태보(大保)를 각각 한 명씩 두어 종1품, 소사(少師)・소부(少傅)・소보(少保)를 각각 1명씩 두어 종2품으로 하였다. 빈객(賓客)은 네 명을 두어 정3품, 좌・우서자(左・右庶子)는 각각 한 명씩 두어 정4품, 좌・우유덕(左・右諭德)은 각각 한 명씩 두어 정4품, 시강학사(侍講學士)와 시독학사(侍讀學士)를 각각 한 명씩 두어 종4품, 좌・우찬선대부(左・右贊善大夫)를 각각 한 명씩 두었다. 중사인(中舍人) 한 명과 중윤(中允) 한 명은 나란히 정5품, 세마(洗馬) 한 명과 전내(典內) 한 명은 나란히 종5품, 문학(文學) 한 명과 사의랑(司議郎) 한 명은 나란히 정6품, 시독사(侍讀事)는 한 명을 두었다.

첨사부(詹事府)에 지부사(知府事)는 한 명, 첨사(詹事)는 한 명 정3품, 소첨사(少詹事)는 한 명 종3품, 승(丞)은 한 명 정6품, 사직(司直)은 한 명 정7품, 주부(注簿)는 한 명 종7품, 녹사(錄事)는 한 명 정9품으로 하였다. 또 가령(家令) 한 명을 두어 종4품, 복(僕) 한 명 종5품, 내직랑(內直郎) 한 명 종6품, 궁문랑(宮門郎)은 종6품, 솔경시사(率更寺事)・솔경령(率更令)은 종5품, 솔경사(率更士) 두 명과 약장랑(藥藏郎) 한 명은 정6품, 약장승(藥藏丞)은 정8품으로 하였다. 좌・우사어솔부(左・右司禦率府)에 솔(率)・부솔(副率)을 두고, 좌・우감문솔부(左・右監門率府)에 솔(率)・부솔(副率)을 두고, 좌・우청도솔부(左・右淸道率府)에 솔(率)・부솔(副率)을 두고, 좌・우내솔부(左・右內率府)에 솔(率)・부솔(副率)을 두었다. 또 시위상대장군(侍衛上將軍)과 시위대장군이 있었다.[75)]

---

75) 동궁관의 직제는 문종 22년에 정비되고, 東宮官祿은 문종 30년에 정비되었는데, 文宗 30년에 제정된 동궁관록은 다음과 같다.
300石 賓客詹事, 200石 少詹事, 46石10斗 詹事府丞, 40石 詹事府司直・春坊通事舍人, 36石10斗 詹事府注簿, 33石5斗 試詹事府司直・春坊通事舍人, 23石10斗 太師・太傅・太保・少師・少傅・少保, 23石 試詹事府主簿, 16石10斗 左右庶子・左右諭德, 13石5斗 侍讀學士・家令・中允・中舍人・率更令・僕, 10石 左右贊善大夫・洗馬・典內・詹事府錄事, 6石10斗 司儀郎・文學, 4石 藥藏郎・藥藏丞(『고려사』 권80, 식화3, 녹봉 동궁관록).
백관지에 나타난 관직명과 동궁관록에 나타나는 관직명에는 약간의 차이가 숙종 3년에 태자를 세우고 동궁(東宮)의 요속(僚屬)은 문종 때의 제도에 의거하여 갖추었다. 예종 11년에 태자의 관속(官屬)을 태사(大師)・태부(大傅)・태보(大保)와 소사(少師)・소부(少傅)・소보(少保), 빈객(賓客), 서자(庶子), 유덕(諭德), 시강학사(侍講學士), 시독학사(侍讀學士), 찬선(贊善), 중사인(中舍人), 중윤(中允), 첨사(詹事), 소첨사(小詹事), 솔경령(率更令)으로 정하고, 품질은 모두 문종 때의 제도에 의거하였다. 나머지는 모두 폐지하고 두지 않았다. 인종 9년에 첨사부(詹事府)를 설립하여[76] 좌・우첨사(左・右詹事) 각각 한 명, 사직(司直) 한 명, 주부(注簿) 한 명, 녹사 한 명, 춘방통사사인(春坊通事舍人) 두 명을 두었다. 신종(神宗)이 왕위에 올라 문무관의 자제 30여 명을 춘방시위공자(春坊侍衛公子)와 (춘방시위) 급사(給使)에 충당하였다.

충렬왕 2년에 세자첨사부(世子詹事府)에 승(丞)・사직(司直)・주부・녹사 각각 한 명씩을 두고, 또 춘방통사사인(春坊通事舍人)을 한 명 두었다. 3년에 세자사(世子師)・(세자) 부(傅)・(세자) 보(保)・(세자) 이사(貳師)・조호(調護)를 두고, 첨사부에 지사(知事), 좌・우찬덕(左・右贊德), 좌・우서윤(左・右庶尹)을 두고, 그 나머지 궁관(宮官)에도 모

있다. 백관지에 없는 試職이 많이 등장하고, 三師는 백관지에 大師・大傅・大保로 표기하고 있는데 비하여 식화지에는 太師・太傅・太保로 표기하고 있다. 백관지에 나타나는 삼사의 '大'자는 '태'로 읽는 것이 옳을 것 같다.

76) 仁宗九年 立詹事府 : 인종 9년에 詹事府를 설립하였다고 하는 것은 이 때에 첨사부가 처음 세워진 것으로 오인하기 쉽다. 그러한 것이 아니라 첨사부의 관원과 직제에 개편이 이루진 것으로 보아야 할 것 같다. 현종 14년에 첨사부 僚屬에 딸린 給從의 기록이 있고(①), 文宗 10년 6월에 衛尉寺의 隊仗과 鼓吹를 나누어 詹事府에 속하도록 하였다고 한다(②). 백관지에는 문종 22년에 詹事府의 관속으로 知府事가 한 명, 詹事는 한 명 정3품, 少詹事는 한 명 종3품, 丞은 한 명 정6품, 司直은 한 명 정7품, 注簿는 한명 종7품, 錄事는 한 명 정9품으로 정하였다고 한다. 이로 보아 詹事府의 직제는 문종 22년에 정비되었고, 인종 9년의 첨사부 기사는 이 때에 와서 첨사부의 관원과 직제에 개편이 이루어진 것으로 보아야 할 것이다.
①『고려사』 권72, 여복지, 노부 백관의종.
②『고려사』 권72, 여복지, 노부 왕태자노부.

두 이를 두었다. 34년에 충선(왕)이 세자부(世子府)에 자의(諮議) 한 명을 두어 정3품으로 하되 겸임관직으로 하고, 익선(翊善)은 한 명으로 정5품, 반독(伴讀)은 한 명으로 종5품, 직강(直講)은 한 명으로 정6품, 승(丞)은 한 명으로 종6품, 사직(司直)은 한 명으로 종6품, 기실참군(記室參軍) 두 명은 정7품으로 하였다.

공양왕 2년에 지서연(知書筵), 동지서연(同知書筵) 및 시학(侍學)을 두었다가, 얼마 후에 지서연을 고쳐 세자좌우사(左右師)로, 동지서연을 좌우빈객(左右賓客)으로, 시학(侍學) 3품을 좌우보덕(左右輔德)으로, (시학) 4품을 좌우필선(左右弼善)으로, (시학) 5품을 좌우문학(左右文學)으로, (시학) 6품을 좌우사경(左右司經)으로 하였다. 3년에 징원당(澄源堂)을 설치하고 세자좌우사경(世子左右司經)을 고쳐 징원실 좌우사경(澄源室左右司經)이라 하였다. 또 춘방원(春坊院)을 세워 동궁의 사무를 전담하게 하고, 지원사(知院事)는 한 명을 두어 정4품, 좌・우위솔(左・右衛率) 각각 한 명은 정5품으로 하되 무관(武官)으로 하고, 자의(諮議)는 한 명으로 정6품, 세마(洗馬)는 한 명으로 정7품, 장사(長史)는 한 명으로 종7품으로 하였다.

이속은 현종 때 서령사(書令史) 두 명, 장고(掌固) 두 명을 두었다. 문종 때 영사(令史) 두 명, 서령사 한 명, 서예(書藝) 두 명, 계사(計史) 한 명, 기관(記官) 두 명, 서수(書手) 두 명, 서자(書者) 네 명을 두었다.

『高麗史』 卷77 志31 / 百官2 / 諸妃主府【諸王子府】

諸妃主府【諸王子府】

凡册封妃主則必立殿置府備僚屬 文宗定官制 府置左右詹事少詹事注簿錄事各一人 令史書令史書藝各一人 記官二人 殿置通事舍人二人給事二十人 忠烈王 加置府丞一人 指諭行首各二人 牽龍四人 侍衛軍五十人 守護員二人 殿書題二人 恭愍王改官制 府置左右司尹正三品 丞注簿舍人正七品 錄事正九品 又或置左右司禁 小府不置司尹

제비주부.[77) 【제왕자부】

무릇 비주(妃主)를 책봉하면 곧 반드시 전(殿)을 세우고, 부(府)를 설치하여 소속 관원(僚屬)을 갖추었다. 문종 때 관제를 제정하여 부(府)에는 좌우첨사(左右詹事), 소첨사(少詹事), 주부, 녹사를 각각 한 명, 영사(令史), 서령사(書令史), 서예(書藝)를 각각 한 명, 기관(記官)은 두 명을 두고, 전(殿)에는 통사사인(通事舍人) 두 명, 급사(給事) 20명을 두었다.

충렬왕 때 부(府)에 승(丞) 한 명, 지유(指諭)・행수(行首)를 각각 두 명, 견룡(牽龍) 네 명, 시위군(侍衛軍) 50명, 수호원(守護員) 두 명을 더 두고, 전(殿)에는 서제(書題) 두 명을 더 두었다. 공민왕 때 관제를 고쳐 부(府)에는 좌우사윤(左右司尹)을 두어 정3품으로, 승・주부・사인은 정7품으로, 녹사는 정9품으로 하고, 또한 혹은 좌우사금(左右司禁)을 두기도 하고, 작은 부(小府)에는 사윤(司尹)을 두지 않았다.

諸王子 必置府備僚 文宗定官制 諸王府典籤一人從八品 錄事一人從九品 書藝一人 忠烈王三十四年 忠宣改官制 王子府置翊善一人正五品 伴讀一人正六品 直講一人從六品 記室叅軍一人正七品 妃父及尙公主者 亦立府置典籤錄事

여러 왕자(諸王子)는 반드시 부(府)를 두고 요속(僚屬)을 갖추었다. 문종 때 관제를 제정하여 제왕부(諸王府)에[78] 전첨(典籤)은 한 명으로

---

77) 諸妃主府 : 고려시대 왕비(王妃)・귀비(貴妃)・숙비(淑妃)・제공주(諸公主)・궁주(宮主) 등의 관부로서 府와 殿을 설치하여 僚屬을 배치하였다. 문종 때 정원과 품질의 직제가 정비되고, 이후 충렬왕과 공민왕 때 직제에 개편이 이루어졌다. 조선시대는 이를 內命婦라 하였다.

78) 諸王府 : 고려시대 여러 왕자들을 諸王이라 하고 太子府인 동궁관과 구별하여 王子府라 하였다. 태자에 대해서는 동궁관을 설치하고, 여러 왕자에 대해서는 諸王府를 설치하여 僚屬을 배치하였다. 고려시대는 국초에 태자를 正胤이라 하다가 현종 13년부터 太子와 王子는 서로 구별이 되면서 '太子諸王'이란(①) 말이 나타나게 되었다. 太子가 거처하는 동궁관의 관속은 현종 13년 이후부터 갖추기 시작하여 문종 22년에 僚屬과 품질이 정비되었고, 諸王府의 요속은 문종 때 갖추어졌다. 충렬왕 34년에 충선(왕)

종8품, 녹사 한 1명은 종9품으로 하고, 서예(書藝) 한 명을 두었다. 충렬왕 34년에 충선(왕)이 관제를 고쳐 왕자부(王子府)에 익선(翊善) 한 명을 두어 정5품, 반독(伴讀)은 한 명으로 정6품, 직강(直講)은 한 명으로 종6품, 기실참군(記室參軍) 한 명은 정7품으로 하였다. 왕비의 아버지(妃父) 및 공주(公主)와 결혼한 자도 또한 부(府)를 세워 전첨(典籤)과 녹사(錄事)를 두었다.

『高麗史』卷77 志31 / 百官2 / 諸司都監各色

諸司都監各色

都評議使司【國初稱都兵馬使 文宗定官制 判事以侍中平章事叅知政事政堂文學知門下省事爲之 使以六樞密及職事三品以上爲之 副使六人正四品以上卿監侍郎爲之 判官六人少卿以下爲之 錄事八人甲科權務 吏屬 有記事十二人記官八人書者四人算士一人 忠烈王五年 改都兵馬使爲都評議使司 凡有大事 使以上會議 故有合坐之名 事元以來 事多倉卒 僉議密直每爲合坐 恭愍王元年 令五軍錄事 管勾都評議使司案牘 辛昌時 都評議司六色掌 改爲吏禮戶刑兵工六房錄事 又知印二十員 分

이 관제를 고쳐 王子府라 하였고, 왕비의 아버지(妃父) 및 公主와 결혼한 자(駙馬)도 또한 府를 세워 僚屬을 두었다. 충렬왕 3년(1277)에는 원의 간섭으로 태자를 고쳐 세자라 하였는데, 이들은 모두 종실제군으로 이성제군과 구별하였다. 그리하여 고려 말 종실제군은 한때 在內諸君이라 하여 異姓諸君과 구별되었다. 여말 이래로 宗室과 異姓諸君으로 구분되어 오던 封君制는 조선 초 이래로 많은 改編을 거듭하여 온 결과가 『經國大典』에 반영되어 체계적으로 제도화되었다. 『經國大典』에는 宗室은 宗親府에서, 駙馬는 儀賓府에, 諸功臣은 忠勳府에, 遠疎한 王親과 外戚은 敦寧府에서 각각 해당 官府에 따라 僚屬이 배치되었다(②).

①崔貞煥, 「高麗時代 封爵制의 成立過程과 整備」 『한국중세사연구』 14, 2003.

壬午 冊封平壤侯琇 綵棚樂部供張甚盛 王率宮嬪太子諸王 潛幸觀禮(『高麗史』 권9, 世家, 文宗 27年 10月).

(高宗 45年 4月)以年饑 發崔竩倉穀 賜太子府二千斛 諸王・宰樞各六十斛 … (『고려사절요』 권17, 高宗 45年 夏4月).

②崔貞煥, 「朝鮮時代 祿俸制와 封君祿科」 『朝鮮의 政治와 社會』, 집문당, 2002.

十人爲知印 十人爲宣差 宣差任使外 又以開城厚德慈惠府判事及尹 皆兼都評議司 恭讓王二年 加置經歷司 以統六房 經歷一人三四品 都事一人五六品 皆以文臣爲之 又以各年貢擧雜業不仕者 屬爲典吏階七八品 以任書寫 又以門下府三司密直司正員 爲判司事同判司事兼司事 其餘商議及開城府藝文館員 不許兼之 四年 各司受禀公事 皆令直報都堂 勿隷六曹】

도평의사사.[79)]【국초에 도병마사(都兵馬使)라 하였다. 문종 때 관제를 제정

79) 都評議使司 : 고려시대 중서성과 문하성의 宰臣과 중추원의 樞臣들이 모여 국가의 중사를 의논하는 국가 최고 회의기관을 都兵馬使라 하였다. 고려시대 宰樞 회의기관으로 도병마사는 대외적인 국방 군사 문제를 다루고, 式目都監은 대내적인 法制 格式을 관장하였다. 도병마사는 본래 양계 병마사를 중앙에서 통령하기 위하여 성종 8년(989)에 설치한 東西北面兵馬使에서 유래한 것으로 현종 초에 하나의 기구로 정비되기 시작하여 문종 때 구성원의 품질과 직제가 정비된 것으로 학계에 알려져 있다. 이 논리는 재검토되어야 할 문제이다.

병마사를 都兵馬使와 관련시켜 성종 8년의 兵馬判事制가 都兵馬使의 모체가 되었다고 학계에서 보고 있는데(①), 이것은 잘못된 생각인 것 같다. 병마사는 외직조에 편성되어 있고 도병마사는 동반의 경직으로 諸司都監各色條에 나타나 있다. 기왕의 견해에 따르면 외직의 병마사가 동반 경직의 都兵馬使制로 제도화되었다는 모순에 빠지게 된다. 그러므로 이 견해는 재검토되어야 할 문제로 남게 된다. 외직인 병마사의 성립과 정비 및 변천과정은 동반의 경직에 속한 도평의사사의 성립과 정비 및 변천과정이 서로 달랐고 그 기능도 전혀 달랐으므로 도병마사의 기원이나 모체를 兵馬使에서 찾을 수는 없는 것이다(②).

①李丙燾,『韓國史』中世篇, 을유문화사, 1961, 130쪽에서 都兵馬使는 양계 兵馬使의 判事職에서 발전된 것이라 하였다. 邊太燮,「고려도당고」『역사교육』11·12, 역사교육연구회, 1969 ;『高麗政治制度史硏究』, 일조각 1971, 86쪽에서 성종 8년의 兵馬判事制가 뒤의 都兵馬使의 母體가 되었다고 하였다. 金甲童,「高麗時代의 都兵馬使」『歷史學報』141, 1994, 64쪽에서 都兵馬使職의 기원은 성종 8년의 兵馬判事制에 있다고 할 수 있으나 그 직접적인 계기는 현종 원년의 行營兵馬使制였다고 하였다. 그리고 96쪽 결론에서 도병마사는 기구나 관부가 아니고 관직이라고 하였다. 즉 都兵馬라는 관청의 장관에 해당하는 직책이었던 것이라 하였다.

②崔貞煥, 本書, 93~95쪽 참조.

전기의 도병마사는 판사 이하 판관까지 회의에 참여할 수 있었으며, 국

하여 판사(判事)는 시중(侍中), 평장사(平章事), 참지정사(參知政事), 정당문학(政堂文學), 지문하성사(知門下省事)로 하고, 사(使)는 6추밀(六樞密) 및 직사(職事) 3품 이상으로 하였다.[80] 부사(副使)는 여섯 명으로 정4품 이상 경(卿)·감(監)·시랑

방과 군사문제 등을 주로 다루었다. 무신란 이후 기록이 거의 보이지 않다가 고종 말년에 다시 나타나는데, 이 때에는 전에 비해 그 성격이 매우 달라졌다. 宰樞 전원이 회의원이 되고, 그 관장 업무도 국방과 군사문제뿐만 아니라 국사 전반을 의결하는 기관으로 변하였다. 충렬왕 5년(1279)에 도평의사사로 개편되면서 종래 임시회의 기관에서 상설기관으로 바뀌고, 양부의 僉議(宰臣)·密直(樞臣)뿐만 아니라 三司의 관원과 商議까지 참여하여 말기에는 구성원이 7·80명에 이르렀다. 고려 말에는 중앙의 관청과 지방의 按廉使에게 下牒하고 王旨까지도 경유하게 하는 등의 행정 기능도 담당하여 명실상부한 최고정무기관이 되었다. 그리하여 여러 행정업무를 담당하기 위하여 여러 차례 관직을 신설 확충하였다. 원래 都評議錄事가 사무를 담당하다가 공민왕 원년(1352) 五軍錄事가 이를 대신했으며, 뒤에는 六色掌이 이를 담당하였다. 창왕 때는 6색장을 이·예·호·형·병·공의 六房錄事로 개편하고, 知印 등 20명을 둘로 나누어 10명은 중앙에 두고, 나머지 10명은 宣差로 삼아 지방에 보내 탐문하는 임무를 맡겨 중앙과 지방의 행정을 모두 관장하였다. 실무기구로서 經歷司를 따로 설치하여 6房을 총괄하게 하였다. 국방 군사문제 뿐만 아니라 王旨까지도 都堂을 경유하게 됨으로써 도당은 명실공히 고려의 최고 권력기구로 되었다. 조선 건국 초의 관제개편 때에도 최고기관이 되었으나 정종 2년(1400)에 의정부로 개편되었다.

변태섭,「고려도당고」『역사교육』11·12, 역사교육연구회, 1969 ;『高麗政治制度史硏究』, 일조각, 1971.

김정곤,「도평의사사의 기능」『논문집』2, 진주교육대학, 1968.

조계찬,「조선건국과 도평의사사」『부산사학』8, 부산사학회, 1984.

김광철,「고려후기 도평의사사 연구」『한국중세사연구』5, 한국중세사학회, 1997.

김창현,「고려후기 도평의사사 체제의 성립과 발전」『사학연구』54, 한국사학회, 1997.

80) 使以六樞密及職事三品以上爲之 : 도병마사의 使의 구성원을 7樞密이라 하지 않고 6추밀이라 한 것에 대해서 이병도는 6추밀은 7추밀의 잘못으로 보았고(①), 변태섭은 7개직 가운데 判院事가 빠져야 6樞臣이 되는 것으로 보았다(②). 박용운은 7추밀이 6추밀로 잘못되었다기보다는 실제로 睿宗 이전까지 簽書院事에 임명된 사람이 없었기 때문에 6추밀이라 한 것으로 보고

(侍郞)으로 하고, 판관(判官)은 여섯 명으로 소경(少卿) 이하로 하고, 녹사(錄事) 여덟 명은 갑과권무(甲科權務)로 하였다.[81] 이속(吏屬)은 기사(記事) 12명, 기관(記官) 여덟 명, 서자(書者) 네 명, 산사(算士) 한 명으로 하였다.

충렬왕 5년에 도병마사를 고쳐 도평의사사라 하고, 무릇 큰 일이 생기면 사(使) 이상 회의하여 합좌(合坐)라는 이름이 생겨나게 되었다. 원나라를 섬긴 이래로 일이 많고 급하여 첨의(僉議)·밀직(密直)이 매양 합좌하여 회의하였다.

공민왕 원년에 5군(五軍)의 녹사(錄事)로 하여금 도평의사사의 서류(案牘)를 관리(管句)하게 하였다. 창왕(昌王) 때에 도평의사사의 6색장(六色掌)을 고쳐 이(吏), 예(禮), 호(戶), 형(刑), 병(兵), 공(工)의 6방(六房) 녹사(錄事)로 삼고, 또한 지인(知印) 20명을 나누어 10명은 지인(知印)으로 삼고, 10명은 선차(宣差)로 삼아 선차를 외방에 사(使)로 임명하였다. 또 개성(開城)·후덕(厚德)·자혜부(慈惠府) 판사(判事) 및 윤(尹)도 모두 도평의사(都評議司)를 겸임하게 하였다.

공양왕 2년에 경력사(經歷司)를 더 설치하여 6방(六房)을 통할하게 하였다. 경력(經歷)은 한 명으로 3·4품, 도사(都事)는 한 명으로 5·6품으로 하고, 모두 문신(文臣)으로 하였다. 또 매년 공거(貢擧)와 잡업(雜業)으로 벼슬하지 않는 자를 전리(典吏)에 소속시켜 품계를 7·8품으로 하여 서사(書寫)를 맡겼다. 또 문하부(門下府), 삼사(三司), 밀직사(密直司)의 정원(正員)은 (도평의사사의) 판사사(判司事), 동

7추밀에서 첨서원사가 빠져야 하는 것으로 보았다(③). 최정환은 고려전기 중추원 直學士의 실직은 前官도 4품관이고, 時職은 물론 遷官도 4품관인 경우가 많았다고 한다. 고려시대는 일반적으로 "宰樞及文武三品以下"라 하여 2품 이상이 宰相(3품의 추신도 재상에 포함)인 것으로 알려져 있다. 이렇게 보면 실직이 4품관인 직학사도 재상이 될 수 있다는 모순을 낳게 된다. 7樞密에 직학사를 넣은 것은 고려 후대의 사정을 말하는 것이고, 전기의 직학사는 7樞臣에 들지 못하였기 때문에 6추밀이라 한 것이라 하였다(④).

①李丙燾,『韓國史』中世篇, 震檀學會, 1961, 131～132쪽.

②邊太燮,「高麗의 中樞院」『震檀學報』41, 1976, 61쪽.

③朴龍雲,「高麗의 中樞院 硏究」『韓國史硏究』12, 1976, 108쪽.

④崔貞煥,「高麗前期 中樞院 樞臣職의 運營實態」『人文科學』創刊號, 慶北大, 1985 ;『高麗·朝鮮時代 祿俸制 硏究』, 慶北大學校 出版部, 1991, 145～148쪽.

81) 錄事八人 甲科權務 : 도병마사의 錄事는 有祿權務 갑·을·병과 가운데 甲科權務로 권무관록 13석 5두에 해당한다.

崔貞煥,「權務官祿을 통해 본 高麗時代의 權務職」『國史館論叢』26, 1991 ;「權務官의 槪念에 대한 再檢討」『한국중세사연구』11, 2001 ;『고려 정치제도와 녹봉제 연구』, 신서원, 2002, 243, 257쪽.

판사사(同判司事), 겸사사(兼司事)로 삼고 그 나머지 상의(商議) 및 개성부, 예문관의 관원은 이를 겸하는 것을 허락하지 않았다. 4년에 각사(各司)에 주고받은(受稟) 공적인 일은(公事) 모두 도당(都堂)에 직접 보고하게 하고, 6조(六曹)에 예속시키지 말게 하였다】

式目都監【文宗 定使二人省宰 副使四人正三品以上 判官六人五品以上 錄事八人甲科權務 忠宣王二年敎曰 式目掌邦國重事 其以僉議政丞 判三司事 密直使 僉議贊成事 三司左右使 僉議評理 爲判事 以知密直以下爲使 又置商議式目都監事】

식목도감.82)【문종 때 정하여 사(使)는 두 명으로 하되 성재(省宰)로 하고, 부사(副使)는 네 명으로 정3품 이상, 판관(判官)은 여섯 명으로 5품 이상, 녹사(錄事)는 여덟 명으로 갑과권무(甲科權務)로 하였다.

충선왕 2년에 왕이 교서를 내려서 "식목(式目)은 나라의 중요한 일을 관장하므로 그 첨의정승(僉議政丞), 판삼사사(判三司事), 밀직사(密直使), 첨의찬성사(僉議贊成事) 삼사좌・우사(三司左・右使), 첨의평리(僉議評理)를 판사(判事)로 삼고, 지밀직(知密直) 이하로 (使)로 삼고, 또한 상의식목도감사(商議式目都監事)를 두게 하라"고 하였다】

---

82) 式目都監 : 고려시대 法制 및 格式의 제정에 관한 문제를 의논하는 宰臣과 樞臣의 합좌 회의기관이다. 宰樞의 회의기관이면서 식목도감과 달리 대외적인 국방 군사문제는 都兵馬使 회의에서 결정하였다. 식목도감은 고려전기 성종 이후 현종 초 사이에 설치되었고, 문종 때 구성원의 품질이 정비되었다. 식목도감 회의로 결정된 사항은 式目都監使를 통해 국왕에게 보고되었다. 정무를 집행하지는 않고 단순히 의논하는 기능만 있었으며, 제정한 제도와 격식은 『式目編修錄』에 수록하였다.
고종 이후 원과의 전쟁 과정에서 도병마사가 기능이 확대되면서 식목도감은 녹사 중심으로 문서를 보관하는 기능만을 가진 기구로 격하되었다. 그러나 한 때 충선왕 2년(1310)에는 都評議使司를 제치고 식목도감의 기능을 크게 강화하여 僉議政丞・判三司事・密直使・僉議贊成事・三司左・右使・僉議評理를 判事로, 知密直司事 이하를 使로 삼아, 국가의 重事를 관장하는 최고의 기능을 갖기도 하였다. 그러나 충혜왕 이후 도평의사사의 기능이 강화되자 식목도감은 약화되고, 그 뒤 조선 초까지 지속되다가 태종 12년(1412)에 식목녹사가 의정부 案牘錄事가 되면서 의정부에 흡수되었다.
변태섭, 「고려의 식목도감」『역사교육』15, 역사교육연구회, 1973.

三軍都摠制府【恭讓王三年 省前軍後軍 只置中軍左軍右軍爲三軍都摠制府 統中外軍事 以受田散官及居新舊京圻者 四十二都府各成衆愛馬分屬焉 都摠制使一人侍中以上 三軍摠制使各一人省宰以上 副摠制使各一人通憲以上 斷事官二人正順以下五品以上 經歷一人四五品 都事一人五六品 六房錄事各一人 軍錄事一人 六房典吏各三人】

삼군도총제부.[83)]【공양왕 3년에 전군(前軍)과 후군(後軍)을 없애고, 단지 중군(中軍)·좌군(左軍)·우군(右軍)의 3군(三軍)을 두어 3군도총제부라 하여 중앙과 지방(中外)의 군사(軍事)를 통할케 하고, 토지를 받은 산관(散官) 및 신구(新舊)의 경기(京畿)에 갈라서 거주하는 자, 42도부(四十二都府)의 각 성중애마(各成衆愛馬)들을 이에 (3군에) 나누어 소속시켰다. 도총제사(都摠制使)는 한 명으로 시중(侍中) 이상, 3군총제사(三軍摠制使)는 각각 한 명으로 성재(省宰) 이상, 부총제사(副摠制使)는 각각 한 명으로 통헌(通憲 ; 종2품) 이상, 단사관(斷事官)은 두 명으로 정순(正順 ; 정3품) 이하 5품 이상으로 하였다. 경력(經歷)은 한 명으로 4·5품, 도사(都事)는 한 명으로 5·6품, 6방녹사(六房錄事)는 각각 한 명, 군녹사(軍錄事)는 한 명, 6방전리(六房典吏)는 각각 세 명으로 하였다】

巡軍萬戶府【有都萬戶上萬戶萬戶副萬戶鎭撫千戶提控 恭愍王十八年 改爲司平巡衛府 置提調一人 判事三人 叅詳官四人 巡衛官六人 評事官五人 辛禑 復改爲巡軍萬戶府 恭讓王元年 使掌捕盜禁亂】

순군만호부.[84)]【도만호(都萬戶), 상만호(上萬戶), 만호(萬戶), 부만호(副萬戶),

---

83) 三軍都摠制府 : 고려 말기에서 조선 초기에 있었던 상급 군령기관. 고려의 전통적인 중·전·후·좌·우의 5군 제도에서 공양왕 3년(1391년)에 전·후 2군을 없애고, 중·좌·우군의 삼군도총제부를 두었다. 都摠制使, 摠制使, 副摠制使, 斷事官, 經歷, 都事, 六房錄事, 軍錄事, 六房典吏 등의 직제를 갖추었다. 공양왕 3년 정월에 李成桂가 삼군도총제사가 되어 군권을 장악하고, 이듬해 조선왕조를 개창하였다. 태조 2년(1393년)에 義興三軍府로 개편하였다.

84) 巡軍萬戶府 : 고려시대 도적을 잡고 반란을 금지하는 일을 맡아보게 한 기관. 충렬왕 때 설치하여 공민왕 18년(1369)에 司平巡衛府로 고쳤다가 우왕 때 다시 고쳐 巡軍萬戶府라 하였다. 조선 태종 2년(1402) 6월에 순군만호

진무(鎭撫), 천호(千戶), 제공(提控)이 있었다. 공민왕 18년에 고쳐 사평순위부(司平巡衛府)라 하고, 제조(提調) 한 명, 판사(判事) 세 명, 참상관(參詳官) 네 명, 순위관(巡衛官) 여섯 명, 평사관(評事官) 다섯 명을 두었다. 우왕 때 다시 고쳐 순군만호부(巡軍萬戶府)라 하였다. 공양왕 원년에 도적을 잡고 반란을 금지하는 일을 맡아보게 하였다】

尙瑞司【卽政房 或稱知印房 或稱箚子房 辛昌 改爲尙瑞司 判事四人兩府兼之 尹一人代言兼之 少尹一人丞注簿直長錄事各二人 亦皆以他官兼之】

상서사.[85)]【곧 정방(政房)이다. 혹은 지인방(知印房)이라 하고, 혹은 차자방(箚子房)이라 하였다. 창왕 때 고쳐 상서사(尙瑞司)라 하고, 판사(判事)는 네 명으로 양부(兩府)가 이를 겸하고, 윤(尹)은 한 명으로 대언(大言 ; 承宣)이 이를 겸하고, 소윤(少尹)은 한 명으로, 승(丞)·주부(注簿)·직장(直長)·녹사(錄事)는 각각 두 명으로 하되 역시 모두 타관(他官)으로서 이를 겸하게 하였다】

印符郞【掌王府印信 毅宗時 有符寶郞 忠烈王二十四年 忠宣定印符郞二人 秩從六品 尋罷之】

인부랑.[86)]【왕부(王府)의 도장(印信)을 맡았다. 의종(毅宗) 때 부보랑(府寶郞)이 있었다. 충렬왕 24년에 충선(왕)이 정하여 인부랑(印符郞)은 두 명으로 품질은 종6품으로 하였다. 이어 곧 혁파하였다】

부를 고쳐 巡衛府라 하고(①), 태종 14년(1414) 8월에 義禁府로 고쳤다.
①改巡軍萬戶府爲巡衛府(『태종실록』 권3, 태종 2년 6월).

85) 尙瑞司 : 崔瑀가 고종 12년(1225)에 인사권을 장악하기 위해 설치한 政房을 후에 知印房 또는 箚子房이라고도 하고, 昌王 때는 尙瑞司로 개편되었다.
①김윤곤, 「여말선초의 상서사－정방에서 상서사로의 변천과정을 중심으로－」 『역사학보』 25, 1964.
②김창현, 「고려말 상서사의 구성과 역할」 『민족문화』 20, 민족문화추진회, 1997.

86) 印符郞 : 고려시대 王府의 印章을 관장하던 관직. 毅宗 때는 府寶郞을 두었고, 충렬왕 24년(1298)에 충선왕이 印符郞 두 명을 두어 종6품으로 하였다가 곧 혁파하였다.

承旨房【掌出納之任 忠烈王二十四年 忠宣罷承旨房 以其任委詞林院 尋復置承旨房 三十四年 忠宣改爲印信司 置使二人秩從三品 副使二人從四品 判官二人從六品 並皆兼官】

승지방.[87)]【왕명 출납(出納)의 임무를 맡았다. 충렬왕 24년에 충선(왕)이 승지방(承旨房)을 없애고, 그 임무를 사림원(詞林院)에 맡겼다가 얼마 후에 다시 승지방을 두었다. 34년에 충선(왕)이 고쳐 인신사(印信司)라 하고, 사(使)는 두 명을 두어 품질은 종3품, 부사는 두 명으로 종4품, 판관(判官)은 두 명을 두어 종6품으로 하되 모두 겸임관직으로 하였다】

會議都監【員額無定 以諳練事務者充之 文宗所定】

회의도감.[88)]【관원 수는 정해져 있지 않고 사무에 능통한 자들로 이에 충당하는데, 문종 때 정한 것이다】

迎送都監【文宗定 判事三人 副使四人 判官四人 錄事四人 乙科權務 吏屬 記事四人記官二人書者四人算士一人 忠宣併於尙食局 後復置】

영송도감.[89)]【문종 때 정하여 판사(判事)는 세 명, 부사(副使)는 네 명, 판관(判官) 은 네 명, 녹사(錄事)는 네 명으로 하고, 을과권무(乙科權務)로 하였다.[90)] 이

87) 承旨房 : 고려시대 王命出納을 담당하던 관청.
88) 會議都監 : 회의도감에 대해서 구체적으로 밝혀져 있지 않으며, 임시로 설치된 기구로 都評議使司나 式目都監 회의와 관련이 있는 기구로 추정됨.
89) 迎送都監 : 고려시대 國賓 접대를 담당한 관청. 迎送庫를 두어 필요 경비를 충당하였다. 문종 때 영송도감의 정원과 품질의 직제가 정비되었다. 충렬왕 34년(1308)에 尙食局에 합쳤다가 뒤에 복구하였다. 都兵馬使・式目都監과 함께 三官으로 불렀으며, 또한 이들 삼관에 秘書省・史館・翰林院・寶文閣・御書院・同文院을 합쳐 禁內九官이라 하였다.
90) 文宗定 判事三人 副使四人 判官四人 錄事四人 乙科權務 : 영송도감의 判事・副使・判官은 정직의 品官인지 權務官인지 이 점이 분명치 않다. 그들의 녹봉이 권무관록에는 모두 보이지 않아 이들은 모두 산직의 散官으로 대체하였을 것으로 여겨지며, 錄事는 乙科權務로 권무관록 10석 10두

속은 기사(記事) 네 명, 기관 두 명, 서자(書者) 네 명, 산사(算士) 한 명을 두었다. 충선(왕)이 상식국(尙食局)에 합쳤다가 후에 다시 두었다】

四面都監【文宗定 使各二人職事三品以上 副使各四人 判官各四人 甲科權務 恭讓王三年罷】

사면도감.[91)]【문종 때 정하여 사(使) 각각 두 명으로 직사(職事) 3품 이상, 부사(副使)는 각각 네 명, 판관(判官)은 각각 네 명으로 하되, 갑과권무(甲科權務)로 하였다.[92)] 공양왕 3년에 혁파하였다】

删定都監【文宗定 判官四人 甲科權務 吏屬 記事六人記官一人算士一人 恭讓王三年罷】

산정도감.【문종 때 정하여 판관(判官)은 네 명으로 갑과권무로 하였다. 이속은 기사(記事) 여섯 명, 기관 한 명, 산사 한 명을 두었다. 공양왕 3년에 폐지하였다】

로 나타나 있다.

崔貞煥, 「權務官祿을 통해 본 高麗時代의 權務職」 『國史館論叢』 26, 1991 ; 「權務官의 槪念에 대한 再檢討」 『한국중세사연구』 11, 2001 ; 『고려 정치제도와 녹봉제 연구』, 신서원, 2002, 243~245쪽.

91) 四面都監 : 고려시대 개성의 四面을 방위하는 일을 맡은 관청. 문종 때 정원과 품질의 직제가 정비되었다. 공민왕 7년(1358)에 前銜 3품 이하의 관리의 숫자를 미리 파악하였다가 국가에 변란이 있을 때 사면도감의 관원이 되어 1里에 한 명이 선도 인솔하여 방어하도록 하였다. 공양왕 3년(1391)에 이를 혁파하였다.

92) 文宗定 使各二人職事三品以上 副使各四人 判官各四人 甲科權務 : 사면도감의 使·副使는 정직의 品官인지 品官權務인지 이 점이 분명치 않다. 그들의 녹봉이 권무관록에는 모두 보이지 않아 이들은 모두 산직의 散官으로 대체하였을 것으로 여겨지며, 判官은 甲科權務로 권무관록 13석 5두로 나타나 있다.

崔貞煥, 「權務官祿을 통해 본 高麗時代의 權務職」 『國史館論叢』 26, 1991 ; 「權務官의 槪念에 대한 再檢討」 『한국중세사연구』 11, 2001 ; 『고려 정치제도와 녹봉제 연구』, 신서원, 2002, 243~245쪽.

典牧司【文宗定 判事以省宰爲之 使二人樞密及六尙書爲之 副使二人正四品以上 判官二人叅上 錄事四人乙科權務 吏屬 記官記事書者並二人】

전목사.[93)] 【문종 때 정하여 판사(判事)는 성재(省宰)로 삼고, 사(使)는 두 명으로 추밀(樞密) 및 6상서(六尙書)로 하고 부사(副使)는 두 명으로 정4품 이상, 판관 두 명은 참상(參上 ; 6품 이상)으로 하고, 녹사(錄事) 네 명은 을과권무(乙科權務)로 하였다. 이속은 기관, 기사, 서자를 모두 두 명씩 두었다】

八關寶【文宗定 使一人四品以上 副使二人五品以上 判官四人 甲科權務 吏屬 記事二人記官一人算士一人】

팔관보.[94)] 【문종 때 정하여 사(使)는 한 명으로 4품 이상, 부사는 두 명으로

---

93) 典牧司 : 고려시대에 목장을 관리하고 우마(牛馬)의 조달을 담당한 관청. 현종 때 거란의 침략에 대비하여 처음 설치한 것으로 보인다. 문종 때 정원과 품질의 직제가 정비되었다. 하부조직으로 전국에 목장을 설치하고 牧監과 奴子를 두었다. 목감은 노자를 지휘하면서 목장을 관리하였고, 노자는 큰 말 4필을 길러 새끼를 생산하는 일을 담당하였으며, 각 목장에는 장교·군인 등의 看守軍을 배치하였다. 의종 13년(1159)에 사육동물 및 사료의 종류와 양·소·말의 하루에 필요한 사료량 등을 정한 諸牧監場畜馬料式을 제정하여 목축을 장려하였고, 官馬寶·獸醫博士를 두어 종자개량에도 힘썼다. 명종 16년(1186)에 좌창이 비어 녹봉을 지급하지 못하자 전목사에 비축된 白金과 布를 대신 지급하였고, 고종 19년(1232)에 몽골이 침략하자 재추들이 전목사에 모여 수도를 옮길 것을 의논하기도 했다. 충렬왕 24년(1298)에 전목사는 司僕寺에 병합되었다.
남도영, 「전목사에 대하여」『역사학보』 30, 1964.

94) 고려 文宗 때에 八關會의 비용을 충당하기 위하여 설치한 기관. 문종 때 정원과 품질의 직제가 정비되었다.
안계현, 「팔관회고」『동국사학』 4, 동국대학교사학회, 1956.
최진원, 「'동동'고(I·II)－팔관회와 관련하여－」『대동문화연구』 8·10, 성균관대학교 대동문화연구원, 1971·1975.
도광순, 「팔관회와 풍류도」『한국학보』 79, 1995.
이민홍, 「고려조 팔관회와 예악사상」『대동문화연구』 30, 성균관대학교 대동문화연구원, 1995.
안지원, 「고려시대 국가 불교의례 연구－연등, 팔관회와 제석도량을 중심

5품 이상, 판관(判官)은 네 명으로 하여 갑과권무(甲科權務)로 하였다.[95] 이속은 기사(記事) 두 명, 기관 한 명, 산사 한 명을 두었다】

勾覆院【文宗定 判官七人 重監二人 甲科權務 吏屬 記事六人記官六人 恭讓王三年罷】

구복원.[96]【문종 때 정하여 판관은 일곱 명, 중감(重監)은 두 명으로 갑과권무로 하였다.[97] 이속은 기사 6명, 기관 6명을 두었다. 공양왕 3년에 폐지하였다】

內莊宅【文宗定 使一人三品以上 副使五品以上 判官二人 甲科權務 吏屬 記事四人記官一人算士一人 忠宣王爲尙食局所轄】

으로-」, 서울대학교 대학원 국사학과 박사학위논문, 1999.
김혜숙, 「고려 팔관회의 내용과 기능」『역사민속학』 9, 전신재선생화갑기념호, 한국역사민속학회, 2000.

95) 팔관보의 使·副使·判官은 각각 60석, 40석, 13석 5두의 권무관록이 주어진 것으로 나타나 있어 권무관임이 분명하다. 使와 副使는 4·5품 이상에 해당하는 甲科의 品官權務이고, 判官은 甲科의 有祿權務이다.
崔貞煥, 「權務官祿을 통해 본 高麗時代의 權務職」『國史館論叢』 26, 1991 ; 「權務官의 槪念에 대한 再檢討」『한국중세사연구』 11, 2001 ; 『고려 정치제도와 녹봉제 연구』, 신서원, 2002, 241~242쪽.

96) 句覆院 : 설치연대와 직능은 밝혀져 있지 않다. 관속으로 문종 때 判官과 重監을 두어 甲科權務로 하였다가 공양왕 3년(1391)에 폐지하였다.

97) 句覆院의 判官과 重監은 권무관록이 주어지고 있어 갑과의 有祿權務임을 알 수 있다. 그런데 서경의 勾覆院使는 권무관록 40석, 勾覆院副使가 26석 10두로 기록되어 있는데 비하여, 개경은 구복원의 판관이 권무관록 13석 5두, 重監 6석으로 나타나 있어 구복원에 대한 이 기록은 약간의 의문이 간다. 서경의 구복원에는 使·副使가 있었는데 비하여 개경의 구복원에는 判官·重監이 있은 것에 대해서 의문이 가는 것이다. 그리고 錢穀의 출납과 회계의 일을 맡은 중요한 관서인 三司의 重監이 잡권무로 되어 있는데 비하여 勾覆院의 重監이 甲科權務로 되어 있는 것에 대해서도 약간의 의문이 간다.
崔貞煥, 「權務官祿을 통해 본 高麗時代의 權務職」『國史館論叢』 26, 1991 ; 「權務官의 槪念에 대한 再檢討」『한국중세사연구』 11, 2001 ; 『고려 정치제도와 녹봉제 연구』, 신서원, 2002, 257~259쪽.

내장택.[98] 【문종 때 사(使)는 한 명으로 3품 이상, 부사(副使)는 5품 이상, 판관은 두 명으로 갑과권무로 하였다.[99] 이속은 기사 네 명, 기관 한 명, 산사 한 명을 두었다. 충선왕 때 (내장택의 업무를) 상식국(尙食局)에서 관할하게 하였다】

都齋庫【文宗定 使一人四品以上 副使三人六品以上 判官二人 乙科權務 吏屬記事四人記官一人給使二人】

도재고.[100] 【문종 때 사(使) 한 명으로 4품 이상, 부사 세 명으로 6품 이상, 판관은 두 명으로 을과권무로 하였다.[101] 이속은 기사 네 명, 기관 한 명, 급사(給使) 두 명을 두었다】

都祭庫【有副使判官 甲科權務 恭讓王三年罷】

도제고.[102] 【부사(副使), 판관(判官)이 있고, 갑과권무로 하였다.[103] 공양왕 3

98) 內莊宅 : 왕실과 궁원의 재정을 맡아보는 기관. 문종 때 정원과 품질의 직제가 정비되었다. 충선왕 때는 尙食局에서 관할(所轄)하게 하였다.

99) 내장택의 使 副使 判官은 각각 60석, 40석, 13석 5두의 권무관록이 주어지는 권무관이다. 使는 3품 이상, 副使는 4품 이상에 해당하는 甲科의 品官權務이고, 判官은 甲科의 有祿權務이다.
崔貞煥,「權務官祿을 통해 본 高麗時代의 權務職」『國史館論叢』26, 1991 ;「權務官의 槪念에 대한 再檢討」『한국중세사연구』11, 2001 ;『고려 정치제도와 녹봉제 연구』, 신서원, 2002, 241~242쪽.

100) 都齋庫 : 고려시대 왕실의 聖壽를 祝願하고 명복을 비는 齋를 설하는 비용에 관한 일을 관장한 창고. 문종 때 정원과 품질의 직제가 정비되었는데, 모두 乙科權務로 하였다.

101) 도재고의 使 副使 判官은 각각 40석, 16석 10두, 10석 10두의 권무관록이 주어지는 권무관이다. 使는 4품 이상, 副使는 6품 이상에 해당하는 을과의 品官權務이고, 判官은 을과의 有祿權務이다.
崔貞煥,「權務官祿을 통해 본 高麗時代의 權務職」『國史館論叢』26, 1991 ;「權務官의 槪念에 대한 再檢討」『한국중세사연구』11, 2001 ;『고려 정치제도와 녹봉제 연구』, 신서원, 2002, 242, 257쪽.

102) 都祭庫 : 고려시대에 종묘나 국가의 제사에 관한 일을 관장한 창고. 山川·日月·星辰 등에 醮祭하는 祭物과 魚果 및 祭器의 출납을 관리한 창고였던 것으로 추측된다. 인종 때 설치되어 있었던 것으로 추측되며, 공

년에 폐지하였다】[104]

奉先庫【宣宗十年 置于廣仁館畜穀米 以備先王先后忌晨供辦 使一人 副使一人 判官二人 乙科權務 恭讓王三年罷】

봉선고.[105]【선종(宣宗) 10년에 광인관(廣仁館)에 두고,[106] 미곡(穀米)를 저축하여 선대의 임금과 왕후들의 죽은 날(忌晨)에 쓰이는 비용에 대비하였다. 사(使)는 한 명, 부사 한 명, 판관은 두 명으로 을과권무로 하였다. 공양왕 3년에 폐지하였다】

內弓箭庫【文宗定 判官二人乙科權務 吏屬 記事二人記官二人】

민왕 때 太常寺에 예속시켰다가 공양왕 3년(1391)에 혁파하였다.

103) 문종 30년에 제정한 권무관록에 보이지 않던 都祭庫의 使·副使·判官의 녹봉이 인종 때 更定된 권무관록에 각각 40석, 26석 10두, 10석 10두로 나타나 있다. 도제고는 인종 때 혹은 그 이전에 설치된 것으로 추측되며, 백관지에는 이러한 기록이 누락된 것으로 여겨진다. 도제고의 使와 副使는 갑과의 品官權務이고, 판관은 갑과의 有祿權務이다.

104) 공양왕 3년에 都祭庫가 혁파되기 이전 공민왕 8년 6월에 都祭庫와 典廐署를 太常寺에 예속시키고, 祭物 魚果는 각 道의 按廉使가 때에 맞추어 輸納토록 하고 祭器도 또한 새로 마련하도록 하였다고 한다(『고려사』 권61, 예지3, 제릉 공민왕).

105) 奉先庫 : 고려시대 先王과 先后의 제사에 사용하는 米穀을 저장하여 관리한 창고. 문종 때 정원과 품질의 직제가 정비되었는데 모두 을과권무로 하였다. 선종 10년(1093)에 廣仁館에 두었다가 공양왕 3년(1391)에 혁파하였다.

106) 宣宗十年 置于廣仁館 : 봉선고가 선종 10년에 廣仁館 안에 처음 설치된 것처럼 기록되어 있으나 그러한 것이 아니었다. 문종 30년에 제정된 봉선고의 使 副使 判官은 각각 40석, 16석 10두, 10석 10두의 權務官祿이 주어진 것으로 나타나 있다. 문종 13년 혹은 그 이전에 설치된 봉선고를 선종 10년에 廣仁館에 둔 변화를 의미하는 것으로 여겨진다. 봉선고의 使와 副使는 을과의 品官權務이고, 判官은 을과의 有祿權務이다.
崔貞煥, 「權務官祿을 통해 본 高麗時代의 權務職」 『國史館論叢』 26, 1991 ; 「權務官의 概念에 대한 再檢討」 『한국중세사연구』 11, 2001 ; 『고려 정치제도와 녹봉제 연구』, 신서원, 2002, 242, 257쪽.

내궁전고.[107) 【문종 때 정하여 판관은 두 명으로 을과권무로 하였다. 이속은 기사 두 명, 기관 두 명을 두었다】

倉庫都監 【文宗定 使一人三品兼之 副使一人五品兼之 判官二人乙科權務 吏屬有記事記官 恭讓王三年罷】

창고도감.[108) 【문종 때 정하여 사(使)는 한 명으로 3품이 겸하고, 부사는 한 명으로 5품이 겸하고, 판관 두 명은 을과권무로 하였다.[109) 이속은 기사, 기관이 있었다. 공양왕 3년에 폐지되었다】

行廊都監 【文宗定 使一人三品兼之 副}使一人五品兼之 判官二人乙科權務 吏屬 有記事記官 熙宗四年 以宰樞爲別監 又置使副使錄事】

행랑도감.[110) 【문종 때 정하여 사(使)는 한 명으로 3품이 겸하고, 부사는 한 명으로 5품이 겸하고, 판관 두 명은 을과권무로 하였다. 이속은 기사, 기관이 있었다. 희종(熙宗) 4년에 재추(宰樞)로서 별감(別監)으로 삼고, 또한 사·부사·녹사를 두었다】

---

107) 內弓箭庫 : 활과 화살을 보관하는 창고. 설치와 폐지시기를 자세히 알 수가 없으나, 문종 13년 제정된 권무관록에 內弓箭庫 판관의 녹봉이 10석 10두이고, 인종 때 更定된 권무관록에 弓箭庫 판관이 10석 10두로 나타나 있어 문종 13년 이전에 설치된 것이라 할 수 있다. 내궁전고의 판관은 을과의 有祿權務였다.
조선시대 弓箭庫는 軍器와 軍物 및 雜物을 보관한 창고였다(『만기요람』 재용편6, 제창 훈련도감각창고).

108) 倉庫都監 : 고려시대 창고의 營建과 수리 및 관리를 담당하던 관청. 문종 때 정원과 품질의 직제가 정비되었다. 충렬왕 34년(1308)에 충선왕이 土木과 건축 營繕을 담당하던 繕工司에 小府寺·宮闕都監·倉庫都監·燃燈都監·國贐庫 등을 합쳤다. 공양왕 3년(1391)에 혁파되었다(『고려사』 권76, 백관1, 선공시).

109) 창고도감의 使와 副使는 겸임하게 하고, 판관은 을과의 유록권무로 하였다.

110) 行廊都監 : 고려시대 궁궐이나 宮·院·殿 및 市廛의 行廊을 설립하고 관리를 담당하기 위해 설치한 관청. 설치연대는 알 수 없으나, 문종 때 정원과 품질의 직제가 정비되었고, 熙宗 4년에 개편이 이루어졌다.

幞頭店【文宗定 錄事二人乙科權務 吏屬 記事一人記官一人書者二人 恭讓王三年罷】

복두점.111) 【문종 때 정하여 녹사 두 명을 을과권무로 하였다. 이속은 기사 한 명, 기관 한 명, 서자(書者) 두 명을 두었다. 공양왕 3년에 폐지하였다】

聚仙店【文宗定 錄事二人乙科權務 吏屬 記事一人記官一人書者二人】

취선점. 【문종 때 정하여 녹사 두 명을 을과권무로 하였다. 이속은 기사(記事) 한 명, 기관(記官) 한 명, 서자(書者) 두 명을 두었다】

慶仙店【文宗定 錄事二人乙科權務 吏屬 記事一人記官一人 書者二人】

경선점. 【문종 때 정하여 녹사 두 명을 을과권무로 하였다. 이속은 기사 한 명, 기관 한 명, 서자 두 명을 두었다】

書籍店【文宗定 錄事二人丙科權務 吏屬 記事二人記官二人書者二人 忠宣併於翰林院 後復置 恭讓王三年罷 四年 置書籍院 掌鑄字印書籍 有令 丞】

서적점.112) 【문종 때 정하여 녹사 두 명을 병과권무로 하였다. 이속은 기사 두 명, 기관 두 명, 서자 두 명을 두었다. 충선(왕)이 한림원(翰林院)에 합쳤다가 그 후에 다시 설치하였다.113) 공양왕 3년에 파하고, 4년에는 서적원(書籍院)을 두

111) 幞頭店 : 고려시대 과거에 급제한 자가 홍패를 받을 때 쓰던 관을 복두라 하고 이를 제작하고 관리하는 기관. 문종 때 정하여 녹사 두 명을 두어 을과권무로 하였다가 공양왕 3년에 파하였다.

112) 書籍店 : 고려시대 책의 출판을 위해 설치한 기관. 문종 때 녹사 두 명을 두어 병과권무로 하고 이속을 두었다. 충선(왕)이 翰林院에 합쳤다가 그 후 충렬왕 34년에 忠宣王이 文翰署와 史館을 병합하여 藝文春秋館이라 하고 이에 右文館·進賢館·書籍店을 병합하였다. 공양왕 3년에 서적점을 파하고, 공양왕 4년(1392)에는 書籍院을 두어, 활자의 鑄造와 서적의 인쇄를 맡아보게 하였다.

어, 활자를 만들고(鑄字), 서적 인쇄를 맡아보게 하고, 영(令)과 승(丞)을 두었다】

給田都監【文宗定 錄事二人丙科權務 吏屬 記事四人記官一人 恭讓王四年 罷併於戶曹】

급전도감.114)【문종 때 정하여 녹사 두 명을 병과권무로 하였다. 이속은 기사 네 명, 기관 한 명을 두었다. 공양왕 4년에 파하여 호조(戶曹)에 합쳤다】

祭器都監【文宗定 使二人三品兼之 副使五品兼之 判官六人丙科權務 吏屬 記事二人記官二人書者二人】

제기도감.115)【문종 때 정하여 사(使)는 두 명으로 3품이 이를 겸하고, 부사는 5품이 겸하고, 판관 여섯 명은 병과권무로 하였다. 이속은 기사 두 명, 기관 두 명, 서자 두 명을 두었다】

鹵簿都監【文宗定 使二人三品兼之 副使五品兼之 判官二人丙科權務 吏屬 記事二人記官一人書者二人 恭讓王三年罷】

노부도감.116)【문종 때 정하여 사(使)는 두 명으로 3품이 이를 겸하고, 부사는 5품이 겸하고, 판관 2명은 병과권무로 하였다. 이속은 기사 두 명, 기관 한 명,

---

113) 忠宣併於翰林院 後復置 : 충선(왕)이 翰林院에 합쳤다가 그 후에 다시 설치하였다고 하는데,『고려사』백관지1, 藝文館條에는 충렬왕 34년에 忠宣王이 文翰署와 史館을 병합하여 藝文春秋館이라 하고 이에 右文館·進賢館·書籍店을 병합하였다고 한다.

114) 給田都監 : 고려 때 田柴科制度의 시행과 동시에 田地의 분급을 맡아보기 위해 설치한 기관. 문종 때 녹사 두 명을 두어 병과권무로 하고 이속을 두었다. 忠烈王 34년(1309)에 忠宣王이 給田都監 및 五部를 開城府에 병합하였고, 공양왕 4년(1392)에 파하여 戶曹에 합쳤다.

115) 祭器都監 : 고려시대 제사에 사용되는 祭器를 담당하던 기관. 문종 때 정원과 품질의 직제가 정비되었다.

116) 鹵簿都監 : 고려시대 왕실의 儀仗을 담당하던 기관. 문종 때 정원과 품질의 직제가 정비되었고, 공양왕 3년에 파하였다.

서자 두 명을 두었다. 공양왕 3년에 폐지하였다】

都塩院【文宗定 錄事二人丙科權務 吏屬 記事二人 忠宣王併於民部】

도염원.[117]【문종 때 정하여 녹사 두 명을 병과권무로 하였다. 이속은 기사 두 명을 두었다. 충선왕 때 민부(民部)에 합쳤다】

東西大悲院【文宗定 使各一人 副使各一人 錄事各一人 丙科權務 吏屬 記事二人以醫吏差之書者二人 忠肅王十二年 敎曰 惠民局濟危寶東西大悲院 本爲濟人今皆廢圮 宜復修營 醫治疾病】

동·서대비원.[118]【문종 때 정하여 사(使)는 각 한 명, 부사 각 한 명, 녹사 각 한 명을 병과권무로 하였다.[119] 이속은 기사(記事)는 두 명으로 의리(醫吏)로서 파견하고, 서자(書者)는 두 명을 두었다. 충숙왕 12년에 (왕이) 교서를 내려 이르기를 "혜민국(惠民局), 제위보(濟危寶), 동·서대비원은 본래 사람을 구제하기 위함이다. 지금 다 부서지고 무너졌으니 마땅히 다시 고쳐 만들어 질병(疾病)을 치료하도록 하라"라고 하였다】

濟危寶【光宗十四年始置 文宗定 副使一人七品以上 錄事一人丙科權務 恭讓王三年罷】

제위보.[120]【광종(光宗) 14년에 처음 두었다. 문종 때 정하여 부사(副使)는 한

---

117) 都塩院 : 고려시대에 소금의 전매 사업을 관장하던 기관.

118) 東·西大悲院 : 고려시대 의료 救濟機關으로 疾病의 치료와 賑恤을 맡아보던 기관. 개경의 동·서 두 곳에 설치하였으며 이를 동·서대비원이라 하였고, 서경에도 설치하였다. 문종 때 정원과 직제를 정하여 使·副使는 품관권무(을과)로 하고, 錄事는 有祿權務(을과)로 하였다.

119) 동·서대비원의 使와 副使는 품관권무(을과)이고, 녹사는 유록권무(을과)이다. 崔貞煥, 「權務官祿을 통해 본 高麗時代의 權務職」『國史館論叢』26, 1991 ; 「權務官의 槪念에 대한 再檢討」『한국중세사연구』11, 2001 ; 『고려 정치제도와 녹봉제 연구』, 신서원, 2002, 243쪽.

120) 濟危寶 : 고려 광종 14년(963)에 빈민구제와 질병치료를 위하여 설치한

명으로 7품 이상, 녹사는 한 명으로 병과권무로 하였다.[121] 공양왕 3년에 폐지하였다】

惠民局【睿宗七年 置判官四人 以本業及散職互差乙科權務 忠宣王爲司醫署所轄 恭讓王三年 改惠民典藥局】

혜민국.[122]【예종(睿宗) 7년에 판관 네 명을 두어 본업(本業) 및 산직(散職)으로 서로 차임(差任)하고, 을과권무로 하였다.[123] 충선왕이 사의서(司醫署) 관할로 하였다. 공양왕 3년에 혜민전약국(惠民典藥局)으로 고쳤다】

東西材場【文宗定 判官各二人丙科權務 吏屬 記事各二人 恭讓王三年罷】

동서재장.[124]【문종 때 정하여 판관 각 두 명을 병과권무로 하였다. 이속은 기사 각 두 명을 두었다. 공양왕 3년에 파하였다】

光軍司【定宗二年置之 後改光軍都監 顯宗二年 復改光軍司】

광군사.[125]【정종 2년에 이를 설치하고, 그 후에 광군도감(光軍都監)이라 고

기관. 문종 때 직제가 정비되었고, 공양왕 3년(1391)에 혁파하였다.

121) 제위보의 使는 품관권무(병과)이고, 錄事는 유록권무(병과)이다.

122) 惠民局 : 고려시대 질병 치료를 위하여 설치한 의료기관. 예종 7년(1112)에 설치하고, 충선왕 때 司醫署에 예속되었다가, 공양왕 3년(1391)에 惠民典藥局으로 이름을 바꾸었다. 조선시대에는 惠民署로 고쳤다.

123) 혜민국의 判官 네 명은 "本業 및 散職"으로 서로 差任하는 乙科權務로 규정하고 있다. 本業은 雜科 가운데 醫業의 급제자를 대상으로 한 것이고, 散職은 급제를 하였거나 음서를 통해서 일정한 散階를 지닌 품관을 뜻하는 것으로 을과의 품관권무라 여겨진다.

崔貞煥,「權務官祿을 통해 본 高麗時代의 權務職」『國史館論叢』26, 1991 ;「權務官의 槪念에 대한 再檢討」『한국중세사연구』11, 2001 ;『고려 정치제도와 녹봉제 연구』, 신서원, 2002, 245~246쪽.

124) 東西材場 : 고려 때 목재의 보관과 조달을 맡아본 관청.

125) 光軍司 : 定宗 2년(947)에 契丹의 침입에 대비하여 軍士 30만을 선발하여

쳤다. 현종 2년에 다시 광군사로 고쳤다】[126]

征袍都監【掌軍士衣服 宣宗元年見】

정포도감.[127]【군사들의 의복을 관장하였다. 선종 원년에 (기록이) 보인다】[128]

養賢庫【睿宗十四年 置判官丙科權務 高宗三十年 加設四員 分二員遣庫屬田地所在 使勸農輸稅 令二員在庫監收 歲終 國子監考勤慢升黜】

양현고.[129]【예종 14년에 판관을 두어 병과권무로 하였다. 고종 30년에 판관 네 명을 더 두고, 두 명은 양현고에 속한 전지(田地)가 있는 곳에 나누어 보내어 농사를 권장하여 세(稅)를 거두어 수송하게 하고, 두 명에게는 양현고에 감독하여 거두어들이게 하여 연말에 국자감(國子監)에서 부지런함과 게으름을 헤아려 올리고 내쫓게(升黜) 하였다】

宮闕都監【光宗十二年 置修營宮闕都監 文宗三十年 置宮闕都監 辛禑六年又置】

궁궐도감.[130]【광종 12년에 수영궁궐도감(修營宮闕都監)을 두었다. 문종 30

光軍이라 하고 이를 통할하기 위해서 光軍司를 두었다. 광군을 직접 지휘한 것은 지방의 호족이었다.
李基白, 「高麗 光軍考」『역사학보』 27, 역사학회, 1965 ; 『高麗兵制史研究』, 一潮閣, 1968.

126) 현종 2년(1011) 다시 광군사로 개편된 이후에 광군은 州縣軍 가운데 一品軍으로 개편되었다.

127) 征袍都監 : 고려시대 군사들의 의복을 관장한 기관.

128) 선종 원년(1084) 11월에 변방을 지키는 병졸들의 혹심한 추위를 염려하여 乾明庫에 있는 平布 1,000필로 정포도감에서 의복을 만들어 나누어주게 하였다고 한다(『고려사』 권81, 병지1, 5군).

129) 養賢庫 : 고려시대의 奬學財團. 예종 14년(1119)에 國學 진흥을 위하여 설치하였다.
①『고려사』 권74, 선거2, 학교.
②정원옥, 「양현고고－국자감의 학전을 중심으로－」 『대구사학』 7·8, 1973.

년에는 궁궐도감을 두었다. 신우 6년에 또 (궁궐도감을) 두었다】

管絃房【文宗三十年置 恭愍王十一年定 判官雜權務 恭讓王三年罷】

관현방.131)【문종 30년에 설치하였다. 공민왕 11년에 정하여 판관(判官)은 잡권무로 하였다. 공양왕 3년에 폐지하였다】

街衢所【文宗三十年置】

가구소.132)【문종 30년에 설치하였다】

救濟都監【睿宗四年置之 忠穆王四年 又置賑濟都監 辛禑七年 又置賑濟色】

구제도감.133)【예종 4년에 설치하였다.134) 충목왕 4년에 또한 진제도감(賑濟

130) 宮闕都監 : 고려시대 궁궐의 창건과 수리를 위해 설치한 임시 관청.

131) 管絃房 : 고려시대 궁중의 妓樂 및 가무와 음악을 맡은 궁중 음악기관. 국왕의 전용음악기관인 大樂署와 더불어 대악관현방이라 하였다. 문종 30년(1076)에 설치되어 악공 약 170명, 악공에게 음악을 지도한 악사 14명 등을 두었으며, 공민왕 11년(1362)에 행정책임자로 判官을 두어 잡권무로 하였다. 공양왕 3년(1391)에 혁파하였다.
①송방송,「고려의 대악서의 관현방」『한국학보』44, 일지사, 1986.
②송방송,「대악서와 관현방」『역대 국립음악기관 연구』, 국립국악원, 2001.

132) 街衢所 : 고려시대 죄인을 잡아 다스리는 기관. 문종 30년(1076)에 두었다는 설치연대만 나타나 있고, 조직·기능 등에 관한 자세한 기록은 없다. 街衢使·가구별감 등의 관직을 둔 예가 보이고, 죄인을 가두는 街衢獄이 있었던 것 같다. 普賢院에서 무신난을 일으킨 鄭仲夫 등이 수도 개경에 이르러 맨 먼저 습격한 곳이 가구소인 것을 보면 단순한 刑獄機關이 아니라 권력기관으로서도 중요한 위치에 있었던 것으로 짐작된다. 충렬왕 때 贊成事 車信 등을 가둔 것으로 보아 노비와 일반 범죄자는 물론 고위 관리들의 治罪를 담당한 것으로 보인다.

133) 救濟都監 : 고려시대의 구제기관. 질병의 치료와 빈민을 구제하기 위해 설치한 기관. 예종 4년(1109)에 설치하였다고 하나, 예종 원년에 구제도감에서 질병의 치료와 빈민을 구제한 기록이 보인다. 이러한 구제기관으

都監)을 두었다. 우왕 7년에 또 진제색(賑濟色)을 두었다】

禮儀詳定所【睿宗八年置】

예의상정소.[135)]【예종 8년에 설치하였다】

額號都監【仁宗八年置 有使副使判官】

액호도감.[136)]【인종 8년에 설치하여 사(使)·부사·판관을 두었다】

平斗量都監【明宗三年 李義方奏置 斗升皆用槩 犯者配島 未逾年復舊】

평두량도감.[137)]【명종(明宗) 3년에 이의방(李義方)이 아뢰어 설치하였다. 말(斗)과 되(升)는 모두 평미레(槩)를 쓰게 하고, 위반하는 자는 섬으로 유배하였으나, 해를 넘기지 못하고 다시 이전대로 되었다】

別例祈恩都監【明宗八年 術僧致純言 國家自庚寅至癸卯 然後患難稍弭 宜令兩班祿俸二十石以上 十石例出一斗 用充齋祭之費 以事祈禳 則災亂可弭 宰相皆曰可

로 충목왕 4년(1348)에 賑濟都監을 두고, 우왕 7년(1381)에는 賑濟色을 두었다고 한다.

134) 백관지에는 구제도감이 예종 4년에 설치된 것으로 기록되어 있으나, 『고려사』 권80, 식화3, 진휼조에는 예종 원년 5월에 설치된 것으로 나타나 있다. 예종 元年 5월에 制하기를 "京內의 백성들이 疫疾에 걸렸으니 마땅히 救濟都監을 설치하여 이를 치료하고 또 시체와 뼈를 거두어 묻어 땅에 드러나지 않도록 할 것이며 近臣을 나누어 보내어 東北 西南 2道의 굶주린 백성들을 賑恤하라"고 하였다(『고려사』 권80, 식화3, 진휼).

135) 禮儀詳定所 : 고려시대 신분에 따른 의복제도와 공문서 양식 및 여러 의례를 제정하기 위해 설치한 기관. 예종 8년(1113)에 설치하였다.

136) 額號都監 : 고려시대 殿閣과 宮門 및 宮院 등의 이름을 짓기 위해 설치한 기관.

137) 平斗量都監 : 고려시대 度量衡 즉 말(斗)과 되(升) 등을 관리하기 위해 설치한 기관.

遂置都監 高宗四年 丹兵來侵 省樞兩府 議立祈恩都監 抽斂祿科米設齋醮 以禳之】

별례기은도감.[138] 【명종 8년에 술승(術僧) 치순(致純)이 말하기를 "국가에 경인(庚寅)년으로부터 계묘(癸卯)년에 이른 뒤라야 환난(患難)이 조금 그칠 것이니 마땅히 양반들로 하여금 녹봉(祿俸) 20석 이상을 받는 자는 10석에 1두(斗)를 내게 하여 재제(齋祭)의 비용에 충당하여 쓰고, 빌어서 제사(祈禳)하기를 일로 삼으면 재난(災難)이 가히 그칠 것입니다"라고 하니 재상들이 모두 좋다고 하여 드디어 도감을 두었다. 고종 4년에 거란병(丹兵)이 침입함에 재・추(省・樞) 양부(兩府)가 의논하여 기은도감을 설립하고 녹과미(祿科米)를 거두어(抽斂) 재초(齋醮)를 설치하여 이를 빌게 하였다】

山川裨補都監 【神宗元年 宰樞及重房 崔忠獻等 集術士議國內山川裨補延基事 遂置都監】

산천비보도감.[139] 【신종(神宗) 원년(元年)에 재추(宰樞) 및 중방(重房)과 최충헌(崔忠獻) 등이 술사(術士)를 모아 국내의 산천을 보호(裨補)하고, 기본을 이끌어갈 일을 의논하여 드디어 도감(都監)을 두었다】

輸養帳都監 【神宗二年置】

수양장도감.[140] 【신종 2년에 설치하였다】

五家都監 【神宗二年置】

---

138) 別例祈恩都監 : 고려시대 국가에 患難과 災難이 일어나지 않도록 기원하기 위해서 설치한 기관. 명종 8년(1178)과 고종 4년(1217)에 설치한 바 있다.

139) 山川裨補都監 : 고려 무신집권기 신종 원년(1198)에 곳곳에서 민란이 일어나고, 무질서한 상태가 계속되자 崔忠獻이 전국의 산천을 보호한다는 명분을 내세워 설치한 임시기관.

①안일환,「고려시대 통도사의 사령지배에 대한 일고-사적기 중의 사지사방산천비보를 중심으로-」『논문집』4, 부산대학교, 1974.

②이재범,「최씨정권의 성립과 산천비보도감」『성대사림』5, 1989.

140) 輸養帳都監 : 고려시대 가난한 백성을 賑恤하기 위해 설치한 임시기관.

오가도감.【신종 2년에 설치하였다】

戎器都監【高宗十年置之 忠烈王元年 又置軍器造成都監】

융기도감.[141]【고종 10년에 설치하였다. 충렬왕 원년에 또 군기조성도감(軍器造成都監)을 설치하였다】

敎定都監【崔忠獻擅權 凡所施爲 必自都監出 瑀亦因之】

교정도감.[142]【최충헌이 권력을 마음대로[擅權]하매 무릇 시행할 바는 반드시 도감(都監)으로부터 나왔다. 우(瑀)도 또한 이를 따랐다】

---

141) 戎器都監 : 고려시대 兵器를 제조하는 임시관청.

142) 敎定都監 : 고려시대 崔忠獻 이래 무신정권의 최고 정치기관. 희종 5년(1209) 4월 권력을 擅斷하기 시작한 최충헌・崔瑀 부자를 살해하기로 모의한 靑郊驛(경기 개풍군) 驛吏와 이에 관련된 자를 색출하기 위해, 開京의 興國寺 남쪽 迎恩館에 임시로 이 기구를 설치하였다. 그러나 그 뒤 계속 존치되어 최씨정권의 반대세력을 제거하는데 이용될 뿐만 아니라 庶政 감시, 稅政, 非違 糾察과 제반 명령 하달 등 국정을 총괄하는 최고의 정치기구가 되었다. 교정도감의 長을 교정별감이라 하였다. 이 직위는 최충헌・최우・崔沆・崔竩로 이어져 최씨정권을 무너뜨린 金俊・林衍에 까지 이어졌다. 1270년(원종 11) 임연의 뒤를 이은 林惟茂가 피살되어 무신정권이 끝남으로써 소멸되었다.

①邊太燮, 「高麗後期의 武班에 대하여」『서울대論文集 人文社會科學』 12, 1966 ;『高麗政治制度史研究』, 一潮閣, 1971.

②金庠基, 「高麗 武人政治 機構考」『東方文化交流史論攷』, 乙酉文化社, 1948.

③金潤坤, 「高麗 武臣政權時代의 敎定都監」『文理大學報』 11, 영남대학교, 1978.

④閔丙河, 「崔氏政權의 支配機構」『한국사』 7, 국사편찬위원회, 1973.

⑤閔丙河, 「중방과 교정도감」『한국사』 18, 국사편찬위원회, 1993.

⑥旗田巍, 「高麗の武人崔氏の家兵」『洪淳昶還曆紀念 史學論叢』, 螢雪出版社, 1977.

⑦서각수, 「고려 무인정권기 교정도감에 대한 고찰」『전농사학 송남 이존희교수 정년기념 논총』 7, 서울시립대학교 국사학과, 2001.

救急都監【高宗四十五年 置使 副使 判官各二人 錄事五人】

구급도감.143)【고종 45년에 사(使)·부사(副使)·판관(判官) 각 두 명과 녹사(錄事) 다섯 명을 두었다】

淨事色【高宗時 諸事未具 久廢親醮 至四十五年 取權臣家淨事色器械 以充其用 選差內侍叅上叅外勤恪者 稱內侍淨事色 每政超資除授 有勢者爭入 員數漸多 忠宣王改淨事色爲齋醮都監 恭讓王三年罷】

정사색.144)【고종 때에 모든 일이 제대로 갖추어지지 않아서 오랫동안 왕이 직접 제를 지내는 의식(親醮)을 폐지하였다. 45년에 이르러 권신의 집에서 정사색의 기구를 가져오게 하여 그 쓰임에 충당하고, 내시(內侍)참상(參上 : 6품 이상), 참외(參外 : 7품 이하)로서 부지런하고 성실한 사람을 골라 뽑아 내시정사색(內侍淨事色)이라고 칭하고, 매번 인사이동에 자품(資品)을 초월(超越)하여 제수(除授)하니 권세 있는 자가 다투어 들어가 인원수가 점점 많아졌다. 충선왕이 정사색(淨事色)을 고쳐 재초도감(齋醮都監)이라 하였다. 공양왕 3년에 폐지하였다】

行從都監【元宗五年置 有判事使副使判官錄事】

행종도감.145)【원종 5년에 설치하여 판사(判事)·사(使)·부사·판관·녹사

---

143) 救急都監 : 고려시대 救恤사업을 위해 설치한 임시관청. 고종 45년(1258)에 설치하여 使·副使·判官 각 2명, 錄事 5명 등을 두었다. 뒤에는 別監을 별도로 둔 것으로 보이며, 충렬왕 17년(1291)에 충청도와 서해도에 구급별감을 나누어 파견하였다고 한다.
戊戌 分遣救急別監于忠淸·西海道(『고려사』 권30, 세가, 충렬왕 17년 7월).

144) 淨事色 : 고려시대 星辰에 대한 醮祭를 관장하던 임시관청. 고종 45년(1258) 이전부터 정사색을 두었던 것으로 여겨지며, 충선왕 때 淨事色을 고쳐 齋醮都監이라 하였고, 공양왕 3년에 폐지하였다.
양은용, 「고려도교의 정사색고」 『한국종교』, 원광대학교 종교문제연구소, 1982.

145) 行從都監 : 원종 5년(1264)에 설치한 왕의 원나라 행차와 관련된 사무를 수행한 임시 관청. 원종 5년(1264)에 고려가 원나라의 親朝 요구를 받아들임으로써 고려왕이 정례적으로 원나라에 들어가게 됨에 따라 그 뒤에

를 두었다】

田民辨正都監【元宗十年置 有使副使 忠烈王十四年 又置 二十七年 又置 恭愍王元年 又置 辛禑七年 又置 十四年 又以考覈林堅味占奪田民置之】

전민변정도감.146) 【원종 10년에 설치하여 사(使)·부사(副使)를 두었다. 충렬왕 14년에 또 설치하고, 27년에 또 설치하였다. 공민왕 원년에 또 설치하였다. 신우 7년에 또 설치하고, 14년에 또한 임견미(林堅味)가 점탈한 전민(田民)의 실상을 밝히기(考覈)하기 위하여 이를 두었다】

戰艦兵粮都監【元宗十三年置】

전함병량도감.147) 【원종 13년에 설치하였다】

鈿函造成都監【元宗十三年置】

전함조성도감.148) 【원종 13년에 설치하였다】

는 왕의 국외 여행뿐만 아니라, 사냥 등의 행차에 수행하는 여러 업무를 주관하기도 하였다.

146) 田民辨正都監 : 고려후기에 권세가들에게 불법적으로 점탈된 토지 및 인민을 바로잡기 위해 설치한 임시기관. 원종 10년(1269)에 처음으로 설치한 이래 충렬왕 14년(1288)과 27년(1301), 공민왕 원년(1352)과 15년(1366), 우왕 7년(1381)과 14년(1388) 등 여러 차례에 걸쳐 개혁을 시도하였으나, 원나라 세력을 배경으로 한 권세가들의 반발로 인해 실패를 거듭하였다.

147) 戰艦兵粮都監 : 고려시대 전함에 군량미를 보급하기 위하여 설치한 관청. 고려는 제1차 일본원정을 앞두고, 원종 13년(1272) 2월 전함병량도감을 설치하고, 전함의 건조와 병량의 조달을 관장하게 하였다. 원종 15년(1274)과 충렬왕 원년(1281) 두 차례에 걸친 일본 원정에 성과를 거두지 못하자 이를 없앴다.

148) 鈿函造成都監 : 원나라 度宗의 妃가 大藏經을 담을 그릇을 구하기 때문에 이 요구에 응하기 위하여 원종(元宗) 13년(1272)에 설치한 임시관청.
又置鈿函造成都監 以皇后欲盛藏經而求之也(『고려사』 권27, 세가, 원종

房庫監傳別監【元宗十四年置 以內侍叅上叅外各二人爲之 掌田地公案別庫奴婢賤籍】

방고감전별감.[149)]【원종 14년에 설치하여 내시(內侍) 가운데 참상(參上)과 참외(參外) 각 두 명을 이에 임명하여, 전지(田地)의 공안(公案)과 별고(別庫)의 노비문서(奴婢賤籍)를 관장케 하였다】

濟州逃漏人物推刷色【忠烈王元年置】

제주도루인물추쇄색.【충렬왕(忠烈王) 원년(元年)에 설치하였다】

鋪馬箚字色【忠烈王二年置】

포마차자색.[150)]【충렬왕 2년에 설치하였다】

寡婦處女推考別監【忠烈王二年 改爲歸附軍行聘別監 時國家多用武人爲宰相 凡有建置 首相獨與上色錄事 撰定其名 故鄙拙可笑 類此】

과부처녀추고별감.[151)]【충렬왕 2년에 고쳐 귀부군행빙별감(歸附軍行聘別監)이라 하였다. 이때에 국가에서 무인(武人)을 많이 등용하여 재상(宰相)이 되었

13년 2월).

149) 房庫監傳別監 : 고려시대 토지 및 노비문서의 관장을 위해 원종 14년(1273)에 설치한 임시기관.

150) 鋪馬箚字色 : 고려시대 驛馬를 징발하여 타는 것을 허락하는 증명서인 鋪馬箚字의 발급에 대한 사무를 맡아보던 관청.

151) 寡婦處女推考別監 : 고려시대 元나라의 요청에 따라 貢女를 선발하기 위하여 설치하였던 임시관청. 원종 15년(1274)에 원나라에 귀부한 송나라 병사인 蠻子軍 출신에게 고려의 처를 마련해 주기 위해 설치한 결혼도감에서 비롯되었다. 충렬왕 2년(1278)에 歸附軍行聘別監이라 개칭하였다. 공민왕 4년(1355)에 공녀를 바친 기록이 남아 있으므로 그때까지 존속한 것으로 생각된다.

는데, 무릇 (기구를)세우고 설치함에 있어 수상(首相)이 홀로 상색(上色)·녹사(錄事)와 더불어 그 이름을 찬정(撰定)하였기 때문에 비루하고 졸열(鄙拙)하여 우습기가 이와 같았다】

農務都監【忠烈王三年置】

농무도감.[152)]【충렬왕(忠烈王) 3년에 설치하였다】

燃燈都監【忠烈王五年 罷庭殿山臺色 併於燃燈都監】

연등도감.[153)]【충렬왕 5년에 정전산대색(庭殿山臺色)을 파(罷)하여 연등도감(燃燈都監)에 합쳤다】

人物推考都監【忠烈王七年 改人物推考都監爲會問司 恭讓王三年 置人物推辨都監 四年罷之 委主掌都官】

인물추고도감.[154)]【충렬왕 7년에 인물추고도감(人物推考都監)을 고쳐 회문

---

152) 農務都監 : 고려 충렬왕 3년(1277)에 일본 정벌을 위한 군량미를 확보하기 위해 설치한 임시관청. 이에 앞서 원종 12년(1271) 4월에 여러 道에 農務別監을 나누어 파견하여 農牛와 農器具를 납부하도록 재촉하여 원나라 둔전의 수요에 대비한 적이 있다.
元宗十二年四月 分遣諸道農務別監 催納農牛農器于黃 鳳州 以備元屯田之需(『고려사』 권79, 식화2, 농상).

153) 燃燈都監 : 고려시대 불교행사의 하나인 연등회를 주관한 임시관청. 충렬왕 34년(1308)에 충선왕이 少府監·宮闕都監·倉庫都監·燃燈都監·國贐色을 繕工司에 합쳤다고 하고, 충렬왕 5년(1279)에 廷殿山臺色을 연등도감에 합쳤다고 한다(『고려사』 권76, 백관1, 선공시).

154) 人物推考都監 : 고려시대 노비의 放良·免賤·소송 등의 업무를 맡아본 관청. 설치 연대는 확실하지 않으나 충렬왕 7년(1281)에 人物推考都監을 고쳐 會問司라 하고, 공양왕 3년(1391)에 人物推辨都監으로 개칭하였다가, 공양왕 4년(1392)에 폐지하고, 그 업무를 刑曹의 속관인 都官에 이관하였다. 조선시대 노비에 관한 업무는 掌隷院에서 맡아보았다.

사(會問司)라 하였다. 공양왕 3년에 인물추변도감(人物推辨都監)을 두었다가 4년에 이를 파(罷)하고 관장하던 일을 도관(都官)에 맡겼다】

諸領府完護都監【忠烈王二十一年置】

제령부완호도감.【충렬왕 21년에 설치하였다】

經史教授都監【忠烈王二十二年置之 令七品以下習業 三十年 揀名儒二人爲使 忠穆王四年 置提調三人】

경사교수도감.[155]【충렬왕 22년에 이를 설치하여 7품 이하로 하여금 학업을 익히게 하였다. 30년에 명유(名儒) 두명을 가려 뽑아 사(使)로 삼았다. 충목왕 4년에 제조(提調) 세 명을 두었다】

選軍【忠烈王三十四年 忠宣罷選軍 併於選部 忠宣王三年復之】

선군.[156]【충렬왕 34년에 충선(왕)이 선군(選軍)을 파하여 선부(選部)에 합쳤다. 충선왕 3년에 다시 이를 설치하였다】

---

155) 經史教授都監 : 고려 충렬왕 22년(1296)에 7품 이하의 관리들로 하여금 經書와 史書를 학습하기 위해 설치한 기관.

156) 選軍 : 고려시대 군인을 선발하는 제도를 選軍이라 하였지만, 그러나 여기서는 그 업무를 담당한 관청을 의미한다. 설치시기는 정확히 알 수 없으나 정종 7년(1041)에 選軍別監이 처음 등장하는 것으로 보아 그 이전 어느 시기에 설치된 것으로 보인다. 충렬왕 34년(1308)에 충선왕이 복위하여 관제를 개편할 때 選部에 병합하였다가 충선왕 3년(1311)에 다시 설치되었다.

①李基白, 『高麗兵制史研究』, 一潮閣, 1968.

②장동익, 「고려전기의 선군－경군구성의 이해를 위한 일시론」『고려사의 제문제』, 삼영사, 1986.

③안명수, 「고려시기 "선군급전제"에 대한 고찰」『력사과학』179, 과학백과사전출판사, 2001.

鷹坊【忠烈王九年 置鷹坊都監 三十四年 忠宣定鷹坊使二人從三品 副使二人從四品 判官二人從五品 錄事二人權務 忠宣王元年 罷之 後復置 忠穆王初卽位罷之 以土田奴婢還本處 恭愍王二十年 設鷹坊 其養飼者名曰時波赤 定四品去官】

응방.[157] 【충렬왕 9년에 응방도감(鷹坊都監)을 설치하였다.[158] 34년에 충선(왕)이 정하여 응방(鷹坊)에 사(使)는 두 명으로 종3품, 부사(副使)는 두 명으로 종4품, 판관(判官)은 두 명으로 종5품, 녹사(錄事)는 두 명으로 권무(權務)로 하였다. 충선왕 원년에 이를 파(罷)하였다가 뒤에 다시 설치하였다. 충목왕이 처음 즉위하여 이를 파(罷)하고 토지와 노비를 본래의 곳(本處)으로 돌려보냈다. 공민왕 20년에 응방(鷹坊)을 설치하고 그 기르는 자의 이름을 시파적(時波赤)이라 하고, 4품 거관(去官)으로 정하였다】

內乘【忠穆王罷之 以土田奴婢 還本處】

내승.[159] 【충목왕 때 이를 파(罷)하고, 토전(土田)과 노비(奴婢)를 본래 속하였

---

157) 鷹坊 : 고려시대에 鷹을 기르는 일과 매사냥에 관한 일을 맡아보는 기관. 응방은 고려가 원의 간섭을 받게되자 그들이 朝貢品으로 매를 요구하여 옴에 이를 보내기 위해 설치하였다. 응방에 관한 기록은 충렬왕 원년(1275)에 처음으로 보이는데, 開京을 중심으로 지방의 驛과 外郡에 설치하였다.
①旗田巍, 「高麗の鷹坊(1·2)」『歷史教育』 10-6·7, 歷史教育硏究會, 1935.
②內藤雋輔, 「高麗時代の鷹坊について」『朝鮮學報』 8, 朝鮮學會, 1955.
③정진우, 「고려응방고」『청대사림』 3, 청주대학 사학회, 1979.
④박홍배, 「고려응방의 폐정－주로 충렬왕대를 중심으로－」『경주사학』 5, 동국대학교 국사학회, 1986.
⑤이인재, 「고려후기 응방의 설치와 운영」『하현강교수정년기념논총』, 하현강교수기념논총간행위원회, 2000.

158) 鷹坊都監 : 매를 사육하여 元나라에 바치기 위해 설치한 기관.

159) 內乘 : 고려시대 궁중에 필요한 마필을 관장하는 임시관청. 설치시기는 자세히 알 수 없으나 "忠惠王 후 5년 5월에 內乘 鷹坊을 革罷하였는데 당시 入仕한 자로 7품 이하 9품 이상인 자는 忽只 4번에 分屬시키고 隊正과 散職은 詔羅赤 八加赤 巡軍 4番에 分屬시켰다"(『고려사』 권81, 병지 1, 5군)고 한 것으로 보아 충혜왕 후 5년 이전의 어느 시기에 설치된 것으로 보이며, 충목왕 때 혁파된 것으로 되어 있으나 실제로는 조선 초까

던 곳(本處)으로 돌려주었다】

摎理辨違都監【忠肅王五年 改除弊事目所爲摎理辨違都監 摎理二字王所親定 於是 大索豪勢所占田民 還其本主 中外大悅 獨豪勢患之 訴大尉王罷之 又三百人 訴駕前復之 又尋罷之 八年復置察理辨違都監 尋又罷之】

찰리변위도감.160)【충숙왕 5년에 제폐사목소(除弊事目所)를 고쳐 찰리변위도감(摎理辨違都監)이라 하였다. 찰리(摎理) 두 글자는 왕이 직접 정한 것이다. 이에 세력 있는 사람들이 탈점한 전민(田民)을 크게 찾아내어 그 본주(本主)에게 돌려주니 안과 밖이 크게 기뻐하였다. 홀로 세력자들만이 이를 걱정하여 대위왕(大尉王)에게 호소하여 이를 파(罷)하였다. 또 300인이 어가(御駕) 앞에서 호소(呼訴)하여 이를 다시 두었다가 또한 이어 이를 파(罷)하였다. 8년에 다시 찰리변위도감(察理辨違都監)을 두었다가 이어 또 이를 파(罷)하였다】

火者據執田民推考都監【忠肅王七年置】

화자거집전민추고도감.161)【충숙왕 7년에 설치하였다】

지 존속하였다. 국가에서 필요로 하는 마필을 관리하는 太僕寺(司僕寺)와는 구별되고, 여기에는 환관이 주로 임명되었으며, 馬料 수취를 위한 횡포가 심하고, 또 농장을 설치하여 주민을 노예같이 부려 鷹坊과 같이 큰 사회적 문제가 되었다.

160) 摎理辨違都監 : 고려후기 권세가의 토지와 인민에 대한 불법적인 약탈과 소유를 조사하여 본 주인에게 돌려주기 위해 설치한 임시관청, 여러 가지 폐단과 부정을 바로잡기 위해 설치한 除弊事目所를 충숙왕 5년(1318)에 고쳐 摎理辨違都監이라 하였다가 곧 폐지하고(①), 충숙왕 8년(1321)에 '摎'자를 '察'자로 고쳐 察理辨違都監이라 하여(②) 다시 설치하였다가 권세가들의 반대로 또 다시 폐지되었다.

①戊午 改除弊事目所爲摎理辨違都監 尋罷之(『고려사』 권34, 세가, 충숙왕 5년 6월).

②甲戌朔 復置察理辨違都監(『고려사』 권35, 세가, 충숙왕 8년 3월).

161) 火者據執田民推考都監 : 충숙왕 7년(1320)에 환관들이 점탈한 田民을 환원하기 위하여 설치한 임시관청.

盤纏都監【忠肅王十五年 王將入朝置之 忠定王元年 又置盤纏色 令百官出苧布有差 辛禑八年 又置盤纏色 令大小文武官吏 出馬疋及苧麻布有差 以備朝廷歲貢九年又置進獻盤纏色】

반전도감.162)【충숙왕 15년에 왕이 장차 입조(入朝)하고자 이를 설치하였다. 충정왕 원년에 또 반전색(盤纏色)을 두고 백관(百官)으로 하여금 모시(苧布)를 차등 있게 내게 하였다. 신우(辛禑) 8년에 또 반전색(盤纏色)을 두고 대소(大小) 문무관리로 하여금 마필(馬疋) 및 모시·삼베(苧·麻布)를 차등 있게 내도록 하여 조정(朝廷)의 세공(歲貢)에 대비(對備)하였다. 9년에 또 진헌반전색(進獻盤纏色)을 두었다】

吏學都監【忠惠王元年置之 忠穆王四年 置判事七人 副使三人 判官三人 錄事四人】

이학도감.163)【충혜왕 원년에 이를 설치하였다. 충목왕 4년에 판사(判事) 일곱 명, 부사(副使) 세 명, 판관(判官) 세 명, 녹사(錄事) 네 명을 두었다】

整治都監【忠穆王三年置 判事四人判密直以上爲之 使九人副使七人 判官十二人 錄事六人 分遣諸道量田 忠定王元年罷】

정치도감.164)【충목왕 3년에 판사(判事) 네 명을 두어 판밀직(判密直) 이상으

---

162) 盤纏都監 : 충숙왕 15년(1328) 12월에 왕의 원나라 入朝에 필요한 경비를 마련하기 위하여 설치한 임시관청(①). 盤纏이란 路資를 뜻하는 것으로 이후 충정왕 원년(1349)과 우왕 8년(1382)에 각각 盤纏色을 두어 百官에게 苧布를 차등있게 내도록 하고, 우왕 9년(1383)에는 또 進獻盤纏色을 설치하였다.
①(忠肅王) 十五年十二月 王將入朝 置盤纏都監 令各品及五部坊里 出白紵布有差(『고려사』 권79, 식화2, 과감).

163) 吏學都監 : 충혜왕 원년(1340)에 서리 등 하급관원의 실무를 교육시키기 위해 설치한 임시기구.

164) 整治都監 : 고려 충목왕 3년(1347)에 폐정을 개혁하기 위해 설치한 임시기구. 閔賢九, 「整治都監의 設置經緯」『國民大論文集』 11, 국민대학교, 1977.

로 하고, 사(使) 아홉 명, 부사(副使) 일곱 명, 판관(判官) 12명, 녹사(錄事) 여섯 명을 여러 도(諸道)에 나누어 보내어 토지를 측량(量田)케 하였다. 충정왕 원년에 파(罷)하였다】

孩兒都監【忠穆王三年置】

해아도감.【충목왕 3년에 설치하였다】

永福都監【忠穆王初卽位, 爲支應金剛山楡岾寺置之 恭愍王定 判官從五品 錄事權務】

영복도감.[165)]【충목왕(忠穆王)이 처음 즉위하여 금강산(金剛山)의 유점사(楡岾寺)에 드는 비용을 마련하기 위하여 이를 두었다. 공민왕(恭愍王) 때 정하여 판관(判官)은 종5품, 녹사(錄事)는 권무(權務)로 하였다】

弘福都監【恭愍王定 判官從五品 錄事權務 恭讓王四年罷】

홍복도감.【공민왕 때 정하여 판관(判官)은 종5품, 녹사(錄事)는 권무(權務)로 하였다. 공양왕 4년에 파하였다】

興福都監 典寶都監 崇福都監【並恭愍王定 判官從五品 錄事權務 辛禑六年皆罷之】

흥복도감·전보도감·숭복도감.【모두 공민왕 때 정하여 판관(判官)은 종5품, 녹사(錄事)는 권무(權務)로 하였다. 신우(辛禑) 6년에 모두 이를 파하였다】

禮儀推正都監【恭愍王元年置 十一年 又置禮儀推正色】

---

165) 永福都監 : 고려 충목왕 때 금강산 楡岾寺의 경비를 조달하기 위하여 설치한 임시관청.

예의추정도감.[166] 【공민왕 원년에 설치하였다. 11년에 또 예의추정색(禮儀推正色)을 두었다】

推刷色 【恭愍王元年置】

추쇄색.[167] 【공민왕 원년에 설치하였다】

刷卷都監 【恭愍王二年 貸官錢逋欠者多 故置都監徵之 延及族屬里閭 倍收其本 前判密直金逸逢上書 陳其弊罷之】

쇄권도감.[168] 【공민왕 2년에 관전(官錢)을 빌려 쓰고 갚지 않는(逋欠) 자가 많으므로 도감(都監)을 두어 이를 징수케 하였다. 거두어들임에 친척(族屬)이나 마을(里閭)에 이르기까지 그 원금(本錢)의 배(倍)를 징수하여 전 판밀직(前判密直) 김일봉(金逸逢)이 글을 올려 그 폐단를 말하고 이를 파하였다】

興王都監 【恭愍王十一年置 判官甲科權務】

흥왕도감.[169] 【공민왕 11년에 설치하여 판관(判官)은 갑과권무로 하였다】

---

166) 禮儀推正都監 : 공민왕 원년(1352)에 몽고 풍속을 철폐하고 고려의 예교와 의식을 쇄신하기 위하여 설치한 것으로 추정되는 임시기구.
왕이 元의 제도를 써서 辮髮 胡服으로 殿上에 앉았으니 이연종이 諫하기를 … "변발과 호복은 선왕의 제도가 아니오니 원컨대 전하는 본받지 마소서"하니 왕이 기뻐하였다(『고려사』 권106, 열전, 이승휴 이연종)고 한 것으로 보아 그렇게 추정된다.

167) 推刷色 : 공민왕 원년(1352)에 불법적으로 소유한 토지를 추쇄(推刷)하기 위하여 설치한 것으로 추정되는 임시기구.
공민왕 2년 11월에 田民別監을 楊廣·全羅·慶尙道에 나누어 보내어 義成倉·德泉倉·有備倉의 田과 여러 賜給田의 標內에서 함부로 가지고 있는 公私田을 推刷하여 모두 本主에게 돌려주었다(『고려사』 권78, 식화1, 전제 경리)고 한 것으로 보아 그렇게 추정된다.

168) 刷卷都監 : 고려 공민왕 2년(1353)에 官錢을 빌려 쓰고 갚지 않는 자가 많아 이를 환수하기 위하여 설치한 임시기구.

習射都監【恭愍王十一年 爲丙科權務】

습사도감.[170]【공민왕 11년에 병과권무로 하였다】

禁殺都監【恭愍王十一年置之 以紅賊陷京殺牛馬殆盡 申嚴宰殺之禁】

금살도감.[171]【공민왕 11년에 이를 설치하였다. 홍건적(紅巾賊)이 서울을 함락하여 소와 말(牛馬)을 죽여 거의 다 없애므로 엄격히 도살(屠殺)의 금지를 당부하였다】

祿轉捧上色【恭愍王十一年置之 自播遷以來 祿轉出納 不任倉官 別立一所 謂之祿轉捧上色】

녹전봉상색.[172]【공민왕 11년에 이를 설치하였다. 파천(播遷) 이래로부터[173]

---

169) 興王都監 : 홍왕도감을 설치한 목적은 자세히 알 수 없으나, 인종 때 경정된 권무관록에 홍왕도감의 使·副使·判官의 녹봉이 정해져 있는 것으로 보아 홍왕도감은 인종 때 혹은 그 이전에 설치된 것으로 보아야 한다. 여기서 "공민왕 11년에 判官을 두어 갑과권무로 하였다"고 한 기록은 이 때에 홍왕도감이 설치된 것이 아니라 고려후기에 홍왕도감의 직제가 개편된 내용을 반영하고 있는 것이다.
崔貞煥,「權務官의 槪念에 대한 再檢討」『한국중세사연구』 11, 2001 ; 『고려 정치제도와 녹봉제 연구』, 신서원, 2002, 259쪽.

170) 習射都監 : 고려시대 군사훈련을 담당했던 임시관청. 설치시기와 관원의 구성에 대해서는 자세히 알 수 없으나, 습사도감에 잡직장교 2명이 있는 것으로 보아 전기에 설치된 습사도감의 관원 구성과 직제가 후기 공민왕 11년(1362)에 병과권무로 개편된 것으로 추측된다.
習射都監 雜職將校二(『고려사』 권83, 병지3, 간수군).

171) 禁殺都監 : 고려시대 소나 말을 屠殺하지 못하도록 설치한 임시관청. 공민왕 11년(1362) 1월 鄭世雲·安祐 등이 紅巾賊을 대파하고 開京을 수복하였을 때, 홍건적에 의해 거의 滅殺된 소와 말의 보존과 이의 번식을 위하여 금살도감을 설치하였다.

172) 祿轉捧上色 : 고려 공민왕 11년(1362)에 祿俸의 출납을 관장하기 위해 설치한 임시관청.

녹전(祿轉)의[174] 출납을 창관(倉官)에 맡기지 않고 따로 한 관청(官廳)을 세워 이를 녹전봉상색(祿轉捧上色)이라 하였다】

刑人推正都監【恭愍王十四年 以救旱置】

형인추정도감.[175)]【공민왕 14년에 한재(旱災)를 막기 위해 설치하였다】

理學都監【恭愍王二十一年 置教授官】

이학도감.[176)]【공민왕 21년에 교수관(敎授官)을 두었다】

供辦都監【恭愍王二十二年 正陵仁熙殿各置供辦都監 恭讓王三年罷】

공판도감.[177)]【공민왕 22년에 정릉(正陵)과 인희전(仁熙殿)에 각각 공판도감

---

173) 自播遷以來 : 공민왕 10년(1361)에 왕이 紅巾賊에게 쫓겨 福州(安東)로 피난하였다가 還都한 것을 의미함.

174) 祿轉 : 고려시대 녹봉의 재원으로 충당된 민전의 조세를 녹전이라 하였다. 고려시대 각 지방에서 開京으로 보내 온 民田租 가운데 國用으로 사용되는 것은 右倉(豊儲倉)과 大倉으로 들어가고, 녹봉의 재원으로 사용되는 것은 左倉(廣興倉)에서 관장하였다.
崔貞煥, 「高麗 祿俸制의 運營實態와 그 性格」『慶北史學』2, 1980 ; 『高麗・朝鮮時代 祿俸制 研究』, 慶北大學校 出版部, 1991, 65~72쪽.

175) 刑人推正都監 : 고려 공민왕 14년(1365)에 오랜 가뭄이 들자 억울하게 형을 받은 사람들을 조사하여 원을 풀어줌으로써 旱災를 막기 위해 설치한 임시관서. 공민왕 14년 5월에 "오랫동안 가물어서 刑人推整都監을 두어 원통하고 억울한 일을 조사하여 씻어 주었다"고 그 설치 목적을 밝히고 있다.
甲戌 以久旱 置刑人推整都監 按雪寃抑(『고려사』 권41, 세가, 공민왕 14년 5월).

176) 理學都監 : 고려말 성리학이 수용되면서 이를 교육시키기 위해 설치한 기구.

177) 供辦都監 : 고려시대 進獻品을 보관하거나 국가행사 때 필요한 물품을 조달한 임시관청. 공민왕 22년(1373)에 왕이 魯國公主의 능인 正陵과 魂殿인 仁熙殿에 설치한 것으로, 寶源解典庫와 관련이 있었다. 이 두 공판

(供辦都監)을 두었다. 공양왕 3년에 파하였다】

都摠都監【恭愍王二十二年置 點坊里軍】

도총도감.[178)] 【공민왕 22년에 설치하여 방리군(坊里軍)을 점검(點檢)하였다】

火㷁都監【辛禑三年 判事崔茂宣建議 置之 辛昌罷 屬軍器寺】

화통도감.[179)] 【신우(辛禑) 3년에 판사 최무선(崔茂宣)의 건의로 이를 설치하였다. 신왕(辛昌)이 파하여 군기시(軍器寺)에 속하게 하였다】

三蘇造成都監【明宗四年制 左蘇白岳山 右蘇白馬山 北蘇箕達山 置延基宮闕造成官 辛禑四年 議欲遷都 以國史有三蘇創建宮闕之文 置三蘇造成都監】

삼소조성도감.[180)] 【명종(明宗) 4년에 왕의 명령으로 좌소(左蘇) 백악산(白岳

도감은 그 재원을 바탕으로 殖利를 하였는데,『高麗史』에 의하면, 寶를 설치하고 백성들에게 糧穀을 대여했으며, 빌린 사람들은 妻子를 팔아서도 상환할 수 없어서 패가망신할 정도였다고 한다. 공양왕 3년(1391)에 성격이 비슷한 다른 관부들과 함께 폐지되었다.

178) 都摠都監 : 고려후기 공민왕 22년(1373)에 개경의 병력 동원을 위하여 설치한 임시기구. 공민왕 22년 윤 11월에 왜구가 침입하자 정규군만으로는 대처할 수 없어 수도 開京의 坊里軍을 동원하기 위하여 설치하였다. 大戶・中戶는 5戶를 합하여 하나로 하고, 小戶는 10戶를 하나로 하여 각각 1명의 군인을 내어 왜구를 막게 하였다. 방리군의 族徵은 개경 부민에게 많은 부담을 주어 우왕 14년(1388)에 도총도감을 혁파하자는 주장이 있었는데, 그 폐지 시기는 확실하지가 않다.

(恭愍王22年) 閏十一月 立都摠都監 括城中諸戶 大 中戶幷五爲一 小戶幷十爲一 各僉一人 中東部赴東江 南西北部赴西江 防倭(『고려사』 권82, 병지2, 진수).

179) 火㷁都監 : 고려 우왕 3년(1377)에 화약과 火器의 제조를 위해 설치한 임시관청.

180) 三蘇造成都監 : 우왕 4년(1378)에 三蘇에 궁궐을 짓기 위해 설치했던 임

山)・우소(右蘇) 백마산(白馬山)・북소(北蘇) 기달산(箕達山)에 연기궁궐조성관(延基宮闕造成官)을 설치하였다. 신우(辛禑) 4년에 도읍을 옮기고자 의논하여 국사(國史)의 삼소(三蘇)에 궁궐(宮闕)을 창건한다는 글이 있으므로 삼소조성도감(三蘇造成都監)을 두었다】

折給都監【辛禑八年置 以宰樞七八人爲別坐 分給土地 以均田里 辛昌又置】

절급도감.[181)]【신우(辛禑) 8년에 설치하였다. 재추(宰樞) 7·8인을 별좌(別坐)로 삼아 토지를 나누어주어 전리(田里)를 균등하게 하였다. 신창(辛昌)이 또 두었다】

推徵色【辛禑十年 置之 徵郡縣逋欠貢賦】

추징색.[182)]【신우(辛禑) 10년에 이를 두어 군현(郡縣)의 체납된 공부(貢賦)를 징수(徵收)하였다】

武藝都監【辛禑十年 譯人中郎將郭海龍 獻議置之】

무예도감.[183)]【신우(辛禑) 10년에 역인(譯人) 중랑장(中郎將), 곽해룡(郭海龍)이 건의하여 이를 두었다】

點牛色【辛禑十一 爲進獻置】

점우색.[184)]【신우 11년에 (農牛를) 바치기 위해 설치하였다】

시관청.

181) 折給都監 : 고려 우왕 8년(1382) 12월에 문란한 토지 소유를 바로잡기 위해 설치한 임시기구.

182) 推徵色 : 우왕 10년(1384) 12월에 체납되어 밀린 貢賦를 징수하기 위해 설치한 임시관청.

183) 武藝都監 : 우왕 10년(1384)에 무예 강습을 위해 설치한 임시기구.

184) 點牛色 : 우왕 11년(1385)에 農牛를 교역하기 위해 설치한 임시기구. 우왕 11년 4월에 遼東이 사람을 보내어 農牛를 사거늘 이에 點牛色을 두어서

別酒色 別鞍色【並辛禑十一年置】

별주색・별안색.【모두 신우 11년에 두었다】

十學【恭讓王元年 置十學教授官 分隷禮學于成均館 樂學于典儀寺 兵學于軍候所 律學于典法 字學于典校寺 醫學于典醫寺 風水陰陽等學于書雲觀 吏學于司譯院】

십학.[185)]【공양왕 원년에 십학(十學) 교수관(敎授官)을 두어, 예학(禮學)은 성균관(成均館)에, 악학(樂學)은 전의시(典儀寺)에, 병학(兵學)은 군후소(軍候所)에, 율학(律學)은 전법(시)(典法寺)에, 자학(字學)은 전교시(典校寺)에, 의학(醫學)은 전의시(典醫寺)에, 풍수(風水)・음양학(陰陽學) 등은 서운관(書雲觀)에, 이학(吏學)은 사역원(司譯院)에 분속(分屬)시켰다】

漢文都監【恭讓王三年 改漢語都監爲漢文 置教授官】

한문도감.[186)]【공양왕 3년에 한어도감(漢語都監)을 고쳐 한문도감(漢文都監)

西北面民에게 교역하게 하고, 소(牛) 500頭를 얻어 都巡問使가 인(印)을 찍어 보내니 遼東이 印 찍힌 소는 곧 公家에서 바친 것이라 하여 값을 주지 아니하므로 곧 이를 罷하였다.

遼東遣人買農牛 於是 置點牛色 聽西北面民互市 得牛五百頭 都巡問使 烙印以送 遼東以爲帶印牛 乃公家所獻 不與直 故尋罷之(『고려사』 권135, 열전, 신우 11년 4월).

185) 十學 : 고려시대 교육기관인 국자감은 성종 11년(992) 이전에 설치된 이래 충렬왕 원년(1275)에 국학, 동왕 24년(1298)에 성균감, 공민왕 5년(1356)에 다시 국자감으로, 동왕 11년(1362)에 다시 성균관으로 이름이 개편되어 갔다. 고려후기 성리학이 전래됨으로써 儒風이 더욱 진작됨과 동시에 국학에서는 儒學部와 技術學部가 서로 분리되어 가는 경향이 나타나게 되었다. 공양왕 원년(1389)에 십학교수관의 설치는 그러한 경향을 반영하는 것이다. 예학 악학 등으로부터 吏學에 이르기까지의 특수분야의 십학 교육은 해당 官署에서 전담하게 됨으로써 성균관은 순수한 유학교육기관으로 변하게 되고, 특수교육의 기술학부는 여기에서 분리되어 갔다.

186) 漢文都監 : 고려시대 漢語(中國語)의 교육을 담당하기 위해 설치한 임시 관청. 충렬왕 15년(1279)에 遼東에 기근이 들어 元 나라에서 고려에 군량의 조달을 요구하자 한어도감 등으로부터 쌀 200석을 거두어들인 것으

이라 하고 교수관(教授官)을 두었다】

世子朝見色【恭讓王三年置】

세자조현색.187)【공양왕 3년에 두었다】

諸宮殿官【權務 文宗置使副使判官 或置使副使錄事 或只置直 或只置錄事 恭愍王 罷使 餘並仍之】

제궁전관.188)【권무(權務)로 하였다. 문종(文宗) 때 사(使)·부사(副使)·판관

로(①) 미루어 보아 한어도감은 충렬왕 15년 이전의 어느 시기에 설치되었던 것으로 추정된다. 공양왕 3년(1391)에 한문도감으로 개칭되었으며, 관원으로 교수관을 두었다.
①『고려사』 권79, 식화2, 과감.

187) 世子朝見色 : 세자가 중국 황제에게 謁見하는 일을 맡아보던 임시관청.

188) 諸宮殿官 : 궁전은 국왕과 그 가족이 생활하고, 정사를 살피는 집을 말한다. 국왕을 비롯한 그 가족으로 세자·왕자·공주·옹주·후궁 등 宮人들이 사는 집을 宮 또는 殿이라 하고, 연칭하여 궁전 또는 궁궐이라고도 하였다. 궁전은 국왕을 비롯한 궁인들이 사는 집을 말하는 것으로 궁궐과 같은 의미이다. 諸宮殿官은 宮과 殿 혹은 宮殿을 관리하는 여러 관청을 말하는 것이다. 여러 궁전관의 관원은 대부분 권무직으로 하였다.
『고려사』 백관2, 동궁관조에 "현종 13년에 太子를 세우고, 東宮官의 官屬을 설치하였다(①)"고 하고, 『고려사』 제비주부조에는 "무릇 妃主를 책봉하면 곧 반드시 殿을 세우고, 府를 설치하여 僚屬을 갖추었다(②)"고 하여 宮과 殿을 구별하였다. 용례로 고려 태조의 아들인 文元大王(王貞)의 아들 千秋殿君은 천추전의 칭호와 관련하여 封君되었고, 역시 태조의 아들인 元莊太子의 아들 興芳宮大君은 흥방궁의 宮號를 따서 봉군된 예가 있다. 인종 16년(1136) 5월에 "경술에 모든 殿閣과 宮門 이름을 고쳐 御筆로 額號를 쓰니 會慶殿을 宣慶殿이라 고치고 乾德殿을 大觀殿으로 고치고 文德殿을 修文殿이라 고치고 …(③)"라고 한 것에서도 殿과 宮은 구별하고 있다. 이와 같이 宮과 殿은 서로 구별되면서도 임금을 비롯한 궁인들이 사는 집을 宮殿 혹은 궁궐이라 하였다. 고려시대는 궁궐의 창건과 수리를 위해서 임시관청인 궁궐도감을 설치하였다. 궁궐에 대한 용례로 『삼국사기』에 흘해이사금 5년 "2월에 궁궐을 중수하려고 비가 오지 않아 멈추었

(判官)을 두기도 하고, 혹은 사(使)・부사(副使)・녹사(錄事)를 두기도 하고, 혹은 단지 직(直)만을 두기도 하고, 혹은 단지 녹사(錄事)만 두기도 하였다. 공민왕 때 사(使)를 파(罷)하고, 나머지는 모두 그대로 하였다】

諸陵直【雜權務】

제릉직.[189)]【잡권무이다】[190)]

다(④)",『고려사』에 "송악의 남쪽에 도읍을 정하여 궁궐을 짓고 3성 6상서 9시(九寺)를 설치하였다(⑤)",『태조실록』에 "도평의사사에서 狀申하기를 종묘는 조종을 봉안하여 효성과 공경을 높이는 것이요, 궁궐은 존엄성을 보여 政令을 내는 곳이다(⑥)"라 한 것에서 그 예를 들 수 있다.

①顯宗十三年 立太子 置師保及官屬 司議郎一人 司直一人 通事舍人二人 丞・注簿・錄事各一人(『고려사』 권77, 백관2, 동궁관).

②凡册封妃主則必立殿置府備僚屬 (『고려사』 권77, 백관2, 諸妃主府).

③『고려사』 권16, 세가, 인종 16년 5월.

④二月 重修宮闕 不雨乃止(『삼국사기』 권2, 신라 본기 흘해이사금 5년).

⑤定都于松嶽之陽 創宮闕 置三省 六尙書 官九寺 …(『고려사』 권1, 세가, 태조 2년 정월).

⑥『태조실록』 권6, 태조 3년 11월 기해.

189) 諸陵直 : 고려시대 왕실의 山陵을 지키기 위해 穆宗 때 諸陵署를 설치하여, 정직이 품관으로 令(종5품)과 丞(종7품)을 두었다(①). 여기서 말하는 제릉직 역시 왕실의 산릉을 돌보는 일과 관련이 있는 직책이라 여겨진다. 그러나 제릉서의 令・丞은 정직의 품관이지만 제릉직은 정직의 품관이 아니고 권무관록 8석 10두에 해당하는 雜權務로 실무에 종사하는 임시직이다(②).

①『고려사』 권77, 백관2, 제릉서.

②『고려사』 권80, 식화3, 녹봉 권무관록.

190) 雜權務 : 고려시대 권무직에는 3품으로부터 7품 이상의 품관권무(甲・乙・丙科)와 동정직의 산계 8·9품에 해당하는 유록권무(甲・乙・丙科)와 이 외에 또한 잡권무가 있다.『고려사』 백관2, 제사도감각색조에 諸陵直・諸眞殿直・諸館直・諸壇直・諸神廟直 등은 모두 잡권무로, 諸牧監直과 諸窯直은 병과권무, 諸宮殿官과 諸亭院直은 권무로 규정되어 있다. 품관권무(甲・乙・丙科)는 3품에서 7품 이상에 해당하는 문산계를 지닌 使 副使 등으로 특정한 관서에 임시직으로 실무에 종사하는 품관을 말하

諸眞殿直 【雜權務】

제진전직.[191] 【잡권무이다】[192]

諸館直 【雜權務】

제관직.[193] 【잡권무이다】

고, 유록권무(갑과 · 을과 · 병과)는 과거나 음서를 통해서 문산계나 동정직의 산계 8·9품을 지닌 품관으로서 吏翰職을 비롯한 諸司都監의 錄事 · 判官 등 실무에 종사하였다. 잡권무 역시 과거나 음서를 통해서 문산계나 同正職의 산계 8·9품을 지닌 품관으로서 諸陵直 · 諸眞殿直 · 諸館直 · 諸壇直 · 諸神廟直 등 잡다한 여러 관서의 直職을 初職으로 받아 실무에 종사하였다. 잡권무는 품관권무 및 유록권무 와는 달리 갑과 · 을과 · 병과의 구별이 없었다.

崔貞煥, 「權務官祿을 통해 본 高麗時代의 權務職」『國史館論叢』 26, 1991 ; 「權務官의 槪念에 대한 再檢討」『한국중세사연구』 11, 2001 ; 『고려 정치제도와 녹봉제 연구』, 신서원, 2002, 253~255쪽.

191) 諸眞殿直 : 임금의 초상화인 御眞을 봉안하고 焚香하는 여러 眞殿을 관리하는 관원. 여러 진전의 직(直)은 잡권무로 권무관록 7석을 받게 되어 있다. 權務官祿 文宗三十年定 … 七石 諸眞殿直(『고려사』 권80, 식화3, 녹봉 권무관록).

192) 앞의 諸陵直, 잡권무 참조.

193) 諸館直 :고려시대 외국의 사신과 賓客을 영접하는 諸館의 관원. 諸館의 直은 잡권무로 하였다. 順天館의 直은 잡권무로서 권무관록 8석을 받게 되어 있다(①).

용례로 "문종이 태자에게 명하여 順天館에 나아가 송나라 사신(宋使)을 인도하여 會慶殿 뜰로 들어왔다(②)"고 하고, 예종은 順天館에 행차하여 接賓하는 일을 점검하고, 宰樞들과 香林亭에서 향연을 베풀었다고 한다(③).

①權務官祿 文宗三十年定 … 八石 諸壇直 宮直 殿直 陵直 長源亭直 順天館直 三司重監(『고려사』 권80, 식화3, 녹봉 권무관록).

②丁卯 命太子 詣順天館 導宋使 … 入會慶殿庭(『고려사』 권9, 세가, 문종 32년 6월).

③壬午 幸順天館 點檢接賓之事 宴宰樞于香林亭(『고려사』 권14, 세가, 예종 17년 3월).

諸壇直 【雜權務】

제단직.[194] 【잡권무이다】

諸神廟直 【雜權務】

제신묘직.[195] 【잡권무이다】

諸牧監直 【丙科權務】

제목감직.[196] 【병과권무이다】

---

194) 諸壇直 : 祭壇을 지키고 관리하는 관원. 여러 제단의 直은 잡권무로 하여 권무관록 8석을 받게 되어있다.

權務官祿 文宗三十年定 … 八石 諸壇直 宮直 殿直 陵直 長源亭直 順天館直 三司重監(『고려사』 권80, 식화3, 녹봉 권무관록).

195) 諸神廟直 : 고려시대 귀신에게 제사지내던 여러 사당의 관원. 여러 神廟의 直은 잡권무로 권무관록 8석 10두를 받게 되어있다.

權務官祿 文宗三十年定 … 八石十斗 … 諸神廟直 神堂 栗浦直 諸窯直 九曜堂直 諸牧監直(『고려사』 권80, 식화3, 녹봉 권무관).

196) 諸牧監直 : 고려시대 각지에서 말 소 기타 가축의 양육을 담당하던 여러 목장의 관원. 여러 牧監의 直은 병과권무로서 앞서 말한 잡권무인 諸神廟直과 동일한 권무관록 8석 10두를 받게 되어있다. 고려시대 권무직에는 품관권무와 유록권무 및 잡권무로 구분되어 있으며, 품관권무와 유록권무에는 갑과 을과 병과의 구별이 있으나 잡권무는 그러한 구별이 없다. 제목감직은 그 녹봉으로 보아 품관권무는 아닐 것이고, 유록권무 가운데 병과권무였을 것으로 추정이 된다. 그러나 잡권무와 동일한 8석 10두로 규정되어 있는 것에 대해서는 의문이 간다(①). 그리고 諸牧監의 용례로 충렬왕 34년에 충선왕이 司僕寺로 고쳐 尙乘局・典牧寺의 여러 牧監을 이곳에 병합하였다고 한다(②).

①權務官祿 文宗三十年定 … 八石十斗 … 諸神廟直 神堂 栗浦直 諸窯直 九曜堂直 諸牧監直(『고려사』 권80, 식화3, 녹봉 권무관).

②(忠烈王) 三十四年 忠宣改司僕寺 以尙乘典牧 諸牧監併焉(『고려사』 권76, 백관1, 사복시).

諸窯直【丙科權務】

제요직.[197] 【병과권무이다】

諸亭院直【權務】

제정원직.[198] 【권무이다】

『高麗史』卷77 志31 / 百官2 / 西班

西班

太祖初 有馬軍將軍大將軍 是武職也 二年 置六衛 穆宗五年 備置六衛職員 後置鷹揚・龍虎二軍 在六衛之 後又設重房 使二軍六衛上・大將軍皆會焉 毅明以降 武臣用事 重房之權益重 忠宣罷而旋復 終高麗之世 不能廢焉 至恭讓王時 二軍六衛並稱八衛

서반.[199]

---

197) 諸窯直 : 기와와 그릇을 굽는 여러 가마의 업무를 맡아보는 관원. 諸窯의 直은 앞서 말한 諸牧監直과 같이 병과권무로 하여 권무관록 8석 10두를 받게 되어있다.

198) 諸亭院直 : 長源亭 景昌院 등 여러 亭과 院의 업무에 종사하는 관원. 諸亭院의 直은 권무직으로 하였다. 福昌・景昌院의 典은 문종 30년에 제정된 권무관록에 8석 10두, 長源亭의 直 8석을 받게되어 있다.
權務官祿 文宗三十年定 … 八石十斗 … 福昌・景昌院典・諸殿守護員 八石 諸壇直 宮直 殿直 陵直 長源亭直 順天館直 三司重監(『고려사』 권80, 식화3, 녹봉 권무관).

199) 西班 : 고려시대 양반 지배층의 하나로 문반을 동반이라 한데 비하여 무반을 서반이라 하였다. 중앙군인 2軍 6衛의 정3품 上將軍 이하 정9품 校尉까지는 품계를 명시하고 있지만 그 이하에 隊正은(①) 품계를 명시하지 않고 있다. 그러나 상장군 이하 대정에 이르기까지를 서반으로 보아야 할 것이다.
隊正은 무반의 初入仕職 또는 권무직으로 동정직체계의 산계를 지니고 있

태조 초에 마군장군(馬軍將軍)・대장군(大將軍)이 있었는데 이는 무직(武職)이다. 2년에 6위(六衛)를 두었다.200) 목종 5년에 6위(六衛)의 직원(職員)을 갖추고, 뒤에 응양(鷹揚)・용호(龍虎)의 2군(二軍)을 두어201) 6위(六衛)의 상위(上位)에 있게 하였다. 뒤에 또한 중방(重房)을

는 무반의 관품이다. 대정은『고려사』백관지 서반조에 정9품 尉(校尉) 아래 품외직으로 되어있지만, 전시과(14과 田30・柴5結)와 녹봉(문종・인종 녹제 16石 10斗)을 받는 무반의 실직이다. 고려전기에는 무반에 권무직을 설정하지 않고, 대정이 군인이나 무반동정직체계 산직의 초입사직으로 이용되었고, 후기에는 서반의 실직과 권무직으로도 되었던 바 納粟을 하던가 동정직의 산계를 지니고 있어야만 실직의 대정에 보임될 수 있었다. 따라서 대정은 서반의 실직으로 동정직의 산계를 지닌 품관이다(②).

①崔貞煥,「權務官祿을 통해 본 高麗時代의 權務職」『國史館論叢』26, 1991 ;『고려 정치제도와 녹봉제 연구』, 신서원, 2002, 224~225쪽.

②박용운,『고려시대사』상, 287쪽에서 대정은 중간계층이 취임하는 직위로 간주되어 따로 구별하는 것이 보통이라 하고, 교위 이상은 문반에 대칭되는 무반의 관직이었다고 하였다. 이성무,『조선초기 양반연구』, 일조각, 1980, 35~37쪽에서 고려의 隊正・隊副가 流外職이기는 하지만 9품계로 代用된 것으로 보고 있다.

200) 二年 置六衛 : 태조 2년(919)에 6위를 설치하였다는 이 기록은『고려사』撰者의 잘못이다, 이와 비슷한 기록으로 태조 2년에 3省・6尙書・9寺・6衛를 세웠다는(①) 기록 또한『고려사』편찬자의 오류이다. 6위는 고려의 중앙군인 左右衛・神虎衛・興威衛・金吾衛・千牛衛・監門衛를 합쳐 부른 것으로 성종 14년(995)에 설치된 것으로 추정하고 있다(②).

①(太祖) 二年 立三省・六尙書・九寺・六衛 ,略倣唐制(『고려사』권76, 백관1, 서문).

②李基白,「高麗 二軍・六衛의 形成過程에 대한 再考」『黃義敦古稀記念史學論叢』, 1960 ;『高麗兵制史硏究』, 一潮閣, 1968, 78~79쪽.

201) 後置鷹揚・龍虎二軍 : 여기서 2군 즉 鷹揚軍과 龍虎軍의 형성시기를 "後置"라고 기록하고 있는데 그 시기를 현종 9년(용호군 : 현종 8년, 응양군 : 현종 9년)으로 보고 있다.

①成宗九年十月 置左右軍營(『고려사』권81, 병지1, 병제 5군).

②李基白,「高麗 二軍・六衛의 形成過程에 대한 再考」『黃義敦古稀記念史學論叢』, 1960 ;『高麗兵制史硏究』, 一潮閣, 1968, 79~80쪽.

③鄭景鉉,「경군」『한국사』13, 국사편찬위원회, 1993.

설치하고 2군(二軍) 6위(六衛)의 상·대장군(上大將軍)이 모두 여기에 모여 회의하게 하였다. 의종(毅宗) 명종(明宗) 이래로 무신(武臣)을 정치에 등용하여 중방(重房)의 권한이 더욱 커졌다. 충선(왕)이 파(罷)하였다가 다시 복구하였고, 고려의 치세가 끝날 때까지 폐지하지 않았다. 공양왕(恭讓王) 때에 이르러 2군(二軍)·6위(六衛)를 합하여 8위(八衛)라 하였다.[202)]

---

④洪承基, 「高麗初期 中央軍의 組織과 役割－京軍의 性格－」『高麗軍制史』, 陸軍本部, 1983. 여기서는 2군의 설치시기를 목종 5년에서 11년 사이로 추측하고 있다.

⑤宋寅州, 「고려 二軍의 成立時期와 性格에 대한 再檢討」『한국중세사연구』 4, 1997.

202) 二軍六衛並稱八衛 : 2군 6위란 고려시대 중앙군을 이루는 8개 부대의 총칭으로서 8위라고도 하였다. 2군은 鷹揚軍과 龍虎軍을, 6위는 左右衛·神虎衛·興威衛·金吾衛·千牛衛·監門衛를 가리키는 것으로 총 45領(45,000명)으로 편제되어 있다. 45,000명으로 편성되어 있는 이들 군사들의 군역(軍役)의 담당 방식과 어떤 부류의 신분인가에 따라 府兵制로 파악하는 입장과 軍班制로 이해하는 입장과 京外軍混成制로 이해하는 입장이 서로 엇갈리고 있다.

부병제설은 중앙군 전부를 윤번입역하는 농민군(군반씨족 ; 부병)으로 파악하였으며, 전시과 제도상의 군인전은 군역의 대가로 조세를 면제받게 된 이들 농민군들의 自耕地(民田)였다고 주장하였다(①). 그러나 군반씨족제설은 중앙군 전부가 개경 거주의 전업적이고 세습적인 군인들(군반씨족)로 편성되어 있으며, 전시과 제도상의 군인전은 이들에게 주어진 收租地였던 것으로 이해하였다(②). 한편 경외군혼성제설에 의하면 고려전기 중앙군은 개경 거주의 비교적 소규모의 전업적인 특수군인층(京軍)과 윤번제로 입역하는 대다수의 지방 농민군(外軍 ; 保勝軍과 精勇軍)으로 혼합 편성되어 있으며, 전자에게는 전시과제도에 따라 수조지로써 군인전이 지급된 반면 후자에게는 복역 중인 軍人戶의 생계보조자(養戶)가 군인 1명당 2명씩 배당되었다고 한다(③). 경외군혼성제설은 부병제설과 군반제설을 비판적으로 종합하면서도 구체적인 증거를 새롭게 제시하여 관련 증거들을 보다 합리적으로 설명하고 있다.

①李基白, 「高麗 軍班制下의 軍人」『高麗兵制史硏究』, 一潮閣, 1968.

②姜晋哲, 「軍人田」『高麗土地制度史硏究』, 高麗大出版部, 1980.

李佑成, 「高麗의 營業田」『歷史學報』 28, 1965.

『高麗史』卷77 志31 / 百官2 / 西班 / 鷹揚軍

鷹揚軍 一領 軍置上將軍一人正三品 大將軍一人從三品 領置將軍一人正四品【恭愍王 改將軍爲護軍 諸衛同】 中郎將二人正五品 郎將二人正六品 別將二人正七品 散員三人正八品 尉二十人正九品 隊正四十人【鷹揚龍虎二軍 上大將軍稱近仗上大將軍 將軍稱親從將軍 中郎將以下亦稱近仗 又鷹揚軍上將軍 兼軍簿典書者 稱班主】

응양군(鷹揚軍).[203] 1령(一領 : 1000명)이 있다. 군(軍)에는 상장군(上將軍) 한 명을 두어 정3품, 대장군(大將軍)은 한 명으로 종3품, 영(領)

李佑成,『高麗社會 諸階層의 硏究』, 성균관대 박사학위논문, 1974.
內藤雋輔,「高麗兵制管見(上)」『靑丘學叢』15·16, 1934 ;『朝鮮史硏究』, 京都大 東洋史硏究會, 1961.
末松保和,「高麗の四十二都府について」『朝鮮學報』14, 1959 ;『靑丘史草』1, 笠井出版社, 1965.
③鄭景鉉,「高麗前期 京軍의 軍營」『韓國史硏究』68, 1990.
鄭景鉉,『高麗前期 2軍 6衛制 硏究』, 서울대학교 박사학위논문, 1992.
鄭景鉉,「경군」『한국사』13, 국사편찬위원회, 1993.
張東翼,「高麗前期의 選軍－京軍 構成의 理解를 위한 一試論」『高麗史의 諸問題』, 三英社, 1986.
吳英善,「高麗前期 軍人層의 二元的 構成에 관한 硏究」, 서울대 석사학위논문, 1981.
洪元基,「高麗 二軍六衛制의 性格」『韓國史硏究』68, 1990.
馬宗樂,「高麗時代의 軍人과 軍人田」『白山學報』36, 1989.

203) 鷹揚軍 : 고려시대 중앙군인 二軍 六衛 가운데 2군의 하나. 6衛보다 상위에 위치한 군대로 응양군은 1領으로 조직되었으며, 위로 상장군 대장군 각 한 명 아래로 대정에 이르기까지 여러 軍官이 있었다. 2군은 鷹揚軍과 龍虎軍을 말하며, 국왕의 친위대로서 현종 때 설치되었다. 응양군의 상장군을 班主라 하고 중방회의의 의장이 되었다. 6위는 고려전기 중앙군인 左右衛·神虎衛·興威衛·金吾衛·千牛衛·監門衛를 말하며, 성종 14년(995)에 형성되었다.
①李基白,「高麗 京軍考」『李丙燾博士華甲紀念論叢』, 一潮閣, 1956 ;『고려병제사연구』, 一潮閣, 1968.
②李基白,「軍事組織」『한국사』5, 국사편찬위원회, 1975.

에는 장군(將軍) 한 명을 두어 정4품으로 하였다. 【공민왕 때 장군(將軍)을 고쳐 호군(護軍)이라 하였는데 다른 제위(諸衛)도 이와 같다】 중랑장(中郞將)은 두 명으로 정5품, 낭장(郞將)은 두 명으로 정6품, 별장(別將)은 두 명으로 정7품, 산원(散員)은 세 명으로 정8품, 위(校尉)는 20명으로 정9품, 대정(隊正)은 40명으로 하였다. 【응양(鷹揚)·용호(龍虎) 2군의 상·대장군(上·大將軍)은 근장상·대장군(近仗上·大將軍)이라 하고, 장군(將軍)은 친종장군(親從將軍)이라 하였으며 중랑장(中郞將) 이하 역시 근장(近仗)이라 하였다. 또한 응양군(鷹揚軍)의 상장군(上將軍)으로 군부전서(軍簿典書)를 겸한 자를 반주(班主)라 칭하였다】

『高麗史』卷77 志31 / 百官2 / 西班 / 龍虎軍

龍虎軍 二領 軍置上將軍一人正三品 大將軍一人從三品 每領置將軍各一人正四品 中郞將各二人正五品 郞將各五人正六品 別將各五人正七品 散員各五人正八品 尉各二十人正九品 隊正各四十人 【忠宣王 改龍虎爲虎賁 後改親禦軍 後復改爲龍虎軍】

용호군.[204] 2령(二領)이 있다. 군(軍)에는 상장군(上將軍) 1인을 두어 정3품, 대장군(大將軍) 1인으로 종3품으로 하였다. 각(每) 영(領) 마다 장군(將軍) 각 1인을 두어 정4품, 중랑장(中郞將)은 각 2인으로 정5품, 낭장(郞將)은 각 5인으로 정6품, 별장(別將)은 각 5인으로 정7품, 산원(散員)은 각 5인으로 정8품, 위(校尉)는 각 20인으로 정9품, 대정(隊正)은 각 40인으로 하였다. 【충선왕이 용호(龍虎軍)를 고쳐 호분군(虎賁軍)이라 하고, 뒤에 친어군(親禦軍)으로 고쳤다가 뒤에 다시 고쳐 용호군(龍虎軍)이라 하였다】

『高麗史』卷77 志31 / 百官2 / 西班 / 左右衛

左右衛 保勝十領 精勇三領 衛置上將軍一人正三品 大將軍一人從三品

---

204) 龍虎軍 : 고려시대 국왕의 親衛軍 성격을 가진 부대로, 鷹揚軍과 함께 二軍을 이루고 六衛보다 상위에 있었다.

每領置將軍各一人正四品 中郞將各二人正五品 郞將各五人正六品 別將各五人正七品 散員各五人正八品 尉各二十人正九品 隊正各四十人【中郞將以下皆有攝 並各品之從 諸衛同】

좌우위.[205] 보승(保勝) 10령(領)과 정용(精勇) 3령(三領)이 있다. 위(衛)에는 상장군(上將軍) 한 명을 두어 정3품, 대장군(大將軍) 은 한 명으로 종3품으로 하였다. 각 영(領) 마다 장군(將軍)은 각 한 명으로 정4품, 중랑장(中郞將)은 각 두 명으로 정5품, 낭장(郞將)은 각 다섯 명으로 정6품, 별장(別將)은 각 다섯 명으로 정7품, 산원(散員)은 각 다섯 명으로 정8품, 위(校尉)는 각 20명으로 정9품, 대정(隊正)은 각 40명으로 하였다.【중랑장(中郞將) 이하에는 모두 섭직(攝職)이 있고, 모두 다 각 품(品)의 종품(從品)에 따르고, 다른 제위(諸衛)도 이와 같았다】

『高麗史』卷77 志31 / 百官2 / 西班 / 神虎衛

神虎衛 保勝五領 精勇二領 衛置上將軍一人正三品 大將軍一人從三品 每領置將軍各一人正四品 中郞將各二人正五品 郞將各五人正六品 別將各五人正七品 散員各五人正八品 尉各二十人正九品 隊正各四十人

신호위.[206] 보승(保勝) 5령(五領)과 정용(精勇) 2령(二領)이 있다. 위(衛)에는 상장군(上將軍) 한 명을 두어 정3품, 대장군(大將軍) 한 명은 종3품으로 하였다. 각 영(領) 마다 장군(將軍) 각 한 명을 두어 정4품, 중랑장(中郞將)은 각 두 명으로 정5품, 낭장(郞將)은 각 다섯 명으로 정6품,

---

205) 左右衛 : 고려시대 중앙군 6위 가운데 하나. 左右衛・神虎衛・興威衛를 특별히 3위라 하였다. 이 3위는 開京의 수비 및 出征과 변방의 防戍 임무를 지고 있는 京軍의 핵심이 되는 주력 부대이다.
李基白, 「高麗 軍役考」『高麗兵制史研究』, 一潮閣, 1968, 132~141쪽.

206) 神虎衛 : 고려시대 중앙군 6위 가운데 하나. 左右衛・神虎衛・興威衛를 특별히 3위라 하였다. 이 3위는 開京의 수비 및 出征과 변방의 防戍 임무를 지고 있는 京軍의 핵심이 되는 주력 부대이다.
李基白, 「高麗 軍役考」『高麗兵制史研究』, 一潮閣, 1968, 132~141쪽.

별장(別將)은 각 다섯 명으로 정7품, 산원(散員)은 각 다섯 명으로 정8품, 위(校尉)는 각 20명으로 정9품, 대정(隊正)은 각 40명으로 하였다.

『高麗史』卷77 志31 / 百官2 / 西班 / 興威衛

興威衛 保勝七領 精勇五領 衛置上將軍一人正三品 大將軍一人從三品 每領置將軍各一人正四品 中郎將各二人正五品 郎將各五人正六品 別將各五人正七品 散員各五人正八品 尉各二十人正九品 隊正各四十人

흥위위.[207] 보승(保勝) 7령(七領)과 정용(精勇) 5령(五領)이 있다. 위(衛)에는 상장군(上將軍) 한 명을 두어 정3품, 대장군(大將軍) 한 명은 종3품으로 하였다. 각 영(領) 마다 장군(將軍) 각 한 명을 두어 정4품, 중랑장(中郎將)은 각 두 명으로 정5품, 낭장(郎將)은 각 다섯 명으로 정6품, 별장(別將)은 각 다섯 명으로 정7품, 산원(散員)은 각 다섯 명으로 정8품, 위(校尉)는 각 20명으로 정9품, 대정(隊正)은 각 40명으로 하였다.

『高麗史』卷77 志31 / 百官2 / 西班 / 金吾衛

金吾衛 精勇六領 役領一領 衛置上將軍一人正三品 大將軍一人從三品 每領置將軍各一人正四品 中郎將各二人正五品 郎將各五人正六品 別將各五人正七品 散員各五人正八品 尉各二十人正九品 隊正各四十人 【忠宣王改金吾爲備巡 恭愍王五年 復稱金吾衛 十一年 復爲備巡衛 十八年 復稱金吾衛 後復改備巡衛】

금오위.[208] 정용(精勇) 6령(六領)과 역령(役領) 1령(一領)이 있다. 위

---

207) 興威衛 : 고려시대 중앙군 6위 가운데 하나. 左右衛·神虎衛·興威衛를 특별히 3위라 하였다. 이 3위는 開京의 수비 및 出征과 변방의 防戍 임무를 지고 있는 京軍의 핵심이 되는 주력 부대이다.
李基白, 「高麗 軍役考」『高麗兵制史硏究』, 一潮閣, 1968, 132~141쪽.

208) 金吾衛 : 고려시대 중앙군 6衛의 하나. 王都 내의 요소를 순찰·점검하는 경찰의 임무와(①), 죄수들의 감시를 전담하는 군인들이었을 것이라는 견

(衛)에는 상장군(上將軍) 1인을 두어 정3품, 대장군(大將軍)은 1인으로 종3품, 각 영(領) 마다 장군(將軍) 각 1인을 두어 정4품, 중랑장(中郎將)은 각 2인으로 정5품, 낭장(郎將)은 각 5인으로 정6품, 별장(別將)은 각 5인으로 정7품, 산원(散員)은 각 5인으로 정8품, 위(校尉)는 각 20인으로 정9품, 대정(隊正)은 각 40인으로 하였다. 【충선왕이 금오(金吾衛)를 고쳐 비순(備巡衛)이라 하였다. 공민왕 5년에 다시 금오위(金吾)라 칭하고, 11년에 다시 비순위(備巡衛)라 하였고, 18년에는 다시 금오위(金吾衛)라 칭하였고, 뒤에 다시 비순위(備巡衛)라 고쳤다】

『高麗史』卷77 志31 / 百官2 / 西班 / 千牛衛

千牛衛 常領一領 海領一領 衛置上將軍一人正三品 大將軍一人從三品 每領置將軍各一人正四品 中郎將各二人正五品 郎將各五人正六品 別將各五人正七品 散員各五人正八品 尉各二十人正九品 隊正各四十人

천우위.[209] 상령(常領) 1령(一領)과 해령(海領) 1령(一領)이 있다. 위(衛)에는 상장군(上將軍) 한 명을 두어 정3품, 대장군(大將軍) 한 명은 종3품으로 하였다. 각 영(領) 마다 장군(將軍) 각 한 명을 두어 정4품, 중랑장(中郎將)은 각 두 명으로 정5품, 낭장(郎將)은 각 다섯 명으로 정6품,

---

해가 있는가 하면(②), 한편 국왕을 宿衛 侍從하여 신변의 경호를 담당하는 부대였다는 견해도 있다(③).

①李基白, 「高麗 軍役考」『高麗兵制史研究』, 一潮閣, 1968, 135쪽.

②李基白, 「高麗軍人考」『高麗兵制史研究』, 一潮閣, 1968, 90쪽.

③鄭景鉉, 「경군」『한국사』 13, 국사편찬위원회, 1993, 290쪽.

209) 千牛衛 : 고려시대 중앙군 6위의 하나. 국왕을 宿衛 侍從하는 군대. 常領 海領이 각 1령씩 있으며, 상령은 육상에서, 해령은 해상에서 시종의 임무를 맡았던 것으로 보는 견해가 있다(①). 한편 상령은 상시 시종 숙위하는 임무를 맡았고, 해령은 해군의 기능을 가진 경호군으로 보아 천우위는 국왕의 신변 경호를 담당하는 부대였다고 한다(②).

①李基白, 「高麗軍人考」『高麗兵制史研究』, 一潮閣, 1968, 90쪽.

②鄭景鉉, 「경군」『한국사』 13, 국사편찬위원회, 1993, 290쪽.

별장(別將)은 각 다섯 명으로 정7품, 산원(散員)은 각 다섯 명으로 정8품, 위(校尉)는 각 20명으로 정9품, 대정(隊正)은 각 40명으로 하였다.

『高麗史』 卷77 志31 / 百官2 / 西班 / 監門衛

監門衛 一領 衛置上將軍一人正三品 大將軍一人從三品 領置將軍一人正四品 中郎將二人正五品 郎將五人正六品 別將五人正七品 散員五人正八品 尉二十人正九品 隊正四十人

감문위.[210] 1령(一領)이 있다. 위(衛)에는 상장군(上將軍) 한 명을 두어 정3품, 대장군(大將軍) 한 명은 종3품으로 하였다. 영(領)에는 장군(將軍) 한 명을 두어 정4품, 중랑장(中郎將)은 두 명으로 정5품, 낭장(郎將)은 다섯 명으로 정6품, 별장(別將)은 다섯 명으로 정7품, 산원(散員)은 다섯 명으로 정8품, 위(校尉)는 20명으로 정9품, 대정(隊正)은 40명으로 하였다.

『高麗史』 卷77 志31 / 百官2 / 西班 / 六衛

六衛 長史各一人從六品 【恭愍以後 罷之】 錄事各二人正八品 掌衛中諸務 吏屬 有史三人記官二人

6위.[211] 장사(長史)가 각 두 명으로 종6품이다. 【공민(왕) 이후 이를 폐지

210) 監門衛 : 고려시대 京軍인 6衛 가운데 하나. 궁성 내외의 廣化門·通陽門·朱雀門 등 모든 문을 경비하는 군대이다.
①廣化門 職事將校一 散職將相六 監門衛軍五 … 通陽門 散職將相二 監門衛軍二 朱雀門, 散職將相二 監門衛軍二 …(『고려사』 권83, 병지3, 위숙군).
②李基白, 「高麗京軍考」 『李丙燾博士華甲紀念論叢』, 一潮閣, 1956 ; 『高麗兵制史研究』, 一潮閣, 1968, 70~90쪽.
③홍원기, 「고려 경군내 상층 군인의 검토－이군 및 육위내 역령, 상령, 해령, 감문위군을 중심으로－」 『동방학지』 77·78·79합집, 1993.

하였다】 녹사(錄事)는 각 두 명으로 정8품이다. 위(衛)의 여러 업무(業務)를 관장하였다. 이속(吏屬)으로 사(史) 세 명, 기관(記官) 두 명이 있다.

『高麗史』卷77 志31 / 百官2 / 西班 / 都府外

都府外 中郞將一人 郞將三人 別將二人 散員三人 尉隊正數闕

---

211) 六衛 : 6위는 고려의 중앙군인 左右衛·神虎衛·興威衛·金吾衛·千牛衛·監門衛를 합쳐 부른 것으로 성종 14년(995)에 설치된 것으로 추정하고 있다. 2軍과 함께 八衛로 불리면서 중앙군의 핵심을 이루었다. 목종 원년(998) 개정된 田柴科의 지급 대상자 속에 이미 6위·諸衛 등의 표현이 있는 것으로 보아 그 이전에 형성된 것으로 볼 수 있으며, 그 시기는 대략 성종 14년(995)경으로 추측하고 있는 것이다.

6위 가운데 주력을 이루는 것은 좌우위·신호위·흥위위 3위로서 이들은 6위의 전체 병력 42령 가운데 32령을 차지하였다. 이들 부대에는 보병과 기병의 兵種 구분으로 추측되는 保勝과 精勇이 소속되어 있었는데, 이것은 州縣軍의 보승 정용으로부터 번상되는 순수한 의미의 번상군이었다. 이들은 중앙군의 주력부대로서 上京侍衛·出征과 防戍·力役 등 일반 군사력으로서의 임무를 띠었다.

나머지 3위는 특수부대로서 금오위는 도성의 치안을 담당하는 경찰부대였는데, 정용 6령과 役領 1령이 속해 있었다. 이 중 정용 6령은 번상군으로 보이지만, 역령은 죄수들의 복역을 감독하는 특수부대였다. 뒤에 備巡衛로 개칭되었다. 천우위는 왕을 시종하는 儀仗隊였는데, 常領 1령과 海領 1령이 속해 있었으며, 각각 육상과 해상에서의 의장대 임무를 맡았다. 감문위는 도성의 각 문에 배치되어 출입을 감시하던 부대로 1령으로 구성하였는데, 부모의 봉양이나 질병·노쇠 등의 특별한 사정에 의해 입속된 군인층도 있었다. 역령·상령·해령·감문령 등의 특수부대들은 그 기능상 항상 도성에 머물러 있어야 했으며, 따라서 번상군이 아닌 상비군으로서 존재하였다. 이들은 일종의 직업군인으로서 역령·해령·감문군 등은 전시과 토지를 지급 받았다.

①洪元基, 「高麗 二軍六衛制의 性格」『韓國史硏究』68, 1990.
②洪元基, 「高麗 京軍內 上層 軍人의 檢討－二軍 및 六衛內 役領, 常領, 海領, 監門衛軍을 중심으로－」『東方學誌』77·78·79합집, 1993.
③洪元基, 『高麗前期 軍制硏究』, 혜안, 2001.

도부외.[212] 중랑장(中郞將) 한 명, 낭장(郞將) 세 명, 별장(別將) 두 명, 산원(散員) 세 명이 있고, 위(校尉)와 대정(隊正)은 그 수가 빠져 있다.

『高麗史』卷77 志31 / 百官2 / 西班 / 儀仗府

儀仗府 一領 郞將一人 別將一人 散員二人 尉五人 隊正十人

의장부.[213] 1령(一領)이 있다. 낭장(郞將) 한 명, 별장(別將) 한 명, 산원(散員) 두 명, 위(校尉) 다섯 명, 대정(隊正)은 10명이다.

『高麗史』卷77 志31 / 百官2 / 西班 / 堅銳府

---

212) 都府外 : 고려 때 禁亂 捕盜 등의 임무를 수행한 군사조직. 고려 때 설치했으나 시기는 정확히 알 수 없다. 中郞將 1명, 郞將 3명, 別將 2명, 散員 3명, 校尉, 隊正을 두었는데, 교위・대정의 정원은 알 수 없다. 조선시대 巡軍府 소속의 군대의 하나로 국왕의 시위와 궁성의 치안을 담당하기도 하였다. 태조 원년(1392)에 도부외에 좌우 각 1領씩 두고 각 영마다 중랑장(5품) 1명, 낭장(6품) 2명, 별장(7품) 3명, 산원(8품) 4명, 尉(정9품) 20명, 隊正(종9품) 40명씩 두었다. 태조 3년(1394)에 정도전의 건의로 좌군・우군・중군으로 개편하면서 司直 1명, 副司直 1명, 司正 2명, 副司正 3명, 隊長 20명, 隊副 20명씩 배치하였다. 이 곳에 배치된 일반 군인들은 대략 1,000명 정도였는데, 처음에는 국왕에 대한 숙위 등을 담당하다가 태종 후기 이후 차츰 각 司의 下典과 함께 노역에 징발되었다. 이에 사법을 담당한 義禁府와 도성 치안을 담당한 漢城府가 설치되어 도부외의 존재 의미가 줄어들면서 단종 원년(1453년) 폐지되었다.

213) 儀仗府 : 고려시대 朝會 宣赦 등 각종 행사에 儀仗을 맡아보는 부서. 모든 大禮 大朝會 때에는 內外의 儀仗이 있다. 毅宗朝에 詳定하니 大觀殿의 朝會 節日 正月 冬至賀禮에는 殿庭에 水精杖 하나는 왼편에 두고 鉞斧 하나는 오른편에 두는데 都將은 각 2인이다. … 罕 하나는 왼편에 두고 畢 하나는 오른편에 두는데 軍士는 4인 莊嚴弓은 12개이고 將校 12인이 左右로 나누어 선다(①). 고종 8년10월에 儀鳳樓에 거동하여 赦를 베푸는데 儀仗은 執擊軍 1,693명, 指諭將校 104명이었다(②).
①『고려사』권72, 여복지, 의위 조회의장.
②『고려사』권72, 여복지, 의위 선사의장.

堅銳府 一領 別將一人 尉二人 隊正四人

견예부. 1령이 있다. 별장(別將) 한 명, 위(校尉) 두 명, 대정(隊正)은 네 명이다.

『高麗史』卷77 志31 / 百官2 / 西班 / 忠勇四衛

忠勇四衛 恭愍王五年 始置之 每衛置將軍各一人 中郎將各三人 郎將各三人 別將各五人 散員各五人 尉長各二十人 隊長各四十人

충용4위.[214] 공민왕 5년에 처음 설치하였다. 각 위(衛) 마다 장군(將軍) 각 한 명을 두고, 중랑장(中郎將) 각 세 명, 낭장(郎將) 각 세 명, 별장(別將) 각 다섯 명, 산원(散員) 각 다섯 명, 위장(尉長) 각 20명, 대장(隊長)은 각 40명을 두었다.

『高麗史』卷77 志31 / 百官2 / 外職

『高麗史』卷77 志31 / 百官2 / 外職 / 今有租藏

今有租藏 並外邑使者之號 國初有之 成宗二年罷

금유・조장.[215] 모두 외읍 사자(使者)의 칭호이다. 국초에 이것이

---

214) 忠勇四衛 : 고려 공민왕 5년(1356)에 비상시에 대비하여 왕을 호위하기 위해 설치한 특별부대. 左衛・右衛・前衛・後衛 등 4위로 편성되었다.

215) 今有・租藏 : 금유・조장은 그 설치시기와 임무가 분명하지 않지만, 조장은 그 명칭으로 보아 租稅를 징수・보관하는 임무를 수행하고, 금유는 지방통제와 일반행정을 담당했던 것으로 보고 있다. 모두 태조 때부터 있었고, 성종 2년(983)에 12牧에 지방관을 파견함으로써 혁파되었다.
今有와 租藏에 대해서는 다양한 견해가 제시되어 있다. 먼저 금유와 조장을 구분하지 않고 모두 일시적으로 파견된 지방관으로 보면서도 그 기능에 대해서는 다소 다르게 이해하는 견해를 들 수 있다(①). 반면에 이와는

있었고 성종 2년에 혁파하였다.

『高麗史』卷77 志31 / 百官2 / 外職 / 兵馬使

兵馬使 成宗八年 置於東西北面兵馬使一人三品 玉帶紫襟 親授斧鉞赴鎭 專制閫外 知兵馬事一人亦三品 兵馬副使二人四品 兵馬判官三人五六品 兵馬錄事四人 又以門下侍中中書令尙書令爲判事 留京城遙領之 後以西北路邊圉事煩 錄事增爲七人 靖宗五年 兵馬使奏 北朝通好 關塞無虞 每

달리 今有와 租藏의 직능을 구분해 보는 견해도 제시되어 있다. 즉 今有와 租藏의 직능을 구분하여 租藏은 조세의 징수를 담당하였음에 비하여 今有는 里審使와 같이 지방세력에 대한 監理나 호족 통제의 임무를 지지고 있었던 것으로 보았다(②). 한편 屬郡縣에서 조세를 거두어 主邑의 창고에 보관하고 今有 즉 檢務는 일반행정을 담당한 것으로 파악하고 있다(③). 今有와 租藏은 그 설치 시기와 임무가 분명하지는 않지만, 조장은 그 명칭으로 보아 조세를 징수·보관하는 임무를 수행하고, 금유는 지방통제와 일반행정을 담당했던 것으로 집약되며, 모두 태조 대에 실재했다. 今有(檢務)·조장의 경우 중앙에서 파견한 "外邑의 使者"라 하지만, 토착세력 가운데 적임자를 선임하여 그 임무를 수행하게 하고, 국가가 인정하는 형태를 "外邑의 使者"라고 표현했을는지도 모른다(④). 태조 때 전주의 토호였던 유윤겸이 檢務租藏에 임명된 것은 그 좋은 예이다.

①今有·租藏의 기능을 구분하지 않는다는 점에서는 같지만, 그 기능에 대해서는 연구자에 따라 ㉮ 왕과 호족을 연결하는 것(李基白, 「高麗地方制度의 整備와 州縣軍의 成立」『趙明基博士華甲記念佛敎史學論叢』, 1965 ; 『高麗兵制史研究』, 一潮閣, 1968, 183쪽). ㉯ 租稅의 징수(邊太燮, 「高麗前期의 外官制」『韓國史研究』 2, 1968 ; 『高麗政治制度史研究』, 一潮閣, 1971, 119쪽). ㉰ 租稅의 징수와 보관(河炫綱, 「高麗初期의 地方統治」『高麗地方制度의 研究』, 1977 ; 『韓國中世史研究』, 一潮閣, 1988, 187~188쪽) 등으로 달리 보고 있다.

②金杜珍, 「高麗 光宗代 專制王權과 豪族」『韓國學報』 15, 1979 ; 『均如華嚴思想研究』, 1981, 71~72쪽.

③김갑동, 「地方勢力과 地方制度」『羅末麗初의 豪族과 社會變動研究』, 高大民族文化研究所, 1990, 143~145쪽.

④崔貞煥, 「高麗 地方制度의 整備와 道制」『慶北史學』 19, 1996 ; 『고려 정치제도와 녹봉제 연구』, 신서원, 2002, 30~31쪽.

春秋遞代 亭驛勞弊 請減錄事一員 從之 毅宗庚寅以後 武臣用事 西北界防戍將軍 始兼兵馬判官 神宗陞爲副使

병마사.[216] 성종 8년에 동서북면에 병마사(兵馬使) 1인을 두어 3품으로 하였다. 옥띠(玉帶)에 보랏빛 옷깃(紫襟)을 두르고, 왕이 친히 부월(斧鉞)을 주어 진(鎭)에 부임하여 곤외(閫外)를 오로지 단속하였다. 지병마사(知兵馬事) 1인 역시 3품으로 하고, 병마부사(兵馬副使)는 2인으로 4품, 병마판관(兵馬判官)은 3인으로 5·6품, 병마녹사(兵馬錄事)는 4인으로 하였다. 또한 문하시중(門下侍中) 중서령(中書令), 상서령(尙書令)을 판사(判事)로 삼아 경성(京城)에 머물면서 멀리서 이를 통제케 하였다.[217] 뒤에 서북로(西北路) 변방(邊方)에 일이 많아 녹사(錄事)를 늘

216) 兵馬使 : 양계(兩界)에 파견된 정3품의 외관직, 성종 8년(989)에 東西北面에 병마사 한 명을 두었다. 고려시대 양계의 성립과정은 국초 이래의 북계를 성종 때부터 東西北面이라 하여 병마사 1명을 두었고, 현종 원년(1010)부터 동계(동북면)와 북계(서북면)로 양분되면서 병마사가 두 명 파견되기 시작하였다. 그러나 일정한 과도기를 거치면서 10도제의 개편과 더불어 양계 병마사제로 정착되어 간 것은 정종 2년(1036)이었다.

①崔貞煥,「高麗 兩界의 成立過程과 그 時期」『啓明史學』8, 1998 ;「高麗時代 5道 兩界의 成立」『慶北史學』21, 1998 ;「高麗後期 5道 兩界의 變遷」『韓國中世史硏究』5, 1998 ;『고려 정치제도와 녹봉제 연구』, 신서원, 2002, 75~82쪽.

②邊太燮,「高麗都堂考」『歷史敎育』11·12합, 1969 ;『高麗政治制度史硏究』, 一潮閣, 1971.

③金男奎,「高麗 兩界兵馬使에 대하여」『이홍직박사 회갑기념 한국사학논총』, 1969.

④末松保和,「高麗兵馬使考」『東洋學報』39-1. 1956 :『靑丘史草』1, 笠井出版社, 1965.

⑤金甲童,「高麗時代의 都兵馬使」『歷史學報』141, 1994.

217) 兵馬使 ㉮ 成宗八年 置於東西北面兵馬使一人三品 玉帶紫襟 親授斧鉞赴鎭 專制閫外 ㉯知兵馬事一人亦三品 兵馬副使二人四品 兵馬判官三人五六品 兵馬錄事四人 ㉰又以門下侍中中書令尙書令爲判事 留京城遙領之 : 백관지 외직조의 병마사에 관한 이 기록을 지금 학계에서는 모두 성종 8

년 당시에 일어난 사실로 해석하고 있다(①). 그런데 현종 원년(1010) 10월에 강조의 정변을 구실로 삼아 거란이 2차로 침입했을 때 좌군병마사 우군병마사 중군병마사로 3인의 병마사를 임명한 예가 있고(②), 현종 10년에 병마판관과 병마사를 역임한 예가 있으며(③), 현종 20년에 柳韶가 判兵馬事에(④) 임명되었고, 문종 27년(1073)에 知兵馬使를 역임한 예도 있다(⑤). 이로 보아 ㉯, ㉰의 기록은 성종 8년 이후 현종대를 거치면서 시행되어 온 兵馬制가 문종대에 제도화된 것을 반영하는 것으로 보아야 할 것 같다. 성종 8년 당시에 내사령 문하시중은 있어도 中書令(내사령) 尙書令에 보임된 예는 없다. 내사령을 중서령으로 고친 것은 문종 15년이다. 그러므로 門下侍中 中書令 尙書令을 兵馬判事 삼은 것은 문종 15년 이후의 사실로 보아야 한다. 따라서 위의 ㉯, ㉰의 기록을 좀 더 보완해서 정리해 보면 문종대(문종 15년 이후)에 정비된 兵馬制는 判兵馬事·兵馬使(보완)·知兵馬事·兵馬副使·兵馬判官·兵馬錄事 등으로 제도화되어 간 것으로 해석할 수 있다(⑥). 이렇게 보면 성종 8년 당시의 사실로 논란이 되어 오던 門下侍中 中書令 尙書令 문제는 자연스럽게 해결이 되고, 또한 고려의 모든 문물제도가 성종 대에 성립되기 시작하여 문종 대에 정비되는 사실과도 부합되는 것이다(⑦).

①末宋保和,「高麗兵馬使考」『東洋學報』39-1, 1956 ;『靑丘史草』1, 笠井出版社, 1965에서 都兵馬使의 判事를 구성하는 中書令·尙書令의 이름은 성종 8년 당시에 없었던 것으로 보았다. 邊太燮,「高麗都堂考」『역사교육』11·12, 역사교육연구회, 1969 ;『高麗政治制度史硏究』(일조각, 1971) 86쪽에서 성종 8년의 兵馬判事制에서 判事가 門下侍中 中書令 尙書令의 3省장관으로 구성되었다고 하지만, 이 때 실제로 있었던 것은 문하시중뿐이었다고 하였다. 金甲童,「高麗時代의 都兵馬使」『歷史學報』141, 역사학회, 1994, 64쪽에서 都兵馬使職의 기원은 성종 8년의 兵馬判事制에 있다고 할 수 있으나 그 직접적인 계기는 현종 원년의 行營兵馬使制였다고 하였다. 그리고 96쪽 결론에서 도병마사는 기구나 관부가 아니고 관직이라고 하였다. 즉 都兵馬라는 관청의 장관에 해당하는 직책이었다고 하였다.

②以吏部尙書參知政事康兆爲行營都統使 … 小府監崔賢敏爲左軍兵馬使 刑部侍郎李昉爲右軍兵馬使 禮賓卿朴忠淑爲中軍兵馬使 刑部尙書崔士威爲統軍使率兵三 十萬軍于通州 以備契丹(『고려사절요』 권3, 현종 원년 10월).

③姜邯贊以丹兵逼京 兵馬判官金宗鉉 領兵一萬倍道入衛京城 東北面兵馬使 亦遣兵三千入援(『고려사절요』 권3, 현종 10년 정월).

④命西北面判兵馬事柳韶赴鎭 以備興遼(『고려사』 권5, 세가, 현종 20년 12월).

⑤丙申 兵馬使奏 … 賜知兵馬事秘書監李成美(『고려사』 권9, 문종 27년 6월

려 7인으로 하였다. 정종(靖宗) 5년에 병마사(兵馬使)가 아뢰기를, "북조(北朝)와 우호를 통하여 변방에 걱정이 없어 봄, 가을 마다 번갈아 교대[遞代]함에 정역(亭驛)에 수고와 폐(弊)가 되므로 청컨대 녹사(錄事) 1명을 줄이소서"하니 이를 따랐다. 의종(毅宗) 경인년(庚寅) 이후로 무신(武臣)을 등용하여 서북계 방수장군(防戍將軍)이 처음으로 병마판관(兵馬判官)을 겸하고, 신종(神宗) 때는 올려 부사(副使)로 하였다.

『高麗史』卷77 志31 / 百官2 / 外職 / 行營兵馬使

行營兵馬使 文宗元年七月 制曰 舊制邊陲有處置 則命兩府宰臣 往專軍事 號大番兵馬 名義未稱 改爲行營兵馬使

행영병마사.[218] 문종 원년 7월에 왕이 명령하기를 "옛 제도[舊制]에 변방에 처리할 일이 있으면 곧 양부(兩府) 재신(宰臣)에게 명하여 가서 군사 일을 도맡아 보게 하여 대번병마(大番兵馬)라고 불렀는데, 그 이름과 의미가 옳지 않아 고쳐 행영병마사(行營兵馬使)"라 하였다.

『高麗史』卷77 志31/ 百官2 / 外職 / 轉運使

轉運使 國初有諸道轉運使 顯宗二十年罷

병신).

⑥문종대에는 判兵馬事・兵馬使(보완)・知兵馬事・兵馬副使・兵馬判官・兵馬錄事가 제도화되어 있었음을 兵馬使及軍官拜坐儀를 통해서 확인할 수 있다. 使若上將軍判事則南向 知兵馬事東壁 副使西壁俱設床坐 判官・錄事・南行業師及內廂都領・指諭 北壁 皆設席坐(『고려사』 권68, 예지, 가례 兵馬使及軍官拜坐儀).

⑦崔貞煥, 本書, 96~97쪽.

218) 行營兵馬使 : 고려시대 변방에 긴급상황이 발생했을 때 파견되어 군사업무를 총괄하던 외관직. 고려 초에는 변방에 긴급상황이 발생하면 兩府宰臣 가운데서 선임하여 파견하여 군사업무를 맡아보도록 하고 이를 大番兵馬라 하였는데, 그 이름과 의미가 서로 어울리지 않아 문종 원년(1047)에 행영병마사라 고쳤다.

전운사.[219] 건국 초기에 여러 도(道)에 전운사(轉運使)가 있었다. 현종 20년에 폐지하였다.

『高麗史』 卷77 志31 / 百官2 / 外職 / 安撫使

安撫使 顯宗三年 置七十五道安撫使 九年罷 睿宗二年 分遣諸道安撫使 問民疾苦 察守令殿最 忠烈王二年 改安撫使爲巡撫使 忠肅王十七年 忠惠以平壤道存撫使 亦爲巡撫使.

안무사.[220] 현종 3년에 75도(道) 안무사(安撫使)를[221] 두었다가 9년

---

219) 轉運使 : 고려 초에 지방에서 징수한 租賦를 개경으로 운송하기 위하여 파견된 외관.

220) 安撫使 : 고려 현종 3년(1012)에 12節度使를 혁파하고 설치한 외관직.
①顯宗初 廢節度使 置五都護・七十五道按撫使(『高麗史』 권56, 지리1, 서문).
②崔貞煥, 「高麗 地方制度의 整備와 道制」 『慶北史學』 19, 1996 ; 『고려 정치제도와 녹봉제 연구』, 신서원, 2002, 42쪽.

221) 七十五道安撫使 : 75道 按撫使는 7州 按撫使의 잘못이라고 보기도 하고(①) 75도 안무사를 그대로 믿어야 한다는 입장도 있다(②). 75道 按撫使는 기록상 여러 기록에 너무나 명백히 75道 按撫使로 나타나 있어(③) 7州 按撫使의 착오로 볼 수 없다(④).
①河炫綱, 「高麗 地方制度의 一硏究(上)」 『史學硏究』 13, 한국사학회, 1962, 30～33쪽 ; 『한국중세사의 연구』, 일조각. 1988, 202쪽 ; 邊太燮, 「高麗 前期의 外官制」 『한국사연구』 2, 1968 ; 『高麗政治制度史硏究』, 一潮閣, 1971, 129쪽 ; 白南雲, 『朝鮮封建社會經濟史(上)』에서는 75도 按撫使를 7州 5道의 잘못이라고 하였다.
②李基白, 「高麗地方制度의 整備와 州縣郡의 成立」 『趙明基博士華甲記念佛敎史學論叢』, 1965 ; 『高麗兵制史硏究』, 一潮閣, 1968, 198쪽.
③顯宗初 廢節度使 置五都護・七十五道按撫使(『高麗史』 권56, 지리1, 서문). 顯宗三年 置七十五道按撫使 九年罷(『高麗史節要』 권3, 현종 3년 정월). 顯宗三年 置七十五道按撫使 九年罷(『高麗史』 권77, 百官2, 外職 按撫使). (顯宗 2년) … 與張延祐・皇甫兪義獻議 罷東京留守 置慶州防禦使 又廢節度使 置五都護・七十五道按撫使(『高麗史』 권94, 열전, 최사위).
④崔貞煥, 「高麗 地方制度의 整備와 道制」 『慶北史學』 19, 1996 ; 『고려 정치제도와 녹봉제 연구』, 신서원, 2002, 41～45쪽.

에 폐지하였다. 예종 2년에 여러 도(道)에 안무사(安撫使)를 나누어 보내어 백성들의 아픔과 고통를 묻고 수령(守令)들의 근무성적(殿最)을 살피게 하였다. 충렬왕 2년에 안무사(安撫使)를 고쳐 순무사(巡撫使)라 하였다. 충숙왕(忠肅王) 17년에 충혜(왕)이 평양도 존무사(存撫使)로서 또한 순무사(巡撫使)로 삼았다.

『高麗史』卷77 志31 / 百官2 / 外職 / 按廉使

按廉使 專制方面 以行黜陟 卽國初節度使之任 顯宗三年 罷節度使 後置按察使 文宗十八年 改爲都部署 睿宗八年 復改爲按察使 忠烈王二年 改按察使爲按廉使 二十四年 忠宣卽位 以慶尙・全羅・忠淸三道 地大事劇 加置按廉副使 交州・西海兩道,地小 不置副使 又罷東界安集使 以交州按廉兼之 辛昌八月 以按廉秩卑 改爲都觀察黜陟使 以兩府大臣爲之 賜敎書斧鉞 以遣之 恭讓王元年 始革京官口傳 別用除授 以專其任 二年 置各道觀察使・經歷司 四年 罷諸道觀察使 復按廉使

안렴사.222) 지방의 여러 면을 오로지 결정(專制)하고, 쫓아내고 올려 쓰는(黜陟) 일을 집행하므로 곧 국초의 절도사(節道使)가 하던 일이다. 현종 3년에 절도사(節道使)를 파하고 뒤에 안찰사(按察使)를 두었다.

---

222) 按廉使 : 고려시대 道의 장관. 임무는 도내의 주현을 巡按하면서 첫째는 수령이 賢否를 살펴 출척하는 일, 둘째는 민생의 어려움을 살피는 일, 셋째는 刑獄을 다스리는 일, 넷째는 조세의 수납, 다섯째는 군사적 기능에 관한 일을 맡아보았다(①). 그러나 안렴사는 조선시대와 달리 도에 상주하는 전임관이 아니라 使命之任으로 임기는 대체로 6개월이었으며, 사무기구도 갖고 있지 않았고, 거기에다가 안렴사(안찰사)에 임명되는 사람이 대부분 5·6품의 微官이었다. 이러한 몇 가지 점을 들어 안렴사를 도의 장관으로 보려는데 반대하는 입장도 있다(②).

①邊太燮,「高麗按察使考」『歷史學報』40, 1968 ;『高麗政治制度史研究』, 一潮閣, 1971.

②河玄綱,「後期道制에의 轉成過程」『高麗地方制度의 研究』, 한국연구원, 1977.

문종 18년에 고쳐 도부서(都部署)라 하였고, 예종 8년에 다시 고쳐 안찰사(按察使)라 하였다. 충렬왕 2년에 안찰사(按察使)를 고쳐 안렴사(按廉使)라 하였다. 24년에 충선(왕)이 왕위에 올라 경상(慶尙)·전라(全羅)·충청(忠淸)의 3도(道)는 땅이 넓고 일이 많아 안렴부사(按廉副使)를 더 두고, 교주(交州)·서해(西海)의 양도(兩道)는 땅이 좁아 부사(副使)를 두지 않았다. 또한 동계 안집사(東界安集使)를 파하고 교주 안렴사(按廉使)가 이를 겸하게 하였다. 신창 8월에 안렴사가 품질이 낮으므로 고쳐 도관찰출척사(都觀察黜陟使)라 하고 양부(兩府) 대신(大臣)으로 임명하여 교서(敎書)와 부월(斧鉞)을 주어 파견하게 하였다. 공양왕 원년에 처음으로 경관(京官)을 구두(口傳)로 임명하여 오던 것을 없애고 별도로 제수(除授)하여 채용하고 그 임무(任務)를 전담하게 하였다. 2년에 각 도에 관찰사(觀察使)와 경력사(經歷司)를 두었고, 4년에 여러 도의 관찰사(觀察使)를 파하고 안렴사(按廉使)를 복구하였다.

『高麗史』卷77 志31/ 百官2 / 外職 / 監倉使

監倉使 東西北面置之

감창사.[223] 동서북면에 이를 두었다.

『高麗史』卷77 志31 / 百官2 / 外職 / 廉問使

廉問使 舊制畿縣皆直肄 恭讓王三年 都評議使司獻議 以京畿,根本之地

---

223) 監倉使 : 兩界 내에 있는 分道에 파견된 외관. 양계의 조세 업무와 倉廪의 관리 감독을 주로 담당하였다. 명종 3년(1173)에 5도 監倉使는 雲中道·興化道, 동계의 溟州道·朔方道·沿海道의 勸農使를 겸하게 하였는데 뒤에 따로 勸農使를 두었다고 한다.
『고려사』권77, 백관2, 외직 권농사.
金男奎,「高麗 兩界의 監倉使에 대하여」『史叢』17·18합집, 1973.

困於差役 日就彫廢 置左右道廉問使 兩府謂之都廉問使 奉翊・通憲謂之廉問使 四品以上謂之廉問副使 其刑名・錢穀・軍情事務 以至官吏殿最民間詞訟 無不糾理

염문사.[224] 옛 제도에 기현(畿縣)은 모두 (상서도성의)직속(直屬)이었다.[225] 공양왕 3년에 도평의사사에서 건의하여 경기는 근본이 되는 땅으로서 공역의 차출(差役)에 시달려 날로 시들고 피폐(凋廢)하여 좌・우도에 염문사(廉問使)를 두었다. 양부(兩府)는 도염문사(都廉問使)라 하고, 봉익(奉翊)・통헌(通憲)은 염문사(廉問使)라 하고, 4품 이상은 염문부사(廉問副使)라 하였다. 그 형벌(刑名)・전곡(錢穀)・군정(軍情)의 사무와 관리의 근무성적(殿最), 민간의 사송(詞訟)에 이르기까지 살펴 다스리지 않음이 없었다.

『高麗史』卷77 志31 / 百官2 / 外職 / 勸農使

勸農使 五道兩界皆有之 明宗三年 七道按察使【慶尙州道・晉陝州道・全羅州道・忠淸州道・楊廣州道・西海道・春州道】五道監倉使【北界 雲中道・興化道 東界 溟州道・朔方道・沿海道】皆兼勸農使 後別置勸農使 忠烈王十三年 以各道勸農使聚斂傷民罷之 以按廉使兼其任

권농사.[226] 5도 양계에 모두 있었다. 명종 3년에 7도 안찰사(按察使)

---

224) 廉問使 : 고려 말기 공양왕 3년(1391)에 경기도에 설치한 외관. 경기 지방의 재판행정, 錢穀・軍情의 사무와 관리의 근무성적(殿最), 민간의 詞訟에 이르기까지 전반적인 업무를 수행하였다.

225) 顯宗九年 罷府置縣 … 俱直隸尙書都省 謂之京畿(『고려사』 권56, 지리1, 왕경개성부).

226) 勸農使 : 고려시대 농업을 권장하고 재해농민을 구제하기 위하여 5도 양계에 파견한 관리. 명종 3년(1173)에 처음으로 권농사를 두고, 7道의 按察使와 5도의 監倉使가 권농사를 겸하게 하고, 고종 42년(1255)에는 따로 專任의 권농사를 각 도에 파견하였다. 그러나 전임 권농사는 지방특산물

【경상주도(慶尙州道) · 진합주도(晋陜州道) · 전라주도(全羅州道) · 충청주도(忠淸州道) · 양광주도(楊廣州道) · 서해도(西海道) · 춘주도(春州道)】와 5도 감창사(監倉使)【북계(北界) ; 운중도(雲中道) · 흥화도(興化道), 동계(東界) ; 명주도溟州道) · 삭방도(朔方道) · 연해도(沿海道)】는 모두 권농사(勸農使)를 겸하게 하였다가 뒤에 따로 권농사(勸農使)를 두었다. 충렬왕 13년에 각 도(道)의 권농사가 무리하게 거두어(聚斂) 백성에게 해가 되므로 이를 파하고 안렴사(按廉使)로서 그 임무를 겸하게 하였다.

『高麗史』卷77 志31 / 百官2 / 外職 / 察訪使

察訪使 仁宗罷明宗復之

찰방사.[227] 인종 때 폐지하였다가 명종 때 다시 두었다.

『高麗史』卷77 志31 / 百官2 / 外職 / 計點使

計點使 忠烈王六年 置諸道計點使判官錄事各二人

계점사.[228] 충렬왕 6년에 여러 도에 계점사 · 판관 · 녹사 각각 2명

을 착취하여 이를 중앙의 대관들에게 상납함으로써 자신의 출세에만 급급하였고, 권농사의 임무를 마치면 특진되기도 하여 권농사가 되려는 사람이 많아 폐단도 컸다. 이러한 폐단을 시정하기 위해 충렬왕 13년(1287)에는 전임 권농사를 폐지하고 이를 按廉使가 겸하게 하였다. 이 제도는 조선시대의 권농관 제도로 계승되었다.
金男奎,「高麗 勸農使에 대하여」『논문집』2, 경남대학교, 1975.

227) 察訪使 : 고려시대 지방을 순찰하면서 지방관 향리를 감찰하고 백성의 어려움(疾苦)을 살피기 위하여 파견한 관리. 찰방사의 파견은 예종 8년 이후부터였다. 찰방사는 항시적으로 파견된 것이 아니고 부정기적으로 파견되어 감찰의 기능을 강화하여, 按察使까지도 감찰하였다.
김아네스,「高麗時代의 察訪使」『한국사연구』82, 1993.

228) 計點使 : 고려말기 토지의 겸병과 양인의 冒占 등으로 인하여 토지 신분제도가 문란해지자 이를 개혁하기 위하여 파견된 관리. 충렬왕 때부터 각 도에 파견하여 호구 · 토지조사 · 과세 및 賦役 업무 등을 담당하였다.

을 두었다.

『高麗史』卷77 志31 / 百官2 / 外職 / 指揮使

指揮使 忠烈王六年 罷各道指揮使・判官・錄事

지휘사.[229] 충렬왕 6년에 각 도의 지휘사・판관 ・녹사를 파하였다.

『高麗史』卷77 志31 / 百官2 / 外職 / 節制使

節制使 恭讓王元年 改都巡問使爲都節制使 元帥爲節制使 或帶州府之任 先是 巡問元帥皆以京官口傳 至是 始用除授 以專其任 置經歷都事 四年 罷經歷都事 復置掌務錄事

절제사.[230] 공양왕 원년에 도순문사(都巡問使)를 고쳐 도절제사(都節制使)라 하였다. 원수(元帥)를 절제사(節制使)로 하여 간혹은 주・부(州・府)의 일을 겸대(兼帶)하기도 하였다. 이에 앞서 순문(都巡問使) 원수(元帥)는 모두 경관(京官)으로 구두로 임명(口傳)하였는데 이에 이르러 처음으로 제수(除授)로 채용하여 그 일을 전담케 하고, 경력도사(經歷都事)를 두었다. 4년에 경력도사(經歷都事)를 없애고 다시 장무녹사(掌務錄事)를 두었다.

『高麗史』卷77 志31 / 百官2 / 外職 / 都統使

都統使 恭愍王十八年 置各道都摠都統使 鎭撫二人 一從二品 一正三品

충렬왕 4년(1278)에 三使司 朱悅 등을 각 도의 계점사로 파견하는 등 처음에는 중앙관을 수시로 파견하다가(①), 충렬왕 6년(1280)에 제도화하여 계점사 판관・녹사 각 두 명을 정원으로 하였다.

①『고려사』권28, 세가, 충렬왕 4년 11월.

229) 指揮使 : 고려시대 변란이 일어났을 때 각 도에 파견하여 군정을 총괄하는 관리.

230) 節制使 : 고려시대 각 도에 軍士를 통제하고 지휘하기 위하여 파견된 관리.

經歷二人四品 知事二人五六品

도통사.[231] 공민왕 18년에 각 도에 도총도통사(都摠都統使)를 두었다. 진무(鎭撫)는 두 명으로 한 명은 종2품, 한 명은 정3품이다. 경력(經歷)은 두 명으로 4품, 지사(知事)는 두 명으로 5·6품으로 하였다.

『高麗史』卷77 志31 / 百官2 / 外職 / 西京留守官

西京留守官 太祖元年 置平壤大都護府 遣重臣二人守之 置叅佐四五人 成宗十四年 置知西京留守事一人三品以上 副留守一人四品以上 判官二人六品以上 司錄叅軍事二人掌書記一人並七品以上 法曹一人 八品以上 睿宗十一年 改判官爲少尹 仁宗十四年 平西京仍置留守使 明宗八年 更定副留守一人正三品 判官二人五六品 司錄一人七品 書記一人八品 錄事四人 二差上京人 令史四人 書令史八人 記官十六人 書手二人 算士二人 印直二人 電吏二十五人 高宗三十九年 復置副留守一人 判官一人 司錄兼掌書記一人 自畢賢甫之亂 西京廢爲丘墟 至是復置 忠宣王以後 改平壤府 置尹從二品 少尹正四品 判官正五品 叅軍正七品 忠肅王以安定道存撫使兼平壤府尹 恭愍王五年 復改西京 留守仍從二品 少尹判官叅軍如故 又留守始不帶京官 諸留守同 十一年 復改平壤尹仍從二品 餘並仍之 其屬官沿革 附見于後

서경유수관.[232] 태조 원년에 평양대도호부를 두고 중신(重臣) 두 명

---

231) 都統使 : 고려 공민왕 18년(1369)에 각 도의 군사를 통솔하기 위하여 파견된 군사지휘관.

232) 西京留守官 : 平壤의 知西京留守事(3품) 이하 法曹(8품)에 이르기까지의 관원을 총괄해서 서경유수관이라 하고 그 아래에는 많은 屬官들이 있었다. 태조 원년(918)에 설치한 평양대도호부를 성종 14년(995)에 서경유수관으로 승격시킨 후 고려 말기에 이르기까지 많은 변화를 거듭하였다. 태조 5년(922)에 평양대도호부에 廊官·衙官·兵部令·納貨府 등 중앙(개경)의 기구와 유사한 여러 관부를 설치하였는데, 태조 5년 평양의 행정기구는 서경 分司制度의 시초로 주목된다. 서경의 이 같은 기구와 체제는 妙淸의 난 이후 대폭 개편되면서 독립성을 상실하고 土官職으로 변모되어 갔다.

을 보내어 이를 지키게 하고 참좌(參佐) 4·5명을 두었다. 성종14년에 지서경유수사(知西京留守事) 한 명을 두어 3품 이상, 부유수(副留守)는 한 명으로 4품 이상, 판관(判官)은 두 명으로 하되 6품 이상, 사록참군사(司錄參軍事) 두 명과 장서기(掌書記) 한 명은 모두 7품 이상으로 하고, 법조(法曹)는 한 명으로 8품 이상으로 하였다. 예종 11년에 판관(判官)을 고쳐 소윤(少尹)이라 하였다. 인종 14년에 서경을 평정하고 유수사(留守使)를 그대로 두었다.

명종 8년에 다시 정하여 부유수(副留守)는 한 명으로 정3품, 판관(判官)은 두 명으로 5·6품, 사록(司錄)은 한 명으로 7품, 서기(書記)는 한 명으로 8품, 녹사(錄事)는 네 명으로 하되 두 명은 상경(上京 : 개경) 사람으로 차임(差任)하고 영사(令史) 네 명, 서령사(書令史) 여덟 명, 기관(記官) 16명, 서수(書手) 두 명, 산사(算士) 두 명, 인직(印直) 두 명, 전리(電吏) 25명으로 하였다.

고종 39년에 다시 부유수(副留守) 한 명, 판관(判官) 한 명, 사록겸장서기(司錄兼掌書記) 한 명을 두었다. 필현보(畢賢甫)의 난(亂)으로부터 서경을 폐지하여 폐허(廢墟)하게 되었는데 이 때 이르러 다시 두었다.

충선왕 이후에 평양부(平壤府)로 고쳐 윤(尹)을 두어 종2품, 소윤(少尹)은 정4품, 판관(判官)은 정5품, 참군(參軍)은 정7품으로 하였다. 충숙왕이 안정도(安定道) 존무사(存撫使)로서 평양부윤(平壤府尹)을 겸하게 하였다.

공민왕 5년에 다시 서경으로 고쳐 유수(留守)는 그대로 종2품으로 하고 소윤(少尹)·판관(判官)·참군(參軍)은 전과 같이 하였다. 또한 유수(留守)가 처음으로 경관(京官)을 겸대(兼帶) 않게 하고, 다른 여러

①河玄綱, 「高麗西京考」『歷史學報』35·36합집, 1967 ; 『高麗地方制度의 研究』, 韓國研究院, 1977 ; 河玄綱, 「高麗西京의 행정구역」『韓國史研究』5, 1970 ; 『高麗地方制度의研究』, 韓國研究院, 1977 ; 河玄綱, 「高麗時代의 西京」『韓國中世史研究』, 一潮閣, 1988.

②李惠玉, 「高麗初期 西京勢力에 대한 一考察」『韓國學報』26, 1982.

유수(留守)도 이와 같이 하였다. 11년에 다시 평양으로 고치고, 윤(尹)은 그대로 종2품으로 하고 나머지도 모두 그대로 하였다. 그 속관(屬官)의 내력(沿革)은 뒤에 붙여 둔다.

『高麗史』卷77 志31 / 百官2 / 外職 / 廊官

太祖五年 置廊官【廊者官號 方言曹設】侍中一人 侍郎二人 郎中二人 上舍一人 史十人 衙官【衙亦官名 方言豪幕】具壇一人 卿二人 監一人 粲一人 理決一人 評察一人 史一人 兵部令 具壇一人 卿一人 大舍一人 史二人 納貨府 卿一人 大舍一人 史二人 珍閣省 卿一人 大舍二人 史二人 內泉府令 具壇一人 卿二人 大舍二人 史二人 六年 併內泉府于珍閣省 九年 增置國泉部令 具壇一人 卿二人 大舍二人 史四人 十七年 增置官宅司 掌供賓客之事 卿二人 大舍二人 史二人 都航司 卿一人 大舍一人 史一人 大馭府 卿一人 大舍一人 史一人 成宗九年 置修書院 令諸生抄書籍藏之 其院官令御事 選官奏差 睿宗十一年 改諸學士院爲分司國子監 判事一人三品兼之 祭酒一人少監以上兼之 司業一人 員外郎以上兼之 博士一人八品 助敎一人九品 刻漏院 爲分司大史局 知事不限員數 常叅兼之 叅外三人七八九品各一人 醫學院 爲分司大醫監 判監·知監·不限員數 以本職高下兼之 叅外二人八九品各一人 禮儀司 爲典禮司 知司事二人常叅兼之 判官二人 本司兼主祭享 其間閱樂不便 別立閱樂院 知院一人常叅兼之 判官二人權務 其兩班政事與上京同 仁宗十四年 命兩府大臣 議西京官班沿革 監軍·分司御史臺並仍舊 其餘官並省之 十六年 設儀曹兵曹戶曹倉曹寶曹工曹 各置令二人八品 丞二人九品 八關都監 置副使一人判官一人 東南面·西北面都監·諸學院 各置判官一人 聖容殿 置直員一人 自平定西京後 朝論不一 或者以謂 西京根本之地 且太祖所設 因舊制便 或者以謂 西京叛逆之地 宜一切革故 如東京之制 以故久不處置 至是 始置此官 明宗八年 更定官制 儀曹 令·丞各一人 文武交差 史二人 一差上京人 記事一人 記官三人 算士二人 禮儀司·正設院·八關寶·迎送幷屬焉 戶曹員吏 與儀曹同 戶部·五部·司宰寺·貨泉務幷屬焉 兵曹 員吏亦同上 兵部·軍器監·內廐

司・左右營・監軍・四面幷屬焉 寶曹 員吏亦同上 大府・小府・陳設司・綾羅店・圖畫院幷屬焉 倉曹 員吏亦同上 大倉・大官・良醞・塩店・迎仙店・咸和店幷屬焉 工曹 員吏亦同上 雜材・營作院・都航司幷屬焉 法曹司 法曹一人記事一人鏁匠二人 諸學院 文師一人記事二人算士一人記官二人書者二人 藥店 醫師一人記事二人醫生五人 恭讓王三年 都堂啓曰 平壤府土官之數 本因公事緩急 而定也, 自經紅亂 古籍散失 因此生謀 衙門員吏數多添設 窺免徭役 廣占日耕 軍粮國用 由是乏絶 其冗雜衙門及員吏 二皆沙汰 從之

태조 5년에 낭관(廊官)을 두었다. 【낭(廊)이란 관청의 칭호, 방언(方言)으로 조설(曹設)이라 한다】 시중(侍中) 한 명, 시랑(侍郎) 두 명, 낭중(郎中) 두 명, 상사(上舍) 한 명, 사(史) 10명을 두었다.

아관(衙官). 【아(衙) 또한 관명(官名)이다. 방언으로 호막(豪幕)이라 한다】 구단(具壇) 한 명, 경(卿) 두 명, 감(監) 한 명, 찬(粲) 한 명, 이결(理決) 한 명, 평찰(評察) 한 명, 사(史) 한 명이다.

병부령(兵部令). 구단(具壇) 한 명, 경(卿) 한 명, 대사(大舍) 한 명, 사(史) 두 명이다.

납화부(納貨府). 경(卿) 한 명, 대사(大舍) 한 명, 사(史) 두 명이다.

진각성(珍閣省). 경(卿) 한 명, 대사(大舍) 두 명, 사(史) 두 명이다.

내천부령(內泉府令). 구단(具壇) 한 명, 경(卿) 두 명, 대사(大舍) 두 명, 사(史) 두 명이다. 6년에 내천부(內泉府)를 진각성(珍閣省)에 합하였다. 9년에 국천부령(國泉部令)을 더 설치하여 구단(具壇) 한 명, 경(卿) 두 명, 대사(大舍) 두 명, 사(史) 네 명으로 하였다. 17년에 관택사(官宅司)를 더 설치하여 빈객(賓客)을 접대하는 일을 맡도록 하고, 경(卿) 두 명, 대사(大舍) 두 명, 사(史)는 두 명으로 하였다.

도항사(都航司). 경(卿) 한 명, 대사(大舍) 한 명, 사(史) 한 명이다.

대어부(大馭府). 경(卿) 한 명, 대사(大舍) 한 명, 사(史) 한 명이다.

성종 9년에 수서원(修書院)을 설치하고 제생(諸生)으로 하여금 서적들을 베껴서 보관하게 하고, 그 원관(院官 : 수서원의 관원)인 영(令), 어사(御事)는 선관(選官 : 吏部의 전신)에서 왕에게 아뢰어 임명하였다.

예종 11년에 제학사원(諸學士院)을 고쳐 분사국자감(分司國子監)이라 하였다. 판사(判事)는 한 명으로 3품이 겸하고, 제주(祭酒)는 한 명으로 소감(少監) 이상이 겸하고, 사업(司業)은 한 명으로 원외랑(員外郞) 이상이 겸하고, 박사(博士)는 한 명으로 8품, 조교(助敎)는 한 명으로 하되 9품으로 하였다.

각루원(刻漏院). 분사대사국(分司大史局)이라 하였다. 지사(知事)는 인원수를 제한하지 아니하고, 상참(常參－6품 이상)이 이를 겸하고, 참외(參外－7품 이하)는 세 명으로 7·8·9품 각각 한 명씩으로 하였다.

의학원(醫學院). 분사대의감(分司大醫監)이라 하였다. 판감(判監)·지감(知監)은 인원수를 제한하지 아니하고, 본직(本職)의 높고 낮음에 따라서 이를 겸하도록 하고, 참외는 두 명으로 8·9품 각각 한 명씩으로 하였다.

예의사(禮儀司). 전례사(典禮司)라 하였다. 지사사(知司事)는 두 명으로 상참(常參)이 이를 겸하고, 판관(判官)은 두 명으로 본사(本司) 주제향(主祭享)이 겸하였다. 그 사이 열악(閱樂)이 불편하였으므로 따로 열악원(閱樂院)을 세워 지원(知院)은 한 명으로 상참(常參)이 이를 겸하고, 판관(判官)은 두 명으로 권무(權務)로 하고, 양반(兩班)의 정사(政事)는 상경(上京 : 개경)과 같이 하였다.

인종 14년에 양부(兩府) 대신(大臣)에게 명(命)하여 서경(西京) 관반(官班)의 내력(沿革)을 의논하였다. 감군(監軍)과 분사어사대(分司御史臺)는 모두 전과 같이 하고, 그 나머지의 관속은 모두 이를 없앴다. 16년에 의조(儀曹)·병조(兵曹)·호조(戶曹)·창조(倉曹)·보조(寶曹)·공조(工曹)를 설치하고, 각 영(令)은 두 명을 두어 8품, 승(丞)은 두 명으로 9품으로 하였다. 팔관도감(八關都監)에는 부사(副使) 한 명, 판관(判官) 한 명을 두었다. 동남면·서북면도감(東南面·西北面都監)과 여러 학원(諸學院)에는 각각 판관(判官) 한 명을 두었다. 성용전(聖容殿)에는 직원(直員) 한 명을 두었다. 서경(西京)을 평정(平定)한 이후로부터 조정(朝廷)의 의론이 일치하지 아니하여 어떤 사람은 말하기를 "서경(西京)은 근본(根本)이 되는 땅이요 또 태조(太祖)가 세운 바이므로 옛 제도[舊制]를 따름이 편하다"고 하고, 혹자(或者)는 말하기를 "서경(西京)은 반역(叛逆)의 땅이므로 마땅히 일체(一切)의 옛 것을 혁파(革罷)하여 동경(東京 : 慶州)의 제도와 같이 하여야 한다"고 하였다. 이 때문에 오랫동안 처리(處置)하지 못하다가 이 때에 이르러 비로소 이러한 관속을 두었다.

명종 8년에 다시 관제(官制)를 고쳐 의조(儀曹)에는 영(令)·승(丞)은 각 한 명으로 하여 문무(文武)로 교차(交差)하고, 사(史)는 두 명으로 하되 한 명은 상경 사람(上京人)으로 차임하고, 기사(記事)는 한 명, 기관(記官)은 세 명, 산사(算士)는 두 명으로 하고, 예의사(禮儀司)·정설원(正設院)·팔관보(八關寶)·영송도감(迎送)을 모두 여기(儀曹)에 합속시켰다. 호조(戶曹)의 원리(員吏)는 의조(儀曹)와 더불어 같게 하고 호부(戶部)·5부(五部)·사재시(司宰寺)·화천무(貨泉務)는 모두 여기에(戶曹) 합속시켰다.

병조(兵曹)의 원리(員吏)도 또한 위와 같고, 병부(兵部)·군기감(軍器監)·내구사(內廐司)·좌우영(左右營)·감군(監軍)·사면도감(四面都監)은 모두 이에(兵曹) 속하게 하였다.

보조(寶曹)의 원리(員吏)도 또한 위와 같고, 대부(大府)·소부(小府)·진설사(陣設司)·능라점(綾羅店)·도화원(圖畵院)을 모두 이에(寶曹) 속하게 하였다.

창조(倉曹)의 원리(員吏)도 또한 위와 같고, 대창(大倉)·대관(大官)·양온(良醞)·염점(塩店)·영선점(迎仙店)·함화점(咸和店)을 모두 이에(倉曹) 속하게 하였다.

공조(工曹)의 원리(員吏)도 또한 위와 같고, 잡재·영작원(雜材·營作院)·도항사(都航司)를 모두 이에(工曹) 속하게 하였다.

법조사(法曹司)는 법조(法曹) 한 명, 기사(記事) 한 명, 쇄장(鏁匠) 두 명으로 하였다.

여러 학원(諸學院)은 문사(文師) 한 명, 기사(記事) 두 명, 산사(算士) 한 명, 기관(記官) 두 명, 서자(書者) 두 명으로 하였다. 약점(藥店)은 의사(醫師)한 명, 기사(記事) 두 명, 의생(醫生) 다섯 명으로 하였다.

공양왕 3년에 도당(都堂)에서 아뢰기를 "평양부(平壤府) 토관(土官)의 수는 본래 공사(公事)의 느리고 급함(緩急)에 따라 정한 것입니다. 홍건적(紅巾賊)의 난(亂)을 겪고 난 이후부터 옛 문적이 흩어져 없어지고, 이로 말미암아 꾀가 생겨 아문(衙門)의 정원 수(員吏數)를 많이 더 설치(添設)하여 요역(徭役)을 면하고, 일경(日耕)을 널리 탈점(廣占)하여 군량과 국용(國用)이 이로 말미암아 궁핍하니 쓸데없고 잡다한 아문(衙門) 및 원리(員吏)를 둘 다 없애소서"하니 이를 따랐다.

『高麗史』卷77 志31/ 百官2 / 外職 / 東京留守官

東京留守官 成宗以慶州爲東京 置留守使一人三品以上 副留守一人四品以上 判官一人六品以上 司錄參軍事一人掌書記一人並七品以上 法曹一人八品以上 醫師一人文師一人並九品 睿宗十一年 改判官爲少尹 忠烈王三十四年 改雞林府 置尹判官司錄法曹

동경유수관.[233] 성종 때 경주를 동경(東京)이라 하였다. 유수사(留守

---

233) 東京留守官 : 성종 6년(987)에 경주를 東京이라 하고 유수관을 설치하였다(①). 留守使(3품 이상) 이하 법조(법조 ; 8품 이상)에 이르기까지의 관원을 총괄하여 동경유수관이라 하였다. 유수관의 설치는 성종 14년(995)에 설치한 서경보다 성종 6년(987)에 동경이 앞서 설치되어 주목이 된다. 앞서 지적한 서경과 동경 및 남경을 3경이라 하였다. 고려시대 관제의 정비와 밀접한 관련을 맺고 있는 녹봉제의 정비가 대부분 문종 30년(1076) 또는 문종조 정비로 나타나고 있는데 비하여 동경관록만이 특별히 덕종 원년(1032)에 정비된 것으로 나타나 있어 주목이 된다. 이해를 돕기 위해 3경의 유수관 설치와 녹봉의 정비를 비교해 보면 다음과 같다(②).

使) 한 명을 두어 3품 이상, 부유수(副留守)는 한 명으로 4품 이상, 판관(判官)은 한 명으로 6품 이상, 사록참군사(司錄參軍事) 한 명과 장서기(掌書記) 한 명은 다같이 7품 이상, 법조(法曹)는 한 명으로 8품 이상, 의사(醫師) 한 명과 문사(文師) 한 명은 다같이 9품으로 하였다. 예종 11년에 판관(判官)을 고쳐 소윤(少尹)이라 하였다. 충렬왕 34년에 계림부(鷄林府)라 고치고 윤(尹)·판관(判官)·사록(司錄)·법조(法曹)를 두었다.

『高麗史』卷77 志31 / 百官2 / 外職 / 南京留守官

南京留守官 文宗以楊州爲南京 置留守一人三品以上 副留守一人 四品以上 判官一人六品以上 司錄叅軍事·掌書記各一人並七品以上 法曹一人八品以上 文師一人醫師一人並九品以上 睿宗十一年 改判官爲少尹 忠烈

三京의 留守官 설치와 祿俸(德宗~文宗)

		西 京	東 京		南 京
留守官 設置		成宗 14년	成宗 6년		文宗21년
留守官祿 整備		文宗朝	德宗 元年	文宗朝	文宗朝
祿俸	3品 이상	知西京 留守事	留守	留守	留守
		270석	250석	233석	200석
	4品 이상	副留守		副留守	副留守
		200석		66석10두	120석
	6品 이상	判官	判官	判官	判官
		86석10두	130석	86석10두	86석10두
	7품 이상	司錄	司錄	司錄	司錄
		46석10두	70석	46석10두	46석10두
	7品 이상	掌書記	掌書記	掌書記	掌書記
		40석	60석	40석	40석
	8品 이상	法曹	法曹	法曹	法曹
		20석	30석	20석	(20석)

* 東京副留守66석 10두는 166석 10두의 잘못임.
* 南京法曹(20석)은 보완한 것임.

①成宗六年 改爲東京留守(『고려사』 권57, 지리2, 동경유수관).

②崔貞煥, 「高麗祿俸制의 成立過程」『大丘史學』 15·16합집, 1978 ; 『高麗·朝鮮時代 祿俸制 硏究』, 慶北大學校出版部, 1991, 27~28쪽 ; 崔貞煥, 「高麗時代 外官祿의 整備」『李樹健敎授停年紀念韓國中世史論叢』, 2000 ; 『고려 정치제도와 녹봉제 연구』, 신서원, 2002, 166쪽.

王三十四年 改漢陽府 置尹判官司錄

남경유수관.[234] 문종 때 양주(楊州)를 남경(南京)이라 하였다. 유수(留守) 한 명을 두어 3품 이상, 부유수(副留守)는 한 명으로 4품 이상, 판관(判官)은 한 명으로 하되 6품 이상, 사록참군사(司錄參軍事)와 장서기(掌書記)는 각 한 명으로 다같이 모두 7품 이상, 법조(法曹)는 한 명으로 8품 이상, 문사(文師) 한 명과 의사(醫師) 한 명은 다같이 9품 이상으로 하였다. 예종 11년에 판관(判官)을 고쳐 소윤(少尹)이라 하였다. 충렬왕 34년에 한양부(漢陽府)라 고치고 윤(尹)·판관(判官)·사록(司錄)을 두었다.

『高麗史』卷77 志31 / 百官2 / 外職 / 團練使 都團練使 刺史 觀察使

團練使都團練使刺史觀察使 成宗爲州府之職 穆宗罷之

단련사·도단련사·자사·관찰사.[235] 성종 때 주(州)·부(府)의 관직이었고, 목종 때 이를 폐지하였다.

『高麗史』卷77 志31 / 百官2 / 外職 / 大都護府

大都護府 文宗定官制 使一人三品以上 副使一人四品以上 判官一人六品以上 司錄兼掌書記一人七品以上 法曹一人八品以上 醫師一人文師一人

---

234) 南京留守官 : 知州事였던 楊州가 남경유수관으로 승격된 것은 문종 21년(1067)이었다(①). 留守(3품 이상)이하 法曹(8품 이상)에 이르기까지를 남경유수관이라 하였다.
①文宗二十一年 陞爲南京留守官(『고려사』 권56, 지리1, 남경유수관).

235) 團練使·都團練使·刺史·觀察使 : 성종 14년(995)에 파견된 外官으로 목종 8년(1005)에 모두 폐지되었다.
三月 汰外官 唯置十二節度 … 其餘觀察使·都團練·團練·刺史悉罷之(『고려사절요』 권2, 목종 8년 3월).

並九品 睿宗十一年 改大都護牧判官爲通判 後只置使・判官・司錄 恭愍王五年 牧都護知官使副使 並不帶京官【舊制 補外者並帶京官赴任 若秩高者補外 品秩不相當 則以本職帶前字赴任】辛禑元年 牧都護知官 皆帶兵馬之職

대도호부.236) 문종 때 관제(官制)를 정하여 사(使)는 한 명으로 3품 이

---

236) 大都護府 : 고려시대 지방 행정기구의 하나. 처음에는 군사적 요충지에 설치했으나 점차 일반 행정기구로 그 성격이 바뀌어 갔다(①). 태조 원년(918)에 평양에 대도호부를 설치한 것이 그 시초이고 성종 14년(995)에 5도호부 체제가 갖추어 졌다. 평양대도호부는 성종 14년에 서경으로 승격되었고, 현종 3년(1012)에는 5都護・75도 安撫使가 설치되었다. 현종 3년의 5도호부는 성종 14년의 5도호부 체제에서 약간의 변화가 일어났다. 도호부의 이름은 같으나 置所만 바뀌었다. 현종 9년(1018)에 75도안무사를 혁파하고 4도호 8목이 설치되면서 현종 9년 이후는 4도호부체제로 바뀌었다. 5도호부와 4도호부의 변화 관계를 알기 쉽게 정리하면 다음과 같다(②).

①김아네스, 「고려초기의 都護府와 都督府」『歷史學報』 173, 2002.
權斗奎, 「高麗時代 安東都護府의 設置와 安東의 地名定着」『安東文化研究』 8, 1994.

②崔貞煥, 「高麗 地方制度의 整備와 道制」『慶北史學』, 19, 1996 ; 『고려 정치제도와 녹봉제 연구』, 신서원, 2002, 38~41쪽.

5都護府와 4都護府의 관계

5都護府(성종 14년)	5都護府(현종 3년~9년)	4都護府(현종 9년 이후)
安南都護府(靈岩)-1) (郞州, 성종 14)	安南大都護府 全州 (현종 9)	安南都護府 樹州(현종 13년?) 의종 4년
安東都護府(金海) (金州, 성종 14)	安東大都護府 (尙州, 현종3)-慶州(현종 5)	
安西都護府(豊山)-2) (豊州, 성종 14)	安西都護府 (海州, 현종 3)	安西大都護府 海州(睿宗 17년)
安邊都護府(永興) (和州, 성종 14)	安邊都護府 (登州, 현종 9)	安邊都護府 登州(현종 9)
安北大都護府(安州) (寧州, 성종2)	安北大都護府 (寧州, 현종 9)	安北大都護府 (현종 9)

1)안남대도호부는 태조가 전주를 멸하고 안남도호부를 설치했다고 하는 바 태조 19년(936)에 전주에 처음 설치하였을 것으로 여겨지며, 광종 2

상, 부사(副使)는 한 명으로 4품 이상, 판관(判官)은 한 명으로 6품 이상, 사록겸장서기(司錄兼掌書記)는 한 명으로 7품 이상, 법조(法曹)는 한 명으로 8품 이상, 의사(醫師) 한 명과 문사(文師) 한 명은 다같이 9품으로 하였다. 예종 11년에 대도호(大都護)·목(牧)의 판관(判官)을 고쳐 통판(通判)이라 하고, 뒤에 단지 사(使)·판관(判官)·사록(司錄)만 두었다. 공민왕 5년에 목(牧)·도호(都護)의 지관(知官)·사(使)·부사(副使)는 모두 경관(京官)을 겸대(兼帶)하지 않게 하였다. 【옛 제도(舊制)에 외방(外方)에 보임(補)하는 자는 모두 경관(京官)을 띠고 부임(赴任)하였는데 만약 품질이 높은

년에는 瀛州(古阜)에, 成宗 14년에는 朗州(靈岩)로 옮겨 설치하였을 것으로 여겨진다.

古阜郡 … 太祖十九年稱瀛州觀察使 光宗二年爲安南都護府 顯宗十年復今名(『고려사』 권57, 지리2, 全羅道).

靈岩郡 … 成宗十四年改朗州安南都護府 顯宗三年復降爲靈岩郡(『高麗史』 권57, 지리2 靈岩郡).

그러나 현종 9년에는 全州를 安南大都護府로 승격시켰다가 현종 13년에 全州로 降下되고, 그 대신 안남도호부는 樹州(富平)로 옮겨 갔다. 그 옮겨간 해는 "安南都護府 樹州 … 成宗十四年置團練使 穆宗八年罷之 顯宗九年知州事 毅宗四年更爲安南都護府"(『고려사』 권56, 지리1)라고 한 바 의종 4년 이전 현종 9년 이후로 보아야 할 것인데, 아마 全州 安南都護府가 州로 강하되는 현종 13년이 아니었을까 추측된다. 그리고 목종 8년의 4도호부는 성종 14년의 5도호부에서 안남도호부 朗州(靈岩)가 빠진 것이 아닌가 추측된다. 朗州는 현종 3년에 영암군으로 강격되었다고 하고, 현종 9년에 이전의 12州 節度使의 하나였던 전주를 安南大都護府로 승격시켰다고 하는 바 朗州는 성종 14년에서 현종 3년 사이 즉 목종 8년 당시의 도호부에서 빠진 것이 아닌가 추측된다.

2)安西都護府는 "豊州 … 高麗初 改今名 成宗十四年 陞爲都護府 顯宗九年 置防禦使"(『고려사』 권58, 지리3, 서해도 풍주)라고 보여주는 바와 같이 안서도호부라고 기록되어 있지 않고, 단순히 도호부로만 나타나 있다. 그러나 東西南北 가운데 西만이 빠질 이유가 없고, 현종 9년에 해주로 옮겨가서 海州安西都護府로 되었던 만큼 당시에 안서도호부라고 했음이 틀림없다.

安西大都護府 海州 … 顯宗三年廢節度使 九年定四都護府 改爲海州安西都護府 睿宗十七年陞爲大都護府(『고려사』 권58, 지리3).

자가 외직에 보임(補任)함에 품질(品秩)이 상당(相當)하지 않으면 곧 본직(本職)으로서 전함(前銜)을 띠고 부임(赴任)하였다】 신우 원년 목(牧)·도호(都護)의 지관(知官)은 모두 병마(兵馬)의 직(職)을 겸대(兼帶)하였다.

『高麗史』卷77 志31 / 百官2 / 外職 / 諸牧

諸牧 員吏品秩同大都護 忠宣王二年 或以宰相爲使

여러 목(牧).[237] 관원(員吏)과 품질(品秩)은 대도호(부)와 같다. 충선왕 2년에 간혹 재상(宰相)을 사(使)로 임명하기도 하였다.

『高麗史』卷77 志31 / 百官2 / 外職 / 大都督府

大都督府 亦同上.

대도독부.[238] 역시 위(大都護府)와 같다.

『高麗史』卷77 志31 / 百官2 / 外職 / 中都護府

---

237) 諸牧 : 牧은 고려시대 지방행정 기구의 하나이다. 성종 2년(983)에 처음으로 12목이 설치되었고(①), 현종 9년(1018)에 8목으로 바뀌었다. 성종 2년의 12牧은 楊州·廣州·忠州·清州·公州·海州·晋州·尙州·全州·羅州·昇州·黃州이고, 여기에 양주·공주·승주·해주가 빠지면 현종 9년의 8목이 된다(②).

①(成宗 2年 2月) 始置十二牧 (『고려사』 권3, 세가, 성종 2년 2월).

②(顯宗 9年 2月) 罷諸道安撫使 置四都護·八牧·五十六知州郡事·二十八鎭將·二十縣令(『고려사절요』 권3).

238) 大都督府 : 고려시대 지방 행정기구의 하나. 고려의 도호부 제도는 唐의 제도를 본 받은 것이라 여겨진다. 당에서는 도호부가 도독부의 상급 지방 행정기구였으며, 정복지에 설치되어 주변지역에 대한 군사적 기능과 민정적 기능을 동시에 맡아보았다(①). 태조 13년(930)에 천안부(天安府)에 도독을 설치한 예가 있다(②).

①方香淑, 「百濟故土에 대한 唐의 지배체제」『李基白先生古稀紀念韓國史學論叢』上, 1994.

②『고려사』 권56, 지리1, 양광도 천안부.

中都護府 文宗定 使一人四品以上 副使一人五品以上 判官兼掌書記一人六品以上 法曹一人 八品以上 後只置使司錄 或置使法曹

중도호부.[239] 문종 때 정하여 사(使)는 한 명으로 4품 이상, 부사(副使)는 한 명으로 5품 이상, 판관겸장서기(判官兼掌書記)는 한 명으로 6품 이상, 법조(法曹) 한 명은 8품 이상으로 하였다. 뒤에 다만 사(使)·사록(司錄)만을 두기도 하고, 혹은 사(使)·법조(法曹)를 두기도 하였다.

『高麗史』 卷77 志31 / 百官2 / 外職 / 防禦鎭

防禦鎭 文宗定 使一人五品以上 副使一人六品以上 判官一人七品 法曹一人八品以上 或加置文學一人 以任講學 醫學一人以任療病

방어진.[240] 문종 때 정하여 사(使)는 한 명으로 5품 이상, 부사(副使)

239) 中都護府 : 고려시대 지방 행정기구의 하나. 『고려사』 백관지에는 대도호부와 중도호부로 구분하여 관원의 정원과 품질을 규정하고 있다. 그러나 중도호부의 사례는 보이지 않고, 소도호부의 사례는 보이고 있다. 『고려사』 권80, 식화3, 녹봉 외관록에 4도호부의 녹봉을 대도호부와 소도호부로 구분하여 그 녹봉을 규정하고 있다.
崔貞煥, 「高麗時代 外官祿의 整備」 『李樹健敎授停年紀念韓國中世史論叢』, 2000 ; 『고려 정치제도와 녹봉제 연구』, 신서원, 2002, 167~168쪽.

4도호부의 녹봉(문종~인종)

도호부	구분	使	副使	判官	司錄兼掌書記	法曹
安西大	文宗朝	200석	120석	86석 10두	40석(사록)	20석
都護府	仁宗朝	(166석 10두)	120석	86석 10두	40석	20석
安北大	文宗朝					
都護府	仁宗朝	(166석 10두)	120석	86석 10두	40석	20석
安南小	文宗朝					
都護府	仁宗朝	120석	86석 10두	40석	(20석)?	16석 10두
安邊小	文宗朝					
都護府	仁宗朝	120석	86석 10두	40석	(20석)?	15석 10두

* ( ) 안의 숫자는 보완한 것임.

240) 防禦鎭 : 지방의 군사적 요충지에 설치한 행정 단위를 鎭이라 한다. 고려시대는 동·북 양계에 방어진을 설치하였다. 방어진에는 使·副使·判

는 한 명으로 6품 이상, 판관(判官)은 한 명으로 7품, 법조(法曹)는 한 명으로 8품 이상으로 하였다. 간혹 문학(文學) 한 명을 더 두어 강학(講學)을 맡기기도 하고, 의학(醫學) 한 명을 더 두어 질병의 치료(治療)를 맡기기도 하였다.

『高麗史』卷77 志31 / 百官2 / 外職 / 知州郡

知州郡 員吏品秩同防禦鎭 後只置知事判官 或只置知事

지주군.[241] 관원(員吏)의 품질(品秩)은 방어진(防禦鎭)과 같다. 뒤에 지사(知事)와 판관(判官)만을 두기도 하고, 간혹 지사(知事)만 두기도 하였다.

『高麗史』卷77 志31 / 百官2 / 外職 / 諸縣

諸縣 文宗定 令一人七品以上 尉一人八品 睿宗三年 諸小縣置監務 高宗四十三年 罷諸縣尉 恭愍王二年 縣令監務以京官七品以下充之 後改諸道縣令監務爲安集別監 以五六品爲之 辛昌時 復改爲縣令監務 秩仍五六品

官・法曹 등이 파견되었고, 諸鎭에는 鎭將과 副將이 파견되었다. 이들은 모두 외관록을 받았다.
崔貞煥,「高麗時代 外官祿의 整備」『李樹健敎授停年紀念韓國中世史論叢』, 2000 ;『고려 정치제도와 녹봉제 연구』, 신서원, 2002, 173～179쪽.

241) 知州郡 : 州・郡은 지방의 행정 단위이다. 고려시대 외관이 파견되는 주・군을 知州郡이라 하고 파견되지 않는 郡縣을 속군 속현이라 하였다. 지주군에는 知州郡事 부사 판관 법조 등이 파견되고 이들은 모두 외관록을 받았다(①). 고려시대는 현종 9년(1018)에 4都護・8牧・56知州郡事・28鎭將・20縣令이 설치되어 지방제도의 골격이 갖추어 졌다(②). 주에는 防禦使가 파견되는 防禦州와 知州事가 파견되는 知州府郡이 있었다.
①崔貞煥,「高麗時代 外官祿의 整備」『李樹健敎授停年紀念韓國中世史論叢』, 2000 ;『고려 정치제도와 녹봉제 연구』, 신서원, 2002, 171～173쪽.
②(顯宗 9年 2月) 罷諸道安撫使 置四都護・八牧・五十六知州郡事・二十八鎭將・二十縣令 (『고려사절요』 권3).

여러 현.[242] 문종 때 정하여 영(縣令)은 1한 명으로 7품 이상, 위(縣尉)는 한 명으로 8품으로 하였다. 예종 3년에 여러 소현(小縣)에 감무(監務)를 두었다.[243] 고종 43년에 여러 현위(縣尉)를 파하였다. 공민왕 2년에 현령(縣令)·감무(監務)는 경관(京官) 7품 이하로 충당(充當)하였다. 뒤에 여러 도(諸道)의 현령(縣令)·감무(監務)를 고쳐 안집별감(安集別監)이라 하고, 5·6품으로서 이를 삼았다. 신창 때 다시 고쳐 현령(縣令)·감무(監務)라 하고 품질은 그대로 5·6품으로 하였다.

〈h5〉077 志031 / 百官2 / 外職 / 諸鎭

諸鎭 文宗定 將一人七品以上 副將一人八品

여러 진.[244] 문종 때 정하여 장(將)은 한 명으로 7품 이상, 부장(副將)은 한 명으로 8품으로 하였다.

---

242) 諸縣 : 현은 지방의 행정 단위이다. 고려시대에는 모두 335현이 있었다고 한다. 고려시대 외관이 파견되는 領縣(主縣)과 외관이 파견되지 않은 屬縣이 있었다. 영현 즉 주현에는 현령과 현위가 함께 동시에 파견되는 주현이 있는가 하면 현위가 파견되는 작은 주현이 있다. 그리고 외관이 파견되지 않은 속현이 있다. 외관이 파견되지 않은 속현에는 예종 3년부터 監務가 파견되었다. 이들은 모두 외관록을 받았다. 현종 9년(1018)에 "4都護·8牧·56知州郡事·28鎭將·20縣令"이라 하여 현종 9년 당시 외관이 파견된 주현은 20현령으로 나타나 있다. 그러나 실제로 외관록을 받은 현령의 수는 이보다 훨씬 많았다.
崔貞煥, 「高麗時代 外官祿의 整備」『李樹健敎授停年紀念韓國中世史論叢』, 2000 ; 『고려 정치제도와 녹봉제 연구』, 신서원, 2002, 179~180쪽.

243) 諸小縣置監務 : 여기서 감무가 파견된 小縣은 속현을 두고 한 말이다.

244) 諸鎭 : 고려시대 양계 지방의 군사적 요충지에 설치한 행정 단위를 鎭이라 하였다. 고려시대는 동·북 양계에 28鎭을 설치하였다고 한다. 諸鎭에는 鎭將과 副將이 파견되었고, 방어진에는 使·副使·判官·法曹 등이 파견되었다. 이들은 모두 외관록을 받았다.
崔貞煥, 「高麗時代 外官祿의 整備」『李樹健敎授停年紀念韓國中世史論叢』, 2000 ; 『고려 정치제도와 녹봉제 연구』, 신서원, 2002, 173~179쪽.

『高麗史』卷77 志31 / 百官2 / 外職 / 舘驛使

舘驛使 國初稱諸道巡官 顯宗十九年 以巡字犯王嫌名 改爲諸道舘驛使 恭讓王元年 始置驛丞 皆用叅官爲之 四年 罷驛丞分定別監 尋復置驛丞

관역사.[245] 건국 초에 여러 도의 순관(巡官)이라 칭하였다. 현종 19년에 순(巡)이란 글자가 왕의 이름과 같은 음(音)이라[246] 싫어하여 고쳐서 여러 도(道)의 관역사라 하였다. 공양왕 원년에 처음으로 역승(驛丞)을 두고 모두 참관(參官 ; 6품 이상)을 채용하여 이에 임명하였다. 4년에 역승(驛丞)을 파하고, (각 관・역에) 별감(別監)을 나누어 두기로 정하였다가 얼마 후에 다시 역승(驛丞)을 두었다.

『高麗史』卷77 志31 / 百官2 / 外職 / 勾當

勾當 成宗十三年 置鴨綠渡勾當使 後諸津渡 皆有勾當

구당.[247] 성종 13년에 압록 나루터(鴨綠渡)에 구당사(勾當使)를 두었다. 후에 여러 나루터(津渡)에도 모두 구당(勾當)이 있었다.

『高麗史』卷77 志31 / 百官2 / 外職 / 儒學敎授官

儒學敎授官 恭讓王三年 置各道牧府儒學敎授官 四年罷 尋復之

유학교수관.[248] 공양왕 3년에 각 도(道)・목(牧)・부(府)에 유학교수

---

245) 舘驛使 : 고려시대 각 도의 교통과 운수, 외관의 숙박, 왕명의 전달 등을 위하여 설치한 館과 驛을 관리하기 위하여 파견된 관리.
辛禑十四年六月 敎曰 館驛之設 所以傳命 近因豪强兼幷 失其土田 廚傳如舊 以致凋弊 誠可憫焉(『고려사』 권82, 병지2, 참역).

246) 以巡字犯王嫌名 : '巡'자는 현종의 이름(諱)인 '詢'과 음이 같다.
顯宗 元文大王 諱詢 字安世 安宗之子(『고려사』 권4, 세가, 현종총서).

247) 勾當 : 고려시대 각 지방의 나루터(津渡)를 관리하고 경비하기 위해 파견된 관리.

관(儒學敎授官)을 두었다. 4년에 폐지하였다가 얼마 후 다시 두었다.

『高麗史』卷77 志31 / 百官2 / 勳

勳

勳二階 有上柱國柱國 文宗定 上柱國正二品 柱國從二品 忠烈王以後廢之

훈.[249] 훈(勳)에는 두 단계(二階)로 상주국(上柱國)·주국(柱國)이 있다. 문종 때 정하여 상주국(上柱國)은 정2품, 주국(柱國)은 종2품으로 하였다. 충렬왕 이후에 이를 폐지하였다.

『高麗史』卷77 志31 / 百官2 / 爵

爵

爵五等 有公侯伯子男 文宗定 公侯國公食邑三千戶正二品 郡公食邑二千戶從二品 縣侯食邑一千戶 縣伯七百戶 開國子五百戶 並正五品 縣男三百戶從五品 忠烈王以後廢之 恭愍王五年 復用公侯伯子男 並正一品 十一年罷之 十八年復之 二十一年又罷之

작.[250] 작(爵)은 5등(等)으로 공(公)·후(侯)·백(伯)·자(子)·남(男)

---

248) 儒學敎授官 : 고려 말에 각 도의 지방에 유학을 업으로 하는 博學한 사람을 敎授官으로 삼아 5道에 각각 1명씩 나누어 보내어 郡縣을 두루 다니며 四書五經을 읽게 하고 敎導를 권장하기 위하여 파견된 교수관. 공양왕 2년(1390) 2월에 서울 안의 5部와 서북면의 府·州에 儒學敎授官을 두고 3년 正月에 각 道의 牧·府에도 또한 이를 두었다.
『고려사』권74, 선거2, 학교 국학.

249) 勳 : 고려시대 국가에 공이 있는 功臣들에게 내려준 명예직인 勳位. 국초에 태조 때부터 국왕과 후비 및 諸臣들에게 上柱國·柱國의 훈위가 사용되고 있었다. 문종 때 제정한 것은 그 품계가 정해진 것이 아닌가 한다.

250) 爵 : 爵은 국왕이 宗室과 공훈이 있는 신하들을 王室의 藩屛으로 삼기 위해 公·侯·伯·子·男의 爵位를 授與해 준 제도이다(①). 그리고 爵을 수여하는 제도를 封爵制라 하였다. 고려시대 封爵은 宗室에게만 주어진 것이 아니라 異姓諸君에게도 수여되었다. 宗室에 대한 封君은 태조 때부

이 있었다. 문종 때 정하여 공·후·국공(國公)은 식읍(食邑) 3,000호로 정2품, 군공(郡公)은 식읍(食邑) 2,000호로 종2품, 현후(縣侯)는 식읍(食邑) 1,000호, 현백(縣伯)은 700호(戶), 개국자(開國者)는 500호로 모두 정5품으로 하고, 현남(縣男)은 300호로 종5품으로 하였다.[251] 충렬왕 이후에는 이를 폐지하였다. 공민왕 5년에 다시 공(公)·후(侯)·백

터 등장하고, 異姓에 대한 봉군은 경종 5년(980)에 崔知夢이 東萊郡侯로 봉해진 것이 최초의 예로 나타나 각각 그 성립과정이 서로 달랐다. 고려의 封爵制度하에서 宗室과 異姓에 대한 封爵은 각각 그 등장시기와 성립과정이 서로 달랐지만, 그것이 제도적으로 정비된 것은 문종 때였다. 문종 때 중국 周 나라의 5등작(公·侯·伯·子·男)을 고려에 적용하여 고려의 봉작제가 정비된 것이다. 그러나 주나라의 5등작을 고려에서 그대로 적용한 것은 아니었다.

고려의 封爵制가 정비된 것은 다 같이 문종 때였으나, 宗室과 異姓諸君에 대한 封爵制의 구체적 내용과 이후의 변천과정은 서로 달랐다. 宗室에 대한 봉작은 주로 국명과 관련된 封爵이 주어진데 비하여 異姓諸君에 대한 封爵은 東萊郡侯 淸河縣開國男 등과 같이 郡·縣과 관련된 封爵이 수여되었다. 또한 종실에는 公·侯·伯의 封爵에 봉해진데 비하여 異姓諸君은 5等爵 전체에 걸쳐 수여되고, 國公과 郡公 이하에서는 郡爵과 縣爵의 구별이 있었다. 즉 郡侯·縣侯와 郡伯·縣伯 및 郡男·縣男의 구별이 있었던 것이다(②).

①金基德,『高麗時代 封爵制 硏究』, 청년사, 1998.
崔貞煥,「高麗時代 封爵制의 成立過程과 整備」『한국중세사연구』14, 2003.
②崔貞煥,「高麗時代 封爵制의 成立過程과 整備」『한국중세사연구』14, 2003, 241~253쪽.

251) 文宗定 公侯國公食邑三千戶正二品 … 縣男三百戶從五品 : 봉작을 받은 사람에게는 식읍(食邑)이 지급되는데, 이를 食封制라 하였다. 문종 때 제정된 식봉제는 公·侯·伯·子·男의 5등작의 기초 위에 宗室과 異姓諸君을 포함하여 6과등으로 구분하였다. 고려의 식봉제는 ①公·侯·國公(정2품, 3000호) ②郡公(종2품, 2000호) ③縣侯(정5품, 1000호) ④縣伯(정5품, 700호) ⑤開國子(정5품, 500호) ⑥縣男(종5품, 300호) 등 6과등으로 구분하였다. 이 식봉제는 종실과 이성제군을 포함하여 봉작의 등급에 따라 6과등으로 구분하여 식읍의 지급에 차등을 규정한 것이다.
崔貞煥,「高麗時代 封爵制의 成立過程과 整備」『한국중세사연구』14, 2003, 247~253쪽.

(伯)・자(子)・남(男)을 사용하고, 모두 정1품으로 하였다. 11년에 이를 폐지하였고, 18년에 이를 복구하였다. 21년에 또 이를 폐지하였다.

『高麗史』卷77 志31 / 百官2 / 文散階

文散階

國初官階不分文武 曰大舒發韓 曰舒發韓 曰夷粲 曰蘇判 曰波珍粲 曰韓粲 曰閼粲 曰一吉粲 曰級粲 新羅之制也 曰大宰相 曰重副 曰台司訓 曰輔佐相 曰注書令 曰光祿丞 曰奉朝判 曰奉進位 曰佐眞使 泰封之制也 太祖 以泰封主任情改制 民不習知 悉從新羅 唯名義易知者 從泰封之制 尋用大匡・正匡・大丞・大相之號 成宗十四年 始分文武官階 賜紫衫以上正階 改文官大匡爲開府儀同三司 正匡爲特進 大丞爲興祿大夫 大相爲金紫興祿大夫 銀青光祿大夫爲銀青興祿大夫 文宗改官制 文散階凡二十九 從一品曰開府儀同三司 正二品曰特進 從二品曰金紫光祿大夫 正三品曰銀青光祿大夫 從三品曰光 祿大夫 正四品上曰正議大夫 下曰通議大夫 從四品上曰大中大夫 下曰中大夫 正五品上曰中散大夫 下曰朝議大夫 從五品上曰朝請大夫 下曰朝散大夫 正六品上曰朝議郞 下曰承議郞 從六品上曰奉議郞 下曰通直郞 正七品上曰朝請郞 下曰宣德郞 從七品上曰宣議郞 下曰朝散郞 正八品上曰給事郞 下曰徵事郞 從八品上曰承奉郞 下曰承務郞 正九品上曰儒林郞 下曰登仕郞 從九品上曰文林郞 下曰將仕郞 忠烈王元年 改金紫光祿爲匡靖 銀青光祿爲中奉 其餘擬上國者悉改之 二十四年 忠宣改 從一品曰崇祿大夫 正二品曰興祿大夫 從二品曰正奉大夫 正三品曰正議大夫 從三品曰通議大夫 正四品曰大中大夫 從四品曰中大夫 正五品以下有上下 並仍文宗舊制 後有榮列・正獻・朝顯大夫之階 三十四年 忠宣又改官制 一品始置 正曰三重大匡 從一品曰重大匡 正二品曰匡靖大夫 從二品曰通憲大夫 正三品上曰正順大夫 下曰奉順大夫 從三品上曰中正大夫 下曰中顯大夫 正四品曰奉常大夫 從四品 奉善大夫 五品始爲郞 曰通直郞 六品曰承奉郞 七品曰從事郞 八品曰徵事郞 九品曰通仕郞 尋於三重大匡・重大匡之上 加壁上三韓之號 忠宣王二年 去壁上三韓之號 改正一品曰三重大匡 從一品曰重大匡 正二品上曰大匡 下曰正匡 從二品上曰匡靖大夫 下曰奉翊大夫 正三品上曰正順大夫 下曰奉順大夫 從三品上曰中正大夫 下曰中

顯大夫 正四品曰奉常大夫 從四品曰奉善大夫 正五品曰通直郎 從五品曰朝奉郎 正六品曰承奉郎 從六品曰宣德郎 七品曰從事郎 八品曰徵事郎 九品曰通仕郎 恭愍王五年 改正一品上曰開府儀同三司 下曰儀同三司 從一品上曰金紫光祿大夫 下曰金紫崇祿大夫 正二品上曰銀青光祿大夫 下曰銀青榮祿大夫 從二品上曰光祿大夫 下曰榮祿大夫 正三品上曰正議大夫 下曰通議大夫 從三品上曰大中大夫 下曰中大夫 正四品曰中散大夫 從四品曰朝散大夫 正五品曰朝議郎 從五品曰朝奉郎 正六品曰朝請郎 從六品曰宣德郎 七品曰修職郎 八品曰承事郎 九品曰登仕郎 十一年 改正一品上曰壁上三韓三重大匡 下曰三重大匡 從一品曰重大匡 正二品曰匡靖大夫 從二品曰奉翊大夫 正三品上曰正順大夫 下曰奉順大夫 從三品上曰中正大夫 下曰中顯大夫 正四品曰奉常大夫 從四品曰奉善大夫 正五品曰通直郎從五品曰朝奉郎 正六品曰承奉郎 從六品曰宣德郎 七品曰從事郎 八品曰徵仕郎 九品曰通仕郎 十八年 改正一品上曰特進輔國三重大匡 下曰特進三重大匡 從一品上曰三重大匡 下曰重大匡 正二品上曰光祿大夫 下曰崇祿大夫 從二品上曰榮祿大夫 下曰資德大夫 正三品上曰正議大夫 下曰通議大夫 從三品上曰大中大夫 下曰中正大夫 正四品上曰中散大夫 下曰中議大夫 從四品上曰朝散大夫 下曰朝列大夫 正五品以下 同五年之制 二十一年 又改階號未考

문산계.[252)]

252) 文散階 : 고려・조선시대 官人들의 지위를 나타내는 官階로서 품계(品階)의 높고 낮음에 따라 지위의 上下를 구분하는 공적인 질서체계이다. 고려시대의 문산계는 品秩은 9품 체계로 이루어져 있었다. 1품에서 9품에 이르기까지 29단계를 이루어 각 품마다 正・從品을 설정하고, 어떤 품계에는 上下의 雙階가 두어져 그 등급 수가 늘어나기도 했지만 기본적으로 9품 체계로 되어 있었다. 이와 같은 9품 관제는 중국의 唐制를 본 받은 것으로 우리나라에 처음으로 채용한 것은 고려 성종 14년(995)이었고, 이후 조선시대까지 줄곧 답습되었다. 이 문산계는 고려시대 文・武班 모두에게 공통으로 적용되었다.

①朴龍雲,「高麗時代의 文散階」『震檀學報』52, 1981 ;『高麗時代 官階・官職 研究』, 고려대학교 출판부, 1997.

②李成茂,「兩班과 官階組織」『朝鮮初期 兩班研究』, 一潮閣, 1980.

국초에 관계(官階)에는 문관·무관의 구분이 없었다. 대서발한(大舒發韓)·서발한(舒發韓)·이찬(夷粲)·소판(蘇判)·파진찬(波珍粲)·한찬(韓粲)·알찬(閼粲)·일길찬(一吉粲)·급찬(級粲)은 신라의 제도이다. 대재상(大宰相)·중부(重副)·태사훈(台司訓)·보좌상(輔佐相)·주서령(注書令)·광록승(光祿丞)·봉조판(奉朝判)·봉진위(奉進位)·좌진사(佐眞使)는 태봉(泰封)의 제도이다.253)

태조는 태봉의 임금(궁예)이 임의로 제도를 고쳐 백성들이 익히 알지 못하므로 모두 신라의 제도를 따랐다. 다만 이름과 뜻을 알기 쉬운 것은 태봉(泰封)의 제도를 따랐다. 곧 이어 대광(大匡)·정광(正匡)·대승(大丞)·대상(大相)의 칭호를 사용하였다.254)

---

③崔貞煥, 本書, 65~73쪽.

253) 國初官階不分文武 曰大舒發韓 … 曰級粲, 新羅之制也 曰大宰相 … 曰佐眞使 泰封之制也 : 국초에 문무의 구별이 없었다고 하는 이 官階는 태조 원년(918)부터 동 6년 사이에 신라의 제도와 태봉의 제도를 병용한 국초의 관계이다(①). 반면에 이러한 관계와는 달리 대광, 정광 등의 고려적인 관계가 또한 태조 원년부터 수여되고 있었다. 혹자는 중국의 문산계를 사용하기 시작한 성종 14년 이전까지는 이것이 고려적인 관계와 병용되었으리라는 의견을 피력하였다(②). 그러나 그 같은 현상이 있게된 것은 이미 그전에 받았던 위계를 고려왕조에서 인정해 준 것에 따른 것으로 형식적인 의미를 지니는 것에 지나지 않으므로 그렇게 보기는 어렵다는 견해가 제시되어 있다(③).

①朴龍雲, 「高麗時代의 文散階」『震檀學報』 52, 1981 ; 『高麗時代 官階·官職 硏究』, 고려대학교 출판부, 1997.

②李純根, 「高麗初 鄕吏制의 成立과 實施」『金哲埈華甲紀念 史學論叢』, 1983, 225~229쪽.

③武田幸男, 「高麗初期の官階－高麗王朝 確立過程の一考察－」『朝鮮學報』 41, 1966, 29~30쪽.

金甲童, 「高麗初期 官階의 成立과 그 意義」『歷史學報』 117, 1988 ; 『羅末麗初의 豪族과 社會變動硏究』, 高麗大 民族文化硏究所, 1990, 180~181쪽.

254) 尋用大匡·正匡·大丞·大相之號 : 곧 이어 사용한 大匡·正匡·大丞·大相 등의 칭호 역시 국초에 사용한 官號이다. 이외에 원보·좌윤·정조보윤·군윤·중윤 등의 관호를 제정하여 사용하였다(①). 이러한 초기의 고려적 官階도 역시 태조 원년부터 수여되고 점차 널리 사용되었다. 고

성종 14년에 처음으로 문무(文武)의 관계(官階)를 나누어, 자삼(紫衫) 이상에 정계(正階)를 주어 문관(文官)의 대광(大匡)을 고쳐 개부의동삼사(開府儀同三司)라 하고, 정광(正匡)을 특진(特進)이라 하고, 대승(大丞)을 흥록대부(興祿大夫)라 하고, 대상(大相)을 금자흥록대부(金紫興祿大夫)라 하고, 은청광록대부(銀青光祿大夫1)를 은청흥록대부(銀青興祿大夫)라 하였다.[255)]

려 초기의 관계는 9품계 16등급으로 구성되어 있었다. 16등급의 고려 초기 관계는 처음부터 모두 갖추어진 것이 아니고, 후삼국을 통일하는 태조 19년(936)을 계기로 확대 정비된 것이 아닌가 짐작된다(②). 그 내용은 『고려사』 권75, 선거3, 향직조에 전하고 있다(③). 이와 같은 9품계 16등급의 고려 초기의 관계는 태조 원년부터 성종 14년까지의 약 80년간 고려 왕조의 공적인 질서체계로서 중요한 기능을 담당하였다. 성종 14년(995)에 중국식 문산계가 공적 질서체계로 자리를 잡음으로써 국초의 관계는 변질되어 鄕職으로 변화되었다(④).

①『삼국사기』 권50, 열전, 궁예 및 『삼국사기』 권40, 志9, 職官 下.

②朴龍雲,「高麗時代의 文散階」『震檀學報』52, 1981 ;『高麗時代 官階・官職 硏究』, 고려대학교 출판부, 1997, 34~35쪽.

③一品曰三重大匡・重大匡 二品曰大匡・正匡 三品曰大丞・佐丞 四品曰大相・元甫 五品曰正甫 六品曰元尹・佐尹 七品曰正朝・正位 八品曰甫尹 九品曰軍尹・中尹(『고려사』 권75, 선거3, 향직).

④武田幸男,「高麗時代の鄕職」『東洋學報』47-2, 1964.

255) 成宗十四年 始分文武官階 賜紫衫以上正階 改文官大匡爲開府儀同三司 … 銀青光祿大夫爲銀青興祿大夫 : 성종 14년 당시에는 개부의동삼사・특진・흥록대부・금자흥록대부・은청흥록대부 등 문산계 가운데 일부만 채용되고, 文宗朝(문종 15년 ?)에 이르러 비로소 29등급 전체가 완비된 듯이 서술되어 있는데, 이 점은 정확한 설명인 것 같지 않다. 성종 14년부터 문종 30년 사이의 사료를 찾아보면 문산계 29階號의 대부분이 발견되고 있다. 아마 문산계는 성종 14년부터 완비된 제도로 출발했던 것 같다(①, ②).

①末松保和,「高麗初期の兩班について」『東洋學報』36-2, 1953 ;『青丘史草』1, 笠井出版社, 1965, 161쪽.

武田幸男,「高麗初期の官階－高麗王朝 確立過程の一考察－」『朝鮮學報』41, 1966, 7~14쪽.

②朴龍雲,「高麗時代의 文散階」『震檀學報』52, 1981 ;『高麗時代 官階・

문종 때 관제(官制)를 고쳐 문산계(文散階)를 무릇 29등급으로 하였다.[256] 종1품은 개부의동삼사(開府儀同三司), 정2품은 특진(特進), 종2품은 금자광록대부(金紫光祿大夫), 정3품은 은청광록대부(銀靑光祿大夫), 종3품은 광록대부(光祿大夫), 정4품의 상(上)은 정의대부(正議大夫), 하(下)는 통의대부(通議大夫), 종4품의 상(上)은 대중대부(大中大夫), 하(下)는 중대부(中大夫), 정5품의 상(上)은 중산대부(中散大夫), 하(下)는 조의대부(朝議大夫), 종5품의 상(上)은 조청대부(朝請大夫), 하(下)는 조산대부(朝散大夫), 정6품의 상(上)은 조의랑(朝議郎), 하(下)는 승의랑(承議郎), 종6품의 상(上)은 봉의랑(奉議郎), 하(下)는 통직랑(通直郎), 정7품의 상(上)은 조청랑(朝請郎), 하(下)는 선덕랑(宣德郎), 종7품의 상(上)은 선의랑(宣議郎), 하(下)는 조산랑(朝散郎), 정8품의 상(上)은 급사랑(給事郎), 하(下)는 징사랑(徵仕郎), 종8품의 상(上)은 승봉랑(承奉郎), 하(下)는 승무랑(承務郎), 정9품의 상(上)은 유림랑(儒林郎), 하(下)는 등사랑(登仕郎), 종9품의 상(上)은 문림랑(文林郎), 하(下)는 장사랑(將仕郎)이다.

官職 硏究』, 고려대학교 출판부, 1997, 38~40쪽.

256) 文宗 改官制 文散階凡二十九 : 문종 때 개정된 문산계 29등급은 크게 상층의 大夫階(종1품으로부터 종5품까지의 13등급)와 하층의 郎階(정6품부터 종9품까지 16등급)로 구분하여 5품과 6품을 경계로 큰 단층을 이루고 있다.

高麗 文散階의 整備 비교표

成宗 14년 이전	成宗 14년 이후	文宗	品階	新唐書	宋史
	開府儀同三司	開府儀同三司	종1품	開府儀同三司	開府儀同三司
	特進	特進	정2품	特進	特進
光祿大夫	興祿大夫	金紫光祿大夫	종2품	光祿大夫	光祿大夫
	金紫興祿大夫	銀靑光祿大夫	정3품	金紫光祿大夫	金紫光祿大夫
銀靑光祿大夫	銀靑興祿大夫	光祿大夫	종3품	銀靑光祿大夫	銀靑光祿大夫
	(正議大夫)	上 正議大夫 下 通議大夫	정4품	上 正議大夫 下 通議大夫	上 正奉大夫 中奉大夫
(中大夫)	(太中大夫) (中大夫)	上 太中大夫 上 中大夫	종4품	上 太中大夫 下 中大夫	上 太中大夫 中大夫
	(中散大夫) (朝議大夫)	上 中散大夫 下 朝議大夫	정5품	上 中散大夫 下 朝議大夫	上 中散大夫 朝奉大夫

成宗 14년 이전	成宗 14년 이후	文宗	品階	新唐書	宋史
	(朝請大夫) (朝散大夫)	上 朝請大夫 下 朝散大夫	종5품	上 朝請大夫 下 朝散大夫	上 朝散大夫 朝請大夫
		上 朝議郎 下 承議郎	정6품	上 朝議郎 下 承議郎	上 朝奉郎 承直郎
(奉議郎) (通直郎)	(奉議郎) (通直郎)	上 奉議郎 下 通直郎	종6품	上 奉議郎 下 通直郎	上 奉直郎 通直郎
	(朝青郎) (宣德郎)	上 朝青郎 下 宣德郎	정7품	上 朝青郎 下 宣德郎	上 朝青郎 宣德郎
	(宣義郎)	上 宣議郎 下 朝散郎	종7품	上 朝散郎 下 宣義郎	上 朝散郎 宣奉郎
		上 給事郎 下 微事郎	정8품	上 給事郎 下 微事郎	上 給事郎 承事郎
	(承務郎)	上 承奉郎 下 承務郎	종8품	上 承奉郎 下 承務郎	上 承奉郎 承務郎
	(儒林郎)	上 儒林郎 下 登仕郎	정9품	上 儒林郎 下 登仕郎	上 儒林郎 登仕郎
	(文林郎)	上 文林郎 下 將仕郎	종9품	上 文林郎 下 將仕郎	上 文林郎 將仕郎

백관지에 성종 14년 이전의 은청광록대부(銀青光祿大夫)를 성종 14년에 은청흥록대부(銀青興祿大夫)로 고친 것으로 보아 성종 14년 이전에도 唐의 문산계를 사용하였던 것으로 보이며, 그러한 사례도 있다(①). 백관지에는 성종 14년 당시에 개부의동삼사·특진·흥록대부·금자흥록대부·은청흥록대부 등 문산계 가운데 일부만 채용되고, 文宗朝(문종 15년~문종 30년)에 이르러 비로소 29등급 전체가 완비된 듯이 서술되어 있다. 이 점은 성종 14년에 唐制를 채용하여 문산계의 기초가 마련되었고, 이후에 변화된 고려의 관제가 새로이 더 반영이 되어 文宗朝에 문산계가 정비된 것으로 여겨진다. 위 표에서 보여주는 바와 같이 문종조에 정비된 고려의 문산계는 『신당서』와 『송사』에 비교하여 보면 唐制와 거의 비슷하다. 고려의 문산계는 唐制를 기초한 것임을 알 수 있다. 宋의 문산계도 唐制를 기초하여 다소간의 개편이 이루어 졌다. 고려의 문산계는 唐制를 바탕으로 약간의 조정이 이루어졌다. 성종 14년에 이전의 光祿大夫를 興祿大夫로 고쳤다가 문종조에는 다시 光祿大夫라 고치고, 그 순서를 光祿大夫 金紫光祿大夫 銀青光祿大夫의 순으로 하였으며, 종7품 상·하에 宣議郎(상) 朝散郎(하)의 순서를 바꾸어 고친 것 외에는 唐制와 거의 일치한다. 고려의 문산계는 唐制를 모범으로 한 것 같고, 송나라는 『송사』에 "雜取唐及國朝舊制"라 한 것으로 보아 唐制와 舊制를 바탕으로 약간 개편하

충렬왕 원년에 금자광록(金紫光祿)을 고쳐 광정(匡靖)이라 하고, 은청광록(銀靑光祿)을 중봉(中奉)이라 하고, 그 나머지의 상국(上國 : 元)과 비슷한 것은 모두 이를 고쳤다.257) 24년에 충선(왕)이 고쳐 종1품을 숭록대부(崇祿大夫)라 하고, 정2품을 흥록대부(興祿大夫), 종2품을 정봉대부(正奉大夫), 정3품을 정의대부(正議大夫), 종3품을 통의대부(通議大夫), 정4품을 대중대부(大中大夫), 종4품을 중대부(中大夫), 정5품 이하는 상하(上下)가 있었는데 모두 문종 때의 옛 제도대로 하였다.258) 뒤에 영렬(榮列)·정헌(正獻)·조현대부(朝顯大夫)의 관계(官階)가 있었다.

34년에 충선(왕)이 또 관제(官制)를 고쳐259) 1품을 처음으로 두어 정(正1품)은 삼중대광(三重大匡), 종1품은 중대광(重大匡), 정2품은 광정대부(匡靖大夫), 종2품은 통헌대부(通憲大夫), 정3품 상(上)은 정순대부(正順大夫), 하(下)는 봉순대부(奉順大夫), 종3품의 상(上)은 중정대부(中正

여 제도화된 것이라 여겨진다(②).

①성종 14년 이전에 문산계를 사용한 사례는 朴龍雲,「高麗時代의 文散階」『震檀學報』52, 1981 ;『高麗時代 官階·官職 硏究』, 고려대학교 출판부, 1997, 55~70쪽 참조.

②崔貞煥, 本書, 65~73쪽 참조.

257) 忠烈王 元年(1275)에 元의 壓力에 의해 고려는 관제를 대폭적으로 고치면서 文散階도 고쳐지고 있다.

258) 충렬왕 24년(1298)에 世子로 있던 忠宣이 父王을 밀어내고 일시 즉위하여 개혁정치를 단행하면서 그 일환으로 官制을 개편함과 동시에 문산계도 고쳐지고 있다. 4품 이상에는 대대적인 개편이 이루어 졌으나, 정5품 이하는 모두 문종 때의 옛 제도대로 하였다.

259) 三十四年 忠宣又改官制 : 충렬왕 34년(1308)에 충선왕이 복위하여 관제를 개편할 때 중요한 특징 가운데 하나는 大夫階와 郎階를 전기에는 5품 이상과 6품 이하로 구분하던 것을 4품 이상과 5품 이하로 각각 한 품계씩 상향조정하였다. 이때 "5품을 처음으로 郞이라 하였다"는 기록과 함께 5품 通直郎 이하에 낭계를 서술하여 놓고 있다. 이때 제정된 4품 이상을 大夫, 5품 이하를 郞이라 칭하던 문산계는 여말까지 변하지 않고, 계속하여 조선조까지 이어져 갔다.

朴龍雲,「高麗時代의 文散階」『震檀學報』52, 1981 ;『高麗時代 官階·官職 硏究』, 고려대학교 출판부, 1997, 39~43쪽.

大夫), 하(下)는 중현대부(中顯大夫), 정4품은 봉상대부(奉常大夫), 종4품은 봉선대부(奉善大夫), 5품을 처음으로 낭(郞)이라 하여 통직랑(通直郞), 6품은 승봉랑(承奉郞), 7품은 종사랑(從事郞), 8품은 징사랑(徵仕郞), 9품은 통사랑(通仕郞)이라 하였다. 얼마 후에 삼중대광(三重大匡)·중대광(重大匡)의 위에 벽상삼한(壁上三韓)의 칭호를 더 붙이게 하였다.

충선왕 2년에 벽상삼한(壁上三韓)의 호(號)를 없애고, 정1품을 고쳐 삼중대광(三重大匡)이라 하고, 종1품을 중대광(重大匡), 정2품의 상(上)은 대광(大匡), 하(下)는 정광(正匡), 종2품의 상(上)을 광정대부(匡靖大夫), 하(下)는 봉익대부(奉翊大夫), 정3품의 상(上)은 정순대부(正順大夫), 하(下)는 봉순대부(奉順大夫), 종3품의 상은 중정대부(中正大夫), 하는 중현대부(中顯大夫), 정4품은 봉상대부(奉常大夫), 종4품은 봉선대부(奉善大夫), 정5품을 통직랑(通直郞), 종5품을 조봉랑(朝奉郞), 정6품을 승봉랑(承奉郞), 종6품을 선덕랑(宣德郞), 7품을 종사랑(從事郞), 8품을 징사랑(徵仕郞), 9품을 통사랑(通仕郞)이라 하였다.

공민왕 5년에[260] 고쳐 정1품의 상(上)을 개부의동삼사(開府儀同三司)라 하고, 하(下)를 의동삼사(儀同三司), 종1품 상을 금자광록대부(金紫光祿大夫), 하를 금자숭록대부(金紫崇祿大夫), 정2품의 상을 은청광록대부(銀靑光祿大夫), 하를 은청영록대부(銀靑榮祿大夫), 종2품의 상을 광록대부(光祿大夫), 하를 영록대부(榮祿大夫), 정3품의 상을 정의대부(正議大夫), 하를 통의대부(通議大夫), 종3품의 상을 대중대부(大

---

260) 恭愍王五年改 : 공민왕 5년(1356)에 대대적인 반원개혁정치를 펴면서 文散階도 대폭적으로 고쳤다. 통상적으로 공민왕 5년의 개편은 문종 때의 舊制로 복구하는 것이 일반적이었으나, 문산계는 그렇지 않았다. 開府儀同三司·儀同三司·金紫光祿大夫·金紫崇祿大夫·銀靑光祿大夫銀靑榮祿大夫·光祿大夫·榮祿大夫 등 元에서 사용하는 문산계를(①) 그대로 사용하여 고려의 자주성을 보이고, 이하에도 중국의 문산계를 탈피하여 고려의 독자적인 문산계를 새로이 창안하여 개편하고 있다. 정4품에서 종6품에 이르기까지는 正·從品으로 구분하되 上·下階를 모두 없애고, 7품으로부터 9품에 이르기까지는 正·從品을 모두 없애었다.
①『元史』 권91, 백관7, 文散官.

中大夫), 하를 중대부(中大夫), 정4품은 중산대부(中散大夫), 종4품은 조산대부(朝散大夫), 정5품은 조의랑(朝議郞), 종5품은 조봉랑(朝奉郞), 정6품은 조청랑(朝請郞), 종6품은 선덕랑(宣德郞), 7품은 수직랑(修職郞), 8품은 승사랑(承事郞), 9품은 등사랑(登仕郞)이라 하였다.

11년에 고쳐 정1품의 상은 벽상삼한삼중대광(壁上三韓三重大匡),[261] 하는 삼중대광(三重大匡), 종1품은 중대광(重大匡), 정2품은 광정대부(匡靖大夫), 종2품은 봉익대부(奉翊大夫), 정3품의 상은 정순대부(正順大夫), 하는 봉순대부(奉順大夫), 종3품의 상은 중정대부(中正大夫), 하는 중현대부(中顯大夫), 정4품은 봉상대부(奉常大夫), 종4품은 봉선대부(奉善大夫), 정5품은 통직랑(通直郞), 종5품은 조봉랑(朝奉郞), 정6품은 승봉랑(承奉郞), 종6품은 선덕랑(宣德郞), 7품은 종사랑(從事郞), 8품은 징사랑(徵仕郞), 9품은 통사랑(通仕郞)이라 하였다.

18년에 고쳐 정1품의 상은 특진보국삼중대광(特進輔國三重大匡), 하는 특진삼중대광(特進三重大匡),[262] 종1품의 상은 삼중대광(三重大匡), 하는 중대광(重大匡), 정2품의 상은 광록대부(光祿大夫), 하는 숭록대부(崇祿大夫), 종2품의 상은 영록대부(榮祿大夫), 하는 자덕대부(資德大夫),

---

261) 十一年 改正一品上曰壁上三韓三重大匡 … : 공민왕 11년(1362)에 상서성은 혁파되고 중서성과 문하성을 통합하여 都僉議府로 개편함과(①) 동시에 文散階에도 변화가 이루어지고 있다. 이전 공민왕 5년의 문산계를 버리고, 정1품 上에 壁上三韓三重大匡을 신설하고, 이하는 충선왕 2년 당시의 문산계를 약간 수정하여 개편하였던 것이다.
①崔貞煥, 本書, 66～69쪽.

262) 十八年 改正一品上曰特進輔國三重大匡 下曰特進三重大匡 … : 공민왕 11년의 都僉議府가 동왕 18년에 門下府로 개편함과 동시에 文散階도 바뀌고 있다. 特進輔國三重大匡 特進三重大匡 등 「特進」이란 文散階가 새로 등장하고, 정1품에서 종4품에 이르기까지는 공민왕 5년의 문산계와 공민왕 11년의 문산계를 혼용하여 적용하면서 上·下階에서 下階를 새로이 더 신설하고, 정5품 이하에는 공민왕 5년의 문산계와 완전히 일치하고 있다. 공민왕 18년의 문산계는 明나라 문산계에서 영향을 받은 것이 아닌가 한다(『明史』 권72, 직관1, 文之散階).

정3품의 상은 정의대부(正議大夫), 하는 통의대부(通議大夫), 종3품의 상은 대중대부(大中大夫), 하는 중정대부(中正大夫), 정4품의 상은 중산대부(中散大夫), 하는 중의대부(中議大夫), 종4품의 상은 조산대부(朝散大夫), 하는 조열대부(朝列大夫)라 하고, 정5품 이하는 5년의 관제와 같이 하였다. 21년에 또 관계의 칭호를 고쳤으나 알 수가 없다.[263)]

『高麗史』卷77 志31 / 百官2 / 武散階

武散階

國初 武官亦以大匡正匡佐丞大相爲階 成宗十四年 定武散階 凡二十有九 從一品曰驃騎大將軍 正二品曰輔國大將軍 從二品曰鎭國大將軍 正三品曰冠軍大將軍 從三品曰雲麾大將軍 正四品上曰中武將軍 下曰將武將軍 從四品上曰宣威將軍 下曰明威將軍 正五品上曰定遠將軍 下曰寧遠將軍 從五品上曰遊騎將軍 下曰遊擊將軍 正六品上曰耀武將軍(耀務校尉) 下曰耀武副尉 從六品上曰振威校尉 下曰振武副尉(振威副尉) 正七品上曰致果校尉 下曰致果副尉 從七品上曰翊威校尉(翊麾校尉) 下曰翊麾副尉 正八品上曰宣折校尉 下曰宣折副尉 從八品上曰禦侮校尉 下曰禦侮副尉 正九品上曰仁勇校尉 下曰仁勇副尉 從九品上曰陪戎校尉 下曰陪戎副尉 今以見於史册者考之 則武官皆無散階 其沿革廢置未可考

무산계.[264)]

---

263) 二十一年 又改階號未考 : 공민왕 18년의 門下府體制 하에서 6部를 공민왕 21년(1372)에 門下府와 6司로 바꾸면서 또한 문산계에도 어떤 변화가 있었던 것으로 여겨지는데, 그 칭호를 알 수가 없다고 한다. 이에 대해서는 다음의 글이 참고가 된다.

朴龍雲, 「高麗時代의 文散階」『震檀學報』52, 1981 ; 『高麗時代 官階·官職 硏究』, 고려대학교 출판부, 1997, 40~41쪽, <表 6> 참조.

264) 武散階 : 고려시대는 문·무반 모두에게 적용되는 文散階에 상대되는 또 하나의 위계로서 武散階가 있었다. 무산계는 향리·탐라의 왕족·여진의 추장·老兵·工匠·樂人들에게 주어진 位階이다(①). 일반적으로 문산계는 문반의 官階가 되고, 무산계는 무반의 관계가 되는 것이 보통이

건국 초기에 무관(武官)도 또한 대광(大匡)·정광(正匡)·좌승(佐丞)·대상(大相)으로서 품계로 삼았다. 성종 14년에 무산계(武散階)를 정하여 무릇 29등급으로 하였다.[265] 종1품은 표기대장군(驃騎大將軍), 정2

다. 중국의 당나라와 조선시대에는 그와 같이 시행되었다. 그러나 고려시대는 그렇지 않았다. 고려의 무산계는 성종 14년(995)에 정비되었다. 종1품 驃騎大將軍 이하 종9품 下 陪戎校尉에 이르기까지 29등급을 이루었다. 무산계를 수여 받은 사람은 국가로부터 경제적인 혜택으로 무산계전시(田柴)를 지급 받았다. 문종 30년(1076)에 정비된 무산계전시과는 제1과 田 35결·柴 8결(冠軍大將軍·雲麾將軍)로부터 제6과 전 17결(大匠·副匠·雜匠人·御前部樂件樂人)에 이르기까지 모두 6과등을 이루고 있다(②). 그런데 무산계의 1·2·3급에 해당하는 曰驃騎大將軍(종1품)·輔國大將軍(정2품)·鎭國大將軍(종2품)과 제6급 中武將軍(정4품 상)의 전시는 전시과에서 빠지고 보이지 않는다. 전자가 전시과에서 빠진 이유는 자세히 알 수 없고, 후자 중무장군이 빠진 것은 기록의 잘못이라 여겨진다.

①旗田巍, 「高麗の武散階－鄕吏·耽羅の王族·女眞の酋長·老兵·工匠·樂人の位階」『朝鮮學報』21·22, 1961 ;『朝鮮中世社會の硏究』, 法政大學出版局, 1972.
朴龍雲, 「高麗時代의 文散階」『震檀學報』52, 1981 ;『高麗時代 官階·官職 硏究』, 고려대학교 출판부, 1997.

②『高麗史』 권78, 식화1, 전제 전시과 무산계.
武散階 田三十五結柴八結冠軍大將軍·雲麾將軍 田三十結掌武將軍·宣威將軍·明威將軍 田二十五結寧遠將軍·定遠將軍·遊騎將軍·遊擊將軍 田二十二結耀武校尉·同副尉·振威校尉·同副尉·致果校尉·同副尉·翊摩校尉(翊麾校尉)(㉠)·同副尉 田二十結宣折校尉·同副尉·禦侮校尉·同副尉·仁勇校尉·同副尉·陪戎校尉·同副尉·田十七結大匠·副匠·雜匠人·御前部樂件樂人
㉠ 무산계 전시과의 22결에 나타나 있는 翊摩校尉는 백관지 무산계와 비교해 보면 翊麾校尉의 잘못이라 여겨진다.

265) 成宗十四年 定武散階 凡二十有九 : 성종 14년에 제정된 무산계 29계는 唐制를 채용한 것인지 宋制를 수용한 것인지 이점이 분명하지 않다. 당의 무산계는 모두 45階로 되어 있고(①), 송의 무산계는 31階로 이루어져 있다(②). 송나라 무산계 31계 가운데 2階(懷化大將軍 정3품, 歸德將軍 종3품)를 제외하면 고려 무산계 29階와는 거의 일치한다. 고려의 정4품 上 中武將軍을『송사』에서는 忠武將軍으로, 고려의 종8품 上 禦侮校尉와 종8품 下 禦侮副尉는『송사』에서는 禦武校尉 禦武副尉로 표기하고 있다.

품은 보국대장군(輔國大將軍), 종2품은 진국대장군(鎭國大將軍), 정3품은 관군대장군(冠軍大將軍), 종3품은 운휘대장군(雲麾大將軍), 정4품의 상은 중무장군(中武將軍), 하는 장무장군(將武將軍), 종4품의 상은 선위장군(宣威將軍), 하는 명위장군(明威將軍), 정5품의 상은 정원장군(定遠將軍), 하는 영원장군(寧遠將軍), 종5품의 상은 유기장군(遊騎將軍), 하는 유격장군(遊擊將軍), 정6품의 상은 요무장군(耀武將軍),[266] 하는 요무부위(耀武副尉), 종6품의 상은 진위교위(振威校尉), 하는 진무부위(振武副尉),[267] 정7품의 상은 치과교위(致果校尉), 하는 치과부위(致果副尉), 종7품의 상은 익위교위(翊威校尉),[268] 하는 익휘부위(翊麾副尉), 정8품의 상은 선절교위(宣折校尉), 하는 선절부위(宣折副尉), 종8품의 상은 어모교위(禦侮校尉), 하는 어모부위(禦侮副尉), 정9품의 상은 인용교위(仁勇校尉), 하는 인용부위(仁勇副尉), 종9품의 상은 배

이러한 점만 예외로 한다면 고려의 무산계는 송의 무산계와 거의 일치할 정도로 너무나 비슷하다. 그러한 점에서 고려 무산계는 宋制를 수용하였을 가능성을 생각해 볼 수 있다. 그러나 고려는 당의 무산계 45階를 축소 조정하여 성종 14년에 무산계 29階를 정비하고, 송나라는 그들 나름대로 唐制를 축소 조정하여 31階를 이룬 것이었는지도 모른다. 그렇다면 그 기본은 唐制를 바탕으로 한 것이라 할 수 있다.

①武散階四十有五 從一品曰驃騎大將軍 正二品曰輔國大將軍 … 從九品上曰陪戎校尉 從九品下曰陪戎副尉(『新唐書』권46, 백관1, 상서성 병부).

②武散官三十一 驃騎大將軍從一 輔國大將軍正二 … 陪戎校尉從九上 陪戎副尉從九(『宋史』권169, 백관9, 武散官).

266) 耀武將軍 : 정6품 상 요무장군은 그 체계나 당의 무산계와 비교해 볼 때 耀務校尉의 잘못이다. 『신당서』에는 昭武校尉로 되어 있고, 문종 30년에 정비된 무산계 전시과에는 22결 요무교위로 나타나 있다.

267) 振武副尉 : 종6품 하 진무부위는 그 체계로 보아 당의 무산계와 비교해 볼 때 振威副尉의 잘못이다. 『신당서』에는 振威副尉로 되어 있고, 문종 30년에 정비된 무산계 전시과에는 22결 振威副尉(同副尉)로 나타나 있다.

268) 翊威校尉 : 종7품 상 익위교위는 그 체계나 당의 무산계와 비교해 볼 때 翊麾校尉의 잘못이다. 『新唐書』에는 翊麾校尉로 되어 있고, 문종 30년에 정비된 무산계 전시과에는 22결 翊摩校尉로 나타나 있으나 이것 역시 翊麾校尉의 잘못이라 여겨진다.

융교위(陪戎校尉), 하는 배융부위(陪戎副尉)이다. 지금 역사책(史册)에 나타난 것으로써 이를 살펴보는 즉 무관(武官)은 모두 산계(散階)가 없어[269] 그 내력과 설치·폐지를 가히 알 수가 없다.

269) 武官皆無散階 : 『고려사』 찬자가 "무관은 모두 산계가 없다"고 하고 있는 것은 고려시대 문반은 물론 무반들도 모두 문산계를 적용 받고 있었다는 사실을 몰랐기 때문에 이와 같이 기록하고 있는 것이 아닌가 한다.

찾아보기

ㄱ

ㄴ

ㅁ

ㅂ

ㅅ

ㅇ

ㅈ

ㅊ

ㅌ

ㅍ

ㅎ

著者略歷

1944년 6월 24일 慶北 慶山市 河陽 出生
1963～1967년 慶北大學校 文理科大學 史學科 文學士
1976～1978년 啓明大學校 大學院 文學碩士
1984～1990년 釜山大學校 大學院 文學博士
1991～1992년 京都大學 文學部 史學科 招聘外國人學者
1981～현재 경북대학교 인문대학 사학과 교수

研究業績

著書 : 『高麗・朝鮮時代 祿俸制 研究』(慶北大出版部, 1991)
『고려 정치제도와 녹봉제 연구』(신서원, 2002)
譯書 : 『日本近世史의 自立』(慶北大出版部, 1993)
編著 : 『韓國史基礎史料講讀選集』(청솔, 2002)
共著 : 『고려시대사 강의』(늘함께, 1997), 『朝鮮의 政治와 社會』(집문당, 2002), 『慶山市誌』(邱一出版社, 1997), 『경북문화재대관』(경상북도, 1998), 『대구향토사 조사연구』(대구광역시, 2004)
論文 : 「權務官祿を通じてみた高麗時代の權務職」(『史林』 75-3, 1992) 외 다수

『高麗史』 百官志의 研究
－譯註『高麗史』 百官志－

정가 : 23,000원

2006년 2월 15일 초판 인쇄
2006년 2월 25일 초판 발행

편　자 : 崔 貞 煥
회　장 : 韓 相 夏
발 행 인 : 韓 政 熙
발 행 처 : 景仁文化社
서울특별시 마포구 마포동 324—3
전화 : 718—4831～2, 팩스 : 703—9711
http://www.kyunginp.com
E-mail : kyunginp@chollian.net
등록번호 : 제10—18호(1973. 11. 8)

ISBN : 89-499-0382-4 93910